中国近代外交の形成

Shin Kawashima
川島 真——著

名古屋大学出版会

序　論 …… 1
1　「文明国化」の使命と「近代」の位相　7
2　中国外交史研究の位置　17
3　先行研究と本書の位置(1)——前史・清末以前の対外関係　21
4　先行研究と本書の位置(2)——民国前期外交史　45
5　史料について　62

第Ⅰ部　「近代」的外交行政制度の確立

はじめに …… 72
——「外交」について考える——

第一章　組織的変容過程 …… 79
1　総理衙門の成立と組織制度　81
2　外務部から外交部へ——『外交部沿革紀略』に依拠して　85
3　部内各部局の組織　88
4　在外公館の展開　99

第二章　人事行政をめぐる制度変化……113
1　清末外交官養成論議　115
2　官制面からみた北京政府の外交官資格　124
3　外交部内部での諸辦事規則の制定　128
第三章　北京政府の外交官試験……136
1　外交官試験実施要領——制度面からの考察　138
2　外交官・領事官試験の実施状況　144
3　試験受験者・合格者の性格　148
第四章　地方外交制度……156
1　総理各国事務衙門と地方大官　156
2　清末の地方交渉機関——洋務局から交渉署へ　158
3　民国交渉署制度　162
4　交渉署の業務内容　169
5　交渉員をめぐる諸議論　175

第五章　広東政府の外交行政制度……178
1　軍政府期　179
2　改組軍政府期　185
小　括……201

第Ⅱ部　「文明国化」と不平等条約の改正

はじめに……204
第一章　清末における「近代」外交……211
——不平等条約改正への志向性——
1　同治年間の条約観　211
2　光緒年間の条約観——特に新政下の不平等条約改正への努力について　227
第二章　北京政府の不平等条約改正政策……234
1　中華民国成立と「文明国」——政府承認獲得　235
2　対キューバ条約締結交渉　240
3　対チリ条約　243

4　対スイス条約　245

第三章　第一次大戦参戦と山東問題解決プログラム……249

1　第一次大戦参戦からパリ講和会議へ　249
2　パリ講和会議と山東問題——全権代表団会議議事録に依拠して　251
3　国際連盟への山東問題提起の模索　259
4　ワシントン会議への道程　262

第四章　施肇基十原則の形成過程……266

1　施肇基十原則の策定時間　269
2　施肇基十原則と各方面の反応　270
3　議題としての極東問題——駐英公使顧維鈞と英国外相カーゾンの会談を中心に　275
4　在外公使の議題に関する議論——アメリカからのアジェンダ提起以前　281
5　国内での諸議論——アメリカからのアジェンダ提起以前　287
6　中国側の動向に対する日本の認識　291
7　極東問題に関する会議の議題をめぐる日米の見解（1）——日本案を中心に　293
8　極東問題に関する会議の議題をめぐる日米の見解（2）——中米交渉を中心に　298
9　外交部第一次修正案の作成　302
10　外交部第二次修正案の作成　311

11 施肇基十原則提出への経緯 315

第五章 新独立諸国との条約締結 …… 319
——「修約外交」と大国化志向——

1 国際社会の変容 319
2 対ギリシャ条約締結交渉 321
3 対ボリビア条約 324
4 欧州各国との交渉経緯 325
5 国際連盟外交 329

第六章 広東政府の外交政策 …… 333
——第一次大戦を中心に——

1 第一次大戦と広東政府 333
2 パリ講和会議と広東政府 340

小 括 …… 347
——中国外交史の通史的理解と民国前期外交への評価——

第Ⅲ部　中国的「伝統」外交の底流――宗主・大国化・空間認識

はじめに …… 352

第一章　対朝鮮外交 …… 355
――主権の下の宗主――
1　宗主体制の再編としての「属国体制」――一八八〇年代後半の『清季外交史料』 356
2　朝鮮半島の中国租界撤廃をめぐる中日交渉 365

第二章　対シャム交渉 …… 378
――主権と宗主の葛藤――
1　保護民から「中国国民」へ――シャム華僑の選択 379
2　「華僑虐待」というロジックと国民保護 381
3　華僑学校問題の発生と中国の世論 385
4　アジア連結論と正式交渉開始 390
5　「皇帝」称号問題と特使派遣要請 393

第三章　空間意識と地域外交 …… 400
――ロシア革命前後の対中央アジア外交に見られる新疆省「外交」――
1　清末民初の新疆と中央アジア――イリ条約 401

2　ロシア崩壊前後の秩序形成（1）——二月革命前後　403
3　ロシア崩壊前後の秩序形成（2）——第一次大戦終結前後　409
4　アフガニスタン独立と「新阿」通行条件　412
小　括……416

第Ⅳ部　外交をめぐる中央と地方

はじめに……426
第一章　もう一つの中央政府と外交——広東政府外交の三層構造——……428
1　広東政府外交の三層構造　430
2　三層構造と北京政府との関係——北京政府外交部档案に依拠して　435
第二章　外交をめぐる中央と地方……445
1　交渉署の活動に関する具体的事例——政策決定への関与と地方案件処理　447
2　中央と地方社会の重層性　465

第三章　北京政府外交部による「中央政府」としての表現 …… 475
——一九二一年ワシントン会議参加をめぐる中国統一論議——
1　参加条件としての「統一」と北京政府の対策　476
2　国内各界の「統一」論議と北京政府の対応　484
第四章　ワシントン会議における中華民国全権代表団編成過程 …… 496
1　北京政府の対外一致政策と全権代表　497
2　ワシントン会議と広東政府——南北交渉を中心に　504
3　代表団の形成と解体　512
第五章　関東大震災と中国外交 …… 518
——北京政府外交部の対応を中心に——
1　「震災」という外交案件の発生　519
2　地方の眼——外交部と浙江省・吉林省・上海市　525
3　王正廷派遣と事後処理　530
小　括 …… 537
結　語 …… 541

注　549
あとがき　657
初出一覧　660
参考史料・文献　巻末12
事項索引　巻末4
人名索引　巻末1

序　論

本書は、中華民国前期（一九一二年から二六年）の中国外交を、同時期の北京政府の残した外交档案（外交文書）を繙くことによって解明しようという試みである。[1]これまでの中国外交史が、中国が侵略を蒙り利権を奪われる過程の交渉史であったり、あるいは伝統的な朝貢システムと近代的な条約外交システムの拮抗過程として描かれてきたこと、そしてそれらが主に外国の外交文書と中国側の公刊史料によって描かれてきたことに鑑み、本書ではそれとは異なった観点、すなわち中国外交档案に依拠し、同時代史的なコンテキストを重視しながら分析を試みる。[2]

中華民国前期を研究対象とするのは、第一に、この時期が近二世紀の中国の歴史において、最も国のあり方、権力のあり方が問われ、政治外交における諸問題が先鋭的に現れ、また百家争鳴的に議論がおこなわれたことにより、その時期の外交が歴史的にも、現状を考えるうえでも多くの示唆に富むからである。また、外交史的に見ても、この時期こそが清代の中国と二〇世紀の中国外交を媒介する時期であり、この時期の外交を検討することこそ中国外交を長期的な視野で捉えるうえで鍵となると考えられるからである。第二に、この時期の政治や外交こそが、中国・台湾などの歴史学において最も政治的な「評価」の影響をうけ、実証よりも評価が優先した説明の対象となって、「軍閥傀儡」、「国内分裂」、「売国外交」、「弱国無外交」などのレッテルが付与されてきたため、その再検討が必要だからである。本書が採る外交档案に即しておこなう歴史叙述は、こうした「価値の束」としてのディスコースへの問題提起に適した方法であると考えられる。外交档案に依拠することで示される「事実の束」は、それ自体としてきわめて無味乾燥だが、同時代や後代に意図的に創出されたディスコースや「信じられた歴史」が強固であればあるほど、それへの問題提起として意味をもつであろう。(3)

次に本書における作業仮説と方法について述べておきたい。

まず、中華民国前期の外交を担った若手外交官僚たちの有していた「近代」、「文明国への志向性」に注目する。彼らのおこなった外交に中国外交史上における「近代外交の形成」を見ることができるのではないか、というのが本書の仮説である。次に、中華民国の残した外交档案を利用して分析を試みることにより、そこに示されたコンテキストを把握し、これによってこれまでの研究には見られなかったディテールと、同時代史的状況を導き出す。(4)そして、これまでの近代中国史研究の叙述に見られた、人物中心、革命英雄中心史観に依拠することなく、またもちろん国民党、共産党の正統史観に依拠することなく叙述することを心がけたい。(5)

他方、同時代性とともに、前後の時代との関連性、通史的な視点も重要となろう。周知のとおり、民国前期の外交政策は清末以来のそれとの継続性の中にあり、またその影響は同時代だけでなく、後世にもおよぶ。そうした意味で、本書では前後の時代との比較、関連性にも留意しなければならない。だが、本書で、特に注意したのは、民国前期外交を現代の中国外交を解明する上での引照基準、あるいは参照材料として見るのではないということである。つまり、現状、歴史的結果から逆に照射するかたちで過去としての民国前期を見るのではなくて、清代以来の蓄積の上にありながら、未来に対してはさまざまな可能性を提示していた中華民国前期を、同時代史的な視点や時代性を充分に考慮したかたちで考察するということである。同時代性を重視する際、「革命運動」や孫文などの人物との関係性に注目する向きもあろうが、本書では従来の中国近代史を説明するディスコースの平面よりも、中国外交档案という膨大な外交文書群全体のもつ平面を大切にしたい。(6)

前述のように、中華民国前期外交の主人公とも言える若手外交官僚たちの志向性の最大公約数として、本書では

「近代」、「文明国化」を想定している。ここで「近代」というのは、近代化論や発展段階論における「近代」の指標を中華民国前期に適用して論じることを意味していない。この時期の外交官たちが目指していた目標、それが「近代的」外交であり、「文明国」としての地位であったということである。だが、「近代的外交をおこなうこと」、これ自体は二〇世紀前半のアジアの外交官僚が描いた目標として決して奇異ではない。他国でも同様だったはずである。だが、ここで改めてこうした方向性で議論を立てるのは、従前の中国近代史あるいは外交史では、「革命」や理論枠組みとしての「近代化」などが重視されていたため、当時の外交官たちが目指していたこと、実際におこなっていたことを軸にした叙述が十分になされてこなかったからである。こうしたことが生じる背景には、中国史、特に近代における外交が、中華民国および中華人民共和国、国民党および共産党の正当性や正統性に大きく関わっていたために、政治主体の構築した価値やイデオロギーの只中におかれていたことがある。外交は「帝国主義との闘争」、「民族としての自立」といった正当性に関わる重要な論点と密接に結びつくので、国民政府期から現在に至るまで、外交史の叙述には個々の時代それぞれの政治性が反映した。

だが、本書では、従前のディスコースを意識してそれと対立させるのではなく、いかにしてそうした言説が形成されたのかということに留意しながら、史料批判の下に档案の世界を再現し、また先行研究の大枠との対話もおこなっていきたい。具体的には、第一に同時期の外交を制度と政策の面から考察して、その「近代的」外交のありよう、当時の外交官たちの目指したものを明らかにし、第二に同時代の外交官僚たちが問題としていたか否かは別にして、この時期の外交の性格を考えるうえで必要となる議論をおこなう。そこでは、清末との連続性や現代中国外交との連続性を考えるうえで重要な問題を、また他方で中華民国前期の国内の政治状況と外交との関わりを、それぞれ先行研究の蓄積との対話を重視しながら、叙述していきたい。以下、各部で論じる問題について簡単に整理しておこう。

第Ⅰ部・第Ⅱ部では、中華民国の中央政府において企図された「近代的」外交制度や政策の内容、実行過程について考察する。従来、中華民国前期の外交については、制度的混乱、「売国外交」、「弱国無外交」などといった指摘があったが、ここでは当時の外交官僚たちの作り上げた外交機関、制度の姿、また不平等条約改正政策の展開過程を追う。具体的には第Ⅰ部で、清末から民国前期にかけての外交行政、人事制度について述べていきたい。第Ⅱ部では、当時の外交担当者が第一目標としていた不平等条約改正の経緯について述べ、従来の研究で強調されていた革命外交の相対化をおこない、その同時代的意味、ディスコース形成のありかたも考えたい。また、それに付随して国際的地位の向上、大国化を目指す政策のあり方も検討したい。この第Ⅰ部と第Ⅱ部は、外交档案にそのまま表れる当時の目標としての、中華民国前期における外交の「近代」を説明し、それが何故求められ、いかに構想され、どのように展開したのかを論ずる部分である。

第Ⅲ部・第Ⅳ部では、中国政治外交史における大きな論点に対応するテーマについて述べる。その論点とは、第一に「朝貢と条約」という日本の学界では論じられてすでに久しいテーマであり、第二には民国前期に冠せられた「分裂」、「混乱」、「軍閥割拠」という問題である。前者については、東アジアに内在する国際関係のシステムと近代的な条約外交システムとの葛藤、あるいは潜り込み、重層化、近代的再編など幾つもの議論がある。だが、問題は、こうした議論の分析対象が清末に集中し、それが清末のある状況下の議論であるにもかかわらず、そこでの保守的な議論が「伝統」として固定化され、そしてそれが引照基準となって中国外交の伝統、外交文化であるかの如く論じられることが多いということである。そのため、中国外交を論じる際に、いささか直線的に中国外交の性向であるかのように大国化や中華思想が論じられることになるのである。第Ⅲ部では、清末に連続する中華民国前期の外交において、そうした「伝統的」とされた中国外交の問題について検討したい。清末から民国期に至る変容過程を追うことで、「中国外交の伝統」をめぐる議論に過程論を加えることができるであろう。また、中国外交の

「伝統」とされる内容が、実は民国前期に創出された面があるということも議論できるだろう。

後者の、「分裂」、「混乱」、「軍閥割拠」などといった点については第Ⅳ部で論じる。本書では、こうした言説が当時の諸外国の議論や後世の国共双方の正統史観に由来し、詳細が検討されないままに述べられてきたのではないかという反省にたち、外交における中央政府の展開する制度・政策と、いわゆる「軍閥」と称される地方政権との関わり方についての事例研究をおこなう。こうすることで「分裂」、「混乱」などといった叙述について、もし本当に「分裂」なら、何がどのように「分裂」していたのか、そして外交を内政と同様に論じることができるのか否かということも、あわせて議論ができよう。こうした、実態に即した議論は、単に従前の正統史観へのアンチテーゼとなるのではなくて、中華民国前期に対する見方、あるいは北京政府論にもつながることとなろう。また、本書の鍵となる「近代」、「文明国化」については、その「近代」が強力な中央集権を伴ったために逆に清朝を解体せしめ、中華民国前期の中央・地方間の対立を招来し、中央政府の実効支配能力に限界が生じることになったと見ることができるだろう。だが、そこでの対立構造は「近代・反近代」なのではなくて、みなが「近代」を志向しながらも、その近代が中央・地方に分節化し、中央と地方が同じ施策をおこないながら統合されない、つまり「近代」がいわゆる「近代国家」というかたちで結実しない、「分節化された近代」であったと考えられよう。では、外交においても同様なのか、この点もまた大きな課題である。

他方、この分裂論を考えるうえで重要な論点として広東政府の問題がある。広東政府は、北京政府とともに中央政府であることを主張した政府ではあったものの、同時代的には政府承認を受けることはなく、北京政府こそ国際的に承認を受けた政府だった。だが、最終的に広東政府が北伐を成功させ南京国民政府を樹立したこと、また現在両岸政府が国家建設の父としている孫文がこの政府に深く関わったこともあって、これまでの中華民国史においては、実質的な正統政府として扱われてきた面がある。本書では、北京と広東のどちらが「正統」かということを論じるのではないが、北京政府とともに、広東政府についても、外交制度・政策について第Ⅰ部・第Ⅱ部で考察し、さらにこの政府の外交の性格や外交における北京政府との相互関係について、第Ⅳ部で検討したい。こうすることで、広東政府のおこなっていた外交や北京政府との相違点、関連性を、「正統」か否かという問題ではなくて、等身大に把握することができると考えている。そして、二つの中央政府がおこなっていた政策、それを支えていた制度が実は酷似していたこと、二つの中央政府が南北それぞれで同方向の政策をとっていたことが中華民国としてのまとまりを得るうえで重要なポイントになっていたことがわかるだろう。

最後になるが、各部に通底する問題関心について述べたい。それはまず、当時の中央政府にとって、あるいは「中華民国」、「中国」にとって「外交」とは果たして何であったのかという点である。実効支配能力が乏しく、国家の統一と領土の保全を最優先課題としていた北京政府にとって、「外交をおこなうこと」が「中央」政府としての正当性調達の資源になり、他方で国際社会もその国を代表する交渉相手としてその「中央」を指定し、維持することによって、その国とのかかわりを担保したということがあろう。そして、中央政府は正当性だけでなく、実質的な利益、たとえば国外からの借款の受け皿となって国内に分配したり、関税収入を得ることができた。だが、正当性を外交により調達することは、同時に外交が評価されなければ正当性を失う可能性を伴っていた。

次に、「中華民国」、「中国」と外交の関わりについての問題意識にも触れておきたい。「中国」はなぜ「中国」たりえるのかという、この大きな問題を考えるとき、中華民国前期という、「中国」が「分裂」しているとされている時期が重要なヒントを与えてくれるのではないだろうか。この時期、「軍閥」をふくめほとんど全ての政治的アクターが「中国」を疑うことなく、また中華民国の構成員として振る舞ったことは実に興味深い。言わば、それぞれが対外的な統一を常に主張し、外交問題に注意を払い、そして中央政府の外交官僚が、国家の統一と領土保全、不平等条約改正を目指したことによって、「中華民国」、「中国」が保たれた側面があるということである。

以上述べてきたように、本書は政治学における外交史というよりも、「歴史」の中に「外交」を位置づける試みとしての性格が強いと言ってよい。中華民国前期の外交を外交档案に即して描き、当時の中国にとっての外交の位置を解明できれば、本書の目標はひとまず達成されたことになろう。(7)

1　「文明国化」の使命と「近代」の位相

中華民国前期の中国外交を捉えるに際し、「近代」というキーワードをさきに提起した。繰り返しになるが、これは近代化論や、時代区分としての近代ではない。本書では、中国の外交官僚たちが意識した「近代」、そして彼らがおこなおうとした「近代的」外交を問題とし、そこでの「近代」のありかたを摑み出すことを試みる。中華民国前期の外交官たちは、近代的な外交制度を確立し、不平等条約改正に見られるような国権回収をおこない、領土を保全し統一を維持しながら、国際社会における地位向上を図ろうとした。こうした近代国家において当然とされるような外交は、光緒新政で既に見られたし、より遡って一九世紀後半にはすでに「国権」意識や外交交渉における不利益性などは、十分に理解されていた。しかし、このような「近代」への志向性がより明確に示され、政策の主軸に据えられたのは、清末の数年を経たあとの中華民国の成立によってであったと思われる。特に建国に際して臨時大総統孫文がおこなった演説の、「文明国として当然受けるべき一切の権利を享受する」という文言は印象的である。「文明国」とは、当時の国際社会を構成するフルメンバーとしての資格を有した国を指すが、そのためにはその国家が西洋的な意味での「近代」的要素を備えていなければならないとされた。(8)こうした時代状況のなかで、中華民国の外交もまた明治期の日本に比してよいほど、この「近代」に身を投じていくことになる。外交における「近代」は、近代国家に相応しいとされた制度、政策を備え、文明国標準を満たし、文明国として国際社会で振る舞うことを指していた。(9) 興味深いのは、こうした外交の姿が、後世の歴史叙述から看過されがちであったことである。(10) これは、前述のような政治言説の結果としてのみ説明できるわけではないだろう。たとえば、昨今の「中国近代史」の叙述においては、清末を語る場合に「近代」よりも「内在性」を重視し、中国が西洋諸国と交渉をおこないながら、西洋のものを換骨奪胎しつつ自分のものとして内在化させたという議論が強まっているように思われる。(11) だが、一九世紀後半においては、文明国の要件を備えていなければ、国際社会の一員とは認知されなかったということは確かであり、二〇世紀初期にあっても、対等な国家どうしの主権国家システムに入るためには、国内法の整備など相応の努力を払って「文明国」としての標準を備えなければならず、それが認められて初めて不平等条約が改正されるのであった。中国が、西洋の論理を換骨奪胎して「近代外交」の論理を内在化したとはいっても、やはり文明国として認知され不平等条約を改正しなければ、いつまでも不利な状況下に置かれることに変わりはない。それが中国的か西洋的かということではなく、こうした問題こそが当時の中国の外交当局の最大の課題であったことをまずおさえておきたい。無論、「文明国化」が当時の中国に住む人々の総意であったとは言い切れない。だが、国際社会を知る者、あるいは不平等条約による不利益を感じる者の中から、中国の文明国化を考える者が現れることは想像に難くない。では、中国を文明国化すること、そしてその成果として様々な意味で国際社会の中で「自主」である状態を獲得することは、いつ自覚的に認識されたのであろうか。(12) 筆者は、少なくとも光緒新政期から中華民国前期には明確にこれが認知され、この時期の外政官僚たちは自覚的に文明国化を自らの使命としていたと考えている。(13)

民国元年（一九一二年）に成立した中華民国は、清末の制度・政策改革への志向性を継承し、戊戌変法から光緒新政にかけて具体化したプログラムを実行にうつそうとした国家であった。(14) そして同時に、清朝を倒したという革命性とアジアで最初の共和政体であることをスローガンとして掲げつつ、同時に国際社会において文明国であると認知されるための「近代」を示すことをひとつの試練として課せられ、またそれを自らの正当性を支える根拠とするような国家であった。これは、中華民国の正当性が「革命と近代」に求められていたということをも示す。他方、留意すべき点として、中華民国の中央政府である北京政府の実効支配能力に限界があったこと、また国会制度が破綻し、政党などの基盤も有さなかったことから、共和政体でありながら合意調達のシステムを清代以来の「名流」による上申、また通電などによる新聞紙上などでの公論に頼っていたために、国民の合意形成の上に充分に立脚した政策を展開できたわけでもなく、また自らの施策の正当性を社会に訴え得たわけでもなかったということがある。[15]こうした特徴は、その外交政策にも色濃く反映されることになった。

他方、当時の東アジアでは、特に日本の勢力拡大が問題視されるようになり、日英同盟の維持、延長が困難になる中で、中国の領土保全への方向性、また国際社会からも中国を日本に対峙させるべく保全しようとする方向性が強まり、中華民国の「近代」は国際社会から歓迎され、また国内でも、たとえ「近代」を北京政府が代表して担うことについて合意調達が不十分であったにしても、まさに同様の政策が分節化されたかたちで地方レヴェルで同時に実行されつつあったということを考えれば、そうした中央政府の外交に見られる「近代」が当時の中国社会から遊離した、ポーズだけの政策だったとして看過してよいことにはならないであろう。

そして、中華民国の示した「近代」、「文明国化」への方向性が、次第に列強に伍していこうとする「大国化」への志向性を孕み、それが一九二〇年代にナショナリズムという衣装をまとった国民党政権にひきつがれて台湾に至り、一方で社会主義という論理を得た共産党政権により継承され、一度は一九五〇年代において「近代」を否定しつつも、その後紆余曲折を経ながら改革開放以後の中国にそれが再び前面に出てきたと考えれば、中華民国前期に以後の政策の基礎の一部が鋳造されたと見ることもできるだろう。[16]

他方、「文明国化」についてはどうであろうか。この「文明国」という論点を考える場合、中国が国際社会＝

family of nationsにいつ入ったのかということが第一の関門だろう。このfamily of nationsこそ、当時の国際社会をあらわす語であり、そこでのフルメンバーシップを得る上での要件こそが、「文明国」たることであったからである。この国際社会への中国の参入については、シュのようにウェスタンインパクトに重点をおいて一九世紀後半を想定する議論もあれば、他方でチャンや唐啓華のようにそれを世紀交代期から二〇世紀初頭と見なす見解もある。[17]前者においては、中国が近代条約システムの中に「組み込まれた」ことを重視するのに対し、後者は中国が（少なくとも外政官僚が）望んで、自覚的に国際社会の一員になろうとし、メンバーシップ獲得のために自ら文明国化を図ろうとしたことを重視する。[18]本書での見解は後者に近い。中国が国際社会に組み込まれたことを自覚し、その中で自らの位置を認知したのが、後述のように二〇世紀初頭だからである。

確かに日本でも、清末における「近代」については様々な議論がある。濱下武志は一八九三年までを「交渉の時代」として日清戦争以前と以後との位相の違いを示唆する。[19]他方、これと異なる見解として、光緒新政開始後にイギリスから近代法制定を不平等条約改正の要件として提示されたことに大きな意義を見出す見解もある。[20]ここには洋務運動から戊戌変法、光緒新政に至る政治過程の連続性をいかに捉えるのかという古くて新しい問題が背景にある。

筆者は、一八八〇年代後半から「文明国化」への流れがあり、それが中央で明確に提案されたのが戊戌変法、全体の潮流となるのが光緒新政期以降であり、外交においては一八九〇年代後半の膠州湾など租借地の設定による「瓜分之危機」に加え、光緒二十五年（一八九九年）と三十三年に開かれた第一回、第二回ハーグ平和会議に清が参加したということが、外政官僚の世界観の変化と文明国化への使命感の醸成に大きな意味をもっていたのではないかと考える。

以下、本書で進めていく議論の前提として、「近代」、「文明国化」という志向性が中国の外交官に強く印象づけられる一つの契機となったハーグ平和会議について述べておきたい。

光緒二十五年、清朝は第一回ハーグ平和会議に出席[21]、同三十三年には第二回会議に参加した。それまでの中国は、主に、中国にやってきて中国との関係樹立を求める国々と交渉し条約を結ぶようなバイラテラルな対外関係しか想定していなかったが、この会議に参加することによって、国際社会という場を知ることになった。第一回会議の記録は多くないのだが、条約批准後、加盟国として参加を求められた会議に参加するために光緒三十年にオランダに赴いた、出使俄国大臣（駐ロシア公使）胡惟徳、参賛官何彦、翻訳官陸徴祥らの残した記録がある。そこで胡は、以下のように述べている。

要するに、地球上の各国の形勢は春秋の時と変わらないのだ。春秋時代からすでに二千年を経ているとはいえ、個々の内容は春秋のころとまだまだ符合する。（中略）欧米両州で開かれている各平和会議へのわが国の招聘について、（中略）ロシア外交部によれば、その目的はロシアのわが国との邦交とともに、わが国が強国の列に加わることへの希望があるとしている。これは甘言であろうが、ただ朝鮮やブラジル、そしてアルゼンチンなどの諸国が、わが国と同様にロシアに使節を派遣して招聘を求めているのに、いまだに平和会議に招聘されていないことを考えると、わが国に対する優遇は明らかである。

第二回ハーグ平和会議には、アジアから日本・清・シャム・ペルシャ・トルコが招かれており、朝鮮は含まれていない。また、中南米でもメキシコは招かれているものの、ブラジル・アルゼンチンは対象外になっている。上記の胡の発言には、自らを世界の一員として相対化する方向性が示されている[22]。

それから三年を経た光緒三十三年、清朝は第二回会議に参加した。この会議では、赤十字などをはじめとする戦時国際法に関する審議がなされた。代表として参加した陸徴祥は、ほかの出使大臣とともに以下のように述べている。

ハーグ保和会（平和会議）における国別ランキングでは、わが国は三等国に降格されることになった。（中略）その理由としては、南北アメリカの諸国が、わが国のことを法律の最も遅れた国と口をそろえて言い、欧州各国もこれに付和したからであろう。ちょうど、安徽や浙江での事件で地方官の処理方法が不適切であったことが詳細に新聞で報道された時に当たり、各国はこれを引いてその証拠としている。みな中国の治外法権の回収を永遠に認めてはならないなどと言っている。

「三等国」というのは、参加国間でおこなわれた調整の結果、委員数などの負担の面で、清が三等国レヴェルとして扱われたことを指している。これは、日本の意向の反映でもあったが、陸が述べているように清自身に文明国標準において問題があったため、陸は、このあと速やかに憲法およびその他の法制度を確立し、主権を保つことを清朝中央に求めている。(23)

三等国にランキングされたということは外政官僚たちにとってかなりの衝撃だったようである。出使英国大臣（駐英公使）汪大燮は、親戚の汪康年宛の書簡で以下のように述べている。

『中外報』に掲載された記事によると、中国が和平会（平和会議）で三等国に列せられたものの、後に争って何とか一等国に上げられたとあるが、実はそのようなことは全くない。この何等国云々のことについては、「公断員之約」（常設仲裁司法裁判所設置に関する条約）を認めていない国が多いためにその条約が未だ成立していないので、我国としても三等国待遇について争うに至っていない。だから、一等国に列せられたということもなく、国別のランキングではなお三等国に位置づけられている。（中略）今日の天下は、極めて強力で優勢な国家であっても、必ず他国から嫌われたり疑われたりすることを防ぎ、より上を目指している。ドイツがモロッコに譲歩し、ロシアが小アジアの小国に譲歩したりしたのは、決して虚勢を張ってのことではなく、真の意味で列国の中で「雄」であると称されたいためである。そうであるなら、弱国とされている国や危険に晒されている国はなおさらそのようにしなければならないのではないか。今の中国は断じてイギリス・アメリカ・ドイツとの間に悪い感情を産み出してはならない。また私見を述べれば、海軍を興し、法律を改め、銭法（幣制・税制）を変えねばならないが、それに際しては内政方面からの支援が必要なのだから、まして条約改正や治外法権の回収、関税自主権の回復ともなればなおさらその支持が求められるのである。(24)

瓜分の危機から国を守るために強国にならなければならないという単純な救国論というより、国際的な視野にたった相対化と、文明国化への志向性が見て取れる。汪は、国民・政府・国家とは何かということに対する認知の面で、「今日の中国はなお南米の諸小国にも及ばない」と慨嘆している。(25)

ハーグ平和会議におけるこうした体験は、民国に入っても影響力をもつことになった。民国元年、臨時大総統令により民国三年に開催予定の第三回平和会議への準備が命じられた。(26)そして、会議の公用語がフランス語であることから、外国語に通じた人員を担当として抜擢した。この準備会議には、外交部のほか、陸軍部・海軍部・司法部から人員が募られたが、外交部からは、参事唐在俊・戴陳霖、司長陳籙、秘書顧維鈞、僉事熊垓などが加わった。準備会は十二月十二日に成立、会長には前国務総理陸徴祥があたった（民国三年四月末からは顧が担当）。これらの人員は、「国際法に通暁し、会議のことを熟知する人員」であるとされていた。(27)そして、準備会では各条文に対して検討が加えられ、国内法との関連などが審議されることになっていた。(28)この機関は、外交部の下部組織ではなく、大総統令で組織されていたので、対外政策に対する影響力が保証されていた。また、手続き的には、「中国は原加盟国とすでに同等の地位におかれている。第三回会議にそうした国々といっしょに調印し、条約への同意を示すとともに国体を保つ」ということも視野に含まれていた。(29)他国と同列に加盟することで、諸文明国、ひいては列強との同等を意識したのである。

二国間関係、それも基本的に中国から何かを「奪おう」としている国（あるいは華僑・華工の多い国）との交渉の下に想定された中国の「外交」が、光緒末年来の平和会議を契機として、次第に変化していった。具体的には、世界列国の中での中国という位置づけを意識しながら、自らのランクをあげるために文明国化する必要性を認知し、それを政策に反映させていったということである。[30] このような変容過程を先にあげた family of nations への参加というこれまでの議論の大枠の中でいかに整理すればよいのだろうか。ここでは、family of nations との関わりについて論じる際に指標とされる万国公法（国際法）との関わりから一つの仮説を示してみたい。それは、中国における国際法の受容（あるいは適用）の観点から見た場合、「テキスト的受容」、「手続き的受容」、「価値解釈的受容」の三段階の過程として捉えられるのではないかということである。[31]

第一のテキスト的受容は、まさに international law を万国公法として翻訳し、それが総理各国事務衙門によって翻刻、配布され、出使大臣や地方大官の幕友らによって読まれていく過程である。ここでは、当然のことながら恣意的な受容、偏った受容などが生じ、また読み方についても独自の理解や解釈が成立することになる。しかし、こうしたテキストの共有こそ、異文化間の対話の第一歩であるとも考えられる。だが、この段階では「適用」という局面は生じにくい。他方、このテキスト的受容は東アジアにおいては、大きな意味をもった。万国公法のみならず、さまざまな世界事情書がマカオなどで翻訳され、漢字文化圏に広まっていったことは、少なくともテキストの面で東アジア各国が共通の基盤をもつことに繋がったのである。

第二は、手続き的受容とでも言うべきものである。この局面では、そのテキストに記された内容をどのように交渉で利用するかという点での擦り合わせがなされる。どのようなケースで、どのような条目を用いるのか、またそれをどのような論理体系の中で使用すれば相手が納得するのかを、試行錯誤の中で身につけていく過程である。これは、必ずしも中国側が欧米から「教えられる」ことを意味しない。たとえば、現実の交渉の場面で中国側が中国における法の使い方を欧米側に伝えることがあるだろうし、欧米側が自然と学びとることもあり得る。[32] 実際の過程で清がまず直面したのは、条約締結に関わる様々な約束事と外交に関わる儀礼であろう。全権証書、格と待遇、国家元首の位置、批准の方法などは、受容と適用がセットになって迫ってきた事例である。また国民と国家の関係も重要な問題であったろう。教案（キリスト教をめぐる外交案件）などで外国人宣教師が襲われれば、国家どうしの外交問題になり、戦争になったりする。だが、外国に行った自国民を保護することについては、片務的治外法権の壁があった。そして、国境の確定。グレーゾーンを認めない区切り方であった。さらに外政機構の設立。総理衙門が外務省相当かどうかは議論があるところとしても、洋務機関である総理衙門を設立し、さらに在外公館を各地に置いていく過程は、まさにこの適用のプロセスであろう。このほか、海のルール（海事関係）、国旗などのシンボルをこの時期に清が採り入れていったこともその一例として考えられよう。これは当時西欧を中心に形成されていた「標準」の受容でもあった。

だが、手続き的受容と適用は、対等な主権国家間の外交をおこなうとか、「文明国化」するためというよりも、あくまでも西洋との「通商」や「外交」にともない発生する諸交渉において求められた。条約を締結するということや、公使館や領事館を設置するということから見れば、確かに清は万国公法を受容し、適用していることになるのだが、それは必ずしも欧米を見習うとか、文明国化するとかということではなく、それまでの国制ではコントロール不能な相手とのやりとりに必要なこととして意識され、そのための手引き書が万国公法であった。だからこそ、これらは「夷務」や「洋務」といったエクストラ・ワーク概念の下に位置づけられたのである。

一九世紀後半の清の万国公法理解を示すひとつの事例として以下の史料がある。これは一八七四年の台湾事件に際して、北京を訪問した大久保利通に対して総理衙門側が述べた内容である。

万国公法に照らしてみれば、貴国の挙動がそれぞれ公法と符合するか否か、誰でもわかりきっていることだろう。本大臣はヨーロッパ公法全体に通じているわけではないので、ここでこれを以て問いただそうとは思わな

いけれども。(33)

清側は日本の行動について万国公法に照らしても符合しないと揶揄している。日本側にとって台湾事件は、万国公法の理解者として自らを内外にアピールする機会であった。すなわち、清の一官僚から「化外の民」という言質をとり、まさに万国公法を適用して出兵していき、国民保護の論理で琉球が自国領であることを清に認めさせたと息巻くのである。だが、実際には清から万国公法を根拠に批判を受けていたのであり、日本が万国公法を清よりも熟知していたと考えることには慎重になるべきだろう。だが、注意すべきは、清はそれを特に国際社会に対してアピールすることはしなかったということである。これは、この時点では、清に「文明国化」への志向性は看取できないことと関連している。清と異なり、日本は、自らを万国公法を理解した「文明国」としてアピールし、同時に清をそうでない「野蛮国」に位置づけようとする傾向があった。このような日本外交史における理解の仕方や歴史の語りこそ、「文明国（近代）の日本、野蛮国（伝統）の清」という縮図の下に作られたポリティカル・ディスコースであり、それが現在に至るまで継承されているとも考えられる。

第三は、価値解釈的受容とでも言うべきものである。この局面では、万国公法（二〇世紀初頭から国際法、国際公法）の背景にある考え方や価値について受容し、共有するということがおこなわれる。そして、二〇世紀の最初の二〇年間、あるいは二〇世紀の前半の中国は、総体的にみれば西洋近代への志向性が強まり、この価値的受容を目指した時期であったと言える。これはたとえ、救国のために、あるいは日本からの侵略から免れるために「選択」された政策であったという面があるにしても、外交政策においては、国際社会において国際標準としての万国公法を身につけた文明国として認知されること、そしてそのように振る舞うことに重点が置かれた。台湾事件の時の日本の方向性に類似した状況になったのである。他方、この時期には不平等条約の締結史としての『清季外交史料』が編纂されるなど記録・記憶づくりもおこなわれた。これらの議論をより外交史に近づけると、中国における近代

「外交」が様々なジレンマ、紆余曲折をともないながら、二〇世紀前半に形成されたということになろう。[34]
では、この中国での「近代」外交が形成される過程でいわゆる「朝貢」はいかに捉えられたのか。周知の通り、一八八〇年代に中国と朝鮮の関係に見られたいわゆる「属国体制」下で、中国は朝鮮に対して「外国と通商すること」を認め、「朝鮮は属国であるが、内政外交においては自主」という姿勢を採った。[35] これは、外国との通商の中に西欧的な意味での外交が含まれるということを含意し、朝鮮の外交という言葉には中国との関係が含まれないことを示している。すなわち外交は、属国体制には関わらない諸国との関係性を規定するものなのであった。[36]
当時の清にとっては属国体制と洋務の下にある対外関係が共存可能であったし、西洋もそれを否定しないと李鴻章は考えていたのだろう。だが、このような「外交観」は第三の価値的受容の時期にそのまま継承されたわけではない。「近代」、「文明国化」の志向性の下に位置づけられていくのである。
以上のような変容過程を、中国の外交史に特徴的な用語の面から考えると、夷務→洋務→外務→外交という流れの中での整理が可能だろう。夷務と洋務は、対東洋・対西洋の属国体制に含まれない国々との通商事務を指している。この時期にも外交という詞はあったが、それは通商をおこなうに際してのルールと交渉を指していた。李鴻章の秩序観はこの枠の中にあったと言ってよいだろう。この通商と外交の逆転が起きるのは、少なくとも組織の面では、光緒二十七年の外務部の成立によってであろうと筆者は考えている。[37]

2　中国外交史研究の位置

歴史をいかに捉えるかという大きなテーマをここで論じるつもりはないが、ここ数十年の間で、少なくとも、西洋中心的発展段階論、マルクス主義史観、あるいは近代化論などといった、定式化された歴史認識が疑われ、他方で国家史を支えてきた近代史学への問い直しの契機が生まれて、事件史的な政治史や、国民経済形成史的な社会経済史に対する問題提起が相次いだことは間違いないだろう。こうした数多くの問いに対して、研究対象を生活や風俗も含めて多様化させ、史料も文書のみならず五感に関わる様々な遺物を対象にし、一方で計量的に長期的な波動を示すなどの客観化もおこないながら、叙述としては事件史的な語り口でない、「物語」としての歴史叙述を重視する方向性が模索されてきた。無論、歴史学という方法それ自体に対する問いも盛んであった。

中国史研究においても、そうした趨勢は確かに見られた。だが、中国史研究、特に近代史研究における問題のあり方は、多少位相を異にしていたのかもしれない。中国近代史研究において顕著に見られたのは、「革命史観」からの脱却という方向性、断代史の見直し、チャイナ・センタード・アプローチなどといった、これまでの「価値」、「評価」への問い直しや、一層の確からしさを求めた「地域」史などといったことではなかったか。中華人民共和国や中華民国のおかれている状況、その歴史観の影響を強くうけつつ、上記のような方法論的課題を受けとめていく必要性が中国近代史研究にはあったのである。「革命史観」は中国共産党が創出した歴史観である。そしてここから脱却すべく、これに依拠してきた歴史叙述の方法をあらためて、たとえば民国期を再評価するような方向性があった。他方、断代史の見直しは、まさに王朝が替われば歴史が切れるように、清朝・中華民国そして中華人民共和国への流れをそれぞれ断絶的に描くのではなく、連続性を重視しながら考えるという方向性である。ここから、辛亥革命前後、一九四〇年代後半が注目されることとなった。チャイナ・センタード・アプローチは、要するに西洋中心史観など、外から歴史イメージを押し付けたりしないということと、また同時にウェスタンインパクトを強調するのではなくて、中国の内在性を強調して歴史を説明しようという方向性である。地域史は、これまでアプリオリに「中国」を歴史世界として前提にしていた状態から、それぞれの地域性を重視した研究へと移行していくさまを言う。このような中国史における変化の背景には、ひとつには日本の中国研究が「支那学」以来の伝統を持ち、また一方で中国共産党と国民党によるイデオロギー的な歴史観の強い影響をうけてきたために、まずそれらを相対化する必要があったという事情がある(38)。

このような状況の下における外交史研究はとても難しい位置にある。容易に見てとれるように、外交史研究というジャンルこそ、まさに批判を受けている文献実証主義的な歴史学のあり方に極めて近いからである。国家を前提とし、インタビューはとるにしても文書中心主義をとり、そしてきわめて淡々と事件主義的に叙述していこうとする外交史研究こそ、まさに「つまらない事件史」の代表であろう。だが、外交史研究は、この「つまらない事件史」だからこそ意味を持ちうると筆者は考える。外交という対象は、時のマスメディアや担当者の回想、同時代人の分析など様々な「解釈」の中にある。また、国家や政権の正当性に関わるためポリティカル・ディスコースとともにあり、言い換えれば様々な先入観や政治化されたストーリーの中にある。こうした対象を研究するとき、実は「外交文書」なる当事者の史料に依拠し、きわめて事件史的に淡々と語ることによってしか、そうした先入観や印象を破っていくことはできないのではなかろうか。無論、外交文書がはたして歴史的な事実を代弁しているのかという疑問はあるであろう。だが、少なくとも外交交渉を対象とするならば、まず参照すべきはこの外交文書であることは確かである。外交史研究は、人々の記憶がさまざまなかたちで生き残り、信じられ、語られている時、「実証」という一つの手段を以てそれらを相対化せんとする試みなのである。中国近代史は、まさにこのような様々な記憶の宝庫である。この価値とともにある記憶の束の由来と根拠に対し問題提起をするため、あえて外交史研究という方法をとると言っても過言ではない。これを可能にしたのは、中国外交档案が大幅に公開されたことである。これに依拠することで、はじめてつぶさに実証的な外交史を描くことができるようになったのである。外交档案もまた後世のポリティカル・ディスコースや同時代の評価同様、価値の束であるとする見方もあろうが、同じ価値なら、同時代性と当事者性に基づく価値をまず整理すべきであろう。また、中国近代史では、史料が長らく政府に管理されていたこともあり、人物中心の私文書や、政府のまとめた史料集が「事実」を支える根拠となってきた。外交档案は内容、分量ともに、以前の私文書や公刊物とは比較にならない重みを持つ。また、档案を大量に公開した現在の中華民国（台湾）は、すでに民国前期に関するポリティカル・ディスコース形成に熱心ではなく、本書の依拠する外交档案における恣意性は限定的と考えてよいだろう。これらもまた本書を支える重要なファクターである。

また、地域史が盛んである中国近代史研究にあって、あえて「中国」なるものが何故存在しえるのかという課題に取り組むこと、この点においても外交史はひとつの鍵を与えてくれるであろう。「中国」を前提とした外交が、中央でも地方でも存立していく基盤を考えることがそれにつながるはずである。一九世紀の末から二〇世紀初頭の、いわゆる清末民初期の中国にとって、最も重要な課題のひとつは、国家の維持・存続であった。そのためには、富強ということもさることながら、国家を単位とし、主権と密接に関わる外交が重要であった。国内に様々な外国利権が設定されていた当時、特に都市部は外交問題が発生しうる契機に満ちていたが、こうした中にあって、外交をおこなうことは、一方で体外的に国家を保持することになり、一方で国家の構成員の目にさらされる外交をおこなう主体にとっての正当性のひとつの源泉となっていたと考えられる。こうしたことから、この時代の位相を捉えるうえで外交がひとつの鍵となり、また外交が当時の同時代的な歴史の中にあるということにもなるのである。

他方で、特に近年の国民国家の相対化という風潮の中で、「外交」という国家に密着したように考えられるテーマを扱うこと自体にためらいをおぼえる向きもあろう。歴史学では、社会史、生活史、そして国境を相対化した地域史が盛んにおこなわれた。しかし、この国家の相対化という視角も、国家を対象とすることに意味がないということではなくて、従来のようなアプリオリに国家史を対象とするような研究のありかたに対する批判として生まれたのだろう。まして、現実に国家が相対化されて、従来の役割に変更が見られるのであれば、まさに国家の可能性について歴史的に考察しなければならないのではないか。特に東アジアにおいては、ナショナリズムやリージョナリズムの台頭などを背景として、国家があらためて前面に出てくる状況にある。そして、人やモノの往来が活発になればなるほど、実は「国家」や「国民」の意味が問われることになること、また特に東アジアにおいては冷戦構造が地域的な論理で読み換えられながら、各国家や地域が現在も国家建設をおこないつつ、「全球化」（グローバリゼーション）の下で新たな地域秩序を構築しなければならないということがある。そうした場において、国家の力が相対的に弱く、様々なアクターが対外関係を模索した二〇世紀初頭という時期の「外交」を研究対象とすることには少なからぬ意味があるのではないだろうか。

以上、近年の歴史学の趨勢および中国近代史研究の概況を述べ、そこでの中国外交史研究の位置づけについて見てきた。ここ数年は、グローバリゼーションの中で個別性よりも普遍性が重視される傾向が見られるが、だからこそ、今度は依然として巨大なアクターである国家の役割を再点検し、外交の可能性をあらためて検討する必要があるように思う。

3　先行研究と本書の位置（1）——前史・清末以前の対外関係

中国近代外交史に関する先行研究を見ると、三つの大きな特徴がある。第一は、研究それ自体が全体的として少ないこと、第二はおこなわれてきた研究を数的に見れば、それが清末に集中しており、中華民国期の研究は手薄であること、第三は史料として『籌辦夷務始末』や『清季外交史料』などの公刊史料を利用したものがほとんどで、外交档案に依拠した研究はたいへん少ないことである。この背景には、外交史研究が政治に密接に関わるため忌避されてきたこと、また両岸の政府により公式見解が明示されていたため研究する余地が見出せなかったこと、史料の公開が進んでいなかったこと、などの理由があろう。しかし、ここ一五年ほど、中国や台湾で状況が変化し、後述するように、台湾では実証的な中国外交史研究が進展、中国でもナショナリズムの高揚にともなって近代外交史研究が活発になっており、数的にも研究は増えている(39)。日本の学界でも若手研究者を中心に外交への関心が高まっている。

日本の中国外交史研究は、実は「絶学」と言われて久しい。これは日本のみならず、アメリカにおいても共通に言えることである。「絶学」と言われるようになったことには様々な背景があるが、特に挙げるとすれば以下の五点があろう。第一に主に一九八〇年代から九〇年代前半、時代が経済の時代と言われ、政治外交そのものへの関心が薄れたこと、第二に冷戦構造の変容とともに国家の果たす役割が限定され、「グローバル」な領域、あるいは地域研究が新たな研究テーマとなり、国家を前提としたものへの知的関心が薄れたこと、第三に国際関係を考えるにしても、政治外交史というハードなスタイルで明らかにするのではなく、地域性や文化性を考慮した重層的な関係の総体として捉えることが提唱されたこと、第四に一九六〇年代から七〇年代の初めにかけて公にされたJ・K・フェアバンクや坂野正高の一連の研究成果によって、この分野の研究が一段落したという印象があったこと、第五に日本国内において中国外交史研究者を養成する場が少なくなっていたことである。このような状況は、中国の「大国化」、強烈なナショナリズムという印象によって政治・外交への関心が高まりながらも、大枠としては基本的には変わっていない。

このような中にあって蓄積されてきた研究のうち、ここではまず、前史としての清末までの対外問題をめぐる議論について、清末に重点を置きながら見ておくことにしたい。二〇世紀初頭を議論するに際して、前史である一九世紀後半に至る過程を見ておくことは必要な作業である。

（1）冊封と朝貢

冊封体制論は、一九六〇年代初頭以来、「東アジア論」とならんで西嶋定生らによって議論されてきた。佐々木揚「清代の朝貢システムと近現代中国の世界観㈠　マーク・マンコールの研究について」（『佐賀大学教育学部研究論文集』三四‐二、一九八七年）が先行研究を手際良くまとめている。ここではそれに依拠しながら簡単に先行研究を整理してみたい。冊封体制は、漢代に成立して後代に継承された東アジアの国際秩序として想定されたとされるが、要するに中国が国内における「法・徳・礼」的秩序観を外にも拡大して理念化したもので、朝貢してくる周辺の「首長」や「酋」たちに中国の爵位や官号を授けて彼らとの間に君臣関係を結ぶことによって成り立つ。ここでは、内と外が一体のものとして、あるいは同心円状のものとして捉えられる。上記の「法・徳・礼」で言えば、郡県制度が実行されているところでは「法・徳・礼」がおこなわれ、そこには「内臣」がおり、その外側に「徳・礼」だけの地域があり、そこは爵位や官号を授けられた「外臣」がいると観念される。そこは基本的に間接統治で、さらに「外臣」よりも外側には朝貢国のエリアがあり、そこには「徳」だけがおよぶ。それよりも先となると、「法・徳・礼」のいずれもがおよばないところということになる（西嶋定生「六―八世紀の東アジア」家永三郎他編『岩波講座日本歴史』〈古代2〉岩波書店、一九六二年所収、栗原朋信「漢帝国と周辺諸民族」荒松雄他編『岩波講座世界歴史』〈古代4〉岩波書店、一九七〇年所収）。また西嶋は、『日本歴史の国際環境』（東京大学出版会、一九八五年）において、こうした枠組みを中国史全体に拡大する試みをしている。ここでは、元代にこの秩序が再編されて清代にいたったものの、清末には崩壊したとされている。そして、このような秩序は、「漢字文化・儒教・律令制・大乗仏教」などにより特徴づけられる「東アジア地域」（日本・朝鮮・ヴェトナムを含む）において、上記四特徴を各地に広めていき、地域を地域たらしめる機能を持ち得たとされた（西嶋定生「東アジア世界の形成Ⅰ　総説」荒松雄他編『岩波講座世界歴史』〈古代4〉岩波書店、一九七〇年所収）。このような西嶋らの議論に対しては当然の批判があろう。

第一に、これらの議論は基本的に日本をいかに位置づけるかという問題性の中にあるので、中国を見ようとしているわけではないのではないかという批判があり、第二に漢代の対外関係を隋唐、さらには明清にまで拡大するのには根本的に無理があるという批判もあろう。だが、歴代王朝の想定していた対外関係における秩序にこうした基礎があったことは確かであり、清代から見れば、このような冊封体制は、朝貢体制における部分的理念を構成した重要な要素であったと考えられるのである。特に、政治的に朝貢をして君臣関係を結んだ朝鮮や琉球について見る場合には、この冊封関係に対する理解が必要となろう。

しかし、部分的と記したように、この冊封体制が清代にいたる中国の対外関係を律していた秩序全体であると考えることには無理があるだろう。また、朝鮮史やヴェトナム史から考えれば、冊封体制論は、あまりに中国中心的な議論と映る。そして、これはすでに菊池英夫「総説——研究史的回顧と展望」（唐代史研究会編『隋唐帝国と東アジア世界』汲古書院、一九七九年所収）が鋭敏に指摘し、また後に濱下武志の議論にもつながっていくことだが、この議論が政治外交偏重で、経済・財政・交易の観点からの考察が不十分だという面もある。西嶋定生は、唐の滅亡によって古代の国際秩序としての冊封体制は崩壊し、宋代に至って市舶司の設置に見られるように交易圏としての（中世）東アジア世界が形成され、それが明代になると冊封体制と勘合貿易の結合体として東アジア世界の再編がおこなわれ、それが清朝にも継承されて拡大していくというイメージを提示している。この議論は、西嶋前掲書『日本歴史の国際環境』に端的に示されている。

他方、唐代の研究者からは、堀敏一『中国と古代東アジア世界——中華的世界と諸民族』（岩波書店、一九九三年）所収の諸論文に見られるように、パワー・ポリティクスに近い分析のほうが有用ではないかという批判があり、日朝関係史研究者からは、冊封体制は華夷関係における諸関係のうちのひとつである君臣関係であり、このほかにも父子・兄弟などの擬制的な血縁関係の中に位置づけられる「会盟体制」、朝貢だけおこなっても冊封をしない

「修貢体制」、特に国家としての関係がないまま私的通商がおこなわれる「私的通商体制」もあるとの批判もあった(中村栄孝『日朝関係史の研究』吉川弘文館、一九六五年)。こうした議論は、清代においても大変示唆的である。清代でも、冊封、朝貢は原則的に維持されたが、「私的通商」が互市国として位置づけられるなど、「修貢」、「会盟」も含めた多様な視点が求められている。

既に述べたように、日本の学界における冊封体制論は基本的に日本をいかに位置づけるかという議論を強く内包していた。また唐代における交流対象国の拡大、また明清期における朝貢国の地域的拡大などにより複雑化した対外関係については、さまざまな研究が蓄積されてきている。たとえば漢族以外の人的集団に対して王朝の官号を与えるかたちで、雲南方面などに設けられた土司などは、西嶋定生の議論からは見えてこないが、その後多くの土司研究が積み重ねられてきた。土司制度については、日本でも武内房司らの業績があるが、さしあたり余貽沢『中国土司制度』(中国辺疆学会、一九四七年)が概説書として有用だろう。

明清期の朝貢体制論は、冊封体制論の影響をうけつつも、多様化、複雑化した実情を説明しようとするものである。この時期に関する議論は、特に日本の鎖国論への見直しや東南アジア研究からの問題提起によりもたらされた。近世日本史は「鎖国」論を見直し、一七世紀以来の日本、中国を含めた東アジアの国際秩序を、「華夷秩序」と「海禁」の下に位置づけた。代表的な研究に、荒野泰典『近世日本と東アジア』(東京大学出版会、一九八八年)、ロナルド・トビ『近世日本の国家形成と外交』(速見融他訳、創文社、一九九〇年)、田代和生『近世日朝通交貿易史の研究』(創文社、一九八一年)などがある。華夷秩序は、決して中国だけに特徴的なものではない、東アジアに共有の世界観であり、朝鮮や日本もまた自らを(小)中華、あるいは中国などと名乗り、自らを華とし、周辺を夷とする世界観をもっていたとするもので、海禁は要するに時の王権が貿易利権を独占することなどを目的として対外貿易全体を管理しようとする体制を言う。他方、東南アジア研究は、海禁が東南アジアにおいて広範にみられ、各王権が貿易を独占し、そこに存立基盤を求めていたことを明らかにした。また、海禁とともにある国家間関係については、二重朝貢をはじめ複雑な状況にあり、決して一国を頂点した一元的な秩序でないことを示し、さらに対中朝貢については、その媒介となっていたのは華僑であること、また東南アジアの諸国家自身は必ずしも中国に服属するという意味で朝貢しているわけではないことを明らかにした。この点について筆者には先行研究を網羅する能力がないが、基礎的な文献として、Anthony Reid, *Southeast Asia in the Age of Commerce 1450-1680, vol. II : Expansion and Crisis*, Yale University Press, 1993があり、このほか和田久徳「琉球と李氏朝鮮との交渉――一五世紀東アジア・東南アジア海上交易の一環として」（石井米雄・辛島昇・和田久徳編著『東南アジア世界の歴史的位相』東京大学出版会、一九九二年所収）が明に朝貢しているとされる琉球と朝鮮二国の関係を明らかにし、増田えりか「ラーマ一世の対清外交」（『東南アジア　歴史と文化』二四号、一九九五年）は、シャム側の国書と中国に残された漢文史料を比較検討し、恐らく広東でなされたその翻訳に朝貢システムの本質を見抜かんとする。このほか、東南アジア島嶼部の「海域」にとって中国との貿易関係がいかなる意味をもったのかということを示唆的に示す文献として、J. F. Warren, *The Sulu Zone 1768-1898 : The Dynamics of External Trade, Slavery, and Ethnicity in the Transformation of a Southeast Asian Maritime State*, Singapore University Press, 1981がある。

このような研究成果は、冊封体制論だけでは東アジア・東南アジアの秩序を説明しきれないことを如実に示した。中国も朝鮮も日本もそれぞれを頂点とする華夷秩序を独自に有しており、恐らくは中国を起源とする華夷秩序が拡大したものとも思われるが、中国をセンターとする一元的な関係で、東アジアを説明することは困難になった。他方、東南アジアに眼を転じてみても、ヴェトナムは「南の中華」としての意識を有していたとされるし、またシャムも周辺諸国に対する中心・周辺意識を有していたであろうし、中国の有していた秩序観で現実の状況を示すことに相当無理があることが明白となった。

また、このような関係は、単に政治、外交の面だけで説明できるものではない、実質的な貿易のコントロールの側面を有していたという指摘も、儒教的秩序観に依拠した冊封体制論では説明しきれていない部分であった。

このように、各国が自らを「華」として位置づける秩序観、そして王権が貿易を管理する体制が東アジア・東南アジアに広まっていたということは、一見、自らを中心とする点で立場的には対等でありながらも、相手との関係における平等性は想定されていないのであるから、直接国家と国家が接触すれば問題が発生する恐れのあるシステムであった。そこで、国家と国家が直接触れ合わないようにするか、あるいは一面で服従しながらも、一面では自らを華とするような論理的調整をおこなう必要があった。このような調整をおこなったのが、たとえば対馬の宗氏のようなマージナルな領域の権力や、地方の大官、あるいは朝貢を請け負った華僑たちであったろう。彼らは、国書の翻訳過程で、双方が「華」意識を維持できるようにし、また訪問地の「海禁」のルールにしたがって貿易をおこない、帰国時にはその威信を訪問先で保ったという方向のディスコースをつくるなどさまざまな調整をおこなって、体制全体が維持されてきたと考えられる。実際、増田前掲論文「ラーマ一世の対清外交」は一八世紀のシャムの対中「朝貢」について、タイ語の国書が漢文史料にあるような臣服、恭順を決して示しておらず、広東での翻訳過程で臣服、恭順を示す文面にかえられたことを明らかにしている。

このような、ある意味で無理があるように見える体制を維持できたのは、第一に通信・交通が未発達であったという技術的要因がある。第二にいったい誰が真の「華」であるのかということを突き詰めていくことに必ずしも重きが置かれなかったことにも示されるように、この秩序が多元的な華と夷が多方向的に築かれることを許容するものであり、決して全体を統括するピラミッド構造というわけではなかったということも重要な要因である。第三に朝貢された国が朝貢国の内政や外政に介入することが極めて稀だったということもあろう。そして、これが多元的でありながら維持された一つの要因は、「海禁」という管理貿易とそこからの収入確保という財政的な現実的要請があったからであろう。

(2) 清朝の対外関係

清朝の対外関係については「華夷秩序+海禁」が根幹にあり、また清がどこかに朝貢するということはないから、清にとっては基本的に自らを中心とする一極集中的なものとしての理解がなされていた。そして、これは一九世紀後半になると変化するが、朝貢国の内政や外政に干渉することも極めて稀であった。坂野正高は、「東アジアには中国を中心としてその周辺に朝貢国がこれを囲んでいるという一種の国際関係があった」、それは「中国と個々の朝貢国との間に見られる複数の関係の束である」と指摘しているが、一方で「中国側のこのような建前を相手国がどう考えているかは別個の問題」としており、必ずしも実態としての一元的システムを想定しているわけではなく、また「中国を中心とする、という表現は単純にすぎよう」と述べ、東アジアの朝貢関係が網の目のようであり、かつ錯綜したものであったことを指摘した(坂野正高『近代中国政治外交史』東京大学出版会、一九七三年、七六—八〇頁)。濱下武志もまた、その著書『近代中国の国際的契機』(東京大学出版会、一九九〇年)、同『朝貢システムと近代アジア』(岩波書店、一九九七年)、あるいは同「近代中国と東アジアの交易システム」(京都大学東南アジアセンター編『事典東南アジア——風土・生態・環境』弘文堂、一九九七年所収、二九六—九七頁)などで、同心円モデルを提示、「法・礼・徳」の浸透度に応じて段階的に規定されていたとされる同心円に加え、その重層性、双方向性などを指摘している。

他方、たとえば藩部や土司圏と清朝との間でも「冊封」に近いかたちが見られながらも藩部や土司圏を清の朝貢国と見なすことはなく、版図の一部としていたように、「版図」の内外の区別は明確だった。「徳」が境界をこえて広まっていくとは言っても、「版図」、「疆域」意識や境界意識は明確に存在し、行省地区(省が置かれているところ。

多くは郡県制度が施行されている）と藩部が版図とされた。無論、それは、その内側の土地と人民にひとしなみに統治がおよぶという近代主権国家における国境、国土観とは異なっていた。こうした点は、後に「版図」、「疆域」意識が「国境」となる変容過程を説明する、茂木敏夫「中華世界の構造変動と改革論――近代からの視点」（毛里和子編『現代中国の構想変動　中華世界――アイデンティティの再編』東京大学出版会、二〇〇一年所収）、同「東アジアにおける地域秩序形成の論理――朝貢・冊封体制の成立と変容」（辛島昇・高山博編『地域の世界史』第三巻「地域の成り立ち」山川出版社、二〇〇〇年所収）などに現れる論点である。

この内と外では交渉が発生するが、まずは「疆域」の縁内に近い地域がその向こう側にある縁の外と交渉をもつ。陸路の場合、交通路により交渉の場が規定され、海に面した場合は、季節風により「外」と結びつけられた港湾の所在地の官衙がそれと交渉をもった。そして「外」の者たちは、清の「華夷」秩序観にのっとり、交易をおこなう場所、時期、回数、量などを特定された。無論、「漂流」という方法で回数を増やしたりすることもできたが、清にとってはそれは例外として位置づけられ、漂流船に貿易を認めても「格外の恩典」としておこなわれるものとされた。朝貢をおこなわずに貿易だけをおこなう場合（互市国）は、定められた場所で交易をおこない、朝貢する場合は、決められたルートにそって上京し、皇帝との間で進貢／回賜、および北京での商いを許された（進貢使が寄港地に戻るまで、同行した商人たちは中国各地に買いつけに行くこともできた）。なお、朝貢には幾つかの省略形態があった。たとえばイギリスなどの広東システム参加国は朝貢国として位置づけられたが、実際の朝貢はおこなっておらず、朝貢に伴う手続きをおこなっているというフィクションの下で朝貢国に位置づけられていた。こうした朝貢に関する制度、広東システムについては、やはり坂野前掲書『近代中国政治外交史』が詳細に説明している。

こうした交渉を担当した地方官は、中央と連絡をとりつつ基本的に独自の裁量で交渉すると同時に、外の世界の論理を、中国的な華夷秩序に変換する媒体役も担った。このような地方官には、両広総督、広東巡撫だけではなく、モンゴル方面ならタルバガダイ将軍などがおり、東北であれば盛京将軍、西南なら雲貴総督らがいた。地方大官や将軍たちは、そこで貿易をおこなう互市国や、そこを起点として朝貢する国々との交渉をその業務としていた。このような大枠としての理念と中央の管理体制を前提とした、地方による自立的な交渉のあり方は清朝の体制のひとつの特徴であり、中央政府は外の勢力が直接首都におよぶのを嫌い、中央に来た場合には「礼」にのっとった儀礼にもとづいて行動することを求め、自らの権威づけに利用した。こうした点は、梁伯華『近代中国外交的巨変――外交制度与中外関係的研究』（台湾商務印書館、一九九〇年）にまとめられている。

中央政府において朝貢を担当するのは基本的に礼部であったが、藩部を介してそれをおこなう地域（ネパール、ヒバ、ボハラ、そしてロシア）については理藩院管轄とされ、軍機処がそれらを統括した。清朝は非中国世界を、「西北の弦月」（非儒教・遊牧・茶馬貿易）と「東南の弦月」（儒教・農業）に分けていたとされる。前者が理藩院管轄、後者が礼部管轄であった。なお理藩院は、一六三八年に蒙古衙門が改称されて成立、一六五九年に礼部に属したが、一六六一年再独立した。また、ロシアについては、ネルチンスク条約、キャフタ条約のあとも、基本的に朝貢国扱いであった。条約の締結をいかに捉えるかについてはロシアの文書を利用した本格的研究が日本でも進行中である。「西北の弦月」についてはM・マンコールの議論が参考となるが、この点は佐々木揚「清代の朝貢システムと近現代中国の世界観(一)　マーク・マンコールの研究について」（『佐賀大学教育学部論文集』三四-二、一九八七年）、同「清代の朝貢システムと近現代中国の世界観(二)　マーク・マンコールの研究について」（『佐賀大学教育学部論文集』三五-二、一九八八年）が必見論文である。

各国別に朝貢に関するルールが定められたが（朝貢の起点となる港、何年何貢など）、こうしたルールには清代をつうじて、数多くの変更が加えられた。ここでその詳細を述べることは、筆者の力量ではできないが、たとえばイギリスからの使節であるマカートニーやアマーストの要請は、清から見れば、自由貿易体制からの挑戦としてではなく、朝貢のルールの調整として位置づけられたと考えていいだろう。この点はG・マカートニー『中国訪問使節日記』(坂野正高訳、東洋文庫、一九七五年)が重要となる。

また、こうした朝貢体制が多くの場合華僑の経済活動と密接に関わっており、それが「天朝棄民」と言われた華僑の移民先での安定と繁栄を保障した面も重要である。つまり、移民先で華僑たちは中国との貿易を担い、利益を現地の王権に還元することで自らの立場を維持できたということである。これもまたこの体制のもたらした特徴と言えるだろう。この点は茂木敏夫『変容する近代東アジアの国際秩序』〈世界史リブレット41〉(山川出版社、一九九七年)の指摘するところである。

このように、清の対外関係の根幹を成す朝貢体制は、第一に理念に支えられた政治的意味をもち、第二に貿易、経済関係を律し、第三に海外の華僑の身分を保障する面を有したと言えるのだが、この体制が諸関係の束としてでなくシステムとして機能していたかどうかについては議論の余地がある。坂野正高は、英語で tribute system と訳されるにしても、それは研究者の操作的な概念で「歴史的実在として、ひとつのまとまったシステムとしての朝貢関係があったかといえるかどうかは別個の問題」だとしている(坂野前掲書『近代中国政治外交史』七八―七九頁)。たしかにひとつのまとまったシステムとしてこの体制があったかということには議論の余地があり、個別具体的な関係の束であったかもしれない。しかし、『大清会典』には、朝貢国にかかわる制度が示され、これによって自らを上位とする他国と対等でない国際関係を観念し、また周囲を緩衝国・藩屏として安全保障に役立てることができ、そして何よりも貿易を独占して利益をあげられたことは確かであったし、華僑の一部もこれに従事することで生業を得ていた。だが、坂野の議論に従えば、そもそも「朝貢システムと条約システム」を同レヴェルのものとして対峙させる問題設定それ自体に問題があるということになろうか。恐らくは「システム」それ自体の定義の問題なのだろう。以下、清末の対外関係に関する議論を幾つかのトピックに分けて整理してみたい。

（3）朝貢と条約

一九世紀中国をめぐる国際関係については、多くの場合、中国を中心とする「朝貢システム」と欧米を中心とする「条約システム」の対峙・相克・葛藤が描かれ、そこでは朝貢システムが条約システムに破れ、中国が条約システムに包摂されていく変容過程についての説明がなされることが多かった。そこでの歴史叙述では、戦争における中国の相次ぐ敗北、そして中国にとっての朝貢国の喪失の過程などが朝貢システムの崩壊過程として描かれ、近代的外交機関とされる総理衙門の設立、在外公使の派遣などが近代条約システムへの適応過程として注目された(40)。岡部達味は「中国外交の古典的性格」という一文において、以下のような視点を示している。

これに対し（中略）「中華秩序」のモデルで中国の外交を理解しようとする考え方がある。しかし、一八四〇年以後の屈辱の歴史から逃れるために、中国は主権、独立、内政不干渉、富国強兵といった一九世紀に典型的に形成された近代国際社会のルールを逆用してきたのである。中華秩序、華夷秩序は、一九世紀半ばに国民国家体系に敗北し、崩壊した。歴史的前例を求めるなら、過去一五〇年間の歴史と、現在の国際社会により類似した春秋戦国時代が想起されるほうがはるかに自然である(41)。

岡部の議論は、中国がむしろ「近代国際社会のルールを逆用した」とし、また中華秩序よりも春秋戦国を伝統として想起すべきとする点で極めて興味深いが、一九世紀半ばに「国民国家体系」が「中華秩序、華夷秩序」に勝利したとする点で、従来の議論を継承している。

こうした「朝貢と条約」についての議論は、ウェスタンインパクト論、あるいは伝統―近代パラダイムに乗ることで多くの支持を獲得したように思える。ウェスタンインパクト論は、中国外交史研究においては、J・K・フェアバンクや坂野正高が大枠として利用していた。フェアバンクは「中国は自身の独特な伝統をもっていたので、近代化は外からしなければならなかった」とウェスタンインパクトを強調し(42)、坂野も概説書において「朝貢国の喪失と国境確定」あるいは「組織機構の欧米化」という文脈で一九世紀の後半を描いている[43]。こうした方向性は、Ｐ・コーエン『知の帝国主義』（佐藤慎一訳、平凡社、一九八四年）の言を待たずとも、各方面から批判を受けた[44]。批判を受けたのは過度に単純化された西洋中心史観や伝統・近代パラダイムであった。

しかし、実際のところＪ・Ｋ・フェアバンクや坂野正高は、決して単純なウェスタンインパクト論を展開したわけでなく、多くの留保をおこないながら議論を展開していた。これは看過できない事実である。フェアバンクは、ウェスタンインパクト論を採用しつつも、一方で西洋の多様性を強調し、東洋における「西洋の単純化」に警鐘をならした。他方、坂野は、大枠としてウェスタンインパクト論や政治近代化論に依拠しつつも、常に中国的特徴・中国に即した文脈を強調することを怠らなかった。フェアバンクにしても、坂野にしても、膨大なディテールを目の前にして、どのように議論をまとめていくかという点でウェスタンインパクト論に依拠した説明をしたものと思われる。

（４）坂野正高の中国外交史研究

次に、日本における中国外交史研究の泰斗である坂野正高の研究について見てみたい。

坂野正高は日本における中国外交史研究を確立した研究者である。その師である植田捷雄が国際法的なアプローチによる外交史を志向したのに対し、坂野は政治学的な、あるいは中国政治研究としての中国政治外交史を志向したと言えるだろう。無論、坂野が属していた法学部という研究環境の下で、また坂野自身が欧米言語に大変強かったという事情もあって、やはりモデルとしての「近代」を常に意識しながら、比較の視点をもって研究をおこなっていたということは十分に理解できる。また、中国でフィールドワークをおこないえなかった時期にあって、また戦後民主主義の影響下で中国研究をおこなっていたこともあり、どうしても常に日本の近代を意識しながら中国を見るしかなかった点も否めない。坂野は、竹内好や、文革期の中国研究者の言論とは一線を画した中国研究をおこなっていたが、それでも日本の近代をいかに捉えるかというモチーフは共有していたと思われる。そして、坂野の外交史研究は欧米日の史料から中国を包囲し、『大清実録』や『籌辦夷務始末』などの基本史料で内を固めるという方法論を採った。その際、織田萬の『清国行政法』を強く意識して、「政治」外交史の叙述を試み、後述のように、馬建忠をとりあげ同時代的コンテキストを重視しようとした。この坂野の手法は外交档案から枠組みを作る本書のスタイルとは異なっている面がある。だが、坂野の手法と本書の手法について必ずしもどちらがよいという問題ではないように思う。たとえば坂野の総理衙門研究は、後学にとって、たとえ档案を使おうともなかなか超えられない業績である。档案を使用してディテールを補強しても結論は大きく動かないであろう。また坂野の研究は、比較の視点を常に意識しているためであろうが、他国の外交史研究者や政治研究者に対して説明可能な中国外交史像を提示できる。もちろんいかなる史料を用いるかということは、歴史研究において決定的に重要である。中国外交史研究であれば、中国外交档案を用いるのが正道であるということになろう。だが、この分野では、档案の公開が遅れたこともあり、外国の史料で中国外交を考察するような方向性が強かった(45)。本書であえて中華民国北京政府外交部や在外公館に勤務していた外交官僚の視点で中華民国前期外交史を描いていくということは繰り返し述べたが、実は、台湾の外交档案の存在を日本の学界に紹介したのも、また、本書のように中国の外交担当者自身にひきつけて考察し、問題を内在化させていく方向性を採ったのも、ほかならぬ坂野であった。坂野は、外交档案を使用できない中にあって、外交担当者たちを、どちらかと言えば政治思想史的に解明しようとした(46)。坂野は、その著書『中国近代化と馬建忠』の序文において以下のように述べている。

たとえば彼（馬建忠）の思想を論ずる場合にも、主としてその経済思想に焦点が絞られ、しかも扱う視点にも一つのパターンができていて、類型化したマンネリズムに陥ってしまっている傾向がある。彼の思想全体を、その思惟構造の内側からえぐって明らかにした研究はまだまだなされていないようである。李鴻章幕下の有力なるサブ・リーダーの一人としての馬建忠の思想と行動と挫折の全体を、一九世紀後半の中国の政治社会というコンテクストの中で包括的に跡づけてみることができるならば、そうした研究は、「伝統主義的」な旧中国の政治・社会・経済の苦渋にみちた変動の過程を明らかにする一助ともなるのではないだろうか。[47]

現在から振り返れば、馬建忠という同時代的にはきわめて傑出した（西洋化した）人物を取り上げ、その内的葛藤を扱うことは、「伝統―近代」パラダイムに強く依拠しているように思えるが、「中国のコンテキスト」、「中国人の内在」という方向性を採用したことは、その後の研究動向に大きな影響を与えた。[48]

（5）政治思想史的アプローチ

佐藤慎一は、その著書『近代中国の知識人と文明』において、中国の万国公法の受容から中国が文明国化していくプロセスを一九世紀後半から二〇世紀前半の知識人の眼から描いている。その研究は、たとえば「不平等条約解消史」など歴史事象を述べた部分については、外交史的でなく、思想史的な記述であるために事実認定に多少の問題を抱えるが、同時代の知識人が不平等条約をいかにとらえていたかという観点、また当時の知識人がどのような体制構想を抱いていたのかというきわめて有益な視点を提示している。本書で、「文明国化」を一つのキーワードとしたのも佐藤の研究に啓発されてのことである。

佐藤慎一の研究は、清末の官僚の思想から時代相を読み解こうとする。これは坂野正高の観点に通じるところがあるが、佐藤の研究では、『籌辦夷務始末』などに残された総理衙門の対外政策というよりも、鄭観応・薛福成といった清末の洋務官僚の思想に着目する。つまり政治外交史というよりも政治思想史的アプローチを採用しているのである。それは、万国公法を知識の総体を示す規範として彼らがいかにそれを受け止めたかという問題を佐藤がモチーフとしていたからである。この点について佐藤は以下のように述べる。

内容に即して言えば、『万国公法』は外交技術書というよりは、むしろ思想書の名に値する重みを有していた。そこに、本稿が、外交史というよりはむしろ思想史的関心から、清末中国人の万国公法観の変化という問題をとりあげる理由がある。清末中国人の万国公法観の変化を考える上で、著者が取りわけ重視したいのは『万国公法』に記述された個々の知識を彼らがいかにして外交の場で応用するようになったかという問題ではなく、それらの知識を総体として枠づける国際関係の原理――例えば諸国家間の平等のような――を彼らがいかにして規範として受け入れるようになったのか、という問題なのである。(49)

坂野正高が総体的には外交史的視野にたって事態を把握しようとしたのに対し、佐藤は坂野の馬建忠研究同様、問題を内在化させた。佐藤の分析枠組みは、時系列的には洋務・変法・革命といういささかステレオタイプ的なものではある。しかし、問題を個々の官僚の思想へと内在化させつつ、他方で同時代の知的世界全体を考えることで問題を総体化させ、この方面の研究にあらたな知見を開いたと言えよう。(50)

同様に、佐々木揚は、初代出使英国大臣郭嵩燾や海外に派遣された考察員に焦点をあて、彼らの眼を通して当時の中国人官僚の感覚を精緻な実証によって再現している。

以上の如く、郭嵩燾は、西洋の政治・経済を眺める視角においても、又これをふまえて中国の現状を考えるにあたっても、「政教の人に及ぶ」ことこそ根本であるという儒教的理念から自由になり得ず、むしろ西洋の政教の優越を認めるほどに、全てを「人心風俗」に還元する立場への固着を強めていくように思われる。彼は渡英前より中国の政教の現状に対し強い批判の念を抱いており、西洋文明を実見するに及んで中国の腐敗をいわば再確認したのであるが、彼においては結局西洋の現在と中国の現状とが正面から切り結ぶことはなく、彼は「三代の治」という儒教的理想へ回帰していった。(中略)彼のような開明的な西洋観をもった中国知識人においても、彼が典型的な読書人としての背景を有する科挙官僚であったためか、中国の歴史的思想伝統の重圧を如実に見ることができると言えよう(51)。佐々木の分析は、官僚個人に内面を探っていく点で、佐藤慎一に近く、内容的にも洋務期外交官僚の一種の限界といったものを指摘している(52)。

中華民国前期の外交官たちについて、最終的には思想史的なアプローチで迫ることも課題となるが、本書では、こうした（政治）思想史的な方法論はとらない。最終的には外交官僚たちが何を考えていたかを解明したいという点では共通しているのだが、それを彼らの業務以外で書き残した文章、また実際の政治過程における扱われ方が不明な意見書やその草稿などから解明するのではなくて、彼らの日常業務のひとつの反映としての外交档案にあらわれる世界を通してまず解明すること、言い換えれば、彼らの「現実」としての日常的業務を見ること、それが本書の課題である。また、個人的な思想を解明するというよりも、ここでは制度を含めた政策全体を取り扱う。「何を考えていたか」も大切だが、「どのようにおこなわれたか」も併せて対象としたいのである。そうすることで、はじめて「外交」それ自体の動きをつかめるのではないかと考えている。

(6) 経済的視点からのアプローチ

このように外交官僚の内面をえぐる研究が進む一方、ウェスタンインパクト論にかわって、別の大枠を提示する研究も一九八〇年代以降新たな展開をみせた。特に冷戦構造の崩壊、国民国家体制への疑問、民族問題解決法の希求などといった文脈から、朝貢貿易体制や「緩やかな」帝国的統治のあり方を研究対象とすることが増えた(53)。そこにおいては国家の枠組み、あるいは政治外交から国際体制を説明するのではなく、経済関係のネットワークから説明しようとする志向が強まった。

濱下武志は、国家を単位とした歴史、生産力に基づく歴史観、あるいは西洋近代を是とする近代化論に対して、様々な問題提起をおこなった。

従来、アジア近代史は、近代西欧世界がアジアに与えた衝撃の歴史として説き起こされてきており、この分析視角に対する方法的反省が、現代的課題として求められているということである。さらにまた、各国が「開国」「開港」の後から一世紀半、独立から半世紀近くを経た現在、それぞれの内部にもある西欧的近代が、もたらした諸結果を再検討しうる視角が必要であり、それが新たなアジア認識の内実をなすということであろう。(54)これは、西洋を中心とする世界標準へのネガティヴな反応を基礎とし、アジアに内在する論理を紡ぎ出し、さらにそれをアジア的論理だ、特殊だと位置づけず、また一方で近代などといった、これまでアプリオリに設定されてきた社会科学的な基本原理を問いなおそうとする方向性であると言えよう。このような問題提起をおこなった上で、濱下は分析対象を各国の近代化過程におくのではなく、近代アジア市場の形成という側面にすえようとする。(55)ここから近代アジア市場の基礎となるネットワークとしての朝貢貿易圏が想定されることになる。

アジアの近代化は、各国の国民経済の形成をその発展段階において検証することによって開示されるのではなく、アジアの朝貢貿易体制に対するアジア各国・各地域のかかわりの内容の変化において位置づけられねばならないと考える。(56)

他方、アジアとヨーロッパの関係については、ウェスタンインパクト論を相対化することを提唱し、そのために西洋が直面した「アジアの衝撃」に着目する。それは欧米商人がアジア域内市場（域圏）に参加した際にうける衝撃として描かれる。

アジアとヨーロッパの関係を考えるとき、「西洋の衝撃」の観点からする接近方法がもつ陥穽の一つに、アジアの側が受け入れる動機や取捨選択の基準、受容の触手およびいかなる体系にもとづいて対応するのかという、総じてアジアの側からする問題が等閑視されやすいことがあげられる。さらに、この西洋の衝撃をアジアの側から理解しようとするときに、それがアジアの近代化と等値される視角が存在してきたことに鑑みるならば、西洋の衝撃に対する再検討は、とりもなおさず、アジアの近代化に対する再検討にほかならない。(57)

経済史研究上の課題は、条約そのものを検討すること――条約関係の形成を市場関係の形成と等値すること――にあるのではなく、それらの実行あるいは非実行の過程が検討されるべきであり、さらには、条約の実行過程に生じる摩擦から、むしろ条約に包摂されえず、条約の規定とは活動形態や理念を異にする、アジア地域に固有の経済活動の形態あるいは原理が存在すること――西欧が直面したいわゆる「アジアの衝撃」――を導きだし、アジア経済の特質を確定していくことが必要となろう。(58)

濱下の一九九〇年のこの議論は、九〇年代において、ほぼ受け入れられたように思える。(59) しかし、このような経済から見たシステムやアジアの衝撃を強調する議論については、確かに一九八〇年代後半から九〇年代初めには大きな意味を有したと思われるものの、グローバリゼーションが進み国家の役割が再点検され、また東アジアにおいては経済活動の活発化とともにナショナリズムが台頭する中で、やはり政治外交から見た体制構想も必要とされるに至っているのではないだろうか。

濱下武志自身も一九九三年に出版された『朝貢システムと近代アジア』では、主権と宗主権というキーワードをたてて政治外交的な側面から新たな分析を試みている。

一八世紀以降続いてきた「国家の時代」とも言うべき時代の転換期にあって、国家を歴史的に検討するために、本書は「宗主―藩属関係」、さらに「宗主」、「宗主権」といういわば近代主権国家がそこから生まれ、またそこへ戻っていく場としての権威のありかた、あるいは超越的な権力のありかた、あるいは統治の理念のありかたを概念的に統治形態の歴史モデルとして考える。(60)

主権概念と宗主・宗主権との関係は、まさに朝貢システムと条約システムに対置されるように思えるが、一般に条約―朝貢論が条約の朝貢に対する優越性、あるいは中国による選択性を議論するのに対し、濱下は両者の歴史的サイクルを問題にする。すなわち、ゆるやかな宗主的世界から主権の世界となり、様々な問題が生じて、再び（先のものとは全く同じではないにしても）宗主的世界に戻っていくというサイクルを想定したのである。(61)

従来の「朝貢から条約体制へ」という転換、あるいは、朝貢から万国公法へという近代国際秩序への転換という文脈ではなく、華夷秩序や朝貢関係の中に示された歴史のダイナミズムとその構成要因が、名辞的な表現を変えながらも、持続し維持されたという視点から検討することが試みられる必要があろう。(62)濱下のこのような方向性は、思想史的に個人の内面に「内在化」するのではなくて、経済あるいは市場という論理から地域的文脈としての内在化を試み、さらにJ・K・フェアバンクや坂野正高の依拠したウェスタンインパクト論に代わる大きな分析枠組みを提示した点で、意義が大きい。しかし、この議論は清末の変革期の説明にはなっても、また現代に興味深い示唆を与えたとしても、民国期を含めた現代に至る変容の過程を説明しえているわけではないという問題を抱えている。(63)

（7）貿易史からのアプローチ

一九九〇年代の経済史・商業史・貿易史研究は、一九世紀後半の東アジアを考える上で多くの示唆を提供してくれた。籠谷直人あるいは古田和子は、日本の開港およびその後の工業化をアジアからの文脈で捉え直し、日本は開港によって中国沿岸経済のインパクトをうけたのだとした。イギリス商人は、イギリスの綿布を扱わず、華商に媒介された中国綿を扱っていたのである。また日本の工業化も、華商による誘引（市場開拓、紹介）によって導かれていったという側面も指摘されている。(64)籠谷、古田の論説がアジア域内の論理を汲み上げようとしたのに対し、その域内の動向と欧米商人の動向を関連づけようとする新たな方向性も出てきている。本野英一は、その著書においてイギリス商人の文書を精緻にあとづけ、中国商人とイギリス商人の関わりについて描き、不平等条約を活用し利益をあげていったのは、必ずしも欧米の商人だけでなし得たことではなく、中国商人の協力関係があってこそ実現したことを提示している。(65) また、岡本隆司は、より明確に、濱下武志らの提起した「朝貢貿易システム論」に疑問を投げかけている。(66)

こうした動向に対し、いまのところ全面的に批判する材料をもちあわせないが、疑問を覚える点がないわけではない。それはとりわけ、アヘン戦争後、一九世紀の半ばに至るまでの時期にあてはまるものである。まず近年の研究では、中国各地のジャンク交易の存在と内容が羅列的に提示されるばかりで、これまで解明された西洋貿易が、それといかなる関わりをもっていたかに対する関心が至って希薄な点である。単に西洋貿易が盛んになるかたわらで、朝貢とジャンク交易も根強く存続したと論じるだけでは、それまでもっぱら西洋貿易に注がれていた視点を内国貿易に移したにすぎない。

ウェスタンインパクトに対する関心の中で積み重ねられてきた先行研究と、昨今の動向の成果が十分くみあわされていないという指摘である。

これとも関連するがいま一つは、「朝貢システム」論が西洋資本主義による開港に代えて構想する、「朝貢貿易関係」への「西洋の参入とその改編」という歴史的過程に、必ずしも十分な内実が与えられていない点である。たしかに昨今の研究動向の中で定説化されているようなコンセプトは、十分な実証研究が蓄積されていない状態にあるのかもしれない。岡本は五港開港時期の福州について検討を加え、「条約港をはじめとする沿海の各市場の制度と構造を考える際、ア・プリオリに沿岸交易ならそれだけを、西洋貿易ならそれだけをみるのは不十分であり、それぞれに分岐したものが共通の根幹とする構造の存在を忘れてはならない」とする。この把握すべき構造の実態について、岡本は慎重に課題を提起するが、「五港開港とは、『広東を上海におきかえるだけ』のものであっ」たとし、広東システムの焼き直しとしての上海システムが形成されたことを示唆する。朝貢システムと条約システムとが、ともに通商ということを大きな決定要因として孕んでいたことを想起すれば、こうした貿易史・商業史からの提言が極めて大きな意味をもつことに気づくだろう。(67)

（8）「清」から「中国」への近代的再編論

政治思想史的に内在化させた議論、あるいは経済史的な分析が多い中、清末中国を「中国」への再編過程として、政治近代化論的に位置づけたのは茂木敏夫である。茂木によれば、清もまた日本同様に主権国家化することを模索しており、そのために新疆および台湾にて建省し、他方で朝鮮に対する支配を強化しようとしたとする。この議論は、一九八〇年代以降の中国の急速な経済発展と相まって、相当の説得力を有していた。(68) 茂木の議論は安易な近代化論に依拠しているのではなく、中華世界における合理性の中にこうした主権国家化を位置づけようとした。

かつては「古い」「封建的」な秩序として否定的に見られていた中華世界も、近年の東アジア史研究の進展によって、その「合理性」が明らかにされてきている。それによれば、この世界は、必ずしも大国中国による周辺諸国家・諸民族への権力的な支配・搾取の秩序ではなく、さまざまな国家・民族がそれぞれの独自性を保持しながらたがいの多様な存在を認めつつ共存する、ゆるやかな開かれた階層的秩序だったと概括できるだろう。中華世界に否定的な評価がくだされるようになったのも、一九世紀の近代世界への包摂過程において、近代世界の側の視点が優越していったためであった。そこで、近代世界と対峙するなかで、自らの中華世界の秩序をいかに再編成して近代世界に対処し、自らの存在を確保しようとしたのか、その過程で伝統のなにが、どのように変化したのか、あるいは変化を余儀なくされたのか、その過程でいかなる可能性が生まれ、あるいは失われたのか、を中華世界の「合理性」の側から考察したい。

このようなモチーフは、中国に内在する論理を導きだそうとする研究者に共通するものだろう。ただ茂木は、中国が対外的危機に晒される中で、どこを「中国」として防衛するかという議論がなされ、次第に国家建設単位としての「中国」が浮上し、その「中国」に収斂させるかたちで近代的再編がなされたとする[69]。確かに、清は辺境の建省を進めて内地化し、他方で朝鮮半島に租界を設けるなどしてそれに対する影響力を強化していった。光緒末年から民国初年にかけての議論には、かつての朝貢国を条約システムにおける属国・保護国として扱い、内政干渉することができるものとして関係を把握し直す傾向が見られた。ここには、朝貢システムにまつわる言説が近代的に「読み替え」られていく過程が見られるかもしれない[70]。筆者もこの点について一八八〇年代後半の清韓関係に注目し、朝鮮が各国と通商のために条約を締結し、在外公使を派遣していく際に、清との間でおこなった諸々の調整について論じたことがある[71]。そこでは、朝鮮が諸国と通商をおこなうことを清が認めるものの、朝鮮は「属国であるが内政外交において自主」だという考え方が問題になった。それは「属国体制」と呼ばれたが、これは従来の朝貢体制とも異なり、また万国公法で言う属国とも異なるようであり、「読み替え」というより、暫定的調整のように見えた。

茂木敏夫の近代的再編論は説得的ストーリーを提示し、その方向性は本書とも通じる面がある。しかし、近代的再編が図られた後、具体的にどのようになったのかという点について、茂木は説明していない。爾後の状況が説明されないということは「読み替え論」のもつ問題のひとつである。また本書は、「読み替え論」への問題提起でもある。実は、「読み替え」論は朝鮮側の史料などを勘案すれば、まだ「読み替え」とは言えないかも知れない可能性を残していると思われるのだが、それは別にしても茂木の議論は結局のところ近代的に再編されたその体制が個別的な交渉過程でいかにあらわれたのかという点を十分に解明しているわけではない。本書では、外交档案の中にある対朝鮮外交について第Ⅲ部で述べるが、「読み替え」については慎重に議論をおこないたいと考えている。

本書は、「文明国化」に注目する点で「近代的再編」論の延長に位置づけられるかもしれない。だが、清のそれは対外関係の再編であり、自国の国際社会における位置づけとか、文明国化ということを意識しているわけではないのだから、「近代的再編」と「文明国化」は同一のことではない。清朝は「華」として自らを近代的に再編し、また「中国」という主権国家を建設していこうとする過程で（国民国家建設は現在も継続中）、「富強」という具体的な目標を実現するためにも、次第に「近代」、「文明国化」を対外関係の基軸としていったと考えられる。ここでは、国土と国民を確定した上で、「独立」、「統一」が第一の目標とされ、次いで「不平等」の克服が目指されていくことになる。そして、「中国」はこのような外交の試みの中で、たとえ内政面で中央と地方の関係が悪化しようとも、対外的には維持されていくことになる。一方清朝では、一九世紀後半から「冊封」、「朝貢」といった制度がなくなっていき、「華夷秩序」は依るべき実態を失うとともに、「海禁」もまた条約による通商関係へと再編された。だが、主権国家化や植民地化は、特に東方において各国の間にあったはずのサブシステムの機能が失われることを意味し、「華」どうしのせめぎあいが現実化することになった。そして、それぞれの「華」意識が喚起され、中国でも本来あるべき姿、「中国」の原点としての「中華」が恢復されるべきものとして意識されるなど、「華夷」意識が純粋な理念として発展継承され、ナショナリズムや大国化の方向性に結びついたと見る向きもあろう。そして、朝貢体制下ではぐくまれた方位性、中央と地方の関係、（特に西方における）サブシステムなどは、民国期から現在にいたるまで外交のソフトウェアとして継承されてきた可能性もあるのである。こうした点は第Ⅲ部で論じる。

次に、本書が直接対象とする民国前期の外交史に関する先行研究について見てみたい。

4　先行研究と本書の位置（2）――民国前期外交史

（1）総　論

民国研究の重要性が野澤豊や山田辰雄によって提唱されて既に久しい。しかし、社会経済史あるいは地域史研究の進展に対して、中央政府の政治外交史は档案の公開にもかかわらず決して進んでいるとは言いがたい状況にある。これは、それまで研究の中心をなした孫文研究や国民党研究が研究の中心から離れたことを示している。また、中華民国史を総体的に捉える試みが横山宏章や西村成雄によって提示されても、民国前期については正統史観に依拠して広東政府にスポットがあてられていたり、国民政府を軸に描かれたりしており、北京政府の政治外交となるとどうしても記述が薄くなりがちである。そして、渡辺惇「北洋政権研究の現況」（『中国近代史研究入門――現状と課題』汲古書院、一九九二年所収）や浜口允子「北京政府論」（野澤豊『日本の中華民国史研究』汲古書院、一九九五年所収）で、一九八〇年代以降の北京政府に関する研究動向がまとめられているが、それはやはり「北洋軍閥研究」の延長としての研究の集積が語られ、政府研究、行政研究は研究の系列としても多く見うけられず、外交方面ともなればほとんど触れられていない。これは当時の研究状況を反映したものである。

しかし、北京政府は国外から政府承認をうけることを正当性の一つの源とし、そしてそうであるからこそ関余や塩余を給付され、他方で借款契約を結び、財源を確保することができていた。国内がいかに分裂しようとも、公式には北京政府が中華民国を代表する政府であったということは見過ごしてはならない事実であろう。そうした意味では、「偉人伝」やイデオロギー研究を相対化するためにも、社会経済や地域へと場をずらすだけでなく、正面から政治・外交・行政の歴史を考察することが求められている。

日本の傾向に反し、政治外交史を伴ったかたちで民国史研究が展開したのは、むしろ中国や台湾であった。特に、中国では、最近、中華民国期の外交史のテキストや外交官の伝記が数多く公刊されるほど、研究が進展している。これには中国におけるナショナリズム、主権の重視などが影響しているのだろう。具体的には、石源華『中華民国外交史』（上海人民出版社、一九九四年）、趙佳楹『中国近代外交史』（山西高校聯合出版社、一九九四年）、呉東之主編『中国外交史——中華民国時期』（河南出版社、一九九〇年）などである。これらの研究は、外交档案こそあまり用いていないものの、その記述は従来の北京政府＝軍閥傀儡＝反動といった図式を払拭している。対米依存を取り上げるなど、大枠として変わっていない面があるが注目に値する。また台湾では、張玉法『中華民国史稿』（聯経出版社、一九九八年）において北京政府期を説明する三つの章のうち、第二章が「政治競逐与外交難題（一九一二—一九一六）」と題され、政治闘争と外交を軸として民国史を描く試みがなされている。

他方、国際政治史の観点から見れば、ヴェルサイユ体制やワシントン体制の中にいかに中国外交を位置づけるかということが大きな課題となる。この問題は、入江昭『極東新秩序の模索』（原書房、一九六八年）や細谷千博・斎藤真編『ワシントン体制と日米関係』（東京大学出版会、一九七八年）所収の諸論文などで扱われてきたが、一九九〇年代には久保亨が「ヴェルサイユ体制とワシントン体制」（歴史学研究会編『必死の代案』東京大学出版会、一九九五年所収）でアジアから見た当時の国際政治を論じている。そもそも当時の中国にはワシントン体制なる言葉はなかったのであるから、このような概念装置で十分な分析をすることは難しいのだが、従来は従属因素にすぎなかった中国を国際政治史の前面に押し出す試みは興味深いと言えよう。ワシントン体制なる概念の中国からの再検証と、同時代の「九国条約」への見方を考察する必要があろう。

日本政治外交史では、かつて一九一〇年代論や一九二〇年代論が取り上げられた。昨今では、一九一〇・二〇年代と一九三〇年代論の断絶を乗り越え、両者を総体として捉える試みがなされている。これは、北京政府と国民政府期が必ずしも総体的に論じられていない中国史にとっても参考になる。断代史的状況を克服しようとする中国史の最近の成果としては狭間直樹編『一九二〇年代の中国』（汲古書院、一九九五年）があるが、残念ながら外交史に関する論文は採録されていない。

他方、中国では外交史を二国間関係史として描く傾向がある。だが、この分野については、政治的な外交関係とは別に、「交流史」という、現在の中国が対象国の友好を保つために必要とした歴史的なコンテキストとしてのジャンルがあり、それが外交史の一部をなしている。(72) 日中関係史でも、たとえば留学生史や孫文と日本の「友人たち」との交流を中心に歴史が描かれてしまうのは、政治的な外交と異なる交流の場で常に両国の人民によって友好がはぐくまれてきたという論理を支えるためだといえる面がある。無論、こうした研究も重要ではあるのだが、いわゆるオーソドックスな政治外交史なくして、こうした方面の研究だけが蓄積されることはいささか奇異であるし、中国側の档案も使用した二国間の外交史研究が極めて少ないことは憂慮すべきだろう。日中関係については、辛亥革命、中華民国承認問題、第二・第三革命、袁世凱帝制問題、対華二十一カ条、西原借款、五四運動、山東問題、パリ講和会議などのトピック毎に膨大な研究史がある。その詳細は、山根幸夫他編『近代日中関係史研究入門』（研文出版、一九九二年）及び増補版（一九九六年）に譲りたいが、日本における研究の多くが日本の対中政策史や、日本人と孫文など指導者の関わりについて検討していること、また革命史において重要とされるトピックが中心になっているということを指摘しておきたい。なお、昨今の特に注目すべき研究として服部龍二の著作『東アジア国際環境の変動と日本外交　一九一八―一九三一』（有斐閣、二〇〇一年）を挙げるべきだろう。これは、日本や英米の文書で中味を固めてから中国の档案を利用するというスタイルを採っており、中国外交档案から問題を立てる本書が対話すべき重要な業績である。本書は、日本外交史や国際政治史が求める中国外交史とは異なり、中国の記録を重視した面が強いので、そこにズレが生じている可能性があるからである。なお、大陸浪人の問題については、思想史的アプローチばかりでなく、非正式接触者として外交においていかなる役割を果たしたか、政治外交史的に解明することが求められる。

イギリスについても様々な論稿があるが、日本では海関研究サイドからのアプローチがもっとも盛んである。一九一〇年代から二〇年代初を扱う代表的な論稿として、岡本隆司「北洋軍閥時期における総税務司の役割――関税収入と内外債を中心に」(『史学雑誌』一〇四-六、一九九五年六月)がある。この論文は、従来単に北京政府の主財源とだけ目されてきた関税収入について、いわゆる関税支配の内実やそこでの総税務司と中国政府・諸外国との関係について、当時の文脈に即して論じている。アメリカについては、最近中国側で北京政府の外交は対米依存外交であるとの位置づけが広まっている。台湾では、中米双方の(公刊)档案を利用して南北両政府への国家承認問題を扱った呉翎君『美国与中国政治(一九一七―一九二八)――以南北分裂政局為中心的探討』(東大図書公司、一九九六年)及び経済関係を扱った同『美孚石油公司在中国(一八七〇―一九三三)』(稲郷出版社、二〇〇一年)などがある。日本では、北条敏子「ウィルソンの対中国政策の一考察」(『津田塾大学国際関係学研究』一号、一九七五年)などがあるが、一九八〇年代以降は研究が少ない。この他の国についても、上記の各項目で挙げた論文を除くと、昨今あまり多くの研究が見られないようである。対露関係についても、伊藤秀一「ロシア革命と北京政府」(『東洋史研究』二五-一、一九六六年六月)や藤井昇三「中国革命と第一次カラハン宣言」(『アジア経済』一〇-一〇、一九六九年十月)以降、管見のかぎり、あまり目立った業績はないように思われる。

(2) 外交行政制度

北京政府期の外交行政制度については、実は未だに不明な点が多い。制度研究は、外交政策決定過程や交渉過程の研究の基礎となるので極めて重要である。また、制度の変化やその際の議論などから様々なことがらを読みとることができる。差し当たっての課題は制度そのものを明らかにすることである。その次に重要となるのは制度史研究であり、そこでの一つの論点として清末や中華人民共和国成立後との関連における民国期の制度の位置づけがある。清末の外務部から辛亥革命後の外交部設立に至る経緯、制度上の違い、在外公使館制度の発展、清末からの官僚の連続・非連続など、課題は山積している。(73)

制度については、実は档案が多くなく、僅かに南京第二档案館などに幾つかの散档がある程度である。制度を学ぶには、北京政府の発行していた『政府公報』、民国十年に刊行されはじめた『外交公報』、毎年編まれていた『外交年鑑』(現在残されているのは数年分)、あるいは『中華民国行政統計』の外交門などをつなぎ合わせる必要があるだろう。こうした公報類に依拠した研究はほとんどなく、本書でそれを一部試みる。

これまで公刊されている『辛亥以後十七年職官年表』や『北洋政府職官年表』といった工具書、あるいは陳体強『中国外交行政』などのテキスト類は確かに有用である。だが工具書には誤謬が見られ、陳のテキストは、たいへん精緻で有用なのだが、国民政府期の出版物であるので国民政府肯定のために北京政府を蔑視する傾向がある。なお、王立誠『中国近代外交制度史』(甘粛人民出版社、一九九〇年)は、よくまとまった貴重なテキストだが、ほとんど一次史料を用いていない点や、史料内容から比較的安易に大きな結論を導く傾向があること、北京政府期の外交行政の詳細な状況については説明しきれていない点など、いくつかの問題を抱えている。他方、北京政府が日本をモデルとした文官制度の確立を模索したとする熊達雲「近代中国における文官制度導入の模索と日本」(『歴史学研究』六四九号、一九九三年九月)は興味深い。日本との比較研究も実に有用である。

(3) 外交政策とその背景

〈外交思想〉

清末の外交思想が研究対象となりやすいのに対し、また二〇世紀前半の日本のアジア観などが問題となりやすいのに対し、民国前期の中国外交思想は研究対象となりにくかった。この点で、藤井昇三「中国からみた幣原外交」(『日中関係の相互イメージ』アジア政経学会、一九七五年所収)は注目すべき先駆的業績である。

外交思想とはいささか異なるが、外交の現場と当時の言論界の議論や思潮が関連をもつ場面も多い。ここでは二つの例を挙げておきたい。北京政府期にはパリ講和会議、国際連盟、ワシントン会議などの国際会議が開かれたが、その際の国内世論では公理にのっとった国際秩序としての「公道」が唱えられた。「公理」、「公道」はこの時期の思潮を読み解くキーワードであるが、この点に関する先駆的論文として、武仲弘明「清末民国初における公理意識とナショナリズム」(『歴史学研究』四一五号、一九七四年十二月)がある。この論文は必ずしも外交思想を論じたものではないが、清末に普及した「公理意識」が、変法派や革命派、ひいては孫文の反帝ナショナリズムに結びついていくとする点で参考となろう。第二の例は、修約外交における国権回収の方法論を支える理念に関する問題である。二十一カ条問題や山東問題、あるいは治外法権、関税自主権など複雑多岐な外交上の懸案の解決方法について、パリ講和会議においても、ワシントン会議においても、個々の問題を一つ一つ提出して問題を解決すべきだという「個別論」派と、個々の問題を包括するような原則を提出して、個々の問題の解決は個別交渉にゆだねるべきだとした「原則論」派とに分かれ、最終的に「原則論」が採用されていった。このような外交問題解決の方法論の背景には、同時期に進行していた「問題と主義」論争があったと思われる。無論、「問題と主義」論争に内包される真意はこうした外交上の問題だけにあるのではない。しかし、知的枠組みとしては当時の外交官僚もこうした論争の影響を少なからず受けていたものと思われる。この点で、「問題と主義」論争に関する研究、例えば野村浩一『近代中国の思想世界』(岩波書店、一九九〇年)などは重要である。

〈修約外交と革命外交〉

中国近代外交史を通史として描く場合、不平等条約の改正を記述の軸とし、その中に北京政府期を位置づけることが可能である。北京政府は、光緒新政期から不平等条約改正を意識し、民国期に入ると明確にそれを主たる政策目標としていた。具体的方策としては、まずは国内で法や制度の整備をおこなって「近代」を表現し、国外では国際的地位の向上に努めることだった。国内の法整備が決してスムーズにいかない当時、逆に外交をおこなうことは国内の法整備をすすめる動因ともなり、さらに法の及ぶ範囲としての国土と国民を保持する役割を果たした。こうした状況の中での不平等条約改正は一面で最恵国待遇があるため、一国だけ改正しても意味がなかったのだが、現実には改正は「革命的」ではありえず、条約の有効期限が来て再締結する際に可能な範囲で不平等性を払拭し、最恵国待遇を骨抜きにしていくという方式がとられた。これを広義の修約外交という（「到期修約」）。だが、この方法は、条約締結国のうち列強と称されない国々に適用できるに過ぎなかった。また、いわゆる大国、列強とは、国際会議などの場で各国の対立関係やバランスを利用して交渉をおこない二国間交渉をさけた。他方、南米やアジア諸国あるいはドイツなどの敗戦国とは二国間交渉をおこなって平等条約を締結しようとするものであった。

これに対して狭義の修約外交とは、一九二五年から二八年にかけて条約改正期限が集中しておとずれた時期に個々の国々と個別に交渉をおこなって国権の回収をおこなおうとした北京政府の外交方式を指し、日本やシャムをモデルとしていた。これと対になるのが革命外交である。革命外交は、対列強不平等条約を一挙に改正しようとする外交方式で、トルコやソ連をモデルとする。これまでは正統史観と連動する「革命外交」が外交史叙述の主流であったが、最近は中国・台湾でも見直しが進み、修約外交を重視する傾向がある。この修約外交については、例えば、習五一「論廃止中比不平等条約――兼論北洋政府的修約外交」（『近代史研究』一九八六年二期）のように、一九二〇年代半ばにおこなわれた狭義の修約外交についての研究、また北京政府期全体を修約外交の観点から見通した唐啓華「民国初年北京政府的『修約外交』的萌芽　一九一二―一九一八」（『興大文史学報』二八期、一九九八年六月）、同「一九一九年北京政府『修約外交』的形成与展開」(『興大歴史学報』八期、一九九八年六月)、同「北京政府与国民政府対外交渉的互動関係 一九二五―一九二八」(『興大歴史学報』四期、一九九四年五月)などがある。だが、修約外交という視点で北京政府の外交を捉えることは日本の学界では必ずしも一般的ではない。なお、北京政府も、最恵国待遇があるので、先の原則論に見られるように、一括主義(「革命」ではない)を採ろうとする面があった。この点は、習や唐の研究では十分言及されていない。

北京政府の一九一七年以降の外交を「回復の時代」(the Period of Recovery)として捉えようとしたのは、ポラードである。ポラードは「抗争の時代」(the Period of Conflict, ―一八六〇)、「服従の時代」(the Period of Submission, 一八六一―一九四)、「従属の時代」(the Period of Subject, 一八九四―)という中国外交史の大家として知られるモースのおこなった三つの時期区分に次ぐ第四の時期として、北京政府の外交を、国権回収政策を軸に描こうとした。その著作として、Robert T. Pollard, *China's Foreign Relations 1917–1931*, Macmillan, 1933 がある。日本の坂野正高は、このポラードの著作に基づいて、一九五一年に「第一次大戦から五三〇まで――国権回収運動史覚書」(植田捷雄編『現代中国を繞る世界の外交』野村書店、一九五一年所収)という論文を公にした。この中で坂野は、「北京政府外交当局者は、国内の政治的混乱、就中、北京政権の隆替にも拘らず、国際的環境の変化に乗じ、国内に湧き起こってきた国権回復要求の広汎な世論を背景にし、着実に、計画的に、外国権益回収の事業を進めていくのである」と述べ、無条約国人に対する取り扱いの変化に見られる外交上の成果に注目して、北京政府の外交政策を積極的に捉えようとしている。また、植田捷雄『東洋外交史』下(東京大学出版会、一九七四年)も、ポラードと同様の視点で執筆された外交史の概説書である。しかし、一九八〇年代になると、この方向性に基づいて執筆された論稿は、対ドイツ・オーストリア宣戦問題をめぐる段祺瑞政権の内外政、北京政府の国権回収外交に注目した安田淳「中国の第一次大戦参戦問題」(『慶応大学大学院〔法〕論文集』二二号、一九八五年)などを除いて見られなくなる。

一九七〇年代から日本の学界の主流となるのは、「軍閥傀儡」で「民衆から遊離した」北京政府に見るべき外交上の成果はなかったとする見解である。こうした研究は、北京政府の南米・アジア諸国や敗戦国との外交、あるいは国際連盟での非常任理事国としての外交などより、もっぱらいわゆる列強との関係に注目する。藤井昇三は、ワシントン会議前後の外交に注目しながら、北京政府の外交当局者が「要求を徹底的に主張してその貫徹をはかろうとする積極的な意欲に欠けていた」、「北京政府側は、ワシントン会議が中国にもたらした成果をあまりに誇大に評価しており、これは中国国民を欺瞞しようとするものであった」と述べた。[74] また滝口太郎も「不平等条約体制と『革命外交』」（宇野重昭・天児慧『二〇世紀の中国――政治変動と国際契機』東京大学出版会、一九九四年所収）の中で、北京政府の外交を、その国権回収運動に配慮しつつも、「成果なきナショナリズム」と位置づけている。

なお、清末から国民政府期まで中国の関税自主権回復史を描いた副島昭一（圓照）の業績、例えば「帝国主義の中国財政支配――一九一〇年代の関税問題」（野澤豊・田中正俊編『講座中国近現代史』東京大学出版会、一九七八年所収）などは、必ずしも一九七〇年代の潮流に依拠するわけではなく、全体的な見通しの中で通史を描こうとした先駆的業績として参考になろう。副島にはこの他にも「不平等条約撤廃と対外ナショナリズム」（西村成雄編『現代中国の構造変動』〈ナショナリズム〉東京大学出版会、二〇〇〇年所収）がある。

北京政府の外交をいかに把握するかという問題は、北京政府そのものをいかに捉えるかという問題に直結する。北京政府の成果を過大評価しては、実効支配能力に乏しく、常に条約履行能力を問われ、国際政治の中での発言権に限界があったという事実を見過ごしてしまう危険性があるし、広東政府に注目しすぎると、それが中央政府であることを主張しながらも、国際承認さえ受けられなかった地域政権に過ぎず、理想は高くとも実効支配領域は北京政府よりも乏しかったという事実、また実際の「外交」をほとんどおこなっていないという事実を看過してしまう。本書は、この両者のコンテキストのどちらか一方に依拠するのでなく、その全体を統合していく試みでもある。ただ、史料の多くが北京政府側であるので、北京政府に比重をおいたものになることは避けられない。

だが、上記の日本の先行研究のほとんどが外交档案のみならず、現在公刊されている史料に示された事実さえふまえていないことに留意しておきたい。なお北京政府の外交を、中国側の外交档案に依拠して論じたものとして、Madeleine Chi, *China Diplomacy, 1914–1918*, Harvard University Press, 1970 がある。この著作は、中華民国の第一次大戦参戦に至る経緯を論じている。また、最も注目すべきは、北京政府外交部の対国際連盟政策および国内の国際連盟観などを幅広く論じた唐啓華『北京政府与国際聯盟（一九一九―一九二八）』（東大図書公司、一九九八年）であろう。[75]

〈政策決定過程〉

中華民国北京政府の政策決定を理解するためには、制度史研究、档案に基づいた実証研究、プライヴェート・レターズなどに基づく実証研究などが必要である。外交档案には、「原档」であれば起案者、校正者、決裁者がわかるようになっている。清档や公刊史料だとこれが落ちてしまう（档案をそのまま複写して採録した中央研究院近代史研究所の『澳門専档』などは除く）。档案を一瞥すれば、多くの案件は総長決裁で決められるが、国内の案件については次長決裁で定められるということや、重要な案件は国務会議で議決されることなどが分かる。だが、こうした档案自体についての本格的研究はまだおこなわれていない。

民国初期の袁世凱政権期の政策決定についての先行研究は手薄である。清末からの連続性や非連続性を論じたりする場合においても、この時期の研究が必須である。しかし、イメージとしては、外交部や在外公使よりもむしろ総統府主導の外交であったようだが、果たしてどうなのだろうか。実証的な研究が待たれる。

袁世凱死後については、張春蘭が「顧維鈞的和会外交――以収回山東主権問題為中心」（『中央研究院近代史研究所集刊』二三期下、一九九四年）で顧維鈞がパリ講和会議の政策決定に果たした役割の重要性を論じ、またイェール大学のクラフトも顧と中国外交に関する博士論文を執筆しつつ（Stephan G. Craft, *V. K. Willington Koo and the Quest to Make China into a Great Power*）、個別論文でパリ講和会議とワシントン会議における外国人顧問（ムーアとランシング）の果たした役割をアメリカ側史料に即して論じている。（Stephan Craft, "John Bassett Moore, Robert Lansing and the Shandong Question," *Pacific Historical Review*, LXVI, May 1997）。この研究は、外交档案からは見えない世界に踏み込んだ研究として大きな意義を有する。すなわち、外交档案だけで見れば、顧や施肇基の影響が大きいように見えても、実はその背後にランシングなどの顧問がいたという指摘は、外交档案だけに依拠する研究に対して大いに反省を迫るものである。

このほか *China at the Conference*（ワシントン会議での中国）の著者で、北京政府外交部の顧問でもあったウィロビー（ジョンズホプキンズ大学教授）に関する論稿として篠原初枝「W・W・ウィロビーと戦間期米中関係――主権国家としての中国」（『国際政治』〈米中関係史〉一一八号、一九九八年五月）がある。この論文は、たとえ実態がどうであろうとも外郭としての「主権」の重要性を提起するという法的概念をウィロビーがもち、その適用の場として「中国」に関わったという見解を示している。この篠原の見解は、本書も大いに参考にした。

他方、国家建設・国民統合と外交の関わりも重要である。北京政府期の国民国家建設については、一九九〇年代、村田雄二郎や塚本元により明らかにされつつあった。外交史研究は国権外交や不平等条約改正交渉などの面でこれらの国家建設研究と密接に関わる。また金子肇らが論じているように、北京政府は議会が強く、他方で省を単位とした国家統合を試みた。外交政策の決定においても、こうした傾向は強く見られる。例えば、国際会議への参加、重要な条約の締結・批准に関しては、多くの場合各省省長・督軍に諮問した。中央所管の外交政策の決定に際し地方首長への諮問が恒常的におこなわれているということは注目すべきことである。こうした地方大官に諮問するという形式は清朝以来のことだが、省（議会・省長・督軍）を重要な決定の際の諮問先としたことは「国家統合」の姿がそのまま外交政策に反映したものとも言える。この点は第Ⅳ部で検討する。

世論との関係について、北京政府の外交が世論の後押しを受けていたことは坂野正高や滝口太郎の前掲論文が既に指摘しているところである。それに対して、より具体的に北京政府の外交政策と世論とのリンクや、そのマスコミを利用した宣伝活動、報道統制に関して触れたものともなると、台湾における若手研究者の研究を除き、ほとんどない。確かに北京政府は国民政府ほど「報界」に影響力をもっていなかったが、過激な報道、偏った報道をする新聞社を取り締まることもあったし、海外の新聞に宣伝用のキャンペーンをはることもあった。他方、在外公使たちは「通電」（新聞、中央・地方政府、議会、主要団体、個人に同時に打電し、自己の見解や立場を示すこと。これらは紙上に掲載され、都市部を中心に公論の場を形成した）という方式を通じて、国内の各界に自らの意見を披瀝し、時には北京政府宛電文を同時に「通電」とすることもあった。そして、パリ講和会議の時などには、全権代表団から新聞社に対して、「反日・山東返還」報道を盛んにおこなうよう要請するという現象も見られた。

なお、北京政府外交部の経済外交政策については、台湾の呉翎君の前掲書『美孚石油公司在中国（一八七〇—一九三三）』を除くとほとんど見られない。この点は今後の大きな課題である。財界や経済界と外交との接点については、筆者も、拙稿「北洋政府外交档案上的商会面貌——『外交與商会』的初歩探討」（張国剛主編『中国社会歴史評論』第三巻、二〇〇一年六月、三二二—二九頁）、同「民国前期外交與紹介的初歩探討」（『城市史研究』〈特刊・二〇世紀華北城市近代化〉二一輯、天津社会科学院出版社、二〇〇二年、二七三—八三頁）で論じたことがあるが、事例研究にとどまっている。

（4）「伝統的」中国外交

北京政府外交における「伝統と近代の葛藤」に関する研究成果は必ずしも多くないが、張啓雄『外蒙主権帰属交

渉　一九一一―一九一六』（中央研究院近代史研究所、一九九五年）は、外モンゴルをめぐる中露交渉、および北京政府が外モンゴルを冊封していたという事実を取り上げ、その過程の中から北京政府の対蒙政策の根底にある世界観、関係についてのイメージを導こうとしている。張は、古代以来の中国に通底する秩序原理として「中華世界秩序原理」を想定しており、それを実証するためのケース・スタディとして外モンゴルを取り上げている。張の議論は、中国史に通底する要素から説明しようとする点で、宗主と主権のサイクルを取り上げる濱下武志の議論と通じる点がある。張の扱ったテーマはまた佐藤慎一「近代中国の体制構想――専制の問題を中心に」（溝口雄三他編『近代化像』〈アジアから考える5〉東京大学出版会、一九九四年所収）に示された中国の国家構想や、これまでしばしば取り上げられてきた孫文の対外観（例えば対ネパール、対フィリピンなど）に見られる伝統性に通じるものがある。なお、孫の華夷思想については、藤井昇三、久保田文次の一連の業績や細野浩二「『西洋の衝撃』をめぐる日本と中国の態様」下（『早稲田大学大学院文学紀要』〈哲学・史学〉三七号、一九九一年）などが参考になる。

中国外交の特徴とされる辺境・地域外交も一つのトピックである。東アジアにおける外交上のアクターは多岐にわたり、中国・日本などという国家と国家の関係を見るだけでは対外関係の総体を捉えることはできない。中国側には、北京政府や広東政府、あるいは各省政府、また東三省を掌握している張作霖政権のような地域政権などがあり、これに対応して、本来なら全権委任状をもたないために居留民保護を主な任務とし交渉をおこなわないはずの外国領事も交渉をおこない、また朝鮮総督、台湾総督、香港総督、マカオ総督、インド総督なども外交上のアクターとして中国に関わっていた。このような複雑なアクターが存在する状況を、いわゆる伝統的政策決定理論を援用して把握するのは難しい。

一九九〇年代以降、東北の張作霖、西域の楊増新、あるいは地域政権としての広東政府に対する関心が高まっている。一九一〇年代から二〇年代初にかけては、塩出浩和がマカオ問題をめぐる広東政府の外交について議論している。[76] 一九二〇年代後半については土田哲夫の東北政権をめぐる業績がある。また、特に注目すべき先駆的業績として、北京政府の外交档案に依拠しながら北京政府とチベット政府との関係、そして両者の調停役としての英国駐華公使の役割を論じた、光嶌督「川蔵辺界糾紛与駐華使節的調停 一九一四―一九一九」（鄭樑生主編『第二届中外関係史国際学術研討会論文集』〈淡江大学歴史学系〉一九九二年）がある。

また、モンゴル問題については辛亥革命後の状況を論じた中見立夫「ボグド・ハーン政権の対外交渉努力と帝国主義列強」（『アジア・アフリカ言語文化研究』一七号、一九七六年三月）、同「一九一三年露中宣言――中華民国の成立とモンゴル問題」（『国際政治』〈変動期における東アジアと日本〉六六号、一九八〇年十一月）、同「モンゴルの独立と国際関係」（溝口雄三他編『周縁からの歴史』〈アジアから考える3〉東京大学出版会、一九九四年所収）などがある。中見は、マルチ・アーカイヴ方式で、モンゴル・ロシア・中国の史料を駆使し、多元的視野にたってモンゴル問題を論じているので、必ずしも中国外交史研究ではないが、史料面・研究視角面ですこぶる参考に値する論文である。

（5）外交をめぐる中央と地方

北京政府前期には中央政府を主張する広東政府が広州にあり、また内政的には各省が自立しようとし、また聯省自治運動などもあったので、外交をめぐる中央と地方の問題もひとつのトピックであった。

〈広東政府と聯省自治〉

広東政府の外交は、日本では手薄だが、台湾で幾つかの研究がある。呂芳上「広東革命政府的関余交渉（一九一八―一九二四）」（中華民国歴史与文化討論会編輯委員会編『中華民国歴史与文化討論集』一九八四年所収）、王正華「広州時期国民政府的外交」（同上書所収）、頼澤涵「広州革命政府的対内与対外策略 民六―十四年」（『第二届国際漢学会議論文集』一九八七年所収）などが挙げられよう。聯省自治論と外交については、これまであまり論じられてこなかった。ただし横山宏章「中国の地方分権論」（『明治学院論叢』〈法学研究〉五七号、一九九四年十一月）は、聯省自治論の中で外交がどのように扱われてきたかという点に触れている。また、この問題について筆者も「書評・塚本元著『中国における国家建設の試み』」（『史学雑誌』一〇五-二、一九九六年二月）で論じたことがある。

なお、広東政府が展開したはずの「革命外交」については、それが概説書などで高く評価されていたのに比して、実証研究がほとんどないのが実情である。その中にあって、台湾の外交史研究者である李恩涵の『北伐時期的革命外交』（中央研究院近代史研究所、一九九五年）は、新聞史料を利用しながらそれをまとめた著作である。なお、武漢政府の外交ともなれば、一部公刊史料があるだけで、研究は端緒についたばかりである。

〈交渉署について〉

交渉署とは、各省及び主な開港場に領事館に対応するかたちで置かれた役所で、外交部に属し、地方政府の対外交渉、旅券やビザの発行、外国人居留民と中国人との紛争処理などの任務を有していた。その長である交渉員の任免権は中央政府にあった。しかし、交渉員の実質的な任免権は地方政府にあったと言われ、外交権分散の一因となったとされたり、軍閥と帝国主義の癒着の象徴などと評された。だが、交渉署の具体的活動についてはようやく実証的研究が始まったばかりである。交渉署の档案は、国民政府が交渉署制度を廃止した際に（一部辺縁には存続）、業務内容に応じて省政府と市政府に分散されたが、最近省档案館や市档案館の档案が公開されることによって、実証的研究が可能となったのである。

このような状況の中で、中央政府である北京政府側に残された档案と日本側の外交档案を使用して、中央政府と地方交渉署の関係を明らかにしようとしたのが塚本元である。塚本は「福州事件と中日交渉――『軍閥期』北京政府外交部の役割の一例」（中央研究院近代史研究所編『第三届近百年中日関係研討会論文集』上冊、同研究所、一九九六年所収）において、「各省政府は、内政においては実質的に北京政府から独立的な地位にあったが、日常的な小事件は交渉署と領事館との交渉で処理するとしても、重大な外交案件が発生した場合、その解決のためには北京外交部による外交交渉に依存せざるを得なかったのである。また、福州事件においては、北京外交部と福建当局とは緊密な協調関係のもとで外交交渉を行っており、そこには相互補完の関係が存在していた」と結論づけている。また同「北京政府期における中央外交と地方外交（一九一九―一九二〇）――湖南中日両国人衝突事件の外交的処理を事例に」（『法学志林』九五-三、一九九八年二月）では、五つの外交案件を検討し、福州事件では見られなかった多様な問題処理体系を明らかにしようとしている。

中央と地方の問題については広島大学の研究グループから二冊の論文集が公にされているが、外交という側面から見た中央と地方の問題がようやく議論できるようになってきていると言えよう。また理論面については、現代中国分析のために執筆された呉国光・鄭永年『論中央―地方関係――中国制度轉型中的一個軸心問題』（牛津大学出版社、一九九五年）の第八章「軍事与外交」が参考となる。

本書では、広東政府と北京政府の相互関係、地方外交行政の概要、また外交をめぐる中央地方の関係など、これまで論じられていなかったテーマを扱いながら、先行研究の内容とも関連づけていく。

（6）民国前期の時代相と外交

このような先行研究の状況を踏まえ、北京政府前期外交史研究で何が課題になるかを考えれば、それが一つには北京政府そのものの性格であり、また一つには民国前期そのものに関わる問題であることに気づくだろう。これまでのように、北京政府を傀儡政府などと規定して、そこからその外交を「売国外交」などと考えることには問題が多いし、また民国前期を中国にとって否定すべき時代であり、何もよいことがなかった時代と位置づけると、その時代相をバランスをもって見ることは困難になる。しかし、前述のように、これまで幾つかの研究においては中華民国北京政府の修約外交の成果などが的確に指摘されてきた。にもかかわらず、それらは学界全体に大きなインパクトを与えず、通史に組み込まれるほどの理解は得ていない。それは何故であろうか。筆者は、共産党史観にも国民党史観にもオーソライズされていないという点のほかに、こうした一連の研究が北京政府の外交のみを取り上げ、一般的な民国前期理解に関わりをもつ幾つかの論点と接点を有していないからだと考えている。この点は地域史研究が重視される風潮の中で、外交は国家の、それも社会や地域から遊離したものだとする傾向の下で、ほとんど無視される結果を生んでいる。外交史研究も、北京政府の「軍閥傀儡」という性格規定との関係、また広東政府正統史観との関係、北京政府の実効支配領域との関係、あるいは地域や社会との関係にも注目して論じなければ、結局のところ、顧みられずに終わってしまう。こうした方向性があってこそ、上述のような外交史研究の効力を発揮でき、档案に依拠して、これまでの政治コンテキスト的歴史叙述を相対化できるのだろう。

本書では、こうした問題性を克服するために、第Ⅰ部では、その外交を「近代」の下に理解することに努める。ここでは、これまでの研究史で圧倒的に空白であった近代的な制度の問題が問われることになる。第Ⅱ部では、こうした制度の下に展開された政策を不平等条約改正という近代主権国家の外交としての第一目標となるはずの問題を軸として記述したい。これは上記のようなこれまでの一部の研究成果をあらためて組み立てなおす意味をもつ。第Ⅲ部では、中国の長期的な体制構想の下では民国前期の外交をいかに捉えるかということを述べたい。ここは、「中華思想」や脅威論と関わるので、やや論争的な部分である。中国外交を清末から現代に至る中でいかに捉えるかという意識の下に問題提起をおこない、「伝統」や「政治文化」として語られることを今一度捉え直したい。第Ⅳ部では、北京政府の実効支配能力の限界、広東政府の外交の実態、そして当時の中華民国全体の外交のありようを考察していきたい。こうすることで、中華民国前期の代名詞となっている「軍閥混戦」、「分裂」という問題について、それがいかなる実態であったか、外交面から一定の回答ができるものと考える。

5　史料について

本書ではおもに外交档案を史料として用いるが、ここではその先行研究および当時の档案行政について簡単にまとめておきたい。

（1）外交档案に関する先行研究

現在の档案学については膨大な成果が人民大学档案学系を中心に形成されているが、民国期の档案行政や档案の性格については、これまで十分な研究成果が蓄積されているわけではない。日本での先駆的業績として、主に国民政府期の経済関連档案のフォーマットや史料の性格などについて述べた久保亨「中華民国档案史料の紹介と検討」（東京大学東洋文化研究所東アジア部門『中国朝鮮档案史料研究』一九八六年所収）がある。久保は当時既に南京第二歴史档案館で档案を見ており、この論稿の中で「大勢として、民国期の膨大な公私档案群が外国人も含めた歴史研究者の眼前に立ち現れてきたといっても過言ではない」と述べている。一九八六年の言であることを考えればその先見性に注目すべきであろう。一九九〇年代に入って档案が急速に公開され始めると、中国では『歴史档案』や『档案与史学』、『民国档案』といった雑誌に、台湾でも『近代中国史研究通訊』や『国史館館刊』、『近代中国』などに档案関連の記事が掲載されるようになり、日本人研究者も次第に档案館の門をたたき、各分野で档案の所在状況が確かめられて、その情報が公にされている。しかし、档案情報が氾濫する中で、档案そのものの性格や形成過程が問題とされることは少なく、他方档案を読むための工具書づくりなどもおこなわれないという、不十分な状況が続いているのも確かである。档案に対する史料批判をおこなうためにも、こうした作業は本来不可欠である。

民国期の外交档案は、周知の通り南京第二歴史档案館と台北中央研究院近代史研究所档案館・国史館・外交部档案資訊処に保存され、北京政府期のみならず南京国民政府期の档案、台北政府期の档案が公開されている。外交档案については、その生成過程及び史料的性格に関する、拙稿「中華民国外交档案保存・公開の現状」(『東北アジア近現代史研究会 NEWS LETTER』六号、一九九四年)、同「台湾における史料公開状況――外交部档案資訊処・国防部史政局を中心に」(『近代中国研究彙報』一九号、一九九七年三月)がある。従来、外交档案の分散状況と保存状況は必ずしも十分に把握されていたわけではなかった。中央研究院近代史研究所の外交档案の目録である『外交档案目録彙編』や南京第二歴史档案館の『簡明指南』を見ても、内容別の対照表を作成することは困難であった。それに対し、これらの拙稿では、外交档案の所在状況と移転の経緯、そして当時の档案行政を明らかにした。北京政府期の外交档案については、南京に五〇〇巻、台北の中央研究院に二五〇〇巻あり、この他の国史館や外交部档案資訊処に所蔵されているこの時期の档案を含めると圧倒的に台北に多く存在することがわかっている。一九三〇年代初期に洛陽に避難するために運ばれた档案群がそのまま台北に運ばれたのかどうかは不明だが、内容別に見ると、例えば外交行政の面については南京の方が豊富であるといった特徴もある。こうした中華民国北京政府外交部の档案行政はこれまで全く論じられておらず、本書がその叩き台となろう。

(2) 外交档案とその分布状況

外交史研究が基本的に外交档案に依拠するべきことは言うまでもない(77)。民国前期の外交を考察するにあたり、中華民国北京政府の外交部档案が重要だが、このほかに広東政府外交档案が求められる。しかし、その所在状況は不明で、また地方交渉署の档案は最近までほとんどが非公開であった。また、これらの档案は両岸各地に分散しているがその分散の仕方、経緯は外交档案を読み解く場合の試金石になる。

中国の外交機関は、時代順に総理衙門→外務部→中華民国外交部→中華民国国民政府外交部→中華人民共和国外交部と辿られる。総理衙門を外交機関とするのには異論もあるが、現在の両岸の档案館は外交機関と見なしている。筆者は、外国人への一般公開が期待できない中華人民共和国期の外交関連档案を除き、その他の機関の档案の所蔵状況を十数年間にわたり調査してきた。このような調査が必要なのは、第一に中国の外交档案が大陸（北京・南京）と台湾に分散し所在状況が不明であり、第二に一部の档案館が公刊目録等を発行していなかったために、実際に現地に行ってみなければ状況を把握できず、第三に各地の档案館の情報が内外で還流していなかったからである。

こうした外交档案所在状況に関する調査結果の一部を、筆者は前掲論文「中華民国外交档案保存・公開の現状」として発表した(78)。これは調査作業の中間報告とも言うべきものであった。想定される档案の所在を確認していく作業は、パズルを埋めていくようなものであった。この中間報告では、たとえば民国前期の外交関連档案について、外交部档案であれば南京第二歴史档案館と台北の中央研究院近代史研究所、国務院であれば南京のみなどと機関別の表を作成し、さらに在外公館についても所蔵状況の表を作成した。また、民国前期については、外交案件別の表も作成した。だが、この調査には重大な欠点があった。それは、第一に南京第二歴史档案館の内部目録を閲覧していないということ（筆者が見たのは外部向け目録のみ）、第二に台北の外交部内部にある外交部档案資訊処に所蔵される档案（北投の倉庫に保存）を閲覧していないことであった。こののち、幸いにも外交部档案資訊処にアクセスすることができ、問題の一つをようやく解決、現在ではその目録が中央研究院近代史研究所に置かれることで、南京の未公開目録を除き、民国期の外交档案の全貌がほぼ明らかになった。現在のところ、民国前期の外交档案の七割以上が台北にあり、国民政府期（一九四五―四九年を含む）でも重要案件の過半数が台北にあると確信している。また対日関係の档案が特に台北に多いことも特筆に値する。ただ、清代の档案、特に、北京国家図書館の総理衙門档案及び第一歴史档案館の外務部档案についてはいっそうの調査が必要である(79)。

（3）外交機関における档案行政

このように外交档案が分散していった背景には、義和団事件以来の首都の動乱及び抗日戦争などの外国との戦争による混乱の影響が大きいが、他方で財政難の政府官僚が資金獲得のために档案を売却したこともある。

義和団事件の翌年、光緒二十八年（一九〇二年）三月二十八日の外務部司員王履咸の呈文に「前年の京師の変の際、他の各衙門の档冊（档案を綴じたもの）が焼かれてしまい本来の姿を失ってしまったのだが、幸いにして本部（総理衙門）の档案は日本兵によって封守されたので、遺失しなかった」とある。[80] 清朝は、歴史編纂のために、あるいは前例検索のために档案を保存していたが、特に外交档案は交渉の際の証拠とするためにしっかりと保存されていた。義和団事件時には「文明国の軍隊」であることを目指して規律を重視し、東華門など故宮の東側の一角を割りあてられた日本軍が総理衙門档案を守ったというのは、後の抗日戦争時における日本軍による文物・史料の大量略奪、破壊とは対照的である。[81]

民国成立後の民国二年（一九一三年）八月、北京政府外交部は「外交部保存文件規則」を定めた。[82] これによれば、現在使用している档案を「文件」とし、他方結束した案件に関する档案を各科が整理して写しをとり、冊子にして冒頭に概要を付したものを「档案」と呼ぶとされている。「現行文件」すなわち使用中の档案は、編列記号などが施された上で、各科で綴じられて「専档」となる。毎年末、各科で編まれた「档案」、或いは「档案」化する必要がないと判断された档案が档案庫に送られ保存された。他方、総理衙門期・外務部期の档案（「旧档」）は档案庫で「档案」化されていたが、この「旧档」も民国成立以来の「新档」も担当部局別に登録され、保存年限別に保管された。保存年限には、永久保存・三年保存・一年保存の三種があり、満期になると焼却された。

民国成立時にはまだ独立した档案科がなく、档案整理は各担当部局がおこなっていた。しかし、現在残されている外交档案は、部局別に整理されているわけではない。この後、制度が変更されたのである。民国三年十一月、外交部は「外交部編档案辦法」を定める。これによれば、档案庫に編档科と編纂科の二科を設置、各々が档案の整理と編輯作業に当たることとなっていた。また、各部局には档案担当者が置かれ、両科との連絡に当たることが定められた。編档の際には、各部局の職掌を基準とし、零件（内容的にまとまりのないもの）については関連したものを集めて綴じることとしている。「一案一档」（一案件一簿冊）を基本とし、文電が時間配列で整理され、各文電に「案由（事由）・件数・担当部局」を明記し、冊の冒頭に目録を付し、その上で編纂課に送られた。編纂課では、これを更に最要・次要・尋常、そして門類別に分類、他方で不要なものを取り除くなどの整理を施し、「専档」を作成し、各档案部局の長の許可を得て、この「専档」を決定稿とし、「抄档」（写本）を作成した。

これらのことを考えると、総理衙門期・外務部期の档案綴の表紙に「旧档」と記されていることや、「案由」にも档案作成時に書かれたものと後で書かれたものがあることなどが理解できる。だが、北京政府期の档案が整理されたのは、むしろ国民政府期に入ってからであった。この点を次に述べよう。

（4）民国北京政府外交档案の整理

北京政府期の外交档案群は、国民政府期の外交档案群と比べ、その整理の度合いや方法が大きく異なる。国民政府期の档案には日常の業務の跡が見えるのに対し、北京政府期の档案は非常によくまとまり、コレクションとして、まるである一つのストーリーを描いているようである。北京政府の国権回収への努力を後世の歴史家に描かせるがために編まれているような印象さえ受ける。この档案群は一体いつ、誰によって編まれたのであろうか。

北京政府の機能が停止し、南京政府が名実ともに国内における中央政府となった後、北京外交部は外交部駐北平辦事処に改組された。この辦事処は、駐北京（北平）各国公使館との連絡を主たる役割としていた。民国十七年七月二十四日、この辦事処は档案の整理・保存を主たる役割とする北平档案保管処となり、辦事処処長の祁鵬がそのまま保管処処長に就任した[83]。この保管処には、旧北京政府の外交官僚数名が正式職員あるいは臨時雇員のかたちでそのまま勤務した。南京国民政府が成立してから、多くの旧北京政府の外交部職員が南京に行き、引き続き外交部に勤務したが、他方で南京に移れなかった者もいたのである。北京に残って档案整理をした人員は、トップの祁を除くとその後のポストを保証されていなかった[84]。

この外交部档案保管処では、「外交部北平档案保管処暫行辦事簡則」などの規則に基づいて档案の整理をおこなっていた。具体的な整理方法は、全体を三期（総理衙門期、外務部期、外交部期）に分け、民国外交部期を優先して条約司・政務司・通商司などの部署別に整理し、原档を清書して「清档」を作成し、南京外交部に送ることになっていた。当初、民国十七年八月に整理を完了するという目標が設定されたが、これは達成できなかった。同年九月、条約司・政務司の档案整理が完了し、「清档」が南京に送られた。「原档」はそのまま北平に残されたようである。通商司の档案は「門類が多く、複雑」であったので、整理が遅れたのである[85]。疑問をおぼえるのは、この短期間に本当に「清档」が作成されたのかという点、またこの時期に部局別に整理されながら、現在残っている档案は案件別（各部局の档案が混合）だということである。南京に送られたのが全て「清档」で、北平に残されたのが原档だとするなら、現在台北に残されている原档を中心とする档案群は、北平に残された档案を大量に含んでいるということになる。確かに関東大震災や排日運動の档案には「清档」が多いが、台北の档案は「原档」中心である。

民国二十二年一月、華北情勢の緊迫化に伴い外交档案の疎開が計画される。移転先や方法は、北平の官員が決めた。場所は洛陽の河洛図書館、方法は鉄道と定められた[86]。移転は、一月から三月にかけて実行に移された[87]。この時、外交档案以外の各部局の档案も北平に保管されていたが、外交档案は特に早く難を逃れた。一九三五年十二月から三六年四月にかけて、北平では財政部档案大量流出事件が起きる。南京政府に命ぜられて清代以来の档案を北平で保管していた旧北京政府官僚が私的に档案を禹貢学会や日本人に売却したのである。この中には、戸部档案、度支部档案、財政部档案などが含まれていた。事態を重視した国民政府が回収を図ったが、回収率は全体の三割強に止まった。これによって、国民政府に対する学術界の抗議が強まり、清代及び北京政府期の档案を故宮博物院などの学術機関に移管することが定められた。外交档案は、この時既に洛陽にあった[88]。

このようにして外交档案は、日中戦争開始前に南京と洛陽に二分された。洛陽には旧北京政府の職員も移り、整理は継続されたものと思われる。だが、一九三七年に日中戦争が勃発してから、この洛陽の档案が南京の档案と合流したのか否か、合流したとしたらいつなのかということは明らかではない[89]。

戦後、一九四〇年代後半の国共内戦時に、档案はかなりの余裕をもって計画的に台湾に運ばれたようである。民国前期の档案について言えば、現在南京に残されているのは外交部内の行政档案が主であり、対外交渉の際の証拠となるような档案はほとんど全て台北に運ばれている。国民政府期についても、対日交渉、賠償関連档案などの戦後処理に関する档案は台北にある。南京第二歴史档案館にある国民政府外交部档案が三五〇〇余巻。北京政府外交部档案は五〇〇余巻、台北では、中央研究院近代史研究所档案館所蔵の北京政府期外交部档案が約二五〇〇巻(函)、国史館の外交部档案が一万六〇〇〇余巻(北京政府期・国民政府期・台北政府期)である。ここに、九八年以降、外交部から断続的に档案が移管されている。「巻」なる単位の中身が同じでないことは確かだが、これほど大きな差があれば状況も自ずから明らかであろう。

このような経緯から考えて注意すべき点は、第一にこの档案群が、南京政府成立直後に正規職員として採用されなかった旧北京政府外交官僚によって、それも北平において比較的自由に整理されていたという事実である。ここで旧北京外交官僚が自己正当化を図ったり、あるいは自己の業績を美化しようとした可能性も否定できない。北京政府期の外交档案をそのまま使用して研究すれば、「北京政府も様々な困難に直面しながらも外交には努力していた」という見方に過度に傾く恐れがあろう。外交文書は、どの国のものであれ、こういった整理者の視線が反映されたり、そこにバイアスがかかることがあるものであろう。だからこそ、マルチ・アーカイヴや国内外の史料などとのクロスチェックが求められるのだが、本書では北京政府外交档案群全体を見通すことを通じて、この問題を回避することを考えたい。第二に、その後の政府によって様々なかたちで史料の保存操作がおこなわれた可能性があること、第三に、こうした様々な経緯を経て、現在残された外交档案が同時代に作成された档案の総体とは大きく異なっている可能性があることである。この点は上記の方法のほか、『政府公報』や『外交公報』などの同時代史料との比較によって克服できよう。本書は、このような档案の相対化をおこなうが、内容的に見れば档案群のメッセージを比較的直接反映した第I部・第II部と、議論に即して档案の内容を再構成した第III部・第IV部に分かれる(90)。

(5) 外交档案の性格と史料批判

外交档案群の有する問題性は既述の通りだが、その他にも留意すべき性質がある。まず、決裁档案が残されているのに対し、審議過程については十分に残されているわけではないということがある。後の歴史編纂のために審議過程よりも決裁を重視しているのかもしれないが、研究をおこなううえでは、政策決定過程を把握することは難しく、基本的に外交部に入る収電と、出ていく発電から、その間にあった審議内容、決定過程を明らかにするという手法、また日記や回想録などから間を埋めていく作業が求められるであろう。外交档案を利用する場合、外交担当機関内部の政策決定過程を明らかにするような古典的外交史研究をおこなうにも工夫が必要なのである。

だが、外交官の日記や回想録を利用することにも注意が必要である。たとえば、これまでの研究では『顧維鈞回憶録』が重視されてきたが、この史料は当然のことながら、顧維鈞自身の見方が反映し、その功績がポジティヴに描かれている。個人の回顧録である以上、それは批判されることでもない。コロンビア大学所蔵の顧の個人档案およびび聞き取り記録を見れば、出版された回顧録がいかに顧の述べたことの一部分に過ぎず、またこの回顧録が聞き取り記録全体から見ればいかに「純化」されたものであるかに気づくであろう。しかし、外交档案が公開される以前、多くの研究者がこれに依存して外交史を記述したために、顧維鈞外交史とでも言うべきコンテキストが強調される傾向にあった。外交档案を使用することは、逆にこのコンテキストを相対化する意味でも重要である。[91] また、この顧の回顧録のほかにも、既に『顔恵慶日記』が出版されているが、この日記は『顧維鈞回憶録』よりも同時代性が強く、内容も詳細である。本書では、外交档案などに加えて、積極的にこの日記を利用することによって、顧のコンテキストの相対化もはかりたい。

第Ⅰ部　「近代」的外交行政制度の確立

はじめに
——「外交」について考える——

この第I部では、中華民国前期に展開されていた外交について、組織・制度面から考察する。記述を進めるに当たり、まず「外交」という詞について検討しておきたい。筆者は、diplomacyと「がいこう」、そして中国語の「外交」（waichiao, waijiao）はそれぞれ内容が微妙に異なる詞だと考えている。序論で述べた通り、一九世紀後半の中国における対外関係には、「属国」との朝貢関係のほか、「外交」や「通商」があり、それぞれ決して属国体制と矛盾しない詞であった。すなわち、清にとっては属国体制に含まれない国々のうち、条約がなく通商関係にある国と、条約関係があり通商もおこなう国があった。また、属国体制と外交、通商が矛盾するわけではなかったということは、「属国」とされた国々の対外関係にも拡大していった。たとえば、朝鮮は、属国でない諸外国とであれば「外交」、「通商」ができるとされた。当時、「外交をおこなうこと」は、それまでの体制全てに変革を迫るものではなく、それが中国や「属国」の近代主権国家化とは必ずしも直結するわけではなかった。(1)

一方「外交」（diplomacy）という詞にも、個々の時代で、欧米社会や「国際」社会において様々な意味が付与されてきたことは周知のとおりである。もし、「外交」をアーネスト・サトーの言うような第一次大戦前の近代外交の古典的定義に基づいて考えるとすれば、それは、独立国家間の公的な関係の調整、およびそこに技術性や具体的な交渉が加わった、一国の対外関係に関する、政府による運営処理の総体を意味するものということになる。(2) これを中国に適用すれば、やはり清末の総理各国事務衙門はこの意味での「外交」も担当していた機関であるということとができる。無論、総理衙門がその発足当時、朝鮮を管轄下に置いていないことなど、すべての「国」を対象としていたわけではないにしても、また総署が対象としたイギリスやフランスのことを清と対等な独立国家と見なしていなかったにしても、ある利害を代表する集団が公的な関係を調整すべく対外関係を運営、処理しようとした点においては「外交をおこなう機関」であり、そこに「外交」があったということになろう。他方、対等・平等という問題についてサトーは、相手との対等性が「外交」をおこなううえでの絶対的な必要条件とはならず、不平等性も例外として認められるとしている。もし、そうだとすれば、総理衙門が「外交」をしていたということのみならず、朝貢体制にも外交という詞があてはまることになるだろう。

だが、ここで想起しなくてはならないのは、一九世紀後半の中国は family of nations すなわち国際社会のフルメンバーシップを有する文明国としては認知されていなかったということである。中国は非文明国として位置づけられていたのである。この非文明国は、一方で国際社会のフルメンバーとはなれないのであるが、これは完全に諸国との関係の外に置かれるということでなく、他方で当時の自由貿易の観念の下に条約を締結するなどして、主権国家間の契約体系の中に組み込まれた。しかし、非文明国と文明国が条約を締結する場合、その条約が平等であることはなく、不平等条約を締結することになっていた(3)。

他方、名著『外交』の著者ニコルソンは、いわゆる第一次大戦後の状況をふまえて秘密外交と公開されるべき新外交を峻別し、さらにその政策立案過程としての側面と交渉としての側面を分け、政策立案過程の公開、交渉の秘密、交渉の成果の公開を唱えていた。ニコルソン自身は、このうち「外交」を交渉面で捉えようとしているが(4)、これは、サトーの述べたような外交論を前提としているので、上記と同様の問題があるといえる。しかし、新外交の一つの産物ともいえる国際連盟は League of Nations で、中華民国もその一員として認定されていた以上、国際連盟においては中華民国もまた nation として遇せられることになった。一九世紀の後半には、明らかに国際社会

family of nations の一員である文明国として認知されていなかった中国も、一九二〇年代には（不平等条約は改正できずとも）少なくともメンバーシップの点では、その形式的一員になったのである。

坂野正高は、「外交」について上記の内容に以下の三点を付け加えている。それは第一に、「外交は対等の独立の国家間の関係に見られる現実である。縦の関係ではなく横の関係である」という点であり、第二は、多数決に基づく決定であっても実施できるとは限らないという側面であり、第三は、外交が決して国家間にのみ見られる特有の現象ではないものの、巨大な暴力装置としての武力を有しているのが現実的には国家だけだという点である。[5] 坂野は、この中で特に第一の「縦と横」の観点から中国の対外関係を考え、「図式的に割りきってしまえば、春秋戦国時代が、周を頂点としたハイアラーキーを建前としながらも、事実においては、独立の政治勢力の間の一種の対等な関係としての外交のあった時代」だとした。そして、その後の朝貢体制は基本的に上下関係であり（従って外交ではない）、「西洋の近世国民国家の貿易勢力が東洋に出てきて、結局、近代国際関係と朝貢関係との正面衝突となり、（中略）横の関係である modern western state system の中に、中国が力ずくで引きずりこまれた」という中国対外関係史のイメージを摘出した。[6] このように考えれば、清末の総理各国事務衙門の設立などは横の関係への移行として位置づけられることになり、その後の外務部・外交部の設立は、移行の完了あるいは完成として考えられることになろう。また、坂野は以下のようにも述べている。

華夷思想は対等な主権国家の競存を前提とする近代国際関係を枠組みとする近代ナショナリズムのアンチテーゼである。アヘン戦争前後から以後の中国の対外関係史において、中国の朝貢関係的な国際秩序が近代国際関係と衝突した場合に、まずこれと対抗したのは尖鋭化した華夷思想であり、いわば前近代的ナショナリズムというべきものであった。[7]

こうした考え方は日本では定説化しているといってよいだろう。「縦」の朝貢関係にともなう前近代的ナショナリズムである華夷思想と、「横」の西欧主権国家関係の下にある近代ナショナリズムを対置させている。こうした意味では、中国は総理衙門を創設するなどして「縦」から「横」に向かったということになる。佐藤慎一も、総理各国事務衙門のことを「中国史上最初の外務省に当たる機構である」としている。(8)そして、これまでの外交史の議論を繙けば、多くの場合、総理各国事務衙門の成立に注目し、そして光緒二十七年（一九〇一年）の外務部、民国元年（一九一二年）の外交部という展開が想定されていたのである。(9)

しかし、中国の外交史家の中には厳密な意味での近代外交が成立した時期を一九世紀後半以降に求め、組織的には総理衙門よりも外務部を重視する者もいた。民国三十四年に『中国外交行政』を著した陳体強は、冒頭の総論で以下のように述べている。

百年前、わが国にはいわゆる現代の「外交」という観念はなかった。出洋は禁止され、洋人との往来は違法だとされた。「臣子に外交なし」という禁条は絶対的なものであった。何故、当時、わが国には外交がなかったのだろうか。その最も簡単な答えは、（中国にとって）国際社会がなかったということであろう。外交関係とはすなわち国際社会において発生するものであり、国際社会の存在を前提にしている。その国際社会の成立要件は三つある。第一は、二つ以上の対等な国家があること、第二は、共通の利益を協力の基礎とすること、第三は、互いに日常的に接触することである。わが国は、非常に短い時期を除けば、この三つの条件が揃った時期はなかった。(10)

陳の外交に対するイメージは、国際社会が成立してから外交が成立するということ、また、対等な国家間関係が必要だということなどであり、そこから中国における外交の成立を一九世紀末以降に設定する立場をとっていることがうかがえる。ここに述べられている歴史上の僅かな時期というのがいつであるかはわからないが、陳は中国の外交について以下のように説明している。

わが国の四千年の歴史を顧みれば、一九世紀の中葉に至るまで、外交関係が発生しにくい環境に置かれていた。この四千年の間、いつにあっても文明世界において万国を凌駕していたのは中華上邦だけであり、そのほかはみな弱小民族か、あるいは臣服していたり辺境に位置する国家に過ぎず、対等な往来関係などというものについては、漢民族の文化は周辺の各属国に比べて高すぎたので、どう考えても彼らと対等になどやっていけなかったのである。

そして、周辺諸国との関係が外交に値しないということを陳は以下のように説明する。

中には、外交関係が独立国家間にのみ成立するのではなく、宗主国と属邦の間にも発生すると述べる者がいる。イギリス人のサトー（Satow）は以下のように述べている。「外交とは、独立国家の政治間の正式な場で展開される知識と技巧の運用のことであり、これは時に独立国と属国との関係においても成立する」。だが、ここで述べられている属国との関係というのは、イギリスとその自治領との特殊な関係のことであって、一般の属国関係へと拡大して解釈してはならない。実際上、中国と近隣諸民族との間に外交関係が発生し得ないのは、統属関係があるからではない。中国は彼らを統治しているわけではないからである。主たる問題点は、協力の基礎がないということであり、互いに相手を独立で対等なものと見る意思がないということなのである。独立している個体が多数あろうとも、もしそこに協同で国際生活を営んでいこうという志向性がなく、また対等な往来を維持していこうという方向性がなければ、外交関係など成立し得ないのである(11)。

では陳は何に転機を求めるのであろうか。それはやはりウェスタンインパクトということになる。すなわち、西洋人が中国の門戸を開く以前には、ロシアとの間に往来があったことを除いて、国際社会での経験がなかったといってよいだろう。四方をみな弱小民族に囲まれ、中国は厳然として当時の文明世界の中心に位置しており、各民族を見下す姿勢をとり、撫綏政策を採用していた。だからこそ、西洋人が東アジアに現れ

たとき、我々には外交をおこなう準備がなかったのである。(12)

陳もロシアの扱いには困ったようであるが、一八世紀の嘉慶年間からはじまる体制変化に注目し、それによる門戸の「打開」が中国において外交が始まる契機だとしている。いわゆるウェスタンインパクト論と異なる点があるとすれば、システム転換ではなくて、そもそも外交がなかったとしている点であろうか。陳のこのような言葉遣いは、茂木敏夫が取り上げている康有為の観点とも通じる。茂木は、清をとりまく国際環境が「一統垂裳の勢」から「列国並立の勢」へと転換したという康の「公車上書」での指摘を、中国が自らを万国の一つとして認識していく一つの事例とし、さらにその転換の契機が日清戦争にあるとしている。(13) 陳も、これに近い指摘をおこなっている。すなわち、外交制度の観点から見て、日清戦争より三〇年以上前に設立された総理各国事務衙門は「外交」をおこなう機関とは見なさず、戊戌変法後、光緒新政開始とともに創立された外務部に対して極めて高い評価を与えているのである。

外交機構の沿革過程において、外務部の成立は一つのキーポイントである。外務部は総理衙門のような中国式の外交を排除し、あのような外交とは言えない外交を否定し、西洋の外交組織の方法を採用した。しかし、外務部の改革は不徹底であった。君主制度の下におこなわれた局部的な改正では、大きな効果を挙げることは困難であった。それに比べて、民国元年の改革は比較的徹底していた。その改革では、西洋の組織が全面的に受け入れられて、特にフランス式の制度が受け入れられ、その機構は簡単にして合理的、責任関係も明確になり、一元化された。(14)

総理衙門、外務部のほかにも、対外関係を担った機関として礼部・南北洋大臣などがあるが、それぞれの権能についてここで詳細に論じるつもりはない。だが、一九世紀後半の清の対外事務は、「朝貢」を管轄していた礼部・各地方大官という体制と並列して一九世紀中頃以降の「洋務」をおこなう総理各国事務衙門・南北洋大臣・地方大官体制が存在していたと考えるべきであろう。[15] 新たに加わった有約国（条約締結国）との政治的な関係や無約国（条約未締結国）との条約締結などを扱う総理各国事務衙門と、開港場ネットワークのセンターにあって通商を総覧する南北洋大臣が互いに連絡を取り合いながら職務を分担し、責任関係を曖昧にしながら交渉をおこなっていたと考えられるのである。また、朝貢関連の機関との間にも様々な調整がはかられた。こうした状況は、濱下武志の言う「交渉の時代」と合致しよう。

このような対外関係の総体を、先のサトーの「外交」の定義から見れば、これら全てが外交機関、担当者ということになるが、陳体強の見解に従えば、外務部以降が外交機関となろう。では、民国前期、すなわち同時代にはどのように考えられたのか。実は、外交部の公的な組織沿革史である呉成章『外交部沿革紀略』（民国二年）は総理衙門の前身とされる辦理撫局に「外交専設之機関」の起源を求めている。[16] 北京政府外交部の歴史整理と、国民政府期の研究者の整理方法の食い違いが興味深いが、筆者自身の考え方は陳に近く、総署（総理衙門）はあくまで洋務機関という認識である。

この第Ⅰ部では、まず総理衙門と外務部の組織・人事を一瞥し、その後で民国前期の組織や人事を考察して、西欧近代的な意味での外交機関と中国的な意味での外交をおこなう機関という双方の観点から検討していきたい。

第一章　組織的変容過程

本章では外交組織の変容について考えたい。外交組織の変容過程は、個々の時期に何が必要とされていたか、何をアピールしたかったかという点からの考察が必要であり、またその組織のあり方が政策決定に与える影響についてもあわせて検討することが求められる。[1]他方、制度そのものに内在する構造を明らかにするという立場もあろう。海関の制度研究をおこなった濱下武志は以下のように注意を喚起している。

制度史研究は、まずそれが、制度のしくみを中心とした研究であって、その来源を問題としなかったため、制度と構造が混同されて来たように思われる。従って、制度の運用と機能の場合、実質的に制度を確認し、状態を「制度化」するという、制度本来の意味という方向からは逆転しており、運用の理念という、制度が制度たり得る特質については十分に顧みられることがなかった。[2]

これまでの中国外交制度史は、制度それ自体を整理したものか、あるいは総理衙門の設立にある意味を付与するような、制度の背後に何らかの構造を想定するものが多かった。本書では、このような構造的考察も必要に応じておこないつつ、しかし同時に、なぜそのような制度が必要とされたのか、またどのように実質的な状況が確認され、制度化されたのか、制度たり得たのかといったことにも十分留意していきたい。

次に、外政機構についての研究史を序論との重複を避けつつ簡単にまとめておこう。一般に外政機構の編成は、その国の対外関係のあり方や政策目標を反映するものとして、他国の外交史研究を含めて広く関心を集めてきた。[3]

また政策決定の上でも、組織の追求する合理性が極めて重要な問題となることが指摘されてきた。日本外交史研究においても、外政機構の変遷は重要な研究対象であり、またそうした組織機構の変遷を理解することが、後世に残された文書の使用に際し、是非とも求められるなど、その重要性は増しているといえる。[4] しかし、中国における外政機構の変遷について考える場合、研究それ自体が手薄だということのほかにも、その組織が近代的な意味での外政機構であるのかという根本的な問題や、制度そのもののあり方、存在の意味といった問題が多く存在している。

先行研究としては、外交制度研究に関する基本文献として坂野正高『現代外交の分析』（東京大学出版会、一九七一年）があるが、中国そのものの外交制度史については陳体強『中国外交行政』（商務印書館、一九四五年）が内容の詳細さにおいて群を抜いている。また、ここ数年、中華人民共和国における諸々の制度改革の影響を受けて、中国で出版される制度史関連の研究書が増えてきている。既に紹介した王立誠『中国近代外交制度史』（甘粛人民出版社、一九九一年）などがその代表だろう。しかし、使用している史料が二次文献や公牘、回想録の類に限定されているため、著述に詳細さを欠くとともに評価もやや短絡的な部分がある。記述の枠組みとしてマルクス主義史学的な階級論をそのまま用いているためであろう。邱遠猷・張希坡『中華民国開国法制史——辛亥革命法律制度史研究』（首都師範大学出版社、一九九七年）は、辛亥革命前後の外交制度を含む法制について詳細に検討している。史料は公報類などだが、それでもそれを比較的網羅的に整理している。[5] 内容的にも、辛亥革命の後、北京に首都が移されるまでの「南の民国」の制度を追っている点で興味深い。先の陳の研究は、清から袁世凱へと移る北方の流れを重視しており、一九一二年二月以降の中華民国の外交制度について、南京政府の制度の影響があったか否かに触れていない。

本書では、南京と北京双方を視野に入れて制度の変容を考えたい。[6] 史料としては、制度方面の档案が多く残されていないため、『政府公報』、『外交年鑑』〈民国九年分〉などを用いていく。

1　総理衙門の成立と組織制度

まず、一八六一年に設立された総理各国事務衙門について整理しておこう。この機関については、しばしば中国における最初の近代的外交機関などといわれるが、確定的ではない。(7)坂野正高も、「近代国家の『外務省』とは著しく性格を異にした」と述べているように、(8)この機関は外交機関と簡単に位置づけられるものではなかった。これは、以前の朝貢関係の事務ではカバーしきれない対外業務全般をおこなう洋務機関だったと考えるのが妥当と思われる。周知のとおり、清代の中央官制は明代以来の内閣制度に依拠しており、この内閣が政務を統一する機関で、実質的には、数名の大臣（軍機大臣）で構成される軍機処が、坂野の詞をかりれば「インナー・キャビネット」として機能していた。このほか具体的な行政をおこなう六部、監察機関としての都察院などがあった。(9)

一九世紀の中ごろから清と欧米諸国が交渉をもった際、清としてはこれらの既存のシステムにより対応したのではなく、多くの場合「欽差大臣」という臨時におかれた官がこれに当たるというかたちをとった。開港場、つまり広東や上海においてもこの欽差大臣が外国使節と対等に交渉をおこなった。その後、一八五八年の英清天津条約では、第五条で「皇上特簡内閣大学士尚書中一員、與大英欽差大臣文移会晤、各等事務商辦儀式皆照平儀相待」と定められ、皇帝が内閣大学士、尚書の中の一人を特に命じて、文書や会見によって、イギリス側の代表と平等に交渉をおこなうことが定められた。(10)同年の中俄（ロシア）天津条約の第二条では、「嗣後両国不必由薩那特衙門及理藩院行文、由俄国総理各国事務大臣或逕行大清之軍機大臣或特派之大学士往来照会、倶按平等、設有緊要公文遣使臣親送到京交礼部伝達軍機処」とされ、両国の往来は、Senato（薩那特衙門）と理藩院の間では必ずしもなく、ロシアの「総理各国事務大臣」と清の軍機大臣か特に命ぜられた大学士が担当することになったが、それを平等におこなうこととし、もし緊急のことがあれば、使臣を直接北京に派して礼部から軍機処に伝達させるようにした。またロシア全権大臣と地方督撫、そしてロシアの地方駐紮官員と地方大官の往来も対等とされた。外国側の要求は、軍機大臣や内閣大学士がそのままの資格で、かつ対等に、直接外国使節と交渉するということにあったのだろうが、それは基本的に実現しなかったのである。(11)

この状況に大きな変更があったのが、一八六〇年の北京条約交渉であった。このときにはじめて、皇帝の弟である恭親王が、大学士桂良と軍機大臣文祥の補佐を受けつつ、自らの名で文書を交換し、交渉をおこなった。このような体制ができあがった背景には、皇帝が熱河に逃れていたということがあるのだが、だからと言って全てが恭親王らの意向通りになったわけではない。その後の総理衙門の設立が恭親王らの意向通りにいかなかったことは、これまでの研究が明らかにしているところである。恭親王らは、軍機大臣がみな総理衙門大臣を兼官することなど、軍機処と総理衙門の関係を緊密にする方向を探ったり、また地方大官との関係でも、対外案件に関して総理衙門への報告義務を課するなど、総署の権限強化の方向を模索したが、皇帝の上諭はこれを否定した。(12)また、上諭はその機関の名称を総理各国「通商」事務衙門とした。

これに対して恭親王らは、軍機処との一体化については妥協案を示しつつ、また礼部との関係についても緊急案件のみを地方大官から総理衙門に直接報告するなどとして調整をはかり、また名称についても外国側が「通商」しか扱わないのかと抗議する可能性をあげ、対外的には「総理各国事務衙門」で通すといった案を提示した。しかし、名称問題については皇帝の許可を得ることに成功したものの、礼部関連の部分や組織運営面については解決を見なかった。(13)こうした状況の中、恭親王らは有名な「章程十条」を片奏三通とともに上奏した。(14)この上奏で恭親王らは、総理衙門があくまで臨時の役所であることを強調しつつも、中外の区別をきちんと示すために礼部とは別に衙門を設けなければならないとし、簡素であっても独立機関として位置づけることを主張し、受け入れられた。また、地方大官の上奏については、直接総理衙門に上奏、報告することは禁じられたが、機密の上奏文のうち総理衙門にかかわるものは、軍機処からその写しが送られることとなった。スタッフについても、軍機処章京が定員外ながらも総理衙門章京を兼任する道が開かれることになった。

このようにして総理衙門がスタートするのだが、組織制度的に見ても、礼部からは自立していたものの、軍機処という国事全体を扱う機関と半ば相のりし、半ば独立するというかたちで成立しており、いわゆる近代的な外交機関と位置づけられるには困難な面がある。これはあくまでも清の機関であり、清の定制に則って制度化されたものだからである。たとえば、外務大臣に相当する首班はいない。あるとすれば、定員のない「王大臣」たちのうち皇族から選ばれる一名の主席がそれに該当しようが、あくまでも清のほかの役所と同じく合議制官庁であった。創設時には、恭親王が主席、文祥、桂良らが王大臣となった。またスタッフともいえる章京（司員）も清の満漢偶数官制の適用を受けた。合計一六名が定員であったが、彼らは内閣や六部の役人も兼ねた「兼官」であり、五日交代で総理衙門に勤務した。そして前述の軍機処の章京、満漢各四名が額外（定員外）の章京として必要のあるときに総理衙門に赴いた(15)。しかも実際に選ばれた者は、中には理藩院主事である恵麟など、能力を認められて章京となった者もいたが、必ずしも対外業務に通じた者というわけではなかった。専門的、職業外交官というわけではなかったのである。なお、総税務司と同文館が総理衙門に属する機関として発足することになった(16)。

地方に目を転じてみよう。近代的な外交制度であれば外交権は統一されているべきであろうが、清朝の外交を理解するのに、このような考え方は不適切である。外交は多元的に展開されており、中央よりもむしろ地方に権限を置くことが、中央にとって都合がよいものであった。対外関係という面倒な業務は辺縁任せであったし、またそうすることで中央は権威を保ち、更に遠方に設定することで権威を大きく見せることができたのである。総理衙門設立当時、既に一七五七年以来の広東システムは、岡本隆司の言葉を借りれば上海システムに取って代わられており、江蘇巡撫薛煥が署理欽差大臣として上海にあって、そのシステムをハンドルしていた。一方、天津には、よく知られているように武備院卿恆祺らの対外交渉担当者たちの集団が、恭親王に従属するかたちで組織化されはじめていた。

この上海と天津の機関、集団は、その後、恭親王の建議で五口通商大臣、三口通商大臣として制度化されることになる。[17]初代の五口通商大臣が薛煥、三口通商大臣が崇厚であるが、天津の大臣も恭親王に属するのではなく独立の立場で上奏できることになる。坂野正高の解釈によれば、これは「広東・上海」が「上海・天津」に移行したものとして理解でき、なるべく外国使節を北京に近づけないようにするための方策でもあった。[18]こののち、五口通商大臣は、江蘇巡撫・両江総督らが兼官し、南洋大臣と呼ばれた。三口通商大臣は、一八七〇年に直隷総督の兼領となり、欽差大臣としての資格が与えられ、次第に北洋大臣と呼ばれるようになった。「通商」方面はこの南北洋大臣の体制の下で処理されていくことになる。

また、これも坂野正高の指摘であるが、恭親王が外交問題について地方大官どうしで連絡し合うなどして、情報を共有しあうこと、また外交関係の文書を分類して保存し後任に引き継ぐことを皇帝に提案して、これが承認されたということも重要である。[19]このように地方大官に照会して外交案件を処理していく方法は、以後民国前期に至るまで定式化されるし、文書保存の件は後の档案行政に大きな影響を与えることになる。

この総理衙門は、後の外務部と異なり、六部と並列して観念されるものではなく、軍機処系列の「臨時の」機関であった。それも、軍機処との一体化を模索した当初の恭親王の意見が斥けられたことから、軍機処の支流に位置し、また地方大官からの直接の報告が得られずに軍機処経由となったことも、その権限に制限を加えることになった。だが、咸豊から同治へと移る中で、恭親王ら和平派が次第に台頭し、総理衙門王大臣の七名中三名が軍機大臣となり、また同治二年（一八六三年）に総税務司となったハートが恭親王らを支持して関税収入を中央政府のために確保するなど、総理衙門には追い風が吹いた。そのため、確かに同治年間は総理衙門が比較的「中央の外政機構」としての実質的な役割を果たした時期であると言える。しかし、同治九年に李鴻章が直隷総督兼北洋大臣となったことや、光緒二年（一八七六年）に文祥が死んだことなどが、総理衙門にとって大きなマイナス要因となり、次第に北洋大臣が対外関係において大きな力を得ていくようになった。そして、恭親王派に最後通告を与えたのが光緒十年の恭親王らの総理衙門大臣罷免であった。これ以後、海軍事務衙門の設立などの組織変更はあるが、総じて総理衙門の外交上の位置は一層低下する。(20) この時期の外交は、第Ⅲ部の冒頭で対朝鮮外交に即して論じる。

以上、総理衙門期の組織制度について政治過程と絡めながら簡単に見てきたが、それが清朝の国制に見合ったかたちでつくられ、また総理衙門期に地方大官の外政への関与が制度化されていく側面が見えたであろう。この時期には、後述するように出使大臣も海外に派遣されるようになるのだが、彼らもまた総理衙門に属するわけではなく、皇帝直属であったし、臨時の官であった。こうした外政の臨時性と、多元性がこの時期の特徴である。また、こうした状況があったので、総理衙門のもつ機能も、制度よりもその時々の政治状況に左右され易い面があったということは、後の中華民国外交部などとの違いとして特筆されるべきであろう。(21)

2　外務部から外交部へ――『外交部沿革紀略』に依拠して

次に総理衙門の後を受けて清末に設立された外務部について、中華民国外交部が民国初年にまとめた『外交部沿革紀略』（呉成章著）という史料に基づいて簡単に見ておきたい。

光緒二十七年（一九〇一年）六月初九日の詔は外務部の設立について以下のように記している。

先に設立されていた総理各国事務衙門は、交渉事務をおこなって何年もたっている。だが、王大臣たちはみな兼任であり、任務に専念できずにいた。従って、特にポストを設けて専門的に責任を負わさねばならなくなった。ここに総理各国事務衙門を外務部と改称し、六部の前に置く(22)。これは義和団事件後に結ばれた辛丑和約の第十二条を受けたものであり、外務部は外交交渉の結果が効力を有するように六部の前に置かれたのであった。組織的にも、臨時の衙門ではなく、常設となり、兼官ではない総理外務部事宜と会辦外務部大臣など、明確に責任者と言うべき役職が設けられるなど、総理衙門と異なるところが多い(23)。

各司については総署の分股辦事制度を継承し、各部の制度も参酌して定めた。第一は和会司で各国使臣の覲見、会晤（皇帝への面会、会談）、勲章の請求、使臣の派遣、領事の交換、文武学堂、本部の人事、各褒章を担当する。第二は考工司で、鉄道、鉱物、電線、機器製造、武器、船政、外国軍人、外国人顧問雇用、招工、学生出洋などを担当する。第三は榷算司で、関税、商務、船舶、借款、財幣、郵政、本部経費、在外使臣経費などを担当する。第四は庶務司で、界務、防務、伝教、外国人保護、援助、禁令、警巡、訴訟などを担当する。

この四司は、設立から外務部の廃止まで一〇年間変更されることがなかった。総理衙門期に組織が頻繁に変更されたのと対照的である。各司の人員は臨時官でない実官のほか、出向者、候補者に分かれている(24)。これらの職制は、大づかみに述べると儀礼・富強関連・通商・紛争処理に大別されていることがわかる。総理衙門では組織が英股・法（フランス）股・俄股・美股など国（地域）別であったので、外務部になって組織が地域編成から職務内容に即する形態となったわけである(25)。

外務部分股制と総署の分股制はその性質を異にする。総署の各股の職掌は外務部の各司のそれに相当し、外務部の各股の職掌は、総署に附属していた同文館の翻訳官のそれに相当する(26)。

ここに外務部と総理衙門の組織的な断絶が見て取れる。人員の面から見れば、六名いた総理衙門大臣のうち、慶親王奕劻・王文韶二名が外務部大臣として残り、外務部尚書には瞿鴻禨が就任している(27)。

では、この外務部と民国の外交部はいかなる関係にあるのであろうか。顧維鈞は、民国初年の外交制度改革について、その回想録の中で、「陸徴祥が唐紹儀の下で民国最初の外交総長になってからおこなった大仕事といえば、まず西方国家式外交部のモデルを以て改めて外交部を組織したことであり」、「駐外使館と領事館を専業機構とし、外交部に従事する人員を職業外交官とした」ことだと述べている。[28] 顧の述べる中華民国の外交部は、外務部から何を継承し、何を変革していったのだろうか。呉成章は以下のように説明する。

ここで注意しなくてはならないのは、清に始まる外務部と民国に創られた外交部について、その宗旨や性質が同じではないということである。それは互いに沿いながらも沿っているのではなく、襲っているようで襲っていないということである。これこそ、専制制度と共和制度の違いを反映している。また法定制度と随意にものごとを定める体制との違いである。そして無責任制度から責任制度への変化である。すなわち外務部よりは一つ進んだところに成立の根幹が置かれているのである。[29]

専制ではなく共和であることを強調するなど、民国二年（一九一三年）当時の時代風潮が表れていて興味深い。具体的に制度のどの部分にその変化や違いが見られるのかは説明されていないが、[30]「とにかく異なるのだ」という時代観が感じられる。辛亥革命は、満人高級官僚の退位や外国語のできない出使大臣の退任などの変化を伴ったが、特に北京の官界の眼から見れば、清と中華民国は基本的に継承政権であった。

呉成章は、「民国元年に南北が統一され、外務大臣を首領とし、君臣の義を取り去り、共和制度の実績を掲げ、ここに新たな体制が成立した」とも述べているが、大臣はあくまでも「臣」であるから、それを「首領」に切り替えたのである。[31] ただ、このときは依然として外務部首領であり、外交部ではない。民国元年二月二十五日に清朝皇帝が退位し、北京に公使館をもつ一六国に対して、中華民国が清の結んだ条約を継承すると述べた際も、外務部首領・副首領としてそれをおこなった。外交総長・次長という呼称が用いられるに至ったのは三月二十四日の大総統令以降であった。

王立誠は、外務部から外交部への変化を以下のように述べている。「清末の一〇年の外交制度改革によって中国はようやく厳格な定義の下での外交体制を形作った。この改革によって伝統体制の残滓をある程度除去し、民国外交体制の基礎を作った」。だが、一方では「長期にわたる中西文化の融合によって、ようやく国際的な外交の通例に符合するような中国の外交制度が築かれた。ただ、半植民地の本質は基本的なところでは変わっていない」とも述べている。[32] 果たして、王の述べるような図式的な変化が見られるのであろうか。

3　部内各部局の組織

(1) 南京外交部の制度[33]

宣統三年(一九一一年)、南京臨時政府の成立後、南京に外交部が創立され、翌年の一月五日には王寵恵が初代外交総長、魏宸組が初代次長に就任した。[34] 北京と南京に二つの中央政府が現れ、それぞれが外務部、外交部を有することになったのである。南京では、臨時約法の成立上、参議院によって議決されねば正式に制度化されなかったり、確定しない人事も多かったが、制度の大枠は宣統三年末から民国元年(一九一二年)の初めに整えられ、一月二十八日に第一回の参議院が開催されると様々な制度が定められた。二月六日の『臨時政府公報』には、大総統から参議院に送られた「外交部官制」が掲載されている。そこには、「総長は国際交渉を管理し、中国に居留している外国人及び在外僑民の事務をおこない、在外商業を保護し、外交官・領事官を監督する」といった総長の職務や、外交部職員は参事四名、秘書長一名、秘書六名、司長四名、科長・科員・録事若干名を置くということが定められている。組織は、承政庁(条約の保管、駐華外交官領事官、僑民の褒賞叙勲などを担当)、外政司(国際交渉事務、国際儀

礼担当）、通商司（通商行船、税務・郵政・鉱務・電線・鉄路・界務・外債等事務、領事官事務、保護僑民、通商口岸会審事務担当）、編訳司（外交文件編纂、文献翻訳、外賓接待担当）、庶務司（外国人伝教管理、外国人遊歴管理、本部・使館経費担当）などとなっていた[35]。

そして南京府において各部官制通則案が定められ、外交部は内務部よりも上位におかれ、十部の首位となった[36]。そして、上記の外交部官制案は四月三日になって参議院に提案された。他方、四月四日には「外交官領事官考試委員官制案」、「外交官領事官考試令案」が相次いで提出されている。ここでは、外交官試験委員について、外交総長を監督とし、次長を委員長とし、各司長三名、高等文官考試委員一名、官立大学校教授一名、私立大学校教授一名で構成されることが定められていた。また、試験そのものについては、二五歳以上の男子に資格を与え、志願に際して履歴書、論文、論文の外国語訳を提出、これによって受験資格があると認められた者が健康診断の後に第一次試験に臨むことになっていた。科目は、国文、公文摘要、口述要領筆記、外国文・外国語であった。この一次試験に合格すると専門試験があった。専門試験の科目は「臨時約法、各国憲法、国際公法[37]、国際私法、経済学、植民政策」の六科目が必須科目、「行政法、刑律、民律、商律、刑事訴訟律、民事訴訟律、財政学、商業学、外交史、商業史」の諸科目が選択科目（二科目選択）であった。この二次試験に合格すると面接があった。なお、合格資格は二年間有効であった[38]。この制度の立案主旨などは史料に残されていないが、後述するような、近代外交官試験制度導入という各出使大臣らの希望がようやく制度に取り入れられたと見ることができる。後の北京政府が策定した試験制度と比べて興味深いのは、臨時約法や植民政策を必修科目に加えている点であろう。

このように制度が議論される中、実は四月二日に南京参議院は自らの北京への移転を決定し、五日にはそれを通電で宣布、二十一日に北京で集合することになった。しかし、この南京で策定された制度は、完全に歴史のはざかいに入ってしまうというのではなく、相応の正統性をもって北京に移されることになる。後述するように、北京政府で組織された外交部では、南京の制度を継承するかたちで（三月十日に外務部から外交部に改称）、四月二十四日に新たな制度を定めるのである。

北京への首都移転にともなって南京外交部のスタッフはどうなっていくのだろうか。二月末の『臨時政府公報』に掲載されているスタッフのその後の進路を見てみたい。

総長・王寵恵　→　北京政府司法総長、外交部顧問
次長・魏宸組　→　北京政府国務院秘書長、駐オランダ公使
参事・王景春　→　京漢鉄路局副局長、北京政府交通部鉄路会計司司長など
秘書長・関霽　→　不明
秘書・羅文荘　→　北京政府司法部秘書
　　李景忠　→　不明
　　周詒春　→　清華学校副校長
　　万声揚　→　二次革命参加、のち陸軍大学校教授
外政司司長・馬良　→　北京政府総統府顧問、北京大学校長
　主事・尹起風　→　不明
商務司司長・馮自由　→　北京政府臨時稽勲局局長
　僉事・王治輝　→　不明
編訳司司長・徐田　→　不明
　僉事・陳治安　→　不明
庶務司司長・梁鉅屛　→　不明

主事・許伝音、王斯林、李裕鍾　↓　不明
録事・汪鉔、張士藩、戴翊文　↓　不明

経歴が不明なものは、種々の人名辞典に載っていない、すなわち中央の官途についていなかったと考えられる。興味深いのは、参議院の北京移転後、トップの二名と外交部附属清華学校に赴任した周詒春を除いて、北京政府外交部とは関わりをもっていないということであろう。参議院は南北で継承性があり、政策は継承されたものの、外交部の人員から見れば継承性が極めて低いということになる。

（2）北京政府外交部の組織変遷

中華民国成立前後、北京政府ではどのような組織編成がはかられたのであろうか。『民国職官年表』を見ると、外交部には総長・次長の下に四名前後の参事がおり、部局は民国三年まで外政・通商・交際の三司制であったことがわかる[39]。詳細を見ていくと、民国初年に相当の変動があったことがわかる[40]。民国元年二月に清朝皇帝が退位してからも、中華民国は基本的に旧清朝の官制を維持する方向で制度設計をしていた。だが、南北議和の影響を受けて、前述のように三月十日には外務部を外交部に改称[41]、三月二十四日には外交部の首領・副首領が総長・次長と改められ、三十日には陸徴祥が外交総長に就任した。この後、改めて外交部の組織編成がおこなわれる。それは清朝以来の外務部をいかに継承するかという問題であり、同時に参議院で定められた南京外交部の制度をいかに継承するかという問題でもあった。民国北京政府外交部は、清朝外務部と南京外交部の双方の継承体として位置づけられるのである。

民国元年四月二十四日、大総統から官制案が出された。参議院の批准を得ていないので法的に無効ではあったが、当時は参議院が未だに組織されていなかったので、そのまま大総統案に基づいて制度設計がなされた[42]。そこでは、総長・次長のほかに、参事四名、秘書長一名、秘書六名、司長四名、科長・科員若干名が置かれることになっていた。これは、前述の二月六日の南京外交部の職制と全く同じである。南京の制度を一旦は継承したのである。ここにおいても、秘書長は承政庁のトップとして他部局との折衝などにあたり、参事は審議事項を審議し、司長は外政・通商・編訳・庶務の各司を主管することになっていた。しかし、これは南京の中華民国を継承したかたちをとるための過渡的な制度設計とも考えられ、後述する通り、七月十八日にはこれと異なる官制が正式に定められることになる。

この間、五月三日には外交部の印璽の使用が始まる。組織としてはこの日に機能しはじめたということであろう。しかし、この外交部は六月には一旦解散される。

六月十七日、本部令第九号により、新組織に基づいて総統に任命された者と収文処・電報処の二名を除き、すべての職員を一律解散とし、新たに発せられる命令を待って、命じられた部署に赴くことがきまった。次いで部令第十号に基づいて六五名が選ばれ、彼らがあらたな外交部で勤務することになった。再雇用がかなわず解散せられた者のうち、本国の高等学校を卒業するか、外国留学して現地の学校を卒業した者は、補欠として登録させることになった。ここに旧制が廃止され、新制が始まった。この解散によって旧制と新制は弁別され、外交部の新編成もここに完成したのである(43)。

この六五名は『政府公報』に掲載されている(44)。このとき、旧北京外交部の人員で選ばれなかったのは二五名。全職員九〇名中二五名をリストラしたのである。前述のように、ここに南京外交部の職員を入れた形跡もない。南京からの人的繋がりは断たれていた。また在外使領館勤務の出使大臣や参賛官などもここには含まれていない。

この六五名の選出理由について、『政府公報』には多く記されていない。ただ、陸徴祥総長は、理由についてまず、学問経験を重んじることを挙げ、次いで「本総長は長く欧州にあって部務に疎い」とのことから、部員には

「老成・碩彦」たる者を求めると述べている。陸は、今回の人事が十分に個人の能力を汲み取った上ではないかもしれないと、その問題点を意識しつつも、外交官としての資格審査などをおこなおうとはしなかった(45)。南京外交部が定めた外交官・領事官試験の件もここでは触れられていない。組織制度面は、たとえ一旦ではあっても南京外交部を継承したのと異なり、人事の面では基本的に清外務部をそのまま継承したということである(46)。

外交総長陸徴祥は、自らの出身校である北京同文館の卒業生王広圻（フランス・ロシア畑）を参謀として、次々と制度改革をおこなっていった(47)。石源華は「陸徴祥が外交部でおこなった改革はかなりの成功をおさめた。北京政府外交部のみならず、後の南京国民政府もこのときのモデルを採用していった」と述べている(48)。

七月十八日に官制通則が正式に発布された。これは、外交部のみならず、全ての部局に適用される制度で、先に南京で定められた通則を改めた制度であった。秘書長は廃され、承政庁は総務司となり、司長が都合五名となった(49)。科長・科員は僉事・主事と改称され、人数は各司に八名を超えぬことと定められた。このほか、参事が二名から四名、秘書が四名とされ、外交部の中心メンバーは最大で五五名となった。一旦継承した南京外交部の制度はここに変容をとげた。

十月八日、外交部官制が正式に発布され、編訳司が交際司となり、総務司の管轄事項を各司に振り分け総務庁となり、庶務司は庶政司となった。また、各司に職掌に応じて幾つかの科が設けられた。総務庁の下には、機要・文書・統計・会計・庶務の五科が設けられた。外政司には、国界・詞訟・条約・禁令の四科があったがその業務内容には、国境問題や訴訟、赤十字や平和会議を含む国際条約、外国人保護などが含まれていた。通商司には、商約・保恵・実業・榷算・商務の五科が設けられていたが、具体的には領事館の開設、通商事項、路鉱郵電事項、外債交渉事項、外国人の招聘など幅広い分野を担当した。交際司には、国書・礼儀・接待・勲章の四科が設けられ、庶政司には、教務・護照・出納・法律の四科が設けられた。

他方、幹部を見ていくと、外交総長の職掌は「国際交渉・居留外国人・在外僑民事務を管理し、在外商業を保護し、外交官・領事官を管理すること」、次長は「総長を補佐し、部務を整理し、各職員を監督すること」となっている。参事については、「長官の命令をうけて事務を分担し、部内各司の法律・命令案事務についての擬訂・審議をおこなう」とされている。(50)

これらは基本的に南京外交部の制度を援用しながら、それを改称、改組するなど若干の変更を加え、独自性を出そうとしたものだと言うことができる。ここに外交部の基礎ができあがったのだが、様々な政治理念が錯綜する中で、この後も制度はめまぐるしく変動した。

民国二年六月二十六日、大総統の命令により外交部は更なるリストラをおこなう。まず外政司を政務司に名称変更して管轄領域を広げ、そのうえで教務科を政務司に属させ、さらに法律・護照（パスポート、時にビザの意でも用いられた）の両科の職掌を細かく分け、政務司に私法科を、また通商司に会務科を新たに設けてそこに帰属させるなどの調整をおこない、民国元年官制に対して三三名の定員削減を断行した。(51)

民国三年七月十一日、「外交部官制」が発布された（教令第九十七号）。(52)これは、袁世凱大総統への集権政策に対応したもので、第一条に「外交部は大総統に直接属する」などとされている点にその特徴が表れている。部内組織については、総務庁と総務司・通商司・交際司に改められ、一庁三司制となった（第二条）。廃止されたのは庶政司であり、それが有していた財政などについては総務庁に引き継がれた（第三条）。陳体強は、これを以て「総務庁の権限拡大」であると見なしている。(53)陳は、「外交部官制」の性格をこの庶政司の廃止と総務庁の権限拡大で特徴づけている。(54)他方、このほかにも興味深い規定がある。それは、第八条で「外交総長は、各省巡按使及び各地方最高級行政長官が外交部の主管事務を実行するに際し、それらへの監察・指示の責任を負う」とし、第九条で地方側が違法行為あるいは越権行為をはたらいた場合には、大総統に要請してその行為そのものを無効にすることができると定められたことである。各省に対する外交部の命令権限を確定し、中華民国全体からみれば外交権を中央に集中する意図があったとも言える。部内権限が総務庁に集められたことなどを考えれば、袁世凱期は制度面での中央集権化が図られていたと考えてよいであろう。なお、この官制によれば、主要スタッフ数は総長・次長各一名、参事四名、司長三名、秘書四名、僉事三六名、主事六〇名となり、総勢一〇九名の巨大組織となった（第十一十五条）。

この後、民国七年十二月六日には「本部三司添設幇辦令」、民国十年一月十四日には「増設幇辦並改専任令」などが定められ、業務の多い各司業務の補助体制が作り上げられている(55)。だが、筆者が最も大きな変化であると考えるのは、後述するように、顔恵慶外交総長の下で実行された民国十年五月七日の改制である。これによって、新たに条約司が設けられ、また政務司第二科に領事裁判権回収を担当させるなど、不平等条約改正に向け、人事や組織面でも積極的に刷新をおこなっている。まず、民国十年一月十四日に公布された部令「修正本部総務庁及各司分科職掌」によって、組織の職掌調整がおこなわれた(56)。これはそれまでの規則とは異なり、極めて詳細に職務を定めている点に特徴がある。概略を述べれば、以下の通りである。

総務庁	典職科	人事全般（外交官試験、手続きを含む）交渉署や使領館の設置
	文書科	官印管理、文書関連事務、職員録などの編纂
	統計科	統計編集、条約文の保存、旧档の整理など
	会計科	予算決算、収支、団匪賠償金
	庶務科	建築修繕、財産管理、交際、慈善、差役などの人事
	出納科	現金支出入、外交部・在外使領館の経費管理

政務司

第一科　国境、辺境防務、租借地交渉、土地区域問題、蒙蔵政治軍事、軍事交渉問題、国外出兵

第二科　華洋訴訟、会審、観審、中俄蒙訴訟、南満東蒙土地訴訟、非領事裁判系訴訟、領事裁判権回収

第三科　軍火禁令、航空機・軍艦出入境、外国人在華マスコミ関連業務、外国人測量取締、戒厳時郵電管理、外国人主権侵害取締

第四科　教案関係業務、教堂保護、外国人住宅賃貸、国内戦時対外交渉、外国人財産取締

第五科　国際条約関連業務、国際法廷、赤十字、国際連盟、中立宣布、断交宣戦、国家承認、軍備縮小問題

第六科　国際私法関連業務、国籍関連業務、外貨問題、外国警察禁止、捕虜取扱

通商司

第一科　通商通航関係条約締結、領事館設置関連条約締結、開港場設置、河道工程、各国駐華領事関連業務、天津武漢特別区事項

第二科　通商通航交渉、租地交渉、開墾牧畜、水利林業等事項、電気水道、造船所、商標専売、漁業、航空機売買、外国人商人土地購入、国外貿易

第三科　関税、借款関連事項、塩務、輸出禁止品管理、印花税交渉、海関業務、崇文門関連、課税裁釐関係、埠（碩）頭捐

第四科　路、鉱、郵、電政関連、馬路、無線電話、万国郵会

第五科　華僑関連業務、パスポート業務、対災害援助、華僑選挙

第六科　万国博覧会、留学、華僑学務、外国人在華開校、アヘン禁止、禁酒、防疫衛生、医学衛生

交際司　第一科　国書関連業務、外交官接受派遣業務、政府承認
　　　　第二科　大総統接見、国書、国慶慰問、敬礼、宴席等交際事項、祭祀、国徽、国楽
　　　　第三科　公使、外賓接待事務、外賓遊覧観光、外交官優待、外交総長宴席外賓接待、在華公使館官員事務
　　　　第四科　大総統各国君主等勲章叙勲事務

そして、四カ月後の民国十年五月の改正により生まれた条約司は、第一に国際連盟・保和会（ハーグ平和会議）・赤十字、第二に条約締結・改正、第三に条約意義の解釈、第四に各種条約の収蔵、第五に各種法律などの翻訳、第六に条約の編纂・統計報告など、第七に外交事件の調査を業務とした(57)。上記の各庁司の業務のうち、条約関連のものを抜き出した格好になっている。またこれに合わせてスタッフ数も増え、僉事四〇名、主事八〇名にまで増員され、外交部の主要スタッフは合計一三四名となった。筆者は、外交部の不平等条約改正政策にとって、この条約司の成立が一つの契機となったと考える。この条約司の成立について陳体強は、以前と「だいたい同じである」といった簡単なコメントをしている程度であるが、顔総長のおこなっていた人事刷新や不平等条約改正政策について考えるなら、条約を専門に扱う、この新しい司の設立は小さな制度変更ではないと判断できよう(58)。

このほか、この時期を境として、総務庁の典職・文書・統計・会計・庶務・出納の六科についてはこれらの名称を以て科名としたものの、そのほかの科については科名を一、二、三などと数字で示すようになった(59)。

最後に、上で触れられなかった点を二点ほど補っておきたい。まずは、政策決定にも関わる外交部の中枢部の状況についてである。すでに述べたように、外交部の幹部には総長・次長以下、参事や司長などがいる。民国八年十一月二十九日の外交部令「部務会議章程」は外交部の幹部会議の規則を定めている(60)。この部務会議は次長・参事・司長・秘書で構成され（第一条）、構成員は毎日一一時から一二時半の間に外交部内に設けられた部務処に赴いて

部務を確認する必要があった（第二条・第三条・第四条）。その際には、前日の午後から当日の午前中にかけて到着した「収文」について、主管庁司が「重要なもの」を選び、また二つ以上の庁司に跨るような問題については、部務処において共同で討論して問題を検討することになっていた（第五条）。そして、そこで会議を開く必要があると認められた場合には、次長（あるいは主席参事）の名の下に会議を開き、必要に応じて総務庁の科長も参加することになっていた（第六条・第七条・第十条）。また、民国七年十二月十一日の外交部令「訂定各庁司辦事互相接洽辦法令」は、おなじく部局間調整に関する規定を定めている。[61] それによれば、新たに発生した事件で取扱部局が決定できないものについては、参事・司長間で討論して管轄を決定し、決定以前の案件は秘書庁預かりとなった。また、二つ以上の部局で処理することになった案件については、文書を二部局に分けて保存することになった。[62]

補足の第二は、外交部に設けられていた幾つかの附属機関のことである。以下にそれらを列挙しておく。

(1)俄文専修館

俄文専修館は、もとの名を東省鉄路俄文学堂という。光緒二十五年六月に督辦大臣許景澄がロシア人の鉄道敷設に際して交渉案件が増加することを予想し、ロシア語に通じた人材を育成することを目的に設立した。義和団事件で学生は四散したが、その後再び開講され、学生も増加、光緒二十八年には北京城東に校舎を建設した。民国元年八月に至って外交部がロシアとの国境事務の増加に鑑み、校長を委任し、教育部からも高等専門学校として認められ、名称も外交部俄文専修館と改めた。

(2)清華学校

アメリカが庚子賠款を中国人学生のアメリカ留学経費に充てたことはよく知られている。最初の四年は毎年一〇〇名を、五年目から返済終了までは最低五〇名を派遣することになっていた。宣統元年八月、留学準備のための学校である游美肄業館の設立が決まり、清華園に建設されることとなった。宣統二年、学生定員が五〇〇名にも増え、清華学堂と改称し、民国元年には外交部による整理を経て、教育部により清華学校と改称された。この時、留学事務をおこなっていた游美学務処も清華学校に統合されている。

(3)和約研究会

外交部のシンクタンクである。民国二年八月に外交部令に基づいて設置され、条約についての研究を専門的におこなった。[63]上記の二機関については档案が比較的多く残されているのに対し、この研究会のメンバー、研究内容、政策決定への関与など詳細については、国史館に多少档案があるだけでよく分かっていない。だが、民国九年にパリ講和会議での諸条約を研究し、国際連盟での議論に備えるために制定された「和約研究会会章大綱」によれば、和約研究会は議決機関ではなく研究機関であり、会員は一二名であるとしている。[64]この組織の政策決定への影響力は今後の課題である。

4　在外公館の展開

(1)　清末の在外使領館設置と国籍法制定

本節では、在外使領館（公使館・領事館）の展開について概観してみたい。清がはじめて公使館の設置を認めたのは、一八六〇年代のことである。在外公館に関する研究は、日本では坂野正高が概説書で触れている程度で実は多くない。[65]だが、外国ではビガスタフやシュの研究、中国語でも梁伯華の研究など多くの業績がある。陳体強は清の在外使臣派遣について以下のように述べている。

中国にとっては使臣を海外に派遣することは外国に対して恭順することのように映った。あるいは少なくとも平等関係にあることを示すものとして解釈された。だからこそ、中国としてはどうしようもない状況に追い込まれなければ、使臣を海外に派遣しようなどとは考えなかったのである(66)。

陳は、先におこなわれていたイギリスなどの公使派遣・北京常駐は片務的な使臣常駐であって、清にとっては「恭順」というキーワードの下に解釈されたとしている。陳の見方によっても、光緒三年（一八七七年）に郭嵩燾を駐英公使として派遣したのは、結局「恭順」したということにもなり、梁が言う「中国が形式上は国際社会に入ったことの表れである」ということに繋がる(67)。

国ごとの具体的な公使派遣状況は以下の通りである（表1）。

表1　出使大臣（公使）派遣及び公使館開設時期一覧

国　名	派遣命令	公使館成立時期	備　考
イギリス	光緒元年8月	光緒3年11月	ベルギー・イタリア・オーストリア公使兼任
アメリカ	光緒元年11月	光緒4年9月	華僑問題
スペイン	同上	光緒5年4月	同上　アメリカ公使兼任
ペルー	同上	光緒6年	同上　同上
日本	同上	光緒4年	西南戦争で派遣遅延
ドイツ	光緒3年3月	光緒4年10月	
オランダ	同上		ドイツ公使兼任
オーストリア	同上		同上
フランス	光緒4年3月	光緒4年4月	
ロシア	光緒4年5月	光緒5年1月	
イタリア	光緒10年4月		
ベルギー	同上		
キューバ	光緒28年7月		アメリカ公使兼任
メキシコ	光緒30年		同上
ポルトガル	光緒31年		フランス公使兼任
スウェーデン	宣統3年		ロシア公使兼任
デンマーク	同上		オランダ公使兼任
ブラジル	同上		フランス公使兼任

注）光緒元年＝1875年，宣統元年＝1909年。

では使領館についてはどうであろうか。中国に設置された領事館については、すでに広東システムの時期から存在し、またアヘン戦争以後も比較的容易に上海などでの領事館設置を認めていた(68)。だが、清が領事館を海外に設置することについては、中俄北京条約と同治七年六月（一八六八年）の中米続増条約で定められ、それが同治八年の中英通商航行続約でも採り入れられたが、実際には設置されなかった。陳体強はこの事情を以下のように説明する。中国側の観点から見れば、当時は対外商業の促進という発想がなく、僑民の保護に対しても全く関心がなく、実際には領事館の設置の必要性を感じていなかったのだろう。同時に、中国は外国領事がその侵略の道具であることも認知していなかった。中国と外国の風俗言語が異なり、外国人を管理するのが面倒なので、喜んで外国領事に外国人を管理させていたのである。だからこそ、中国としては外国が領事を置くことに何の抵抗もしなかった。このような事情で、当時の条約では領事規定が片務的であったのである[69]。

その後、清から領事を派遣（認定）したのは、光緒三年八月末に駐シンガポール領事として同地の商人である胡旋澤を任命したことに始まる。そして同年には相次いで、サンフランシスコ、キューバ、ペルーなどに領事が任命された[70]。このように、領事館については、一八七〇年代末からシャムなどの例外は除いて華人居住地に相次いで設けられたという印象があり、そして前述の通り一八六〇年代以降、清は次第に family of nations に入っていったという見解もあるのだが、事態はそれほど単純ではなかった。一八七〇年代以前、中国側から積極的に条約締結を迫ったことはほとんどなく、また領事館の展開それ自体に面倒を感じる向きもあり、おそらくは一八八〇年代に入ってからようやく華僑の保護という論理や通商発展という論理が見られるようになり、清の側から望むかたちで領事館の設置が図られていったと考えられる。これは、華僑を支えていた朝貢システムが崩壊する中で、必要に迫られたことでもあった。海外における中国系商人が現地の王権による対中貿易を代行することで成立し、それこそが海外華僑の現地における身分保障と密接に関わっていた、いわゆる「朝貢貿易」が実際におこなわれなくなり、また東南アジアなどの植民地化などによって、彼らが現地社会に包摂され、税金などの支払いを要求されていくという、「華僑虐待」の状況が発生する中で、それへの対抗策として華僑政策が実行に移された側面があるのである[71]。また世界認識として「商戦」が意識されていたということもあろう[72]。

この華僑問題は、欧州に赴任していく胡惟徳らの出使大臣や、特に華僑問題に関心を有していた薛福成や黄遵憲などの公使館参賛や領事によって提起されていき、時には南洋大臣が主導して華僑保護のために領事館を開設していった(73)。南方では、マニラ、ペナン、ヤンゴン、パレンバン、シドニーなど華僑の居住地に相次いで領事館が設けられた。他方、清末には海外移民が東南アジア方面のみならず積極的に展開していったこともあり、ホノルル・ニューヨークなどの太平洋、アメリカ方面や、横浜・神戸・長崎、朝鮮（総領事館）・仁川・プサン・甑南浦などの東アジア、ひいてはウラジオストックにまで領事館が置かれたのである。清朝政府にしてみれば、このような使領館の拡大は財政支出拡大につながるものの（在外使領館の経費は海関収入に頼っていた）、上記のような事情から積極的に在外使領館を開設していったということだろう。

このような在外使領館設置は、海外華僑に「中国人」意識を植え付けていくだけではなく、清朝自身に対しても、近代主権国家として、自らが統治対象とし保護対象とする「国民」の境界を確定する作業を迫ることになった。これは「中国」という領域の確定とパラレルに進んだことである。「ヒト」と「土地」は近代主権国家の基礎であるが、統治者の観点からみても、また国際法的な観点から見ても、統治対象をきちんと確定していなければならない時代に入っていたのである。

「ヒト」の面では、それは、国籍法制定となってあらわれた。清朝が国籍法を定めたのは宣統元年（一九〇九年）であった。それ以前には華僑社会における籍牌制度などがあったものの、実際には一九〇〇年代に入っても「誰が中国人なのか」という点について、外国からの問い合わせが絶えなかった。清朝側も、国籍法がないことによる弊害は承知しており、「中国は数千年来関を閉ざし自守し、外国と通交がなかったので、無国籍であったとの言い方が成立することになる。そして、海通以後、外洋に出るものが増えたとはいえ、彼らをいかに管理するかという点については、いまだに条規があるわけでもない。民法が定められていない現在、何も依拠すべき法がないのが実情だ」とか、「国籍の出入については、中国には明文化された律令がないのだが、館員に調べさせたところ、東西各国はみなきちんとこれを定めている」などという言葉が档案にも見られるようになった[74]。

国籍法の制定・施行に対して、出使大臣はじめ外交関係者は積極的であった。光緒三十四年、出使法国大臣劉式訓は国籍制定を求める上奏をおこない、皇帝がこれを認め、軍機処から外務部・民政部・法部に対して、検討の上で国籍法を制定するよう要請がなされた。劉は、制定が必要な理由として以下の四点をあげている。第一は主権の問題である。

籍貫というものは出生地や出身地を証明するだけで、外国とは無関係である。現在、万国との通交がいよいよ盛んとなる風潮にあり、旧来の簡単な法律では対応できない状況になっている。国籍について言えば、我々はすでに治外法権を喪失し、租界にあっては中国人と外国人が雑居し、また南洋華僑もはなはだ多くなっている。このような状況の中で、出籍入籍条例を定めなければ、将来かならず流弊がもたらされることとなろう。

さらに、租界においては中国人が外国の領事館で「登録」(「註冊」)してその保護を受けるなどの弊害が生じているとする。劉は、こうした障害を主権侵害とし、国籍を「主権をあらわす一つの要件」であると見なし、その制定を求めている[75]。第二は、条約との関係である。海外の植民地における「登録民」(在植民地等の華僑が登録して欧米人と同じ「身分」を獲得し、中国に来ていた)が清国内で財産をもつに至っており、「外国人内地置産(財産)」を禁じた条約が「暗中破壊」されているとする。第三は、欧米の採用している出生地主義的な国籍法が、とくに南洋に進出している一〇〇万人以上の華僑を登録民として包摂し、彼らが清から離れていくことへの危惧である。ちょうど、オランダ領インドにおける領事館設置をはばまれた時期であり、「用心」することが強調されている。第四は、近代的な立憲国家となっていくためには、選挙にせよ、徴兵にせよ、国民の確定が必要となり、その際には国籍法が不可欠である点である[76]。以上四点にわたって国籍法が近代国家を設立する際に不可欠なものということ、また内なる登録民と外なる華僑のために制定する必要があることについて、それらが主権を絡めるかたちで議論の俎上にのせられたのであった。(77)

国籍法についてはこの後、修訂法律館と外務部がその制定を主導していくが、同館は外国の国籍法の翻訳を始めたものの(78)、なかなか審議に至らなかったので、結局、外務部が同館に対して人員の派遣を要請し、外務部メンバーと合同で法を検討することになった。(79) 法律館から派遣されたのは、章宗祥・章宗元・熊垓・陳籙ら六名であった。(80)

しかし、宣統年間になっても審議は進まず、最終的に国籍法制定を急がせたのは、オランダ領東インドにおける華僑の状況であった。(81) 外交档案では、宣統元年正月に外務部が受理した駐オランダ参賛王広圻の書簡から、この案件が始まっている。王参賛は、オランダ領東インドを訪れた際に各地の華僑居住区を訪問し、特に泗水（スラバヤ）において詳細な「華僑虐待」の情報を得た。それは、法的な地位の不平等であり、商業活動に課せられた制限であり、あるいは華僑が設立している学堂や商会への不信・警戒であった。しかし、王参賛は、「近日以来とりわけ煌急なのは国籍問題である」として、国籍問題の重要性をひときわ強調している。これは泗水のみならず、バタビアにおいても同様であった。華僑たちの理解では、オランダ政府は華僑の国籍をめぐって新たな政策を立案中であり、北京との交渉に入ろうとしているとのことであった。その新たな政策とは、この植民地で生まれ育った者をみな植民地籍に編入しようとするものとして理解されていた。華僑たちは、すでに農工商部と外務部に対して要望書を提出し、その返答も得ていたのだが、それだけでは納得できず、王参賛が現地で数回にわたって説明会を開くほどになっていた。そして、泗水において各地の代表が集まって国籍に関する会議を開く際に、王参賛も招かれたのだが、王は「遊歴」の権限範囲を超えるとしながらも、様々な状況を勘案して参加することに決めたのだった。

光緒三十四年十二月初八日から九日にかけて開かれたこの会議は、泗水会議と呼ばれた。会議で主に求められたのは、領事の派遣と、中国における（血統主義に基づいた）国籍法の制定である。(82) 参加者は、王参賛のほかに、官員としては瓜哇（ジャワ）全島視学員汪鳳翔がいたが、このほかはみな各地の中華商務総会と一部の学堂の代表であった。そこでは、今後の活動方針などを定めた「条規十則」が採決された。そこには、会議で定めたことを各方面に連絡することや、国籍問題に関する資料を早急に作成すること、華僑を勧導することなどが記されていたが、華僑を拘束することにもつながる条項も含まれていた。「兄弟親戚友人といえども、もしこれらの条項に反したら絶交すること」や「もし銀行に貯金のある者はみな引き出すこと、また兌換紙幣を有する者はみな現銀に変えること（中略）もしこのことによって迫害を受ける者がいたら、みなで救護すること」などがそれに相当する。(83) ジャワ島とマニラの華僑は全部で二七万人、その他の島の者を加えると三〇万人にもなるのだが、そのうち現地で生まれ育ったものが九〇パーセントにも達していた。彼らはすでに一〇の商会を設立し、学堂もすでに七十余を数えていた。こうした華僑の集会では、当然ながら現地化というよりも、たとえば中国での国葬のときには授業を止めるとか、商店を閉めるとかいうように、中国への忠誠というレトリックが多く用いられた。(84) また、金銭的な問題も堂々と議論された。それは清が海軍建設を進めると決めたことに彼らが「感動」し、「海軍補助会」なるものを設立して援助する体制を整えたという話であった。(85) これに対するオランダ駐在の陸徴祥公使の立場も明白であった。陸公使は、理論的な意味で血統主義と現地出生主義のどちらがよいかなどという議論はせず、現状に即して華僑が迫害を受けているから保護が必要だとして、国籍法の制定および領事館設置を求めている。「本大臣一日為外交官、即一日関懐僑事」（本公使は一日外交官として過ごせば、その一日は華僑のことを考えている）と、自分のこの問題に対する関心の高さを強調している。(86)

こうした一連の動きは一定の成果をもたらした。宣統元年二月八日、農工商部の上奏に対して諭旨がくだり、修訂法律大臣に対して外務部と協力して国籍法を直ちに定めるように命じられたのであった。(87) また、上海商務総会や南洋大臣・両広総督・閩浙総督なども中央に瓜哇方面からの要望を伝達していた。こうした督促に対する反応は比較的早かった。一週間も経ていない二月十四日、修訂法律館から外務部に草案が送付されてきた(88)。この後、憲政編査館（修訂法律館改名）から上奏され、そのままそれを認める上諭が閏二月初七日におりた(89)。

国籍法の制定もまた、法制整備を進めていた中央政府にとって、整備すべき数多くの法の一つとして策定されたが、それを急がせたのがオランダ領インドにおける華僑虐待問題であった。だが、これは第II部で述べるような不平等条約改正のための法整備というだけではないだろう。すなわち、清が近代主権国家として、誰を統治の対象とするのかということの確定を意味しており、特に華僑問題はその外縁を定める作業に他ならなかったからである。だからこそ、外縁を維持するための機関である使領館の設置が、法整備とパラレルに進行していくことになったのである。この後、中華民国北京政府期にどのように展開していくのであろうか(90)。

（2） 民国北京政府の在外使領館の展開

民国北京政府は、このような一八八〇年代以降の政策を踏襲し、在外使領館を積極的に建設した。だが、清末と異なっていたのは、設置背景が華僑保護や通商の発展という点だけではなく、条約締結国の増加という点に求められることである。特に、第一次大戦参戦によって、連合国側に立った中華民国として同盟国間の連絡をはかるという役割があったし、戦後に国際連盟が成立すると、加盟国間の諸調整のために外交関係の樹立が急がれたのだった。また、東欧などに新たな独立国が誕生したことも、これに拍車をかけることになった。これは、自らと直接的な関係のない国とは外交関係を結ばないというような清代の状況が変わり、世界中の国すべてと国交を結ぶという志向が見られるようになったことを示す。これは中華民国側の意識の変化と、国際連盟などの国際機関などによって、それまでの二国間関係の重なりとしてあった中国にとっての国際関係が、国際社会に参加する国が恒常的に出あう場が出現したことによって昇華され、無国交であることを許さない状況になったことを示している(91)。中華民国は、民国四年（一九一五年）にチリ、同七年にスイス、同八年にボリビア、同九年にペルシャ、同十一年にフィンランドなどと相次いで条約を締結、公使館設置が図られていった。

他方、領事館はどうであろうか。まず、領事館設置に際してのロジックの事例を見てみよう。これはシベリアにおける領事館設立についてのメモランダムである。

ロシア領西シベリア一帯は、わが国と鉄道で通じ、交通が至便であることもあって、従来から往来が盛んで、華僑もすでに五十余万人に達している。しかし、ロシアに変乱が発生してからというもの、当地では党派闘争が紛糾し、わが国の華僑に対する虐待が発生した。居住者に対しては苛税を付し、商売をしている者に対しては略奪をおこなった。その損失ははかり知れない。当地の華僑の訴え、そして派遣した委員の報告は、ともにロシア東部から西部に至る鉄道は数千里にもなるのに、わが国はわずかにイルクーツクに領事館を置いているだけであるので、万難を排して、まさにこの緊要の地に領事館を増設し、華僑の保護に資することを要請する、と述べており、その切迫した詞からも状況が察せられる(92)。

このような、華僑虐待、そして保護という論理は、民国前期にも幅広く見られる。具体的政策を見れば、北京政府期にはまずシベリアの領事館拡充が図られた。赤塔・双城子・廟街などがその代表である。次に、華僑の進出とともにアジア太平洋地域にも領事館が展開、バンクーバー・パナマなどの沿岸都市も補充されたが、必ずしも沿岸都市ではないジャワ・クアラルンプールやシカゴにも進出していった。そして、華僑保護のための領事館設置交渉が積極的に各国とおこなわれた。その代表としては、仏領インドシナ総督との間のサイゴン領事館設置問題、また外交関係樹立そのものが問題となったシャムとの交渉があげられよう。欧州方面では、主要諸都市に領事館が展開した（ハンブルクなど）(93)。

だが、微妙な問題であったのは、広東政府の動向であった。フランスのインドシナ総督のケースが好例だが、本国が北京政府を承認していても、植民地総督が一定の外交権を有している植民地で、華南と隣接していたり、広東系華僑の多い地域では、簡単に北京政府と関係を結ぶことはできなかった。これは現地の華僑社会側の問題でもあろう。北京政府にしてみれば、逆に広東系住民を包摂することこそ、彼ら住民に対してだけでなく、国際社会に対して自らが中華民国の中央政府であるというアピールをすることにつながった。そして、このような交渉は、成果をあげずとも、交渉をしていること自体に北京政府にとっての意味があったと言える。

つぎに公使館・領事館の制度について見ておきたい。清から中華民国へと本国での政府は交代したものの、ほとんどすべての公使・領事はそのまま留任し、公使は新政府が承認を得るまでの間、「外交代表」として引き続き任務にあたった。だが、清代の公使と民国の公使はその位置づけが異なっていた。一番大きな変化は、公使のことを皇帝直属の欽差出使大臣とは呼ばなくなり、外交部に属する公使としての位置づけが明確になったことだろう。だが、この外交部の制度も総理衙門から外務部への変容の延長上に位置づけられる。具体的には、総署時代には諸大臣との関係で一品から三品にまで分類されていた出使大臣が（これはたまたま欧米の一等から三等公使に合致していたため、欧米はその論理で遇していた）、外務部期には一等公使から三等公使におきかえ、一等を外務部尚書と対等で皇帝を代表、二等を外務部侍郎と同等で政府を代表するなどとしていた。外交部の公使が外交部に直属する点は新しいが、等級と位置づけについては、外務部の制度を継承している。

後述する民国元年十一月の組織条例では各使領館の人数や予算が定められた程度であったが、民国三年十二月の外交官領事官官制では上記の公使の階級について、「西洋の語義との照合」がはかられ、一等（頭等）公使＝特命全権大使、二等公使＝特命全権公使となった。また参賛官は秘書官に、書記官は随員へと改められた。そして、使領館員には外国語を話せる者を配置するという理由により通訳官を廃することなどが定められた。制度の欧米化という目標と、財政困難という現実の間の選択がうかがえる。この時点での人員数は表2の通りである。[94]

民国四年から五年にかけては、外交官・領事官関連の制度が固められていった時期である。民国四年一月の「領事館職務条例」（十五条）や民国四年九月の「外交官領事官考試令」（十五条）などがこの時期に定められた代表的制度である。中でも、民国五年三月二日に定められた「外交官領事官官制」（教令第十号）は、外交官・領事官の人数からその任務まで幅広い規定を定めている。[95] ここでは、中華民国の在外使領館は以下のように分類されている。まず、大使館（全権大使一名、参事一名、参賛一名から三名、随員二名）と公使館（全権公使一名、参賛一名から三名、随員一名から二名）の区別があるが（第三条）、北京政府期には在外大使館は設置されていないので、すべてが公使館であると考えてよい。[96] 参賛など名称が元に戻されていることも興味深いが、事情は説明されていない。大使や公使は、「外交部の指揮により、駐在国との外交事務と部下の監督」にあたる（第四条）ことが定められ、清代の出使大臣（欽差大臣）のように総理衙門や外務部に直属しないような状況はなくなっていた。参事・参賛は、機要文書の処理と調査報告をおこなうことができるのに対し（第五条）、随員は（制度上）「機要」事項を扱うことができなかった（第六条）。他方、領事官は総領事・領事・副領事・随習領事・通商事務員に分類されていた（第九条）。なお、通商事務員は、領事館が設置されていない場合に置かれるもので（第十一条）、また通商事務員さえもいない場合には名誉（副）領事がおかれた（第十二条）。このほか、使領館内で庶務や档案簿冊の作成にあたるのが主事で、公使館で一名から三名、領事館で一名から二名となっていた

表2　公使館・領事館人員数

〈公使館人員表〉

役　職	公　使	一等秘書	二等秘書	三等秘書	随　員	合　計
人　数	14	15	6	15	21	71

〈領事館人員表〉

役　職	総領事	領　事	随習領事	主　事	その他	合　計
人　数	12	14	28	28	不明	82

注）不明とあるのは，名誉領事・副領事の人数が不明であること。

（第十四条）。また、外交官・領事官試験実施後は合格者が学習員・学習外交官・学習領事官として派遣されてきたし、必要な翻訳人員もスタッフとして勤務していた。在外任期はここでは特に定められていないが（一応清代の三年を踏襲）、本国勤務二年を経てから外に出るという規定ができている（第十七条）。[97] これは外務部官僚と在外使領館のスタッフを一元化するべきであるという光緒新政下での議論が具体化したものであるとも考えられるが、この時期の変容はけっして単線的なものではなく、民国三年に欧米との対応を重視した制度がつくられた後に、民国五年三月に元に戻されているなど、さまざまな起伏があった。袁世凱の帝政は民国四年十二月に始まって、五年の三月に終わるのだが、この帝政終了ののち、さまざまな制度の再編が進められていたことは周知の通りである。帝政期に実施されていた制度が復古的で、民国初めのものが進歩的だなどという単純な図式では描かれないことがわかるであろう。

各使領館の規模についても見ておきたい。民国元年十一月二十日に発布された部令「駐外使領各館暫行組織章程」によれば、一番大きな規模を有していたのが、駐英仏独露米日の公使館、いわゆる列強とされる国々に置かれたものである（公使、一・二・三等秘書各一、随員二、主事一。以下の数値はいずれも原則）。次が駐オーストリア・オランダ・ベルギー公使館（公使、二・三等秘書各一、随員一、主事一）、そして駐イタリア・スペイン・メキシコ・ペルー公使館（公使、二等秘書一、随員一、主事一）であった。[98] これらを合計すると、当時の在外公使館スタッフは、公使一三、一等秘書六、二等秘書一三、三等秘書九、随員一九、主事一三で、合計七三名であった。他方、総領事館・領事館にもこうしたランクがあった。シンガポール・オーストラリア・カナダ・メキシコ・ウラジオストック・キューバ・サンフランシスコ・ルソン・パナマ・横浜・朝鮮・ジャワの一二カ所には総領事館が設置され、総領事一名以下、副領事、随習領事、主事が各一名配置されていた。第二ランクとも言うべき領事館（領事、随習領事、主事、各一）には、ペナン・ニュージーランド・ヤンゴン・バンクーバー・ニューヨーク・ホノルル・神戸・

長崎・仁川・プサン・新義州・サモア・パレンバン・巴東の一四カ所があった。その下に、副領事、随習領事、主事、各一名からなる、元山・甑南浦の領事館が続いていた(99)。領事館スタッフは、合計で総領事一二名、領事一四名、副領事一四名、随習領事二八名、主事二八名、すなわち九六名であった。公使館員と合わせると、都合実に一六九名が在外勤務にあたっていたのである。北京の外交部には民国初年で一〇九名が勤務していたから、定員としては二七八名が外交関係のスタッフということになる。

前述の通り、この制度が定められたのち使領館の増設が相次いだ。それはたとえば、デンマーク公使館（民国二年）・ブラジル公使館（二年）・スウェーデン公使館（五年）・スイス公使館（八年）・ノルウェー公使館（九年）、イルクーツク領事館（四年）・北ボルネオ総領事館（五年）・ロンドン総領事館（八年）・パリ総領事館（八年）・ロシア領黒河総領事館（八年）・チタ領事館（八年）・南アフリカ総領事館（八年）などであった。これらについても、上記の各領事館のランクと対応させて、予算や人数が定められていった。

しかし、こうした在外使領館の展開は、一九二〇年代になると一つの限界に直面した。それは、予算の問題から生じたものである(100)。

北京からの情報。先の土曜日の閣議において、庚子賠款のうち支払いが停止されたロシアへの支払い分の一部を担保として、銀行に対して借款を申し入れ、それを駐外使館経費に充当させるとのことである。昨日得た確かな情報によれば、発給される金額は五〇〇万元とのこと。だが、ロシアの賠款といえば、先に一部分が民国十一年の八釐短期公債の担保となっており、その公債の元金利息返済に充てられ、総税務司に保管されている。従って、今回のことも、まず総税務司の許可を求めなくてはならないはずであるが、聞くところによれば、(総税務司)アグレンも同意したという。駐外使館の経費は毎月二五万元かかるのだが、実は各使館の経費は一年以上も支払われていないのである(101)。

使領館の予算については中央研究院近代史研究所に档案があるのだが、未だ十分に検討できていない。ただ、幾つかの公使館は政府予算の逼迫によって閉鎖することになり、また後述のように国際連盟の負担金も払えなくなり、中華民国の目指してきた外交制度の近代化による国際的地位の向上は、財政面で壁につきあたってしまう(102)。

数字から見ると、民国元年には公使館が一三、領事館が二八あり、そこに一七〇名近い枠があるのに対し、民国一五年には大使館一、公使館が二三、領事館が四四とかなり枠が増加しているように見える。そして国際連盟の全権代表弁事処を含めると、二七〇余名が勤務できることになる。だが、民国十一年以来の経費不足によって、開休業に追い込まれた使領館も少なくない。給料も含め、民国十五年段階ではすでに二年数カ月分の経費が滞っていた(103)。このような状況では、中華民国北京政府の策定した諸制度が所詮は空文であり、諸契約も空証文に過ぎないという印象を与え、国民党などの反北京政府勢力のみならず、外交官を含む実務官僚層にとっても忠誠心の維持が困難であった。そして、このように財政管理のできない政府ともなれば、国際社会からの政府承認を維持することは困難であり、関余の問題などを含め、de facto に地方政府を認知していく方向性も各国に見られ、外国から借款獲得して分配する「核」である中央政府としての魅力を北京政府は喪失していくことになった。北京政府外交部の組織制度は財政破綻により、機能不全に陥ったのだった。

第二章　人事行政をめぐる制度変化

中国にいつ職業外交官が生まれたのか、これは坂野正高のたてた命題でもあり、同時に当時の外国の駐華公使たちの関心事でもあった(1)。イギリス公使であるオールストンは「ヤング・チャイナ」(2)に着目した。馬建忠など西洋志向の強い人物について研究してきた坂野も、民国期に入ってからオールストン公使が前任者であるジョーダンと異なり中国の若者に期待を寄せていることに注目している(3)。坂野は、イギリス外交官から見て期待を寄せることのできる「ヤング・チャイナ」が出現したことに、近代的な職業外交官が中国に生まれる胎動を見出したのだろう。

もし、近代的な職業外交官という欧米的な概念を以て中国の「外交官」を捉えれば、やはり清末にその志向性が見られ、民国前期に制度が整備され、また顧維鈞などの具体的なモデルが現れたとするのが妥当であろう。また、顧をはじめとする清末以来の外交官僚集団が北京政府の滅亡後も国民政府などに勤務したのを見れば、そこに職能集団としての性格を見出すこともできるかもしれない。だが、まさに「近代的職業外交官」となろうとした民国前期の外交官たちからすれば、こうした単線的な理解は必ずしも正しくないようである。顧は、清末から民国前期には駐外公使の地位が高く（外交総長と同格）、また政府も駐外公使の意見を参考にしたが、国民党が政権を握ると外交官は単なる政策執行者に成り下がったと慨嘆している(4)。当事者としての外交官が考える良い外交官、そして世間の考える良い外交官、同時代史的な外交官の職業感覚・身分感覚が問題なのであろう(5)。

また、日本の外交官制度の整備過程などと比べると、中国には別の特徴があるようである。日本でも江戸時代の長崎通事の系統が明治期に入って外務省に多く取り込まれたことは周知の通りだが、中国で特徴的なのは、中央による人材養成よりも、まず開港場において対外事務をおこない得る人材が次々に輩出されたということである。官費留学生を見ても、国費だけでなく、地方の各総督や大臣がおのおの学生を派遣し、帰国後自らの幕僚（友）にして対外交渉の場に包摂していった。このように中央政府以外の地でも外交人材が養成されたのは、中国における交渉のあり方と関係がある。特に清代の中国において諸外国との関係が、空間配置によって規定されていた点は重要である。条約締結という特権にあずかれば北京に近づけ、そうでなければ（広東よりは近づいたが）上海に留め置かれた。北京に近づけないということがポイントであり、前述したように、地方で処理することが権威の現れでもあった。このような体制の下では、外交を中央政府で一元化したいという近代主権国家的欲求は必ずしも強まらない。(6)また、各省督撫（総督・巡撫）は総理衙門大臣格で外交交渉をおこなうことができた。中国外交における「交渉」は、そのほとんどが中国国内でおこなわれ、それは単に諸外国の代表が中国に来て交渉をおこなったということだけではなく、国内の中国側の諸アクター間の交渉ごともまた大きなウェイトを占めていた。海外で交渉をおこなうようになるのは、出使大臣を単なる考察員ではなく、自らを清の、あるいは中国の代表として意識した薛福成ら洋務期の外政官僚が現れてからであろう。しかし、薛、黄遵憲、鄭観応、あるいは曽紀沢らは、国家意識、また国益、国境といった視点を十分に有し、また不平等条約などについても認知していたものの、光緒新政以降の外交官僚のように「近代」、「文明国化」を志向したわけではなかった。このような変化が生じた背景には、前述のとおり、ハーグ平和会議などによって、清の国際的な地位が鮮明になったこと、そして一八九〇年代後半に租界よりも「国権」が奪われる租借地が多く設定され危機意識が高まったこと、官僚層内部に留学経験者が増加したことにより、光緒新政下の外交官僚がそれ以前の洋務・外政官僚層とは異なった傾向性をもちはじめたことがあると思われる。また、一八八〇年代から九〇年代には、彼らが集団として動いたというよりも、李鴻章や張之洞などの地方大官の参謀役などとして個別に地方にあり、中央にて外政の実権を掌握できたわけではなかった。だからこそ、現場における「交渉」において力を発揮するにとどまり、外交体制全体にはその力が及ばなかったのである。こうした流れを念頭におきつつ、清末・民国前期の外交官について、その養成論議や制度、実態について以下で考察していきたい。

1　清末外交官養成論議

（1）清末の外交官制度

前述の通り、総理衙門設立以後、清朝は出使大臣を国外に派遣し、情報収集及び交渉を迅速におこなうことを企図した。[7] しかし、この出使大臣は実官ではなく臨時性を有する（二等）欽差大臣であり、また語学能力や万国公法に対する知識を要求されることも（当初は）なかった。[8] 従って、交渉といえば北京の総理衙門及び各総督・巡撫衙門等でおこなわれるのが通常だった。光緒初年の出使大臣は明らかに外交官とは言えず、実質的には文化生活などの基礎的な情報収集のために特別に「絶域」（中華のはるか彼方）に派遣された実権・実利なき「地方官」としての性格が強かった。[9] これは、派遣された大臣の外交面での能力を否定するものではない。有能な科挙官僚、あるいはそれを支える洋務官僚がいたことは確かだが、制度的に「外交官」とは異なると考えられるのである。

また、派遣当初には在外使領館の参賛や随員に外国語に堪能な者は稀で、無論万国公法に精通した者も少なかった。従って、在外スタッフが出使大臣の「外交」面での活動を助けるということも多くの場合期待できなかった。加えて、参賛、随員、翻訳員といったスタッフの人事権が基本的に出使大臣に属し、ほとんどが出使大臣とともに出国・帰国したため、彼らの経験が継承されていくシステムが確立していなかった（案巻だけは残された）。

確かに、坂野正高がその馬建忠研究で指摘しているように、清朝政府が外交経験を積んでいくにつれて近代的な意味での「外交官」を養成するべきだという議論がなされるようになった。まず、語学能力の高い人材を養成すべきだという議論があり、後に万国公法を含めて広い意味での「洋務」の知識を有する人材が求められた。そして、実際に、多くの学生が国外に留学し、政治・外交などの知識や軍事技術を身につけて帰国した。また、清朝政府も同文館などを設立し、語学能力の高い人材の育成に乗り出した。後には、地方督撫や南北洋大臣も留学生を国外に派遣し、各々の管轄地域における洋務、対外関係推進のための人材を確保した。(10)

しかし、このように各アクターが「洋務」人材の養成に努める中、清朝中央政府は外交人員に関わる制度を改定しながらも、「外交官」制度を制定して外交官の養成に乗り出すわけでも、「洋務」人材養成の一元化をはかろうとするわけでもなかった。これにはどのような経緯があったのだろうか。

一般に「常駐外交官制度」(the permanent professional diplomatic service) は一八一五年のウィーン会議で確立したものとされる。この制度の由来については、多くの欧文・邦文文献があり、また欧米や日本における外交官任用制度や訓練、キャリアパターンなどについても研究蓄積がある。(11) しかし、中国外交史研究においては概説書がある程度で、外交官制度については研究蓄積がほとんどなかった。したがって、ここではまず通時的な視点を得るためにも、清代の出使大臣あるいは外交機関のスタッフ養成・任用に関する議論を整理しておこう。中華民国北京政府期に制度化された内容が光緒新政下で準備されたことや、前述のように、少なからぬ清朝官僚が中華民国北京政府にも継続的に勤務したことからも、この作業の必要性が確認できよう。また、この外交官養成論議の考察を通じて、同時代史的な文脈の中にある問題の位相、「伝統─近代」パラダイムに基づく単純な近代化論やウェスタンインパクト論では簡単に片づけることのできない面についても触れていきたい。

（2）出使絶域――一八九〇年代までの「出使」論

アヘン戦争前後、官僚の中には西欧の書籍・新聞の翻訳の重要性を認識して、実行に移した者も少なくなかった。これは林則徐によって多くの外国情報が漢訳化されたことに始まる面がある。そして、咸豊十年（一八六一年）十二月、恭親王奕訢らが「統籌全局善後章程」の中で、総理各国事務衙門の設立など六項目を提起し、このうちの第五項目が、八旗子弟を選んで外国語を学習させ、翻訳事務に備えるべきだという提言をし、地方大官ではなく中央の政策として外国語教育、外国情報の収集への道が開かれることになる。[12] 京師同文館研究で知られる蘇精は、この建議を同文館設立の起源だとしている。[13] こうした翻訳事務の必要性に関する提言の背景には、一方で林や魏源以来の翻訳事業の影響、他方で、恭親王ら自身の交渉事宜の経験、そして何よりも天津条約で将来の「洋文による照会」が規定されたこと、[14] また外国人による勧めがあったことも見逃せない。[15] 先に挙げた咸豊十年の恭親王の上奏では、第一に各省督撫に対して「誠実可靠」（頼りがいのある）な「英法米三国文字語言」を「専習」した者を「挑選」し、各国の書籍を携えて来京せしめること、第二に八旗の一三、一四歳以下の者から「天資聡慧」な者を「挑選」し、外国語を学習せしめることが求められた。この内容は、同月の恭親王による上奏「総理衙門章程十条」の第十条にそのまま盛り込まれ、対ロシア関係の人材養成をおこなっていた俄羅斯館（ロシア館）の前例に倣って総理衙門が外国語に通じる人材を養成する義務を負うことが定められた。[16] そして同治元年に、東堂子胡同の総理衙門に同文館が開設される。[17]

以上のように、出使大臣派遣開始前から、実用的な目的のために語学に通じる人材の養成が提唱され、実際に幾つかの学校が開かれていた。[18] 事実、総理衙門档案を見ると、同文館の学生が随時、翻訳文を総理衙門に参考資料として送っていることが窺える。[19] だが、咸豊・同治年間には、語学以外の面、たとえば万国公法に通じ、交渉に役立つ人材を養成するべきだなどという論調はほとんどない。また、後に述べるように、この段階から人材の育成が中央一括でなく、地方でも同時並行でおこなわれていることに留意したい。

しかし、こうした語学学校こそが後に出使大臣となる人材を多く輩出していったことも事実である。特に京師同文館は、清代の出使大臣五十数名のうちの一二名を輩出している。[20] 約四分の一である。語学学校が出使大臣を養成したことの意義については、同文館が洋務に通じた官僚を養成する機関の一つに次第に変質していった可能性も含めて今後検討していかなければならないが、たとえ「洋務学校」の性格をもつようになったにせよ、こうした学校があくまでも語学学校としての性格を強く有していたこと、外交官試験制度など外交官養成論議に直接結びつかなかったことは注目に値する。ちなみに、民国最初の外交総長となった陸徴祥も同文館出身であり、この陸および同じく同文館出身の王広圻の手によってさまざまな外交制度改革が民国初年に進行した。こうした卒業生の進路、活動をふまえ同文館の役割をバランスを以て捉えることが求められている。[21]

光緒元年（一八七五年）、清朝は英国等への出使大臣派遣を検討し始める。なかなか実施されるに至らなかった中英天津条約第二条を履行する方向がようやく提示されたのである。光緒元年に、こうした論調が起きた背景には、急速に高まっていた海防論があった。海防のための自強と人材の養成、そして正確な情報を迅速に入手することが求められていたのである。[22] 坂野正高は、光緒二年に結ばれた芝罘協定（元年のマーガリー事件解決が目的）に基づいて派遣された謝罪使を、「そのまま英国に駐在させて公使館を開設するという方式で在外公館の設置にふみきった」としている。[23] それは結果としてはその通りなのだが、マーガリー事件を待つまでもなく、清朝政府は海防論を背景として出使大臣派遣を真剣に検討していたのである。

光緒元年四月、上諭が降り、李鴻章と沈葆楨が「出使各国及洋務人材」を「随時保奏」するように命じられた。[24] この上諭の全体の主旨は海防にあり、北洋を李に、南洋を沈に分担させることを命じているが、同じ上諭の中で出使大臣、洋務人材に話が及んでいる。実は当時のコンテキストで考えれば、海防と出使大臣の話題が結びつくのは極めて自然なことであった。それは、たとえば薛福成の海防密議十条、李の洋学局設置要請、沈の特科設立要請などに見られるように、当時の論調には海防から洋務の重要性を説き、そこから洋務人材養成の重要性や、「敵情」を知るため、あるいは情報収集のための国外への出使大臣派遣を説くことが多かったからである。海防論隆盛の主因は日本にあるのだから、結果的に見れば、日本の出現こそが、障害が多く実現可能性に乏しかった出使大臣に関する政策の転換を促したということになる。だからこそ、日本問題を担当していた北洋大臣李から、「欧米よりも危険な」日本への官員派遣が提起されることになったのである。[25]だが、ここで注意しなければならないことは、北洋大臣李の漢代の制度に倣った「出使絶域」論が、必ずしも早急におこなうべき課題としては提起されていないということである。日本への官員派遣についても、「将来もし条約を締結する場合には、官を派して駐紮せしめ、我が国の商民を管束させ、日本との連絡及び日本への牽制に備えさせるべきだ」と述べており、[26]また出使大臣派遣一般についても日本及び泰西各国に遣使し駐紮せしめるべきだとした上で、「遣使については、必ず人材を蓄えるべきである。学局を設けて人材を鍛え上げ、（科挙に）専科を設けてその人材を抜取しなければ、出使絶域の才を得るには足りない。このことは、今後少しずつ取り組んでいくべきことである」としていた。李は、明らかに自国民保護・管理と外国情報の獲得、外国との交渉のために在外使臣派遣の必要性を認識していたが、それは今後の課題として、派遣するならまずは学校を設立し科挙試験を改革しなければならないとしていた。出使大臣派遣を教育制度、試験制度の改革を含めた人事行政全般の改革とセットにして考えていたのである。

ところが、この議論に対しては礼親王世鐸らの「遣使はよいが、遣使と設学設科は別のこと」とする反発があった。総理衙門は世らの意見を採用して、「洋学特科はいま慌てておこなうべきことではなく、まず出使について議論しなればならない」という見解を示し、南北洋大臣をはじめ各臣に「資格にかかわらず、各々知るところを挙げよ」という指示を出した。そして更に「将来、各国に出使した者が成果を挙げ、中外臣工もみなその国家に有益であることを知れば、設科設学のことも必ずみなの賛同を得られるだろう」と述べる。[27] 光緒元年（マーガリー事件勃発以前）のこの既定方針こそが、この後、清末の出使大臣制度を縛っていくのである。また、ここで同文館が全く話題にのぼっていないことにも留意しておきたい。

光緒元年四月、総理衙門は英日などに出使大臣を派遣することとしたが、その際、各方面から洋務人材養成の重要性が再度唱えられるとともに、出使大臣となる人物の推薦がおこなわれた。このとき推薦された数名が初期の出使大臣になっていくことになる。

光緒元年八月、上諭が降り、候補侍郎郭嵩燾と二品頂戴直隷候補道許鈐身が選出され、随員や翻訳官の人事権は李鴻章に帰属することになった。[28] この後、総理衙門は出使大臣に関する諸規定を定め、九月には「出使章程」九条を発布した。[29] ここで任期は三年、二等・三等大臣を置くことなどが定められた。またその任務は情報収集・報告におかれ、権限は人事権に限られた。彼らは実官ではなく、総理衙門に対して報告義務があるものの、同衙門に属すわけではなかった。そして前述のように、資格については、語学能力や万国公法の知識などが問題にはならなかった。また、随員や翻訳官は基本的に出使大臣とともに赴任、帰任することになっていた。

このような制度状況を見ると、フランスに留学した馬建忠が光緒四年に記したという「二つの意見書」も十分に理解できる。坂野正高は馬の先見性を評価しているが、「使節になる才能をもった人間を」を「厳選」した上で「時間」をかけて養成すべきだという馬の意見は、当時の制度には反映されていないものの、上記の議論の中に散見される方向性ではあるのである。また、「マルセイユ友人書」にある「出使学堂章程」についても、その話の進め方は先の李鴻章の文に似ている。前述の通り、李は、それをゆっくり進めるべきだとして「今後の課題」と位置づけているが、馬はそれを実現させようとしているわけである。そして、馬の意見書でも「出使絶域」というタームが用いられ、要するに清（中国）がその体面を失わないようにすること、交渉で敗れないようにするために相手の事情を理解した人材を養成することなどが述べられており、当時の清朝の一部の議論に合致しているのである。無論、馬は主権国家間の対等な国家関係、あるいは不平等条約の問題について詳細に言及しているわけではない。世界に数多くの国があり、そこに交渉があることは認識しているが、それは総理衙門設立当時からわかっているはずのことである。問題は、前述のように、そうした通商＝外交の世界が清の通常の官制の外のものとして設定されている状況なのであった。

光緒十年ともなると、清朝は積極的に洋務人材を集めようとしていた(30)。この背景には、もちろん清仏戦争や新疆方面の争いなど外交問題が山積していたこともあるが、「吏治之壊」と呼ばれる人事の混乱が問題視されていたことも大きい(31)。光緒十三年、総理衙門は専門洋務官僚の養成の意思を示すに至った。しかし、それは「外交人材」とは少し異なっている。

旨を得て各省学臣に対して以下のように命じられますことを希望します。それは毎年の科挙試験のとき、受験している生員と監生の中で算学を選択する者がいたら、四書経文時策を受験させるほかに、算学の問題も出題し、果たしてその受験生が算法によく通暁していたら、その履歴や試験答案などを総理衙門に送っていただき、登録するということです。

欲しいのは算学に通じた人材なのであり、郷試段階で「格物測算・機器製造・水陸軍法・船砲水雷・公法条約・各国史事」も受験させることによって洋務に才能のある者をマークし、中央でおこなわれる会試にまで来た者をうまく捉えて、出使人材にしていこうというのである。総理衙門は科挙制度そのものに介入しないようにしているが、一種の「青田買い」を考えていたわけである(32)。また、この時点で、必要な知識が「算法」として認識され、公法や外国事情がその後に来るという点も面白い。清からみれば、外国と問題が発生する際には、まず格物・機器、そして海戦などの海事関係、そのあとに公法や相手国事情が来るという順序になる。このことは、武力と外交の連動するガン・ディプロマシーの当時にあっては十分に理解できることである。こうした格物重視の方向性は、光緒十四年の洪鈞の上奏などにも見えている。他方、これらの改革に対する方向性は、出洋人員と総理衙門のスタッフの関連付けにも及び[33]、ここから京師同文館で翻訳人員を養成するのとは異なる人材養成の方向性が形成された。この後、光緒二十年代になると次第に学堂にて洋務（鉄路・機器・開鉱、西語・西学）を専門的に学ばせるという議論がなされ、同文館だけでは不充分だとされていくことになる。このころになると、外交官のある種の「専門性」に対する必要性は認識されていたと思われる。

（3）「外交一途」への制度改革

出使大臣や外交機関人材養成をめぐる議論にとっても光緒二十七年の外務部の樹立は一つの転機だったように思われる。確かに光緒二十年代には、すでに「通暁洋務」が出使大臣の資格要件となっていたが、外務部の設立以降その資格を厳格に取り決めようという方向性が現れてくるのである。ただし、外務部時代にあっても、最後のところで出使大臣は外務部大臣と同格の欽差大臣であり、皇帝に直接上奏ができる「官」だという意識をもっており、この点で民国期の外交官とは一線を画していると考えられている。以下、光緒新政期の状況について簡単に述べておこう。

光緒二十八年三月の直隷総督袁世凱の上奏文は、出洋人員について一つの方向性を打ち出す。それは既に公車上書などに表れていた議論を再提起したものだったが、その要点は、第一に外務部と在外使領館の人事をリンクさせること、第二に外務部と在外使領館の「気脈」を通じさせること、第三に専門性を有する外交官僚を養成することであった[34]。袁は、「各国遣使通例」に倣うことをはかったのである。これに対する批（コメント）は、「所陳甚是、著外務部査照辦理、欽此」（陳べることはとてももっともである。外務部に命じて処理させるように）というものであった。これと対照的に外務部は、袁の言うような「倣照各国遣使通例」の導入には必ずしも積極的ではなかったが、外務部のスタッフを各部から保送（推薦して異動させること）することや、出使大臣の人事権を抑制すること、出使大臣や参賛・随員の専門性を高めることについては同意した(35)。

光緒三十二年、出使法国大臣劉式訓は「変通出使事宜章程」を奏請した。この章程のポイントは、第一に「外交は使臣を以て耳目とする。ヨーロッパの在外使臣はみな参賛や随員の経験を有する。今後出使大臣は外務部の侍郎・丞・参議か、使館の資質の十分な参賛から選ぶことにする」こと、第二に「参賛は使臣を支える大切な人材である。従って経験が必要で、人事にあたっては専門性を考慮する。今後外務部と出使人員は相互に交換していく」こと、第三に「広く出使人材を集めるために、世家の子弟を集め、外交生として登録し、登用に備えさせる」ことなどであった(36)。

光緒三十三年正月、この劉式訓の上奏に対して外務部が上奏する。ここで幾つか画期的な制度設計がなされる。それは、まず出使大臣を実官とすることであり、例えば政府を代表し侍郎と同格の二等公使を二品実官としたのである。次に、出使大臣について外国で参賛や随員としての経験があり外国語に通じた人員を充てるとした点であろう。そして、交渉能力に長けていれば、任期の三年を経てもそのまま勤務でき、さらに給料もアップするというものであった。ここで外務部は「こうすることで一生外交一途をたどり、自らの才を尽くせるようにする」としている。他方、外務部は出使大臣の人事権を否認し、外務部のスタッフと在外使領館のスタッフを交換できるようにした。さらに、既に設けた「儲才館」において人材を確保し、そこから外交一途の第一歩を歩ませるようにしている(37)。この制度改革は施行期間が短かったが、民国期の制度に継承されていくことになる。なお、この「外交一途」という詞は清末の史料にしばしば現れる用語で、外交畑におけるキャリアパターン、あるいは官僚が外交畑で一生キャリアを積んでいくことを指し、光緒新政下の外務部では一つの理想像を表す詞であった。

しかし、このような制度上の変革があったにもかかわらず、清末にハーグ平和会議に臨んだ代表たちが受けた「外交官」に関する衝撃は大きかった。

各国の代表はみな外交官である。だが、外交に詳しい者が必ずしも法律に通じているわけではない。平和会議で提起される問題は、みな法律問題であり、準備のための手続きも相当厄介であるから、法律の専門家がともに討論しなければ、いっしょに準備を進める意義がない。(38)

国際会議の場で、外交交渉に臨む者が外交だけでなく法律にも詳しいことが求められていることを如実に体験した場であったのであろう。このような経験は、民国期に生かされていくことになる。

以上のように、清末にも出使大臣や外交機関の人材養成をめぐる様々な制度設計がなされ、紆余曲折を経て実行に移されていた。その過程は、「海防」、「吏治」など同時代的なコンテキストに織り込まれながらも、次第に専門的で、かつ中央集権型の外交制度が構想されていくプロセスであったということができる。また、光緒新政期、それも光緒三十年代になると、制度改革が急速に進み、ハーグ平和会議などでの危機感もあいまって、民国初期の諸々の制度改革の基礎が形成されたと考えられる。

2 官制面からみた北京政府の外交官資格

中華民国の成立後、清代の出使大臣や領事官あるいは外務部官僚たちの処遇はどのようになったのであろうか。第一章で述べた通り、多くの在外使領は中華民国外交代表となってそのまま在外使領館に勤務し、外務部官僚も一部の上層満族を除いて中華民国外務部に勤務し続けた。(39)だが、この移行に際して資格審査が全くなかったわけではない。民国元年（一九一二年）十一月二十日付の外交部令「外交官領事官任用暫行章程」は、在外使領館に勤務する外交官の任用方法を定めている。その規定を見てみよう。まず官員には、外交部から正式に推薦し大総統および参議院の裁可を得て大総統から発令となる「簡任」と、基本的に外交部令として処理できる「委任」とがあった（第三条・第四条）。使領館員の資格としては、基本的に一つ以上の外国語に精通していること、身体が丈夫であること、外貌が清潔であることが挙げられた（第七条）。外国語ができることを条件としている点で、清末の論議が反映されているが、清末以来の科挙あがりの外政官僚にとっては、厳しい条件であった。

光緒三十四年（一九〇八年）、ロンドンを訪れた顧維鈞はのちに南京外交部初代外交総長となる王寵恵と、科挙出身（「挙人」）の外政官僚である駐英公使汪大燮に会っている。

ロンドンにおいて、私はまず二人の人物に会うことができた。彼らとは以後の私の社会生活において大きな関係をもつことになった。一人目は王寵恵博士である。彼は当時、中殿（バッキンガム）法学協会で法学を専攻していた。そのころの私は、彼の学んでいることに特に興味はなかったのだが、知り合いになることができて大変嬉しかった。（中略）もう一人は、駐英公使汪大燮であった。彼は中国古典に通じた著名な学者（文人）であり、官僚でもあった。彼はほかの多くの中国の公使と同様、英語を話すことができなかった。私が彼に会ったとき、彼はちょうど英語を勉強しているところだった。当時の中国の外交官といえば、それも特に学者肌の者であれば、みな中国式の服装をしていて、その外見は人目をひくのに十分であった。汪大燮も私と会ったとき、非常に華麗な中国式の官服を着ていた。(40)

この記述からも判断できるように、民国期に入って外国語が条件に加えられたということは、前述の上層の満族のみならず、科挙官僚出身層（顧の言う学者肌の者）にとってもそのままでは資格を失うことを含意していた。(41)こうした意味で辛亥革命は満族後退以上の影響があった。汪大燮も帰国後日本公使として赴任し、東京で民国期を迎えるが、民国二年に離任してからは、在外公使になることはなかった。

こうしたことを前提として、公使になれるのは外交総長・次長および在外公使経験者、外交部から最高推薦を受けたことのある者、そして当時の駐外代表・総領事などのうち外交官としての才能をもっている者とされた（第五条）。おそらく実質的には、才能という語の裁量の範囲が広くとられていたと考えられる。また、公使館・領事館員も同様で、外交部の推薦などの規定がありながらも、当時の各使領館や内外各機関が認めた者に資格が広げられていた（第六条）。興味深いのは、客観的な基準がなくなり、リクルートが推薦のみに頼るシステムになってしまっている点である。科挙制度の崩壊は、専門的な知識を有した人材の登用を可能にしたが、一方で客観性の喪失という弊害もともなっていたように思われる。だが、在外使領館に推薦権が認められている点は、現状追認の色彩が強いとも言えよう。

話はさかのぼるが、清は光緒三十三年に各他方大官や中央の各部局が諸外国に設けていた留学生監督処を統廃合し、中央一括にした。これは必ずしも本国における人事権の問題だけではなく、留学先が中央および地方のリクルートの場になっていたことを示している。監督処の統合は、中央が在外留学生を自らの管轄下に置こうとする意欲のあらわれだった。顧維鈞は以下のように記している。

使節としてアメリカに来た唐紹儀が帰国するに際して、在米中国留学生たちに招待状を出して招いたことがある。約四〇名の学生が彼の客としてワシントンに一〇日間滞在した。招待状は駐ワシントン中国公使館から発せられていた。この四〇名がどのように選ばれたのか不明である。ともあれ、私はその四〇名の中に選ばれたのだった。聞いたところでは、当時の中国公使館には中央・地方の派遣した留学生を管理する専門官がいるとのことであった。その官吏は渡米していた留学生たちと緊密に往来し、常に留学生を注視しているとのことであった。ここまで考えてきたとき、私は公使館の三等秘書であった顔恵慶博士が留学生と緊密に往来していることに気づいた。(42)

顧が唐紹儀の知己を得てその娘と結婚し、政官界にデビューしていくこと、また顔恵慶が欧米留学経験者とともに外交をおこなっていくことはよく知られている通りである。

次いで、民国三年十二月に出された「外交官領事官官制」は実に興味深い。ここでは、語学能力が必須のものとされ、したがって使領館には翻訳員が原則的に不要だということになったのである[43]。そして、民国四年になると、外交官・領事官試験が実施されることになるが、それと平仄をあわせるかたちで、既に雇用されている外交官を対象とする「外交官領事官資格審査規則」〈教令第五十八号〉(民国四年九月三十日)、「外交官領事官資格審査規則施行細則」(民国五年二月二十五日)などが定められた[44]。ここでは彼らの語学能力や勤務業績・経験などが問われていた。この後も制度変更が加えられていくが、民国九年に、在外使領館の人員は外交部か在外使領館の人員から選ぶようにという通達があらためて出ていることに留意したい[45]。これは、光緒新政以来のルールがそれほど守られていなかったことを示している。このような人事上の確認は顔恵慶が総長をしていた民国九年に多く出されている[46]。

先に述べたハーグ平和会議での衝撃、すなわち法律系の人材養成についてはどうであろうか。この点については、制度面では克服されつつあったようである。民国期の外交官たちは単に語学に堪能な者というだけではなく、外国で法政を学んだ者が多かった。こうした点で個々の外交官を見た場合、民国前期に大きな変化があったと考えてよいであろう。

だが顧維鈞は、語学能力や法律知識ではなく、「外交家として」中国の外交官はまだまだであったと酷評している。その不十分な例として陸徴祥や王正廷を挙げ、「外交家たるものは、情報官員と同じで、自分の挙動のすべてが何かしらの含意をもつものとして、言動の目的をはっきりさせておかねばならない」と述べている[47]。こうした明確な含意をもたぬある種の「思わせぶりな」態度は、逆に中国的神秘などとして結果的に相手を惑わすことになったかもしれないが、顧のような欧米志向型外交官には許容できないものだったのだろう。

3 外交部内部での諸辦事規則の制定

(1) 外交官の職業生活

本節では、外交総長を含む外交部職員および在外使領館の官員の職業生活について、制度と実態の両面から考察を加えたい。中華民国成立後、外交部や在外使領館に勤務する外交官たちの勤務形態、職業生活のスタイルはいかなるものであったのか。

まず清末の状況を見ておきたい。これは一つの事例にすぎないが、留学中の施肇基は駐米公使館の様子を以下のように記している。施自身も、これを当時の出使美(米)国大臣楊儒のパーソナリティに帰着させているが、興味深いので紹介したい。

楊欽差は衙門における儀礼にこだわりをもっていた。その執務室には二人が立って侍り、館員が入室するに際しては、まずその旨を告げて会見を請わねばならなかった。また館員が公使館を離れるときも、欽差にその旨を告げる必要があった。通常の執務時間には翻訳官二人が欽差の傍らに在り、朔望(陰暦の一日と十五日)には館員全員が集まって欽差のご機嫌うかがいをしたが、その際には「上衙門」と言うことになっていた。[48]

施はこのほかにも楊夫人の交際などについて記しているが、そのほかにも印象的な事件として、サンフランシスコの華僑組織である六合館の董事と当地の総領事との間に確執が生じた際のことを記している。その董事がワシントンまで「申訴」に及んだ際、楊公使がこの董事に「堂見」の儀式を要求したことを、施は驚きをもって以下のように記している。

「堂見」というのは、法堂における相見儀式のことである。この日、公使館内部の部屋には長い机が置かれ、香炉などを置く燭台も設けられた。欽差が正面奥中央に座り、参賛随員が両側面におり、燭台の前に二人の差官が立っていた。董事たちが現れると、差官が彼等に跪下するように命じ、二時間以上も厳しく訊問し、ようやく彼らを退去させた。四人の董事はみな六〇歳になろうかという老人で、長くひざまずいていたために立ちあがるのも困難であった。彼らがホテルに戻ると、新聞記者が取り囲んだのだが、彼らは何も答えなかった。翌日の洋字新聞は、各董事が「堂見」のことについて、その内情は言わなかったが、彼らが歩くのさえ難儀しているのを見て、いかに苦しい思いをしたかがうかがえると報じていた(49)。

施は、清代の「官官相護」が華僑を抑圧する一因だったと述べているが、上記のような述べ方から、外交官たるもの本来どうあるべきかという姿を少なくとも清代の出使大臣に求めてはいなかったことがうかがえる。

中華民国が建国されると、清代の「官場」（官界）の諸習慣を欧米モデルに改めようとする動きが強まった。陸徴祥総長による欧米モデル（特にフランス）導入の一環であろう。まず勤務時間について、清代の官衙では、午前勤務を「晨参」、午後勤務を「晩参」、夜間勤務を「夜参」と称していた。一般的に、春から夏が「晨参」、秋から冬が「晩参」であり、そのほかは状況に応じて部局別に定めていた。外務部においては、この三区分は特になかったものの、軍機処との関係などで最低でも午後（未申）には職場に来ている必要があった。だが、中華民国が太陽暦を採用し、西洋式の時間が持ちこまれると、これに変化が生じてくる。外交部が成立して後、民国元年（一九一二年）六月からは「考勤簿」が各庁司に置かれ、勤務時間の管理が始まった。勤務時間が定まったのは、民国元年七月十八日の「暫定辦事時間」によってである。ここでは、午前は一〇時から一二時半、午後は二時半から五時までの勤務と定められた(50)。この後、民国五年に一部修正され、民国七年四月十八日の「更訂到部辦公時間令」では、民国元年・五年の規定が現状に合わないので改訂するとした上で、外交部職員の勤務時間は午前一〇時から一二時半、昼休みの後、午後二時半から六時までとなり、残業も各庁司が管理することとし、「考勤簿」は毎日次長に送られチェックを受けることになった。[51]また、元来夏季は「夏伏」といって、午後は勤務せず輪番制で休みをとることになっていたが、民国九年六月三十日の通知で、その休暇制度は廃止された。[52]外交部は六時間勤務を旨としていたようで、「使館人員服務条例」（民国六年十二月十五日部令）や「領館人員服務条例」（同日）などでも、六時間勤務が定められている。[53]他方、在外使領館に勤務するスタッフにも、「使館人員服務条例」があった。ここでは、後述のように職務規定があり、勤務時間は六時間で本省と同じ（第八条）、服装に注意することや不名誉な行為をおこなわないことといった規定があった（第三条・第四条）。

唐紹儀総理の下で国務院秘書、陸徴祥総長時代に外交部秘書を務め、その後参事へと昇進した顧維鈞は、当時の勤務状況を書き残している。以下、顧の回想録によってその職業生活を見てみよう。顧はアメリカや欧州で活躍しているイメージが強いが、民国初期に四年強の外交部勤務をしていたのである。

秘書としての私の主な業務は外交総長・次長と北京外交団団長との面会に立ち会うことであった。陸徴祥総長は著名な学者（文人）であり、フランス語をとても流暢に話したが、英語はできなかった。彼の秘書としての任務は、東交民巷の公使館地域に行って英語を話す外国使節のところを歩き回ることであった。このような業務はアジアのみにあるものである。一般的な外交慣例に従えば、大使館なり公使館が駐在国の政府と何かしらの問題について討議したい場合には、大使・公使本人あるいはその使者が駐在国の外交部を訪問するものである。しかし、北京はこうではなかった。義和団事件後に屈辱的な条約を締結してから、外交団の地位が上昇していたのである。私は外交学を学んできたが、その私を驚かせたのは、外交総長が外国使節から提出された問題に応える際に、その使節を外交部に呼び出すのではなく、秘書を公使館に派遣して回答させていたということである。[54]

英語を話す使節とはイギリス・アメリカ・オランダを指しており、時にはベルギーとポルトガルが加わった。秘書は四人おり、それぞれ英仏独日の諸語に対応する公使館を管轄していた。顧のこうした回顧を見ると、顧が西洋式の外交教育を受けたからこそ不平等性に敏感であったさまがうかがえる。[55] このほか、当時の外交部には新聞司がおかれていなかったため、秘書業務には外国プレスとの応酬も含まれていた。顧はこの時期をまとめて以下のように位置づけている。

最初の一、二年、私の仕事は多くなく、私の業務時間全体を満たすことはなかった。陸徴祥総長と曹汝霖次長による外交部の近代化を手伝おうと考え、日に日に増す面倒な外交事務をより効率よく処理するようになった。私が外交部の近代化関連でおこなったのは、第一に外交部図書館の建設であった。また今一つ私が改革の余地があると考えていたのは、档案の管理制度と登記制度についてであった。(中略) 私の建議は外交部首脳に受け入れられ、私の意見に基づいて、档案管理について一人の科長をつけることにし、人員を配置し、専属で档案処理に当たることになった。[56]

顧からすれば秘書は閑職で、自分がいかに陸徴祥らを助けて外交部の新しい制度づくりに貢献したかということを表現しようとしているのだろう。ここから外交部職員が総長などに建議することがあることや、図書館が新設されたことなどがよくわかる。[57] 顧はその回想録のなかで、しきりに「北京官場」の習慣を身につけるわずらわしさを語っているが、何がどのようにわずらわしいのかは詳しく記していない。また勤務時間などについては、顧が翻訳科で訳文を一時間以上かけてチェックしている話、またその訳文が外国のプレスからいかに高い評価を受けていたかということが、自らの口から語られていた。

覚えているのは私が晩餐会に参加しているとき、五、六度総統府の人間から電話があって外交部の翻訳科が作成する「新聞簡報」はまだかと催促を受けたことがある。私が、「それはさきほど送りました」と応えると、「一〇時以前につけば問題ないが、総統府は一〇時には門が閉まってしまう。それに遅れたら面倒なことになる」などと応えた。袁世凱総統は朝来てまずその「新聞簡報」に眼を通すのだった[58]。外交部の門が何時に閉まるのかは記されていないが、顧がしばしば北京の晩餐に参加していたこと、また電話で連絡先が分かるようになっていたこと、役所は門が閉まれば外部との連絡が絶たれることなどがうかがえて興味深い。

参事時代については、参事は四人おり、その仕事は批准や公布をひかえた法令を研究することであると記され、「この仕事自体はかなり楽であった。だが、私はまだ総統府秘書の仕事を続けていたし、外交部翻訳科の仕事もあり、さらに図書館や档案のことについても心配していたのだった」などとも述べている[59]。外交部の正規の業務は多くなかったということなのだろう。「私の正式の職務は本当に閑だったのだが、それでも私は忙しかった」という感想は、総統府との連絡業務などのエクストラワークがあったことを想起させるが、決してそれだけではなかったようである。

顧維鈞の同僚で親戚でもあった老人が彼にこう言ったという。「北京の官場では、多くのことをすれば、多くの過ちを犯す。多くのことをしなければ、過ちも減ることになる。そして、何もしなければ、何の過ちも犯さない。これこそ官場で順調にやっていく上での妙技だ[60]」。在米八年、コロンビア大学博士の秀才には難しい話だろう。だが、この老人の言葉からすれば、陸徴祥らがいくら制度改革をおこない、人員を動かし、その職務内容を定めたところで、実際のところはそれほど変わらなかった可能性があり、また同時に顧のような人が入れば制度変更にとっては有意義だろうが、顧自身にとってはたいへんストレスのたまる日々を送らざるをえなかったということも示している。

このほか顧維鈞と同時代を生きた外交官・顔恵慶の日記である『顔恵慶日記』などから、外交総長の生活を垣間見ることができるが、それは閣議や社交に追われる日々であった。ここでは詳細を述べないが、日記には顔がどのような新聞に眼を通しているか（『京津タイムズ』が多い）などということも分かる[61]。外交官の職業生活にも当然個人差があるわけだが、ある制度を鏡としてそれに対してどのようなスタンスをとるかという意味での差であるとすれば、それも制度の影響の一つであろう。陸徴祥らによる近代的諸制度の導入は史実としてあるのだが、それに対して先の老人のような反応もまたあったということである。顧のみならず、複数の外交官の事例研究をしていくことが今後の課題となろう。

(2) 職務規定

これまで見てきたように、顧維鈞はその回想録の中で、民国初年の諸制度改革を欧米モデルの移入と位置づけ、それを肯定的に捉えていた。顧はまた、公使館内部の業務についても以下のように記している。

このように在外使館と外交部内部の事務に、近代化する基礎が比較的みられるようになった。在外使館も定期的に報告書を作成するようになっただけでなく、文書の往来に際しても、以前と同じ暗号を使わないようになり、時々それを変更して安全と機密保持に努めるようになった[62]。

外交官・領事官には「服務条例」が定められていた[63]。領事官については、民国四年一月二十一日の部令「領事官職務条例」があり、領事官は「管轄区域内における中国商業の発展と、僑商を『撫綏』すること」が職務となっていた（第一条）。華僑を「撫綏」（なだめ手なずけること）するという表現が興味深い。公使や外交部との関係では、原則として公使の指揮監督を受けることになってはいたが（第二条）、もし領事の所在地が公使所在地から遠く離れている場合で緊要を要するときは外交部と連絡を取ることもあった（第三条）。また、領事官の職務についても詳細な規定があり、義務・権利・禁忌が満載されている。まず、当然のことだが、領事は駐在国政府との交渉が認められず、ただ地方政府との交渉を許されているだけである（第四条）。秘密漏洩が禁止されているのは当然としても、駐在地の新聞に自分の考えなどを許可なく掲載させることも認められず（第五条）、むしろ新聞に掲載された内容を本国に詳しく知らせることが任務とされている。領事の業務内容は一般的な事項が多く、通商振興のための法律・習慣調査（第六条）、国籍などについての華僑管理がその中心であった（第八条・第九条）。他方、季節ごとに駐在国の商業・工芸・農産・銀行・交通・公共衛生についての状況を外交部と農商部にレポートすることが定められていた（第十一条）。農商部が含まれるのは、華僑の商業活動を同部が管轄していたからである。

この後、民国六年十二月十五日に「使館人員服務条例」、「領館人員服務条例」という在外使領館の職員に関する外交部令が公布された(64)。前者には、使館員は公使の命令に従うべきであるといった条項や（第二条）、服装に注意すべしといった外貌関係の条項（第四条）などがある(65)。また、公使には人事権はないものの、訓戒権が保障されており、館員の指揮監督の権利が認められていた（第九条）。文書については処分権がなく、随時編档することが求められていた（第六条）。後者の領事館員も、だいたい公使館員と同じ規定があったが、注意すべきは「領事官職員は現地華僑の設立した各種党会に入ってはならず、また新聞社の業務を兼任したり、商業を営んではならない」（第五条）、「領事官員が華僑の委託を受けて問題を処理する際には総領事・領事・副領事の許可を得なくてはならない」（第六条）という規定など、政治活動や華僑との癒着を警戒する条項が設けられていた点であろう。

このような職務規定から浮かび上がる外交官・領事官と、たとえば華僑の側から見たそれとでは、全く異なっているのであろうが、少なくともこの明文化された制度だけを見ると、中国官僚の悪弊を「近代外交官僚制」の導入によって防止しようという方向性が読み取れる。

中華民国北京政府による人事行政は、清代以来の反省にたって、特に近代的な職業外交官の養成や組織部内での責任関係の明確化にそのポイントを置いていた。資格審査や外交官試験（次章参照）、あるいは勤務時間を含めた外交官の日常生活に関わる行動全体へ「近代」を照射するような人事行政を展開しようとしたのだった。これは、人事が行政機関である外交部と深く関わっている点で、五権憲法の観点にたって人事を各行政機関から独立させた国民政府期に非難されることになるのだが、清代からの連続の中で考えれば、従来の懸案を解決しようとしたものであり、また交渉に際して侮られることなく、近代国家たる諸列強に伍していくためにおこなっているという点で、これも救国の手段としての文明国化の表れであった(66)。

しかし、予算とならんで人事も組織の根幹を占める「権力ごと」であり、制度がそのまま運用されていたとも考えがたい。無論、一旦制度ができてしまえば、運用に際しては基準とされ、現場をある程度拘束するということもある。だが、顧維鈞に説教をした老人ではないが、官場の現形はそう変わるものではなかったのかもしれない。次章では、制度とその運用の一例として外交官試験について考察してみたい。

第三章　北京政府の外交官試験

中華民国北京政府は、民国四年（一九一五年）に第一回の外交官・領事官試験を実施し、民国八年には第二回の試験を実施している。本章では、南京第二歴史档案館及び台北中央研究院近代史研究所の外交档案を基本史料として第二回試験を取り上げる。(2) 考察する課題は、①試験の制度の位置づけ、②試験の実施状況、③人事行政に表れる当時の北京政府の国内的位置、④清末以来の外交人事行政の中での位置づけに置く。(1)

前述したように、北京政府の外交人事行政についての先行研究は、陳体強や王立誠らの概説書以外ほとんど見られない。(3) 他方、清末の外交人事行政については、シュやビガスタフ、坂野正高の業績が知られている。だが、シュは、初期の在外使臣制度を取り上げ、ビガスタフは京師同文館を研究対象にしているが、いずれも概説の域を出ない。(4) 清末の外交官養成に関してより明確に論じているのは、坂野である。坂野は、その著書『中国近代化と馬建忠』（東京大学出版会、一九八五年）の中で、馬の一八八〇年代の外交官制度に関する意見書を取り上げ、原敬の一八九〇年代の議論と比較検討して、両者の相違点を挙げ、他方で共通点として「専門家集団としての外交官制度の確立の急務であることを考えた点」を挙げる。さらに坂野は「中国の場合には馬建忠が考えたような意味での専門外交官という発想が定着し始めるのは辛亥革命以後のことと推察されるのであるが、それほどに、光緒三十一年（一九〇五年）に廃止されるに至った科挙制度のもった重味は大きかったのである」と、専門（職業）外交官制度確立にとって科挙制度の存在が一つの壁になっていたことを指摘している。このような人事制度全体と外交官養成をからめて考える点は、前章で指摘したように李鴻章の見解に重なるところがある。

だが坂野正高の考察は、ある時期の傑出した人物の考え方を紹介したという面があり、なぜ馬建忠の意見書が採用されなかったのかという点など、現実面に対する考察に乏しい面がある。坂野も当然この問題点を意識しており、同書で以下のような問題提起をおこなっている。それは、①馬の意見書が清末から民国初年の現実政治に何ほどかでも影響を及ぼしたか、②馬の発想とは違った、中国の官僚社会の伝統的な発想をふまえての外交官養成論としてはどのようなものがあったか、③清末の改革思想や革命思想の中で、専門（職業）外交官というものはどのように考えられたか、④それはまた、外交官以外の専門職業の養成の問題とどう関連づけて考えることができるか、という四点である。[5] 本書では前章で、この坂野の問題提起のうち、特に②と③について、清末の外交官（出使大臣）および外交機関のスタッフ養成論を整理し、光緒新政下でも実現こそしないものの十分に専門的職業外交官養成への志向性が読み取れること、外務部官僚と在外使臣を人事面で一体化させることが実行に移されたこと、そして、その上で制度面から見た民国前期の外交官資格や職掌についても示した。だが、その他の①、④を含め清末民初外交史の人事研究は問題が山積している。清外務部と中華民国北京政府期の外交官僚が人的に連続していたことは前述した通りであるが、[6] 全て継承されたわけでなく、科挙出身などでなく、また満人でもない層、すなわち同文館卒業生や、海外に留学し、外国語に堪能で国際法にも通じたヤング・チャイナなる青年集団たちが引き続き民国外交部を支えたのだった。だが、前政権からの人的継承だけではなく、決裁の方法や組織面、あるいは実際に清末以来の官僚が政策決定にいかなる影響を与えたのかという点も検討することが求められ、ヤング・チャイナについても、欧米人からそう映ったという指摘に止まり、本当に彼ら自身が集団として動いていたのかという点はほとんど検討されないままになっている。[7] さらに、民国時期になって外交部入りした若手官僚層（施肇基・顔恵慶・顧維鈞・王正廷らの一つ下の世代）については、全く研究対象になっておらず、北京政府と南京国民政府の外交官僚の連続性を話題にする場合でも、顧らが例となるなど事例が限定されがちである。中国の人事行政一般で言っても、清代の科挙制度に関する研究蓄積はあるものの、科挙廃止前後の諸改革と人事行政の実態、及び民国期の人事行政の在り方については、南京国民政府期の技術官僚や軍人に関する研究を除くと、極めて限られているのが実情だろう。(8)

本章ではこれらの多くの課題のうち、外交人事行政に関する事例研究の一つとして、北京政府の外交官試験を検討することにしたい。

1　外交官試験実施要領——制度面からの考察

民国元年（一九一二年）十一月、北京政府は「外交官領事官暫行章程」、「中華民国使領各館暫行組織章程」を定め、民国四年九月には「外交官領事官考試令」（翌年一月施行細則公布）、「外交官領事官考試甄録規則」、「外交官領事官資格審査規則」（翌年二月細則公布）を公布、民国五年三月には、暫行ではない「外交官領事官官制」と「外交官領事官俸令」を公布した。(9) これらは、清代の奏定出使章程を基礎としているが、内容が詳細になったばかりでなく、(10) 前章で見たように外交官に必要な知識や経験をよく理解した上でそれを制度化し、また外交部官僚と在外使領館のスタッフの関係を明確にして外交畑でキャリアを積めるようにした点で、清末とは大きな違いがある。

その後、民国八年八月、北京政府は「外交官領事官考試令」を、その他の規則・施行細則などとまとめて「外交官領事官考試法」に改めた。(11) この改正がなされた第二回国会を「非法国会」、「安福国会」などと称することもあるが、この国会で確実に制度面での整備がおこなわれ、光緒新政以来の懸案が解決されたことも事実である。(12) また、この制度整備については、日本からの影響が軽視できない。光緒新政期の日本留学組の影響力や、法政面での日本の模範性を指摘する議論は多いが、それについて辛亥革命で断絶させずに、清末以来の留日組が大きな勢力を有していた民国前期まで考察対象とすべきであろう。[13]そして、袁世凱死後においても一貫して生前とほぼ同じ方向で制度整備が遂行されたことにも注目すべきである。一人の政治家の死で変わったこともあれば、変わらぬこともあるのは当然のことであろう。いずれにせよ民国初期の制度整備は、民国元年から二年（民国成立期）、民国四年から五年（袁大総統期）、民国八年（安福国会期）、民国十二年（曹錕大総統期）といった「悪名高き」議会が開催された時に推進されているのである。

ここでは民国八年八月に公布された「外交官領事官考試法」の検討を通じて、まず制度的にこの外交官試験を考察してみたい。考試法は十五条からなるが、第一条で「文官高等考試と合併しておこなう」ことが定められ、第二条で試験実施に際する主管方法（「典試」）についても文官高等考試に準じること、及び主管官吏も文官高等試験の主管官吏が兼任し、補佐官については外交部が大総統に呈請して適当な部員を派遣することが規定されている。[14]文官高等試験の主管方法というのは、具体的には、おそらく「文官高等考試法」の第二条「文官高等考試ハ中央政府ノ所在地ニ於イテ挙行ス」、「文官高等考試典試之組織ハ教令ヲ以テ之ヲ定ム」などを指していると考えられる。[15]中央政府が官僚人事行政を集権化し、他方で主管組織を柔軟に組織できることを定めている。また、外交部が補佐官を派遣できる点については、陳体強が国民政府期には考試院が全面的に試験を管理し行政各部が人事に干渉できなかったことを挙げて、両政府を対照的に述べている。[16]

第三条では学歴面での受験資格が定められる。①中華民国国籍の男子で満二〇歳以上であることを前提とし、以下の②から④のいずれかに該当する者で、専門が政治、経済、法律であった者とする。②中華民国の国立大学あるいは高等専門学校において、三年以上専門の学科で学び、その卒業証明書を有する者、③教育部の指定した外国大学あるいは高等専門学校卒業で②と同じ条件を満たす者、④教育部の指定した中華民国の私立大学卒業で②と同じ条件を満たす者。②から④は、基本的に文官高等考試法に準じるものだが、外交官考試の場合、もう一つ規定がある。それは、⑤本国あるいは外国の国立・私立大学、専門学校で、専門が政治、経済、法律、外国語であった者で、卒業証書あるいは証明書を有する者というものである。要するに教育部の指定した学校でなくともよいというのである。これは、日本の制度に倣ったものだが、よくとれば教会附設の学校などを含む点で人材発掘に際して柔軟に対応することができるということで、悪くとれば、その卒業大学の水準が高くなくとも採用でき、また専門を学ばなくても取りあえず卒業証書がもらえる学校の卒業生を採用できるのであるから、外交部官僚が従来有していた推薦権を確保したものと考えられる。第四条では、試験を受験できる者は甄録試（資格試験）に合格して外交総長がそれを認めた者であることが定められる。第五条では、甄録試は甄録試委員会が実施するが、委員会は外交次長を委員長とする他、六名ないし八名を外交総長が指名することが規定される。[17]

第六条では、試験が四回に分けられていること、この全てに合格する必要があることが述べられる。第七条からは試験の具体的内容が示される。試験は四段階（「初試」三段階・「覆試」一段階）にわたる。第一試では、国文と外国語が課される。要するに語学試験である。第二試・第三試では、法政に関する専門知識が問われる。第二試では、必修四科目が課された。必修科目は憲法・国際公法・国際私法・外交史からなる。第三試では選択四科目が課された。選択科目は行政法規・刑法・民法・商法・刑事訴訟法・民事訴訟法・政治学・経済学・財政学・商業史からなる。最後の第四試（「覆試」）では、四科目により専門的な知識と実践力が試される。科目は、①約章成案、②外交事件（上記二科目は筆記試験と面接試験）、③文档の草稿作成（国語・外国語）、④語学力（面接試験）からなる。[18] この第四試は、筆記試験をまずおこない、それから口述試験がおこなわれることになっている。第十一条では語学について、指定された外国語のうち二つ以上を選択できること、指定されていない外国語も選択できることが定められる。「外交官領事官考試令施行細則」（洪憲元年〔一九一六年〕一月二十七日）によれば、上記の四回の試験はそれぞれ別々にしておこなわれるが、合計が平均六〇点以上を合格とし、六〇点以上を「中等」、七〇点以上を「優等」、八〇点以上を「最優等」とすることが定められている（第四条）[19]。第十二条では、試験合格者の在外使領館での学習期間を二年とし、その間の成績が使領館の長官によって外交部に報告され、その上で任用法を決めることが定められている。第十三条では、文官高等考試法との兼ね合いを定め、第十四条・第十五条では施行細則を別に定めること、この考試法が文官高等考試法と同時に施行されることが定められている。

他方、「外交官領事官試験暫行規則」では、外交官・領事官試験の文書の管理を外交部総務庁文書科、庶務科が担当すること、試験の日時の決定権を外交総長が有することが定められている。また、受験申し込みに際しては、外交部指定の書式による直筆の履歴書、及び論文、その外国語訳（英仏独露日のうち一つ）を提出することが求められ、履歴書に内外の大学の卒業証明書を添付することとなっている[20]。論文の翻訳に選んだ言語は、筆記試験時の「外国語」選択の意味をもつとされ[21]、上述の履歴書と論文に基づいて書類選考がおこなわれ、審査にパスした者だけが受験できることが定められている。

以上の諸制度から容易に気付くことは、日本の外交官試験に酷似していることである[22]。民国前期の外交官任用制度は、実際日本の制度を調査し、それを模範として起草されたのだが、このことは昨今まで十分指摘されてこなかった[23]。北京政府が模範としたのは明治二十六年に公布された、いわゆる「原（敬）型」の試験である[24]。日本では、寺内内閣の時（大正七年）に制度改正が実施されているが、民国八年の北京政府の制度改革の際にはこの日本の改正はおそらく参照されていない。なぜ、制度を確立するにあたって日本のシステムを採用し、それをそのまま保持していったのかについては様々な説明が可能であろう。例えば、この制度が定められた民国四年の外交次長が日本留学の曹汝霖であり、しかも民国三年から九年までの七年間、政務・通商・交際の三司長に異動がなく、参事（定員四名）も同期間でその半分に異動が見られなかったこと、あるいは日本人顧問の存在などが考えられる[25]。目まぐるしく総理が替わり、総長・次長も替わっていながら、その下の高級幹部に変更がなかったので、日本帰りの次長の下に定められた制度が日本人顧問からの影響を受けつつ保持されたのかもしれない。

次に、「外交官領事官考試暫行規則説明書」をもとに、この制度がいかに日本を意識したものかを検討してみたい[26]。この説明書は大きく分けて七つの内容からなる。第一は、外交官・領事官試験制度制定の心得のような部分である。ここでは、①欧米日本の外交官・領事官が試験をパスした者であること、②外交官・領事官が文官の中でも特別の職務であり、特別の知識を要求されるので、特別の試験を経ていなければその任に堪えられないこと、③清代には外交部員と在外使領館の職員の任用について特に規定がなかったので「濫雑」な面もあったが、民国成立以後の度重なる制度改革により部員・館員とも、確かにみなが適格者（「合格」）とは言えないものの、学識・経験のある者が多数に上っていること、④だからこそ、ここで外交官・領事官試験制度を確立し、将来の外交官・領事官がみな試験合格者になれば、将来の外交「進行之機」に備えられること等が述べられる。

ここで興味深いのは、①である。欧米日の外交官・領事官がみな外交官・領事官試験を経ているということは必ずしも正しくない。領事官については大使公使へとつらなるキャリアに含まれるか否かでイギリスと日本では全く異なるし、外交官養成についても「試験」を重視する発想（日本）と、「訓練」を重視するもの（フランス）とがある。アメリカに至っては長くスポイルズ・システム（猟官制）であった[27]。日本の制度だけを範としたために生じた認識であろうか。また③の記述も、実際には光緒新政下で様々な制度改革が実行に移されていたにもかかわらず、前政府の制度を否定しつつ改革をおこなうことを示している。

第二の部分では試験委員会についての説明がなされる。第一の部分の最後では、各国の通例に学ぶとされていたのだが、ここでは日本の外務省の制度だけがモデルとして示される。その日本では、試験委員長を外務次官が担当し、委員として政務・通商局長と文官高等試験委員二人と帝国大学教授二人が当たることになっていた。それに対して北京政府では、外務次官に相当する外交次長を委員長に据えることにしながらも、委員については、外国語及び各科目の担当割り当てに支障をきたすことが予想されるとの理由で、外交部の「最高等薦任官」の中から外交総長が四人ないし六人を指名して常任委員とし、実際に試験をおこなう際には、外交総長が京師大学校・清華学校・俄文専修館及びその他の学校から、数名を臨時の委員として指名する（定員、国籍不問）ことが定められていた。

第三の部分では応募資格について述べられるが、この面でも日本がモデルとなる。ここでは、日本の制度が検討され、特に支障がなければ誰でも（満二〇歳以上の男子）応募資格があり、受験前に履歴書及び論文（外国語訳も）を提出して試験委員が認めた者が試験を受けることができるという点が引用されて、「このような方法が我が国に最もふさわしい」とされ、また学歴についても外国語と法制に関する専門知識があれば特に問わないという日本の制度に「倣うべきだ」とされる。(28)

第四の部分では試験の内容が検討される。「終身為外交官領事官」となるのだから、そう簡単な試験ではいけないという心意気が示された文章である。ここでも日本の制度が模範とされる。日本が試験を二度に分けるのに対し、北京政府はより一層ハードルを高くして「積学有志之士」を得るために、試験を四度に分けることを定める。(29)語学、専門知識（必修・選択）、実践力という三段階制を敷く点で日本とは異なるが、専門知識の科目は全く日本と同じになっている。

第五の部分では語学のことが述べられる。制度上選択できる語学が日本では「英仏独」の三カ国語であるのに対し、中国は「ロシアおよび日本と関係が緊密である」ことを理由に、両国の国語も選択外国語に含められる。第六の部分では不正行為に関する検討がなされ、この点は全く日本の条文に倣うことが定められる。第七の部分では、合格後の訓練が検討され、当時の在外使領館で人材が不足していたことに鑑み、直ちに海外に派遣することが定められる。他方ですぐに任につかない場合、資格の有効期限を二年とした点は日本に倣ったものである。

以上の諸点から明らかなのは、起草した官僚が日本の制度しか参照していないということである。無論、文官考試法という土台があることも重要なのだが、日本の制度を見ればそこに欧米の制度が反映されているという意識もあったのだろう。だが、起案段階から制度化にかけての時期における議論は档案からわからない。民国初年の陸徴祥らの制度改革が欧州（フランス）に倣ったのと比べると、この人事に関する事案では日本が大きな役割を果たしていた。

2　外交官・領事官試験の実施状況

本節では、北京政府外交部が実施していた外交官・領事官試験をはじめとする新制度の実施状況を明らかにしていきたい。北京政府外交部は外交官・領事官の資格について厳格に取り組む姿勢を政権成立当初から示していた。その表れが、民国成立当初から断続的におこなわれていた「資格審査」である。外交官・領事官たるもののあるべき姿については「外交官領事官暫行章程」（民国元年、一九一二年）で定め、その上で「外交官領事官資格審査規則」（民国四年九月）や「資格審査施行細則」（洪憲元年〔一九一六年〕二月）を公布して外交官試験とともに実行に移したのである。審査委員会委員長には試験同様、外交次長があたった。審査すべき点は、①先祖三代の名前と没年、②出身（生年、学歴、科挙出身か否か）、③経歴官職、④任命日期、⑤通暁する外国語、⑥付記（公使あるいは領事からみた成績）とされていた。(30) こうした資格審査を実施した背景には、無論「制度整備」を内外に強調することで政権の基盤を安定させ、他方で国権回収運動や借款導引を有利に展開しようというねらいもあるが、試験とセットにして資格審査をおこなうことで、現任の外交官僚の綱紀粛正をはかるという目的もあったように思う。このころ、中華民国の現任の外交官領事官が「章程」を無視して公使や領事の許可を得ずに勝手に帰国したり、あるいは任地で行方不明になって後に殺人事件に巻き込まれるなどの「不祥事」が多発していたのである。

実際に、民国六年から九年にかけて駐米公使館で実施された資格審査に関する史料を見ると[31]、審査対象となっていたのは、一等秘書容揆・二等秘書伍常・三等秘書魏文彬・署三等秘書孫祖烈・署随員夏邦輔・署主事程萬里などであった。いずれも英文をはじめとする語学に通じ、法律などの専門知識を有しているとされ、不適格だと判断された者はおらず、日常業務・素行についても特に問題がないとされている。ちなみに中には一等秘書容の「経験豊富」、二等秘書伍の「僑情に詳しい」などの個人的評価も見られる。この後、資格審査委員会が適格と認めれば、政事堂銓叙局の名簿に掲載されることになるが、この制度施行以前に外交官・領事官に相当する地位にあった者は、この名簿に三回掲載されることにより、新制度における外交官・領事官としての地位が保証されることになっていたのである。残された史料からは、審査委員会がいかなる判断を下したかは不明である。このように、事例としては少ないのだが、こうしたプラスの評価ばかりでは、この資格審査によって綱紀粛正がはかられたとすることはいささか早計だと思われる。だが、審査という制度、また審査がおこなわれているという事実が、日常業務に緊張感を与えた可能性も否定できない。

次に、民国八年におこなわれた第二回外交官領事官考試に即して外交官・領事官試験の実施状況を見てみたい[32]。外交官領事官考試法では、実施時期を文官高等考試に合わせることが規定されている。その文官高等考試は三年に一度おこなわれることになっていた。その第二回外交官領事官考試のスケジュールを確認しておくと以下の通りである。

(1)　六月　　　　　試験実施の旨を公布
(2)　八月二十日　　履歴書、論文（国語・外国語訳）送付
(3)　十月一・三日　甄録試
(4)　十月二十一日　第一次考試

(5) 十月二十五日 第二次考試
(6) 十月二十九日 第三次考試
(7) 十一月五日 第四次考試[33]

結局、九七名が受験に応募したが、書類選考でそのうちの三九名だけが合格し、十月一日及び三日におこなわれた甄録試で一一名が落第、二八名が及第した。

十月一日、三日におこなわれた甄録試は、先に述べたように、資格試験であった。開始時間がわからないので、制限時間は不明であるが、午後四時までに提出すればよく、また会場には『条約辞典』各書が置かれており、自由に閲覧できた。出題は、国文と外国語であった（二題から一題を選択）。出題された問題は、①「兵交使行人、在其間揆之近世戦時国際公法利害、若何試言其概」、②「楽天畏天論」の二題である[34]。前者は、当時最大の問題であったパリ講和会議を意識したもので、後者は、北京政府期の外交全体を問う問題である[35]。①を選んだ者は領事裁判権撤廃問題などの自由論題で論文を作成し、②を選択した者はそのままその題名で論文を書いていた。採点は減点方式でおこなわれていたが、同時に「乏詞無当」（説明不足、内容も要を得ていない）、「論題独真、語有根底」、「高簡爽朗、可歌可誦」などといった論文に対するコメントが付された。国文は、誰が採点したか不明であるが、外国語については上述のように試験委員会のメンバーが各語学別に分担した。答案を見ると、減点部分には毛筆で点が打たれているが、各々の誤りに減点数が明示されていないことから、語学的・文法的な誤りの減点は程度にかかわりなく一律におこなわれたと考えられ、他方で論文の趣旨についてある程度の配点（評価）がなされたと見なすことができる。また、コメントや採点の筆跡が一人のものであることから、複数人によるクロスチェックがおこなわれていたとは考えがたい[36]。また、合格者には定数があるわけではなかったようである。国文・外国語文・面接（具体的内容不明）の平均点が六〇点以上となれば合格で、二八名が合格した（八〇点台四名、七〇点台一一名、六〇点台一三名）。個々の科目毎に最低限取るべき点数なども設定されていなかった。各々の外国語で平均点の調整がおこなわれた形跡もない。予備試験たる甄録試の主席合格者は焦継宗であり、点数を見ると国文七九点・独文八六点・面接九〇点、平均八五点と極めてバランスがとれているが、こうした例はむしろ稀で、国文が二〇点台であるのに他の二科目が九〇点台で合格した者や、面接の一〇〇点が他の二科目（ともに五〇点台）を補っている者もいる。[37]この外交官・領事官試験では再三にわたり語学試験が課されているが、語学試験だけで合否が決まる場は一つもなかった。

十月四日には採点が完了し、六日には文官高等事務処に合格者の報告がなされ、同時に『政府公報』の「通告」欄などに合格者が席次順に公表された。十月十八日、第一次から第三次試験の日程が発表になり、第一次が二十一日、二次が二十五日、三次が二十九日と定められた。試験当日は早朝四時に、筆墨と巻票をもって太和門の文官考試場に集合し（東華門から入る）、点名（登録）をして巻票を提出することになっていた。[38]十月二十八日、『政府公報』などを通じて十一月五日に第四次試験がおこなわれることが発表される。第三次までと同じ会場で、朝六時から正午まで筆記試験、午後一時から六時まで口述試験がおこなわれることになっていた。[39]第一次から第四次の試験については、現在の史料公開状況では詳細を知ることはできない。

十一月二〇日、同じく『政府公報』などを通じて、外交官領事官考試及び文官高等考試の合格者が発表される。外交官・領事官試験合格者は、全一〇名であり、その内訳は、最優等一名、優等六名、中等三名であった。甄録試の合格順位と比べると、甄録試の上位一〇名のうち七名が合格し、下位一八名からは三名しか合格していない。順位については、上位二名が入れ替わって徐謨が主席、焦継宗が次席になり、その他は大幅に入れ替わっている。だが、大勢としては甄録試の結果がその後の四回の試験結果にも反映していると言うことができる。

十二月二十三日・二十六日の午前九時から午後五時までの間に新華門において「分発執照」（配属通知）を発す

ることが大総統の指令を受けた銓叙局から通告された。[40] これによって、多くの合格者が在外使領館に実習に派遣され、「外交一途」の第一歩を踏み出すことになった。

外交官・領事官試験の実施状況は以上のようである。書類選考、甄録試、第一次から第四次の試験と合計六回の関門が設定されており、難度は極めて高いかに見えるが、九七名中一〇名が合格する一〇倍弱の試験であり、受験者側からすれば関門が増えたからといって大勢に影響はないだろう。ただし、試験を実施する側から見れば、慎重に人材を選ぶという目標を実践しているとも言える。だが、試験の採点の一部を見ると、採点基準やチェック面に問題を残している面もあると言えよう。陳体強は、北京政府の外交官・領事官試験は文官高等試験に対する独立性が高く、公正におこなわれたか否か疑問だと述べている。高等文官試験と外交官試験を連動させた国民政府の側の視点として興味深いが、万一、試験官全員が暗黙の了解として大官の親戚を合格させようとするならばいざしらず、個人的な不正をおこなうにはあまりにも試験が多いこのプロセスでは困難ではないだろうか。

3 試験受験者・合格者の性格

(1) 北京政府の全国性と地域性

外交官領事官考試の受験者を出身学校別に見てみたい。[41] 受験者の出身校は内外各地にわたるが、国内の分布状況では、北京・湖北・上海・天津の四地で九七名中五四名と過半を占めている。これは、教育の場が北方の大都市に集中していたと理解することができるが、北京政府の勢力がやはり長江流域までしか及んでいなかったことを示しているとも考えられる。だが、東北から広東まで幅広い地域の学校から受験者があったことも確かであり、北京政府の外交官試験を受けて官途につくこと、あるいは外交官考試合格という肩書きを得ることが、外国語や法政を学ぶ全国の学生にとって、将来設計の上での一つの選択肢として意識されていたと考えることができるだろう。外国の大学で見ると、二七名中二三名が日本の大学の出身者であることが注目される。中でも明治大学、法政大学、中央大学の数が多い。着実に法政教育をおこない人材を輩出してきた大学の対外的教育効果が表れている。清末民初の政府部内において実際に法律を起案し草案を書き上げることのできる法政官僚層が、どこで、どの程度、いかに養成され、どのように具体的に機能していたかということはきわめて重要な問題である。そうした法政官僚の予備軍を日本の私立大学（特に明治と法政）が大正期以降も養成し中華民国に供給し続けたことは、中華民国前期の外交制度をはじめ諸制度の近代化にとって大きな支えとなったのであって、必ずしも欧米留学組がそのまま民国前期に優勢になったわけではなかったのである。

甄録試合格者を国内の出身大学別で見ると、北京大学（五名）、天津の北洋大学、日本の明治大学（以上四名）、上海の聖約翰大学（三名）の上位四校が過半を占めている。[42] 外国の大学から受験した者の中にも、国内の大学を出ている者がいることは言うまでもないが、登録上国内となっている合格者を大学の地域別に見ると、一八名の内、北京（八名）、天津・上海（各四名）の大学出身者で大半を占めていることがわかる。最終的な合格者（国内学校出身者は八名）では、天津北洋大学の二名以外はいずれも一名であった（北京大学・京師大学予科・上海聖約翰大学・青島特別高等専門大学・南洋方言学校・上海留学高等予備学校）。[43] 他方、外国の大学出身者を国別・地域別に見ると、日本（八名）、アメリカ（二名）、香港（一名）となっている。最終的な合格者一〇名で見ると、コロンビア大学と明治大学が各々一名となっている。

外交官領事官考試を受験する外国留学組の構成で留日組が多かったことは上記の通りである。民国期に入っても留日学生数が留米・留欧学生の合計数を上回っていたのだから、これは当然の結果かもしれない。しかし、だからといって外交部職員や在外使領館に欧米留学者が少ないとか、減っていったとかいうわけではない。確かに、留欧・留米組の中には官途につくことよりも教育やマスコミ、経済界に進むことを選ぶ者が多かったようである。しかし、公使館、領事館などでの現地採用は継続しておこなわれていたし、他方で外交部は民国元年（一九一二年）から（実際は外務部時代から）、清華大学の学生を中心にほぼ毎年数十名から数百名の学生をアメリカに留学させており、帰国した学生の一部は外交官になったり、外交部をはじめとする政府機構に勤務していた。(44)

次に、考試受験者（全九七名）を籍貫（公式に示す際に用いる出身地）別に検討してみる。清末から民国前期は移動の活発な時期であり、受験生の「籍貫」を出身地に準えて分析することに意味はないかもしれない。だが、中央政界においては同郷会などの地縁組織が存在し、それがプライヴェートアクターとして政治の裏舞台で機能しており、その同郷会に入るためのメンバーシップの一つが籍貫で、また官途についても履歴書に籍貫を常に記入することになるなど、帰属意識を再確認する一つの符号となっていたことを考慮すれば、籍貫について検討することも相応の意義があるように思われる。

受験者の籍貫を省別に見ると、江蘇の一八名、湖北の一七名、浙江の一二名、湖南の一〇名、直隷（京兆を含む）の八名が上位を占めている。清代の科挙試験の時に比べ、直隷が多いこと、また長江流域が圧倒的多数を占めていること、現任の外交官・領事官を多く輩出していたはずの広東が少ないこと（三名）が指摘できよう。他方、奉天や吉林を含め、ほぼ全国的に受験者が分布していることも重要である。(45) 次に、甄録試合格者で見ると、江蘇（六名）、福建（四名）、浙江・湖北・直隷（各三名）、湖南・江西（各二名）、広東・山東・河南・熱河・吉林（各一名）の順となる。(46) 大学別で見ると大都市に集中しているように映ったが、籍貫ではほぼ全国に広がっている。大学が大都市に集中し、籍貫が全国に広まっていることを考えれば、全国各地の学生に北京、上海、天津の有名大学を目指し、卒業して官途につくことを考えた者が多かったのではないかという推測がなりたつ。最終的な合格者で見ると、江蘇（四名）の他はいずれも一名で、浙江・直隷・湖南・山東・福建となっている。

このように、この考試の受験者・合格者の籍貫は、華南地域が少ないという傾向をもつものの、地域的にほぼ全国に分散していた。官僚名簿などに記載される籍貫に全国性が見られることは、北京政府の全国性を外面的に示すことに繋がる。また、籍貫が本人の出生地や生育地と関わりがないにしても、地縁的な人的ネットワークと無関係だとは言いがたい点を考慮すれば、北京政府官僚の籍貫の全国性は、各官僚のもつネットワークの集積体の上に政権が維持された面があったことも意味する。

他方、北京や上海などの大学生が、北京政府を外交官試験をおこない得る中央政府として認知して考試に望んでいた意味は大きい。プロヴィンシャリズムの時代、分権の時代とはいっても、人事のマーケットには全国規模のものがあり、いくら給料が払えないことがあっても中央政府（に勤務したという経験、あるいは試験合格という実績）が依然として官途につこうとする者の一つの目標となっていたことを窺わせる。特に外交の世界では、地方の交渉署のポストには数に限りがあるし、業務も中央と地方とでは数段の違いがあるので、中央政府が人材吸収、育成に大きな役割を果たしていたと思われる。当時は、プロヴィンシャリズムとナショナリズムが同時進行していた時代なのだから、人の流れが双方に向かうのも当然のことと言えよう。

しかし、受験者の籍貫が全国的だからといって北京政府が全国政権だったと単純に断じるつもりはない。先行研究の中には、北京政府の「勢力圏」なる極めて曖昧な表現をしているものがあるが、多くは当時聯省自治運動に関わっていた李剣農の著作などを根拠としており、一体何が「勢力圏」の指標なのか不明である。だが、たとえば、民国八年に実施された文官高等試験合格者の配属先を見ると、この時点での北京政府の「勢力圏」なるもののひとつのかたちが浮かびあがってくる。文官高等試験合格者は成績に応じて、「最優等」、「優等」、「中等」に分かれていたが、いずれの者も一定期間（基本的に二年間?）中央政府各部局、あるいは地方（省）政府でトレーニングを積むことが定められていた。外交部にも一七名（優等一〇名・中等七名）が書記として派遣されている。地方政府に送り込まれるのは「中等」の学生がほとんどなのだが、その配属先を人数別に並べると次の通りになる。

(1)　北京市　一六名（法律科一二名・政治科二名・政治経済科二名／全中等）

(2)　浙江省　一三名（法律科八名・政治科二名・政治経済科二名・蚕業科一名／優等二名・中等一一名）

(3)　直隷省　一〇名（法律科八名・政治科二名／全中等）

そしてこれ以下は、(4)山東九名、(5)河南・山西八名、(7)江蘇・湖北七名、(9)吉林六名、(10)湖南五名、(11)安徽・陝西四名、(13)黒龍江二名、(14)甘粛・福建・奉天各一名となっていた[47]。これが、試験合格者に表れた民国八年末時点での北京政府の内政面における「勢力圏」の一面を表していよう。新疆など北京政府の法令を受理していた省、往来のチャネルを開いていても選択的に法令を執行していた護法各省などは含まれない。本来、「勢力圏」なる用語は、こうした実態を一つ一つ検証した上で示されるべきであろう。

(2)　キャリアパターンは形成されたか

外交官領事官考試が官界、社会から認知されるためには、合格者の地位が保証され、かつ一定のキャリアパターンの下にその合格者が出世していかねばならない。北京政府の実施した外交官領事官考試は果たしてこのような性格を有していたのだろうか。中華民国（前期・後期）の政治の特徴は、安定した長期政権及び戦争なき時期が少なかったということであり、そうした状況下では安定した強固な官僚制は育まれないというのが一般論である。だが、大勢から言えば北京政府は清末以来の行政官僚を抱え込み、南京国民政府も北京政府官僚を採用しつつも、他方で人材の発掘と育成に力を入れ、その官僚の多くが台湾にわたって中華民国（台湾）のいわゆる「台湾経験」にも影響を与えたということが言えるだろう[48]。外交人事行政もこうした流れで説明できるのだろうか[49]。

清末の出使大臣のキャリアパターンを見ると、同文館出身者、地方道台、総理衙門章京経験者が多いことは、すぐにわかるのだが、次第に在外使領館や交渉署（洋務局）、海関などでの職員経験がキャリアに複雑に絡むようになる。民国八年に公使になっている者のキャリアを調べると、外国語のできる出使大臣出身者及び清外務部時代に採用された留学組が多い。では、民国八年に外交試験に合格した一〇人については、どのようなキャリアを歩むことになったのだろう。全ての履歴を追えるわけではないが、ここではまず、首席と最下位の二名を例として考えてみたい。

首席の徐謨は、民国九年四月に駐米公使館に実習に赴き、ジョージ・ワシントン大学で法学修士号を取得して、民国十一年に帰国する。だが、後にトラウトマン交渉などに携わる徐も、帰国してそのまま外交部に勤務したわけではなく、天津南開大学の政治系教授兼文科主任となり、他方で『益世報』の総主筆となった。官界に戻るのは、民国十五年で（上海特区法院推事＝判事）翌年には鎮江法院院長となる。法学修士というメリットを生かして、法律畑で職を得るのである。だが、民国十七年国民政府に外交部参事に任命されてからは、民国四十五年に病死するまで中華民国の外交官僚として活躍する。途中、民国二十一年の政務次長時代には、民国八年の試験時の試験官であった朱鶴翔、祝惺元（ともに参事）をポスト上追い抜いている。興味深いのは、徐が国外に公使や大使として転出される前に、外交部の政務次長や欧米司長の職を務めていることである。国外の方がむしろ安全な当時にあっては、政務次長のポストよりも、在外の公使や大使のポストがいわゆる「瘴癘地」であっても重んじられた可能性は極めて高い。北京政府期に一応の確立をみた外交官・領事官と外交部職員の循環関係は、国民政府期に閉塞状況に陥っていたのである。徐が大公使として最初に国外に出るのは、民国三十年のオーストリア公使である。その後、民国三十三年にトルコ大使となり三十六年まで務め上げるが、この前後に国連において法律方面を中心に相応の働きを示している。

民国八年に最下位で合格した施肇夔は、民国九年に駐米公使館に配属になった後、ワシントン会議代表団秘書などを経て、民国十一年に帰国する。だが、徐謨と同じように外交部に勤務することなく、弁護士業を営むかたわら、交通大学の講師を務めた。施が官の世界に戻るのは民国十四年である（関税特別委員会秘書）。この後、北京政府財政部秘書、外交部政務司科長などを歴任、その後国民政府に勤務し民国二十年に外交部総務司司長。この後、徐よりも早く駐フランス公使館顧問として海外転出、後に一等秘書となる。顧維鈞大使とともに大戦初期をフランスで過ごし、顧大使のイギリス転出直後に免職となっている（その後は不明）。

以上の二例から言えることは、彼らが実習から帰国しても外交部が（満足のいく）ポストを彼らに与えなかったにもかかわらず、民国十四年から十六年の北伐期に再び官途に返り咲いていること、国民政府成立直後に外交畑に戻されていること、国内の要職を歴任してから海外に転出されていること、などである。この二人以外を見ると、国民政府外交部の要職についた者も少なくない。そうした者は、首席の徐謨ほど早くはないにしても、彼らとほぼ同じキャリアパターンを積んでいる。こうした点で、民国八年組にはそれなりのキャリアパターンが結果的にできあがっていたと言うこともできる。しかし、それは外交畑を歩んだ者だけにあてはまる話である。合格者の中には、人名事典類や職官年表類に全く現れない者もいる。試験に合格しても外交官・領事官になれる保証がないためか、それとも外交官・領事官になりたくなかったのか。いずれにせよ、養成・訓練がシステム化していないのでは、制度としては問題があろう。

また、民国八年の外交官試験の合格者から見る限り、試験合格者が一定の層をなして部内や在外使領館で強い影響力をもつ集団を形成するようにはならなかったと思われる。その理由としては、第一に、顧維鈞などの試験開始前に採用された人材や広東政府期の外交人材が国民政府期にも多く存在し、また文官高等試験合格者が多く外交部に勤務していたため、ポストが不足していたことが挙げられる。第二に、抗日戦争の影響で在外ポストに空きができにくかったので、まず海外でキャリアを積むというコースが築かれにくく、国内で発生する様々な事象に巻き込まれる可能性が高かったことも指摘できよう。そして第三に、依然として外交官・領事官試験以外のリクルートが特に在外使領館でおこなわれていたことがポスト不足に拍車をかけたことも考えられる(50)。

本章では、民国八年（一九一九年）に北京政府が実施した第二回外交官・領事官試験を中心に検討をおこない、それを通じていくつかの点を明らかにした。第一に、この試験制度が日本の制度を模範としていたこと。この点と陸徴祥や王広圻による民初の改革との関係については議論が必要である。第二に、試験の実施方法には周到さとともに問題点が見られ、他方で資格審査を含めて外交官の綱紀粛正には一定の限界があったこと。ここには同時代的な要因がはたらいているのだろう。第三に、試験の受験者や合格者を見ると、欧米留学中心というわけではなく、留日組や国内法政系大学出身者が依然として多かったこと。第四に、受験者や合格者から、全国各地出身の学生が大都市の大学生として試験に臨んでいること、また北京政府で官途につくことが学生の将来像の一つになっていたこと、そして北京政府が依然として官僚層を維持していく基盤をもっていたこと、他方、文官高等試験の合格者の配属先がいわゆる「勢力圏」と思われる範囲に止まっており、北京政府が全国政権だとは断じきれないこと。第五に、試験合格者の任官後のキャリアに見られるように、北京政府が外交官試験合格者に十分なポストを準備していなかった点など、試験制度に限界があったこと、さらに合格者が国民政府期になって外交部の要職を歴任してから海外に転出する様にうかがえるように、戦争下でのキャリアには特徴があり、合格者のキャリア形成に限界が生じていたこと、だが他方で合格者の多くが外交畑を歩まなかったことなどから、総じて言えばキャリアパターンが形成されていたとは言いがたいこと、などである。

第四章　地方外交制度

1　総理各国事務衙門と地方大官

本章では、中華民国前期の地方外交制度である交渉署について考察したい。そこでまず前史として清末の状況について一瞥する。第一章でもふれた通り、一般に清末の外交事務は、中央に一元化されていたわけではなく、南北洋大臣・総督・巡撫などの地方大官に大きな権限が委ねられていたとされる。これは、中央に一元化する意図がありながらそれが実現できていないのではなく、そのような体制であったということである。

広く知られているように、南京条約締結後に広東システムから上海システムへ漸次移行したにしても、北京の中央政府に対する直接交渉は諸条約国に認められていなかった。この体制は、朝貢使が参内するために上京する場合を除き基本的に辺縁で外交事務を執りおこなってきた清朝にとってはごく当然のことであった。また、当時すでに不平等条約が締結されていたが、同時代の欧米諸国にとっては、清朝が自らを上位に置き、外国を下位に置くという意味での不平等体制下に問題があると認識されていた。その後、アロー戦争後に締結された天津条約・北京条約に基づいて、総理各国事務衙門の設立、外国使臣の北京常駐、出使大臣派遣などが認められた。これは、従来不満を有していた欧米諸国からは、「不平等」体制を是正し、西欧的な「対等な」国家関係を樹立する契機となると考

えられた。(1)

だが、アロー戦争後も、広東システムを上海に移動した上海システムという通商秩序が形成され、また地方の大官も対外交渉を担当し、上記のような期待がすぐに実現したわけではなかった。依然として対外交渉の窓口は多元的だったのである。欧米各国が外交権の一元化を望み、条約を締結しても、当時の清は条約締結も一種の特権付与と見なし、日常的な対外関係は通商の枠の中に位置づけていた。諸外国は「有約通商国＝四国（英仏米露）」と「無約通商国」および「朝貢国」などに分類された。現場では、清国内で発生した外交案件の処理が、交渉という名の下に日々営々と繰り返されていた。

このような交渉におけるルーティーンワークを、従来の科挙官僚が担当することは難しい。科挙官僚に求められた知識、素養、行動原理、尊敬の調達などは、朝貢秩序の内であれば、あくまでも「化」など彼らの素養で解釈可能な関係の中にあったし、儀礼もまたそうした素養や知識の下にあった。だからこそ、そうした体系の外にいる外国人と交渉することは困難であった。そこで、現場の事情に詳しく、事態を真に解決できる者としての実務官僚が求められた。清朝の朝貢体制下において朝貢使節受け入れ窓口となり、すべてを清朝のシステムに合うように翻訳だけすればよかった朝貢体制下の地方官ではなく、開港以降の管轄区域内で発生した外交案件をある程度欧米の手法に配慮しながら処理する人材が求められたのである。地方大官たちは各地から幕友などとして彼らを迎え、一方で留学生を海外に派遣し、監督官も随行させて管理し、帰国後は自らの衙門で幕友とするか、官途につかせようとした。彼ら開港場知識人は、対朝鮮半島政策などを担っていた北洋大臣や、南洋華僑問題を管轄していた南洋大臣などの下に集まり、次第に社会的な一つの層を形成していった。また、こうした人材の育成とパラレルに、地方督撫・南北洋大臣の衙門には、交渉を担当する部局が設けられた。ここが、開港場で外国語を学んだ者や海外留学経験者の集う一つ場となった。(2)

2 清末の地方交渉機関――洋務局から交渉署へ

地方大官は衙門の中に外交事務あるいは洋務全般を扱う部局を設けていった。最も早くから知られているのは福建省の通商局であろうが、一般的には洋務局と呼ばれていた。[3] 例えば湖北では、はじめ鉄政洋務局が設けられ、その下に交渉所などが置かれていたが、後に洋務局と改称された上で改組され、交渉所は交渉科となった。だが、『清末籌備立憲档案史料』に掲載されている「御史史履晋奏請外省撤局所裁幕友摺」(地方の衙門で部局を合理化し、参謀を整理することについての上奏)は、地方衙門に続々と設けられた新設部局の統廃合と責任の所在の明確化を唱え、その中で交渉局・洋務局の教案などに対する権限が曖昧なために結局責任逃れすることを指摘している。[4]

光緒新政期に入ると、こうした地方交渉機関に責任をもたせるべきだという議論とともに、それを中央の外務部に帰属させ、外交権の一元化を図るべきだという議論が現れる。

地方官というものは、一人で幾つもの職分をこなさなければならない、いわば才知の士である。その仕事は「有限の精神」では勤まらない、無限の公務である。まして、交渉の道となると、必ずしも誰もが通じているわけではない。その責任を負う者は、交渉に通じていなければならない。官となることができる者は、天下でこれ以上多才な者がいないほどの人材であり、こうした人物は当然得難いものである。そこで、各省に交渉総局を設けて外務部に直属させ、その地域を管轄する督撫の統括も受けるということにしてはどうだろうか。これは、商局や商会が商部に直属しているのと同じようなものである。そしてその交渉総局に道員あるいは司員に相当するレヴェルの官を置いて交渉問題を担当させ、その省内の府庁州県における通商問題及び教案については、交渉局から人員を派遣して地方官とともに交渉をおこなう。これは刑獄の処理と同じようなものである。

簡単に述べれば、委員が各々数県を管轄下に置き、もし重大な事件があったら、交渉総局を通じて外務部に問い合わせ、対応方法について指示を受ける。些細な事件については委員が自ら処理するが、処理できなかったら総局に委ね、そこでも処理できなかったら外務部に委ねる。このようにシステムを貫徹させ、連絡の道筋をきちんと立てれば、各方面が責任逃れをすることもないし、上下ともに有益である。そしてさらに地方官も損を蒙ることはない。このようなシステムこそ、官や人々が望み願っているものなのである。(5)

こうした議論は、欧米や日本に留学した者や、考察に赴いた者の報告にも現れている。例えば、考察憲政大臣として日本に赴いた李家駒は、欧米型の中央集権や地方分権は、ともに極端すぎて中国の実情に合わないと考え、折衷案を提起しているが、それでも軍事と外交だけは中央政府に帰属させるべきだとしている。このような軍事と外交を中央政府が執りおこなうという理解は一般的なものだが、清朝では、外交を中央政府だけの所管とするという議論がそのまま受容されることはなかった。(6)

光緒三十三年（一九〇七年）五月二十七日の官制改革に関する上奏文に付された「各省官制通則」では外交権が以下のように規定されている。

第一条　一省あるいは数省に総督一人を設ける。総督は管轄区域の外交・軍政を総理し、所轄の文武官吏を統括し、ならびに管轄区域の省の巡撫も兼管し、その省の地方行政を担当する。

第二条　省ごとに巡撫一人を設ける。地方行政を総理し、文武官吏を統括する。その省の外交・軍政については、所管の総督に相談して執りおこない、地方行政を総理する。総督が置かれている省には巡撫は置かず、総督が兼管する。

第三条　総督・巡撫は、中央各部からおこなうように要請されたことに対しては責任を負う。ただし、総督・巡撫自身が地方の状況に鑑みて実行することが困難であると判断した場合には、中央各部に問い合わ

せるか、上奏して皇帝からの返事をまって処理すること。(7)

地方の外交は中央の外務部が管轄するというよりも、総督・巡撫の権限に含めるとしている。外交と軍事を中央政府に委ねるわけではないのである。だが、このような総督の権限強化を意味するようなシステムも、実はそのまま採用されなかった。この上奏文に対する上諭は、東三省においてまず施行し、その結果を見てから全国に施行するか否かを判断するという内容であり(8)、それを受けて、奉天と吉林の二省にまず交渉司が置かれた。交渉司使は正三品官で、清朝の正式な官僚システムの中に位置づけられており、従来の地方の判断で設置された洋務局とは異なる。またこの交渉司は、基本的に総督に属する機関であった。

この後、東北での実例をふまえ、浙江や雲南でも試行され、宣統二年(一九一〇年)には全国に拡大することになり、外務部が交渉司制度を公式に発布、各省の洋務局は一律に撤廃されることになった。だが、行省地区全てで実施されたわけではない。『政治官報』(折奏類、一〇一四号)に掲載された通則は以下の通りである。

(1) 既設置省:奉天・吉林・浙江・雲南
(2) 新規設立:直隷・江蘇・湖北・広東・福建
(3) 漸次設立:安徽・江西・湖南・広西
(4) 設立見送:黒龍江・山東・山西・河南・陝西・甘粛・新疆・四川・貴州

ここでは、交渉司使が正三品官、布政使の下・提学使の上に位置づけられた。人事権は外務部に属したが、地方督撫も推薦権を得た。交渉案件については、地方督撫と外務部双方に連絡することとなっていた。それはまさに両属と言うにふさわしく、「各省藩学臬三司例、為督撫之属官」とあるように、あくまで「督撫の属官」と定められた。だが、外務部も交渉司使の人事権を一部握り、業務を監督する立場にあった。中央の外務部の職権が重視されている側面もあったのである(9)。このようにして、従来は地方督撫が単独で開設していた交渉関連の役所が中央と結び付けられ、外交権は統一へ向かいはじめたとも言えるが、地方から見ればその交渉の窓口が中央から認知されたかたちになった。

他方、交渉司の設立には、外交権の統一とは別の側面もあった。これは、領事館と交渉司を対等とすることによって、それまで領事と直接やりとりができると思われていた総督・巡撫を領事の上位に置くためであったと解読する視点である。交渉司の設置は、領事から見れば、道台や総督・巡撫に加えて新たな公的アクターが地方交渉に加わったことを意味していた。明治四十四年四月十七日の在ハルピン領事からの書簡がそれを物語っている。

吉林交渉使ト在長春領事トノ交渉ニ関スル件ニ付本月五日付公領第四三号ヲ以テ御来示ノ趣了承致居、然ルニ吉林巡撫ハ吉林全省ヲ代表スル最高官憲ナルヲ以テ重要ナル事件ニ関シテハ同巡撫ト本官トノ間ニ直接交渉ヲナスコト可有之ハ勿論ニ候得共、普通ノ案件ニ至テハ当地ニ於テ吉林巡撫ヲ代表シ且清国最高地方長官トシテ同国政府ヲ代表スル道台ト本官トノ間ニテ処理スルヲ以テ至当ノ手続ト存候。然ルニ貴地交渉使ハ巡撫ノ下ニ在リテ直接何等責任ヲ有セサル官吏ナルニ拘ハラス本官ト書信ノ往復ヲ為シ当地道台ノ照会ト同一ノ事件ヲ照会シ来ルコト往々有之。(10)

ハルピン領事は、交渉司使が省に一人しかおらず、実際のところ省全体に目配りできないので、道台との交渉に一元化して欲しいと求めている。ここからも、交渉チャネルが錯綜している様がうかがえるであろう。また、清側が交渉司使を領事と同格とし、総督・巡撫の下に置こうとしていたことが以下の書簡に見える。

本国領事カ清国地方長官ト直接公文ノ往復スルノ権ヲ有スルコトハ一八八〇年十二月十日総理衙門ト各国使臣トノ間ニ締結セラレタル約定ノ明示スルトコロニシテ、現ニ昨早三年八九月ノ交、奉天ニ於テ本件ニ関スル実際問題起リタル当時該地領事団ノ抗議ニ由リ錫総督ハ之ヲ承認シタル処ニ有之。其際ノ事情ハ既御承悉ノコト存居処、吉林巡撫陳常照モ亦最初当地駐在英国領事代理スライ氏カ昨年一月中着任、館務ヲカイシシタル旨ノ公文ヲ送リタルニ対シ、同巡撫ハ自カラ回答セス吉林交渉使ヲシテ返書ヲ送ラシメタルニ付、同氏ハ之ヲ受領セスシテ返送シ其趣ヲ在北京同国公使及在奉天総領事ニ報告シタルニ由リ本件ニ関スル前記奉天領事団ノ会議ニ際シ、英国総領事ハ特ニ右スライ氏ニ対スル吉林巡撫ノ処置ヲ指示シテ領事団抗議ノ必要ナルコトヲ支持シ、且錫総督ノ領事団抗議ノ正当ナルコトヲ承認シタル後、同総督ニ対シ吉林巡撫ニ前記スライ氏ニ対スルカ如キ事件ヲ再演セサル様訓令発送方ヲ依頼シ、同総督ハ既ニ必要ノ処置ヲ執リタル趣ニ有之。然ルニ其後本年一月ニ至リ吉林巡撫来哈ノ際、英国領事ハ親シク本件ニ関スル説明ヲ与ヘ同巡撫モ之ニ同意セシニ付、其後徴税問題ニ付、直接同巡撫ニ照会ヲ発送シ置キタル処、同巡撫ハ英国領事ノ面前ニテハ陽ニ同意ヲ表セシニ拘ラス、依然前説ヲ固持シ之ニ対シ二月一日付ヲ以テ各国領事ノ地位ハ道台ト相等シク而シテ交渉使ハ道台ノ上ニ位スル官憲ニシテ皇帝ニヨリテ任命セラレ地方ニ於ケル外交事務一切を総理スル者ナレバ交渉使カ渉外事項ヲ処理スルハ当然ナリト称シ暗ニ道台ト対等ノ地位ニアル各国領事カ之ヨリモ上位ノ交渉使ト公文ヲオウフクスルハ一ノ特典ニ属スイトノ意ヲ仄メカシ、以上ノ地位ニアル総督巡撫トハ何等直接通信ノ権アルモノニ非ラスト主張シ頑冥度ス可ラサル態度ヲ執リ候。(11)

ここでは、交渉司使が領事と対等どころかそれ以上であるとの方向性が示されている。中央から見て交渉司使の設置は外交権の統一という文脈で考えられたであろうが、地方では領事の地位を相対的に下げる方法として理解された側面もあったのであろう。

3 民国交渉署制度

光緒新政以降、宣統年間に特に強調されるようになった中央集権的色彩は、民国にも受け継がれた。民国元年

（一九一二年）九月二十六日に発せられた通告、「内政大綱八条」においても、軍事・外交・財政・司法・交通は中央集権とし、その他については地方分権とすることが定められる（第六条）。この大綱は、袁世凱大総統と黎元洪副総統に孫文・黄興を加えたメンバーにより発せられた[12]。この大綱は、必ずしも中央政府が自らの利益のために発したとも言えず、中央と地方の妥協の産物とも考えられる。だが、この段階で、のちに国民政府が提唱したような交渉署の撤廃が議論されるようなことはなかった。各地で外交案件が頻発していたからである。

民国元年三月十二日の「各部暫行官制通則」と七月十八日に正式に頒布された「各部官制通則」とでは、中央各部と地方官の関係が微妙に異なっている。前者では、中央各部が主管事務に関し地方官に「諭令」を発することができ、さらに必要に応じて地方官の命令や処分を停止、あるいは取り消すことができるとされている。ところが後者では、中央各部が地方官に発せられるのは主管事務に関する「訓令」、「指令」だけであり、また地方官の命令や処分が法令に反していたり、職権を越えていた場合に限って、それを停止、あるいは取り消すことができるということに変わっていた。北京と南京の両政府が融合してから、地方に配慮する方向で調整がはかられたのであろう。

民国二年五月二十一日の「外交部特派交渉員及各埠交渉員職務通則」では、民国誕生前後に各地に置かれていた外交司（交渉司が改名されたもの）を撤廃し、各省に特派交渉員、それ以外の開港場に交渉員を置くことが定められた[13]。交渉員は、The Commissioner of Foreign Affairs と訳され、特派交渉員より下に位置してはいたが、特派交渉員との間に直接の所属関係はなかった。特派交渉員は外交総長の命で交渉をおこなうが、地方長官の監督も受けることになっており、その意味で二重帰属であった（第一条・第二条）。だが、人事権は外交部に所属していた。特派交渉署には一般に、総務・交渉・外政・通商の四科が設けられ、科長の他に八名以下の科員が置かれていた。また、交渉署（交渉分署）には、上記の四科のうち最大三科が設けられ、科長の他にそれぞれ七人以下の科員が配されていた（第十条・第十一条）。人事については、基本的に外交官の規則に準じているものの、交渉員となることができるのは、内外で交渉事務にあたったことがある者という緩い規定も設けられている（第八条）。さらに、スタッフについては、科長には外国語に通じていることが求められたが、ほかの科員は文官としての資質で十分であった（第九条）。交渉署にて科長を三年務め、さらに署長の推薦があれば、外交総長の認可を経て、外交部主事として中央で採用される道が開かれていた（第十五条）。給与については裁量の幅が広く、本給の半分までは署長（交渉使）の裁量で増額することができた（第十四条）。

民国二年七月十一日の部令「各省交渉署員缺俸給額一覧表」は、予算面から交渉署の規模を知ることのできる史料である。[14] 先に述べたように、交渉署は清末には全ての省にあったわけではなく、黒龍江や山東などは設立が見送られていた。だが、民国二年の規則では、特派交渉署が全国に展開することになっており、その規模は四段階に区分されていた。

（甲）直隷・奉天・江蘇・湖北・広東
（署長一、科長四、科員八、雇員一〇、夫役一二／経費三万六〇〇〇元）
（乙）吉林・黒龍江・山東・浙江・雲南・江西・福建
（署長一、科長二、科員五、雇員八、夫役一〇／経費二万元）
（丙）安徽・新疆・四川・広西
（署長一、科長二、科員四、雇員六、夫役八／経費一万四〇〇〇元）
（丁）河南・陝西・湖南
（署長一、科長二、科員四、雇員四、夫役六／経費一万元）

同様にそのほかの交渉分署も四段階に分けられている。

（甲）営口・ハルピン・煙台・厦門・スワトウ

（署長一、科長二、科員五、雇員八、夫役一〇／経費一万七〇〇〇元）

（乙）江寧・寧波

（署長一、科長二、科員四、雇員六、夫役八／経費一万一〇〇〇元）

（丙）蘇州・鎮江・安東・長春・北海

（署長一、科長一、科員三、雇員四、夫役六／経費八〇〇〇元）

（丁）塔城・アイグン・成都・宜昌・沙市・温州・瓊州・南寧

（署長一、科長一、科員二、雇員二、夫役四／経費五〇〇〇元）

こうした割り振りは、外交事務の多寡に応じたものだと考えられる。外交部が準備した説明書によると、かつて外務司・外交司・交渉司などと呼ばれていた各省の役所を特派交渉署として一元化するとともに、「通商巨埠」（大型開港場）にも分署を設けて領事と直接交渉させるようにしなければならず、さらに彼らの人事については外交部から国務総理に推薦して決めるようにすることを求め、その通りになったとされている[15]。

だが、国民政府期には、この交渉署が地方政府あるいは「軍閥」に籠絡されていたなどと言われるようになる。その原因としては、むろん現実の政治の中で中央政府が弱体であったという事情もあるのだが、制度ができた当初から湖北・湖南・陝西・広西などでは海関監督あるいは道尹が特派交渉員を兼任しており、交渉員に至ってはほとんどが道尹や海関監督の兼任であったことが重要である（「交渉員兼任一覧表」参照）。例えば、民国六年では、外交部山東特派交渉員は、済南道尹と兼任（民国八年八月に交渉員に専任化）、外交部安徽特派交渉員は蕪湖関監督を兼任するなど二八の兼任があった[16]。以下、民国二年の兼任表を見てみよう。

〈交渉員兼任一覧表／民国二年[17]〉

直隷　特派交渉員

奉天　特派交渉員　営口交渉員　民国二年十月一六日　山海関監督兼任
吉林　特派交渉員　安東交渉員　民国二年十一月九日　奉天東路観察使兼任
　　　　　　　　　長春交渉員　民国二年十月十五日　吉林西南路観察使兼任
　　　　　　　　　哈爾浜交渉員　民国二年十月十五日　吉林西北路観察使兼任
黒龍江　特派交渉員　愛琿交渉員　民国二年七月二十九日　黒河観察使兼任
　　　　　　　　　駐哈爾浜江省鉄路交渉局
山東　特派交渉員　煙台交渉員　民国二年十一月九日　膠東観察使兼任
江蘇　特派交渉員（注意：南京ではなく上海駐在）
　　　　　　　　　蘇州交渉員　民国二年十月三日　蘇州関監督兼任
　　　　　　　　　鎮江交渉員
安徽　特派交渉員（注意：合肥ではなく蕪湖駐在）
　　　　　　　　　民国二年十月三日　蕪湖関監督兼任
江西　特派交渉員（注意：元来九江駐在。民政長官から南昌駐在を命じられ移駐。そのため、民国二年十月三日から九江関監督が九江での交渉業務担当）
　　　　　　　　　九江関監督兼九江通商交渉事務
湖北　特派交渉員　宜昌交渉員　民国二年十一月九日　宜昌関監督兼任
　　　　　　　　　沙市交渉員
湖南　特派交渉員　民国二年九月三十日　長沙関監督
四川　特派交渉員（注意：元来重慶駐在。都督から成都勤務を命じられ移駐。そのため、民国二年十月十五日から

重慶関監督が重慶での交渉業務担当）
重慶関監督兼辦重慶通商事務

浙江　特派交渉員　寧波交渉員　民国二年九月五日　浙海関監督兼任
温州交渉員　民国二年九月五日　甌海関監督兼任

福建　特派交渉員（注意：福州ではなく南台駐在）
厦門交渉員　民国二年十一月二十八日　厦門関監督兼任
（当初、興泉永道兼任）

広東　特派交渉員（注意：民国二年十一月二十八日、特派交渉署撤廃。民政長公署交渉科にて辦理）
汕頭交渉員　民国二年十一月九日　潮海関監督兼任
瓊州・北海交渉員　同上　瓊海関監督兼任

広西　特派交渉員（梧州駐在）　民国二年十二月四日　梧州関監督兼任
南寧交渉員　民国二年十一月十六日　撤廃

河南　特派交渉員

山西　（注意：民国二年三月十八日より山東省行政公署附設交渉科にて処理）

陝西　特派交渉員

雲南　特派交渉員　騰越外交事務　西道辦理
思茅外交事務　南道辦理

新疆　特派交渉員　カシュガル観察使兼辦カシュガル通商交渉事務
塔城交渉員　民国二年十月　外交局

（塔城参賛主持）
イリ観察使兼任
イリ交渉
塔城外交局

この兼任問題については、民国六年一月十六日に外交部が「任命兼交渉員之道尹関監督応先由各主管部考核提出国務会議説帖」（交渉員を兼任する道尹、海関監督を任命する際には、まず主管部局が国務会議にその提案をおこなうようにすることについての提案）という提案をおこない、国務会議の議決を経て決定された(18)。

東三省・四川・雲南・新疆は特設機関なので例外とするが、直隷・江蘇・浙江・河南・福建などの五省については、ひとしく道尹あるいは海関監督の兼任となっている。現在、交渉が煩雑になり、各省交渉員という職は大変重要になっている。経費の観点から兼任となり、それが現在慣例化しているところがあるが、その官員は実質上交渉員としての任務を主とするべきである。しかし、ここ数年、交渉員の任免が事前に外交部に知らされることは少なく、ひとたび道尹や海関監督についての令が下されて発表されてしまうと、その者に交渉能力があるか否かにかかわらず、慣例に従って兼任についても呈請してしまっている。実際に外国人から責任を追及され、また商人たちから訴えられてから、挽回しようとしても既に救いようのないことが多いのにもかかわらず、兼任の官員では往々にして全身全霊で職務に当たれない。だからこそ、兼任の官員に交渉員としての職をまっとうさせようと思うのならば、任命の前に外交総長がその能力などをきちんと調査しなくてはならない。他方、各省の状況から言えば、確かに、海関の実権は総税務司に握られ、各海関監督の事務はもともと多くはない。また道尹も、「地居承転亦多清簡」（上下機関との文書の往来は多いが、決まった業務が多い）である。しかし、交渉というものは対外機関との交渉が煩雑で、影響力も大きい。そうした任務にあたるのは経験豊富で、外国語に長け、外国事情に造詣の深い者でなければ堪えられないであろう。

外交部は兼任交渉員に対する人事権がないことに抗議している。この外交部の提案は前述のように国務会議を通過、海関監督人事を担当する財政部と道尹人事を担当する内政部とともに三部で人事考査にあたるよう、民国六年二月五日に公函で発布された(19)。外交部としては、地方官人事に少しでも介入することで自らのイニシアティヴを維持しようとしたのであろう。

また領事館に管轄区域があったのと同様、これら交渉署にも管轄区域の確定を求められることがあり（先の「外交部特派交渉員及各埠交渉員職務通則」では第十七条に別表で定めるとある）、それをめぐって問題が発生することもあった。民国六年八月六日に出された江蘇省をめぐる「本部咨行・指令　江蘇省長・各交渉員画定該省各交渉員管轄区域文」にその一例が表れている(20)。これは、華洋訴訟（中国人〔法人〕と外国人〔法人〕の間の訴訟）の上訴案件では交渉署を「終審機関」とするという外交部側の決定について江蘇省側からなされた照会に、外交部が回答しているケースである。江蘇省には、南京に駐在する江蘇特派交渉員のほかに、江寧・鎮江・蘇州の各地に交渉員がいた。外交部の下した結論は、裁判を含む管轄区域について「まさに道里の遠近、事務の繁簡、量などに応じて分配する」とのことであったが、三交渉員を総覧するはずの江蘇特派交渉員も、上海などを含む「滬海道」を直接管轄することが求められていた。江寧・鎮江・蘇州の各交渉員にもそれぞれ管轄が割り当てられたが、問題があれば特派交渉員に問い合わせることになっていた。だが、この史料は、民国六年の段階で、交渉署間の管轄が依然として不分明であったことを示している。

4　交渉署の業務内容

交渉署・交渉員制度が、中央と地方のせめぎあいの中にあったことは前述の通りである。だが、こうした制度がどの程度実情とかみあっていたかについては疑問も多い。交渉の事例などは後述することとし、次に日常業務の一端を紹介しておきたい。

浙江省档案館に残されている『浙江省議会会議紀録』や『浙江公報』を見ると、交渉署の日常業務を介間見ることができる。第一は「省議会に出席すること」である。交渉員が省政治において果たす役割については様々なケースがあろう。すなわち、江蘇省のように省議会議員が交渉員を兼ねている地域もあれば、中央の外交官僚がいわば「腰掛け」的に任務についていることもあるなど、個々の交渉員の地域に対する影響力には多様性があると考えられる。民国十年(一九二一年)十月の浙江省議会の記録を見ると王豊鎬交渉員が参加しており、議題はワシントン会議であった。国民外交大会などから寄せられた通電に対してどのような返答をするのか、浙江省としてワシントン会議をどのように位置づけ、どのような声明を発するのか、ということが討論されている。内容は外交に関わるのだが、議事録には王の発言は見あたらない。交渉員である王が議会に臨んだのは、あくまでオブザーバーとしてであったかもしれない。[21] 第二の任務は「外国人保護」である。浙江省政府の発行していた日刊の『浙江公報』に、交渉署は連日外国人の遊歴について、実名・目的など具体的に挙げて記事を掲載していた。[22] 掲載目的は「保護」を訴えるためである。「保護」は重要な日常業務であったが、保護を加えるのは、中国における外国人の特殊な地位、すなわち治外法権があるためである。一九二〇年代半ばに国民党が交渉署制度の廃止を訴える際に、交渉署の存在が領事裁判権を支えているとしたのは、こうした背景に基づいた見解であった。

このようなルーティーンワークの他、具体的な交渉案件にはどのようなものがあったのだろうか。民国初年、四川外務司が交渉署に組織を変更する際に作成した書類「四川外務司已未結各案簡明表」(未決・既決の案件表)をまず見てみよう。[23] そこにある案件は、すべてが外国人殺害案件、あるいは外国人財産の破壊活動による損害賠償案件で、中でも、「教案」が多かった。他方、「四川外務司事実成績簡明表」でこれまでの実績を見ると、まず対フランス案件には、フランス領事の遊歴保護、フランス主教の土地購入案、フランス人による営業などにともなう訴訟案などがある。イギリスについては、条約違反による通商、条約違反の軍艦通航、教案などである。さらにドイツ領事館が賭場を開いていた案件や、アメリカ牧師の保護など、他の国の外国人保護の案件が続いている。また、外国人問題以外に、重慶海関からの収入を経費にあて、それを使用するということなどの運営のことも記されている。[24]

これらの日常および交渉業務を総合すると、交渉署は基本的に領事裁判権に対応し、それを一元的に管理するためにできた役所であり、業務内容もほとんど外国人保護など外国人がらみの案件になっていることがうかがえよう。しかし、地方から見れば、交渉署の設置によって地方大官が領事を下に見ることができ、外交をやりやすくなったという側面もあったことは前述した通りであるし、この他にも第II部で見る中央からの意見徴集のように、数多くの役割を担っていくのである。

他方、領事から見た交渉員のイメージはどのようなものであったのだろうか。駐華領事館勤務を経験した二人の日本人外交官が興味深い指摘をしている。民国六年に天津に領事館補として赴任した石射猪太郎は、「条約に関係ある地方的交渉について外交部特派交渉員宛の抗議文や、回答文を起草するのも私の仕事であった」と、自らが交渉署と向き合って業務をおこなっていたことを記し、天津に駐在していた直隷交渉員黄栄良については「老練な外交官で、英語をよくした」と述べている。石射にとっては、交渉員は紛れもなく外交官であった。[25]それに対して、民国十二年に長春領事として赴任した西春彦は、「中国側官憲との交際も、宴会などがよく開かれ、自分の交渉相手だった栄厚道尹などは安来節も踊るという具合で（中略）栄厚道尹はきわめて誠実な方だったので、私との交渉は始終円滑に行われ、私が去るまでに懸案は殆ど残らなかった」と記し、自分の業務が道尹を相手におこなわれていたことを示唆している。前述のように交渉員は一般に道尹や海関監督が兼任していたのであるが、石射と異なり、西は交渉員を外交官とは認識していなかったようである。また交渉の方法についても、交渉上、有用なアクターとして重視していなかった面がある。西が誇らしげに挙げているのは、奉直戦争に際して長春付近を通過した張宗昌と日本人との間でトラブルが発生したとき、交渉署に言っても埒が明かないので、満鉄車内にいた張自身にかけあって問題を解決したということである。[26]

次に交渉署職員のキャリアパターンを検討したい。実は人事についてはあまり多くの史料がないのだが、かろうじて先の四川と江蘇の史料が一部残されている。まず四川の民国二年の状況を見てみよう。[27]

司長　張治祥　二八歳　彭山県　総政処参賛、特派成渝連合全権大使

政務科長　胡文輝　四七歳　浙江省　清代は四川省陸軍調査財政局科員、兵備処調査科正委、培州土税総局、釐金局などに勤務。民国期に入ってから四川省陸軍部軍需局秘書官、外務部秘書官（のちに外務司へと名称変更）。四川法政学校兼任教員

教務科長　余承萱　二八歳　新繁県　四川省軍事裁判署裁判官、営務処賞罰科長、四川各地で刑名・警察・新政・保甲交渉及び訴訟案件を担当。民国期には陸軍部軍法局、巡防全軍事務委員、以後現職。四川法政学校兼任教員

英文翻訳官　黄中時　四七歳　江蘇省　清代からの洋務局翻訳、電報学堂教員、福州英文書院主席卒業

法文翻訳官　范郁文　二一歳　成都府　清代の洋務局法文学堂卒業。光緒三十四年に自費でフランス留学、パリのセントルイス高等学校卒業後、鉄道工程専門学校合格。民国元年一時帰国の後、現職

秘書官　呉運鶴　二九歳　会理州　清代は雲南各地で刑名処理、雲貴総督の下で総稽核兼実業股文案代弁、法理部文案、民政科参事などを歴任、雲南軍政府成立と共に故郷にて地方事務につき、民国期にはいって知事となり、推薦されて現職

文牘課科員　劉祖坑　四七歳　貴州省　清代洋務局学習文案兼管巻監印。貴州経世学堂卒業。四川法政学校兼任教員
　　　　　　魏宝経　四二歳　華陽県　清代は陝西学務公所省視学兼普通科科員。洋務局文案、臨潰二華統捐委員
統計課科員　鄒柏融　三六歳　栄県　清代は栄県勧学員、調査長鎮会議員。民国に入って城会臨時議員、外務司詳任調査課科員
調査課科員　雷世欽　三一歳　貴州省　清代は洋務局学習文案兼管巻宗。民国期に入って文牘課科員。貴州経世学堂卒業。四川法政学校兼任教員
　　　　　　余光騰　四一歳　眉州　清代には中学校教員、高校教員、勧学処文牘事件
　　　　　　沈烈亭　三四歳　双流県　巡警総庁差遣員
庶務課科員　曾雲煥　三二歳　彭山県　北京法律学堂優等卒業生。民国期に入り成都軍政府からの照会で軍政府前隊黔軍招待員。後に外務司調査課科員

これらを見てわかるのは、三〇代を中心とした男性で構成され、出身地は四川省内あるいはその付近が大半を占め、意外に軍関係者が多いということであろうか。外国留学者も含まれているが、清末の洋学堂出身者が多いと考えたほうがよいだろう。また、数名が四川法政学校の教員も兼任し、在地社会に接触しているところが興味深い。

では江蘇省はどうであろうか。これは民国九年の記録である(28)。

秘書　楊殿琛　三三歳　広東省東莞県　駐奥使館学生出身
　　ドイツ帝国大学留学。民国期に山東などで鉱務関係に従事。民国四年から江蘇交渉署。
　このほか、敵産、すなわちドイツ、オーストリア関連の業務で兼任が多い

総務科科員 卓観熙 四七歳 広東省香山県 貢生出身
留学経験なし。宣統二年に江寧洋務局勤務。民国元年に山東外交司。民国二年から江蘇交渉署勤務。民国七年から江蘇省議会議員
会文局科員 何広儀 三九歳 広東南海県 香港皇仁書院卒業、監生
光緒三十三年、鎮江砲台統領。後、両江財政公所などに勤務。民国五年から江蘇交渉署勤務
通商科科長 卓景乾 三五歳 広東香山県 東呉大学卒業、分省補用通判
宣統二年から南洋大臣の推挙で南京洋務局勤務。民国元年には山東巡警道司法科科員、三年から江蘇交渉署勤務
外政科科長 呉葆誼 四二歳 江蘇松江県 附貢生
清代は江南北府州県署銭穀幕職。民国二年河南交渉署、民国六年から交渉署勤務。業務に長け、兼職が多い
交際科科員 魏賓 三五歳 京兆宛平県 世襲雲騎尉
宣統二年両江督練公所兵備科員。民国元年山東外政司科員兼全省禁煙所総稽。民国二年から江蘇省交渉署勤務

これらを見ると、四川外務司とは異なり、江蘇出身者が少なく、また山東など各地の外政司や交渉署などでの勤務経験者が多いこともわかる。また、省議会議員や他職との兼職をしている者が多く、内政の中での渉外畑を歩んでいることに気づく。さらに、江蘇に来てから期間が長い者が多いのも特徴だろう。

このほか、例えば山東交渉員などは外交部や在外公館に繋がる出世ポストとして知られており、交渉員のキャリ

アパターンを簡単にまとめることはできない。だが、軍事・法律などを含んだいわゆる「洋務」人材が、交渉署を構成していたということは確かである。なお、交渉署の地方性について、例えば先の四川と江蘇の場合、四川であればほとんどが西南護法省の出身者であるため十分に地方化する可能性があると考えられるものの、江蘇に広東出身者が多いからといって彼らが親広東政府的で北京政府に敵対するというわけではなかったであろう。また、省長や督軍が代わるごとに人事が変動したわけではなく継続性があるので、人事の面から交渉署が地方化していたと言いきれるわけではない。各省の状況を精査する必要があろう。

5　交渉員をめぐる諸議論

中華民国前期の交渉署は、中央からみた外交権統一という側面と、地方における地方主導の交渉という側面から捉えることができるのだが、実態は兼任状況や人事面でも複雑な状況にあり、たとえ領事裁判権に対応するための役所とはいえ、その業務内容も多様であり、様々な評価がなされている。

王立誠は、中国における交渉員制度について以下のように述べている。「地方交渉体制というものは、世界の外交の通則からみれば異色である。それは、中国の伝統的な『辺事』外交と、在華外国人が享受した治外法権という特権に由来する。晩清の督撫外交から民国期の外交権の統一に至る過程には紆余曲折があった。このことは、現在において既に歴史になっている。だが、中国というこの大きな国を考えてみれば、現在のように開放政策をとった場合、同じような混乱を招来せずにうまく対外事務を執りおこなうためには、こうした歴史の教訓に学ぶことが必要となるであろう」(29)。王の分析は基本的には政治近代化論に基づき、中国に特有の外交権の分散状況が、次第に一般の国と同じような中央一元的体制になっていくと見なしている。王によれば、清末の交渉署の成立は、「清にとっては中央集権、あるいは皇室集権が目的であるに過ぎないが、外交の一般的な形態から見れば、外交が正規の状態に置かれていく過程の一つに位置づけられ、積極的な意義をもっている」と高く評価される[30]。さらに民国初期の交渉署の成立については、「外交行政の統一という面で大きな前進だった」としながらも、他方で交渉員の多くが道尹や海関監督であったことや、実際に中央政府の命令に効力がなかったことが原因で、清代の督撫外交同様の状況になったと、その限界を指摘する。それを克服しようとしたのが国民政府であるが、それにしても東北部や雲南などの交渉署が残存したこと、結局視察専員を設置せざるを得なかったことなどから、外交行政の統一は不十分であり、最終的には「解放」によって問題が解決するというストーリーを描いている。

このような見方は、国民政府期の外交史家が北京政府期をことさらに「軍閥」による暗黒の時代であると強調して、自己正当化を図ったことと通じている。例えば張秀哲は『国民政府の外交及外交行政』において、交渉署の設立自体は評価しつつも、中華民国前期の実情については以下のように批判する。

然るに其後国内に於て軍閥は専横を極めし為地方割拠となり、遂に各省交渉員の任免は各省政府に於て自由に処理せられたり。因って、外人は此機を利用し、各地の駐在領事を経由し、交渉員に向って自ら直接交渉の挙に出で、種種なる外交的策動をなせり。之が為局部的外交は往々にして中央の裁可を経ずに断行せられ、遂に国権を喪失し、弊を後世に残せり[31]。

こうした見方は陳体強にも共通している。陳は、民国期に入って外交権の統一がはかられたことは高く評価しながらも、地方政府が外交権をもっているかのように振る舞うのは「北洋時代の違法現象」であり、国民政府期に入ってからはそのようなことはないとする[32]。

このように交渉署については、制度主旨は別としても、実態としては外交権の分散という方向から評価されがちである。序論で述べた、塚本元の研究は、中華民国前期においても交渉署と中央政府の相互補完的な動きによって地方交渉が展開していたことを明らかにしているが、そもそも北京政府と連絡をとりながら地方交渉をおこなった事例しか北京政府外交部档案として保存されるはずもないのだから、外交部档案を使用していけば、分散的ではないという結論になってしまうという問題を抱えることになる。地方の外交については第IV部で検討したい。

第五章　広東政府の外交行政制度

ここまで述べてきたように、中華民国北京政府は清末以来の懸案である近代外交制度確立のため、施行過程においては現実に大きく引きずられながらも、さまざまな施策を展開していた。しかし、前述の通り、北京政府の諸政策は、国民政府期に入ると特に非難の対象になり、その外交も売国外交として位置づけられるようになった。また、そうした議論をおこなう際には、たいてい広東政府の外交が革命外交などとして高く評価され、北京政府を対照的に低く評価することが多かった(1)。広東政府が正統政府として高く位置づけられてきた一つの結果として、この同時代的に国際的には全く承認されていなかった政府に「偽」が付されていないことを想起したい（逆に北京政府の方が「偽」的なものとして描かれてきた）。では、これまで正統政府として高く評価されてきた広東政府の外交とは実際のところどのようなものであったのだろうか。本書では必ずしも議論を十分に展開できるわけではないが、この第I部で制度、第II部で政策、第IV部で具体的事例を扱い、その外交の一端を考察してみたい。果たして北京政府との間に根本的な相違があったのか、また理念・政策展開などの面での争点は何であったのだろうか。そして、中国、あるいは中華民国全体において、広東政府の存在はどのような意味をもったのだろうか。

本章ではまず、民国六年（一九一七年）以降の広東政府の初期の外交を、制度面、行政面から整理することを試みる。時期的には北京政府との関係がドラスティックに変化していく軍政府・改組軍政府期（民国六―十年）を対象とする。広東政府については史料が『南方政府公報』などに限定され、記述が断片的になるが、史料状況からして現時点ではやむをえないと考える。

1　軍政府期

民国六年（一九一七年）九月十七日、広東で中華民国軍政府組織大綱が発布され、軍政府発足が宣言された。その第七条では外交部の設立が定められ、さらに第八条で外交総長は両議会の多数決による選出の後、大元帥が決裁・任命することが定められた。外交総長の任には伍廷芳が当たることが十一日に決められていた(2)。また他方で、孫文を大元帥とする大元帥府に設けられた秘書処にも外交股が置かれ、外交行政および国際交渉に関するすべての文電を扱うことが定められた(3)。

民国七年になると、次第に孫文と周囲との軋轢が激しくなり、孫らと距離をとった外交総長伍廷芳は職を去り、総長以下の人事が一新され、孫大元帥の近臣で外交部の主要人員が固められていく。四月二日、伍に替わって、林森が議会の推薦を経ずに大元帥決裁だけで署理外交総長となり（署理次長は戴季陶）、秘書に陳天驥・孫科、政務司長に李錦綸が就任(4)、ついで楊芳が秘書に、胡継賢が僉事に就任した(5)。だが、こうした人事異動はあくまでも軍政府内部だけの話であり、広東省の各ポストまでは異動をおこなえなかった。広東政府とは言っても、基本的に亡命してきた中央政府であり、広東省政府にさえ、当初は力が及ばなかった。これを示す事例として、孫軍政府大元帥が国民党員を粤海関監督にしようとしたが、莫栄新督軍がこれを拒絶するとともに一〇名の護衛兵を海関に増派して防衛し(6)、孫の人事を無効にしたということがある。

民国七年に孫文の近臣で固められた新外交部首脳は、周囲の支持を獲得できない中、四月二十二日に外交部組織条例を発布する。この条例は、北京政府の外交部官制を踏襲したものであるが、その特徴としては、第一に対象を

「護法省」に限定し、第二に地方での外交案件処理において軍政府の地方に対する権限を曖昧にし、第三に大元帥あるいは外交総長の人事権を明確にしていることなどがあった。しかし、全体としては次に示すように北京の制度を模倣して制度的体裁を整えたという印象のものであった。

〈外交部組織条例〉(7)

（【北京】とあるのは北京政府外交部官制）

第一条　外交部直隷於大元帥、管理国際交渉及関於外国居留民並海外僑民事務、保護在外商業

【北京】

[第一条] 外交部直隷於大総統、管理国際交渉及関於外国居留民並海外僑民事務、保護在外商業

（大総統と大元帥の違い以外は同内容）

第二条　外交部置総長一人由国会非常会議選出、大元帥特任

【北京】

[第七条] 外交部置総長一人承大総統之命管理本部事務、監督所属職員及外交官領事官

第三条　総長承大元帥命管理部務、監督所属職員及外交官領事官

凡護法各省区長官、其執行本部主管事務、応受外交総長之指揮監督

【北京】

[第七条] 外交部置総長一人承大総統之命管理本部事務、監督所属職員及外交官領事官

[第八条] 外交総長対於各省巡按使及各地方最高級行政長官之執行、本部主管事務有監察指示之責

[第九条] 外交総長於主管事務、対於巡按使及各地方最高級行政長官之命令或処分、認為違背法令或踰越権限者、得呈請大総統核奪

（護法各省と限定していることは、軍政府がこの条例を中華民国全体に施行させる意思のなかったことを示す。「指揮監督」（広東）と「監察指示」（北京）は、広東の方が強いように思える。しかし、広東には北京の第九条が全くない）

第四条　外交部置次長一人、秉承総長之命、輔助総長整理部務

【北京】

［第十条］　外交部置次長一人、輔助総長整理部務

（広東側の方が総長が次長を任命すると権限を明確化している）

第五条　外交部置参事四人、秘書四人。参事承長官之命、掌擬訂関於本部主管之法律命令案、秘書承長官之命、掌管機要事務

【北京】

［第十一条］　外交部置参事四人、承長官之命、掌擬訂関於本部主管之法律命令案事務

［第十三条］　外交部置秘書四人、承長官之命、掌管機要事務

（北京の両条を合成したものがこの第五条である）

第六条　外交部置総務庁及左列各司

一　政務司　二　通商司

【北京】

［第二条］　外交部置総務庁及左列各司

一　政務司　二　通商司　三　交際司

（交際司のみ異なる）

第七条 総務庁掌事務如左
一 収蔵条約及国際互換文件
二 調査編纂交渉案件
三 撰輯保存収発或公文件
四 管理本部所管之官産官物
五 管理本部経費並各項収入之予算決算会計
六 稽核直轄各官署之会計
七 編製統計及報告
八 記録職員之進退
九 典守印信
十 管理本部庶務及其他不属於各司之事項

【北京】

[第三条] 同文

第八条 政務司掌事務如左
一 関於政治交渉事項
二 関於地土国界交渉事項
三 関於公約及保和会、紅十字会事項
四 関於禁令裁判訴訟交犯事項
五 関於在外本国人関係民刑法律事項

六　関於外人伝教游歴及保護賞卹事項
七　関於調査出籍入籍事項
八　関於国書赴任文憑及国際礼儀事項
九　関於外国官員覲見及接待外賓事項
十　関於核准本国官民収受外国勲章及駐在本国之各国外交官領事官、僑民等叙勲事項

【北京】
［第四条］七まで同文
［第六条］交際司掌事務如左
（八から十まで同文）

第九条　通商司掌事務如左
一　関於開埠設領事通商行船事項
二　関於保護在外僑民工商事項
三　関於路砿郵電交渉事項
四　関於関税外債交渉事項
五　関於廷聘外人及游学游歴事項
六　関於各国公会賽会事項
七　其他関於商務交渉事項

【北京】
［第五条］同文

第十条　総務庁帰次長直轄
【北京】
該当する条文なし
第十一条　外交部置司長二人、秉承長官之命、分掌各司事務
【北京】
[第十二条]　外交部置司長三人、秉承長官之命、分掌各司事務
第十二条　外交部置僉事、主事各若干人、僉事秉承長官之命分掌総務庁及各司事務、主事秉承長官之命助理総務庁及各司事務
【北京】
[第十四条]　外交部置僉事三十六人、承長官之命分掌総務庁及各司事務
[第十五条]　外交部置主事六十人、秉承長官之命助理総務庁及各司事務
(両政府の外交部の規模の違いが分かる)
第十三条　外交部因特別事件得置雇員
【北京】
[第十六条]　外交部因繕写文件及其他特別事務、得酌用雇員
第十四条　本条例自公布日施行
【北京】
[第十七条]　本官制自公布日施行

2　改組軍政府期

民国七年（一九一八年）五月四日、一時的に強まっていた孫文勢力の主導性を弱めるかたちで広東政府は改組され、国会非常会議は賛成多数で軍政府組織大綱修正案を可決した。伍廷芳らの改組案が通ったのである。これに対して孫は代理人居正を通じて辞職を宣言した。孫は、結局のところ南北政府ともに武人に左右されることになった、と改組軍政府を非難している。この修正案において、外交については「和戦事項」と「辦理共同外交、宣立国約」（北京政府との共同外交と、中華民国としての条約の締結宣布）が軍政府の職権として定められた。

五月二十日、改組軍政府は新たな人事を決め、七名の総裁を設けること、そして伍廷芳を外交総長とすることなどを定めた。しかし、総裁の一人に選出された孫文が広州を離れたように、閣僚および議員の中には同調しない者が少なくなく（離職はしていない）、議会や諸会議が定数に満たないという事態になった。そこで彼らは、広州を離れた者に帰還を呼びかけた。こののち、改組軍政府がようやく体裁を整えるのは三カ月後の八月下旬だと考えられる。(8)

広東軍政府の人事上の特徴は、政治的変動と閣僚・官僚人事が連動する点である。北京政府であれば、総統・総理の交代と総長の異動は必ずしも連動しないし、総長の異動と司長以下のスタッフの異動はより連動しない。広東政府の人事のこうした特徴の背景には、アメリカ的な猟官制であったというよりも、伍廷芳や唐紹儀など、政治家的色彩の強い官僚層が南方に集まっていたということがあるだろう。

改組軍政府の対北京政府方針は、孫文一人を大元帥に戴いていた時代とは顕著に異なっていた。総裁を含む改組軍政府首班が北方の馮国璋大総統に発した電文に、その内容が表れている。そこでは、段祺瑞総理による借款契約について、国家主権を外国に売却する売国行為だなどと非難しながらも、南北和平会議の開催をよびかけていた。[9] 特に中国の分裂を望まないと強調した点は孫大元帥期と異なるが、それでも北京政府のおこなった「非法行為」、特に議会解散権の問題、国務総理の議会承認問題などを挙げ、約法に基づいていないとして北方の首領を非難し、改組軍政府の正統性を対外的にも主張、さらに、同政府が広範な民衆の支持に支えられていること、決して中国分裂を企図しているわけではないことなどを述べ、「護法政府」の承認を訴えることは継続しておこなっていた。[10] また外交部は広東交渉員羅誠に命じて、駐粤領事から各国の北京公使に連絡するよう要請させた。[11] 羅は北京政府から任ぜられた交渉員でもあり、北京政府及び広東の外交団との公式な外交チャネルを有していたので、広東政府はこれを媒介として利用していた。

八月末にスタッフを整えた改組軍政府の外交部は、九月に入ると新たに外交部組織条例を発布した。[12] この条例は、先の軍政府の外交部組織条例を非常に簡略化したもので、地方関係部分を削除し、一方で七総裁を中心とする政務会議の権限強化をねらっていた。この政府は、基本的に各省の連合政権であったため、地方外交案件処理に関する明確な権限を規定することが困難であったのだろうが、地方関係の削除がただちに改組軍政府の地方案件処理への無関心を示すものではないと思われる。

次に、改組軍政府の「外交部組織条例」と先に紹介した軍政府のそれ、また北京政府の「外交部官制」を併記してみよう。軍政府のそれを継承しつつ、改組軍政府では制度の簡素化が進んだことがうかがえる。規模、内容ともに現実に即した対応といえよう。

〈外交部組織条例〉（民国七年九月二日）

【軍政府】

第一条　外交部依軍政府組織大綱及各部通則之規定組織之、凡関於国際交渉事務、皆属其主管

外交部直隷於大元帥、管理国際交渉及関於外国居留民並海外僑民事務、保護在外商業

【北京政府[13]】

［第一条］外交部直隷於大総統、管理国際交渉及関於外国居留民並海外僑民事務、保護在外商業

（ほとんどすべてが改訂されている。特に「国際交渉事務はみな主管事項」という文言は、その権限拡大、あるいは管轄拡大を意味するものとも考えられる）

第二条　外交部分置左列各司

一　政務司

二　総務司

【軍政府】

［第六条］外交部置総務庁及左列各司

一　政務司

二　通商司

【北京】

［第二条］外交部置総務庁及左列各司

一　政務司

二　通商司

三　交際司

第三条　政務司職掌如左

一　政治交渉事項

二 地土国界交渉事項
三 関於外人裁判訴訟事項
四 外人伝教游歴及保護賞邮事項
【軍政府】
［第八条］ 政務司掌事務如左
一 関於政治交渉事項
二 関於地土国界交渉事項
三 関於公約及保和会、紅十字会事項
四 関於禁令裁判訴訟交犯事項
五 関於在外本国人関係民刑法律事項
六 関於外人伝教游歴及保護賞邮事項
七 関於調査出籍入籍事項
八 関於国書赴任文凴及国際礼儀事項
九 関於外国官員覲見及接待外賓事項
十 関於核准本国官民収受外国勲章及駐在本国之各国外交官領事官、僑民等叙勲事項
【北京】
［第四条］ 七まで軍政府に同文
［第六条］ 交際司掌事務如左
（きわめて現実的に業務を絞っているということであろう）

第四条　総務司之職掌如左
一　交際事項
二　関税外債交渉事項
三　路砿郵電交渉事項
四　職員進退之記録
五　予算決算及会計
六　□務（判読困難）

【軍政府】
［第七条］総務庁掌事務如左
一　収蔵条約及国際互換文件
二　調査編纂交渉案件
三　撰輯保存収発或公文件
四　管理本部所管之官産官物
五　管理本部経費並各項収入之予算決算会計
六　稽核直轄各官署之会計
七　編製統計及報告
八　記録職員之進退
九　典守印信
十　管理本部庶務及其他不属於各司之事項

【北京】
［第三条］ 同文
【軍政府】
［第九条］ 通商司掌事務如左
一 関於開埠設領事通商行船事項
二 関於保護在外僑民工商事項
三 関於路砿郵電交渉事項
四 関於関税外償交渉事項
五 関於廷聘外人及游学游歴事項
六 関於各国公会賽会事項
七 其他関於商務交渉事項
【北京】
［第五条］ 同文
【軍政府】
［第十条］ 総務庁帰次長直轄
【北京】 該当する条文なし
（総務庁と通商司の業務を総務司が担当。業務内容は簡略化）

第五条 部長管理本部事務、監督所属職員並所轄各官署
【軍政府】

［第二条］外交部置総長一人由国会非常会議選出、大元帥特任
【北京】
［第七条］外交部置総長一人承大総統之命管理本部事務、監督所属職員及外交官領事官
【軍政府】
［第三条］総長承大元帥命管理部務、監督所属職員及外交官領事官凡護法各省区長官、其執行本部主管事務、応受外交総長之指揮監督
【北京】
［第七条］外交部置総長一人承大総統之命管理本部事務、監督所属職員及外交官領事官
［第八条］外交総長対於各省巡按使及各地方最高級行政長官之執行、本部主管事務有監察指示之責
［第九条］外交総長於主管事務、対於巡按使及各地方最高級行政長官之命令或処分、認為違背法令或踰越権限者、得呈請大総統核奪
（任命権および地方との関係をいずれも規定からなくしている。名称を部長としているところは象徴的）

第六条　本部次長由政務会議簡任之、輔助部長管理部務
【軍政府】
［第四条］外交部置次長一人、秉承総長之命、輔助総長整理部務
【北京】
［第十条］外交部置次長一人、輔助総長整理部務
（次長を政務会議と直接結びつけ、整理を管理に変えて職権を強化している。政務会議の職権強化）

第七条　本部置司長二人由部長陳請政務会議任命之、承本部長官之命、分理各司事務

【軍政府】
［第十一条］　外交部置司長二人、秉承長官之命、分掌各司事務
【北京】
［第十二条］　外交部置司長三人、秉承長官之命、分掌各司事務
（政務会議の職権強化）
第八条　本部置秘書二人由部長陳請政務会議任命之、承本部長官之命、助理左列事項
一　典守印信
二　□□□□公布文件
三　辦理□□□各司之文牘
四　辦理長官指定特別事項
【軍政府】
［第五条］　外交部置参事四人、秘書四人。参事承長官之命、掌擬訂関於本部主管之法律命令案、秘書承長官之命、掌管機要事務
【北京】
［第十一条］　外交部置参事四人、承長官之命、掌擬訂関於本部主管之法律命令案事務
［第十三条］　外交部置秘書四人、承長官之命、掌管機要事務
第九条　本部置司員九人由部長委任、承本部長官之命、助理本部事務
【軍政府】

［第十二条］外交部置僉事、主事各若干人、僉事秉承長官之命分掌総務庁及各司事務、主事秉承長官之命助理総務庁及各司事務

【北京】

［第十四条］外交部置僉事三十六人、承長官之命分掌総務庁及各司事務

［第十五条］外交部置主事六十人、秉承長官之命助理総務庁及各司事務

（規模はいっそう縮小）

第十条　本部繕写文件及其他雑務得酌用雇員

【軍政府】

［第十三条］外交部因特別事件得置雇員

【北京】

［第十六条］外交部因繕写文件及其他特別事務、得酌用雇員

（北京の条文の復活）

第十一条　本条例自公布日施行

【軍政府】同文

【北京】

［第十七条］本官制自公布日施行

このほか、広東政府は西南の交渉員の任命もおこなった。十月四日、広東政府外交部は以下の人事異動を発表している。(14)

譚兆槐＝潮梅海関監督兼汕頭交渉員（北京と重複、鄭浩）

王懋＝瓊海海関監督兼北海関事宜兼瓊州北海交渉員（北京と重複、張学□）
徐之□＝特派雲南交渉員（改組軍政府単独人事）
余炳忠＝梧州関監督兼広西交渉員（北京と重複、関□鈞）
劉照青＝四川交渉員(15)

このうち、雲南を除く他の地域には既に北京政府に任命された交渉員や海関監督がいたため、北京が任命した者を形式的に再任することで体裁を整えたのだった。粤海関監督の羅誠は、改組軍政府からすでに八月末に同職に再任命され、十月十四日になって「軍政府の組織が完備され、各部も次第に成立している」ことなどを以て、北京政府の各部との文書往来をやめ、以後帰属を改組軍政府に一本化することを宣言している(16)。この後、北京政府は羅を罷免し、別の交渉員を任命した（任地に赴任したか否かは不明）(17)。また北海では、民国七年十二月に前任の北京政府に任命された交渉員が印章をもって逃亡するという事件が発生している(18)。各地で正当性の争い、任命権の争いが発生し、特に広東では二重帰属が許されない状況になっていたのであろう。だが、民国八年には重慶関監督人事も広東政府の手でおこなった。これは四川省長楊庶堪からの要請をうけ、政務会議名で直ちに任命がはかられたものであった(19)。

民国八年には広東交渉員をめぐって問題が発生している。四月二十八日、改組軍政府は、広東交渉員に梁瀾勘を任命した(20)。先に北京政府から広東政府に鞍替えしていたはずの羅誠が罷免されたのである。この直後の五月十三日、軍政府は司法部に対して、「羅誠は先に控告されていたが、人員を派遣して調査したところ、やはり訴えは事実であった」とし、その罪状については「報単（税関申告書）や聯票（小切手）を偽造した」ことを挙げ、その「証拠も入手した」ので、政務会議の決定により、法廷にて裁くよう要請した(21)。また同日、各省督軍に対して羅を捕えるよう要請した(22)。そして十五日になって、石龍税口委員梁超民、陽江税口委員歯贊廷らもまた、羅を幇助していたとして拘留、取り調べることを広東交渉員に対して命じた[23]。六月には、広州地方検察庁が司法部を通じて、証拠品の引き渡しを政務会議に要求、羅とその周辺に対する裁判の準備が進められた[24]。

羅誠のみならず、この時期に摘発された官僚は少なくない。『軍政府公報』を見ると、改組軍政府は「法治」をおこなっていることを示すことに熱心で、官職にある者に対する法の厳格な適用をことさらに表現しようとしていることがうかがえる。これは、北京政府との違いを表現するのみならず、これによって北京寄りの官僚を免職にし、人事を広東側に有利におこなうという利点も有していたのだろう。北京政府と広東政府がともに「法治」を正当性のよりどころとしつつ、自らに有利になるよう利用していた点が興味深い。中華民国前期は、確かに複数の中央政府があり、互いに正統性、正当性を主張していたのだが、その制度や統治のあり方には相当の共通性があったのである。

また中央政府と交渉署の関係を見れば、南北の「分裂」状況の中で、南方の交渉署が軍政府に帰属していたと単純に言えるものではなく、南方諸省では軍政府外交部とも北京ともつながるという二元的な帰属がしばしば生じ、広東省については、当初は両属であったが、広東に政府が置かれたことの影響もあって次第に広東政府にのみ帰属するかたちになっていたと考えられる。しかし、従来は、護法各省が単純に北京政府の統治圏から離脱したと考えられていたので、このような多元的体制の存在は指摘されてこなかった。

なお、このような状況では、まず現地社会でどちらが認知されているか、あるいは官署をどちらが使用しているか、そして、どちらが外国領事と往来しているかということが、業務上極めて重要であった。例えば、民国七年九月、瓊州・北海交渉員は現地の英仏領事から照会を受理したことを報告している[25]。このような公式の往来は、十一月に着任したフランス領事が同交渉員に照会を発していることからもうかがえる[26]。この時期の交渉員は、すでに広東政府からも任命されていたはずであるから、英仏領事が改組軍政府側の機関と公文書の往来をおこなっていたと少なくとも改組軍政府側からは言える状況にあった。

各国は、現地における自国商人の商業活動を順調におこなわせるために実効支配者である広東政府との間にも一定の関係を保持したものと思われる。特に広州湾に租借地をもち、インドシナ植民地を有するフランスは、改組軍政府との関係を良好に保つ必要があり、事実そうしていた。民国七年十一月には、駐粤フランス領事の依頼で、改組軍政府がフランス第四期戦時公債募集の布告をおこなったのだが(27)、政府は、協約国(第一次大戦中の連合国側)を援助するのは当然だという論理で、「官民」に対して購入を勧め、広州総商会を通じて工商各界に購入を要請している(28)。また、民国七年十一月には湖北省施南県で教案が発生、天主堂が破壊され、宣教師が暴行を受けた件について、駐漢口フランス領事が駐粤フランス総領事に打電し、同総領事から「施南府地方、現為貴国南方政府所占領」(施南府地方は、現在貴国の南方政府の支配下にある)という理由で改組軍政府に調査を依頼した。その後、占領軍が教民に対して暴行を働いたという疑惑が発生、改組軍政府外交部は政府を通じて現地軍に調査を依頼した。湖北省には、まだ改組軍政府系統の交渉署が設置されていなかったので、派遣軍を通じて調査をおこない、「教民が現地の民とも軍とも交流がなかったために事件が生じたのであり、軍隊が暴行を加えたとするのは風聞」と事情をフランス側に説明、教民の保護を約束した(29)。

西南各省の「勢力圏」にある租借地は広州湾だけであったが、ここの住民にとっては基本的に広東政府こそが対外交渉窓口であった。民国七年十二月、フランスが人頭税を施行する旨を宣布したことについて、フランス側と交渉するように「高雷及広州湾商民代表」から改組軍政府に要請がなされた(30)。政務会議は、外交部に対し現地の海関監督に交渉させるよう命じた(31)。また、広州湾租借地(瓊州・北海交渉員管轄地)でのフランス人同士の租地継承についても、広東政府から許可を得るかたちで進められていた(32)。

このような外交行政制度の整備は在外使臣派遣にも及んだ。改組軍政府は、国外にも代表を派遣していたのである。まず、張継を政府承認のため、あるいは対北京政府借款阻止のために日本に派遣。[33]次に、民国七年二月には、「西南各省に独立政府が組織されるなら、日本政府は率先して承認する用意がある」という報道がなされ、孫文が唐紹儀の日本派遣を決定し、日本方面の歓迎を受けたとされている。[34]また十月十二日の『海防捷報』は、日本政府が同年六月に唐前国務総理の「礼節」を「接受」し、改組軍政府の派遣した章士釗陸軍少将を招待したが、これは日本政府が改組軍政府を「非正式承認」していることを示すとしていた。[35]日本政府および駐華公使は一貫して南北議和を唱えていたが、一方でこのような非公式外交を展開していた。十二月には、日本の内務大臣が改組軍政府の司法総長宛に就任の祝電を大臣名義で送っていた。[36]

なお民国七年十一月に、北京政府から任命された李厚基福建省長（兼督軍）が省内の鉱物資源を担保にして、日本と四〇〇万円（日本円）の借款契約を結んだことについて、[37]改組軍政府の福建省籍議員が駐厦門・福州日本領事に抗議すると同時に、駐日代表を通じて日本政府に取り消し要請をするよう求めた。[38]このような例は、湖北省においても、北京政府が任命した陳樹藩督軍が漢口三井洋行との間に綿花専買権などを日本側に譲渡する借款契約を結んだことについて、湖北省籍議員である陳毅が政務会議に対して日本領事に照会するよう要請したことなど、多く見うけられる。そして、実際に政務会議は、外交部に命じて日本領事に照会を発したのであった。[39]

後に広東政府の主要外交案件となる関税問題についても、改組軍政府期に一つの動きがあった。駐華公使団が、いわゆる関余（関税余款）を北京政府に支給することを拒否したのである。駐粤領事団（英仏米日）は、広東政府外交部に対し、これは改組軍政府に支給するという意味ではないと確認した。[40]しかし、自らも四川海関の関余を支給されていた軍政府外交部は、従来の分配について、「そもそも南北政府は平等、最低でも（占領地域の？）割合で決定し、地方行政費用に充てるべきであるのに、これまで北京政府は不当に巨額の関余を供与されてきた」と抗議したのだった。[41]

このほか、広東が華僑輩出地であったこともあり、華僑との関係も重要であった。例えば、ジャワの華僑が現地民に暴行を受け殺害されるという事件が発生、そのことが参議院議員沈智夫から外交部に報告された際に、改組軍政府では、「南洋宝壟中華総商会から書簡があり、オランダ領ジャワ突土埠華僑が、昨年の十二月三十日に『土人』から攻撃を受け、大きな被害を受けたので、政務会議にオランダとの交渉を依頼する」という沈議員の書簡に対応するかたちで、政務会議から外交部を通じて広東交渉員にオランダ領事と「厳重交渉」するよう命じた。(42) この沈議員は、南洋華僑の情勢を探るために宣慰南洋華僑特派員として南洋に派遣されていたのであり、(43) このほかにもシャム華僑の虐待状況などを外交部に報告した。(44) 中華民国とシャムとの関係については第III部で詳述するが、広東政府について言えば、パリ講和会議前後に王正廷全権が駐米シャム代表と会見し訂約・使臣交換を求めたものの、シャム側は、「それを願っているが、シャムは領事裁判権の撤廃が不充分でそれが完了してから考えたい」などと述べたとされている。(45) 広東政府は北京政府が条約を結んでいない国との条約締結も目指していたと考えてよかろう。他方、第III部でもふれるように、シャムの華僑連合会長である李登輝なる人物は、軍政府にもシャム政府との交渉を要請しており、国際連盟ができてからはそこにこの問題を提出するよう求めていた。(46) このほか、李は民国九年に広東政府に対し、ヴェトナムでの領事館設置についてフランスと交渉するよう要請していた。(47) また政務会議が外交部と外交調査会に対して情況を調査させるとともに、北京政府と協力して問題を解決することも求めていた。

このように、広東政府は華僑との関わりが深かったのだが、こうした華僑保護の論理とは裏腹に、華僑を財源と見なす論理も存在していた。

軍政府は成立以来、事務は多く、軍費も膨大である。経費節約に努めてはいるものの、それでも経費不足の恐れがある。しかし、だからといって正義に逆らって、軽々しく外債を求めることもできない。(中略)査するに南洋諸島の華僑は、一途に祖国を愛護し、かつて専制を覆す際にも、帝制を改める際にも、諸役において資金を援助し、そうすることで功を成すことができた。今我々護法軍は、各方面から頼られ、義を掲げ、国内からだけでなく、国外からも大いに期待されている。また僑民は多く福建・広東出身であるが、この地域の軍餉は十分ではなく、これでは地方秩序が混乱する恐れがあるので、華僑たちから募捐するのはどうか。こういった論理で、政務会議は海南島の瓊崖道尹に対して軍費のための「募捐借債」を命じ華僑からの資金獲得をおこなおうとした(48)。

他方、南方の諸事件、たとえば民国八年の福州事件についても、各方面から広東政府に対して「厳重交渉」を求める電報や書簡が押し寄せている。ここには学生や商人団体のみならず、陳炯明省長なども含まれていた。だが、当時広東政府は日本公使との交渉チャネルをもっていなかったので、最終的には北京政府に「厳重交渉」を要求することになった(49)。

このほか、広東省内部にも外交案件があった。『軍政府公報』には監獄整備なども含めた広い意味での法制整備を示す司法関係の記事が多いが、これと関連して、例えば賭博関連の法制については、マカオとの関連もあり特派交渉員から各国領事に対して通告を発して協力を求めていた(50)。

民国九年六月、広東政府は各友邦に「宣言書」を発した。既に伍父子も政権を去り、外交のスタッフは大変厳しい状況にあったが、この宣言書では広東政府として南北統一に専念するため、再び南北が代表を派して話し合うことに応じると柔軟な姿勢を示していた(51)。民国九年といえば北方では安徽派と直隷派の争いが激化していたが、呉佩孚が広東政府とともに国民会議を開くことを求めていたことなどもあってか、広東政府は反段祺瑞、すなわち直隷派支持の姿勢をとっていた(52)。だが、この戦争の結果できたと言ってもよい、直隷派系の靳雲鵬内閣を広東政府がそのまま認めたわけではない。広東政府は同内閣に対し、協定・密約の排除を要求していたし、二月には広東政府の内政部から広東・湖南・雲南・貴州・陝西の各省長に対して、今後北京政府からの文件を「照行」しないようにという文書を送りつけた。これは、各省を広東政府にひきつけようとしたものであるが、逆に言えば、それまでこれらの省が北京政府からの文書を受理していたということを示している。民国九年六月の宣言書は確かに南北対話を求めていたが状況は決して楽観的ではなかった。また、民国九年六月の宣言書の前後に対北京協調がほとんど放棄された可能性もある。少なくとも、民国九年末には南北の決裂が決定的になっていたのである。(53)

以上のように広東政府は、国際社会からの政府承認や交戦団体承認も受けていなかったが、中央政府であることを確認、表現するため、また実質的な外交を展開するべく、近代的な外交制度を採用し、そして時には領事団との公的関係をもち、南方諸省での外交案件を処理しようとしたり、交渉員を任命、特に広東では単独任命するに至っていた。その制度を中味からみれば、基本的に北京政府と同様のものであったが、次第に現実に即した形態になっていった側面もある。対外関係では、実効支配領域においては特にフランス領事と実務的な関係を有し、一種の地域「外交」をおこなっていた。だが承認が与えられていない以上、中央政府としての外交をおこなうことは困難であり、組織・制度もまた必ずしも十分な実態を有し活動していたとは言いがたい面も残されていた。

小括

第I部では組織・人事など制度の面から、中華民国前期に展開されていた「外交」を考察した。ここでは以下の四点が明らかになったと言えるだろう。

第一に、民国初年に陸徴祥外交総長らが明確な意思をもって近代的な外交行政制度を確立しようとし、それを是とする外交官僚層が少なからず存在していたことである。これは組織面でも人事行政でも如実に表れていた。この改革によって、清代以来の外交行政上の懸案が相次いで克服されただけでなく、第II部で述べるような不平等条約改正政策展開の素地が築かれた。だが、これに対しては、顧維鈞のように、依然不充分だと考える向きもあれば、逆に所詮は官界の習慣など変わらないとする立場もあった。

第二に、そうした新しい外交行政の施行過程は決して平坦ではなかった。第三章では外交官試験についての事例研究をおこなったが、そこでは試験はおこなえてもキャリアパターンも形成されず、また合格者の半分も外交官にならないという「現実」があった。制度主旨と結果がかみ合わなかったのである。実際の人事がこうした新しい制度だけに基づいておこなわれることは想像しにくい面がある。この時期の外交部及び在外公館のスタッフは、清末からの残留組がほとんどを占めた。政府のめまぐるしい交替に対し、官僚層は比較的安定していた。また、もし新規雇用があるにしても、試験採用というより人脈に依拠した推薦に基づいた人事がおこなわれていたのではなかろうか。この点は档案で分析しきれるものではない。第四章で見た交渉署制度についても、制度主旨と結果が食い違い、清末以来の地方交渉を助けることになっていた点なども注目に値する。

第三に、制度がめまぐるしく変わる背景には、外交権の中央集権化と地方におけるその読み替えがあった。これは交渉署に関する制度のみならず、外交部と地方長官との関係などに如実に表れた。清代から見れば、民国期に制度的には中央の権限が強化されていくのだが、それが外交権の統一とか、外交の一元化とイコールでないところが興味深い。交渉署の制度については、着実に中央集権が模索されていたし、領事裁判権に対応した制度という背景をもちつつも、地方交渉の多様な局面で活動していた。

第四に、北京政府外交部に抵抗していたはずの広東政府も、制度面では北京政府に類似する制度設計をおこなっていた。責任の所在などに関する規定に違いは認められるが、近代的な外交行政制度を確立しようとする点では同一であった。この点は、従来主張されていた広東政府＝正統政府という視点に対する問題提起となると同時に、同様の制度設計をする主体が中国に複数存在することが中国全体の「近代」の特徴を成すことを示していよう。

第Ⅱ部　「文明国化」と不平等条約の改正

はじめに

この第II部では、清末から中華民国前期にかけての中国外交にとって最大の課題であった不平等条約の改正について、「近代」、「文明国化」への志向という視点から検討していくことにする。

不平等条約改正史というテーマは極めて複雑な背景を有しているため、検討に先立っていくつかの点に注意を促しておきたい。第一に、不平等条約改正は国家や政権の独立・存立基盤と関わるため、誰がどのように改正したのかということが、その国家や政府の正当性を調達するリソースになりうるということである。従って、政権を奪取せんとする勢力、奪取した勢力にとって、不平等条約改正は「運動」、「宣伝」、「動員」などといった政治的行為と関連する重要なトピックとなる。こうしたことから、第二に、不平等条約改正は「運動」の対象としてあり、必ずしも外交史的なコンテキストと一致するわけではないといったことが生じる。第三に、上記の二点からわかるように、同時代を体験した者、あるいは後世の歴史教育を受けた者の「記憶」は、ほとんど「運動」、「宣伝」、「動員」の論理によって創られた可能性がある。そして第四に、これまでの学界もまた、中国の外交史を「運動」、「宣伝」、「動員」の論理の中にあるそれと同一視する傾向にあったことを看過してはならない。

無論、同時代人であれ、後世の人間であれ、それぞれの歴史意識や時代観は重要であり、それぞれ究明すべきであろう。だが、一方で外交史的実証は、史料にもとづいて「史実」を述べる中で、そうした「(創られた)記憶」に一定程度の反論を試みることができるし、またそうする必要があると思われる。外交史というジャンルの存在意義の一つは、価値判断が優先しがちな世界において、一定期間を経た後にそれらを相対化するコンテキストを提起できるということではないだろうか。

それでは不平等条約とは何か。まず、条約の内容において当事者間の得る（額面上の、あるいは実質的な部分での）利益に差がある場合に、それを不平等条約だとする見解がある。これは昨今の「全球化」（グローバリゼーション）の中で、例えばＷＴＯ関連の諸条約が不平等条約であるとする、中国におけるある意味でナショナリズム的な言説の一部の中にも見られるのであるが、条約が一種の契約である以上、またある政治的な判断の結果として双方合意の上でなされるものである以上、時に当事者間において内容が対等でないことがあっても、それだけでは不平等条約とは言えないと筆者は考える。

また、不平等条約の問題性を、政治や軍事、あるいは経済のパワーで説明しようとする見解もある。力をもつ強国が弱国との間に結んだものが不平等条約だという理解である。これは一面では「真実」であるし、砲艦外交華やかなりし一九世紀の後半に中国でおこったことを想起すれば、戦争による敗北と不平等条約の締結を結びつけて考えるのは当然のことかもしれない。しかし、戦争の敗北によって締結された条約における賠償規定などは、それだけをとれば欧州諸国の間でも見られることであるし、また日本のように戦争に負けなくても不平等条約を締結した国もある。他方、強弱によって不平等条約を理解していると、自らが「強国」にならなければ不平等条約を改正できないということになりかねない。これも一面では「真実」だろうし、中国では強弱の論理が優勢だが、例えばシャムが「近代化」を評価され、またラオスや南タイなどの領土を切り崩して条約を改正していったことを考えれば、「強弱」だけで説明できるわけではないことがわかるだろう。

不平等条約は、特に一九世紀から二〇世紀初頭にかけての外交史的な観点からは一般に以下のように説明される。ウェストファリア条約以来の主権国家体制が世界的に拡大する中で、いわゆる family of nations の構成員にどのような「国」がなりうるのか、そしてそれらは対等なのかという問題が浮上し、次第に「文明国」と「非文明国」の弁別がなされ、両者間では主権国家間の平等という原則に反した「不平等」な条約を締結する可能性が開かれた。ここで、キリスト教国以外に主権国家体制を拡大していく際の新たな基準としての位置づけを与えられたのが「文明国」という観念である。無論、植民地化や戦争を通じた侵略を正当化するために、あるいは自らの市場を拡大するために、このような基準をつくったという面もあるし、「文明」自身がキリスト教と不可分な関係にある面もあるのだが、外交史の観点からすれば、不平等条約はこの「文明国」か否かという基準にもとづき、その基準を満たすと判断される国とそうでない国との間で結ばれたものだと言える。そして、不平等条約をきつけられた諸国は、「文明国化」することによってこの不平等条約を克服できることになる。そして、国際社会の一員となる主体が国家である以上、国が「文明国」として認知されることが求められる。だが、現実的に不平等条約の改正を見れば、大枠としては「文明国化」によって実現される面だけでなく（日本・シャムなど）、革命外交（トルコなど）や、またこれは慎重な議論が必要だが、「文明国」とされる国の直轄植民地となることによって実現される側面もあった。そして「文明国」という基準を満たすことで不平等条約を改正しようとする国においては、具体的な過程として「文明国化」に向けての国内における基盤整備をまずおこない、それを背景とした条約改正交渉、条約破棄通知・新条約締結などがおこなわれた。それには戦争や国際会議などにおける地位の向上などが伴う。こうした点は外交史と国際政治史が重なる部分であり、後述するように中国において不平等条約改正史と国権回収運動史が一緒に論じられてきたことの背景でもあろう。

しかし、これまでの中国史では、こうした外交史的理解が受け入れられたわけではなく、いわゆる列強と締結した条約のほとんどが不平等条約のように考えられてきた。しかし、以上に述べてきたように外交史的な面から見れば、不平等条約は二国家間、あるいは複数国家間に締結された条約などの取り決めで、当事国の一方が「文明国」

で一方が「非文明国」であることを根拠とした、「文明国」にのみ特権を認めるもの、ということになる。具体的には、片務的治外法権、片務的関税自主権、片務的最恵国待遇、一方的な租界設置などがその内容となろう。では、これまでの中国における理解とのギャップはいったいどこにあるのか。ここで、不平等条約とは別の、国権侵害という考え方を想起してみたい。中国が国家として本来享受されるべき権利が制限された（あるいは国土や資源が損なわれた）条約をすべて国権を侵害された条約だと考え、それを不平等条約として捉えると、上記のように、列強との条約（ないし契約）の大半が「不平等条約」だということになる。すなわち、例えば当事者である中国側のある地方政権が鉱山利権などを担保として外国あるいは外国企業と借款契約を結んだ場合、それがそもそも臨時約法違反だということは別として、その契約には「文明国・非文明国」の懸念が反映されているわけでもなく、また地方政権側も利を得るので、外交史的な不平等条約の観点からすれば単なる契約に見えるが、国権侵害的な観点からすれば、これも明らかに国権回収の対象となる「不平等条約」だということになるのである。[1]

このように、国権回収のコンテキストと不平等条約のそれは本来同一ではなく、従って運動の局面でも、国権回収運動と不平等条約改正運動は同じではない。この差異は、例えば旧租界の外国財産問題となってあらわれた。すなわち、第二次大戦の終結にともない、敗戦国である日本の在華財産が戦勝国である中国に接収されることは当然だが、他方、租界の英米仏の財産については、租界回収にあわせて、普通の所有権などに切り替えなければならないはずだった。だが、このような不平等条約改正的なコンテキストによる考え方は国権回収運動的な視点に覆い隠され、実際には在華外国人財産はほとんど保障されないまま中国政府に全て接収されてしまった。つまり、「もともとは中国のものであったのだから返還されて当然」という点が、「法的手続き」よりも優先したのである。

このように中国では、不平等条約改正について、国権喪失とその回収という観点が強い。民国期の代表的な外交史のテキストである『外交大辞典』も不平等条約の定義として「強国が武力を用いて脅かすことによって、弱国から利益を奪いとり、条約によって弱国の履行すべき義務を規定するような条約のこと」[2]と述べている。条約をいかに強国が弱国に強いるかたちで締結したのかということが問題とされ、逆に、強弱が強調されている点からすれば弱国である中国が強国になることによってこの不利な状況を克服できると考えていたのであろう。この点だけを見れば、治外法権と関税自主権の改正を国内法の整備や文明国化によって実行しようとした日本の場合とは異なるように思われるし、同時に革命外交とも異質なもののように思われる。

しかし、中国において「文明国化」の志向がなかったのかと言えば、そうではない。歴史的なコンテキストから考えれば、清末民初の時期は国内制度の整備と外交交渉によって問題を解決しようとする方向性をもっており、それが、国民政府期になってから国権回収運動を自らの正当性の源としてナショナリズムを喚起して国民統合に利用するようになったと考えられるのである。無論、国民政府期の初期に強調された革命外交もあるが、革命によって従前の条約を継承せずに新たな平等条約を結ぶという成果はほとんど見られず、実際には北京政府期以来の修約外交や一括主義による成果を継承するかたちになっていた。

一般に中国の不平等条約撤廃は、第二次大戦中、連合国が国民政府に、枢軸国（日本）が汪精衛政権に、諸特権を返還したことを指すことが多い。しかし、例えば王建朗をはじめとする中国の研究者は必ずしもこれと同じ立場をとらない[3]。中ソ友好同盟条約もまた不平等条約ではないかとする点や、国民政府や汪政権が接収しきれなかった利権があるとする点がその理由となっている。国権回収という観点から言えば、香港・マカオの返還までそれが継続していたということになろうし、上記のような外交史的な観点から言えば、恐らく中ソ友好同盟条約は「文明国」・「非文明国」という枠組みで結ばれたものではないから、そうした枠組みの下に結ばれた諸条約・協定をおよそ撤廃した一九四三年が一つの区切りになると思われる[4]。

ただ、いずれの立場をとるにせよ、結果として、中国は「文明国化」することによって不平等条約を改正し国権を回収したわけではないということ、あるいは「文明国化」のコンテキストでの外交史のディスコースが形成されていないということに注意しなければならない。繰り返しになるが、中国史において優越しているコンテキストは、外交史というよりも国権喪失史と回収運動史であり、国際法的というより「強弱」論的な国際政治史である。これは、中国が第二次大戦において連合国の主要メンバーとなり、戦勝国となることが確実視された時点で改正が実現した（あるいは大きく進展した）という歴史過程に対応しているという面もある。そして、現在の中華世界に大きな力をもっている大陸と台湾がともに、「近代」よりも「ナショナリズム」、「富強」を自らの正当性の源としてきたからそうしたディスコースが形成された面もあろう。無論、共産党より国民党のほうが「近代」を歴史的に重視してきた面があったが、それも「ナショナリズム」、「富強」が上位にあってのことだと考えられよう。

しかし、清末から民国前期についてはどうだったのであろう。前述のように、外交档案にもとづき分析を加えると、国民政府や解放後の中国とは異なり、中華民国北京政府に「文明国化」への志向、「近代」の重視が見られたという、埋もれていた歴史的コンテキストを見出すことができるだけでなく、同時に中国史の語り口それ自体を問い直していく、歴史的ディスコースの相対化の意味をもたせることができるのである。

中国の研究者茅海建は以下のように言っている。「アヘン戦争後に西方列強が押しつけてきた一連の条約は、多くの不平等条款を含んではいたが、国家関係の面では各国は例外なく清朝との『平等外交』を追求していた」。そしてさらに「今日、人々が議論をしている平等や不平等という問題は、すべて一八世紀に欧米で成立し二〇世紀に世界規模で確立した国際関係から得ている尺度を用いて議論されているのではないか。そして『天朝』の世界で生活している人々は、そうした欧米の価値とは全く異なる価値基準を有しており、別の平等観念を有していたと考えられる。彼らは今日の眼から見た『平等』な条款には往々にして不満を有し、今日から見た『不平等』な待遇には逆に無自覚であったので、外交上の大失敗をすることになったと言うこともできるであろう。一九世紀に急速に接近する世界の中にあって、『天朝』はひとつの特殊な『世界』なのであった(5)」。筆者も同感である。では、その「天朝」は新たな世界に対応して、いかに変容していくのだろうか。

第一章　清末における「近代」外交
――不平等条約改正への志向性――

中国は果たしていつ不平等条約を認識し、それを改正しようと考えたのか。この問いは、同時代史的論点というより民国前期の論点を遡上させたものである。もちろん、南京条約を締結したからといって、当時の清朝がそれを不平等条約と認知していたわけではないし、また一部の外政官僚が不平等性を認知したからといって、それが公論として支持を得て政策に反映されなければ、外交思想史的には意味があっても、外交史的には一部の意見ということになる。こうしたことを考慮しながら、本章では、清末における不平等条約改正（への志向性）を検討するために、清朝による条約そのものの捉え方、不平等性の認識といった一筋縄ではいかない問題から考察を加える。具体的には、同治年間における条約観を坂野正高の研究にもとづいて整理したうえで、同治末年における日中交渉から清の具体的な主張について検討し、そして光緒年間において不平等条約改正への刺激をもたらしたハーグ平和会議前後の状況について述べてみたい。

1　同治年間の条約観

同治年間における外交交渉の研究をおこなった坂野正高は、この時期の条約締結交渉に際して中国側が拘泥したポイントとして以下の六点を挙げている(1)。

(1) 交渉・調印の場所
中国は北京での交渉を嫌い、天津でおこなわせた。
(2) 外交使節の北京常駐制限
一八六六年のイタリアとの条約締結以前は常駐を認めず、「随時入京」、「延期」などとしていた。
(3) 商人領事を嫌い、正規の官員を領事に任命させようとした。
(4) 条約正文言語
一八五八年の天津条約では外国語が正文とされたが、一八六〇年代に入ってからはこのことの問題性を認識し、漢文と外国語の双方を正文とするケースが多かった。
(5) キリスト教伝道拒否
(6) 批准交換場所の選定
北京・天津での交換を嫌い、上海でおこなおうとした。

坂野のこの分析は、清朝が各国との関係を空間性の下に位置づけ、また少なくとも条約における「不利益」を認知していたことを示している。また坂野は、同治元年（一八六二年）の中国とベルギーの条約に特に注目している。それは、この条約交渉でベルギー側が提起した双務的な最恵国条款に対して中国側が不利益性を認識した行動をとったからである。双務的最恵国条款は、平等な条項なのだが、片務的な最恵国条款を含む不平等条約を他国と締結している中国にとっては実質的には不平等なのである。中国側は最恵国条款の挿入を阻止しようとし、結果的には「通商上の」最恵国条款が挿入された。また、公使の北京常駐は認められず、これにより、上海での「通商」と北京に行使を常駐できる「外交」が区別されていくことにつながった。(2)
清のこのような姿勢を不平等条約改正への努力と見るべきか、あるいは単なる不利益性の排除と見るべきか。前述したように、外交史的な観点からは、「文明国」と「非文明国」の弁別を基準とする不平等条約の改正には「文明国化（への志向）」が不可欠であり、それは主権国家建設の中で、欧米モデルの外交システム、万国公法などを受容し、近代的な外交制度を国内に確立することを平行して追求されるものである。同治年間の清に、このような「近代的」外交を採用する意図を見出すことは難しい。しかし、条約における不利益性の認識が不平等条約改正への努力と前提となることは間違いないであろう。

以下、同治年間の清朝の対外関係イメージ、条約観を示す好例として同治末年の対日交渉を見ることにしたい。これは、日清修好条規締結（同治十年）交渉以前、日本で言えば幕末におこなわれた交渉である。

（1）同治年間の日本からの使節派遣とその意図

同治年間、江戸幕府（長崎奉行・箱館奉行）は二度にわたり上海に使節を派遣し、その後書簡を送付した。ここではその使節について中国側の総理衙門档案から検討する。この二使節・一書簡については、多数の先行研究があるが（書簡については研究は多くない）、総理衙門档案に依拠して中国側の視点から論じたものは決して多くはなかったと思われる。

本書で用いる総理衙門档案は、台湾の中央研究院近代史研究所所蔵の外交档案の一部であるが、この档案を利用することによって、広東システム崩壊後の一九世紀半ばに上海に成立しつつあった上海システムに、日本側が「無約通商国」（条約未締結国）として加わることを企図していたことがうかがえる。また、この日本側の動きは、西洋人商人によって上海に結びつけられた日本の市場を、西洋人の手から取り戻し、日本人の手によって上海に結びつけることを目指したものと考えられるだろう。このような動きは、使節が貿易をおこなうことを第一の目的としていたことと同時に、上海での領事館設置を求め、最終的に中国側がそれに応じる姿勢を示しつつあったことからも見て取れる。そして、このような一八六〇年代の日中交渉が後の修好条規締結の下地になったことも重要であろう。

(2) 千歳丸(同治元年、一八六二年)

本件に関する総理衙門档案は、同治元年七月初一日、千歳丸到着直後の蘇松太道呉煦による五口通商大臣宛の報告に始まる。(3) この報告は、①五月初九日に上海駐在のオランダ領事哥老司(チ・クロース)が、東洋の日本国の「頭目」根立助七郎以下八名を連れて謁見をもとめてきたこと、②彼らはみな「頭目」であり、本国の上司の命によって一三名の商人を従えてきたこと、(4) ③そして商人らは「なまこ・ふかひれ・のり・あわび」など四五〇〇斤および漆器・扇子などをオランダ船に載せて持参したこと、(5) ④これらの物品はオランダ船の貨物として処理し、諸手続き、関税の納入を終えていること、⑤これらの物品を上海にて販売し、試みに貿易をおこなうことを求めていることなどについて、指示を仰いでいた。(6) 呉自身の意見は、前例を見れば、中国商人が乍浦から長崎に行って「洋銅を採買」することはあったが、日本商人が「中華に来て貿易すること」はなかったので、定めに照らせば貿易を許可することはできないが、遠路はるばる来たことも考え、またこの荷物がオランダ商船に積まれ、オランダ商人によって税関手続きをおこなったことも考慮すれば、「天朝の遠人を懐柔する盛意」をもって、暫時オランダの荷物と見なし融通をきかせられないか、というものであった。呉は、早々に貨物を売り払い、中国の商品を買わずにオランダ船で帰国すること、今後はこのような軽挙を慎むこと、などを求めたが、それに対して日本人たちは恭順であり、またオランダ領事もこれまでの二〇〇年の交誼で日本側の要請を断りきれなかったことを説明、早々に売り払わせて日本に帰らせると伝えたという。

同治元年五月二十五日、呉煦はみずから「頭目寓所」に赴き、彼らに会った。日本人側は、「今回持ってきた貨物は、上海に長毛環(太平天国の人々)がいることもあって、なかなか商売にならない。また水土があわず、商人のうち三名が既に死んでしまったので、荷物を売り終えたら早々に帰国する」と述べたという。呉の眼には、「帰りたがっている」と映った。しかし他方で、彼らが中国にやって来たのは、「昨今西洋各国が日本と通商をはじめ、日本から輸出されるもので上海にてさばかれないものはない」が、「値段があがり、貿易の勢いはなくなり、価格は二倍に至っている」、今回の来滬（上海）によって何とか自ら販路を開きたかったのだという[7]。これによって呉は、日本側が決して一度だけの来滬を考えていたのではないことを知り、再来するのをやめさせるべきかどうか、通商大臣に尋ねたのであった。

薛煥大臣の判断は明快であった。「日本国は通商各国のうちになく、これまでも中国に貿易に来たことがない。オランダも無約通商の国であり、そうした国が日本という国を伴ってきて貿易をおこなうということ自体、『包攬之弊』を招くことになる。このようなことをすれば将来各国が次々とやってきて防ぎようがなくなる」。ここで通商各国というのは中国と貿易をすることが許された国で、上海で貿易をおこなっていた国を指す。無約通商の国は有約通商の国の対語で、有約通商の国はイギリスやフランスなど条約締結国を指し、北京に使節を派遣でき、かつ上海にて貿易をおこなっていたのに対し、無約通商の国は条約未締結国で北京に使節は派遣できないが上海などで貿易をおこなっている国を指した。当時の清朝からすれば、有約通商→無約通商→無約不通商という同心円で各国を位置づけていたのであった。

総理衙門は、薛煥大臣の意見を受け入れる。加えて、薛大臣に対して、「日本人に直ちに帰国するよう命じ」、そして「蘇松太道に厳しく命令して、今後は各国の商船が通関するときには認真（真剣）にチェックし、適切に業務を遂行するようにさせ、また各国に対して日本の轍を踏まないようにさせるのがよい」と述べた[8]。

しかし、それから一カ月後、この総理衙門の判断に対して、薛煥大臣は署江蘇巡撫李鴻章とともに反論を試みる。薛大臣と呉煦は意見を変え日本が上海にて通常貿易することを容認しようとしていた。そこには、次のような呉の詞が引用・添付されていた。[9]

すなわち呉煦は、①日本側があらためて謁見を求めて、上海滞在二カ月になるが貨物が半分売れ残っているので、これを処理してから帰国することを希望していること、②上海において通商をおこなっている「無約小国」はとても多く、それらは「有約各国」の章程に依拠して貿易をおこなっていること、③こうした国は、北京に行くこと、および自由に長江流域の各口に行くことは認められていないこと、④日本は中華から甚だ近く、また清の官民の銅商が日本で貿易をおこなっており、そこでも特に問題が発生していないこと、⑤「西洋無約各国」の例にならって立約することを敢えて望まず、もっぱら上海一口での貿易と領事館設置を求めているに過ぎないこと、などを挙げて、「格外の恩典」を与えるよう求めていた。[10] そして、呉の調査によれば、当時上海で通商していた「泰西」の国は一四カ国であり、英仏米露の「有約通商之国」を除くと、「ポルトガルもすでに条約を結び、近々プロシアやベルギーも立約の予定がある」が、このほかにも「無約小国」は多数あるという。[11] 呉の主張は、東洋と西洋は「無二」であり、また道光二十三年(一八四三年)の善后条約第八条で開港場の諸外国への開放を約していること、また西洋各国は以前広東で貿易しており、五口通商条約以後に上海で貿易できるようになったが、そのとき一々立案して許可を求めたわけではなく、日本がたとえこれまで中華に来て貿易をしたことがないとしても、旧例を適用して不許可と判断するには無理があるのではないか、従って一視同仁の精神で上海での通商を許してはどうかということであった。日本を「無約小国」としてあつかうべきだということであった。

他方、呉煦からすれば、なぜ日本の「頭目」たちは、当初は今回限りの貿易のことだけを言っていたのに、二カ月たってから「西洋無約小国」の例にならって通商をおこないたいと言い出したのかということが「可疑」な点でもあり、ある日これについてたずねたが、それに対して彼らは日を改めて呉と会い、以下のように述べたという。「日本はかつて西洋のオランダとだけ通商をおこない二〇〇年が過ぎ、その間、特に問題がなかった。しかし、数年前よりイギリス・フランスなどの国が相次いで日本に来て、兵力をもって立約通商を迫り、彼らの求めるとおりに三港を開港して通商をおこなわざるを得なかった。この三港における関税収入（「進口洋税」）は英洋一〇〇万元しかなく、これは公使の往来費と税関運営費用に充当する分に過ぎず、税関収入は国庫にとっても益がないものになってしまっている。日本の国産品（「土産」）は決して多くなく、従来はそれを自国のために売買して生計をたててきた。しかし、西洋商人たちが利権を独占するようになったので、これが損に結びついている。また、西洋の商人は日本の物産を広く集め、それぞれみな西洋に運び出すので、物価が騰貴してしまった。これは民にとって大きな損害であり、それを防がずにはいられない。そこで官民が話し合って、そうした品物を西洋商人によって運び出されて利益を独占されるよりは、自らそれを各国に持っていって売買したほうがいい、あるいは少しでもその西洋の勢力を日本側に取り戻すべきだということになった。そこで今回のように上海に来て格別の御好意におすがりし、オランダの商貨であるとして通関、一切の貿易をおこなってきた。しかし、オランダ領事が様々な手数料をとり、日本側がさまざまな侮りと威圧をうけることになってしまった。そこで、本国の上官の命を受け、道台に密かに要請をして、西洋無約章程に基づいて上海での通商を許可していただくことによって、他人の抑制を受けないようにしたいのである」。日本人たちは、このような意見を開陳し、呉に対して現在は太平天国の乱があり「貨賤価低」だが、中華がまた安定すれば双方にとって利益になることであると思うと述べ、直接通商の要請をおこなった。これに対する呉の判断が興味深い。呉は、これまで通商を許されていなかった国が突然やってきて通商をおこなうということには明らかに無理であるが、日本の場合には既に銅の買い付けのために中国商人が赴いているのであるから、先方がこちらに来るということは充分に想定でき、まったく白紙から要請しているのとは異なる、というのである。これは「互市」的発想であろうか。また、呉は倭寇の問題をとりあげ、決して「旧怨」が除かれているわけではないとしたが、これについて日本側も、倭寇のことを聞き及んでおり、当時、既に主犯者一八名を捕えて処罰したこと、民が時に乱をおこすことはあるが、国家として異心があるわけではないこと、などを挙げて釈明したという。そしてさらに日本の「頭目」は以下の二点を呉に相談したという。①以前、中国官民の銅商(楊・王二姓)が来て銅の買い付けをおこなっていたが、まだ清算の済んでいないものがあり、請求するのも忍びなく思っていたので、これを代わりに取り立ててもらえないか。②江蘇省にて乱が起きてから(太平天国)、江浙の男女難民が数多く西洋の商船に乗って長崎に来ており、その数も数千人にのぼるほどである。中には商売をする者もいるが、彼らは西洋領事の管轄下にあるわけでもないので、日本としては彼ら客民を管理しにくく、特に罪を犯した場合などは処理がしにくいという問題がある。これに対して呉は、①は乱がおさまってから調査するとし、②については難民の渡航は華官の認めているところではないが、日本が憐憫の情から受け入れてくれていることについては「美意」であり、今後諭令を発して帰国せしめるが、もし法を犯すようなことがあれば、中国に回送されれば当方で裁くこととしたい、と回答した。日本側は、呉の話に納得した様子であったが、今回のことは西洋の商人から利権を少しでも取り戻すために中国と通商の道を開くことが主たる目的であるので、特に西洋人には機密にしてほしいと言って、その日の話は終わったという。

このうち前段について薛煥大臣と李鴻章は、呉煦の言うように条約文では外国に開港することになっているので、簡単に判断することはできないとして総理衙門に今一度の判断を求めている。後段は、薛大臣と李が同じ八月初四日に総理衙門に送った別の書簡に添付されていたものである。基本的に呉の意見を受けたものであったが、ここでのポイントも五口の対外開港を定めた五口通商条約第八款の内容を「東洋島国」である日本に適用するべきかということであった。「日本は東洋の島国であり、歴代の史書を見ると、例えば『皇清通考』の『裔門』にも記事があり、近くは『海国図志』や『瀛寰志略』にもその内容が採録されている。日本は明代には中土に使節を派遣してきていたようであるが、我国家においては僅かに華商が当地に赴いて洋銅を採買するに留まっていた」といった歴史的な経緯を初めて述べ、そのうえで呉の文書を添付して、いかに処理すべきか改めて総理衙門に指示を迫ったのであった。[12]日本の位置づけは大変難しかった。

同治元年八月初八日、総理衙門は、今回の日本の案件に果たして流弊があるかについては判断できないとし、薛煥大臣と李鴻章巡撫に対して状況を見て判断するよう命じた。[13]ここに日清間に貿易関係の成立する可能性が開かれた。しかし、すでに七月初十日には日本人たちはオランダ船に乗って帰国してしまっていた。だが、ここで新たな問題が浮上することになった。呉煦は、日本人側の発言として、今後の通商を許可される場合でも許可されない場合でも結果をオランダ領事を通じて知らせていただき、そうすることで次に公使を派遣して再度要請するときに役立てたいということを伝えた。[14]呉は、日本側の公使派遣の可能性という新しい内容についての議論は避け、これまで述べてきた上海一口のみ、長江流域に行かないといったことのほかに、他の東洋各国の前例としないなどの条件を掲げながら、日本の上海における通商を許す方向での提案をおこなった。しかし、閏八月二十八日になると、今度は薛大臣と李巡撫が慎重論を唱え始めてしまう。これは、流弊が全くないとは言い切れないという疑心と、日本側がもし拒絶された場合にも公使を派遣してくる可能性があるとほのめかしたことが原因であり、断られても公使派遣を予定しているのかどうかはっきりするまで上海での通商を許可できないということになってしまった。[15]この「公使」なる詞が、日本側のいかなる表現に由来するものか判断できないが、これまでの通商・領事館設置路線から逸脱したものであった。そして、上海において無約通商の小国として位置づけられながら、公使を派遣できる有約通商国となるかのような示唆をしたこと、あるいはそのように受け取られたことが千歳丸の命取りになったと言えるだろう。

総理衙門は、「外国人は性情狡詐」であって虎視眈々と物事を狙っているし、ひとたび日本に通商を許せば他の国々も相次いでやってくることも考えられるという懸念を再び示し、このたび要求を容れられなかった日本が再びやってくる可能性もあるとして、関係者に対応を協議しておくよう指示し、さらにその際にはこのことに拘泥したり、過度に寛大になってはいけないと述べ、呉煦の方向性を牽制した[16]。

十一月初九日、薛煥大臣および李鴻章巡撫から総理衙門に文書が届く[17]。これは、呉煦の後任である黄芳が、呉の意見を引き継ぐかたちで、日本への通商許可を求めるものであった。そこで黄は、日本人の「情が極めて懇切」であり「詞も極めて卑順」であること、また日本人に許可するのは一種の懐柔の意を示すことであり、他方で日本とは銅をめぐる貿易の存在を前提にするのであるから、あくまで特例として認めるのであり、他の国々に援用されるものとはならないこと、などを理由として述べていた。大臣と巡撫はこれを総理衙門に転送し、意見を求めたところで千歳丸関連の档案は終わっている。そして、以下の健順丸の部分の档案から見ると、総理衙門からの返事はなかったようである。

(3) 健順丸（同治三年、一八六四年）

それから二年後、同治三年には箱館奉行の派遣した健順丸が上海に来航する。江戸時代に日本の貿易収支を支えた北海道の海産物が外国人商人に扱われていることへの危惧がその背景にあった。このときは、幕府がオランダだけでなくイギリスにも斡旋を依頼していたことから、上海ではイギリス領事を通じて上海道台への拝謁の要請がされた。このときのことを当時の上海道台である応宝時が、上海通商大臣を通じて総理衙門に報告しているのだが[18]、たいへん興味深いことに応道台は、乾隆四十六年（一七八一年）に戸部の刊行した『江海関則例』に「東洋商船進出口貨税並洋商人入市之条」なるものを見出し、「東洋の商船が上海に来て貿易することは禁じられていない」ことを明言し、さらに「東洋と中国との通商は西洋との前におこなわれていた」として千歳丸の時のやりとりを根底から覆したのであった。そして、もし日本が上海にて領事館を置こうというのであれば、「彼国主文書」をもとにしなければならないという手続きも明示したのである。

三月初三日、山口錫次郎以下の「官」五名がイギリス領事館員に帯同されて応宝時道台に会った[19]。そして、来滬目的として航海訓練や試貿易をあげ、「報関投税」（税関にて手続きして関税を納めること）できれば感激であり上陸して居住しないで三カ月以内に帰途につくと述べた。応道台は、税務司（すでにイギリス人管理）とも相談して、「日本の編号で報関」させることにしたという。これは、日本との通商が、千歳丸のときよりも公式に扱われたことを示す。そして、この応の処置について上海通商大臣も同意していたのであった。

これに対して総理衙門は、同治元年のやりとりを延々と引用した文書を発し、「前回最後に返事をしなかったのは、その前にこの件を臨時的な案件として処理するように指示していたからだ」などとし、今回の応宝時道台の処置は認めながらも、直ちに税を納めさせ、上海以外に行かせず、早々に帰国させるよう、通商大臣から道台に指示することを命じたのであった[20]。この使節は領事館設置を明確に求めず、ただ貿易だけをおこなおうとしたのであるが、中国側の対応は「日本編号」で「報関」するという、関係の正式化への道を開くことになった。

（4）同治七年（一八六八年）の書簡送付

同治七年、すなわち戊辰戦争の直前、長崎奉行が書簡を上海に発した（中国語では長崎総督と表記）[21]。時の長崎奉行は河津伊豆守であったが、河津は楷書と草書で文書を用意し、文箱に入れてイギリス人に託したのであった[22]。その内容は、中国側の理解では（中国側には長崎奉行の漢文は相当難解であったようだが）、要するに通商の要請と、前任者である高橋美作守が使節を派遣したときの礼であった[23]。

だが、応宝時道台は、これまでの使節はみな臨時性が強かったものの、今回の文書は、渡航のルールづくりをしたいと言ってきているし、また商売以外にも学術を習いたいとまで申し出てきているので、どうも中国に住んで活動をするということらしいと捉えている。そして「彼らが中国で罪を犯した場合、どのように処置すべきかについては書簡に記されていない」と裁判権の問題にまで道台は言及している。

応宝時道台の判断は同治三年のものに似ている。すなわち、日本は西洋諸国にならってこのような要請をしてきているのであって、ここで日本の要望を無下に却下すれば、ほかの西洋諸国（スペイン・イタリア・デンマークなど）にならって立約しようと言い出すに違いないから、ここは暫時日本商人との貿易を認めておいて、別途、西洋とは別の形で日本を「箝制」できる章程を定め、そうすることで朝廷の寛大な心を示すとともに、「換約之国」を増やすのを防ぐことができるのではないか、というものである。日本を西洋とは別の存在として捉えていたのである。

他方、日本側からの書簡に付された両江総督曽国藩の「批」、すなわちコメントを見ると、上海にて日本が貿易をおこなうことについては、総理衙門も允許していると解釈、領事館開設については未決であったが、これを許可するべきだとし、ただ学術云々はよく理解できないので再調査すべきであろうとしていた。また手続き的な意味で、日本側が確認用の印章を用いることを提案した点については、前例がないとしている。そしてこの批が書簡とともに総理衙門に送られたのであった。ここで興味深いのは、中国側が、例えば「領事館」のように今回の使節が要請していないものも懸案事項として認識している点である。中国側としては、千歳丸の提起した問題がまだ生きているという認識であり、また千歳丸以来の使節には一貫性があるという認識なのであった。

総理衙門は、既に何度も上海方面に適切に解決せよと述べているといらだちを示しながらも、今回日本側が文書をもって貿易関係樹立を依頼してきたことを重く見て、貿易地を上海だけに限定し今後章程を定めると、貿易を認める方向で議論、そして章程については無約各国も上海で多く貿易をしているのだから必ず参考とすべき事例があるはずだとし、例えばシャムの事例はどうかと提案している。また、華商の長崎での待遇なども調査し、それとの対応関係で制度を作ってはどうかとも提案している。(24)総理衙門は即日曽国藩宛に別途書簡を送った。そこでは、より詳細に自らの見解が述べられているが、このシャムの事例というのは、同治四年に北洋が定めた「暹羅（シャム）船辦法」を指しており、それは貿易船を船牌にて弁別し、入関前に荷物をすべて確認のうえ、報関手続きをとるというものであり、北洋では何ら弊害はないとのことであった。総理衙門は、シャムは確かに「中国の属国」であって日本とは異なる面があるが、シャムは中国が各国と条約を結ぶ以前から中国と貿易をおこなっていたし、最終的には東洋も西洋も一律で辦理すべきだ、などとし、上海での経験も加味して方法を講じるよう指示した。(25)

四月十三日の上海通商大臣から総理衙門への書簡では、応宝時道台から日本側に渡された書簡が添付されている。(26)そこでは「伝習学術」の意味が不明なことを述べ、印章のことはそれをまだ見ていないので判断できないとし、具体的な内容には触れないまま「貴国人が中国に来て境に入りては禁を問い、国に入れば俗を問い、中国の法度をよく守って人々と争いをおこさなければ」、よいとしていた。また、対外交渉が道台の主管でないことも強調していた。

閏四月十四日に総理衙門に着いた文書において曽国藩は、「上海における無約各国の貿易章程を見れば、洋式の船舶については英仏各国と同じであり、シャムの納税章程なるものも諸外国と変わらない。したがって、将来、日本国との貿易を厳しく制限するのであれば、日本人が（長崎で）中国人を遇したのと同じ扱いにするのがよいだろう。しかし、そのときには日本側も西洋各国を見ているので西洋と同様にするよう求めてくるはずだから、もし章程を定めるのならばはじめから中国人が日本にて貿易をおこなっていたのと同じにすることにして定めてしまうのが適当と思われる」と述べている。あくまで長崎貿易を基礎としようとする意見である。

また曽国藩は戊辰戦争の状況も理解しており、「聞くところでは、薩摩が将軍と兵を構えて長崎の鎮官が追い払われ薩摩側が占領、税関をおさえて西洋商船との関係を絶とうとしているらしい」、また薩摩は長門や横浜にて西洋人と相対しているらしく、その結果がどうなるかわからない、などと述べている。そのうえで、長崎における中国人たちの扱いについての章程を披瀝している。そして、この制度はたいへん厳しいものだとしながらも、①先の長崎貿易で日本側が関税をとっていないこと、②長崎に中国側の寺院ができていること、③先の使節の来滬時のことが前例となるのではないかということ、などの検討事項を挙げている[27]。これに対しては応宝時が曾国藩に報告書をあげている[28]。

十月初九日に上海通商大臣から総理衙門に到着した文書には、上海道台からの報告書が添付されている。日本側に道台からイギリス領事を通じて返答があったのであり、問題は学術と印章にあったが、日本側の返答者は既に長崎奉行ではなく長崎鎮台であった。「清源宣嘉」鎮台は、既に日本の国体に変化があったこと、また学術は日本にとって有益となるものはすべて学術と言えるとし、他方で印章については再度申請するにとどめている[29]。案件としては江戸幕府のものを継承しており、道台も「暹羅船辧法」で貿易をおこなってよいかあらためて総理衙門に問い合わせて終わっている。中国側から見れば、この継続の中で明治初年の交渉がはじまることになる。

(5) 対日交渉過程に見られる清朝条約観・世界観

総理衙門档案をもとにして幕末使節について見てきたが、以下のような点が指摘できるだろう。

(1) 清側は、三使節（二使節・一書簡）派遣の主体を一貫性のある「日本国」として見ており、使節を基本的に上海における貿易を望むものと認識していた。

(2) 日本側は、貿易・領事館設置、あるいは学術など様々な要求をしていたが、具体的かつ決定的な（暫時的でない）許可を得たことはなかった。

(3) 当時の清朝は各国を「有約通商国」、「無約通商国」（小国）、「属国」などに分けていたが、日本は「無約通商国」のカテゴリーで検討されたものの、長崎貿易の経験があったため、シャムなどの「属国」でもなく、また西洋諸国とも異なる独自性を有する国と位置づけられた。

(4) 清朝の基本方針は、「無約通商国」として認めるにしても、上海以外には行かせないなど、さまざまな方法で、日本の活動を制限することにあり、他方、長崎貿易における日本の清商人に対する扱いを考慮するなど、相互性の観点も見られた。

(5) 中国内部では、上海道台は推進派であったが、総理衙門はやや抑制、江蘇巡撫あるいは上海通商大臣たちは中間といった様子であった。

(6) 日本認識は、上記のような位置づけのほかに、倭寇、明代の交流、戊辰戦争など多岐にわたっているが、道台の視点は日本人を好意的に、総理衙門は他の外国人と同様にやや否定的に見ていた。

(7) 時間軸から見れば、「無約通商国」が多い千歳丸の時代は、オランダの連れてきた臨時性の使節が無約通商国となることを求めているという認識だった。健順丸のときにはこれと同様でありながらも、税関を「日本」の名義で通過できたという変化があった。最後の書簡のときには、既に「有約通商国」がほとんどであったので、いかにそこに加えないかということがポイントになった。

(8) 一八七一年日清修好条規は、このようなやりとりの連続性の中で結ばれたもので、清側から見れば、ある意味では予想された方向性であった。日清修好条規はいわゆる「平等条約」であるが、この条約締結の際には、総理衙門が李鴻章と曽国藩の助けをかりて話を進め、条約案の代表的起草者は応宝時であった。領事裁判権は双務的であり、中国側が内地通商を嫌い、最恵国条款は挿入されなかった。これらの点は、幕末の交渉の延長上で理解した方がわかりやすいだろう。

さて、このように整理した上で、ここでは(3)に特に注目したい。すなわち、当時の中国は「有約通商国」、「無約

「通商国」、「属国」といった方法で国家を区別しており、条約をもっている国については、それをある種の（通商だけではない）特権として位置づけていた。有約の国は北京に行くことができるということである。「通商」はそれだけでは「外交」という特権を含まず、上海で「上海システム」の下に通商をおこなうことができるということであった。「通商」をおこなう無約通商国は、上海の地方官とのチャネルを通じて中央と交渉ができた。公使を首都派遣できず、領事レヴェルで交渉するしかないこの状態は、西洋的基準に照らせば「外交」とは言えない。だが、清朝から見れば、「通商」はたんなる経済関係を指すのではなく、国と国との関わりのあり方を示す語でもあった。「有約」国が北京に来ることができるのは、西洋諸国から見れば外交関係の樹立であったが、清から見れば特権賦与であった。こうした意味で、「通商」は対外関係のあり方を指す語であり、公的な関係を有するという意味においては「外交」もそこに含まれると考えられる。

同治年間は「無約」国が減少していく時期でもあり、相次いで条約が締結された。これは、「無約通商国」の多くが「有約通商国」となったことを示すが、清としても、日本とは最恵国待遇のない平等条約を締結し、またベルギーについてはいわゆる「通商」だけについて最恵国条款を相互に認める条約とするなどの成果も見られた。すなわち、この時期の清朝においていわゆる「四国」（英仏露米）と同じ条約を結ばないようにするという努力は明らかに認められるのである。そしてそこには「外交」と「通商」の切り離し、北京と上海という空間性の問題などが複雑に絡んでいた。いずれにせよ、同治年間においてたんに条約の「不利益性の認識」のみならず、「四国と同様の不利な条約を結ばないようにする努力」を見出すことができるのである。(30)

2　光緒年間の条約観――特に新政下の不平等条約改正への努力について

次に光緒年間の不平等条約改正への志向性について検討してみよう。この時期の史料は不平等条約改正への意志を示す数多くの証拠を提示してくれる。(31) まず黄遵憲の『朝鮮策略』（光緒六年〔一八八〇年〕）は明らかに条約について「不対等」という認識を示しているし、おそらくは馬建忠や薛福成、鄭観応といった開港場知識人たちも不平等条約とその改正について十分に意識していたものと思われる。(32) そして、例えば公車上書に見られるように、一八九〇年代の末には若手の官僚候補者たちの間で、近代外交制度、国権擁護への意志が広がっていたことを考えれば、一八八〇年代に開港場知識人の間で共有されていた意識が、一八九〇年代になって若手の官僚に広まっていったと見なすことができるかもしれない。

他方、一八七〇年代から九〇年代の中国は「危機の時代」にあった。ロシアによる新疆への侵入、清仏戦争・日清戦争といった戦争での敗北、そしてそのたびに締結される条約の最恵国待遇によって外国の利権は拡大していった。一八九〇年代の租借地（租界よりも「国権」の喪失度は高い）の問題などは、まさに中国を瓜にたとえて、その瓜が分けられて食べられてしまうという、「瓜分之危機」という意識を中国人に芽生えさせ、これが社会進化論に結びつき、危機が一つの社会思潮となった。だがこのような敗戦の過程において、たとえ不平等条約への認識がパラレルに進行していたとしても、改正を実行に移すタイミングではないし、またそれを主体的に進める機関もなかった。

不平等条約改正への意志が最終的に政策に反映されたのは光緒新政下であった。義和団事件の後締結された辛丑和約の内容、特に賠償金は清朝にとっては大きな負担となったが、逆に「近代」、「文明国化」を急がせることになった面は否めない。自らを当時の国際社会におけるフルメンバーとしての「文明国」とするための努力が光緒新政というかたちであらわれるのである。この急速な「近代」、「文明国化」が清を追いこみ、中央地方関係に亀裂を入れていく面があるが、外交面では外務部がつくられ、洋務機関であった総理衙門が解体された。前述のようにこの外務部は、出使大臣との関係など依然として近代的な外交機関と言いがたい面があるが、中国における最初の外交専管機関であった。また人材という面でも、欧米日で学位を得たり、あるいは不平等条約について知識を得た若手が帰国し官途についたことは官界にとって大きな刺激になったものと思われる。

だが、不平等条約改正に最初の道筋がつけられたのはようやく光緒末年の条約においてであった。光緒二十八年に締結された有名なマッケイ条約（続議通商行船条約）の第十二款に以下のような内容が盛り込まれたことがその象徴であった。

中国が本国の律令を整頓し、西洋各国の律令と同じくすることを強く望むのならば、イギリスは極力それに協力する用意がある。そして、このような改革がおこなわれた際には、中国の律令状況・裁判方法・一切の関連事項に対する調査をおこない、その結果大変よい評価を得られれば、イギリスは治外法権を放棄する。(33)

この条文は、光緒二十九年十一月の中米続議通商行船条約の第十五款、および中日通商行船条約の第十一款にも盛りこまれた。(34) このように清末において不平等条約改正のための道筋が示されたが、それは同時に、諸国から内政改革の必要性をつきつけられることを意味した。だが、具体的な条約改正への試みがおこなわれるには、ある意味で「意識改革」が必要とされたようである。(35) その契機として重要なのは、序論で述べたように、光緒二十五年の第一回ハーグ平和会議、(36) 同三十三年の第二回会議への参加である。一八九九年の会議では、出使俄国（ロシア）大臣である楊儒が代表となり、中華民国の初代外交総長となる陸徵祥（通訳）など合計四名が参加した。それまでの中国は自らとの関係樹立を求める国々と交渉し、国ごとに条約を結ぶようなバイラテラルな対外関係しか基本的に経験してこなかったが、この会議に参加することによってはじめて国際社会という場を知ることになった。第一回会議の記録は多くないのだが、二十六カ国が参加、ハーグで「国際紛争平和処理条約」をはじめとする三条約、三宣言書を議定、清は二条約、三宣言書に調印した（「陸戦ノ法規ニ関スル条約」には調印せず）。しかし、義和団事件によって文書が散逸、批准できなかった(37)。ところが日露戦争勃発後になって、第二回開催の話が伝えられると、このハーグ平和会議に加盟することで自国の立場を守ろうとした清はアメリカからの打診、及びロシアの紹介を経て、オランダ側と交渉して批准し、ハーグ平和会議体制に加わることになった。

批准後、清は最も負担の重い一等会費を支払うことを希望するなど地位の向上に努めた。他方、加盟国として会議への参加を求められた光緒三十年にオランダに赴いた出使俄国大臣胡惟徳・参賛官何彦・翻訳官陸徴祥らは、序論で見たように、国際社会全体の中で清を捉えていた(38)。

光緒三十三年開催予定の第二回ハーグ平和会議には、アジアから日本・清・シャム・ペルシャ・トルコが招かれており、朝鮮は含まれず、中南米でもメキシコは招かれているものの、ブラジル・アルゼンチンは対象外になっていた。ここには主催国となったロシアの意向も反映されていたが、胡惟徳らの姿勢には、自らを世界の一員として相対化する方向性が示されていた(39)。

光緒三十三年、清朝は第二回ハーグ平和会議に参加した。このときは前回翻訳担当であった陸徴祥が、駐ロシア公使館の二等参賛官から新設された駐オランダ公使に大抜擢されて、同公使館を開設するとともに、会議に代表として参加した。陸はこの会議を大変重視し、清朝もその要請をうけて一一名からなる代表団をハーグに派遣した。この会議では、赤十字などをはじめとする戦時国際法に関する審議がなされた。陸は第三部会の名誉議長となるなど、面目を保つ局面もあったのだが、常設の国際司法裁判所の常駐裁判官数を決定するに際して、中国が三等国にランクされるということがあった。具体的には、英仏米独露伊日奥の八カ国（一等国）から各一名の裁判官を出し、残りの九委員は、各国が共同して当たることになったのだが、その任期は幾つかのランクに分かれ、一〇年（二等国）・四年（三等国）・二年・一年とされた。中国はこのうち四年とされ、実質的に三等国扱いとなったのである。陸の認識では、中国は一貫して一等国扱いされてきており、この裁判所の経費負担も一等国並みであるということで、それに基づいて抗議したが、メキシコやブラジルの抵抗にあって取り下げられた。陸は、ほかの出使大臣とともに以下のように述べている。序論でも紹介したが、あらためて取りあげたい。

ハーグ保和会（平和会議）における国別ランキングでは、わが国は三等国に降格されることになった。（中略）南北アメリカの諸国が、わが国のことを法律の最も遅れた国と口をそろえて言い、欧州各国もこれに付和したからであろう。ちょうど、安徽や浙江での事件で地方官の処理方法が不適切であったことが詳細に新聞で報道された時に当たり、各国はこれを引いて証拠としている。みな中国の治外法権の回収を永遠に認めてはならないなどと言っている。

陸はこの後、速やかに憲法およびその他の法制度を確立し、主権を保つことを求めた[40]。

他方、三等国にランクされたということは陸徴祥以外の外政官僚たちにとってかなりの衝撃だったようである。出使英国大臣汪大燮が親戚の汪康年宛の書簡で述べた心情は既述の通りである[41]。汪の議論は、「瓜分の危機」から国を守るために強国にならなければならないという単純な救国論から、国際的な視野に立った相対化と、「文明国化」への志向性を示し、「今日の中国はなお南米の諸小国にも及ばないというのか」と世界各国の中での清の位置を厳しく見つめている[42]。

だが、陸徴祥らはこの会議で三等国としての地位に甘んじたわけではない。既に唐啓華が指摘しているところであるが、この会議での「国際紛争平和的処理条約」における仲裁条項の内容に関する議論で、「治外法権」に関する部分を条項から排除すべきだとシャムとともに主張し、これに成功している[43]。また、「平和会議前後の実情と昨今の世界の大勢に関する秘密の上申書」という上奏をおこない、中国を韓国と同様に見たて、アジアの首班たることを自称してやまない日本への警戒感を露わにし、移民問題で対立する日米関係や、親中的なドイツの姿勢を利用することを示唆して、中米独同盟の可能性に言及している。ここで陸は、以下のように述べている。

会議の原案を調べてみると、わが国はもともと一等国に列せられていたが、後に日本の委員の一言によって、改正案では三等国まで下落していた。この急落は非常に大きな問題である。その言を聞くに、ただ中国の法律が奇異で各文明国と異なり、各国が中国において領事裁判権を有しており、中国の裁判官・官員は外国人を裁く権利がないのだから、国際司法裁判所であるこのハーグ仲裁裁判所が、法律が不備で外国人を裁けない国に各文明国と同じ権利を急に与えたら、大いに支障があるとしていた。(44)

そして、自国の存立のためにも立憲を急ぎ、第三回ハーグ平和会議のときまでにそれを完成させるべきであるとした。(45)

平和会議におけるこうした体験は、民国期に入っても影響力をもつことになったことも前述の通りである。繰り返しになるが、民国元年（一九一二年）には臨時大総統令で、民国三年に開かれることになっている第三回ハーグ平和会議に対する準備が命令されている。(46)そして、会議がフランス語などでなされることから、外国語に通じた人員を担当者として抜擢することもおこなわれた。準備会には、外交部のほか、陸軍部・海軍部・司法部から人員が参加することになった。外交部からは、参事唐在俊・戴陳霖、司長陳籙、秘書顧維鈞、僉事熊垓などが派遣された。準備会の会長には陸徴祥があたった（民国三年四月末からは顧が担当）。準備会の成立は、十二月十二日であった。これらの人員は「国際法に通暁し、会議のことを熟知する人員」であり、(47)準備会では各条文に対する検討、国内法との関連などが審議されることになっていた。(48)この機関は外交部の下部組織ではなく、総統令で組織されていたので、対外政策に対する影響力が保証されていた。また手続き的には、「中国は原加盟国とすでに同等の地位におかれている。第三回会議にそうした国々といっしょに調印し、同意を示すとともに国体を保つ」ということも視野に含まれていた。[49]

第二回の会議の諸条約が正式に批准されたのは民国六年であったが、中華民国はこれに依拠してドイツ・オーストリアに宣戦布告をおこなったのであった。

以上見てきたように、清末の同治年間には条約の「不利益性への認識」と「四国と同様の不平等条約を結ばないようにする努力」が存在した。また光緒年間には不平等条約への認識と意識の広がりが見られ、新政下での条約における改正への道すじ、ハーグ平和会議などでの経験から、民国期における平等条約締結、不平等条約改正が準備されたと見ることができる。これらは、同時代史的分析というより、民国期から清末を振りかえることにより浮かびあがる特徴だが、ひとつの道筋として理解できる。だが、このような清末における方向性はなぜしばしばこれまでの外交史において捨象されることになってしまったのか。ここで一つの史料を紹介しておこう。不平等条約改正について、民国三年に既に以下のような整理が北京政府外交部の官僚によってなされているのである。

各国との往来は条約を第一要義とする。中国ではこれまで、清の道光・咸豊年間に各国と締結した条約が多く見られる。しかし、それらは非常にあわただしく締結されたものであり、また当時は未だに西洋の通例を受け入れていなかったので、ややもすれば最恵国条款を含むことにもなり、また各条款の運用などについては定められた内容の枠外に踏み出すことも多かったため問題も多く発生し、現在に至るまで問題となっている。同治・光緒年間になると、時局を把握している人士が次第に国際法を理解するようになった。その結果、対ペルー・ブラジルなどの条約は比較的平等となった。しかし、懐柔政策の意は羈縻にあるのであって、通商章程については未だ詳しく定めることをせず、他方華商の風気も未開であったので、我々にとっては利益がないことも多かった。さて民国の外交部ではこれまで多くの議論を重ね、この議論に基づいて判断をおこなってきた。

現在と過去の状況は異なっている。条約締結あるいは各国との往来も、世界の通例に従うべきである。[50]清代の議論を否定的に捉える点で興味深いが、このような前政権の成果を否定するディスコースが民国初期に創出され、後の中国の外交史に継承されていったことが、清末の議論や成果が十分に注目されなかったことの一つの原因であろう。外交史研究はこうしたディスコース創出の歴史もあわせて研究することが求められている。

第二章　北京政府の不平等条約改正政策

中華民国北京政府は、不平等条約を結ぶことを忌避していた。他方でこれまで喪失したものを回収しようとしていた。それは、「これ以上奪われない、奪われたものは奪い返す」という原則だとも言える。そして、中国の「保全」を目指し、同時に国際社会において「文明国」として対等に認知されることを志向していた。そこで、国際法に則った、ある意味で穏健な不平等条約改正政策が採用されることになる。不平等条約こそ、「文明」・「非文明」という構図に依拠し、対等性を否定する象徴であったので、それを中華民国が国際的なルールに則って解決することこそ、「文明国」としての自らの能力を示すことであると認識されたのである。「文明国」として振る舞い、その権利を享受していこうという姿勢は、臨時大総統に就任した孫文が南京でおこなった就任演説における、「文明国として得るべき権利を享受する」という文言にも如実に表れていた。

条約改正をおこなう上での具体的方策としては、まずは国内で法や制度の整備をおこなって近代化を表現し、対外的には国際的地位の向上に努めるということになった。そして政策においては、一方で最恵国条款の関係で個別交渉に意味がなかったことから、不平等条約をまとめて改正しようという「渾括主義」、「概括主義」「一括主義」を採用し、他方で具体的な成果をあげるため、条約の有効期限が来て再締結する際に可能な範囲で不平等性を払拭していくという方式をとった。これは修約外交と呼ばれる。交渉手法は、欧米日とは国際会議で交渉をおこなって二国間交渉を避けるのに対し、中南米やアジア諸国、あるいはドイツなどの（第一次大戦）敗戦国とは二国間交渉をおこなって平等条約を締結していく、というものであった。

序論でも述べたように、日本やシャムをモデルとしたこの修約外交という方式に対し、トルコやソ連をモデルとした革命外交という方法もあった。これは対列強不平等条約を革命によって一挙に改正しようとする外交方式であった。従来は国民党史観の影響もあり、革命外交が注目されてきたが、修約外交の方が具体的成果が多く、また内容的にも、革命外交と呼ばれるものが、スローガンとしては「革命」的でも実質的には修約外交の延長上に展開されているということが明らかになってきている。だが、「渾括主義」と「革命外交」は内容的に重なる点もあり、両者の関係についても考えていくべきだろう。

1　中華民国成立と「文明国」——政府承認獲得

新国家が成立すれば、諸外国は国家承認をおこない、同時にそこに政府承認も含まれることになる。他方、国家が継続性を有し存続していても、その政府の形態が国内法上非合法に、例えば革命やクーデターにより変更される場合には、政府承認が求められる。言い換えれば、国家承認（政府承認が含まれる）の場合には前の時代からの国家の連続性は含意されず、政府承認のみの場合には国家自体は連続しているものと見なされる。国家承認と政府承認は隣接するものであるが、同じではない(1)。一般的には、新政府が承認を受けるに適格であるか否かは、第一に傀儡ではなく独立していること、第二に国家領域の支配を確立し安定性を有している、すなわち実効性を有していることが判断基準になる(2)。ただ、政府承認は、国際法上の義務ではなく、外国政府が諸般の事情を考慮した上でおこなう政治的判断でもあった(3)。したがって、政府承認（のみ）を求める場合には、前代からの条約などもそのまま引き継ぐことが条件とされることが多かった（あらかじめ自らそうした条件で政府承認を求めるケースも含まれる）。では中華民国成立に際し、中華民国側は何を求め、各国はどのように動いたのであろうか。

一九一一年十月に武昌において軍事蜂起があり、各省がそれに呼応すると、承認されるべき政府としての清朝北京政府は、支配の実効性という点において不適格に陥ったと見なされる面がある。だが、一九一二年二月十二日に清朝皇帝が退位を宣言するまでは、清朝北京政府が承認を与えられている唯一の「合法」的政府であった(4)。一九一二年一月一日に南京において成立した中華民国（孫文が臨時大総統）は、外国から承認を受けている政府ではなかったのである。しかし、南京政府とて外交に関心を示さなかったわけではなく、対外的に中華民国南京政府に対する承認を求めていった。この時点では、南京政府を承認することは清朝北京政府の否認を意味していた。その後、南北の会議の結果、北京において実権を掌握していた袁世凱が一九一二年二月十五日に南京の議会においても中華民国臨時大総統に推挙されたが、袁が南京に来て就任するまでは孫文以下がそのまま政務をとることになった。

武昌蜂起から袁世凱の即位までの間、宣統三年（一九一一年）十二月二十五日、北京政府は出使大臣に対して、南北の間で交わされた中華民国設立の趣旨を伝え、出使大臣は臨時外交代表と称すると伝えた(5)。また、駐華公使に対しては、「今後、対外案件については外交部首領が、各条約を遵守し、これまでどおり業務をおこなう」と述べ(6)、袁を中心とする北京政府が清の北京政府を継承することを強調したのである。

しかし、南京に臨時政府が成立してから数カ月の間、中国には北京と南京に二つの外交部が存在していた。例えばドイツは、南京が派遣した青島委員周沢寿の青島における交渉権の確認をおこなっているほどである(7)。孫文臨時大総統が辞任し南京政府が北京政府に吸収されることになってはじめて、南京政府に属する外交機関がその効力を喪失することになった。

袁世凱は南京から大総統に推挙されたが、結局、南京に赴くことはなく、三月十日に北京において大総統に就任した。諸外国にとって問題となったのは、この三月十日に成立した中華民国北京政府を政府承認するか否かということであった[8]。袁の大総統就任後、政府は、三月十一日にハーグ平和会議に電報を打ち、中華民国北京政府が清朝の締結した条約や協定を継承することを宣言したと『東方雑誌』にある。石源華は、特にその電報を取り上げ、袁が晩清の原状回復を言明したことには、単に外国から承認を得て国内における基盤を強固にするといった意味合いだけでなく、現実的に国境を保つという目的があったとしている[9]。

では諸外国にとって、そもそも政府承認は必要だったのだろうか。田村幸策は、中華民国北京政府が清朝の締結した諸条約の継承を約し、また清朝の派遣していた公使がそのまま継承されたのであるから、「正式承認を与ふるの実利実益奈何と云ふ問題になると疑問を生ぜざるを得ない」と述べている[10]。これに対し、辛亥革命直前に外務部副大臣となり、中華民国北京政府承認が相次いでなされていた民国二年八月に外交部次長となった曹汝霖は、以下のように政府承認問題を回顧している[11]。

民国が成立して二年が経ち、大総統も国会から選出されたというのに、各国は承認を与えようとはしなかった。原因は、孫中山先生が不平等条約の廃除を主張していたこと、そして第三師兵乱の時に北京にある日本商店が被害を受け、賠償要求がなされたため、外交部と日本公使との間で解決が模索されていたことなどにあった。袁総統も国体を更改し、条約を再締結すべきだとしていた。しかし、各国は清代の条約と協定を新政府が承認することを、民国承認の条件とするという方針を堅持し、両者はともに相譲らず時間が過ぎていたのである。その後、ロシアが外蒙古独立承認を、イギリスがチベット自治を、そして日本が東三省鉄路の増設を求めてきた。これに対して、ロシアとは条約を結んで外蒙の自治権を認め、日本には孫慕韓と李木齋を派遣して鉄路問題を交渉させた。その結果、民国二年の春には前後して中華民国を承認し、各国公使が国書を奉呈したが、このときの儀制は清代の制度に基づき、大変重厚であった[12]。

ここで興味深いのは、孫文が不平等条約撤廃を求めていたこと、そして袁世凱もまた国体の変更に基づく条約の再締結を求めていたと曹が述べている点である。孫は、大総統宣言書においても、「文明国として」尽くすべき義務は尽くすが、同時に「文明国として」享受すべき権利を享けるように努力すると述べていた。[13] 文明国として享受すべき権利、それはすなわち他の文明国と平等の権利であり、不平等条約の存在を認めないことを意味すると考えられる。しかし、周知のとおり、民国元年（一九一二年）一月一日に中華民国が南京で成立した際、孫を臨時大総統とする中華民国政府は臨時政府内外政策之八項原則を発布し、革命以前に「満洲政府」が締結していたいかなる条約も民国は期限切れまで認めると述べ、外債などについても民国政府が清朝にかわって負担すると述べていた。[14] また前述のように、袁もまた同様の方針を打ち出していた。

では、その不平等条約改正を目指す孫文や袁世凱が、なぜそれを認める発言をしたのであろうか。これについて兪辛焞は「不平等条約の撤廃を目指す孫文が、このように既成の不平等条約の有効性を承認したのは、新誕生の共和国に対する列強の武力干渉を排除し、共和国に対する列強の承認を獲得しようとしたためであった」と述べている。[15] 孫であれ、袁であれ、当時の指導者にとって肝要であったのは、第一に中華民国の疆域を保ち、列強諸国からこれ以上の侵略を受けないという「保全」だったのであろう。

他方、中華民国の承認を求める活動は非列強諸国に対しても積極的に展開されていた。民国元年二月、すなわち袁世凱が総統となった直後、外交部は各国に駐在している中華民国代表たちの現地での待遇について調査をおこなっている。このうち駐ペルー代表から九月十三日に、正式な総統あるいは総理からの文書があれば承認に応じる旨の回答がペルー外交部からあったという電報が届いている。[16] 実はこの年こそ、四年に一度のペルー総統就任の年にあたり、九月に儀式がおこなわれることになっていた。中華民国外交部は、ペルー総統就任に際して祝賀をおこなうことを検討し、総統府とも相談の上、結果として、九月ではないが十月七日付で袁総統からの正式の祝賀がなされている。[17] 同月二十二日、ペルーが中華民国を政府承認する意向をもっていることがいち早く北京政府外交部に伝えられた。[18] こうしたこともあってか、ペルーは後に中南米の中でもいち早く中華民国を政府承認することになった。民国二年になると、すでに問題は承認のタイミングに移っていた。一つの区切りは「正式国会」の開催であり、また一つは袁世凱の正式な大総統就任であった。前者のタイミングで政府承認に踏み切ったのは、ブラジルと先のペルーであった。同じく中南米に位置するキューバは、国会開催を重視し、アメリカの挙動に留意しつつ、中南米諸国と同時に中華民国の政府承認をおこなおうとしていた。[19] そして、五月二日にアメリカとメキシコが中華民国の政府承認に踏み切ると、四日にはキューバもそれに同調した。[20] アメリカ大陸諸国が先に承認に踏み切った背景には共和制への同調ということがあったのだろう。この後、ほとんどの国は十月六日の袁大総統誕生を受けて相次いで政府承認に踏み切った（日本・フランス・オランダ・ポルトガル・ベルギー・オーストリア・デンマーク・スペイン・スウェーデン・イタリア・スイス・ロシア・ドイツ・イギリス・ノルウェー）。

こうして中華民国はようやく国際社会に参入することができるようになった。しかし、対等な文明国としての参加は困難であり、また清との断絶性を示す国家承認は採りつけられず、結局は政府承認となり、不平等条約を継承することになった。[21] この意味で、不平等条約の改正に関しては中華民国成立をもって何かしらの外交的成果を勝ち取ることはできなかった。言い換えれば、不平等条約の問題は、中華民国の存立基盤の中に組み込まれることになったのであり、今後中華民国としてこの課題に取り組んでいくことになったのである。

それでは次に民国初年の条約交渉について、具体的にキューバ、チリ、スイスに対する例を取り上げながら検討してみよう。そこには民国初年における条約外交の初期的な姿——十分な成果を挙げられず苦渋をのまされることが多かった——を認めることができるであろう。

2　対キューバ条約締結交渉[22]

清末、中国人労働者を必要とした中南米諸国は、香港に領事館を設置するなどして中国へのアクセスをはじめ、太平洋航路を利用して多くの華工（華人の労働者）が中南米に渡った。一九世紀の末ともなれば清は華僑・華工を保護（利用）しようとしたものの、当初は領事館を展開することや、ただちに条約を締結するという意識は強くなかったようで、多くは中南米諸国からのアプローチで外交関係が発生した[23]。中南米の多くの国との外交関係は、このように華僑問題のために結ばれたものであった。他方、別の観点から、中南米の国々と条約締結を望む声も大きくなっていった。出使米国大臣伍廷芳のような一種の条約締結主義者（すべての国と条約を締結していこうとする清末外交官）はもちろんのこと、その後任の張蔭棠もパナマ運河の開通に合わせて条約締結を考えるべきだと主張していた[24]。結果的には、ペルーとブラジルが条約締結国、キューバとパナマは通好国となった。通好国は領事館を相互に置いているだけで公使館は開設していなかった。その他のチリ・アルゼンチンなどは無約国であった。

民国期になると、むしろ中華民国側がアクセスして条約未締結国との条約締結を望むケースが増える。外交部通商司は、「我が僑民で中南米各国に居留する者の中には、時に虐待を受ける者がいるが、それは外交機関が存在していないためである」というフレーズを常套句とし、通商条約締結の必要性を強調した。当時の外交档案には「保商務而護華僑」という文言が頻出する[25]。他方、商務の拡充も重要だった。

世界各国を見ると、交通は日々密接となり、風気は次第に大同へと向かっている。このような状況の中で欧米各国は、大小強弱にかかわりなく、なるべく多くの国と使節を交換しているが、これは商務を拡充し、連絡をとりあって関係を緊密にするための手段である[26]。

あらゆる国々との往来を提起している点で、この時期に特徴的な意見である。だが、注意すべきはこの「商務の拡充」という部分であろう。商務拡充のための「邦交」は華僑問題と密接に関わり、逆に華僑のいない国や地域との往来の不必要性という考えに繋がることになった。また、このような政策にはもう一つの側面があった可能性がある。濱下武志は香港における主権問題を扱った際に、

香港への主権の行使は、基本的には、広東からの移民、そして国籍条項から見れば、中国国籍を長く維持させることによって主権を、そして宗主権を維持してきたのであり、このことは香港の政治運動の歴史をみても明らかである。(27)

と述べ、植民地香港においても一貫して中国の潜在的主権があったことを強調しているが、このように人を通じて行使される主権は、黄禍論などに見られる論調とともに、華僑を受け入れている国や地域が警戒したことがらであろう。

二〇世紀初頭の中南米では、排華風潮が強まっていた。民国二年段階で、キューバには記録上一万七〇〇〇人程度の華僑がおり、またメキシコには一万二七〇〇人、パナマに二八〇〇人、ペルーに二万九〇〇〇人もの華僑がいた。(28)男女比率を見れば、キューバの場合、男性一万六八六人に対して女性は五六人に過ぎず、ここから彼らが明らかに労働者（華工）であることがわかる。この華工が排斥にあっているとの認識だったのである。

こうした状況に動きをもたらしたのは、民国三年の初め、約法会議議員である伍朝枢が袁世凱総統に対して提出した意見書であった。伍は、ここで条約を締結していない各国との条約締結を求めた。(29)

無約各国、例えば欧州のスイス、アジアのシャム、アメリカ州のキューバ・パナマなどは、世界の国際会議の開催地にもなり、またわが国の僑民が集住しているところであり、条約を結んで使臣を派遣すべきであると考えられる。また、中南米にいるわが国の僑民は、時に虐待を受けながらも、外交機関がないという理由で全く

対処できない状況にある。諸国家の現在のところの「財力」に鑑み、また交渉相手としてのバランスを考慮し、漸次、条約締結の方策を考えていくのがよいであろう。[30]

これに対する袁総統の判断は「甚有見、交外交部議辦」（たいへん見識ある意見である。外交部に送って議論し実行にうつすように）であった。これを受けた外交部は、まずキューバとパナマを対象として交渉することとし、大総統の許可を得て、駐米公使夏偕復に指示した。民国四年、夏公使はキューバに赴き国書を提出、キューバ外務省と条約締結に向けての調整に入ろうとした。夏公使が提起したのは無論平等条約であったが、それは双方が最恵国待遇を認め合うという意味での平等であった。キューバ側は華工の入国禁止問題と、在キューバ華僑財産の問題を提起した。そして、夏公使は、本国の外交部に対して以下のような意見書を提出した。

今回のキューバとの条約締結に際しては、国体とも関係することであるので、何事においても努めて平等にしようとしている。だが、もし両国人民がそれぞれ最恵国待遇を享受することになれば、実はキューバ側が有利ということになる。何故ならキューバ人民は中国で治外法権を得るので中国の法律の管理を受けないが、中国人はキューバの法律の下に置かれることになるからである。そこで、条文上は平等にしておいて、将来中国が治外法権を回収し、最恵国待遇の内容が変わったとき、中国におけるキューバ人の待遇はあらためて論じて改良すればよいであろう。[31]

夏行使は文面の上での平等でよいと考えたのである。だが、中華民国外交部は、華工問題について中華民国が譲歩し、またキューバ側も在華訴訟においてキューバ人が中国の裁判に服するようにすることで妥協を図りたいと考えた。だが、中国にいるキューバ人が少ないことに鑑み、最終的には、もしどこかの国に対して領事裁判権を回収したら、キューバもそれに倣うという条文を入れるというところまで妥協してよいと指示した。[32]

この交渉は、二十一カ条問題や帝政問題が生じる中で一時停頓するが、民国四年（一九一五年）に駐米公使になった顧維鈞が、同六年に、華僑虐待に対処することを目的にキューバおよびパナマとの条約締結に向けて意欲を燃やすことになる。だが、そこでも領事裁判権問題と華工入国禁止問題が響き、交渉妥結には至らなかった。唐啓華は、「この条約の談判を見ると、民初の外交部は平等互恵の原則で条約を締結することに努め、領事官裁判権の取り消しという方針を堅持したため、条約締結は実現しなかったが、その方針は堅持したのだった[33]」と高く評価している。だが、不平等条約を締結しないという本国中央の固い方針のために、華僑が外交面で保護されない状況が続いてしまったことも確かであった。

3　対チリ条約

民国四年に締結された対チリ条約は、中華民国北京政府が得た「国権回収」における最初の成果とされ、後の条約締結交渉のモデルになったと言われている。

条約締結への打診はチリ側からあった。民国元年（一九一二年）九月、未だ中華民国政府を承認している国がない段階で、チリ駐日公使を北京に派遣して「通好」させ将来の条約締結に備えたいとチリ駐英公使が中華民国の駐英代表劉玉麟に伝えた[34]。これは政府承認を求めていた当時の中華民国政府にすれば渡りに船であった。外交部の判断は以下のとおりである。

チリは南米の西端に位置し、土地は狭小だが、気候温暖、物産豊富で、近来中国商民でチリに居住する者が増加している。そこでキューバ・ペルーの先例に倣い、専員を駐紮せしめ、華僑を保護するのがよいだろう。現在、チリは通好を申し出てきている。これを認めて、一方でチリの使節をわが国に招いて、その意がどこにあるかを見極め、機を見て「操縦」するのがよいだろう。また一方で駐米代表に命じてチリにおける商務状況を調査せしめ、その長所短所を研究させ、将来の条約締結に備える。ここに説帖を提出し、公裁を請う[35]。

この外交部の案に対する国務会議の決定は、通好を認めるとともに、条約締結については条文を見てから判断するというものであった。こののち、在チリ華僑からの要請などもあり、交渉は軌道にのり、民国三年秋にロンドンにおいて新任駐英公使施肇基と駐英チリ公使との間で条約を締結する運びになった。外交部は袁世凱に対して以下のように報告している。

今回のチリ条約については、まず通好をもって両国人民の親睦をはかり、代表領事官を交換することになるが、これらはみな重要なことである。（中略）代表領事が享受する権利についても互いに平等とし、異同がないようにするのが適当である[36]。

これは単に文面上の平等だけでなく、領事裁判権問題も解決していると判断していることを示している。この後、第一次大戦のため、チリ側がイギリスにおける条約締結に難色を示し、駐日公使を通じて、同公使を直接北京に派遣して締結すると言い出したが、中華民国側はイギリスでの締結にこだわった[37]。そして民国四年二月駐英公使同士で条約は締結され、六月には中華民国が批准、チリは遅れて民国五年二月に批准となった。

この条約は条文上は「平等」な条約であり、前述のように中華民国北京政府の挙げた外交上の成果とされる。しかし、先の袁世凱への報告と異なり、この条約でも、対キューバ条約交渉における内容と同様、相互に最恵国待遇を承認していた。とすれば、駐華チリ公使・領事は列強と同じ権利を享受するということになろう。唐啓華が指摘しているように、民国四年の外交部もまたこの最恵国待遇の中に領事裁判権が含まれることを認めていた。だが、上記のように、外交部は「領事が享受する権利についての平等」と言っていた。これはどういうことなのであろうか。実際、重要なのは、領事裁判権を明文化しなかったという点であった。事実、民国十三年に駐上海チリ領事が領事裁判権を行使しようとした際には、中華民国外交部は、「条約文の最恵国待遇云々は、商務待遇のことであって、領事裁判権を含まない」とした。チリ側は直ちに北京駐在公使の集まりである外交団に訴えたが、中華民国側が全く応じなかったために、問題は解決しなかった(38)。唐はこれについて、この条約において領事裁判権容認とはっきり記さなかったことが将来の国権回収の余地を与えたとして評価している。締結時に民国十三年の解釈を想定したか否かは別にして一つの成果であった。

4　対スイス条約

民国七年（一九一八年）に締結されたスイス条約は、中国（少なくとも中華民国）が締結した最後の不平等条約として知られている。その不平等の具体的内容は領事裁判権と最恵国待遇である。スイスとの接触が始まったのは民国三年で、駐日スイス公使からの条約締結希望があった。外交部の判断は、スイスに住んでいる華僑は多くないが、彼地は国際会議の開催地として知られており、その重要性はハーグに匹敵するほどであるので、「国際」の見地にたてば公使館設立が望まれるというものであった(39)。この外交部の見解は大総統の許可を得て、条約締結へ向けての調整がおこなわれることになった。こののち、第一次大戦が勃発、スイスは戦地に囲まれ、中華民国は二十一カ条問題で対日交渉に追われたため、両国の交渉は停頓した。やがて中華民国もアメリカの誘いに応じて、ドイツ潜水艦による無差別攻撃に抗議、対独宣戦へと踏み切ると、中華民国駐独公使館は引越しを余儀なくされ、駐独奥公使からはスイスに公使館を開設するよう外交部に求めた(40)。だが、交渉の場である東京にいる駐日スイス公使は本国からの指示が来ていないとして、なかなか交渉に応じなかった（公使館はデンマークに移転した）。

ようやく民国六年の四月になって駐日スイス公使からスイス政府からの返答を受け取ったとの連絡があった。その返答によれば、「条約締結について、フランス・イタリア各国はみな領事裁判権を有しているという。スイスだけがそうした国々と違うというわけにもいかない。また在華スイス人については、他国に保護を依頼する。もし公使館を設けて使臣を派遣すれば、領事館をあまねく設けなければならず、一時でそれを実行するのは困難である」とのことであった。[41]

スイス政府は英仏との同等を主張したのである。だが、平等条約締結は困難ではあっても、条約締結へ向け、諸々のサンプルを参考にしながら討議していくことになった。時の外交総長伍廷芳は、「平等」条約であるチリ条約に即して対スイス交渉を進めようとし、国務会議の了承も得た。しかし、この後、第一次大戦参戦をめぐって「府院之争」(国務院と総統府の争い)が発生するなど北京政府は混乱してしまった。

一カ月後の民国六年五月に、交渉が再開される。興味深いのは、外交部が交渉の場を東京からパリに移そうとしたことである。それは、先に対スイス交渉の窓口を務めた駐日公使胡惟徳が駐仏公使に転出したからであった。駐日公使章宗祥はそれに反発、駐仏スイス公使は東方の状況に疎いなどとして東京で交渉するように主張した。八月十三日、国務会議において、あらためて章公使に命じてチリ条約に準じて条約締結交渉に臨ませることが決定された。[42] 交渉をおこなうにあたっての方針は、最恵国条款についてはスイスの望むとおりにするが、チリ条約に準拠して、領事裁判権などは明文化せず、最恵国待遇の適用ということで領事裁判権が享受できるというかたちをとらせるというものであった。

交渉を始めると、この領事裁判権問題で両国はすぐに衝突した。スイス側の主張は、民国四年のチリ条約は不分明であるから、光緒三十四年(一九〇八年)のスウェーデン条約の第十款に基づくべきだということであった。この条文は、「中国は現在律令・裁判諸事を改良しており、将来もし各国が皆その治外法権を放棄したら、スウェーデン国も必ずそれに倣う」という声明を含んでいた。[43] 中華民国側では、少なくとも領事裁判権について最恵国待遇と関連付けて一括主義(「渾括主義」=条約改正が一度でできるようにしておくこと)を採用しようとしていた。従ってこのように「皆がしたら」では、どの国から改正するか不明になることになった。外交部としては、「渾括主義」を原則としつつ、実際には、個々の条約で改正への方向づけをしようとしていた。外交部の出した案は、領事裁判権については条文の付則に明記するものの、スイス側はそれを最恵国待遇に基づいて享受し、中国が法制を改良したらスイスは率先して領事裁判権を放棄するというものであった[44]。この後、「率先して」という部分が削除されるなどの調整を経て、民国七年六月に条約が締結された。領事裁判権については条約の附件に盛り込まれ、それが最恵国待遇によって享受されること、将来中国の司法改良が成就したらスイスは他の条約国と一緒に領事裁判権を放棄することという内容になった。

だが、国会が開設されていない当時にあって（安福国会も開かれていない）、批准は大総統によりおこなわれたが、このののち民国十二年に「賄選」国会に送られたところ、領事裁判権条項を理由に国会に承認されないという事態になった。外交部は駐スイス陸徴祥公使に交渉を依頼したもののスイスは全くこれに応じず、最終的にスイスは諸列強が不平等条約を放棄したあと、すなわち民国三十五年、一九四六年になってようやく領事裁判権を正式に放棄したのであった[45]。

以上、中華民国の政府承認をめぐる経緯を見たうえで、民国初年の条約交渉の状況をいくつかの事例から考察してきた。列強から疆域を守ることを最優先課題としたため、清代からの不平等条約を継承せざるを得なかったものの、最恵国待遇から領事裁判権を暫定的に導き、やがてそれを無効とするという手法などに見られるように、領事裁判権はじめ、不平等条約を改正していこうという中華民国北京政府の志向性は十分に読み取れる。こうした方向性は、外交部のみならず、大総統や国務会議、議会の支持を受けていたと考えられる。だが、その成果ということになると、やはり、条約文における額面としての平等性を得ただけであり、実情も含めた完全なる平等条約を締結できていたわけではないということは厳然たる事実である。パリ講和会議以前での成果は、領事裁判権を最恵国待遇から説明したこと、また少なくとも領事裁判権放棄を最恵国待遇に関連づけ、その附件としたという程度であった。中華民国が国際社会の舞台で地位を上げていくのは、この次の段階ということになろうか。

第三章　第一次大戦参戦と山東問題解決プログラム

これまでの外交史研究において、第一次大戦は大きなトピックであった。共産党史観や国民党史観では、日本軍に山東半島の一部を占領され、対華二十一カ条をつきつけられたことを以て「売国外交」という位置づけをし、そうすることで五四運動を反帝国主義（反日）的で、反封建主義（反売国奴＝北京政府）的なものとして正当化してきた面があろう。山東占領を「侵略された」と見るか、あるいは「あの程度で食い止めた」と見るか、また、二十一カ条を「屈辱」と見るか、これも「戦争にしなかった」ないしは「戦争後に多くの条文を骨抜きにすることに成功した」と見るかは、当然議論のあるところだが、この問題と関連して起きた五四運動が特に共産党史観にとって重要であったため、その侵略性と北京政府外交の問題性がいっそう強調される傾向にあったのである[1]。

本章では、こうしたコンテキストを意識しつつ、当時の北京政府外交部のおこなっていた第一次大戦時および戦後の外交について、条約改正の観点から考察を加えたい。

1　第一次大戦参戦からパリ講和会議へ[2]

民国六年（一九一七年）三月十四日、中華民国大総統は、ドイツ・オーストリアとの断交を宣言、八月十四日に正式に宣戦布告をおこなった。これらの一連の宣戦布告手続き、ドイツ僑民の保護などは国際法に準拠しておこなわれ、「処置敵国人民条規」、「処置敵国人民条規施行辦法」、「審理敵国人民民刑訴訟暫行章程」などが公布された[3]。ドイツ・オーストリアの治外法権は当然否定され、また天津のオーストリア租界は回収、天津・漢口のドイツ租界は「暫行章程」を設けて特別に管理することになった。また天津・塘沽・北戴河にあったドイツの軍事施設および商船も接収された[4]。関税自主権については、十二月に財政部・農商部が「国定関税条例」を定め、後にこれを無約（条約未締結）国全体に拡大適用していった。このように第一次大戦への参戦は、国権回収、そして不平等条約改正に道を開くものであった。中華民国北京政府外交部条約司長を長期にわたって務めた銭泰は、「これは中国が最初に外国の特権を廃除（排除）した試金石である」と述べ[5]、台湾の中独外交史研究者である張水木も、「協約国（連合国）から回収できる利益は極めて限られていたが、中国としてはまずドイツとオーストリアの利権を排除することができた。これこそ、中国の不平等条約廃除（排除）の第一歩であった」と総括している[6]。

第一次大戦に参戦した中華民国は戦勝国となり、国際的に地位を上げて、民国八年一月にパリ講和会議に参加することになる。当時の中華民国は、協約国に対しては条約改正を要求し、敗戦国に対しては旧条約を排除して新たに平等条約を結ぼうとし、無約国とは一方で新平等条約の締結を求め、他方では条約締結以前には在華無約国民を中華民国国民と同等に扱うこととなっていた。そして、大戦後の国際秩序を構築するべきパリ講和会議に、二六の戦勝国が参加していたが、そのうちの一国である中華民国は、三月八日、大会に「徳奥和約応列条件説帖」（対独奥講和条約に必ず含めるべき条項についてのメモ）を提出した。そこには、「威嚇手段や武力」によって中国から得たあらゆる領土、権利、財産の返還についての要求が含まれていた。ドイツに対しては九条が提起され、ここには次節で述べるいわゆる山東問題も含まれていたが、結果として、その山東問題に関わる部分だけを除き、その他はヴェルサイユ条約の第百二十八―百三十四条に盛り込まれた。オーストリアに対して提起された条項も、義和団事件の際に奪った物品を返却するという部分を除いて、ドイツと同じであったが、オーストリア側は、中国に対して依然として最恵国待遇を維持しようとするなど、中華民国が提出した条項に反発した(7)。しかし、中華民国側はそれに納得せず、交渉過程においてオーストリアの意見が退けられ、結局中国原案がサンジェルマン条約の第百十三—百十七条に盛り込まれた。これは、あまり知られていない外交上の成果である。

2　パリ講和会議と山東問題——全権代表団会議議事録に依拠して

第一次大戦中、中華民国は山東利権を日本に奪われただけでなく、二十一カ条条約を締結することを余儀なくされ、非常に難しい立場にあった。前述のように大戦中に外交上の成果を上げてはいたものの、それは二十一カ条による失点を補いきれるほどではなかった。国内においても、北京政府を非難する言説が広まり、北京政府外交部としては国権回収に成果を上げることが求められていた。また、ウィルソン主義（十四カ条）が中国国内に伝えられると、大きな反響を喚び、「公理」、「公道」としてもてはやされ、将来開催される講和会議や設立されるであろう国際連盟こそ、その精神が体現される場であると固く信じられた。このようなアメリカに対する期待は、後の五四運動期に外交部内の日本留学組の影響力を低下させ、アメリカ留学組を上昇させる背景ともなっていく。

遡って民国七年（一九一八年）一月十八日、駐英公使施肇基は、来るべき講和会議においては、ウィルソン十四カ条に依拠し、万国公法・公道に即したかたちで問題提起をし、また会議では欧州諸国よりもアメリカの特別な地位（領土問題がなく、同盟国をもたない）に注目していくべきだと述べていた(8)。こうしたアメリカ依存、公道要求型の意見書は跡を絶たず、同年末には参議院においても、公道を請求し対日諸問題などを解決すべきだという決議がなされたほどであった(9)。こうした要請をうけ、中華民国北京政府も民国八年初めには閣議決定を経て国際連盟に関する諸提案に同意し、加盟の意志を表明していた(10)。また、これと前後して総統府も民国七年十二月に府内に外交委員会を設立、委員長に汪大燮を据えた。

民国八年一月八日、駐仏公使胡惟徳が国務院に条約改正に関する意見書を提出している。これは国際平等を根幹としており、後に国務会議でも了承された重要なものである。ここでは、第一に最恵国待遇が適用されないよう、特殊権益をすべて撤廃する、第二に領事裁判権を民・刑・商及び訴訟法の整備を条件に撤廃する、第三に関税自主権を回復する、第四に辛丑和約で定められた在華軍警（駐留外国軍警）を廃止する、第五に同じく辛丑和約で定められた賠償を撤廃し教育資金に充てる、といった点が盛りこまれ[11]、ほとんど同じ内容がパリ講和会議に提出された[12]。

パリ講和会議に派遣された中華民国全権代表団の第一回会議が開かれたのは、一月二十一日のことである[13]。台湾の中央研究院近代史研究所档案館にはこの全権代表団の会議議事録が残されている。以下、この議事録に即して、全権代表内部での動きについてまとめておきたい。翌一月二十二日に開かれた第二回会議では、講和会議において中華民国はドイツ・オーストリア問題から提議し、そのなかで連盟に対する意見を述べることが定められた。興味深いのは、両国に対する提議がいずれも個別問題ではなく「概括主義」を採って、「大綱」を提出しようとした点である。前章第四節の対スイス交渉の部分で、「渾括主義」（条約を一度で改正すること）を北京政府外交部が採用していたと述べた。これは最恵国条款の適用がある以上、個別に交渉しても最恵国条款が残っていればその成果が実質的に得られないことを意味していたため採用されていた政策である。この文脈はパリ講和会議やワシントン会議にひきつがれていく。他方、個別交渉による「平等」条約の締結および「到期修約」外交は、渾括主義の前提の下にあるもので、実際に漸進的成果しか期待できない「渾括主義」を意識しつつも、具体的な成果をあげていくために採られた方策だったと見るべきだろう。パリ講和会議からワシントン会議に至る時期に、中華民国が条約改正への原則論を提示したのにはこうした背景があった。したがって一九一〇年代からこの時期までの北京政府期の成果も条約の文面上の「平等」、また最恵国条款が適用されない租界の回収などの国権回収部分となるのである。

このような方向性を唐啓華は修約外交を一九一二年以来見られる傾向を指す広義のそれと一九二〇年代半ばの狭義のそれに分けることで説明しているが、筆者は修約外交だけでなくこの「渾括主義」、「概括主義」も含めて不平等条約改正政策を分析すべきと考える。

パリ講和会議で直面していた山東問題は日本とドイツにのみ関わるものであるのに対し、二十一カ条は最恵国条款に関わる問題であった。一月二十二日の段階で全権代表団はまだ山東問題を保留している(14)。山東問題については、領土権と路鉱権の二つを一括提起するか分けるかについて、顧維鈞の「聯合会與中国之関係」というメモランダムの完成を待つことになっていた（翌日提出）(15)。

国際連盟については、「行政部」（理事会）の組織が一つの焦点であった。理事会について、大国だけで構成するという案と小国四国を含めるという案があった。顧維鈞は明らかに後者に賛成であり、「小国と大国とを比べることは難しいが、五一カ国全体から考えれば事情は異なるだろう。また国際連盟創立の意図は精神上の団結にあり、大国だけで構成されれば当初の意図が損なわれる。そして大国が分裂した際に理事会に小国がいなければ採決に従う国がなくなる」などと述べ、ブラジル代表も顧に賛意を示していた(16)。そして、国際連盟の理事会人数が紛糾の種として浮上し、二月五日には南アメリカ八カ国会議が、中国・ポルトガルの二国を加えて一〇国とし一致した投票行動をとるなどと宣言していた(17)。この後、中華民国は分洲主義を唱える。すなわち、欧州・アジア・アメリカの三洲に分けて代表を選ぶことで、アジア枠で中華民国がほぼ自動的に非常任理事国に選出されるという算段であった(18)。また、連盟規約については、第十条にモンロー主義の明記を要求し、フランスと対立した(19)。このような中華民国の動きは、自らを「小国」の中に位置づけながらも、「アジアの代表」になっていこうとする志向性を示している。

二月の初旬では、まだ山東問題を提起するには到っておらず、講和会議では日本代表の出した「種族平等問題」などが議論されていた。顧維鈞によれば、会議の場で人種平等案を提起した日本の珍田捨巳代表が顧を「目視」して、日本への「友好」を求めたため、それに応じて顧も発言、中華民国全権としてこの件に関心を有していること、日本の発言に同情できること、中華民国としての発言の機会を与えて欲しいことなどを述べたという。その理由としては、人種平等案は中国との関係が深いので将来に発言の余地を残しておくべきだということであった。だが、アメリカとの間に問題を起こしてはならず、米中乖離が日本の目的である以上、その術中にはまることはできない、ということがあった。[20] 対米協調が基本方針となっていることがよくわかる。[21] 二月十八日、前述の胡惟徳の提案を受けた国務院書簡が外交部に届く。内容は国際平等を訴えるものであったが、その包括的問題提起のあり方は、パリ講和会議のみならず、ワシントン会議にも継承されていくことになる。

山東問題が講和会議の議題となったのは四月初めであった。三月二十八日、陸徴祥総長は本国に打電、山東問題に関する議論が始まるに際し、中国の国会・山東省議会・上海総商会などから、英米仏各国元首・総理に打電して「主持公道」を求めるよう依頼した。[22] 世論を利用しようとしたのである。しかしこの間、顧維鈞がアメリカ大統領・全権などと会見して山東問題解決の糸口を見出そうとしても、反応は芳しくなかった。また、五大国のうち、フィウメ問題で中国とは多少近い立場にあるイタリアからでさえも「同情」という言葉を得ただけで、支持を勝ち取ることはできなかった。[23] イギリスについても、当初は日英同盟の関係で仲介が期待されたが、四月十三日には陸から外交部にイギリスへの仲介依頼は困難という電報が打たれている。[24] 決定的であったのは、四月十六日と十八日の五大国会議で、アメリカ全権から山東利権の中華民国への還付、次いで問題解決に向けて当事者も含めて議論すべきであるという提起がなされた際に、日本側が猛反発、[25] 前者が完全に否定されたことである。だが、この問題に関する会議に当事者を含める点については譲歩が計られ、四月二十二日と二十三日の四国会議に陸と顧が招かれた。[26] しかし、ここで山東問題が議論されはしたものの、四大国は日本の立場に共感しており、中国は連盟への提案を促されるにとどまった。四月二十日前後の段階で、既に情勢は十分厳しかったのである。これを受けて、国際連盟に

包括案を提出するという方策が中華民国全権代表内部で議論されはじめる。(27)

四月二十三日、中華民国全権代表は、講和会議に山東問題解決のための四条を提案した。それは、第一に山東権益を中華民国に返還する前に一時的に五大国が預かる、第二に日本は対独講和条約締結後、一年以内に中華民国に山東権益を返還する、第三に中華民国は日本の膠州湾での対独戦争にかかる軍事費を重視し、中華民国としても経費を多少負担する用意がある、第四に膠州湾を商埠（開港場）とする必要があれば一部を「新約」国民のための特別区とする用意がある、などであった。(28)だが、これは受け入れられず、四月三十日の第七四回中華民国全権代表会議において今後の対策が練られた。

この第七四回会議は一つの転機であった。ここでは以下の三案が討議され、そのまま本国に送られ指示が求められた。その内容と代表団会議でのコメントは以下の通りである。(29)

(1)　イタリア同様に代表団全体で離会、帰国する。

↓イタリアとは情勢が異なり、真似しがたい。

(2)　条約に調印しない。

↓膠州問題に同意できないのは当然としても、他の項目すべてに反対するのか。また調印しないならばいかにして戦争状態を終結するのか。中独が二国で条約を締結するのが本当に有利なのか。

(3)　条約に調印して山東利権関連項目については承認できないことを声明する。

↓会議全体としてこれを認めるか否か。もしドイツが逆にこうした方法を真似したら最悪である。

方針が定まらぬ中、イギリスは政治権を日本に継承、経済権を中国に継承という妥協案を提示したが、施肇基全権がこれを拒否、(30)いよいよ解決困難が明白になる中、陸徴祥総長は、五月二日に本国に打電、会議での山東問題に対する処置を遺憾とし、講和条約草案宣布時に正式抗議をおこなって、調印を保留するつもりであると伝えた。(31)一つの結論がここで出されたのである。

これに追い討ちをかけたのが五月三日の講和条約草案であった。全権代表団の失望は大きく、陸徴祥は不調印を前提として、それに際して発生する中独間の解決すべき諸問題を本国に提示している(32)。全権代表団は既に調印しない方向で調整を始めていたわけである。五月五日、陸総長は国務院に対して山東権益の直接返還はあり得ないと強調、本国での意見を再度確認した(33)。

五月四日は、五四運動の起きた日である。このニュースは翌五日に全権代表のもとに届いている。また、同じ五日には国務院から、山東権益が日本に直接返還されるなら調印できないという指示がなされている。これまでの経緯を考えれば、五四運動のために全権たちが条約不調印を決めたとは考えられない。全権代表は四月の後半から既に、最低でも山東関連部分の否定、あるいは全面不調印の方向で検討を始めていたのであり、五四運動発生以前にその旨を本国に打電していたのである。事実、全権代表たちは五月六日に大会に対して正式抗議をおこなっている(34)。

しかし、国務院の指示を受けても、陸徴祥はどのように「調印しないか」について、先の三案のいずれを採用すべきかという点で判断がつかず、再度本国に指示を求めた。五月十二日、外交部が改めて直接返還がないなら不調印ということを確認しようとした。だが国務院が召集した会議（段祺瑞督辦・内閣・両院議長）では、これと異なる案、すなわち条約には調印して山東問題についてだけ声明を発して反対すると決してしまった。五四運動のあと、本国はむしろ「調印」に傾斜してしまうのである。外交部は、十四日にこの会議の結果とともに、外交部の見解として国家の前途を考えると調印せざるを得ず、また国家の一時的な安定を考えれば調印できないと、その苦衷を陸総長に打電した(35)。本国の方針は、「調印、しかし山東条項不承認」に固まったのである。陸は、部分的不承認＝保留ができなかった場合はどうするのかと執拗に本国に質問している(36)。

このような保留については、アメリカのランシングは好意的であったものの、フランス・イギリスが難色を示した[37]。しかし、五月二十六日に中華民国全権は講和会議に対して、本国の訓令通り、条約に調印するが山東権益部分は承認しないと伝えた[38]。この間、新任の駐仏公使戴陳霖などは山東権益には不満でも正式に調印すべきだと言い、五月二十七日には国務院も保留が無理なら調印せよという指示を発していた[39]。五月の中旬から後半の流れは調印の方向へと向いていた。だがそれはパリの現場にいる外交官たちの判断で慎重な対応へとコントロールされていた。五月二十七日、陸徴祥と顧維鈞がアメリカ大統領と会見した。大統領は、日英・日仏条約によって山東問題の解決ができなかったので、この問題を連盟に提起するよう促し、その際にはアメリカが支持すると約束した[40]。本国からは調印を指示され、アメリカからは不調印を示唆されたのである。

五月二十八日、全権代表団は保留が認められなくても調印すべきか否かについて議論した。この会議は大変重要なので、表3に各全権の意見を紹介したい[41]。不調印派が王正廷・顧維鈞・施肇基、調印派が伍朝枢・胡惟徳・王広圻・魏宸組といったところであろうか。全権内部でも、山東問題留保は前提として、調印と不調印が割れていたのである。また、広東政府から派された王正廷と伍朝枢の間にも特に共同歩調をとっている様子はない。南北の代表は政府の意見を代弁しているわけではなく中華民国、中国の国権を考えていたのだろう。この会議の内容は直ちに陸徴祥から本国に送られた[42]。

五月三十日、国務院は国際的地位の保持などを挙げて、保留が認められなかった場合も調印するよう重ねて指示した[43]。調印が「国際的な地位の向上」という名目の下に正当化されたわけである。しかし、六月三日、全権代表団がこれに反発、保留ができないなら調印しない旨を本国に伝える。この間、全権代表団内部で何かしらの議論があったと思われるが、会議記録は残されていない。六月十日、外交部は保留できなくとも調印するようにと再度代表団に確認をおこない[44]、国務院も翌日確認をおこなっている[45]。本国と出先が明らかに分裂し、出先が本国の意向に反した外交をおこないはじめたのである。これは民国前期の外交を考える上で極めて重要である。

表3 5月28日の全権代表団会議における各代表の見解

王正廷（広東）	不調印	ここで中華民国が変わったことを示すべき。中華民国は対独単独講和をおこなえばよい。国際連盟も対奥条約調印で可能。調印しなくてもドイツは対中強硬政策をとれないし，英仏も対中強硬策はない。調印したところで支持を得られるわけでもない。アメリカではウィルソンに対する支持低下，アメリカへの過度の期待は禁物。不調印でも民意が高揚して南北統一を促進できるというメリットもある
王広圻（北京）	やや調印？	調印すれば国内的に害，不調印なら国際的に害。不調印だと英米仏と中華民国が離れることになり，強国でさえ孤立は困難，まして小国ができるだろうか。対奥条約調印を主張
魏宸組	やや調印？	保留する方法を考えたほうがいい
伍朝枢（広東）	調印 反王正廷	調印しても利益大。特に対外的利益大（対内的には有害）。対独単独講和は危険。対独不調印・対奥調印は認められるのか。不調印なら連盟加盟困難。調印と批准は異なる。まだ時間はある。南北問題は山東問題のために発生したわけではない。南北統一と国際問題は一緒にできない
顧維鈞（北京）	不調印	国内問題優先。山東問題は全国に関わる。東北とは異なる。不調印なら反日で民意が高揚，調印なら混乱
胡惟徳（北京）	調印 伍朝枢支持	連盟に自ら門を閉ざすことはない
施肇基（北京）	不調印	今回の講和条約は小国がみな不満。この意味で中華民国が調印しないこともあり得る。また，全権代表は中華民国を代表している。南北に分かれてはならない
陸徴祥	先送り	

注）胡惟徳は個別に総統府に対して調印やむを得ずという意見書を別途送っている。民国8年5月28日収，公府抄交駐法胡公使来電（外交部档案03-33，150-2）。

中華民国全権が最終的に調印しないことを確定したのは七月初めのことである。六月二十四日、顧維鈞がフランス外務省で講和会議秘書長と会見した。顧は依然として一部保留を求め、前例をウィーン会議のスウェーデンに求める。先の会議での魏宸組の発言を受けて方法を考えていたものと思われる。秘書長は中華民国以外にも保留を仄めかしている国があることを告げ、保留に否定的な意向を示した。そして、午後六時半、秘書長は再び顧と会い、講和会議議長の発言として「調印か不調印しかない」と伝えた。顧は、国内世論の高揚を強調、全権としては国内世論と一致した行動をとるしかなく、「条約には調印、ただし山東条項保留」という案しかないと訴えるが、秘書長はルーマニアなどの例を挙げて中華民国だけを認めるわけにはいかないと反駁、受け入れられないと述べた。この後、八時半に顧はアメリカ大統領を訪ねるが、これも意味なく、「同情するが、保留についてイエスとは言えない」という返事しか得られなかった。大統領は顧に対して、正式に宣言をおこなって将来のしかるべき機会に山東問題を提起する権利を保留すべきだとアドヴァイスした。[46] ここで中華民国全権代表団はパリ講和会議での「保留」においてさえ一縷の望みもなくなった。

七月二日、陸徴祥総長は、「不調印だが、将来の提出権を留保する」というかたちで決着させる旨を国務院に打電、国務院も不調印に同意した。[47] 先の国務院の意向に反した全権代表団の意見が優先されたわけである。七月四日、午後五時半、顧維鈞は再度フランス外務省を訪れるが、フランスは相変わらず条約調印を求め、顧はとうとう席を立った。[48] このようにして、不調印がほぼ確定、中華民国としては、国際連盟には対奥条約（サン・ジェルマン条約）調印で加盟し（同条約の第一条が連盟への参加を含んでいた）、対独戦争状態は国会あるいは大総統宣言で停止し、また早急に対独単独講和条約を締結するということになった。七月十一日、大総統令が下り不調印を認めた上で善後策を真剣に練るようにとの指示がなされた。[49] これによってヴェルサイユ条約をめぐる問題は一段落することになる。[50]

3　国際連盟への山東問題提起の模索

パリ講和会議での山東問題の解決が困難だということが明らかになる中、この問題を国際連盟に提起すべきだという意見が、全権、国内、国外など各方面から、それぞれ起こってきた。その一部は前節でも言及してきた通りである。この段階では、国際連盟がどのような機関になるのか全く分かっておらず、期待が過大であった側面も否めないが、当時は加盟が予測されていたアメリカの発言もあり、相応の期待をもつだけの理由がないわけではなかった。

手詰まり感のある中華民国側は様々な方向から善後策を練っていた。民国八年（一九一九年）七月五日、外交部は在外使館に打電し、対独・対日交渉を有利に進めるための建策を求めた(51)。パリにいる陸徴祥総長は十三日に、対奥条約絶対調印、山東問題の連盟提出という連盟重視の方針を外交部に送り、これを当面の善後策としている。そして、七月二十日過ぎから顧維鈞を通じて再度アメリカと接触、山東問題解決の斡旋を依頼していた(52)。これは連盟提出へ向けての協力要請であった。

八月九日、外交部は各部局に対して戦争状態終結にともなう善後会議を開くと伝える(53)。山東問題解決とともに、対独戦争状態の終結と戦後処理が急務の課題であった。七月に上記のような方針をたてた陸徴祥総長は、八月に入っても山東問題の善後策については表だった動きをせずに密議を重ねていくと本国に伝えている(54)。八月二十一日、陸は山東問題解決のための三方法と称して、第一にアメリカ議会で山東条項を保留してヴェルサイユ条約批准ということになれば、中華民国もそれに倣って山東条項を保留して調印するということがあり得ること、第二にアメリカ議会が完全批准してしまった場合、ドイツとの直接交渉もあり得るが、日本側の宣言や三国会議の議事を十分に考慮してそれをおこなうこと、第三に対独直接交渉を不利と見なすなら連盟提出を考えるが、ドイツは二国間交渉を認めていることなどを述べた(55)。まだまだ情勢は微妙で、すべてに「もし」が付されている状況であった(56)。

九月十日、中華民国はサン・ジェルマン条約に調印、批准さえ済めば国際連盟に加盟できることになった。また九月十五日、大総統令で戦争状態を停止し、中華民国にとっての戦争は終結した(57)。

こうした状況の下、中国国内では督軍などの中から、山東問題を国際連盟に提出すべしという機運が高まっていた(58)。また、顧問の中でもファーガソンなどは連盟経由でハーグ平和会議に問題を提出すべきだという意見を述べていた(59)。外交部もそうした動きに応じて、部内に講和会議と国際連盟を研究する組織を置くことを決める(60)。これが後の和約研究会である(61)。

しかし、民国九年になっても、中華民国は国際連盟に入ることができなかった。サン・ジェルマン条約が国会で批准されていなかったからである。顧維鈞らは国際連盟での諸会議に出てはいたのだが、参加資格が曖昧で山東問題を提出することなどできない状況であった。二月十七日、外交部は国連に出ている顧に打電し、国会両院が閉会しているために批准には時間がかかること、山東問題については各方面の意見が異なっており疎通をはかっていることを述べている。(62) このような状況は、外交官のみならず、国内各方面をも苛立たせた。三月十二日には湖北督軍王占元が外交部に、十七日には前内務次長許宝蘅が大総統に建議し、直ちにサン・ジェルマン条約を批准するように求めた。(63) これには総統府も動かされ、国務院を経由して外交部に対して書類を提出するよう要請がなされた。

このように三月に入って処置が急がれた背景には、ヴェルサイユ条約が各国の批准を経て発効すると日独両国間で山東利権の引き渡しがなされてしまうということがあった。(64) だが、以前は執拗に意見を述べていた総統府や国務院も、この時点では山東問題の解決を外交部に委ねていたようである。

しかし、外交部が「力争」していたとしても、国際情勢は厳しい方向に向かいつつあった。それは国連での支持を約束したアメリカの動向に表れていた。三月二十三日、国務院が外交部に対して「アメリカ大統領が国際連盟への山東問題の提出を認めているというが、日本側も通牒を発して牽制している。外交部としてはいかに処理するつもりか」と問い合わせているほどである。(65) 当時、アメリカ上院がヴェルサイユ条約批准拒否へと向かっており、グレー前英外相がワシントン入りして、批准を保留するとしても国際連盟には加盟するよう求めていた。顧維鈞は、こうした英米間の調整に注目すべきであると主張していた。(66)

四月二十七日、顧維鈞は一月二十四日・二月九日に次いで三度目の条約批准催促を外交部に対しておこなう。(67) この時点でもまだ批准がおこなわれていなかったのである。外交部は五月十三日に国務院秘書庁に対して批准手続きについてのメモを送り、(68) 五月二十六日にようやく国会を通過、六月十八日に徐世昌大総統がサインして正式に批准となった。この批准書は六月末になってようやく代表のもとに届き、中華民国は一九二〇年六月二十九日に国際連盟正式加盟国となった。しかし、皮肉なことに、徐がサインした翌日の六月十九日、中華民国の山東問題国連提出を阻むような事件が起きている。それは、ペルシャがロシア（ソ連）の北部進駐軍撤兵問題を国際連盟に提起しようとしたが、理事会が直接交渉の声もあるので干渉困難という結論を下したことである。(69) このペルシャの事例は、中華民国にとっては歓迎すべきものであるはずがなく、またアメリカが加盟していない状況にあって、山東問題の連盟提起は一層非現実的になっていった。

しかし、九月十五日、外交部は国際連盟における正式な中華民国全権代表となった顧維鈞らに対して、国際連盟に対しては、まず具体的問題（山東問題など）を提出し、その上で国際平等の原則に反するあらゆる条約の改正を求めるような大綱を提出すべきだと要求している。(70) この時の外交総長は顔恵慶、大戦中に駐デンマーク公使として対独交渉に当たった人物である。顔は国際連盟提起を模索しつつも、顧・施肇基などといった在外公使や新たに設立された和約研究会と連絡をとり、新たな線も模索しようとしていた。それが後のワシントン会議につながっていく。

4　ワシントン会議への道程

顧維鈞らに山東問題の国際連盟提起を示唆する電報を打った五日後の民国九年（一九二〇年）九月二十日、顔恵慶総長は駐華アメリカ公使に対し、日英同盟存続の場合には、新たに生まれる可能性のある同盟に中華民国を加えるよう要請している。(71) これは、一九二一年の日英同盟期限切れに備え、極東の新たな国際秩序構想に中華民国も加わろうという話である。十月十六日、駐米公使顧はアメリカ国務省極東部長との会見記録を外交部に送った。部長は、アメリカが講和条約に批准せず国際連盟加盟も困難で中華民国を公の場で援助できないという決定的な内容を伝え、さらに英仏伊各国が基本的に日本支持でパリ講和会議と連盟の構造は変わらないと説明した。顧は、密約の効力の限界や、アメリカこそが鍵を握っていること、アメリカが動けば世界の世論も動くことなどを挙げて反駁し、山東問題を連盟に提出し、それがもし解決できれば、それこそ今連盟が受けている国際紛争解決能力などに関する非難への反証になるのではないかと述べた。部長は、連盟への非難をかわすという主旨には賛意を示すものの、アメリカが具体的に動くことについては何も述べなかった(72)。だが、他方でアメリカは、山東問題とは別のところで中華民国に対してかなり魅力のある発言を繰り返していた。関税自主権・在華軍警問題は解決困難だが、治外法権の段階的撤廃や外国郵便撤廃には賛成するとしたのである(73)。一方、パリ講和会議中に明確に親日性を否定した中華民国北京政府にとって、また顔恵慶・顧・施肇基などアメリカ留学組が中心を占めていた外交部にとっても、アメリカが最後の頼みの綱であった。

一方、イギリスも山東問題の連盟提出を完全には否定していなかった。ただ、ペルシャ問題があったので、手続き論的に相応の準備をすることを求めていたのである。中国国内でも、総統府は一貫して国際連盟提出を求め、外交部の和約研究会は国際連盟にまず二十一カ条問題を提出することを求めていた。しかし、連盟提出を差し控えていくのは現場にいた代表であった。顧維鈞は九月十五日の電報でアメリカの加盟なくして連盟提出はありえないと述べ、駐伊公使王広圻も連盟提出には英仏伊での世論喚起が不可欠だとする電報を外交部に送った。在外公使は連盟提出に否定的な見解を示し始め、それが中華民国の政策となっていった。

十一月八日、顧維鈞は最終結論を外交部に送る。そこでは連盟に提出したいが各国の支持をとりつけられず芳しい成果が得られそうにないこと、アメリカの選挙で共和党が勝った今、アメリカの連盟加盟を待つべきこと、現状では提出しても効果がなく、同時に提出しなくても国内が収まらないという状況であること、結論としては声明を発して中華民国が提出を放棄しているわけではないと宣言すべきだと述べた。[74] また翌日には、和約研究会の二十一カ条提出案にも反駁した。[75] 十一月十日、外交部は和約研究会の見解に沿うかたちで、アメリカの加盟を待って山東問題を提出することとし、まずは二十一カ条から連盟に提起するという案を再度顧に送った。[76] だが、この間、イタリアは中華民国に対する不支持を表明、フランスはもし議案を連盟に提出できるのなら賛成すると述べ、イギリスは提出に厳しい姿勢を示していた。本国からの要請をそのまま受け入れられる状況にはなかったのである。十二月初旬、結局顧の意見が通り、連盟で提出権保留を宣言するということになった。駐米公使施肇基らはこれに反駁、直ちに連盟に提出するよう求めたが、容れられなかった。[77] 顧と施はこの時点で既に歩調を異にしていた。

本章では、第一次大戦参戦によって中華民国外交部が不平等条約全体の改正、山東問題・二十一カ条問題の解決を考えながら、それがかなわぬ中でいかにして解決の道筋をたてようとしていったかを示した。大戦は確かに戦勝国としての中華民国の国際的な地位を向上させたのだが、それで得られた果実は、一九一九年から二〇年において は、他国と同様の資格で講和会議に出られたという面子と、国際連盟に参加できたという点、そしてサン・ジェルマン条約でオーストリアの要請を退け、セーブル条約には不平等性を理由に調印しなかったこと、そして山東問題について日本の意向に抗したことに留まったと言える。これは中華民国が「文明国」として遇される第一歩であったが、同時に当時は「文明国」間にも大国会議や常任理事国といった差別化も生じており、中国は大国、常任理事国化を目指すことになっていく。

講和会議に臨んだ全権代表は、最後には本国からの訓令に反して山東条項を保留できないのなら調印しないということに決め、また国際連盟に提出するか否かも顧維鈞代表が決めることになった。こうした意味で、政策決定過程の観点から見れば、パリ講和会議は在外公使の政策決定への影響力を著しく高めたが、これは中国自身の問題が国際会議でハンドルされ、また国際情勢自体が微妙であり、現場の論理を優先すべきであったことによるものであり、また同時に顧らが国際的な名声を高めて諸国から信用されていたからでもあろう。だが、このように外国から評価され信用されるほど、在外公使が国内の文脈からずれていったり、嫉妬を買うようなこともあった。中国が「近代」、「文明国化」を進めることができても、国内では必ずしも無条件で受け入れられるものではなかったのである。

他方、本章における考察から、五四運動によって中国がヴェルサイユ条約に調印しなかったのではないこと、広東政府代表の中にも齟齬が見られ南北問題が講和会議にもちこまれたわけではなかったことなどの歴史的事実の確認ができただけでなく、中華民国側が国際情勢に逆らわぬようにしながらも、必ずしも受動的にではなく、自らの立場をもって交渉をおこなおうとしていたさまが明らかになったと思われる。

第四章　施肇基十原則の形成過程

中華民国はパリ講和会議で包括的な条件を提出したが、ワシントン会議においてもそれと並称される不平等条約改正への道筋を示した「施肇基十原則」を提起した。この案は、実際の会議では、イギリス全権であるバルフォアの四原則をもとにした「ルート四原則」に取って代わられ、正式に採用されたわけではなかった。だが、その内容は当時の中華民国外交部の姿勢を示すものとして実に重要である。本章では、この原則の形成過程について、政策決定過程についても考慮に入れながら、考察していきたい(1)。

詳細は第Ⅳ部で述べるが、ワシントン会議参加に際して、北京政府外交部は内外各方面から意見を徴集した。それに応じて集められた意見書のうち、議題に関するものも少なくない。会議のアジェンダは主要参加国である英米日仏（時に中国も含む）で調整されたのだが、中国国内にはこの会議において「公理」、「公道」が体現されるものと見なし、また北京政府が全権代表を派遣していくに際して、中華民国を代表する政府としての手続きをふむことを求める意見があった(2)。北京政府としては、ワシントン会議に際して国内が一致していることを示すために国民会議を開くといった方法はとらず、各省から意見を徴集することで対外代表としての表現をとろうとしていた。しかし、各方面の意見の全てを反映した案をまとめ、それを政策として具体化することは、実際には困難であった。確かに、国内外の多くの意見書が山東問題や二十一カ条問題の解決を求めており、最大公約数を引き出すことは不可能ではなかったのだが、具体的な解決の方法により大きな困難があった。すなわち、直接会議に問題を提出するという意見と、諸問題を解決するための原則を先に提出してから、個別問題を議論するべきだという意見との二つの見解があったのである。北京政府は、これまでの「渾括主義」と国際情勢を踏まえて、結局後者を選択することになる。そして、必ずしもアメリカの提出したアジェンダにそのまま従うのではなく、中華民国としての意見を提出し、調整をおこないながら、会議に備えたのだった。そしてその会議への準備の最終段階で作成されたのが、この十原則だった。

民国十年（一九二一年）十一月十六日にワシントン会議極東委員会に中華民国全権代表施肇基が提出した十原則については、同時代的にも研究史的にも多くの議論がある。だが、それらに共通して言えるのは、中華民国全権の外交上の失敗だとする否定的な見解であろう。そして十原則提出を失敗だとする見解には、大別すれば二通りある。一つは、個別問題よりも「原則」を先に提出したこと自体を非難する見解であり、もう一つは「原則」を先に提出したこと自体は非難しないが、その内容や遂行の不徹底さを非難する見解である。

原則提出それ自体を非難するものとしては、代表団の随員でもあり、著名なジャーナリストで、戦後の初代駐日大使となった董顯光（Telly H. Koo）の見解がある。董は「代表団が最初に一般的原則を提案したことは大きな不手際であり、中国に対して同情的なアメリカの一般世論が中国側の具体問題提出を期待していたことを利用できずに終わった」と批判している。確かに、広東政府の駐米代表馬素の活動もあり、アメリカ東海岸では、親広東的なデモばかりでなく、山東問題や二十一カ条問題等、中国の抱えている諸問題を解決して中華民国を実質的にも独立国として遇するよう要求する運動が盛んであった(3)。こうした世論の力を借りるべく、原則ではなく、山東問題や二十一カ条問題を直接会議に提出するべきだという議論をしていた者が、十原則を誤りとして非難したのだった。

後者の意見として、会議の随員でもあった羅家倫の見解がある(4)。羅は『晨報』に「我対中国在華盛頓会議之観察」という文章を掲載し、そこで「根本失敗之第一歩」としてこの十原則を提出したことを挙げ、各条項について

「徹底性」が欠けていたと批判して代案を示している。

内容の不徹底さを指摘したものとして、広東政府の駐米代表であった馬肅（馬素）が提出した意見書があるが、そこでは、十原則を内容的には当然だとして非難せず、問題点としてその原則の厳格な運用を挙げて北京政府を非難していた。(5)『華盛頓会議小史』の著者である周守一も、失敗の原因にこの十原則を挙げる。周によれば、当時、国内の学者の多くがこの十原則に対して非難を加え、ある者は「まず先にこのような抽象的な原則を提出したこと」を、またある者は「この原則が『空洞』であり一銭の価値もない」ことを指摘しているとその不徹底さを非難した上で、個人的な見解として、「私が思うに、原則は少なくするわけにはいかなかったのであろう。しかし、中国代表団の提出した十大原則は、人々を満足させることができなかったのだ」と、一定の同情を示しながらも満足のいくものではなかったと述べている。(6)

施肇基十原則は、以上のように代表団の外交の失敗の一因として、あるいは内容や政策遂行の不徹底性の現れとして語られてきた。しかし、こうした見解が広まった一つの背景には、この十原則が公式に採択されず、アメリカ全権代表ルートの四原則とともに各国の同意を得ただけに止まり、結果的にルート案が優先されていくという経緯があったと考えられる。

だが、これまでの議論では、この原則がそもそもいかなる経緯で成立したかについてはほとんど論じられてこなかった。中には多少触れている議論もあるが、後述するように、何時から何時までに起草されたとか、アメリカの指示によって作成されたと述べるばかりで、中華民国全権代表の間で、あるいは外交部と代表の間でおこなわれてきた数カ月にわたる議論に触れていない。

また、他の背景として、後代の歴史家が国民党や共産党を正当化するためにそのように記したということ、また代表団に加わりながら起草の現場に加わることができなかった構成員の「怒りに満ちた」感情があったことも考慮しなければならないだろう。中華民国代表団は後述のように一〇〇名を越えており、あらゆる機密事項を皆に諮って決めることは不可能であった。あらゆることを全員に公表すれば、必ず外部に漏れてしまうし、国内へも多元的なチャネルが存在していたので、国内のマスコミを通じて機密が漏れる可能性もあった。だからこそ、会議で提出する議題などの機密事項は、全権代表と一部の顧問のみが参加して起草されたようである。この十原則も、一部の者により作成されたのであった。

1　施肇基十原則の策定時間

ここでは、原則の形成過程をそれまでの中華民国外交の延長線上で理解することを心がけたいが、まず先行研究の一つの争点である原則の策定時間についてふれておきたい。「アメリカの要請で」、「秘密裡に」、「急遽」作成されたとのことである。これらはそれぞれ「傀儡」、「独占」、「無定見」という評価にそのまま繋がっている。

藤井昇三は、民国十年（一九二一年）十一月十五日の夜遅く、アメリカ代表のヒューズから、十六日朝一〇時半に中国側の要求を会議に提出するようにという通告を中華民国全権が受け取り、夜を徹して急遽作成したと、その経緯を代表団のイギリス人顧問シンプソンの回顧録など[(7)]を根拠として説明する[(8)]。また李紹盛も、藤井と同様の説明をし、作成に当たったのは三代表とウィロビーであるとし、「夜中」を夜一二時から翌朝三時までと時間を限定しているが、典拠は明らかにしていない[(9)]。

しかし、代表団の一人であった羅家倫は、全体会議開始前日の十一日の深夜一二時から三時の間にこの原則が作成されていた、それも秘密裡におこなわれ、代表団の多くには知らされなかったとする[(10)]。羅は十二日の全体会議の開催と十六日の太平洋及び極東委員会の開催を勘違いしていると考えられる。ただ、シンプソンにしても羅にしても「急に」、「夜中に」作成されていた、という点は共通している。また、日本側も、当地の報道から「該案文カ『ラインシュ』氏『ファグソン』氏等ニヨリ急遽作成セラレタルモノナリ」ということを、真偽は別にして紹介している。[11] しかし、代表団の顧問であり、李紹盛によれば起草者の一人であるとされるウィロビー（韋尓貝／Willoughby）は、その著書の中で経緯については特に触れず、先に原則を提出することに決定したのが施肇基らであり、予定された行動であったことを強調している。[12] 顧維鈞も、「中華民国の十原則提出について、中国代表団にアメリカが何かしらの影響を及ぼしたことを思い出せない」と回想している。[13]

中華民国の外交档案では、この前後の状況はどのようになっているだろうか。実は、外交档案では、開催前日の十五日付で十原則原案が本国に送られている。[14] だが、この電文が外交部に到着したのは、十一月二十二日である。その档案には総理の批（コメント）が付いているわけでもなく、また国務院や総統府を経由した形跡も認められない。通常は二日か三日で到着する電文が、何故これほど日数がかかったのか、十五日発ということを疑いたくなる状況である。だが、『秘籍録存』にも、ワシントンから十五日付電報で「明日の会議で以下のことを発表する」として十原則の具体的内容の報告がされている。[15] この『秘籍録存』は徐世昌大総統の手控えだから、最終的にこの文書が総統に回されたことは明らかなものの、だが、この文書には到着時期が示されていないため、文書の発出日は確定できない。ここでは、こうした経緯を踏まえ、アメリカを中心に中米日の三国の間でおこなわれた議題過程で、中華民国がいかなる議案を提起していたのかという観点から原則の形成過程を考えたい。

2　施肇基十原則と各方面の反応

まず十原則の内容を見てみよう。この十原則は、大筋において各国の承認を得たが、各国全権代表は十原則への質疑応答をおこなった後、それぞれ別々に宣言を発することになった。[16] アメリカは、各国の宣言内容を踏まえ、イギリス全権代表の腹案であった「バルフォア四原則」[17] を基礎として、ルート全権から「四原則」を中国の十原則に代わって発表し、民国十年（一九二一年）十月二十一日、十原則と四原則の双方が採択され、実質的に四原則が「中国に関する大憲章」となった。[18]

施肇基の十原則は、十一月十六日午前汎米会館で開催された「太平洋及極東問題総委員会第一回会議」において提案された。それは、組織に関する協議が終了し、アメリカ全権ヒューズ国務長官が挨拶をおこない、「議事進行方法について意見がないか」と尋ねたのにあわせて提起された。[19] その内容は以下の通りである。

(1)　①列国（Powers）は中華民国（China Republic）の領土保全（territorial integrity）及び政治上及び行政上の独立を尊重、尊守（observe）することを約す。

②中華民国はいずれの国に対しても其の領土もしくは沿岸（littoral）のいかなる部分をも割譲し又は租貸せざるべきことを約すべし。

(2)　中華民国は全ての条約国国民（all the nations having treaty relations with China）の商工業に関するいわゆる門戸開放及び機会均等の主義に全然同感なるを以て中華民国全部に対し例外なく之を承認しかつ適用すべし。

(3)　極東における列国間の相互信頼を増進し且つ太平洋及極東に於ける平和を維持する為列国は予め中華民国に通告し（notifying）中華民国に参加の機会を与えることなくして相互間に中華民国に関係を有しもしくは上述の諸地域の一般平和に関係を有する何らの協約又は協定（any treaty or agreement directly affecting）を締結せざることを約す。

(4)　中華民国に於いて又は中華民国に関し列国の主張する特殊権利特権免除又は約束は其の性質あるいは其の契約上の根拠いかんにかかわらず全てこれを公表すべし。これらの主張及び将来に於ける此の種の主張にしてかく公表を経ざるものは全て無効とす。現に公表せられもしくは公表せらるべき権利、特権、免除又は約束は其の範囲及び効力の有無を決定し且つもし有効なりとせばこれら各種の権利相互の関係を調和し又本会議に於いて宣言せざるべき諸原則との調和を図る目的を以てこれを審査すべきとす。

(5)　政治上司法上及行政上の行動の自由に対し現に中華民国に加えられ居る制限は直ちに若しくは事情の許すかぎり速やかにこれを撤廃すべき（removed）ものとす。[20]

(6)　現在中華民国を拘束する約束にして期限を定めなきものには妥当且つ確定の期限を付すべきものとす。

(7)　特殊権利又は特権（special rights or privileges）を許与する約定書の解釈に当たりてはかかる許与は許与者の利益に解釈すべしとの一般に承認せられたる解釈の原則を遵守すべきものとす。

(8)　中華民国の参加せざる将来の戦争に於いて中華民国の中立権は完全に尊重せらるべきものとす。

(9)　太平洋及極東に於ける国際紛争（international disputes）の平和的解決に関し規定（provision）を設くべし。

(10)　太平洋及極東に関し調印国の共同政策を定むる基礎として之に関する国際問題討議（discussion of international questions）の為め将来臨時会議開催の件に関し規定（provision）を設くべし。[21]

この十原則は、中華民国の「政治上」、「行政上」の独立を前提として、アメリカの考えに即して中華民国を完全な主権国家として想定、文明国として相応しくするべく、門戸開放、機会均等主義に則り、中国を取り巻く国際関係を再編しようとするものであった。清末以来の不平等条約を撤廃するとともに、第一次大戦時に発生した山東問題、二十一カ条問題を解決することも目的とされた。また、中華民国の中立宣言に見られるように平和主義の姿勢も読み取れる。更に、最後の二原則は、中国に限定されない太平洋・極東全域を視野に入れた提案であった。

この原案に対して、イギリス全権代表は「あまりにも広汎」であるとして採否については討議を加える必要があるとし、アメリカは幹部会で審理することを提案したが、中華民国全権代表がそれらに反対し総委員会で討論することを提案した。十六日午後に更に幹部会と同一組織から成る極東問題首席全権分科会第一回会議が開催され、翌十七日にも第二回会議が開かれた。この会議で、各国は十原則を概ね承認する姿勢を見せたが、一部に問題点が指摘された(22)。

ワシントンの新聞界は、十原則に対する日本の態度に注目したが、十七日に加藤友三郎全権代表(23)が「日本ハ支那ノ提案ヲ考量スルコトヲ躊躇セス」と新聞記者に語り、日本として十原則を大筋として認める姿勢を示した(24)。十九日の極東問題総委員会第二回会議において、ヒューズ米国全権代表は、十原則のうちの第九項と第十項を後回しとすることとし、早速原則に関する討議をおこなおうとしたが、この時加藤全権代表が、以下の三点を述べ、日本側の見解を明らかにした。

(1) 中国への内政不干渉。
(2) 門戸開放、機会均等主義を受け入れること、そして極東平和に努め、治外法権撤廃に関しては列強と歩調を同じくすること。
(3) 本会議で「列国の将来の指針となるべき」政策、原則を定めることには賛成だが、「無数の小問題を細査」する結果、不当に会議を遷延するに至ることは遺憾とすること(25)。

だが、中華民国全権代表が十原則を提案した事情について、日本側は、以下のような分析をおこなっていた。それは、ワシントン会議会議場もマスコミの論調も軍縮会議に集中し、十二日の総会におけるヒューズ国務長官の演説でも極東問題についてほとんど言及がなかったことから、何とかして人々の関心を中国問題に向けさせたかったから、このような原則を提出した、ということであった(26)。このように日本側は、十原則を宣伝効果の面からも考えており、加藤全権の発言に見られるように、山東問題などの個別問題を会議でとりあげることには反対しながらも、十原則の総意を認める姿勢を示した(27)。

フランス全権代表ブリアン（首相兼外相）は、原則だけでなく、個別問題についても一般討議をおこなう必要があるとして中華民国に有利な発言をおこなった。[28]また十八日連合通信には、フランス全権サロー（植民大臣）の発言が掲載されたが、ここで、サローは、中華民国の領土保全、政治的独立、商業上の門戸開放を承認、援助することを約し、また日本やイギリスが租借地を放棄するなら、フランスも広州湾を放棄すること、領事裁判権については他国と協調することを述べ、インドシナ半島は元々中国領でないことから問題とならないことを確認したが、一方で日本の中国に対する立場を容認し、「十分同情」して討議に臨むと述べ、日中両国に配慮を示した。[29]十原則についての具体的コメントでは、「政治的」という部分にだけ言及して「行政」については特に述べないなど、半分近くの点について触れなかった。

イギリスのバルフォア全権（枢密院議長）は、中国の内政問題には不干渉主義を採ることを強調し、[30]中国の領土保全の原則はイギリスが従来堅持してきた方針であると強調、改めて叙述する必要はないとした。[31]そしてイギリス代表団が十九日に発表した声明では、中国の統一回復への希望に始まり、門戸開放支持、国際協調の為の譲歩は辞さないこと、領事裁判権については中国における司法権の完全なる確立を待つこと、議案となる原則の適用範囲に香港を含めないこと、が述べられた。[32]イギリスは、領土保全を前提とし、門戸開放、機会均等などの大原則については同意を示し、国際協調の姿勢を打ち出したのだった。だが、中国に対する内政不干渉を唱いながらも、一方で強固な統一政府の成立を望み、領事裁判権についても、中国の現状に鑑みてその撤廃を保留している。イギリスとしては、アメリカへの配慮もあり、一方で中国との協調姿勢を示したものの、いま一方で中国の現状を問題視することによって早急な個別問題解決策に対する警戒感を示している。

以上のように、各国は大筋として十原則を承認しながらも、互いに他国の出方をうかがっていた。加えて、日本は個別問題を議論したくないとし、イギリスは統一政権のない中国の現状を憂慮していた。アメリカは、こうした各国の意向を踏まえ、バルフォアの四原則をたたき台として、十原則を簡略化した四原則を作成した。アメリカ全権代表ルートは、これを十一月十九日の総会で発表し、「ルート四原則」を作成した。その内容は、以下の四点であった。

(1) 中国[33]（China）ノ主権独立並領土的行政的保全ヲ尊重スルヘシ。

(2) 中国ニ対シ有力且ツ安固ナル政府（an effective and stable government）ノ樹立及維持ノ為メ最モ安全且ツ故障ナキ機会ヲ與フヘシ。

(3) 中国ノ全領土ニ亙リ各国民ノ商工業上ノ機会均等主義ヲ有効ニ確立シ及維持スル為メ努力スヘシ。

(4) 友好国ノ臣民若クハ市民ノ権利ヲ阻碍スヘキ特殊権益若クハ特権ヲ獲得スルカ為メ現状ヲ利用セス安寧ヲ害スル行為ヲ許容セサルヘシ[34]。

施肇基の十原則のうち、まず(9)(10)は完全に削除され、あとは最大公約数的にまとめられている。中華民国全権代表はこれに抗議したが、結局容れられず、会議は各項目の討議に移っていくことになった。

3　議題としての極東問題——駐英公使顧維鈞と英国外相カーゾンの会談を中心に

では、この十原則はどのようにして成立したのだろうか。それを解明するには会議の計画段階に遡らねばならない。特に会議計画時における中華民国と英米との調整、また中国国内での調整が重要である。本節では、第一にこの会議開催決定前後に議論されていた、会議の目的、議題について触れ、第二に、国内における会議での議題に関する意見を整理し、さらに外国人あるいは外国から中国への提案、そして北京政府外交部の判断と全権代表への訓令について、順を追って整理してみたい。

この会議については、当初からアメリカにより軍縮会議として開かれる筈であり、そこに中国問題を主とする「極東問題」が加えられたという印象が強い。事実、開催当時は、ワシントン会議が最初から最後までアメリカの主導で開かれたかのような印象を与えるような言論が数多く見うけられた。軍縮問題については、アメリカ上院議員ボーアの議会演説がその契機となったことは当時からよく知られていた。だが、極東問題については、アメリカの提案というわけでは必ずしもなかった。実は、日英同盟継続問題をめぐる大英連邦の首脳会議で、イギリスが、既にアメリカから打診のあった軍縮会議の議題に極東問題を加える姿勢を示し(35)、それがアメリカ・日本に受け入れられたという経緯があったのである(36)。

中華民国の外交档案によれば、中華民国へのアプローチもイギリスからおこなわれた。民国八年（一九一九年）のパリ講和会議において、中華民国はヴェルサイユ条約調印を拒否した。このため、山東問題と二十一カ条問題が日中間の懸案として残っただけでなく、日英続盟（同盟存続）問題も含めて東アジアの国際関係再編が国際的課題とされるに至った。北京政府は第一次大戦の戦勝国として、また利害関係を最も有する国の一つとして、この英米日間で進行していた東アジア国際秩序再編構想に加わることを企図した。民国九年、北京政府外交部は、当事者であるイギリスの外務省、及び調整役であったアメリカ国務省の双方に対して、新たな同盟に関する話し合いの場に中華民国を加えるように要請した(37)。そして翌年の春には、顔恵慶外交総長が、駐北京英公使に対して、もし続盟ということになれば、日本が中国に対しておこなってきた行為にイギリスが賛成しているものと見なすと述べ、イギリスを牽制した(38)。六月には、外交部が駐英公使顧維鈞に与える訓令の文案を国務会議に提出、二十五日の国務会議で文案を調整のうえ、二十八日に国務会議で決裁された。その訓令は、新たな極東に関する同盟に参加すること（もし第三国が同盟に加わるなら中華民国も第四国として加わること）を求め、同時に日英同盟の条文に見られる極東という語の範囲を明確にすることや、特別利益関連条項の削除、中国の独立の「保証」なる用語を「尊敬」などに代えるよう求めることなどを要請していた。[39] この段階では、新たな条約が締結されることしか想定されておらず、極東問題に関する会議が、それもワシントンで会議が開かれることは考えられていなかった。また「日英同盟について、アメリカの幇助は不要である」という顔外交総長の判断もあって、専らイギリスとの交渉が進められていた。[40] この過程で、この問題に関する駐英公使顧の発言権が次第に高まっていくことになる。民国十年六月二十九日、駐英公使顧は会議に中国を招集することが議会において賛同を得られそうな風潮であることを本国に報告した。これに対して靳雲鵬総理が批（コメント）を付け、会議に関する討論について準備をすすめるよう外交部に指示している。総理は太平洋会議（Pacific Conference）への関心を示していたのである。[41]

民国十年七月四日に総統府に届いた電報によれば、駐英公使顧維鈞がイギリス外相と会談した際に、太平洋会議のことが話題となり、イギリス外相が「我が国はアメリカに対して中国を会議に招聘することを提案した」と述べ、「中華民国政府としてこの会議に参加する意志があるかどうか」ということと、「参加するとしたら、この会議に対してどのような希望を抱き、どのような議題をとりあげ、そして各国にどのような協力を求めるか」ということを順に問い、一週間以内に返答するよう求めた。[42]

このように太平洋会議（この時点ではワシントンで開催されるとは決定していなかった）開催の知らせ、会議への招聘示唆はイギリスからおこなわれた。そのイギリスが極東において特に解決しなければならないとしていたのは、日英同盟の存続問題であった。大英連邦会議も、国際連盟規約と日英同盟規約が抵触する恐れがあることから、同盟相続か連盟加入かを討議することを議論していた。日本としては、同盟存続支持の姿勢を示していたが、イギリス国内、連邦内部には賛否両論があった。[43] これに対し、中国では同盟存続反対論が唱えられていた。中国では、日本が山東利権をおさえ、二十一カ条条約を提起できたのもイギリスという後楯があったからと考えられていた。イギリス政府としては、「極東の平和維持」の為に締結した同盟であったが、中国には反対論が沸騰していたのである。カーゾン外相が極東問題を解決するための国際会議開催を提起した時、顧維鈞としても日英同盟存続問題は避けて通れない問題であった。

七月五日の顧維鈞からの電報には、顧のイギリス外相への回答が記されている。この回答は、会議に対する中華民国の要望についての、顧の個人的見解を示していた。

私（顧維鈞）は（カーゾン外相に以下のように）申し上げた。中国の英日続盟に対する態度には二つの面がある。まず第一の面。華民は東亜の平和を急務だと思っており、中日という隣邦が本来ならこの平和の維持に協力して当たるべきなのであるが、両国は平和を望みながらも関係をきちんと考えてこなかったので、両国間に齟齬が生じた。イギリスのアジアでの声望、地位を観察すると、中日双方から信を得ているので、当然両国間の調停、和衷共済をはかることができるであろう。だが、この調停の責任を果たすに際しては、先に束縛、偏りをなくすべきである。もし（その束縛・偏りの原因となると思われる）英日続盟が解除できないのなら、イギリスが調停に乗り出すとしても、うまくいかないだろう。このことは、イギリスの中国での声望を貶めることにもなるし、極東の永久平和についても障害となるであろう。

顧は、中日間に発生している問題をイギリスが仲裁することは日英同盟がある以上無理であり、その日英同盟こそが極東和平の障碍になっていると述べている。これに対してカーゾン外相は以下のように反論した。

英国外相としては貴使（顧維鈞）の述べる英国の極東政策理解に同意しがたい。私はかつて中国に派遣されたことがあるが、その時も華民に対して特に同情を示していた。例えば新銀行団設立の時に、日本が満蒙をその対象から除外することを主張したのに対し、私はそれを認めない姿勢を貫いたが[44]、このようにして英国は常に中国を助けてきた。もし英日同盟がなかったら、日本は中国に対してどのようなことをおこなったか窺い知れない。私は英日同盟の目的が日本を助けることにあると言っているのではない。結果的に中国に不利になったと考えているのである。例えばあの二十一カ条に際して、当時同盟があったとはいえ、英国は日本を止めることはできなかった。その時私は北京にいて英国公使館に問い合わせたが、その答えは、いつも英国が日本と同盟関係にあるから日本の行動を阻止したり公然と反対するわけにはいかないというものだった。英国が同盟に束縛されており、その行動の自由について権利を失っているという印象を中華人民が抱くのは当然だろう。

カーゾンによれば、日英同盟があるからこそ日本の中国侵出を抑制できているということであり、だからこそそれは親中的態度と言える、というのである。それに対し中国は、日英同盟こそが日本を支えていると見ていた。次に顧の発言にある第二の面を見てみよう。

第二面は、極東の平和問題である。私（顧維鈞）は極東での勢力の均衡維持は実現できると考えている。勢力均衡を実現するには、統一され強盛になった中国に頼るしかないのである。そして中国を統一し強盛にするには、現行の条約に盛り込まれている各種の特別権益を一律に排除し、外患をなくし、富源を発展させるべきである。世界の共利を図るのなら、どうして一国だけが侵漁を受けることがあろうか。それなのに、現行の英日同盟は、両国は東亜一帯の領土、権利、特別権益を互いに保護しあうことをうたっている。これは東亜の租借地、勢力範囲や関税などを保持しようとすることに他ならず、中国の発達と相反するのである。

この顧の発言は、当時の中国の姿勢を如実に示している。他国の援助がなくとも日本に対抗していける、ということまでは言えないにしても、中国が強くなればどこも攻めてこないし、日本を抑えることができるということであり、強くなるためには、不平等条約など中国を不利な立場に追い込み発展を阻害している要因を除去する必要があるというのである。これは、極東における勢力均衡が、中国の統一、自強によって実現できると見なす立場である。[45]

外相は、日英同盟の話題をここで切り上げ、きたる会議についてこう述べる。

（中国の）政局は、現在もなお紛糾しており、中央が無力で、各省が自ら政治をおこなっている。会議の時に定めた内容を中国政府が実行できるか否かを、私は大変憂慮しているが、イギリスとしては友誼を表し、協力を惜しまない。

カーゾンは現在の中国の状況を、「憂慮」すると述べた。顧としては、中央政府が無力で、統一できない理由の一つに不平等条約や日英同盟があるとしたいのであろうが、もし中国の統一発展を阻害している要因を取り除く国際会議を開いて問題を解決しても、決議事項を実行することができる政府が存在しなければ意味がない、とカーゾンは述べている。

またカーゾンは、山東問題など個別問題にふれ、「中国が会議に提案する個別問題は少ない方がいい」とし、山東問題がその内に含まれるか否かという顧維鈞の問いに対しては「当然提出することができる」としていた(46)。イギリスとしては、この時点で既に会議において極東における個別問題全てを解決するのではないという姿勢であったのである。

このように、極東問題に関する会議の開催は日英同盟存続問題を一つの契機としていた。当時、中国の世論においては日英同盟存続反対が主流であり、顧の発言からも分かるように、中華民国としては、当初は、日本の二十一カ条を支えた同盟の存続に反対することを目的として、会議に参加しようとしていた。他方、同盟があるからこそ存在していると考えられた山東問題について、イギリスが議題に含んでも差し支えないとしている点は興味深いが、一方で「提出する議題は多くない方がよい」と提言している点は重要である。なお、この時点では、イギリスとしても、会議をイギリスで主催する可能性も残されていたと考えられる。

4　在外公使の議題に関する議論――アメリカからのアジェンダ提起以前

イギリスから非公式に会議招聘の打診があり、その後民国十年（一九二一年）七月十二日にアメリカからも正式に打診があり、中華民国として会議に参加すると返事してから、北京政府外交部は会議に向け準備を進めることになった。ここでは、会議の議題に関する内外の意見をまとめることにする。

まず、考察対象時期をアメリカから会議の議題が提示される以前と以後の二つに分けたい。議題提示以前は、当時の中国で重要視されていた問題がそのまま表れることになるし、提示以後になれば、アメリカ案を知る者はそれをたたき台にして意見を述べた。まず本節では、提示以前について見ることにする。そして、これらの意見を整理するに際して、「原則論」か「個別論」かという枠組みを利用する。原則論は抽象化された包括案提出、個別論は個々の問題を提出しようとするものである。

七月十八日、北京政府外交部は在外公使に対して会議に関する意見を求めたが[47]、それ以前の七月十六日、議題に関して駐英公使顧維鈞が本国に意見書を提出しているのでまずそれを見てみよう。ここで顧は籌備内容として原則と具体的問題を分けている。実際の会議の場でも「原則から個別へ」という方向で議事が進行されたが、顧は、既にこの時期からこの流れに沿った議論をしているだけでなく、内容的にも後の中華民国の主張と合致する方向性を提示していた。顧が挙げた原則は以下の四点である。

(1)　各国が我が国の主権及び領土を尊重するよう要求し、外患をふせぐ。
(2)　条約における各種の不平等な束縛、制限を廃棄するよう要求し、自由発展の契機を得る。
(3)　各国が中国でおこなう工商業での均等主義に賛成し、これを中国が全国一律に遵守することを声明する。

(4) 我が国の建設計画大綱を発布し、各国の期待に応える。[48]

先の会談の時の意見が色濃く反映されていることがうかがえる。先の会談で顧が主張した中国の保全と統一自強は(1)(4)、その自強を妨げる要因除去が(2)、門戸開放、機会均等、そして中華民国の発展が(3)である。顧は、ついで上の四つの原則に対応する具体的な問題を示す。先の会談でカーゾンから山東問題提出許可を得ていたこともあってか、(2)に山東問題と二十一カ条問題を含めるとし、(3)にはさきのパリ講和会議で要求しようとしたことを提議するとした。その中には「廃(排)除勢力範囲」、「裁撤外国在華郵電機関」、「回復関税自由権」、「撤除外国駐華軍警」などが含まれていた。

次に外交部の意見徴集に対する各公使の返答を見てみよう。駐スイス公使汪栄宝は、二十日に外交部に返電を送り、二十一カ条条約を無効にするべきで、また国内の軍備を縮小し中立国家になるべきであるとする。[49]軍備縮小は、和平統一の文脈の中で国内でも論じられていたことであるが、「中華民国の中立」は他に類を見ない見解であり、義和団事件後の保全中立論を受けたものと思われる。施肇基の十原則の第八項はここから生じたと考えられる。駐オランダ公使王広圻は、二十五日、会議の議題について、事前に中国関係の議題を提出する国と連絡をとり、それを研究して英米日と相談し、他方で在外公使と連絡を密にするとよい、[50]と議題提出へのプロセスについて述べている。王は、国内での議題の調整というよりもむしろ諸外国との意見調整の必要性を感じており、その国に駐在している在外公使と連絡を密にする必要があると考えている。北京政府は、実際、議題について特に日本からの情報入手に力を入れ、議案についてはアメリカと直接交渉した。駐米公使施は、二十日の返電で、籌備は各公法家と詳細に討論を重ねるよう要請、他方で、「各方面が私に我が国の意見を探りにくることが多くある」とし、実際にどのように応対しているかを述べた上で、「我が国の目的は『開誠布公』にあり、各国と共同で世界和平の維持を一致して進めていく」と探りに来た者には応えているけれども、相手が我が国の主権喪失問題(具体的には山東問題や二十一カ条問題だろう）に触れてきたらどう応えたらよいかと訓示を求めている。また、イギリス外務省が顧維鈞に対して「中国代表がパリ講和会議でしばしば苦状を訴え日本を抑制しようとしたようなことは、今度の会議ではおこなわないようにと告げた」とされていることの真偽を確認しようとしている。(51)

七月二十日前後は、まだ日本が議題の範囲を理由に会議参加を確定していない状態にあり、ワシントンで幣原喜重郎大使がアメリカ政府との間で調整をおこなっている最中だった。(52) そうした時期に、山東問題と二十一カ条問題という日本側が最も注意している点について、施肇基としてもどのような姿勢を取るべきか決めかねていたのであろう。北京政府も、二十日頃には、山東問題について「毛頭提出するつもりはない」、「提出すべきという議論は迷惑」などと表明しており、対外的には提出しないとしていた。(53)

駐ペルー公使夏詒霆は、二十五日、中華民国自身の視点だけではなく極東全体からの着想が肝要であるとし、「極東属地自治」や「ロシア統一の援助」を会議で各国に認めさせるよう要請した。(54) 極東の属地と言えば、朝鮮半島や台湾、香港がまず想起されるが、この頃の「極東」には、東南アジアまでも含む傾向があるので、仏領インドシナも含まれると考えられる。(55) 更に当時北方に極東共和国があったが、これも含めて議論する必要があるというのが夏の意見であった。後に述べるように、北京政府はアメリカの議案が提起されてから、その極東問題という項目の前に、「極東及び太平洋における一般原則」なる項目を置こうとして、アメリカから反対されるが、北京政府がより広い地域における一般原則の決議を求めたのは、夏公使の意見を参考にしたものと思われる。十原則の第九項、第十項は、正にこの部分を反映したものであろう。

駐フランス公使陳籙は、二十五日に返電し、「アメリカが和平を提唱しているのであるから、我が国も和平をもってこれに応じるべきである」とし、「和平を破壊するような問題は全て提出し、公理に基づいた解決を要求するべきである」とした。そして、山東利権は、国民の意見に従って無条件返還を求め、満蒙問題についても日本に侵略主義を放棄させるべきであるとする。また領事裁判権、関税自主権問題、郵政問題、無線問題等も二〇世紀の和平原則に符合しない等の意見を述べた。そして最後に「提出する問題については、まずアメリカと相談する。そして、もし日本の同意が得られなかったら、我が国としては和平原則の保障だけを提出し、会議に参加している各国の賛同を求めた後で、それぞれの案件を別々に提出するべきである」という意見を述べた(56)。この陳公使の議論は、ほぼ北京政府の採用した方針と符合する。北京政府は、アメリカと議題について交渉をし、山東問題の会議提出を日本が拒んでいるのを知ると、原則を提出し、その原則に合わない個別問題の解決を求めようとしたのだった。

駐スウェーデン公使章祖申は、二十九日に意見書を提出した。この中で「列強は中国の門戸開放を求めるだろうし、日本もそれに対して英植民地やアメリカの開放を求めるだろう」、「最近イギリスの態度はアメリカに傾いてきている。もし英米が一致すれば、日本も方針を変更するかもしれないので、我が国は英米と連絡をとり、会議での協力要請をするとよい」とし、提出すべき具体的な問題として山東問題や列強の勢力範囲撤廃をあげた(57)。

駐ドイツ公使魏宸組は、八月二日に意見書を提出した。魏は特に山東問題を重視し、さらにパリ講和会議での懸案事項の再提出を求めた(58)。また日本側の記録によれば、魏は八月四日にふたたび意見書を提出したとされる。その中で「支那自ラ門戸開放ヲ宣言セハ、各国モ勢力範囲ヲ取消サルベカラス」として、①支那門戸開放、②各国支那ニ於ケル勢力範囲ノ撤廃、③自発的ニ軍備減縮、の三点を提議したとのことであった(59)。ここで言うパリ講和会議での懸案事項には山東問題や二十一カ条問題だけでなく、顧維鈞が講和会議に提出した七カ条が含まれる(60)。顧の要求は、勢力範囲の撤廃、外国軍隊の撤退、領事裁判権の撤廃、関税自主権の回復などであったが、これらはワシントン会議の議題や十原則に再提出されていくことになる。

駐スペイン公使劉崇傑は、八月十日に意見書を提出した。この中で中華民国も国際社会における主体の一つであるよう求め、提出する問題については、山東問題を第一に挙げ、勢力範囲の撤廃や関税問題等も取り上げる(61)。北京政府はこの時既に会議の招聘を受諾する際の条件として「国際平等之地位」を挙げアメリカに認められていた。列強が参加する会議に加わるのであるから、そもそも対等であることが保証されていなければならなかったのである。

駐日公使館は八月十六日に意見書を提出し、会議で提出すべき議案として以下の六項目を挙げた。

(1)　太平洋沿岸の各国の武装を解除すること。
(2)　つとめて極東平和を維持し、通商条約を改正し、一律に平等にすること。
(3)　中国の領土を尊重し、租借地租界と附属租借地租界の主権を中国に返還し、中国自身の商埠とすること。
(4)　門戸開放政策を採用し、領事裁判権を急ぎ撤廃して、外国人の生命財産を完全に保障すること。
(5)　各国の利益を平均化し、鉄道の修築に関しては共同借款を承認するが、共同管理を認めないこと。
(6)　庚子借款の返還を要求し、それを教育経費と実業経費に充て人材育成と富源開発の糧とすること。[62][63]

(1)は軍縮問題に含まれるので、軍縮会議に招聘されていない中華民国とは直接関わりない。(2)から(4)は、他の意見書にも見られる議論であるが、(5)の鉄道問題は他在外公使からの意見書には見られない。この鉄道問題は、後に北京政府が提起する議題原案に含まれることになる。(6)については、財源確保の策として興味深いが、議題案には取り入れられなかった。

元山副領事馬の八月二十日の意見書には、治外法権、関税自主権の回復、外国郵便の一律撤廃、そして山東問題と二十一カ条問題などの重要案件が解決すべきものとして挙げられていた。[64] 在外使領館からの意見書としては珍しく原則論に全くふれていない。また、ここで取り上げられた問題のうち、「外国郵便の一律撤廃」は先の顧維鈞の意見と重なる。この問題はワシントン会議で議論され、一応の妥結を見ることになった。

駐英公使顧維鈞は、八月二十四日の報告において、イギリス外務省極東部長との会談の中で、ワシントン会議に山東問題を提出するか否か尋ねられた際、政府が検討中であるが個人的には提出しないわけにはいかないと考えていると述べたとしている。またこの時、山東問題に関して日本が直接交渉をねらっていると極東部長が述べたのに対し、顧が「国民は直接交渉に反対している。日本が、何か特に返還方法を考えているのか」と返答したところ[65]、「この件については外相が顧公使とは話したくないと言っている」と述べていたと報告した[66]。顧としては、国内世論を背後に山東問題に対して強硬姿勢を示し、恐らく無条件還付を求めようとしていたのだろう。日本としてはワシントン会議に提出されたくなかったので、中国との直接交渉による条件付き解決を目指していた。周知のとおり、ワシントン会議では鉄路部分に一部条件を残して還付されることになる。

駐米公使施肇基は、九月三日の報告の中で「無線電台案と山東問題等［に対して］は、［少しも退譲することのないように。］何故ならこれらが門戸開放・機会均等と関係が深いからである。これらはアメリカが会議で重きをおくことでもあり、我が国の提案の基礎とするものでもある」と述べている[67]。施も門戸開放、機会均等を議題の根本とすることを考えていた[68]。この二点は十原則の根幹にもなっていく。

九月十日、アメリカ政府から議案が示されるが、その後の九月十三日、駐オランダ公使王広圻は、本国への電文の中で「議題は多すぎない方がよい」とし、「会議において提議できるとすれば、それは現在ある条約を、いわゆる公平・和平という最近列強が唱えている主旨に則って、修改したり別に締結したりすることだろう。具体的には、領事裁判権、関税自主権問題を指し、これらは比較的簡単に解決するだろう」としている[69]。王公使の意見は最も現実的であったとも言える[70]。

これまで述べてきた会議準備初期における在外公使の意見は、以下の三つに大別できる。①原則論を提示し、その後で個別問題を含めるもの、②山東問題や二十一カ条問題を直接談判するべきであるとするもの、③どちらでもないもの、である。①は、駐英公使顧維鈞の四原則を代表として、駐米公使施肇基の二原則、駐仏公使陳籙の「和平原則」を個別問題に適用していこうとする議論、そして個別問題も含まれる駐日公使館の意見書もある。また駐オランダ公使王広圻もこのグループに属するだろう。駐スペイン公使劉崇傑は曖昧だが、ここに含めてもよい。注意すべきは、ここに含まれる意見は決して山東問題や二十一カ条問題をないがしろにしていたというのではないということである。会議に提出する必要性は認めていても、目的を達成する手段として原則提出を選択したのである。②は、駐スイス公使汪栄宝、駐ドイツ公使魏宸組、そして元山総領事馬らの意見を指す。③は、それ以外で、その中に駐米公使施がいるが、後述のように施は、この後原則論に傾いていく。

この他特記するべきは、英米との協調論を唱えた駐オランダ公使王広圻、駐スウェーデン公使章祖申の意見、中華民国の中立を唱えた駐スイス公使汪栄宝の意見、一人中華民国のみならず植民地やロシアに眼を向け極東全体の見地から議案を考えた駐ペルー公使夏詒霆の意見であろう。これらの意見書は、たとえば駐フランス公使陳籙の意見書がこの後の北京政府の準備方法に符合し、駐ペルー公使夏の意見書のようにアメリカの会議案に対して極東の一般論を付け加えようとしたことなどから見て、九月中旬以降の外交部の政策のベースになったと考えられる。

5　国内での諸議論——アメリカからのアジェンダ提起以前

本節では、アメリカから議題が示される以前の国内からの意見書を整理、検討する。前述のように、民国十年（一九二一年）八月九日、北京政府外交部は各省に意見を徴集する電文を発した。[71] これに対して各地から多くの意見が寄せられたが、それらの意見書を見る前に、簡単に『日本外交文書』にある、日本の外交官が収集した情報を見ておきたい。

外交部から各省への要請がおこなわれていたことを日本外務省は当然察知していた。在奉天総領事赤塚正助は、八月十五日の張作霖の談話として、「北京政府ニヨリ意見徴集アリ。他ノ督軍省長ハ山東問題、二十一カ条取消ヲ要請シタルガ如シ、自分ハ熟慮中」と報告している。[72] 張もこの時点では様子を見ていたのかもしれないが、ワシントン会議開催前になると、張は日本について「山東問題ヲ解決シ、二十一カ条ノ廃棄ハ自発的ニ宣言スルヲ可トセン」と語ったという。[73] 張としては、国際会議において二つの懸案事項を解決するよりも、山東問題は事前に解決し、二十一カ条問題は日本が自発的に廃棄するべきであるとしたのであろう。日本政府は、この後、山東問題については事前に解決する姿勢を示して北京政府と交渉する用意をし、二十一カ条問題については一部破棄を会議上で自発的に宣言した。大筋として、この張の意見の通りになったのであった。

次に先の北京政府外交部の要請に対する各省からの意見書を外交部档案から検討してみよう。直隷交渉員は、八月二十一日に意見書を出したが、そこでは「聞くところによると、アメリカ国務卿ヒューズは我が国の施肇基駐米公使に対して、『もしわが国（中華民国）が会議で門戸開放主義を履行するよう求めたなら、一切の権利は自然と中華民国に帰するだろう、と述べた』というが、これこそが核心であり、中華民国はまず『門戸開放主義』案を提出するべきである」とする。もしこれが通過すれば、山東問題や二十一カ条問題、更には各種の不平等条約（領事裁判権・関税自主権など）が門戸開放主義に抵触することになるので、自ずから解決できるというのである。[74]

山東交渉員施履本は八月二十三日意見書を提出した。[75] その意見書は、この会議を「極東問題解決の好機」と捉え、対内問題と対外問題に分けて提案する。対外問題は以下の一〇点である。

(1)　修改不平等条約　←国際平等の原則に反する
　・提議することで我が国の国際地位を保つ

(2)　勢力範囲を除く　←極東和平の障碍になっている
　・機会均等を主張し、国際均等を保つ

(3)　租借地を廃除する　←世界和平の原則に反する

(4)　租界を回収する　　・中国の完全独立を得る
　　　　　　　　　　　↑門戸開放に反する
(5)　領事裁判権を撤消する　・我が国の主権を回復する
　　　　　　　　　　　↑国際平等に反する
(6)　修改税則　　・我が国の主権を完全に回復する
　　　　　　　　　　　↑国際法の原則に反する
(7)　外国人兵の撤退　　・我が国の主権を完全に回復する
　　　　　　　　　　　↑世界和平に反する
(8)　新銀行団を廃止する　・中国の自由を完全に求める
　　　　　　　　　　　↑中国の自由発展の障碍になっている
(9)　鉄路を償還する　　・国内鉄路統一へ
　　　　　　　　　　　↑中国の主権に反する
(10)　客郵を徹消する
　　　　　　　　　　　↑我が国は万国郵政会議に出席している

山東交渉員は、「調査したところによると、今次の太平洋会議は、極東問題の解決をその目標とし、世界永遠の和平を計ろうとしているということである。だから、討論されるのは、恐らく各国が共同に遵守する大原則だけであろう」とし、各国の単独問題は提出する時間がないものと推測し、個別問題は機会があったら主張するべきだと述べた。そして、肝要であるのは「平等之地位」であり、個別問題については決定された原則に基づいて処理するべきであるとする。[76] この意見書は劉式訓外交次長が閲覧している。後の北京政府の方針と重なるところの多い意見書である。

浙江省長沈金鑑は、二十八日に意見書を提出し、以下の数点を求める。①世界的な軍備縮小、②我が国に関係のある全ての密約を否認すると列強が宣言すること、③領事裁判権を撤廃すること、④日本が占領している山東半島等を無条件で返還させること、⑤辛丑和約の借款を各国が一律に辞退し、用途を声明すること。(77)

九月七日、山西省長閻錫山が意見書を提出する。閻は対外問題と対内問題に分けて意見を述べる。対外問題は、全部で一〇点あるが、ワシントン会議のための通信機関の設立、外交調査委員会の設立（各省、北京）、太平洋会議日刊を創刊して宣伝に努める、という三項目は会議の議題に関することではなく、残りの七項目で、山東問題と二十一カ条問題が最も重要であるとしながら、不平等条約の廃（排）除、関税自主権問題解決、武器売買禁止という個別問題を挙げる。更にその後で「具体問題を優先せよ、原則を提議しないように」と述べている。このほか、裁釐（釐金の撤廃）、司法制度の改革案をまとめ、関税自主権問題、領事裁判権問題解決に備えるように、ということと、中国国際管理説を予防せよ、ということが挙げられている。閻の意見書は、籌備方法、提出すべき議題、問題解決の方法という三方向から成っている。会議に提出する議題について言えば、既に述べたように個別具体的な問題を先に提出すべきであると明言していることが特徴的である。

以上、本節では国内からの意見書を整理、検討してきた。国内各省からの意見書は、在外公使ほどには揃っていないが、先に在外公使の意見書をまとめた時と同じ区分によって整理することが可能であろう。「原則から個別へ」という意見には、直隷交渉員と山東交渉員が含まれ、「個別優先」には、はっきりとそう述べた山西省長閻錫山の意見があり、どちらとも言えないものに浙江省長の意見書があると言えるだろう。一方、全体から見ても、パリ講和会議で達成できなかった不平等条約撤廃、勢力範囲撤廃とともに山東問題や二十一カ条問題が大きな問題として認識されていることも、在外公使の意見と通じる部分がある。だが、外交部はアメリカ案提示以前から、日本に対して、「原則提示」の姿勢を示していた。

6　中国側の動向に対する日本の認識

それでは、以上のような在外公使、各省からの意見書を踏まえて北京政府外交部はどのように提出すべき議案をまとめていくのであろうか。それを以下で考察する。

その前に、まず本節では日本側の史料から見てみよう。七月下旬に北京政府の靳雲鵬総理は公使館付の坂西利八郎中将に対して、「英米にある中国公使が、浅薄なる世論に迎合したり、あるいは外人の煽動に乗るようなことがあるかもしれないが、目下のところ山東問題を会議に提出する積もりはないし、そのようなことを言われて迷惑している」と述べていた。(78) 同総理は日本側から山東問題についての直接交渉賛成者と見なされていた。

八月十一日、日本の駐北京公使小幡酉吉は、本省に対して、英国参事官との談話から得た情報として「米国代理公使ガ外交総長ヨリ内聞スル所トイフヲ聞クニ、small point ハ同会議ニ出サザル積モリナリトノコトナリ」と述べ、更にその'small point'が何を指すかは不明であるとしている。(79) ここでも個別問題は提出されないものとされている。そして八月十二日に小幡公使と顔恵慶外交総長が会談した際、顔が「支那ヨリ提出スヘキ課題ハ専ラ重要ナル主義上ノ問題ニ止メ」、山東問題については取り上げないとしながらも、十六日に再度会見をおこなった際には無線電信については提出するなどと述べたとし、小幡は主義上の問題のみしか提出しないという説明に矛盾を感じている。(80) 先に触れた九月三日の施肇基の意見にも無線電のことがあったが、その前から、外交部は無線のことを提起していたのである。八月二十二日の北京発の電文によれば、駐北京公使小幡は、この時点では政府でも民間でも「イカナル問題ヲ会議ニ提出スヘキカハ、支那ノ主権体面ト相イレサル条約其外ノ制限羈絆等ヨリ離脱セント謂フカ如キ漠然タル方針ノ外、具体的ナ細目ニ至テハ今尚決定シ居ラサルモノノ如ク」あると報告している。北京政府外交部の原則論提示の姿勢は、この頃から確定していると受け取られていたのかもしれない。

だが、問題は「原則だけ」なのか、個別問題解決の為の「手段としての原則」なのか、という点であった。日本としては、中国が山東問題や二十一カ条問題を提出するか否かだけに関心があったようで、なぜ北京政府が原則論を展開しようとしているのかという点について考察する報告は見られない。日本側の情報では、八月十八日の北京政府国務会議において、①門戸開放、②勢力区域撤廃、③不平等ナル条約ノ条項改正という三点が取り上げられたという。[81] ここに至ってようやく、原則の中身がある程度日本側にも知られることになった。だが、それぞれの原則にどの個別問題が含まれるのか、という視点は見られない。日本は、原則と個別を切り離していたようである。八月二十八日、坂西利八郎中将は参謀総長への報告において「言論界ハ盛ニ山東問題ノ提出ヲ煽リ」、そして張作霖なども山東問題の提出に賛成していると述べていた。[82]

こうした一連の出先機関からの報告の影響もあってか、外務大臣内田康哉は、ワシントン会議の予備会議についての談話を発表した時に、既に中国政府が原則十項を提出するつもりらしいと述べたと中国側の档案には記されている。[83] この時期から十原則があったわけではないが、日本としては北京政府が原則優先だと認識していた。それでは、日本は会議でどのような問題を討議しようとしていたのであろうか。またそれを受けた主催国アメリカはどのような議題を設定したのか。この点は後述する。

北京政府外交部は、個別問題提出を望む声が国内で高かったことは承知していたが、一方で招聘当初から会議では一般原則の議論しかおこなえないという条件をつきつけられていたし、他方で日本が山東問題提出をめぐって北京政府外交部に圧力をかけていたこともあり、[84] 原則論提出という方向に方針を固めていったと考えられる。次節では、北京政府外交部の政策を一面で規定した日本とアメリカの極東問題に対する姿勢を整理検討することにする。

7　極東問題に関する会議の議題をめぐる日米の見解(1)——日本案を中心に

民国十年（一九二一年）七月上旬、日本は、非公式ながらアメリカからワシントン会議への招聘を受けた。軍縮会議については特に問題とならなかったが、太平洋及極東問題については議題範囲に関して日米両国で折衝がおこなわれ、「一般原則および政策を樹立」することを目的とすること、その原則や政策が各国の利害と抵触する場合には、そうした問題の共通の了解を会議において決議すること、また会議前に議題を確定することが、七月十四日にヒューズ国務長官と幣原喜重郎駐米大使の間で取り決められた(85)。このことは、やや遅れて、七月二十九日に北京政府にも報告されている(86)。初めから一般原則という縛りがかかっていたのである。また七月二十二日、日本政府は閣議決定として「太平洋及極東問題ニ関スル会議ニ対スル方針」をまとめた。この方針は、幣原とヒューズの取り決めを前提として、以下の三点を示した（要点のみ）。

(1)　議題作成に際して、日本としては、門戸開放・機会均等・領土尊重などの一般原則を会議に提出し、共通の原則とする点には何ら異存はなく、むしろ日本から積極的に提唱すべきであること。

(2)　もし会議において日本と特定国との既成事実や問題を取り上げようとするなら、承服できないこと。この点でヒューズ国務長官の述べる第二点は曖昧であること。ただし日本としても、中傷非難を受けることは困るので、事前に解決可能な問題は、会議以前に解決すること。

(3)　支那に関する問題として山東問題があるが、そこからの撤兵など解決へ向けての可能な方策については日本から進んで歩み寄ることとし、中国、アメリカの誤解を解くべきである。

また、支那に対する平和的乃至開放的政策の採用については、大正七年十二月八日の外交調査会において全員一致の賛同を得て、パリ講和会議で披瀝済みである。今次の会議でも、機会を捉えてこの点を提唱することは得策である。

日本としても、極東問題解決のための諸原則締結はその意向にかなうものであったし、門戸開放なども受け入れられると判断された。そして、日中関係に関わる既存の条約や規定について会議で議論するつもりはなかったものの、このことにより国際的な非難を受けることは得策ではないから、譲歩できるところまでは進んで歩み寄るつもりであった。だが駐日公使胡惟徳は、この合意のことは把握していなかったようで本国に報告しておらず、日米間で山東問題とヤップ島問題[87]を会議に提出しないという合意ができたということだけを本国に報告している。[88]

日本外務省は、七月十六日に調査を分担するための仮想原案を作成した。[89] この原案は、軍備制限問題、極東問題に関する諸問題、太平洋に関する諸問題、その他の四点に分かれている。極東問題は、支那とシベリアに分かれ、更に（甲）主義上ノ問題と（乙）主タル懸案問題に分けられている。日本もまた、主義と問題に分けて議題を考えていた。中国に関わる議題としては以下の一四点が挙げられている。

〈日本外務省極東問題議案（一九二一年七月十六日）〉

(1) 領土保全・主義上ノ問題
(2) 門戸開放
(3) 機会均等
(4) a 行政財政等ニ関スル共同管理
　b 支那行政自主権ノ回復
(5) 支那ノ平和進歩ヲ阻害スヘキ虞アル一切ノ援助ヲナササル申合
(6) 勢力範囲撤廃（普通ニ所謂勢力範囲、不割譲約定、優先権、外国経営鉄道、租借地等）

(7)　領事裁判権撤廃
(8)　居留地制度ノ改善若クハ撤廃
(9)　外国郵便局撤廃
(10)　鉄道中立問題
(11)　支那ニ於ケル外国軍隊撤退問題（漢口駐屯軍、南満守備隊及北京天津外国駐屯軍等ノ撤退）
(12)　在支外国軍事機関ノ撤廃（各地派遣武官、軍用通信機関ノ類）
(13)　義和団事件賠償金還付問題
(14)　支那自身ノ閉鎖若クハ排外的施設撤廃（鉄鉱閉鎖条例、防穀令、土地所有禁止、内地居住営業等禁止等ノ撤廃）

(1)から(3)は、中国が求め、アメリカも認めている大原則である。(4)は、米国商務長官フーヴァーが八月上旬に唱えた説で、日本においても受容された説であった。[90] (4)のbは、aの対案である。行政上の独立を求める方向に進んでも、国際管理の方向に進んでも対応できるようにしている。(5)は、パリ講和会議で顧維鈞が七カ条を提出する前におこなった演説の中で「中国の自由な発達に対する一切の障礙を除去せんことを」希望すると述べたことを踏まえている。[91] ワシントン会議でも中華民国側が同様の内容を提出すると予想し、議題に加えたものと思われる。(6)はパリ講和会議時の顧の七原則に含まれ、石井・ランシング協定締結時にも討論済みの問題だった。[92] (6)(7)(9)(11)(12)はみなパリ講和会議の懸案事項であった。(10)と(13)もまた日中関係上の問題であったが、特に注意をひくのが(14)である。中国の門戸開放という言葉には、中国側が設定している対外的障碍を撤廃することも含まれると日本側は考えていた。

日本政府のこの原案は、日中間の懸案事項の単なる羅列ではなく、顧維鈞のパリ講和会議での宣言や、当時のアメリカの対外政策を踏まえており、かなり精度の高いものであった。また、日本外務省のこの原案には、「主タル懸案問題」として、上の原則に適用される筈の懸案が例挙されている。中国に関しては六点あり、それは①山東問題、②二十一カ条問題、③関税率引き上げ及び釐金廃止問題、④阿片問題、⑤裁兵（軍縮）問題などを含む支那和平統一問題の六点である[93]。この段階で、日本外務省としては、山東問題や二十一カ条問題が会議で議論されることを十分予想していたのである。だが、前述のように、閣議では山東問題と二十一カ条問題の会議での討論を回避する方向で決議がなされ、アメリカもそれに同意することになる。

中華民国駐日公使館は、日米間の議案交渉をある程度察知していたが、この外務省案は把握していなかったようである。公使館でワシントン会議関係の籌備全般を任された参賛官王鴻年[94]の本国への報告を見ても、こうしたことは見られない[95]。王の情報収集は、マスコミが中心であったとも考えられる[96]。

日本政府は、議題について基本的に会議主催国であるアメリカの意向に沿いつつ[97]、二十一カ条問題と山東問題には触れないこととし、一般原則に議論を止めるよう要求していた。九月十四日、駐日公使胡惟徳は日本の閣議の様子を本国に報告し、日本が山東問題をワシントン会議以前に解決するつもりであり、その方策が具体化していることを告げた[98]。日本政府は、先の閣議決定で、会議で取り上げられそうな問題は事前解決すべきとし、山東問題を日中間の二国間問題として解決する方針を採っていたのである。そして、九月十六日、日本政府は山東問題解決へ向けての九条を公布、中華民国駐日公使胡惟徳はこれを外交部に知らせた[99]。しかし、北京政府としては特にこれに応じる姿勢を見せず、日本の意向は実現しなかった。

十月十三日、日本外務省は、前日の外交調査会での決定を踏まえ、日本の全権代表へ発する訓令をまとめた。ここでも九月の幣原喜重郎とヒューズの合意が繰り返されるが、「帝国ニトリ重要ノ関係アル既成事実、若クハ特定国間ノ限リノ問題」について、九月の閣議決定にはなかった内容を加えた。それは、山東問題や二十一カ条問題を想起させるにしても、原則や政策を樹立することを目的として議論する分には差し支えないということであった。

無論、審査採決することには反対するとも明記されているが、一切議論する姿勢を見せなかった九月案と比べると、「歩み寄り」の姿勢が見てとれる。

他方、中国問題については、以下の(1)(2)を既定方針とし、(3)については情勢を見て提起するように求めている。

(1)　支那現在ノ政情不安定ノ事実及之カ為隣邦ノ適切ニ感スル不安ノ次第並支那ノ平和的進歩ノ助成に対シ我帝国ノ協力スヘキ衷心ノ好意ヲ縷陳セラレタク

(2)　支那ノ領土保全機会均等門戸開放ノ主義ヲ尊重スルコトハ帝国既定ノ方針ニシテ右(1)ト関連シ適宜声明セラレ差支ナク

(3)　支那自身ノ開放ハ会議ノ情勢ニ応シ提唱セラレタシ

そして、この三原則に説明が加えられる。(1)については、中国の政情安定を列国とともに求め、中国の反省を促し[100]、一方で義和団事件賠償金で文化事業を興して平和事業をおこなう。(2)は既定方針であるので、詳細なる説明はない。(3)については、日本が自らの利益のために提唱しているという印象を与えないように、時機を見計らって提出するよう求めている。なお、山東問題、二十一カ条問題などについては譲歩を認めないとして、その他の問題について会議で議題となった場合に、一定の保障、条件なくして賛成しがたきこととして、以下の数点を取り上げる[101]。

〈原則〉

(1)　領事裁判権撤廃　→　中国における司法制度完備の後実行

(2)　在華軍隊撤廃　→　北支駐屯軍撤廃を提唱
ただし漢口駐屯軍は「なるべく速やかに」
北満軍は浦塩撤兵と同様に
山東問題は、現在交渉中

〈条件付〉
(3)　軍港撤廃　↓　旅順港、各国の一律撤廃なら異存なし
(4)　勢力範囲撤廃　↓　新借款団成立時に日本としては解決済み
〈各国一律の撤廃を求めること〉
(5)　在華外国警察官撤退　↓　中国での外国人の生命財産の保障が必要
(6)　在華外国郵便局撤廃　↓　外国人の通信の安全を得て実行

ここに見られる日本の提議には二つの特徴がある。一つは、中国の政情不安を強調し、あらゆる問題の解決に賛成しながら、全てを政情安定後に実行するという点。いま一つは、この会議で放棄する権益については、必ず他国と一致しておこなうという点である。北京政府は、この日本の訓令の全体を把握していなかったが、会議に提出されることになっている「中国に関する原則」に対して日本が賛意を示していたことは、駐日公使胡惟徳からの電報で把握していた。(102)

8　極東問題に関する会議の議題をめぐる日米の見解(2)——中米交渉を中心に

次にアメリカの方針及び中米交渉について見てみよう。アメリカ政府は、民国十年（一九二一年）九月十日、先の「幣原とヒューズの取り決め」に即して、議題原案を作成し、中華民国を含む各国に提示した。これに対して、北京政府は二度修正案を作成した。

九月十日、ヒューズ国務長官は駐米公使施肇基に対して会議日程（agenda）原案を提示した。施は直ちに本国に報告、それは翌十二日には外交部に届き、十二日には在華アメリカ公使館からも同内容の照会があった。一方、十

二日には日本の幣原喜重郎駐米大使がヒューズ国務長官と会談し、この席でアメリカ側が「中国に関する諸問題」として以下の議案を告げた（（　）内は外務省による日本語訳）。

(1)　應適用之各原則（適用セラルヘキ原則）
(2)　其適用（適用）
(3)　項目（主題）
　甲(イ)　領土上之完整（領土保全）
　乙(ロ)　行政上之完整（行政上ノ保全）
　丙(ハ)　門戸開放　商務実業之機会均等（門戸開放即商工業上ノ機会〔均等〕）
　丁(ニ)　譲与権利専利　経済上之優先特権（利権　独占若クハ経済上ノ優越権）
　戊(ホ)　各鉄路之発展　連同有關中東鉄路之各計画在内（鉄道ノ発達〔東支鉄道ニ関スル計画ヲ含ム〕）
　己(ヘ)　優待鉄路之運価（特恵鉄道運賃率）(103)
　庚(ト)　現有各種成約之法律上之地位（現存諸約定ノ状態）(104)

この議案は「庚」を除いて、日本やイギリスにとって、あるいは中華民国にとっても予想された範囲内であったろう。領土保全、機会均等、門戸開放の三原則は、これまでも多々とりあげられていた。「丁」は具体的には勢力範囲を指し、「乙」は領事裁判権や警察問題を含む。「己」は中国鉄路国際管理案に対応している。だが「庚」が具体的に何を指すか不明で、各国の疑問が集中した。

この議案は、日本政府、イギリス政府にも提示された(105)。両国は、(ト)の条項が何を意味するかに疑問をもったが(106)、アメリカ政府は中華民国に対しては、この意味するところを明示していた。九月十日の施肇基の報告は、この「庚」について、この「目的は、各種の密約を喝破せんと欲する」（I am informed under six it is intended(sic) find out what secret agreements there are.）ところにあるとしている[107]。具体的には山東問題や二十一カ条問題を含むということになるのだろう。中華民国はこの件を公開せず、山東問題や二十一カ条問題については、日本側の意向に沿って、会議には提出しないとしていた[108]。

だが、アメリカ案提示から三日後の九月十五日、中国がアメリカと山東問題解決に向けて交渉をおこなっているという情報が日本にも伝えられる。その日、小幡酉吉在華公使が顔恵慶外交総長につめより、施肇基駐米公使がヒューズ国務長官と山東問題について議論したとの説を問いただした。顔総長は、それまで小幡に対して山東問題は会議に提示しないとしていたので、施の行動はそれと矛盾していると考えられたのであった[109]。

一方、九月十七日、北京政府外交部は、施肇基から送られたアメリカ案を北京政府内の各部・院・処・局に送った。そこで「この議事日程を見ると、予定されている議題において我が国から提案できる問題は甚だ少ない」とし、会議の準備機関として設立された太平洋会議籌備処からすでに各機関に割り振ってある主管事項に照らして、三日以内に何がどの項目に含まれ、何が含まれていないかを明らかにして報告するよう求めた[110]。

三日後の二十日、財政部は以下の四点を提案した。それは、①新銀行団の成立、②関税自主権回復、③各国が条約上、習慣上、国内租税制度の確立を妨げている一切を撤廃すること[111]（①から③は全て、議事日程の「乙　行政上之完整」に含まれるとしている）、④商務実業上の（中華民国と列強との）平等（この点は「丙」に含まれるとしている）の四点であった[112]。九月二十二日、内務部総長は総長名義で同部参事の意見を報告している。それは、鉄道問題について「優待鉄路之運価」の指す「鉄路」が、もし外国が管理する鉄路を指すのであれば、我が国が目標とする「撤廃勢力範囲」に抵触する、というものであった[113]。また同日、内務部は部の公函として再度文書を発し、内務部の管轄である人口問題、食糧問題、内地雑居問題は「丙　門戸開放　商務実業之機会均等」に、また山東問題は「甲　領土上之完整」と「庚　現有各種成約之法律上之地位」に含まれるとして特に提起すべきことはないとした[114]。同日、陸軍部は、「甲」、「乙」について各国の駐華兵、特別警察の撤退を要求した。[115]司法部は九月二十三日、領事裁判権の撤廃を取り上げ、もしこれが議題に加わらないなら、領事裁判権が残されたまま「門戸開放」をおこなうことになり、それが重大な問題となるとした。[116]以上のように、各部局はそれぞれの主管事項に応じて、提出すべき個別問題がどこの項目に含まれるかを討議した。ここには、新しい項目設定など、議案そのものを覆うような見解は見られないが、以下の海軍部の見解は異色であった。

九月二十七日、海軍部は、既に代表をワシントンに派遣しているのだから、議案に関する議論も現場の代表がおこなえばよいとした上で、中国問題がシベリアや委任統治領と並列にされ、その扱いが独立国ではないようであると不満を述べた。[117]この意見書を発した海軍部総長徐振鵬は、民国七年から十五年までの九年間、海軍部総長であった海軍部の中心人物であった。この徐の意見、特に後半の意見は、外交部の目にとまり、修正案の中に取り込まれていく。議題の中にアジア全体を含むべきだとした意見として先の駐ペルー公使夏詒霆の意見があったが、外交部は夏公使の意見とこの海軍部の意見をふまえて、議題案を作成した。そこでは中国問題を、太平洋問題、シベリア問題と同等とし、極東全般、中国、太平洋、シベリアを並列させ、中国が独立国でないという印象を払拭しようとしたのである。しかし、これは飽くまでも文字上の操作であって、後にアメリカから非難されることになる。

本節では、ワシントン会議極東問題に関する議案に対する姿勢を、アメリカの議案とそれへの中華民国側の反応を中心に考察してきた。先に述べたように日米間には、極東問題会議での議題を原則論に限定し、山東問題などの個別問題には触れないこととし、議題については事前に打ち合わせるという合意があった。日本側は、その合意を基本に全権代表への訓令を作成した。そこでは、先の日米間の合意が繰り返され、日本として提起すべき原則や、留保付きで合意可能な案件、絶対に譲歩できない案件などが記されていた。これに対してアメリカは、日本の外務省準備案よりも議題の少ない議案を提示した。アメリカとしては、会議がいたずらに紛糾、延長されることを嫌っていたのだろう。だが一方で、原則案の曖昧な表現について、表面には現れない日米間の申し合わせ事項を中華民国にのみ通告するなどの配慮も見せた。

これに対して中華民国外交部は、議題が少なすぎるため解決すべき個別問題を提出できないとし、各部局に意見を求めたところ、各部局からはアメリカ案の原則の文面には多義性があるとし、各原則の中に主管事項をからめていくことになった。だが、その中で海軍部は、議案の骨子の改訂を求めた異色の意見を提出した。こうした一連の動向を踏まえ、北京政府外交部は、この議案の修正作業を開始する。

9 外交部第一次修正案の作成

(1) 北京政府案と駐米公使館の意向

北京政府外交部は、上記の各部局の意見書と、施肇基から民国十年(一九二一年)九月二十六日に報告されたと思われる政府外交顧問ランシングの意見を採り入れ、二十三日前後から一週間かけて議事日程の修正案を作成した。それは二十九日に完成し、三十日にジュネーヴで国際連盟に臨んでいた顧維鈞・王寵恵と、ワシントンにいた施に送られた。そこでは修正の理由として、以下の三点が挙げられている。

(1) アメリカ政府の議事案は範囲が比較的せまい。だから、我が国が提出しなければならない議案が提出できないということがありうる。

(2) この議案によれば、遠東(極東)会議に遠東各国の総合的議題が含まれておらず、僅かに中国の各問題とシベリアと委任統治各島のことがあるだけで、実に釣り合いがとれていない。

(3) 施肇基駐米公使の報告によれば、ランシング顧問も上の(1)(2)に同意している。(118)

(1)は、各機関から寄せられた意見に、(2)は海軍部の意見や駐ペルー公使夏詒霆の意見に基づくものであろうし、(3)はランシングの提起した意見に基づくのだろう。ランシングは、二十一カ条問題や山東問題の直接提起を避け、原則を提起することを求めていたものと思われる。それは、顧と王両代表へのこの「極密電」から削除された、注目に値する一文から分かる。それは以下である。「惟蘭辛擬将二十一条、青島問題等具体提出、恐致発生反対、不易通過」（ランシングは二十一カ条や山東問題を具体的に提出することについて、おそらく反対を招き、会議を通すことは難しいと考えているのだろう）。

九月三十日の時点で外交部は、ランシングの意見に倣い、二十一カ条問題と山東問題を冒頭から会議に提出することには消極的であり、以下に示すような原則重視の議事日程を出すことになった。しかし、これも档案から削除された部分であるが、発案者である外交部もこの議事日程を「意主空洞」としている。

それでは、外交部は、以上の二点を理由にしてどのような修正案を提示したのであろうか。また、それはどのようにして作成されたのであろうか。

表4のように、この外交部修正案の特徴は、第一部に極東全般に適用できるより大きな原則を確立し、その下で中華民国の諸問題を解決していこうとするものであった。その大きな原則の中には、先の財政部の主張なども組み込まれていた。第二部の中華民国に関する事項を見ていくと、アメリカ案の「甲　領土上之完整」と「乙　行政上之完整」を一まとめにして「甲　政治上及行政上之完整」としたこと以外は原案通りであった。修正の力点は、「極東普通の原則」の確立に置かれている。ヒューズ案に対して、事項レヴェルで修正しようというのではなく、「部」を加えようというのであるから、構成上、大きな改正要求とも言える。

また各部局からの意見書は、海軍部を除いて、項目に含まれる事項の再確認であったから、この修正案には現れなかった。三十日、外交部は前述のようにこの原案を顧維鈞、王寵恵、施肇基の三代表に送付したが、施駐米公使

表4　外交部の作成した第一次修正案

〈第一次試擬修改議事日程〉		
第一部　普通遠東之部		←外交部新案
一　應適用之各原則		
二　其適用		
（甲）遠東国際紛争解決方法		
（乙）与会国関于遠東之各項協商及協定		
（丙）与会国同享相互税則主義		
（丁）与会国互相尊重主権領土之宣言		
（戊）遠東平和障碍之解除		
（己）遠東之移民限制主義		
第二部　中国之部		
〈アメリカ原案〉		〈外交部案〉
一　應適用之各原則		一（同左）　極東問題之部
二　其適用		二（同左）
（甲）領土上之完整	⇒	削除
（乙）行政上之完整	⇒	（甲）政治上及行政上之完整
（丙）門戸開放	⇒	（乙）門戸開放　商務及実業之機会均等
（丁）譲与権利専利	⇒	（丙）譲与権専利　経済上之優先権
（戊）各鉄路之発展	⇒	（丁）
中東鉄路を含む	⇒	ただし，中東鉄路は除外
（己）鉄路優待之運価	⇒	（戊）
（庚）現有各種成約上之法律上地位	⇒	（己）
第三部，第四部として，シベリア問題，太平洋問題がある		

からはこれに対して異論が唱えられた。施は「敝處（駐米公使館）からの二十三日電[119]について誤解があったようである」とし、ランシング自身には、自らの提起した五項目の全てを修改案に入れて欲しいという意ではないのだとする。ランシングの意見書が手許にないので、ランシングの言う五項目が中国問題に関することなのか、極東問題全般に関わることなのか不明であるが、いずれにしても、外交部の提示した修改案が、ランシングの意見書をもとにして形成されていたことは明らかである。さらに施は続ける。「ランシングの意向は、ヒューズ案には包含しきれていない点に、解釈を加えていこうとしたものにすぎない」として、外交部の受け取り方の誤りを指摘する。そして、ランシングは「このような原案を通せば、我々の計画を破壊してしまう」と述べているとしている。我々の計画とは、山東問題や二十一カ条問題を指すのであろう。ランシングは、ヒューズ案を大幅に改訂することは宜しくないとし、北京政府外交部の修改案に懸念を示した上で、いくつかの具体的条件

を加えている。また一方、この施からの電文により、ランシングが中国問題の「二　應用之方法」部分についても、アメリカ案に一部修正を加えていたことがうかがえる。それが、以下の三点である。

(1)「乙」の「行政」の前に「政治」という一語を加える。

(2)「己」として、税率問題を加える。

(3)「讓与」のところに「経済」という語を付す。（保留事項）[120]

これらは(2)を別にして先の外交部修改案に反映されたものである。(1)は中国問題の中で、(3)は遠東一般之部で反映されていた。従って、これらは先に施の電報にあったランシングの要請の一部であったことがわかる。しかしランシングとしては、解釈としてこのようなことが可能であると示しただけで、中華民国がヒューズに対する修改案の中にただちに反映させるとは思いもよらなかった。

また、十月十日、施肇基駐米公使は、自分の意見と、顧問であるウィロビー、ランシングのそれぞれの意見を外交部に報告した。ウィロビーは「ヒューズ案をそのまま受け入れるべきである」とし、ランシングは基本的にヒューズ案を受け入れるとしながらも幾つかの点で異論を出していた。まず、「『行政上之完整』の前に『政治上』という語句を付けること、また『特殊権益』の前の『経済』の一字を削除することについては慎重になるべきである」こと、そして外交部案にある「戊　鉄路優待之運価」を「丙」の中に含められないかということ。しかし、ヒューズ案はあくまでも原案であるから、そこまでこだわる必要はないとも述べていた。この内容は先の電文と一部重複している。

施肇基によれば、三人の統一見解は「中立」、「審査委員会」、「政治犯の収容」の三項目を「普通各原則」に含めることだけである、という。またランシングは「極東の共通原則」といっても、結局極東には独立国が「シャム」しかないことを指摘し、その原則が結局意味をなさないのではないか、とも述べていた。[121]

表5　顧維鈞・王寵恵案

〈外交部案〉	〈顧維鈞・王寵恵案〉
第一部　普通遠東之部	
一　應適用之各原則	
二　其適用	
（甲）遠東国際紛糾解決方法	⇒　削除
（乙）与会国関于遠東之各項協商及協定	⇒（甲）与会国所訂関于遠東之各項条約及協定
（丙）予会国同享相互税則主義	⇒　削除，「中国之部」へ
（丁）予会国互相尊重主権領土之宣言	⇒（乙）
（戊）遠東平和障碍之解除	⇒（丙）
（己）遠東之移民限制主義	⇒　削除
	⇒（丁）開定期会議討論遠東国際重要問題
第二部　中国之部	
一　應適用之各原則	
二　其適用	
（甲）政治上及行政上之完整	（甲）行政上之完整
	⇒（乙）関税自由
（乙）門戸開放　商務及実業之機会均等	⇒（丙）
（丙）譲与権専利　経済上之優先権	⇒（丁）
（丁）各鉄路之発展	⇒（戊）各鉄路之発展及優待運価
（戊）鉄路優待之運価	
（己）現有各種成約上之法律上地位	⇒（己）
第三部　西比利亜　　分節与第二部同	
第四部　委任統治各島　如各問題未経解決則列入	

以上のように、外交部修正案は、ランシングの意見書をある程度反映して作成されたが、当のランシングが、ヒューズ案に対する解釈を述べたつもりであった自分の意見が修正の根拠とされたことに戸惑いを覚え、他方、特に海軍部の意見を反映した「遠東之一般原則」には強い抵抗を示していた。

（2）顧維鈞・王寵恵案

他方、ロンドンに移動していた顧維鈞と王寵恵も、九日、外交部の原案に対して新案を提示した[122]（表5）。この意見書は、ワシントンの施肇基、ランシング、ウィロビーらと異なり、遠東一般を加えること自体には反対していない。だが、外交部の原則案は、改訂されて三つに絞りこまれ、施も述べていた審査委員会に相当するような善後機関を設けるべきとする。他方、ランシング案をもとにして加わった「政治上」という語はここでは削除対象となっている。だが、ランシングと共通の部分もある。それは、税率問題を加える点、そして鉄路部分を一まとめにする点である。この意見書に対して靳雲鵬総理は、「外部考量」という批を付けて、外交部に対して検討することを求めた。翌日の十日、顧と王がこの原案に関する説明文を外交部に発した。ここでは、遠東各国に関する総議題を加えることに関して同意しているものの、徒に項目を増やすことには「各国の同意を得られるかどうか分からない」と反対している。[123] このように北京政府外交部の第一次修正案は、施、顧、王の反論を受け、再修正を迫られることとなったのである。[124]

日本政府は、この北京政府外交部の修正案を十月十二日入手していた。入手経路は明らかではないが、北京政府の顧問である坂西利八郎陸軍中将からのようである。しかし、坂西が入手したのは、「一般極東問題に関する主義の決定」という外交部案の「第一部　普通遠東之部」のみであった。[125] 日本は、この翌日の十三日、「一般的諒解ノ成立ヲ期セサルヘカラス」という見地からヒューズ国務長官の示した米国の提案について「主義トシテ異議ナキ旨」を明らかにした。[126] この訓電を得た幣原喜重郎は、十六日ヒューズと会談し、極東問題について「共通の諒解の樹立」を目的とすることに賛意を示したところ、ヒューズは「一般の原則」と、その適用に関する「共通の了解」を得ることを希望し、更に列国の未決問題をこの機会になるべく解決するのがよいなど、山東問題や二十一カ条問題について微妙な表現をした。[127] だが、中華民国側も山東問題や二十一カ条問題を前面に出さず、先の原案で検討課題に加えた「関税問題」こそ重要課題であるという姿勢を日本に対しては示していた。[128]

(3) 私人・団体の意見書

会議の議題について、在外公使及び政府部内の各省の意見については既に見た。ここでは、アメリカ案の提起以後、私人・団体から外交部に送られてきた意見書を見てみたい。この中にはアメリカ案を踏まえたものもあったし、そうではないものもあった。当時の世論の動向、またその政策決定との関わりがうかがえるであろう。

民国十年十月三日に外交部に届いた杭州総商会の九月二十七日付意見書では、議題について、山東問題の直接交渉には応じないことを求めながら、個別問題の前にまず公理を伸張させ、そしてそれが強権によって脅かされないよう求めるべきだという意見を述べた。[129] また、十月九日、汪大燮などの研究系官僚により組織されていたワシントン会議中国後援会は、外交部に意見書を提出、[130] そこで「共通の原則」として中国以外にも適用できる原則を提案した。この点で外交部修正案に類似している。ここでは、それぞれに含まれる具体的内容を含めながら、以下の三原則を挙げている。

原則1 国際行為は必ず正義に基づくこと。

↓二十一カ条問題／清末の領土不割譲条約撤銷。各国の中国の利権範囲に関する約文の撤銷。鉄道を中国の自弁に、借款契約済で着工していない鉄路については、各国の共同建設とし、中国の鉄路統一に役立てる。（スラッシュの前が未決の係争、後が現存の事項）

原則2 各国は相互に絶対的平等の姿勢で遇すること。

↓二十一カ条問題／関税自主権回復。領事裁判権撤廃。中国の独立及び領土に関する約款を結ぶことで、石井・ランシング協定、日英同盟を廃棄せしめる。

原則3 各国は互いにその領土の完全と行政権の完全を尊重して、侵害できないこと。

↓〈領土の完全〉山東問題／租借地の返還。

〈行政権〉 日本軍の駐兵（満洲、山東省）、公使館内の砲台、軍隊の撤廃。

山海関に駐屯する軍隊撤収、租界返還。

研究系の意見も、原則論から山東問題や二十一カ条問題などの個別問題へと向かうものであった。[131]

十月十三日、外交部に到着した太平洋問題討論会の意見書は、アメリカ政府案をふまえて、それにどのように応えるべきかを議論していた。太平洋問題討論会は、旧交通系をその中心的構成員としていたが、この時外交部が作成していた議案を入手してはいなかったようである[132]。この原案は、中華民国が門戸開放、機会均等を主張し、その妨げとなる一切の障碍を除くことを願い、各国の公平なる態度を切望して、門戸開放、機会均等等の妨げとなっている問題を解決するべきだとしている[133]（表6参照）。

同会の意見書には、山東問題や二十一カ条問題を最初に提出するべきだとはせず、アメリカの原案に大筋で賛成し、その中で権益の回復を狙う視点が窺える。だが、外交部案で主張されていく極東問題共通の一般原則という議論はここでは見られない。

スワトウ太平洋会議研究社の意見書では、北京政府に対する不信感があらわれているが、内容的には北京政府と同じく原則論が展開されている。すなわち、北京政府の派遣した全権代表を信用せず、国民代表顧問団をワシントンに派遣すべきだと主張し、提出すべき原則として「勢力範囲の撤廃」、「特別利益の取消」を掲げ、適用すべき事実として二十一カ条問題や山東問題、日英同盟存続問題を取り上げる。またスワトウは華僑を多く排出しているが、華僑問題を特に取り上げてはいない[134]。

表6　太平洋問題討論会案

〈アメリカ原案〉	〈太平洋問題討論会案〉
一　應適用之各原則	（甲）應適用之各原則 ㈠ 領土主権之完全独立 ㈡ 国際地位之絶対対等 ㈢ 経済自由
二　其適用	
（甲）領土上之完整	→問題なし
（乙）行政上之完整	→※「政治上一切設施」加える
（丙）門戸開放	→問題なし
（丁）譲与権利専利 経済上之優先特権	→問題なし
（戊）各鉄路之発展 東支鉄路を含む	→我が国が提出するとしたら可
（己）鉄路優待之運価	
（庚）現有各種成約上之法律上地位	→問題なし 華僑待遇問題を加える
太平洋問題討論会提出議案	

十月二十七日の太平洋会議国民外交自決会の意見書は、「外交上之根本主義」と「現在の外交上の問題への対応」に分かれている。そして前者は「全国同声之主張」であるが、後者は、オリジナルの対日善後策だとしている。前者は、「原則」と「その適用」とに分けた議論で、以下の六点が原則として取り上げられる。それは、①国際外交の公開、②正義公道を遵守し、従うこと、③民族自決、④国際互助、⑤領土完全、⑥行政権の完全である。そして、そのもとに山東問題や二十一カ条問題を据える。この点では、これまでの意見書と大差ない。後者の内容は、①山東問題に関して日本との直接交渉に反対する、②人種平等の不徹底に反対する、③我が民族自決の精神は、朝鮮の抗議している中日馬関条約（下関条約のこと）に対しても有効である、という三点である。確かに後者の②と③は、北京政府外交部の企図している極東全般についての原則と関わる問題である。この意見書は、アメリカ案に極東全般に関する原則を付け加えようとした外交部案に合致している為か、特に劉式訓外交次長が目を通している。[135]

以上の四つの意見書から言えることは、全ての団体が、アメリカ政府と北京政府との間の議案交渉を知っているわけではないのに、原則論を唱え、それに個別問題を適用させるという方向性をとっているということである。この四案で、当時中国にあった全ての団体の意見を代表させることはできないが、北京政府に寄せられた意見書の中に原則論を支持するものが多かったこともまた事実である。この点で、「北京政府＝原則論／広東政府＝個別問題優先論／国民＝広東政府側」という単純な図式には無理があることが分かる。

最後に、当時の状況を的確に示す意見書として陝西公立法政専門学校の郗朝俊の意見書を取り上げたい。[136] 郗は「国人の会議に対する提案・主張には大きく分けて二通りである」とし、それを「積極派＝楽観派＝個別問題全て提出」と「消極派＝悲観派＝原則決議の後、個別問題解決」だとしている。[137] 国内では、上の二つの議論が優劣つけがたい勢力で存在していたのである。北京政府としては、この状況の中で、主催国アメリカが原則論を優先させれば、それに合わせた提案をするのは当然だとも言える。北京政府は、国内の団体の中に原則論を受け入れられないものがあることは承知していたが、国際情勢をふまえて原則主義を採ったということになろう。十月二十八日、顔恵慶外交総長は、太平洋会議後援会に関する話題でイギリス公使と会見した。この席で公使が、山東問題など新聞に掲載されている中国の提案事項について質問したところ、顔はそれらを外交部の提案ではないとし、「太平洋会議後援会の宣言は、世論の一部を代表する私人団体の意見に過ぎなく、中国政府の正式提案ではない。（中略）アメリカの提議している日程によれば、極東問題については三部ある。それは中国部、委任統治部、シベリア部である。そしてそれぞれの部の下に原則とその原則の適応範囲が設定されている」とした。個別問題提起の世論を知りつつも、原則論を採用すると決めている姿が窺える。(138)

10　外交部第二次修正案の作成

民国十年（一九二一年）十月十九日、北京政府は代表団の周自斎顧問に対して、会議で提案すべき問題が四項目あることを伝えた。その四項は、「主要」、「次要点」、「相機提議」、「各国提議答案」であった。このうち、十月十九日には初めの「主要」の内容が伝えられた。それは以下のとおりである。(139)（甲）主要提案　①英日続盟問題、②取消勢力範囲否認特殊利益、③取消蘭辛石井宣言其他類似之條約協定、④与会国共訂公断条約、⑤関税自由及関税目前應商問題、⑥定期召集会議討論遠東国際重要問題。

これは、修正議案とは別に作成されたもので、全権代表が会議においてまず解決すべきことを示したものである。この中には、山東問題や二十一カ条問題は含まれず、中国国内の勢力範囲設定の根拠になっている、日英同盟や石井・ランシング協定を取り除くことに重点が置かれている。また、国際管理説に対応して、関税自主権回復が上位に位置づけられている。⑥は、施肇基や顧維鈞の意見を踏まえて加えられたものであろう。

他方、北京政府外交部は、第一次修正案に対する施肇基や顧維鈞・王寵恵などの意見をまとめ、第二次修正案を作成した。ここで外交部は施に対して、興味深いことを述べている。前述のように、外交部は第一次修正案で議案の「中国の部」の前に「極東共通の部」を加えようとし、アメリカのランシングや施公使からの反対にあっていた。これに対して、外交部は、第二次修正案でも「極東共通の部」を削除しなかった。外交部は、反対していた施に対し、これは「国内名流」と詳細に研究を加えて決定したと述べていた。これは、ワシントン会議議案については「国内名流」が政策決定に携わっていたこと、その決定が全権代表の意向が時に上回ることを示している（第IV部参照）。だが、議案の骨子は、国内名流の意見をまとめたというよりも、下のように、顧・王案に準拠して作成されていた。施やアメリカの顧問の意見が受け入れられず、ヨーロッパにいた顧・王案が優先されたのであったが、それを「名流」の名を借りてカモフラージュしたのだろうか[140]（表7参照）。

外交部第二次修正案は、顧維鈞・王寵恵案をもとにして、国内名流の賛同を得て決定された。内容的には、ランシング、施肇基らが反対した「普通遠東之部」が残り、他方ランシングが提起した「政治上」などの語についてはそのまま容れられ削除されることになった。外交部は、第一次では施側の意見を採用し、第二次では顧・王の意見を採用することにより、両者の希望をそれぞれ反映させる姿勢を示したとも考えられる。

この修正案を受け取った施肇基は、ヒューズ国務長官と会見したが、ヒューズは、この修正案に以下の理由で難色を示した。その理由は二点ある。それは、①この修正は根本的ではなく、単なる字句上の修正である、②議題を増やすことが提出できる問題を増やすことにはならない、ということである。後者については、太平洋関係の問題を提起することによって、逆に各国に極東問題に関する議案削減への契機を与える、と述べた。更に「行政上」という一字には、広い意味が含まれるのではないかと懸念を示した。最後にヒューズは、会議において解決できる見込みのある問題を提起するようにと述べ、人種平等や移民という問題は会議に適当ではないと退けた[141]。ヒューズの

表7　外交部の作成した修正案

〈外交部第一次修正案〉		〈外交部第二次修正案〉
第一部　普通遠東之部		第一部　普通遠東之部
一　應適用之各原則		一　應適用之各原則
二　其適用		二　其適用
(甲) 遠東国際紛争解決方法	⇒	削除 (★顧維鈞・王寵恵案に準じる)
(乙) 与会国関于遠東之各項協商及協定	⇒	(甲) 与会国所訂関于遠東之各項条約及協定 (★顧維鈞・王寵恵案に準じる)
(丙) 与会国同享相互税則主義	⇒	削除,「中国之部」へ (★顧維鈞・王寵恵案に準じる)
(丁) 与会国互相尊重主権領土之宣言	⇒	(乙)
(戊) 遠東平和障碍之解除	⇒	(丙)
(己) 遠東之移民限制主義	⇒	削除 (★顧維鈞・王寵恵案に準じる)
	⇒	(丁) 開定期会議討論遠東国際重要問題 (★顧維鈞・王寵恵案に準じる)
第二部　中国之部		第二部　中国之部
一　應適用之各原則		一　應適用之各原則
二　其適用		二　其適用
(甲) 政治上及行政上之完整	⇒	(甲) 行政上之完整 (★顧維鈞・王寵恵案に準じる)
	⇒	(乙) 関税自由 (★顧維鈞・王寵恵案に準じる)
(乙) 門戸開放　商務及実業之機会均等	⇒	(丙)
(丙) 譲与権　専利　経済上之優先権	⇒	(丁)
	⇒	(戊) 各鉄路之発展及不平等支配車両 (★顧維鈞・王寵恵案に準じるが, 後半は「優待運価」から訂正)
(己) 現有各種成約上之法律上地位	⇒	(己)

発言を施からの報告で知った外交部は、ヒューズ国務長官が北京政府の修正案を理解していないと見なし、「アメリカ政府の議事日程に含まれる範囲があまりに狭く、提出できない議案があるから」修正案を提出したという事情を、再度アメリカ政府に主張するよう施に求めた[142]。そして外交部は、政府の「訓條」として、「主要」、「次要」など四部から成る会議での提案事項を全権代表に送付した（表8参照）。先の「訓條」では、「主要」のみが示されたが、ここで「次要」が示されたのだった。

この訓條は、施肇基の意見

を取り入れながら作成された外交部の求めている解決事項である。外交部はこれらの問題のうち、最も主要な（「注意」）問題を、「取消英日続盟」、「取消特殊地位」、「訂立公断条約」、「関税自由」であるとしている[143]。外交部は、混乱が予想される山東問題や二十一カ条問題よりも、列強の在華権益を保障している日英同盟、石井・ランシング協定などの撤廃を上位に置き、国内における勢力範囲の撤廃に努めようとしていた。また、関税問題を「主要」に含めたことから、財政再建に努め、国際管理説に対抗しようとしていることがうかがえる。

十一月初旬、顧維鈞と王寵恵がワシントンに到着した[144]。施肇基は両全権代表や北京から来た顧問と相談の上、ヒューズ国務長官と再度会見した。この場では、修正案ではなく、先の政府訓條が実現可能かということが議論された。

施：北京政府は関税自主権の回復を提出したいとしているが、この問題を「政治完整」の項目に含まれる問題として提起してよいか。

ヒ：よい。

施：また日英同盟問題は「成約」の項目に含まれる問題として提起してよいか。

ヒ：凡そ争議を啓くようないかなる問題も、議事日程に含めるのは宜しくない。もし日英が、この同盟をなすか否かは主権に属すると主張したら、困難な状況になる。だが、もし会議が発展して、この問題を提起できる状況になったら議論も可能である。つまり、その他の各国の権利に議論が及んだら、（その一つとして）日英同盟問題も提出可能だということである。

表8　全権代表への訓條

（甲）主要提案	（乙）次要提案
(1) 英日同盟存続問題	(1) 膠澳善後問題
(2) 勢力範囲特殊利益の否認	(2) 二十一カ条問題
(3) 石井・ランシング協定及び其他類似之条約協定の取消	(3) 不平等条約の修正をはかり，中国が国際社会で地位を得られるようにする
(4) 参加国と共同で包括的条約を結ぶこと	(4) これまでの条約の地位問題
(5) 関税自由権及び関税について定期的に会議を召集し，極東の国際問題を討論すること	(5) 外僑納税問題
	(6) 裁釐課税問題

この応酬で、北京政府が最重視している関税自主権問題を会議に提起できるという確約を取った。だが、日英同盟については会議の成りゆきに任せることになった。この後、中東鉄路の問題になり、ヒューズがこれを重大課題として会議に取り上げる姿勢を示した。施は、この電文の締め括りとして「会議の議案としては、アメリカ政府案以上のものはないと、私たちは思う」と述べ、このことは顧も王も了解しているとした。[145]ここに至って、外交部の修正案は、北京政府の意向をアメリカ政府に示したこと以上の意味を持たなくなったのである。[146]第二次修正案の作成者ともいえる顧と王も、アメリカ案でよいと考えているのなら、外交部としては新案を提起する理由も時間もなかった。外交部は、この施の電文を受け取り、中東鉄路についてだけ触れ、「我が国は、中東鉄路問題を中国と（会議に参加しない）ソ連の二国間の問題と捉えている。もし米国が会議に提出するのなら、中国の領土内部で外国人が管理している他の鉄路についても討論してもらいたい」と述べ、その他の点には触れない。[147]外交部もこの時点で修正案の会議提出を諦めたのである。[148]

11　施肇基十原則提出への経緯

上のように外交部案が反故になりながら、なぜ民国十年（一九二一年）十一月十六日の会議で施肇基は十原則を提起することができたのであろうか。前述のようにこれまでの研究では、提出の直接の契機として前日のヒューズ国務長官からの打診を取り上げているが、外交部档案には、十五日付の電文はあるが、北京に到着するまでに一週間近くかかっており、依拠するに値するかどうか疑問が残る。

これまで見てきたように、北京政府外交部は、各方面から意見書を集めて、議題原案を作成しようとしていた。国内にある「原則と問題」という二つの意見の方向性のうち、外交部はアメリカ政府の意向でもある原則論を採用しようとした。国内にも支持基盤を有する議案を提出し、一方主催国であるアメリカの意向になるべく沿おうとする点で、北京政府は一定の条件の中で最善を尽くそうとしていたと考えられ、必ずしも原則論だから会議に対して消極的であったというわけではない。だが、議案の文面については、第一次修正案に際してはランシングの、第二次修正案は顧維鈞と王寵恵の議案を採用していることから分かるように、各方面のバランスをとろうとしていた。まして、施肇基の提案を退けた際の理由に取り上げられていたように、「国内名流」が政策を決定したという面もあった。

十一月五日に施肇基が本国に打電してから一週間してワシントン会議が開催される。アメリカ政府は、議案に沿って会議を進めていくが、十六日の太平洋及び極東問題委員会の冒頭、中華民国全権代表が発言を認められた。これこそ、アメリカ政府が不要と考えていた「太平洋・極東全般の原則」という北京政府外交部の修正案にあった大原則提出の契機を与えるものに他ならなかった。ヒューズ国務長官は、北京政府に対して譲歩したのである。しかし、このように外交部案の一部が認められたことを、北京政府外交部は知らなかったと思われる。一度反故になっていたからである。一度白紙に戻っていた状態で、現場にいる三全権代表を中心に、議題案と訓條を参考にして原則案が作成されたのであろう。その内容は、アメリカ案と北京政府外交部案の折衷でもあり、同時に、これまでの議案の中で提起されてきた原則よりも説明をより細かくしたものであった。ここでは、顧維鈞案で削除された「行政上」という文字が復活し、顧や太平洋問題討論会の議論していた「実業」を「商工業」に変えることなどが盛り込まれることになっていた。

施肇基十原則は、確かに直接的には限られた人数で短期で作成されたものかもしれないが、この案にはそれまでの中米両国の議題に関する議論やランシングの意見、また本国の外交部の意向や、国内の意見書が参考にされていた。その中には、一度アメリカに否定された部分もあった。アメリカとしては、もう一度それを「ルート四原則」

として否定し直さねばならなかったが、中華民国全権代表に「宣言」させるチャンスを与えることで、中国支持であることを印象づけることができたし、中華民国全権代表としても自国の意向を「宣言」することができた点で、意義があった。

この施肇基十原則が後になって非難されるのは、主に山東問題や二十一カ条問題を先に提出することを求めている意見が当時の国内を二分した見解の一方を占めていたからであろう。国内の意見が二分されている時には、双方を含むような妥協案を提示して見解の「統一」を図るべきなのだが、会議の主催国アメリカがその内の片方である原則論を提起している以上、また山東問題や二十一カ条問題を提起することは会議を破壊する可能性があると指摘されている以上、北京政府外交部としては、原則論を採用するしかなかった。あとは原則に何が含まれるかを詳細に規定し、成果の見通しを立てる必要から、修正案を作成したのであるが、アメリカから他国を傷つける問題の提起を控えるように指示され、会議の成り行きを静観して個別問題提出の機会を待つことになったのである。そして結果的に山東問題を保留事項を残して大筋で解決し、二十一カ条問題は日本が一部を放棄し、日英同盟は廃棄され、北京政府としては大懸案であった関税問題も税率改定のための委員会を設置することになり、一応の成果を挙げたのであった。

不平等条約改正のプロセスを考えれば、パリ講和会議からワシントン会議にかけての時期は、特に対列強の条約改正について国際会議の場などで原則論を議論し、条約改正に道すじをたてることができたということになろう。これは、対中南米、東欧諸国との条約交渉、ドイツ・オーストリアからの利権回収、平等条約締結、ソ連との条約締結とあいまって、中華民国北京政府の主要政策をなした。列強に対する原則論提示は、国際社会における中国の地位向上、具体的懸案解決に貢献した。そして、こうした包括的原則論を国際社会に示し、その一部を認めさせていく過程で、一九二〇年代半ばの修約外交への足がかりを得るとともに、包括的問題解決という点で革命外交につながる面も同様に有したと考えられる。唐啓華らの言う修約外交は、このような原則論提起型の、「渾括主義」とパラレルにあったものと考えられるのである。

第五章　新独立諸国との条約締結

――「修約外交」と大国化志向――

中華民国北京政府外交部は、不平等条約改正の相手を、列強と非列強、大戦敗戦国と大別していたものと考えられる。列強に対しては、国際社会において英米に頼りながら原則論で包括的に問題を提起し、そこから個別論へと向かっていく姿があった。では、列強でない国々との関係はどのようなものであったのか。中華民国が想定する文明国は列強だったのか、あるいは非列強独立諸国だったのか。すなわち、中華民国は列強との同等を考えたのだろうか。本章では、第II部第二章との関連をも意識しつつ、第一次大戦前後に独立した新独立諸国と中華民国との外交について検討したい。

1　国際社会の変容

第一次大戦が終結すると、世界の国家数が急激に増加した。国際連盟加盟国だけで見ても、民国九年（一九二〇年）に四〇カ国、同十五年には五〇カ国となっていた。大戦前に中国が条約を締結していたのは全部で一八カ国。大戦により独奥との条約がなくなり、ロシアは革命によって無効になったため、一五カ国に減少、そこにチリとスイスが加わったので一七カ国となっていた。前述の通り、中華民国北京政府は、第一次大戦中に定められた「管理敵国人民民刑訴訟暫行章程」を拡大適用して、従来条約締結国国民と同等の特権を享受していた無約国（条約未締結国）国民の待遇を中華民国国民と同じにした。これは中華民国にとっては国権回収の一環であったが、成果は単に中国人と同じにしたという直接的なものだけではなかったと考えられる。すなわち、列強の公使館・領事館に業務を委託できなくなった無約国にすればこれは権利の喪失を意味し、そのため無約各国は在華自国民のためにも中華民国との条約締結を望むようになり、そこに実質的な条約改正の契機がうまれるのであった。そして、中華民国側は、条約交渉にあたって平等互恵をその原則にした。こうした方向性は、第II部第二章で取り上げた、キューバ、チリ、スイスとの交渉と類似している。

他方、中華民国は民国八年に在華無約国国民の取り扱いについて改めて討議し、四月の国務会議で外交部が内務、財政、司法、農商の四部とともに協議することが決まった。その後、四月五日・九日・十一日に会議がもたれ、「対待無約国辦法」議決案がまとめられ、十四日に国務院に上げられた。(1) ここでは、今後新たに条約を結ぶ場合には不平等条約にならないようにすること、たとえある国が分離独立する場合でも、もと属していた国の有していた諸権利を継承させないようにするという基本方針が定められた。これは東欧諸国を意識したものである。だが、このような方針が外に漏れていくとパリ講和会議に影響するかも知れないとの理由で、まず講和会議の全権代表を通じて各国に非公式に打診して反応を確かめてから行動に移すべきだとされた。(2) そして、この件は陸徴祥全権に伝えられ、(3) 方針通り非公式打診を経た後、民国八年四月二十七日、大総統は在華無約国国民の取り扱いについて以下のような命令を出した。

ここに無約国人民管理条例を定める。無約国人で、中国に居住し遊歴する者は中国の法令を遵守しなくてはならず、他国に保護を依頼してはならない。この点については、光緒三十四年九月に外務部から各省に咨文を出したことがある。今後、無約各国が中国と条約締結を望む場合は、平等を原則とする。祖国から離脱して独立しようとする新しい国は当然祖国がかつて有していた条約上の各種の権利を継承することができない。そのような地域の人民が現在中国に多数居住しているが、彼らの課税訴訟などについては、みな中国の法令にもとづいておこなわれる。第三国に利益の保護を依頼するようなことは、一切拒絶する。(4)

このような状況下で、いわゆる「無約国」が条約締結を求めてくることは必至であった。五月に入るとフランス人顧問宝道（M. G. Padoux）が新独立諸国との条約締結についての意見書を提出、フィンランド、ポーランド、チェコスロヴァキア、ウクライナなどの新独立国、また未だ中国が条約を結んでいないギリシャ、ルーマニア、そしてドイツ、オーストリア、ハンガリーの敗戦国といった国々のうち、チェコスロヴァキアとポーランドをまずターゲットとし、関税自主権と領事裁判権について譲歩を引き出し、それを他国に適用していくのがよいと述べた。(5)そして具体的に、民国十三年までに五法典を頒布し、都市には裁判所を設けることによって領事裁判権の回収を実現し、また関税については時期を定めて一斉に自主権を回収するといった方策が示された。この後も中国国内では様々な意見が出されたが、中には上記のような「譲歩を求める」という妥協案ではなく、断固不平等性を排除すべきだというものもあった。だが、実際の条約締結交渉はそれほど簡単ではなかった。

2　対ギリシャ条約締結交渉

中国とギリシャの通交は既に清末からあったが、外務部はそれを公的な外交関係にはしなかった。中華民国が成立すると、前述の通り民国二年（一九一三年）に各国が政府承認をおこない、その後に駐奥公使沈瑞麟から、ギリシャ駐ウィーン公使より条約締結希望の打診があったという知らせが外交部に送られた。(6)外交部は、あまり条約締結に積極的ではなかった外務部時代とは異なり前向きな姿勢を示した。

各国との往来は条約を第一要義とする。中国ではこれまで、清の道光・咸豊年間に各国と締結した条約が多く見られる。しかし、それらは非常にあわただしく締結されたものであり、また当時は未だに西洋の通例を受け入れていなかったので、ややもすれば最恵国条款を含むことにもなり、また各条款の運用などについては定められた内容の枠外に踏み出すことも多かったため、問題も多く発生し、現在に至るまで懸案となっている。同治・光緒年間になると、時局を把握している人士が次第に国際法を理解した。その結果、対ペルー・ブラジルなどとの条約は比較的平等となった。しかし、懐柔政策の意は羈縻にあるのであって、通商章程については未だに詳しく定めることをせず、他方華商の風気も未開であったので、我々にとっては利益がないことも多かった。さて外交部ではこれまで多くの議論を重ね、それに基づいて判断をおこなってきたが、現在と過去の状況は異なっている。条約締結にしても、各国との往来にしても、世界の通例に従うべきである。駐奥ギリシャ公使が条約締結要請をしてきたのだから、これを拒絶することは適当ではない。もし、同国が政府の名義で正式に交渉開始を提起するというのなら、まず駐奥公使館が接触し、その主旨がどこにあるのかを確認し、もし通商の範囲を出ないのであれば、平等条約を締結することとし、時機を見て締結するのがよいであろう。その際には、これまで締結した各国の条約と比べて改善点があるようにし、こうすることで商務に裨益するところを導き、主権を侵されることがないようにするのがよい。(7)

前段は民国初年の条約交渉の決まり文句であり、後段では対ギリシャ条約については「主権を侵されることのない」平等条約の締結が企図されたことが示されている。民国二年の段階で、平等条約締結が目指されたのである。

その後、両国の交渉は第一次大戦などで頓挫したが、民国六年になってフランスの仲介で交渉が再開され、十月十七日、外交部は駐仏公使胡惟徳に対してまずはギリシャ側の意向を確認し、通商を望んでいるのなら、「チリ条約」に準じて条約締結交渉を進めるよう指示した。(8)十二月、胡が、おりしもパリに来ていたギリシャ外相から条約締結への意向と第一次大戦後に交渉をおこないたい旨の確認をとった。(9)

第一次大戦終結後の民国八年一月、ギリシャ側は駐日公使を通じて「通好条約」締結を希望してきた。[10] しかし、この際、外交部の意向とは異なるギリシャの考えが伝えられた。それは、「スイスの例」に基づいて条約を締結したいということであった。チリ条約とスイス条約の違いは前述の通りであるが、チリ条約準拠を求めていた外交部も、以下のように述べてスイス条約に倣うことを認めた。

先に締結した中瑞条約は、もともとチリ条約に基づいて締結されたもので、その大意を継承しており、両国人民に平等の権利を認めているので、これに依って交渉して条約を締結するように。こうすることによって両国の邦交が実現し、商務が拡大し裨益するところも大となる。[11]

だが、国務会議（閣議）は、スイス条約に依拠するとはしながらも、その附件については準拠することを認めなかった。[12] スイス条約の附件とは、前述の通り、領事裁判権は将来他国と一緒に放棄するという内容であった。これを認めないということは、領事裁判権を認めないということを意味していた。外交部の説明によれば、前回のスイス条約が「法界」（法律界）において評判が悪く、閣議においても在席者の多くが領事裁判権を与えないよう主張したことを受けての判断とのことであった。[13] この見解に接したギリシャ側は、中国の立場に同情はするが、一人ギリシャのみが領事裁判権を放棄することには抵抗があると条約締結困難を表明、まず公使を相互派遣するよう提案した。[14] だが、中華民国外交部は、条約締結の必要性の面で両国には違いがあり、中国はギリシャほどは重要性を感じていないとし、また公使を交換すれば在華ギリシャ人の取り扱いについて最恵国条款の適用を要求してくることは必定として、ギリシャ側の要求を拒否する姿勢を示した。[15] パリ講和会議に向け、中華民国は自らの姿勢をはっきりと示そうとしていた。

外交部としてはギリシャとの条約締結そのものを拒否しているわけではないが、民国八年には、前年のスイス条約の失敗をくり返さないという方針を明確にしていた。ギリシャとの交渉はこれで頓挫するが、前述の民国八年四月二十七日の在華無約国民取り扱いに関する命令は、この対ギリシャ交渉を受けてのことだとも考えられる。

3　対ボリビア条約

対ギリシャ条約が頓挫しているころ、同じ東京でボリビア公使が駐日公使章宗祥に接触をはかっていた。前述の通り、この時点で中華民国政府（国務院）は明らかに平等条約しか受け付けない姿勢を示していたが、それに対応してか、民国八年（一九一九年）四月にボリビア公使は平等な条約を結ぶ意思を明らかに章公使に示した。この後、五四運動によって陸宗輿とともに辞職に追い込まれた章公使に代わって、荘景珂代理公使が交渉に当たることになった。

五月七日、荘景珂公使は日本・ボリビア条約に依拠して平等条約を結ぶという案をボリビア公使に提起するつもりであると外交部に打診している。[16] 五月二十一日、駐日公使館の劉崇傑秘書がボリビア公使に会見し、中華民国側の意向を伝え、中瑞（スイス）条約の附件を排除して完全平等条約を締結したいと表明した。[17]

八月十二日、荘景珂代理公使が外交部に報告をおこない、ボリビア側が完全平等条約の締結に同意したことを伝えた。[18] この後、話はスムーズに進み、十月末になって荘を全権代表として条約が締結されようとしていた。[19] だが、この条約の第二条には依然として最恵国条款が含まれていた。完全というのは、字面上の完全だったのである。中華民国としてはこれを通商に限定しようとし、ボリビア公使に対してこの第二条が領事裁判権とは関わらないというステイトメントを発するよう特に求めた。これは交渉担当者の荘公使を苦しめたが、中華民国の国際的地位の向上などを理由としてボリビア公使から譲歩を引き出し、ようやくステイトメントを添付させることに成功、[20] 十二月三日、条約が締結された。この条約は、中華民国外交部が得た外交上の成果であった。

だが、この条約には後日談がある。中華民国は民国九年三月に批准したが、ボリビア側がなかなか批准しようとしなかったのである。民国十一年になって駐日チリ公使を通じて問い合わせても、まだ批准されていないとのことで、民国十三年になって中華民国は駐チリ代理公使欧陽庚を通じてボリビア政府に批准書交換を要請、ボリビア外務省からの同意を経て、ようやく年末に批准書が交換されたのであった(21)。

4　欧州各国との交渉経緯

第一次大戦終了後、トルコおよびオーストリア・ハンガリー帝国の敗退、ロシアの後退などによって、中・東欧に多くの独立国が誕生した。それらの多くは国際連盟の加盟国となり、中華民国との国交締結を望む国も少なくなかったし、またそれ以前に国家承認を与えるかどうかという基本問題が中華民国に突きつけられた。このような状況下での外交部の基本戦略は対ギリシャ交渉の節で示したように「条約締結にしても、各国との往来にしても、世界の通例に従うべき」というものだった(22)。

しかし、連盟加盟国との「平等」と言われた時に、その国とどこの国とが平等になるのかが問題であった。

中華民国は、第一次大戦中及び大戦後に新独立国や枢軸国に対する抵抗勢力を国家（政府）承認したり、交戦団体承認していった。民国八年（一九一九年）七月二十三日にフィンランド、民国九年三月二十七日にポーランド、民国十二年三月十二日にリトアニア、民国十二年八月二十三日にラトビアとエストニアを国家・政府承認し、チェコスロヴァキアについては民国七年九月に交戦団体承認した（国家承認はおこなっていない）。だが、アルメニアやアルバニアについては一切の承認をおこなっていなかった(23)。以下、各国との交渉の状況を簡単にまとめてみたい。

ポーランドは、主に中国東北部に残された旧ロシア籍ポーランド人問題の処理を取り上げながら、中華民国との条約締結を進めようとした。中華民国は「相互平等主義」を掲げ、領事裁判権、関税協定、最恵国待遇付与のいずれも承認しないという姿勢で交渉に臨んだ。(24) 中華民国はまさにこの機会をとらえて、不平等条約の不平等性を相対的に低下させようとしたのである。しかし、このような中華民国の姿勢は、そう簡単には受け入れられなかった。新独立国もまた、必要以上に国家の体面を求めたからである。ポーランドとの条約は、北京政府が滅びる直前、まさに民国十七年にようやく締結されている（国民政府によって非承認）。

ハンガリーは、オーストリア・ハンガリー帝国が海外で有していた諸利権を放棄することとなっていた。しかし、そこに新たな問題が生じた。在華ハンガリー国民のうける処遇は、中国政府がほかの国際連盟加盟国の国民に与えているものと同等であるべきで、それに劣るべきではない(25)とハンガリー側が主張したからである。ハンガリー側の意図は、「国際連盟加盟国」＝英仏との同等の条約、すなわち中国から見た不平等条約の締結を求めたのである。先にスイスとの交渉過程で、スウェーデン条約第九条が適用されたと述べたが、これがその後の東欧諸国との交渉に大いに影響するところとなったのである。

チェコスロヴァキアに対する交戦団体承認は、中華民国のシベリア出兵と関係していた。民国七年九月に諸協約国が西シベリアのチェコ軍を交戦団体として承認したことを受けて、中華民国も十月三日に交戦団体承認したのであった。大戦終結後、チェコの代表が条約締結を望んできたが、中華民国外交部は諸協約国が条約を締結してからにすると拒絶した。その後、パリ講和会議が開かれてから、陸徴祥外交総長はチェコとの平等条約締結に意欲を見せたのだが、チェコ側は中華民国全権がパリ講和会議に示した、五年後に領事裁判権を撤廃するという見通しを条約文にも援用するように求めた。暫時領事裁判権をもつということである。中華民国はこれに応じず交渉はここで頓挫してしまった。中華民国はチェコを自らと同等の新独立国としか見ておらず、不平等条約締結は想定していなかった。(26)

フィンランドからは、他国同様、パリ講和会議に際して中華民国側に国交樹立の打診があった[27]。既に英米など各国はフィンランドを承認していたから、中華民国も承認をすることが適当と判断されたが、フィンランドによるロシアの在華諸権益継承は認めず、平等な関係を築くようにという指示が外交部から駐仏公使胡惟徳に発せられた[28]。この内容は駐仏フィンランド代表に伝えられたが、フィンランドとしては国家承認は受け入れるものの、駐日代理公使を駐華代理公使としても容認するように求め、条約締結は先送りする。前述のように、条約締結以前に使臣を交換することは中華民国としても望ましいことではなかったからであろうか、北京の国務会議でも締結先送りを許可した[29]。

こののち、民国九年六月一日にペルシャとの間に平等条約が結ばれ、民国十一年に批准されるなど、ボリビア条約に続く成果が少しずつ見え始めていた。だが、第一次大戦で条約を締結して外交関係を樹立したはずのハンガリーやブルガリアとは通商条約を締結するには至らなかったし、キューバ・ウルグアイ・パナマなどとは外交代表を相互派遣しても条約締結には至らず、先のチェコのように接触・交渉はあっても条約締結に至らない国も多かった。リトアニアなどのバルト諸国、ペルー・エクアドル・アルゼンチン・ベネズエラ・ドミニカなどの中南米諸国、サルジニアなどの東欧諸国、シャム・エジプトなどのアジア・アフリカ諸国などもその例であった。

このような状況の下、民国九年に和約研究会を設立、民国十年五月の制度改正により条約司を誕生させ、中華民国外交部は、国権回収政策を継続していく意思を制度面で明白に示した。この制度改革をおこなった顔恵慶総長は、条約司ができた民国十年五月に対ドイツ完全平等条約の締結に成功、同年のワシントン会議では、前述のように、国権回収の道筋をたてようとし、山東問題・二十一カ条条約の双方について解決の目処をつけた。また、後述のように、国際連盟において非常任理事国となるなどして、国際地位の向上に努めた。この方向性は、顧維鈞総長にも受け継がれ、対ロシア条約締結交渉でも平等性が焦点となり、対オーストリア条約も完全平等条約となった。

だが、中華民国北京政府外交部が国権回収で大きな成果をあげる「修約外交」を集中的に展開するのは、実は民国十四年から十七年であった。修約外交は、「到期修約」、すなわち条約の更新期限のたびに少しずつ条約内容を変えていこうとする方策である。周知の通り、五三〇事件ののち、中華民国北京政府は列強に対して不平等条約の改訂を要求、関税特別会議と法権会議を同時に開くこととなった。これは、同年の「修約説帖」としてまとめられ、次年度には外交委員会において一切の不平等条約を一律に修改することが提起され、二月二日に閣議決定された。この「一律性」は、「革命外交」の唱道者として知られ後に南京国民政府外交部の部長として活躍する王正廷が唱えた。北京政府外交総長であった王は、列強との関係では原則論を提起してきた北京政府外交の流れ、また最恵国待遇があるため一律に撤廃しないと効果が小さいという実質的問題から、こうした「一律性」を唱えたものと思われる。そして現実的には「修約外交」を展開して少しずつ条約改正する姿勢も、これまでの北京政府外交の経緯をふまえていた。ただのちに北京を離れた王の主張が以前と異なっていたのは、この一律性を最恵国条款にからむ問題としてでなく、革命外交として説明しようとしたことにある。不平等条約改正の方法の一つであり、ソ連・トルコモデルを援用する革命外交は、ある意味で非現実的であり、おそらく王自身も北京政府の修約外交のほうが効果をあげることを知っていたが、社会主義やナショナリズムをふまえて「革命外交」として説明したことは、大いに当時の国民をひきつけ、後継政権にも「評価」されることにつながった。[30]

北京政府外交部が修約外交を展開する上でターゲットとしたのは五大国以外の欧州諸国であった。民国十五年十一月にベルギー条約、また翌年にはスペイン条約の破棄を通告、ベルギー側は民国十六年に条約改正に応じることになった。

このほか、これは修約ではないが、民国十五年十月にはフィンランドと平等通好条約を締結、十七年にはポーランドと平等友好通商条約、ギリシャとも平等通好条約を結んだ。こうした中で、五大国との交渉も進み、イギリスとは天津租界返還で妥結した[31]。スローガンとして一種の動員力をもつ革命外交は、スローガンとしては新しいが、内容的にはこれまでの「渾括主義」の政策の延長上にあり、個別具体的には修約外交的な手法で実施された。だが、こうした成果はこれまでと異なる「革命外交」として位置づけられた。民国十七年に成立した南京国民政府は、修約外交の手法と成果を継承しつつ、一方でスローガンとして革命外交という言辞を利用していったのであろう。

中南米諸国から新興欧州諸国、次いで五列強以外の国々と少なくとも額面上の平等条約を結ぶことに成功した中華民国は、次第にその国際的地位をあげていった。この勢いの中、中華民国はやがて五大国と並んでいくことが期待されるようになっていった。「文明国」となって不平等条約を改正することを目指しながら、一方で国際的地位の向上という面で、中華民国は「より上に」、すなわち大国化への志向性を有していくことになる。

5　国際連盟外交

最後に、中華民国北京政府の国際連盟外交について簡単に整理しておきたい[32]。前述のように、中華民国は、当初山東問題や二十一カ条などの諸懸案を解決する場として、国際連盟に期待したが、ペルシャ問題に見られるように、連盟が個々の国家の個別具体的な問題を解決するような場として機能することはなかった。しかし、国際連盟の地位が不明である中で、中国では、国際連盟に過度とも言える期待を示したことは注目に値する。ウィルソン主義が受け入れられ、それを体現する場として連盟が意識されていた。ウィルソン主義には民族自決など国権回収に利用できる理念が含まれていた。他方、当時の中国国内での議論を見ると、「公理・公道」を体現する場として国際連盟に期待する風潮もあった。この公理・公道が何かという問題は、政治思想史上の大きな問題となろう。連盟は、「強者必勝・弱者必敗」ではなく、国際平等が実現される大同の一つの場として意識されていた。

国際連盟が不平等条約改正の場として機能しないことが判明しても、この国際平等実現の場としての期待感は、必ずしも解消したわけではなかった。中華民国全権は、国際連盟の各委員会において他の加盟国同様、あるいは常任理事国なみの責務を果たして、中華民国が「文明国」であることの証をたてるとともに、以下のような施策を展開した。第一に、前述した「分洲主義」の採用を求め、連盟理事国の非常任理事国選出枠にアジア枠を設けようとした。これに成功した中華民国は、民国九年（一九二〇年）から十二年まで三回にわたって非常任理事国に当選している。中華民国が非常任理事国に拘泥したのは国際的な地位の向上のためであった。第二に、これは連盟の経費負担が人口比に基づいた結果でもあるが、英仏とほぼ同等の経費を負担し、最初の三年間は完納した。中華民国が納めていたのは、連盟経費全体の五パーセント以上に相当していた。

しかし、民国十二年には、曹錕が大総統となるために不正な選挙をおこなった「曹錕賄選」への非難、臨城事件などのため、非常任理事国選挙で落選。また経費負担も計算方法の変化により七割程度増加し、中華民国は財政難でもあったので支払い不能となった。この後、民国十四年まで三年連続非常任理事国選挙に落選、経費はすべて未納となった。民国十五年に非常任理事国に再当選するが、経費面は改善できなかった。

中華民国が非常任理事国として少なくとも七回中四回は当選しているという事実や、また経費面で列強と同等の額を一時的にせよ負担したという事実は、中華民国が国際的地位の向上を目指したことの現れであろう。こうした連盟外交の展開こそが、後のリットン調査団をめぐるやりとりを含め、国民政府期に受け継がれていくものと思われる。だが、これは唐啓華が既に指摘していることだが、アヘン問題などに見られるように、連盟の決議案を国内では実施できないというのも中華民国全権のジレンマであった。いかに近代的な外交を展開し、文明国として振舞っても、条約履行能力がなければ信用を失うことになっていくのである。

他方、国際政治史的観点から見ると、中華民国は「九国条約体制」でアメリカと、この連盟でイギリスとの関係を重視しながら、自らの安全をはかり、最大の侵略国である日本を封じる場を確保したとも言えよう。中華民国はたしかに国際政治のアクターとしては弱体であったが、このような列強間の対立を利用して自己に有利な局面を拓き、国際的地位を向上させながら列強と同等となっていくことを志向したのであろう。国際連盟での振る舞いはそうした方向を如実に示していた。

第II部ではここまで、中華民国北京政府外交部の展開してきた不平等条約改正政策について概観してきた。第二章で述べた民国初年の状況と条約締結交渉、第三章のパリ講和会議、第四章のワシントン会議に次いで、本章では第一次大戦後の新独立諸国との条約締結交渉や国際連盟外交などを見た。これらを通して、中華民国北京政府が条約改正のために、不平等条約の締結を望まず、また国際社会の一員として地位の向上をはかり、それを背景として列強に対しては原則論を提示しつつ、列強以外の国々からは「修約外交」によって成果をあげていったことが明らかになったものと思われる。民国前期全体を見れば、明らかに第一次大戦への参戦が政策の展開の上で大きな契機となっており、北伐期には、修約外交で大きな成果を挙げることができたのだった。そして「渾括主義」と修約外交は、「革命外交」とともに南京国民政府へと継承されていき、国民政府は二つの外交カードを利用していくことになる。革命と修約がそれであるが、これらは、原則論からくる一律改正論と、個別問題解決論であり、この二つこそ現在の中国外交の原型とも言えるものではないだろうか。

しかし、革命外交を標榜した国民政府の政策と対照的なのは、方法ではなく、むしろ社会的な認知を受けるための宣伝活動であったろう。上に述べてきたように、北京政府は確かに不平等条約改正において後の国民政府より大きな成果を挙げている。国民政府は中日関税協定や天津オーストリア租界回収などを成果としてあげているものの、内容的には北京政府に見劣りする。また、実質的な外交の方法についても、実は大差がない。だが、同時代人の印象も、また研究史における印象も、革命外交の方がはるかに強い。たしかに、北京政府外交部がおこなっていたのは、五大国というより、「小国」からの国権回収だったという面がある。だが、それにしても北京政府の外交は過小評価されすぎてきた。それは、中華民国北京政府が、「宣伝」したり、国民に理解を求めたりするような意志をあまりもたなかったためかもしれない。この点、社会主義やナショナリズムという二〇世紀の政治潮流をふまえた「革命外交」というスローガンは、政策の「説明」としてきわめて魅力的であった。

しかし、北京政府外交部や在外使臣が通電などの手段をつうじて「国民」に理解を求めることもあった。また、外交官が書物を著し、国民外交の醸成に努めることもあったし、外交部は各方面から意見を徴集して政策を形成しようとしていた。だが、北京政府外交部は国民に対してやはり啓蒙的であり、国民の動きを利用して外国との交渉をおこなおうという志向性に乏しかった。この意味では一九世紀的な主権国家としての外交をおこなっていたという面がある。そこには「人民」はいても、外交を形作る「国民」が不在であったとも言える。こうした点では、国民政府と人民共和国政府は通じる面があり、北京政府はむしろ光緒新政下の清朝外交との連続性の下に位置づけられるように思われる。

第六章　広東政府の外交政策
——第一次大戦を中心に——

第Ⅰ部第五章では、広東政府の外交についてその制度及び外交行政について考察したので、ここでは特に北京政府の不平等条約改正政策に対応する第一次大戦期を選び、中華民国広東政府の外交政策を検討する。それに際して、北京政府との共通点や相違点に留意し、従来は正統政府として外交史の記述の主流でもあった中華民国広東政府の具体的施策、そして実際に「革命外交」につながっていくような外交を展開していたのか否かという点について、検討していきたい。史料については、広東政府の外交档案が一部を除いて残されていないので、『軍政府公報』などの公報類に依拠することとする。

1　第一次大戦と広東政府

広東政府外交の目標は、対外的に政府承認を求めつつ、国内からその正当性を認知されるようにすることにあった。具体的には、前述の通り、北京政府と同様、近代的な外交制度を次第に整えつつ、第一次大戦にまつわる懸案を解決しなければならなかった(1)。第一次大戦は、広東政府を生み出した背景でもあったが、外交上は、ドイツ、オーストリアとの関係の調整など大戦をめぐる諸問題こそが大懸案であった。これは、第一次大戦中に生まれた政府の宿命であろう。まず国際法に準拠して、中央政府として戦争に関する一連の手続きを実行しなければならなかった。対ドイツ・オーストリア宣戦問題については、広東政府には宣戦を急がねばならない事情があった。それは、「北京政府がドイツ・オーストリアに対して宣戦布告をおこなって以来、各協約国はみな各方面で北京政府を支援している。このような状況下では、南方政府が承認を取り付けるのは困難である」という認識が背景にあったからである。(2) 宣戦は国際的な支持をとりつける手段として有用であったのである。広東の国会も政府も、北京の段祺瑞総理の対ドイツ・オーストリア宣戦布告を承認しようとはしなかったが、軍政府としての具体的な対策も明示できず、国際社会へアピールするに至っていなかった。中央政府として認められるには、北京政府を否定するだけでなく、国際社会の中で中央政府がおこなうべきことをしなくてはならなかった。

民国七年（一九一八年）九月十八日、孫文大元帥が国会に対してドイツ・オーストリアと「中立関係を回復するか、それとも現在の交戦状態を暫定的に承認するか」と問題を提起し、審議の結果「暫定的に交戦状態を承認する」ことが決議された。(3) この後、二十日になって「暫定的に」とすると誤解を招くとして、「現在の交戦状態を承認する」と文言が改められた。(4) この内容は九月二十六日に公布され、ドイツ・オーストリアとの間の交戦状態が宣言された。孫は、その著書『中国存亡問題』に見られるように、元来、第一次大戦参戦反対派であった。中国におけるドイツ利権が小さいこと、北京政府の参戦はイギリスが背後で画策したとされていることなどを考慮し、中立を提唱していたのである。(5) また実質的にも、駐滬（上海）ドイツ総領事クニッピングが、帰国を迫られた駐華公使ハインツから孫への資金援助を指示され、当時上海に寓居していた孫に接触し、二〇〇万元を準備、林能士によれば最終的に一〇〇万元程度を援助したとされている。(6) カービーは、その著書の中で以下のように述べている。

孫中山は、中国の欧州大戦参加に反対し、この問題を利用して中国における一つの政治パワーとして自らを再び位置づけようとした。一九一七年七月、彼は広東に約二〇〇名の南方派議員と大部分の中国海軍を集め、彼自身を大元帥とする、北京政府とは別の政府を組織した。彼がこのような行動をとれたのは、中国の宣戦布告を撤回させることを目的とした、ドイツからのかなりの資金援助をその外交筋から受け取っていたことに依るようである。[7]

だが、孫は少なくとも議会とのやりとりの中では参戦に反対することはなかったし、ドイツとの関係をほのめかすこともなかった。孫は、基本的に中立的立場にたって、議会に対して結論を出すことを迫ったのである。先に述べたように、当時、宣戦を決めた北京政府を協約国が援助しているということが問題であったが、だからと言って現実問題として、広東政府がここでドイツに接近して、英米仏日を敵にまわすことは困難であった。それは国際政治上の問題、あるいは道義上の問題というよりも、より実質的なものだった。北京政府は、参戦にともない実利を得ていたのであった。段祺瑞の得た西原借款は日本円で一億四五〇〇万円という巨額なものであった。[8]

広東政府は、その後も段祺瑞を首班とする北京政府の非法性（法統が正しくないこと）を訴え、[9]またそれを理由として北京政府や北方の督軍らによる対外借款を承認しない姿勢をみせた。これは、国内の資産を担保とした借款それ自体を国権の喪失として非難するものではなく、その担い手の不当性を訴えるものであった。[10]広東政府にとって、対外借款は財政基盤を確保するためにも必要不可欠であったが、[11]そのためには外国から中華民国を代表する政府として承認されること、あるいは最低でも交戦団体、実効支配能力のある事実上の政府として認知される必要があった。国際社会からの承認が、正統性や実質的財政と密接に関わる点は、北京政府における外交と同様であった。

他方、自治宣言していた西南各省は、中央へ送還すべき国税を勾留してその財源としていた。しかし軍政府自身は、広東での拘留分は広東省政府が押さえているため、そうした財源もなく、内債、国内銀行借款、内外からの寄付、そして政府財産の売却などによって急場をしのごうとしていた。当初は、議会とともに南下した海軍の維持費など軍事費支出が問題となっていたが、最終的には政府運営の費用も枯渇していった。そして孫文は抗争中の広東省の莫栄新督軍と協議し、海関収入と塩税を勾留することを提議し、督軍の賛成を取り付けた。この過程で、「予想される外交上の責任を負う」と孫が宣言したとされるが、[12]興味深いのはこうした資金を省建設に使用するとし、軍事面に使用するとしなくなった点である。省から軍政府へ、軍政府から省へと税の吸い上げと分配を名目上おこなうところに意義があったのだろう。

以下、第I部で述べなかった改組軍政府成立の経緯と外交のかかわりについて整理しておきたい。民国七年一月、広東軍政府の営みは広西軍と政学派により暗礁に乗り上げる。軍政府は、もともと亡命政府であり、南方の地域社会に地盤を築けていなかったばかりでなく、亡命組の中の統率もとれていなかったのである。広西軍の一部と政学系（岑春煊・陸栄廷・章士釗・李根源ら）が一月十五日に広州で連合会議を組織、議和・外交・財政・軍事総代表を定め、メンバーが交代で主席を務めることになった。外交代表は伍廷芳が広東に戻って就任することになった。それ以前、伍は民国六年十一月に既に軍政府から離脱し、王正廷外交次長が代理総長を務めていた。[13]広東に二つの亡命政府が出現したのである。

孫文の単独のリーダーシップではなく、実力者の連合型であったこの政府は、北京政府との和解を進めようとし、結果的に南方における軍政府の地位を相対的に低下させようとしていた。広東に軍政府と連合会議という二重権力が出現するに到り、莫栄新広東督軍は軍政府に反旗を翻し、軍政府海軍が督軍公署を砲撃したのであった。この間、連合会議の外交総長伍廷芳は、次長王正廷、財政総長唐紹儀、海軍総長程璧光らとともに、軍政府と連合会議の妥協をはかるべく、軍政府の改組を提唱し始めた。[14]そこでは、軍政府は各省の内政に干渉しないことを基調に、外交・財政などは省側と軍政府が共同でおこなうとされていた。

しかし、この連合会議も実際の政務機関をもつわけではなく、一つの政策集団にすぎなかった。連合会議をめぐる外交状況を示す一例として、軍政府大元帥府の参謀を務めた鈕永建の西南各首領宛密電を紹介したい。

今日の外交情形には大きな変動がある。アメリカはもとより「義軍」（護国軍）に同情的であったが、日本もまた以前とは異なる姿勢をとるようになった。最近上海から来た国会議員の易次乾君の話では、日本の元老・山県有朋が、張謇を通じて義軍に対して早く代表を日本に派遣したほうが連絡の便がよいと述べ、また政党方面でも国会議員の菊池良一が代表を早く日本に派遣するように書簡で要請してきたという。（中略）ヨーロッパの大戦はいよいよ佳境に入ってきている。特にイタリア軍が大敗し、ロシアで内乱が起きたことによって、協約国はみな恐慌に陥った。日本はドイツの情況に憂慮し、ドイツがシベリア鉄道を利用してシベリアに進出するのではないかと考え、かつての考えを改め、この中国で最も有力な者と手を組み、東アジアの全力を尽くしてドイツの進出を阻もうとしている。現在段祺瑞は恃むに足らず、この義軍にそのターゲットを絞りつつある。松井大佐が広東を経て広西まで来たのは、このためである。このようなとき、わが国において各方面から有為の人才を得ることが求められるが、それは外交関連の人物が望ましい。これは政局の趨勢として当然の帰結であろう。

これは連合会議が成立した後の民国七年一月二十二日の電報だが、この時点では日米ともに広東政府に非公式の接触をしていたのであろう。鈕永建は、直ちに宣戦して、兵力を集めて逆軍を打ち、日米と連絡を密にしていくよう提唱した。そして西南に統一機関を設立して外交に当たらせ、最低でも交戦団体認定を受けていくべきだと主張していた(15)。当然、軍政府も連合会議もともにその任にたえないと言うのである。

このような西南各方面の地域利害を代表する統一機関を設立して「外交」に当たらせるべきだという主張は、広東政府内部にも存在した。時期は前後するが、民国六年十月に軍政府改組を推進していた呉景濂と王正廷は、唐継堯督軍に対して以下のように述べている。

私たちは、国法が不良でかつ整っていなかった上に、政治が不善で処置のしようがなかったので、一方で非常会議を開き、他方で軍政府を組織して継続の策となした。しかし、事が始まればあまりに動きが急で、軍政府は未だに西南の意見を徴集することなく、そのために成立基盤も十分でなく、成果も小さい。今、大局は決裂し、時局は緊迫、体制は定まらず、外圧も増している。私たちは、繰り返し計画を練り、軍政府の名義を残したまま、政府を改組すべきだという結論に達した。軍事計画に属する点については、各路の元帥に臨機応変に進退させる他、別に各省連合軍事会議を組織し連絡に当たらせる。外交については、借款計画あるいは□□（脱字）に関わることは、具体的な主張をし、対外的に一致するようにする。(16)

軍政府と西南各省との対立が深まったので、利害を調整し、外交については具体的な主張をおこなうことで、対外的に一致することを提唱している。ここでは、外交を軍政府が完全に掌握するのではなく、軍政府のおこない得ることを限定し、省側にも参与の余地を残しているのがその特徴である。しかし、その後、軍政府が改組され連合会議が政権を握ると、「護法各省及び各地方の護法各軍は、連合会議の許可なくば、外債募集あるいは土地・鉱山・公産を担保とした対外契約を結ぶことはできない」（「中華民国護法各省連合条例」第二章第五条）(17)と定められるなど、借款、外債については地方の自由を制限した。

さきの鈕永建の意見書にもあったように、当時の西南では内外からの「承認」が是非とも必要であったが、これこそが連合会議の（対外政策の）目標であった。鈕は、地域利害を代表する交戦団体承認を求めていたが、広東政府としては中央政府としての承認を求めなければならないという事情もあり、鈕ほどはっきりと「交戦団体」という目標を明示していなかった。

民国七年には、特に日本からの承認への期待が高まっていた。段祺瑞が失脚すれば、それにより日本の対中方針が転換すると彼らが考えていたからである。伍廷芳は、以下のように述べている。

西南護法は既に積極的に進行しているが、外交もまた決して軽視してはならない。日本は、我が国の東隣に位置し、関係は最も緊密である。だが、その政府は、我が国の内情に通じておらず、ややもすれば隔たりが生じてしまうことがある。援段政策などは、その一端である。しかし、段が倒れてから同政府は前非を悟ったようである。林公使を召還し、松井を派遣してきたことなどは、その対華政策の変化の現れである。この機会を捉えて、声望ある老練な人物を訪日させて日本政府と密かに接触させ、真情を伝えて利害によって相手を動かせば、最低でも日本政府を中立的な立場に置かしむることができ、うまくいけば当方への援助を勝ち取ることができよう。[18]

伍は、政府承認をとりつけられるとは考えていなかったが、最低でも北と平等に扱われる存在になる可能性があると考えていた。だが、こうした期待とは裏腹に外交代表伍の息子である伍朝枢は、民国七年二月に駐粤領事団に対して承認を求め失敗していた。[19]

これまで見てきたように、軍政府と連合会議、そして省督軍らをアクターとした政治の場において、外交もまた一つの争点であった。連合会議は軍政府に外交を共同でおこなうことを求め、軍政府側が督軍官署を攻撃した際には、その理由として「孫文は督軍に対して広東省外務庁長（ママ）の任命権を求めること」を名分として挙げ、砲撃開始前に条件として「広東省の外交官員を軍政府が任命すること」を督軍に求めていた。最終的な調停の場では「外交官員の任命に際しては、軍政府の同意を有する」ことが定められることになった。[20]省の外交人員を省政府が掌握していることは、実権のなかった広東政府にとっては広東省において直接的に対外業務を実行できないことを意味していた。そして、政局が切迫する中にあって、孫文は駐華各国公使に対して、広東軍政府こそ「中華民国の行政権を行使する唯一の政府」だと主張し、北京政府の締結した借款契約などの無効を訴えた。[21]省レヴェルの実質的な部分と、中央政府としての名分外交の双方を展開したということになろう。

2　パリ講和会議と広東政府

民国七年（一九一八年）の末になると、民国八年に開催予定の講和会議が話題となったが、これは広東政府にとっても外交上の一大懸案であった。連合会議が実権を握った結果として成立した改組軍政府の政務会議は外交調査会を設立し、南北議和問題そのほかの外交問題を研究させようとした。この機関は、外交総長を会長とするものの、副会長は政務会議が任命し、メンバーは正副会長が招聘するため、政務会議と外交部にそれぞれ半属していた。だが、報告書などは、外交部ではなく政務会議に提出することが義務づけられていた(22)。

民国八年一月、改組軍政府は、孫文・伍廷芳をパリ講和会議への全権大使に、王正廷・伍朝枢・王寵恵を全権特使に選出、参議院・衆議院に諮り(23)、二十六日に可決(24)、二十七日に改組軍政府が公式に大使・特使に任命した(25)。しかし、孫と伍がパリに赴くことはなかった。この代表問題に関する孫の動向は以下の通りである。一月六日、孫は林森・徐謙らに対して書簡を出し、パリ講和会議代表問題について「これまで唐紹儀をパリ講和会議に出席させ、全国を代表させるように主張してきた」が、その唐が中国国内における北京政府との南北議和のためにパリに赴くことができなくなったので、その代わりに伍朝枢を推薦するとしていた(26)。孫自身は、ヨーロッパに「遊ぶ」ことには意欲をみせながらも、講和会議については「各国から政府承認されていない以上、依然として出席は難しい」という立場であった(27)。『政府公報』などからは明らかとはならないが、『民国日報』には、代表に関する衆議院での議決票数が掲載されている。それによれば、一月二十一日の議会において、議員一三九人のうち、孫文が一三三票、伍廷芳が八八票であったが、他の三名は過半数を獲得できず、否決されたという(28)。この翌日の二十二日、北京政府が王正廷を代表に指名している。『国民公報』などは、孫が代表就任を拒否したのは、結局のところ北京政府側が中心となり身分の面で単なる随員にしかなれないと考えたからだと報じた[29]。たしかに孫の書簡にもこうした方向性があり、趙士北宛書簡で、随員の身分での講和会議出席は望まない、さらに南方政府は未だに承認されていないのだから、慌てて会議に出席しても効果は小さいとし、さらに「時をまって解決する」という見通しを示していた。ただ、赴欧については肯定的で、私人の名義で欧州に赴き、情勢に応じて発言することには意欲を見せていた[30]。

山田辰雄は『国父全集』等に基づいて孫文がパリ講和会議参加に否定的であったことを指摘している。たとえば、「南方派遣の特使は、いまだに国際的承認を得ていないのであるから決して発言を代表することができない。そのうえ私はまた、北方の偽政府委任を受けることもできない」という孫の見解を紹介している[31]。

この後、林森などの議員が孫文を「国民代表」に選出し、講和会議に参加している諸外国や報道関係者に中国の実情を知らせるべきだとしたが、孫は会議不参加という態度もまた実情を知らせる行為であるとして、それを退けたのだった。

以上のような孫文の立場は、以下の広州外交後援会宛の孫の書簡によく表れている。

国際慣例にしたがえば、国際会議に列席する者は、必ず国家を代表する資格を有していなければならない。現在、南方政府は未だ国際的に承認されていない。どのような名義で参加しようとも、誰も国家を代表する資格がないのだから、出席したところで、目的を達することは難しく、行っても行かなくても結局同じになってしまう。私としては、これからの対外問題について自分なりに思い至る点を個人名義で発表していくことが、比較的効果的なのではないかと考えている。今まさに公理が伸張しているので、一二の軍閥や国家が世界の大勢に反して私を侮蔑することはできないだろう[32]。

孫文は、あくまでも政府承認に拘泥していた。改組軍政府の幹部や王正廷らが、南北問題を国の内部の問題、civil war と考えていたのに対し、孫はあくまでも国際問題の中に南北問題を位置づけていた。従って、王らにとっては、まずは中華民国の国権回収があり、その後に南北問題があるのに対し、孫にとっては南北問題の解決が先にあって、その後に国権回収があるのであった。前述のとおり、広東政府は最終的に王正廷と伍朝枢をパリ講和会議の代表として派遣したのであった。[33]

パリ講和会議が始まると、山東問題解決失敗に憤激した集団からの電報が広東政府にも殺到した。九江総商会は、通電を利用せず、パリ講和会議で抗争するように広東軍政府に直接求めたが[34]、湖南常徳県勧学所のように各方面に通電を発し「解決へ向けて努力」することを求めるものもあった。[35] こうした議論に共通しているのは、「中国が言っていることは公理に則っているのだから、必ず実現される筈だ。もし、それが実現されていないとすれば、それは努力が足りないからだ」という論法であり、そこでは「この公理はアメリカのウィルソン大統領も支持しており、日本の行動はすべて不合理である」とされた。こうした見解の代表例に、王天縦司令の意見がある。「今回のパリ講和会議では、アメリカ大統領が公理を主張しているが、日本人が求めている公理など不合理の極みである。もし我が国の各代表が理によって力争すれば、パリ講和会議において必ず承認されるはずだ。昔、斉の仲連が秦が帝となれば海に身を投げるといって反対したということがあるが、今我が国も、もし全体が日本と力争すれば、どうして挽回できないことがあろうか」[36]。この王の意見は、中央政府である北京政府も、代表を派遣している広東の改組軍政府も同様に非難していたのであった。[37]

民国八年になると、広東政府は、大戦が終局していたのにもかかわらず、「遣送敵僑事務局条例」、「遣送敵僑回国辦法」(民国八年二月二十五日)などを公布し、さらに「管理敵僑財産事務分局条例」を公布して、ドイツ・オーストリアなどの国民の財産を差し押さえた。[38] 他方、講和会議に向けての準備も怠らず、二月には郭泰祺と陳友仁を「赴欧和平会議専門委員」に任じ、同日李書城を遣送敵僑事務局兼管理敵僑財産事務分局督辦に任命している。これは、会議参加に際しての準備でもあったが、この時期になってもドイツ人が依然として中国国内にいたり、たとえ帰国したにしてもその財産管理が公正におこなわれていなかったという実情も反映していた。広東省梅県では、北京政府がドイツ人を「駆逐」したために、その経営する学校の前途が危ぶまれるという事態が生じ、その管理が民国八年になって広東政府に依頼されるという状況にあった。また、四川省では駐川「敵僑」と協約国領事がそろって、「敵僑」の帰国とそれへの保護を要請し、要請を受けた督軍が対応に苦慮して軍政府に回答を求めるという事態が生じていた。

他方、改組軍政府はこの時期北京政府と共同歩調をとっており、山東問題を利用して北京政府を非難するよう各商会などに指示したりせず、もっぱら事態の沈静化をはかっていた。広東督軍・省長もスワトウ鎮守・道尹に対して、「国内各界では青島問題が物議を醸しており、国貨購入を勧めているのは何も広東だけではないようだ。しかし、貿易と購買は個人の自由であり、某貨を購入するか否かということも個人的な感情によるのであって、決して強制してよいものではない」とし、スワトウで生じた排日貨運動を抑える方向の指示を出していた。そして、「僑居する外国人には保護を加え、齟齬のないようにせよ。友邦の兵艦が条約に基づいて通商口岸に来航し、貿易の状況を巡査するに際しては、停留期限なく認められている。今スワトウに来航している日本の軍艦に不審な挙動がないのなら、特に交渉提議する必要もなく、ただスワトウ交渉員に命じて、誤解による不測の事態が生じて日本の水兵が武器を携帯して上陸したりしないよう日本領事に面会して要請させればよい[39]」としていた。

パリ講和会議での広東政府の代表たちについては、前述のように、王正廷と伍朝枢の間で意見が一致しておらず、南方代表は広東政府からの訓令で動いていたのではなく、中華民国の、あるいは中国の代表として振る舞っていたことがうかがえる。『政府公報』などを見ても、講和会議時の南方派遣代表への訓令などは見られず、もっぱら各方面から広東政府に寄せられた電報や書簡を転載していた。また、パリにおける全権代表団の外交に対しては、たとえば民国八年七月六日の広東政府の対外宣言文などで示されるように、代表団がヴェルサイユ条約について山東条項を保留して調印していないことに賛成、さらにこれによって協約国との友好関係が妨げられるものではないなどとして支持を表明していた。北京政府に対しては、条約に調印しないことを前提として、その後はどのような政策があるのか明示せよと要求していた。調整する意志があったのである。(41)

南北両政府の政策は、五四運動後に北京政府がヴェルサイユ条約に条件付きで調印しようとした面は別として、大差なかった。だが、パリ講和会議参加のためパリに向かう旅途でたちよった東京で陸徴祥総長が結んだとされる中日密約を攻撃する姿勢が見られ、(42)国際連盟の代表についてはより明確な相違点がみえる。民国八年八月十四日、岑春煊・伍廷芳両総裁が北京政府側に対して王正廷・伍朝枢・顧維鈞の三名を連盟代表とすべきだという要望を送り、(43)外交調査委員会も軍政府に対して北京政府と相談をしてこの三名を代表として任命するよう求めていた。(44)無論、この三名が代表とはならなかったが、このころから外交面での南北の共同歩調は崩れたようで、北京政府や北京政府系の省長、督軍による対日借款について、和議が成る前には借款などは停止すべきだと抗議するだけでなく、山東利権に関する日本との直接交渉に断固抗議する姿勢を示し、北京政府に忠告を発するようになった。(45)また、民国八年九月には北京政府の中日密約を軍政府として正式に否認すべきだという主張が陳炯明らから出され、(46)十月二十日に政務会議が各友邦に対する否認通告文案を決議している。(47)広東政府は、このあとも一貫して中日直接交渉に反対し続け、連盟における「公断」を求めた。(48)広東政府は北京政府が民意を反映していない状態で直接交渉に向かおうとしていると非難していた。その後、民国八年十月に、軍政府は対独戦争状態終結方法を考案しはじめる。北京政府は大総統の宣布というかたちで戦争状態を終結させたのだが、軍政府は国会での議決による宣布を模索し、(49)十月九日に衆参両院で戦争状態終結の宣告文を可決、十月十八日に外交部を通じて領事団に公文が手交されたのであった。(50)

民国九年には中央・地方の借款と対日直接交渉問題が反北京政府の二大論点となった。広東政府の首班の中には、広東が国民会議を召集し、その代表を国際連盟に向かわせて抗議しようという者もいた。第一次大戦をめぐる南北の外交については、パリ講和会議参加の局面では、広東内部の争いを一つの背景として、一時的に南北の一致を見たが、会議がおわるともとの状態に戻った、あるいはより根源的な対立の様相を呈するようになった。南北両政府は、政策面で国権回収の方向性を共有していたが、それへの戦術は共有されず、争点となったのである。(51)

山東問題をはじめとする列強との外交交渉の場が、パリ講和会議から国際連盟、そしてワシントン会議へと移る中、南北両政府の関係は、政策の方向性が異なっているわけではないにもかかわらず、次第に悪化していった。当初、パリ講和会議に際して、改組軍政府は南北議和に前向きであり、だからこそ講和会議に南方代表も出席させることができた。しかし、広東政府は次第に議和に消極的になり、民国八年（一九一九年）十一月二十六日には、各省督軍・省長・省議会がそれぞれ一名を広東に派遣して会議を設立し、そこで外交を担わせようという案を政務会議が出すほどになった。(52)これは実現しなかったが「国民会議」に対外代表権を担わせ、北京政府の対外代表権を否定することをこの案は意味しており、外交面での南北協力の終結を物語っていた。しかし、これは北京政府との交際を一切絶ってしまうことを必ずしも意味してはいなかった。後の正式政府のころになると、南北の公文往来が完全になくなるのだが、この時点では南北両政府の公文の往来はあったのである。例えば、北京政府の派遣した在外公使を広東政府が利用するという事例もないわけではなかった。華僑連合会からメキシコで華僑が虐殺されたことについて広東政府に訴えがあった時、広東政府は、北京政府の任命した駐メキシコ代理公使馮祥光、駐米公使顧維鈞に保護を要請、その経緯を『政府公報』に掲載し、(53)さらに広東の外交部に、馮代理公使と顧公使に問題解決させるよう命じた。(54)広東政府は北京政府の派遣した公使や領事を追承認あるいは実質的に承認していたのであろう。また、広東政府が北京政府経由で在外公使を利用することもあった。例えば、日本と広東政府との間で留学生派遣が決まり、陸軍の陳鋭・熊式輝・曹浩森の三名を送出した後、広東政府は北京政府を経由して駐日公使に事務作業の負担を要請している[55]。

広東政府は、第I部で述べた制度面や政策面で北京政府と同じような理念を有していた。条約改正への大方針は全く重なるし、第一次大戦への対応も基本的に北京と同じであった。こうした傾向はパリ講和会議へ向けての議和成立時に一層顕著だった。しかし、その採用する具体的な政策においては、異なるところがあった。具体的には借款契約など実利に関わるところが代表例である。しかし、それも正当性が問題であり、借款それ自体は南北がともにおこなっていた。第IV部で述べる時期と異なり、この時期には、基本的なところで政策上の対立は強くないと言っていい。

また北京政府と比較的密接に連絡をとっていることも看過できない。その後、民国十年に正式政府が成立すると、連絡が途絶えていくことになるが、南北の対立構造も様々な歴史変容の中にあることがわかる。他方、広東政府の実効支配領域、あるいは南方と言っても、その地域の実力者たちは広東政府を支持することができなくなれば直ちに北京政府に接近するといった情況にあり、広東政府の支配も必ずしも「領域支配」とは言いきれない部分があったことも確認しておきたい。

小括
――中国外交史の通史的理解と民国前期外交への評価――

第II部では、中華民国前期の外交を不平等条約改正政策の面から検討し、以下のことが明らかになった。まず、中華民国前期には、国際社会のフルメンバーシップを得た「文明国」となるよう、それに相応しい外交を展開しようとし、普通の主権国家となるための不平等条約改正・国権回収を政策目標として設定し、その目標に向けて具体的な施策が進められた。そして、このような「近代」外交はひとり北京政府に特徴的なものではなく、広東政府にも共通するものだった。これらのことは、中華民国前期の「近代」外交が北京政府のみならず全国的に担われていたことを示している。一九世紀的な「文明国化」による不平等条約改正という政策は、各方面で共有されていたのである。この背景には、国際的には第一次大戦にともなう民族自決や主権論など、弱国に配慮するウィルソン主義の環境、また国内的には山東問題や二十一カ条問題から救国意識が高まるとともに、こうした外交を担うべき人材が相次いで帰国していたということもあろう。内政面で中央の力に限界があっても、各地で同じような政策が展開されていたこと、また少なくとも北京政府が中華民国を代表して外交をおこない、地方側も少なくとも内政よりは中央の外交を支持したことで、この政策が保たれ、中華民国や中国という枠は維持されたのであろう。

しかし、中華民国前期の諸政策はスムーズに進んだわけではなく、既に述べてきたように様々な障害があった。不平等性の克服は、特に「平等」の面で、最恵国待遇を認めれば実質的に不平等となるといった点や、相手が列強と平等であることを求めた場合に、極めて困難な課題となったし、地方の問題も、北京政府の条約履行能力に対する疑問として跳ね返り、常に内外から統一を求められた。しかし、施肇基の十原則形成に見られたように、中華民国北京政府は自らの限界を背負いながら、政策の実現を図ろうとしており、傀儡とか列強に翻弄されていたという描写は必ずしも適切ではない。

その政策をまとめると、国際的地位の向上と交渉によって条約改正を果たすべく、地位の向上は国内の制度整備と国際連盟などでの責務の負担、そして第一次大戦で戦勝国となったことなどにより実現し、交渉は列強とは多国間で原則論（「渾括主義」）、その他は個別に「修約外交」によりおこなおうとしていた。その成果は、清末よりも、そして国民政府（期）よりも大きかったか、少なくとも同等であった。

では、このような外交を通史的にどのように位置づけるべきだろうか。これまで述べてきたように、中華民国前期の外交は批判の対象となることがあり、整合的に説明することは難しいとされている。通史的な記述をおこなうに際して、問題となるのは国民政府期の外交とどのように関連づけるかということである。

これについては、二つの前提が必要である。第一に、一九二〇年代以降の潮流である革命とナショナリズムの二つだけに依拠すれば、北京政府は基本的に否定的に評価されるということである。また、北京政府は「宣伝」と「動員」、そして「説明」ということをあまりおこなわない政府で、一九二〇年代以降と比べて、民国前期に熱狂的な支持者や「運動」が見られないということも重要である。これらの「革命」、「ナショナリズム」、「宣伝」、「動員」は、国民党、共産党に共通する政権維持のためのツールである。だから、この観点からすれば北京政府は一九世紀的政権ということになる。第二は、国際政治的史な要素である。一九三〇年代からの中国は国際政治の主要なアクターの一つとなった。それはナショナリズムとともに、日本ファシズムと社会主義の影響の中で実現した。英米は国民政府を支持し、これらの勢力に対抗させせなければならなかった。そのため、中華民国を大国に列せしめた。それに対また社会主義側でも、さまざまな経緯はあったにせよ、中華人民共和国を同陣営の雄として位置づけた。それに対し、中華民国前期は国家・政府としての保持ないし保全にとどまった。だが、中華民国北京政府が国際政治の主要なアクターとなれなかったことを批判しても意味がなかろう。

こうした前提を踏まえて考えていけば、中華民国前期は光緒新政以来の近代外交を継承し、原則と修約という手法に依拠して成果をあげ、国際的地位の向上を実現したと考えられ、そのあり方は、特に主権重視、領土保全の強調などの面で、むしろその後の外交政策に継承される基盤を築いたとは言えないだろうか。

外交档案から見える中華民国前期の外交は、主権や国境、あるいは国際法を重視する中国外交が本格的に展開したものであり、また国際社会での地位に敏感に反応して、国権の回収と維持に努め、外からの干渉に過敏に反応するスタイルを確立したと考えられよう。「革命外交」もまた、「革命」という新たな要素を加えつつも、実際には列強とは「渾括主義」で条約を一括改正しようとする北京政府の原則主義の連続性の中にあったし、国民政府が「革命外交」を唱えながら実際には列強以外との個別交渉で国権を回収したのも、「修約外交」との連続性で説明できる。

中華民国前期の外交は、清末からの外交、あるいは革命外交とも連続性をもちつつ、同時に現代にも受け継がれる中国外交の一つの原点を生み出していった。そうした意味で、中華民国前期は「中国近現代外交鋳造の時代」とも言える。だが、中華民国北京政府は、一九二〇年代に入って革命とナショナリズムにうまく対応することができなかったし、同時代的に国内各方面から積極的に支持をとることもできなかった。北京政府はある意味で一九世紀的な政権であり、ワシントン体制での利権の再分配に絡めとられることで一九二〇年代に入っても生き延びたが、その体制の変容は北京政府の立場を危うくした。これは、北京政府の崩壊がワシントン体制そのものの行方を危うくすることになったということとも関連しよう。

以上、第Ⅰ部と第Ⅱ部では、制度と政策における民国前期外交について述べてきた。ここでの内容は、外交档案の内容をそのまま受けとめたものと言ってよく、「近代」、「文明国化」の表側の面だとも言える。しかし、これだけで当時の外交を説明できるわけではない。その点を以下の第III部、第IV部で検討してみたい。

第Ⅲ部　中国的「伝統」外交の底流——宗主・大国化・空間認識

はじめに

第I部と第II部では、中華民国前期の外交について、その制度面・政策面でのありかたを具体的に検討してきた。中華民国前期外交を「近代」、「文明国化」というキーワードで把握することは、現在の中華人民共和国あるいは中華民国に至る外交史を説明することにもつながり、さらには中華人民共和国や中華民国が国是とした不平等条約改正（反帝国主義、奪われたものは奪い返す、これ以上奪われない、という方向性を含む）という政治的な方針を歴史的に理解することにもつながるだろう(1)。

この第III部と第IV部では、外交档案の語りかけてくる方向性をまっすぐに受けとめた第I部と第II部の議論ではほとんど捨象せざるをえなかった重要な論点を検討する。それは、清代のいわゆる朝貢体制や中国の伝統的外交の問題、そして民国期の特徴としてこれまで語られてきた「分裂」の問題である。「近代」、「文明国化」というキーワードで照射される面だけで当時の外交を説明しても、「中国の伝統的外交」とはいかに関わるのか、連続性はないのかという疑問や、当時の中国は分裂していて外交どころではなかったし、中央政府が全国から遊離した状態で外交を展開していたのではないかという疑問に応えられないのである。そこで、第I部・第II部とは異なり、第III部と第IV部では、外交档案をそのまま受けとめるというより、これまでの研究の大枠との対話を外交档案を通じておこなっていく。ここではまた、それらを第I部・第II部の議論と結びつけていくことも、同時に求められよう。

まず第III部では、清朝以来の「宗主」概念、「中華思想」、大国化、そしてさらには中央よりも地方で外交をおこなうような対外関係をめぐる空間認識（地政学的観念とも言い換えられよう）について検討したい。これらは、清末の外交に見られ、欧米や日本の外交官たちによって中国的外交の特徴とされてきたが、果たしてそれは民国前期にどのようになったのか。

宗主については、濱下武志の「主権と宗主」の議論を基礎とし[(2)]、敢えて「宗主」の局面から民国前期の外交を検討する。近現代中国の外交史を「主権と宗主」という論点から俯瞰した場合、単純化を承知で言えば、清末（一八九〇年代初期）までが宗主の時代で、光緒末年から民国期が主権の時代となろうか。そして中華人民共和国期については主権と見ることもできるだろうし、主権と宗主の組み合わせ、あるいは清代の宗主的な外交に逆戻りしたという見方もできるかもしれない。付け加えておくなら、主権と宗主が入れ替わるサイクルを想定している濱下の議論とはやや異なり、張啓雄は民国前期のモンゴルをめぐる外交を考察して「中華世界秩序原理」という中国に数千年にわたって通底する外交の大枠からの説明を試みている[(3)]。サイクルではなくて、原理が中国という場にあるというのである。いずれにしても、民国前期のモンゴルをめぐるロシアとの諸交渉、あるいは内政としての対モンゴル政治には、清代からの連続性において考えた方がよい側面が多々ある。そして、こうしたモンゴル問題をめぐる外交を担ったのは、一方で「主権」外交を担った人材、例えば陳籙など国際連盟代表も務めるような外交官であった。このような一見矛盾するような性質が北京政府の外交部や外交官に同居していたことをどのように捉えればよいのだろうか。この点は、対朝鮮半島外交、シャム外交を通じて検討したい。

「大国化」については、「中華思想」など曖昧な常套句を用いて説明するのではなく、第II部で触れた大国化への方向性を参照しながら、アジア諸国や非列強諸国との外交の中で、より具体的に述べてみたい。中国外交に「大国化」の傾向があることはしばしば指摘されるが、それを清末の朝貢体制との対照だけで論じるのではなく、民国期の変容を視野に入れて考えることが必要だろう。

「空間意識」は、特に新疆省と中央アジアの外交とそれに対する中央政府のかかわりを検討することによって、本来なら外交権統一を模索すべき中華民国北京政府が地方の外交を容認し、そこにかかわっていくという外交のあり方を見ていきたい。

なお、中国外交が「近代」、「文明国化」を志向する中、東アジアにおける「華」の衝突という側面、「中国」という枠をめぐる問題も重要となる。(4) 日本が一九世紀後半に天皇を外交文書上、皇帝と称するなどして自らを「華」として表現しようとしたこと、また日中戦争後に儒教的言説の中に天皇を位置づけたことを考えると、一九世紀後半から二〇世紀前半を「華」をめぐる日中の争いと見ることができるかもしれない。他方、空間的な観点から見ると、旧来の「華夷秩序」を支えたサブシステムは、特に「東」、海のある方向においてその消滅が顕著であり、陸の世界である「西」については必ずしも国際法や主権などが実質的に強調されずに旧来のサブシステムが継続的に存在していったのではないかという仮説があり、さらに「南」についても南シナ海が植民地政府に囲まれた海であり、そこでの秩序形成を考えると、南北政府と植民地政府との間で「東」よりはサブシステムが維持されやすい状況にあったことも考えられる。中国が目指していたのは、たしかにひとしなみの「文明国」となることだったが、一方で世界の「華」となること、つまり列強となっていくことへの道すじが、こうしたところから生まれてくることになるのだろうか。そして、旧来からのサブシステムの存在を許容することになるのだろうか。この第III部でそうした点を網羅的に論じることはできないが、いくつかの事例をとりあげながら慎重に議論していきたい。

第一章　対朝鮮外交
――主権の下の宗主――

清の朝貢体制の変容過程で、朝鮮半島との関係は具体的にどのように変化したのか。これは、宗主と主権が、実際にどのように絡まり、重層化するのかという問題を考える上で重要な課題となろう。ここでは、朝鮮半島からの視線まで汲み取ることはできないが、中国外交史のコンテキストに即して考察してみたい。

清朝は、宗主権を万国公法的な論理と絡め、それを外政総覧、内政干渉可能な権利に置き換えて、欧米日に対して表現して認めさせながら、朝鮮に対しては「属国体制」なる新しい体制を想定した。これは巨文島事件以降とくに強まった傾向である。このような変容はいかにして実現したのか、また制度的にはいかにして整合性が保たれたのか。これが第一節の課題である。

他方、日清戦争の敗北によって、最低でも清朝間の額面上の対等が原則となると、清も表だって宗主を主張できなくなっていった。条約上の権利もほぼ平等であった。では、その清を継承した中華民国はいかに朝鮮問題に接することになるのだろうか。この問題を考える際の一つの材料として本章では租界問題をとりあげる。清末以来、朝鮮半島には中国租界（居留地）があり、中国は朝鮮半島において特権を有していた。だが、日本が朝鮮の外交権を奪い日韓併合をおこなうと、この租界が撤廃されることになった。そのとき、文明国化、近代主権国家化を目指し、不平等条約改正を目指す中華民国はいかに振る舞ったのか。これが第二節の課題である。

1　宗主体制の再編としての「属国体制」——一八八〇年代後半の『清季外交史料』

本節では、壬午・甲申事変後、すなわち一八八〇年代後半の『清季外交史料』[1]の朝鮮関連事項を考察し、中朝関係の変容の状況について述べたい。一八八〇年代後半の清は、清仏戦争によって朝鮮を除くほとんどの朝貢国を喪失した状況にあり、先に述べた「有約」、「無約」、「朝貢」のうちの特に「朝貢」部分についての秩序再編を目指していたと考えられる。しかし、政治言説的色彩の強い中国近代史では、近代化ライン（洋務運動→変法自強運動→光緒新政）・革命ライン（白蓮教徒の乱→太平天国の乱→義和団事件→辛亥革命）・侵略ライン（アヘン戦争→アロー戦争→清仏戦争→日清戦争→義和団事件）の三ラインの組み合わせで説明がなされているため、一八八〇年代後半から九〇年代の前半は叙述の空白になっており、この時期の状況を知る手がかりは多くない[2]。

光緒十一年（一八八五年）以降の『清季外交史料』には、朝鮮問題、ヴェトナム問題、マカオ問題に関する案件が多い。マカオとヴェトナムは国境確定問題であり、朝鮮問題はすなわち秩序の再編問題である。これらは、万国公法の適用を考える上でも、また上記の二つの問題性を考える上でも重要だと思われる。

一八八〇年代後半の朝鮮半島は、甲申事変後の日清天津条約によって一応のバランスは保たれていたが、清朝間では「属国」、「属邦」問題をめぐる調整がおこなわれた。この問題は、一八七〇年代の日中交渉においてもしばしば取り上げられてきた。濱下武志の整理によれば、まず「朝鮮は朝貢国ではあるが内政・外交において自主である」、すなわち属国＝朝貢国ではあるがその枠内での自主が認められているという解釈だとのことである。次に、西洋の属国＝保護国規定に基づいて自主とはすなわち朝貢の停止であって、朝貢を停止していない以上は自主ではない、自主というのなら朝貢を停止しなくてはいけないという解釈があった[3]。後者は、日本などがよく唱えた解釈であるが、濱下は一八七〇年代においては日本側も朝貢貿易体制を所与のものとして扱っていたとしている。しかし、一八八五年の日清交渉で、「朝鮮は数百年にわたって我が属国であり、証拠は極めて多い」と李鴻章が主張したのに対し、伊藤博文は朝貢システムから朝鮮を切り離し、主権国家の枠組みの中で話を進めようとしていた。(4)

清は、朝鮮が属国＝subject state かと問われれば「自主之邦」だと答え、朝鮮が独立の国家＝sovereign state かと問われれば、属国＝朝貢国だと答えた。「自主だが独立でない」という考え方は、清の体制や実際の交渉の場ではどのように機能したのであろうか。まず清の政府内部を見てみよう。周知の通り、一八八〇年代には朝鮮問題の担当部署が複数化していた。礼部が属国たる朝鮮の朝貢を担当、他方通商については総理衙門あるいは北洋大臣が管轄していた。「独立でない」部分を礼部が、「自主である」という部分を総理衙門が担ったと言ってもよかろう。このように中央において朝貢担当部署、通商担当部署が分かれていたことは、朝鮮をめぐる問題が北京の部局間調整の問題としての面ももっていたことを意味する。各部局が与えられた役割に忠実に合理的判断をおこなった結果として、清の多様な外交のありようが見えることもあるが、調整しなければならない矛盾もあった。

甲申事変が一段落してからの光緒十一年正月三十日、礼部尚書延煦が朝鮮国王に代わって上奏している。朝鮮国王李熙が李応浚なる使節を北京に遣わし、前年の変乱に際して清が軍隊を派遣して鎮定したことに対する礼を述べたとし、礼部は「昨年十月の該国の変乱に際し、大臣呉大澂・続昌を特派くださり、彼らが蒸気船でただちに該国に渡り、藩封を守り、変乱を鎮定したことについて、該国王が天恩に感激し、恭しく御礼を述べてきています」などと述べている。礼部は、李応浚を会同四訳館に滞在させ、「例賞筵宴」のことについては「礼部が前例に照らして処理する」とともに、朝鮮からの文書と朝鮮国が日本国と結んだ条約を添付し、皇帝に差し出している。(5) これらは、いずれも旧来の慣例に則った手続きに依拠したものである。この時点では「旧例」が基準だったのだろうか。しかし、この半年後の光緒十一年七月二十七日の礼部からの上奏文を見ると、朝鮮事案の増加につれて礼部・総理衙門・北洋大臣の三者間で様々な調整がおこなわれていたことがわかる。

光緒八年四月、朝鮮国王が咨文を発して開港場において交易することを請うてきた。そして臣部（礼部）が朝鮮国王に代わって上奏し、上諭を得た。その上諭によれば、「朝鮮は久しく藩封であり、典礼一切について定制がある。しかし、商民が各地で私的に交易することを禁じてきた点は、各開港場において通商をはじめた現在にあっては、体制を改める必要があり、すべての開港場で貿易することを許すのがよいだろう。今後朝鮮国の貿易事宜は総理衙門が管轄し、その朝貢陳奏についてはこれまでの例に従って礼部が管轄し、旧制に符合させることにする」とのことであった。従前朝鮮国の事宜は臣部が処理していたのだが、通商をはじめてからの貿易事案については総理衙門が管轄することとなり、そのほかの陳奏などについては引き続き臣部が担当することになっている。朝鮮は旧隷藩封であり、泰西東洋の各国とはもともと異なるのである。

「海禁」が「通商」へと変容していく中、「通商」は総署・北洋大臣に任せつつも、礼部として「華夷」の部分を保とうとしていた。

しかし、その後、朝鮮から賫咨賫奏などのために官僚が来た場合、海路にて来た者はまず北洋大臣衙門に咨文を提出し、陸路で来た者は臣部に咨文を提出すると同時に、北洋大臣衙門にも咨文を出して報告するという状態になってしまっている。もし、ことが貿易に関わるならば分咨することは問題ない。しかし、貿易に関係ないのに分咨して問題を処理するようなことがあれば定章や前回の上諭に反することになる。

要するに朝鮮からの使節（賫咨官）である李応浚がルール違反をしたという抗議である。実際、図們江付近の国境問題についても、総理衙門と北洋大臣の双方に対して文書が分咨されていた。礼部は「これまでの取り決めを申し述べ、権限の境界をはっきりさせる必要があった」として、自らの管轄領域を守ろうとしていた(6)。

「独立でない」朝鮮、それを管轄する礼部、他方で「自主之邦」として外国と通商する朝鮮、それを管轄する総理衙門と北洋大臣という構図であった。朝鮮側にしてみれば案件に応じて相手を分けることは当初面倒であったろう。だが、朝鮮も天津に駐津通商大員を置き、「通商事務」を「督理」させるようになった北洋大臣のいる天津が重要なチャネルとなっていった。(7)

しかし、清の側からみた整理は必ずしも周囲から受け入れられるものではなかった。清にしてみれば、袁世凱を朝鮮に派遣駐在させても、「駐紮朝鮮交渉通商事宜」がその役割であり、筋から言えば、朝貢問題を担当させるわけではなかった。(8)だが、朝鮮に赴任した袁は駐ソウル英国領事との会談で以下のように指摘されることになる。

領事：中国は属国を節制することはできない。ビルマ王が罪もない多くの民を殺したのは、まさに狂気の沙汰ではないか。そして、結局イギリスがビルマ国王を捕えて拘置し、そうすることで百姓を救ったのだ。中国はビルマという属邦が安定を失するのを目の当たりにした。将来、朝鮮も同様に日本やロシアと衝突するのを見ることになるだろう。

袁　：ビルマ王が民を害したことについては、まず我々に報告があるべきだ。そして、我が国がそれを治める気がないことがはっきりしてから、イギリスが治めても遅くないだろう。

領事：中国と属邦は実は兄弟国のようなもので、ただ保護するだけで、管治することはできないのに、どうして先に中国に告げる必要があろうか。

袁　：先に告げないのは不合理である。それはともかく、朝鮮とビルマを比べることはできない。私がこの地にあるのだから、他国と同じように、自国がそれを治める必要性など述べる必要もないだろう。(9)

英国領事は、朝貢関係における属国が、実は万国公法の属国とは異なる兄弟国のようなものだとして朝鮮から清を切り離そうとしたが、袁は万国公法の属国的発想で、あるいは現状を重視するかたちで反駁している。

他方、朝鮮側もこの清の解釈に疑問を提起していた。それは金允植らの言う「斥華自主之議決」であった。李鴻章は、巨文島事件の処理をめぐり朝鮮での清の存在に対して疑問が生じ、金らにより「自主に迎合して、中国を譏り侮る」風潮が生み出されたと解釈した[10]。李は総理衙門宛の電報ではっきりと述べる。「朝鮮は我が属邦であり、もし斥華自主などということがあれば、これを不問に付すなどということは断じてできない[11]」。「独立でない、だが自主である」という論理は許容できるが、「独立である、そして自主である」ということは通らないのである。この後、李は急に巨文島事件の処理に乗り出し、ロシアから朝鮮半島を占領しないという言質をとり、イギリスを撤兵させることに成功する。

また、朝鮮が各国と条約を締結するということは、清の理解では「通商」であると想定されたが、朝鮮にも公使・領事が駐在するのみならず、朝鮮からも外国に使臣を派遣することになるのだから、そこには政治関係としての「外交」が生まれる契機が含まれていた。万国公法に従えば、公使間・領事間の地位は平等であり、儀礼などでの席次は着任順である。そうすると、任地において朝鮮の外交官が中国の外交官よりも上席にあったり、あるいは一つの文書の上に朝鮮のほうが清よりも上にサインするなどということもあり得るのである。これは「独立でない」という部分に抵触する。光緒十三年七月二十五日総理衙門は以下のように在外使臣に通告した。

朝鮮は各国に公使を派遣して分駐させることになった。もし、中国の使臣と公事で往来することがあったら、以下のような形式でおこなうように。朝鮮使臣は（下級機関から上級に上げる形式の）呈文方式を用い、（正規の公使領事よりも格下にあたる）銜の帖を用いること。中国の使臣は、（上位にいる決裁者の証として）朱筆で照会文を発する。このようにして属国体制に符合させる。北洋大臣から朝鮮に知照せしめるほかに特に電達する[12]。

「属国体制」はこのころ多用された「独立でないが自主である」ことを示す用語であるが、この属国体制と万国公法に基づいたシステムとの調整の一端がうかがえる。清の「通商」は、「独立でない」ことと矛盾しないが、万国公法で他国と条約を結んで「通商」して使節を交換すれば、「独立」であった。そうした意味で、清と朝鮮が内的に調整しただけで、周囲が納得するわけでもなかった。以下の史料からもその状況がうかがえる。

袁世凱からの電報があり、その内容は以下の通りである。袁は連日、日本公使・英独総領事に会ったが、みな韓国が全権大臣を海外に派遣することに同意せず、英独は中国の体面を大いに妨げるものであるのに、何故禁止しないのかとまで言っている。また、英総領事は密かに「西洋人はみなこのことを芳しく考えておらず、中国は全権大臣の派遣を思いとどまらせるべきだ。もし派遣してしまうと、西洋にあっては朝鮮が中国の属国であるとはみなされない。ヨーロッパにおいては等級を以て属国と交際することは大変難しい。どうして中国が朝鮮を属邦とすることと、このような大臣派遣とが関係しないということがあろうか。もし、朝鮮を曖昧な位置におくようなことがあれば、ヴェトナムの二の舞となることであろう」と述べた。これに対して袁は「朝鮮は他国に勧められてそのようなことを言っているのか」と問うたところ、領事は「そうではない。朝鮮政府では閔泳翊が案件を主持しており、もし中国が派遣を禁止したとしても、他国に何の関係があろうかとまで言っているそうだ。あなたは各国を挑発することを恐れて妄りに論じようとしないのだろうが、西洋人の多くが同意しないと言っているのだから、北京に電諭を要請してはどうだろうか」と述べた。袁は、「韓国の交渉事宜については、まず本大臣に相談があることになっている。最近、全権大臣を各地に派遣することを聞いてはいるが、事前に相談を受けていない。また、各国に大臣を派遣したところで、そこに韓国商民がいないのでは、一体何のために派遣するのか。いたずらに経費を無駄遣いすることになるのではないか。その大臣は派遣先でいかなる任務があるのか、また何か定見があるのか。韓国に対して直ちに照会するように命じる上諭を求めることにしたい（後略）」などと述べた(13)。

清の属国＝subject state である朝鮮が主権国家として公使を海外（アメリカ）に派遣するという、万国公法に基づく主権国家間の関係では理解できない状況をいかに理解するかという問題であった。総理衙門側の回答は、以下の通りだった。

中国は既に韓国が各国と通商することを許可している。今回の使臣派遣も同じ原則の中で処理することにする。ただし、必ず先に中国に許可を求めることにする。許可要請があってから正式に認可し、各国に派遣させるという手続きをとることによって、体制に符合させる。一旦派遣を停止させるのがよい[14]。

韓国は既に使臣をアメリカに派遣していたのだが、総理衙門としても「属国体制」を保持するための手続きを模索中であったのだろう。先に述べたように、清は任国での中国公使と韓国公使の文書往来についてルールを定めていたのだが、また「韓国の使臣が西洋においておこなう交渉の大事一切は任地の中国使臣に相談し、誤りをおこさないように」することにし[15]、そして袁世凱は韓国使臣には「全権」の二文字を削除することによって清と同じ二等公使ではなく三等公使に格下げさせようと提案[16]、さらに袁は、①朝鮮使臣は任国に到着したら、まず中国公使館を訪問し、中国公使が随行して任国の外務省に赴くこと、②様々な行事や国家元首との謁見に際して、朝鮮公使は中国公使の後ろに従うこと、③交渉関係について、緊要のことがあれば必ずまず中国公使に相談すること、などを求めた[17]。袁のこの提案は李鴻章を通じて上奏され、決定された[18]。この「三端」は清による調整の結果だった。朝鮮国王は袁に対し、着任後に中国公使とともに外務省に赴くという点について、これでは西洋各国が朝鮮の国書を受理しないだろうと述べ反駁した。袁は、この意見が遅すぎたとしながらも、現場の中国公使の裁量で判断できるような「融通」のあることを示唆した[19]。しかし、総理衙門は朝鮮国王からのこの反論を退けた。また駐米朝鮮公使からも今回はアメリカが国書を受理しないような雰囲気があったので「違章」したが、もともと三端をやぶるつもりはなかったとの連絡があり、①はそのまま残された[20]。

このような清の対応は、黄遵憲の『朝鮮策略』に示されるような、ロシアの脅威への対策という意味での朝鮮の米日への接近の勧めという国際政治的な論理の延長にありながら、それを現実の体制の中におとす中で生じた調整だった。だが、これは清にとっても決してスムーズにおこない得たものではない。李鴻章も、「朝鮮が公使を派遣した当初は体制に疎かった」と述べている[21]。また、国際社会からの認知を得ることも難しく、光緒十四年五月に李が総理衙門に発した手紙では、イギリスとしては朝鮮半島を独立国扱いすればロシアに付け入る隙を与えるため、属国体制を維持する方向で考えていることなどが伝えられていた。

中朝（中国）は属国に対し、その政事に干渉することはなかった。これは西洋の属邦に関する取り決めとはかみ合わず、西洋の事例を援用して朝鮮問題を処理することは難しいようである。本年二月、朝鮮は日本と条約を結んだが、ここでも朝鮮が自主独立であることがはっきり書かれている。これは明らかに（独立と自主を別ものとしている）中国の規則に反している。日本はきっと漸次朝鮮を蚕食してくる。また、光緒八年にはアメリカが条約締結のために使臣を派遣して朝鮮と討議するに先立ち天津に来た。そのとき私（李鴻章）は今次の条約の冒頭に朝鮮は中国の属邦であるという条文を入れようとしたが、アメリカ側が堅く拒絶し、日本との条約文をモデルとするよう主張した。数カ月の議論を経て、結局朝鮮国王が別の文書を出して、朝鮮は属邦であるが、内治・外交において自主であると述べることになった。これは一種の調停であったが、同時にまた残された記録でもある。そののち、各国はこのアメリカとの条約を定本としていった。また、日本人が朝鮮を併呑しようとする陰謀については遂にそれを牽制し、退けることができた。私は、西洋の事例における属国体制を知らないわけではない。しかし、中国の方法は従来からそれとは異なっているのである。我々のほうから体制を鋭意あらためるということもできなくはないが、それを始めても事態の収拾が困難であろう。今、韓国公使がもし明らかに先の三つのルール（「三端」）を破ったならば、我々としては随時責問することだろう。だが、ここで相手がこれこそ認められている自主の現れだなどと言い出したら、それこそロシアの思うつぼである。私の意見では、そうすることが正しいとは思えない。西洋各国は韓国のことを自主だと見なしているが、朝鮮をしてあからさまに中国の属国ではないとさせることもできず、また中国をして朝鮮が属邦ではないとすることはより困難なのである。もし朝鮮国王が夜郎自大で朝貢もおこなわなくなったら、その時は抗議するとともに、軍隊を派遣して罪を問うのがよい。現在の小事で双方が決裂してしまうのはあまりよいことではなかろう。(22)袁世凱が強硬であったのに対して、李はやや穏便な方法を採ろうとしていたように思える。袁は、「属国体制」と万国公法に基づく秩序のズレを様々な規定で埋めていこうとしたのに対し、李は朝鮮の朝貢停止を限界線とし、あとは解釈多様を可能とした。こののちも、日清戦争に至るまで、朝鮮による「行賄免貢」疑惑や朝鮮の外国借款阻止問題などが生じた。

中国が対外関係、特に対朝鮮関係において「近代的再編」をおこなったという議論は、確かに説得力がある。だが、ここにおける「近代」は、ある部分で万国公法の「宗主・属国」関係を用いて従来の宗藩体制に適用したということ、また具体的には袁世凱らを派遣して駐屯させたことなどに現われるが、朝鮮とて万国公法を受容しつつその担い手として自らを任じようとしていたのであり、清の「属国体制」の再構築は上記のようにさまざまな困難に直面した。だが、この過程における調整に現れるように、清朝は万国公法の世界と既存の体制の接点を求め、それらを組み合わせることによって新たな体制を模索しようとしていた。いわゆる「朝貢ベルトの喪失」による朝貢体制の崩壊という議論があるが、そのベルトが失われていこうとも、このような調整は依然必要であった。だが、それは清朝が伝統に固執するとか、旧体制温存に拘泥したのではなく、むしろその時代においていかに生き残るかということ、またその具体的な方策においていかに朝廷内部や地方大官との間でコンセンサスを得るかという問題の中で出てきたことであろう。こうした姿は、「近代性」や「文明国化」をそれほど伴わない点で光緒末年以降と異なるのだが、「国権」を保つという点では通底するものがあろう。(23)

2　朝鮮半島の中国租界撤廃をめぐる中日交渉

本節では、清末民初期における在朝鮮半島中国租界撤廃に関する日中間の交渉を、その外交過程を中心に跡付ける。海外に租界をもち、そしてそこにおける警察権をはじめとする特権の獲得と保持に努めていた中国の姿を見るとき、さらにそこに列強たらんとしていた側面を見出すとき、従来の中国近代史の通史では捉えきれなかった歴史のコンテキストを見出し、そこからまた新たな歴史像を考える可能性を模索することができればと考えている(24)。これは、茂木敏夫が言うような「中華帝国の近代的再編」の流れの中にあることだとも言えるが、これは単に伝統的な観点の中にある「属国」を、外政権を掌握できるという意味での近代的な「属国」と読み替えたという意味での「近代的再編」と言うより（この議論自体についても再検証が求められるが）、清が朝鮮半島における中国商人の「自由な」活動を支える租界を建設し、またそこにおける（刑事における）領事裁判権、警察権を保持し、それを継続維持していこうとする点で、その利権獲得・保持の意思を感得することができる例である。朝鮮側は、中国における（刑事面における）領事裁判権を有していたが、それ以外については有しておらず、その点で片務的な関係であった(25)。

無論、このように「朝鮮半島の中国租界」を「日中外交交渉」から論じるという姿勢自体、前節同様、朝鮮史の立場を「周辺化」している側面がある。朝鮮半島の中国租界をめぐる歴史は、朝鮮近代史のコンテキストの中に位置づけられてしかるべきだろう。だが、この点は朝鮮近代史の諸研究に委ね、本書では中国外交史における問題性を考えてみたい(26)。

中国近代史の研究史を繙くと、管見のかぎり、朝鮮半島に中国の租界があったという事実、そもそも中国が国外に租界を有していたということさえ、ほとんど知られていないようである。[27] この朝鮮における「租界」は、中国側の外交档案でも「租界」と記されている（日本側は「居留地」としている）。[28] 日本側の史料によれば、この租界における土地をめぐる権利関係については、「居留地区ハ之ヲ永遠ニ清国臣民ニ貸与スル」とされている。[29]

この朝鮮における租界については、李鉉淙『韓国開港場研究』（一潮閣、一九七五年）や高秉雲『近代朝鮮租界史の研究』（雄山閣出版、一九八七年）などの朝鮮開港場史研究における先行研究がある。特に李の研究は、日本外交文書を使用した実証的な研究で、本書でとりあげる交渉についても、朝鮮開港場史の観点から通史的に説明を加えている。[30]

本節では、この李鉉淙の研究との重複を避けつつ、そこで使用されていない中国側の外交档案を使用し、中国側の視点から日中外交交渉を跡付けてみたい。そして、租界そのものの機能や土地をめぐる契約などを対象とするのではなく、国権の伸張と維持を考えた清、不平等条約改正をもくろんでいた民国北京政府と日本による租界をめぐる交渉を対象とし、そこに立ち現れる中国の外交姿勢について論じたい。

（1）在朝鮮租界と「華商租界章程」の締結

日清戦争に清が負けると、下関条約第一条は、「中国認明朝鮮国確為完全無欠之独立自主」と宣言し、次いで「凡有虧損独立自主体制、即如該国向中国所修貢献典礼等、嗣後全行廃絶」[31]として、いわゆる「属国体制」下において清が朝鮮に課していた諸義務を撤廃したのだった。これにより、清は、少なくとも建て前の上では、朝鮮を「独立自主之邦」と見なすことになった。[32]「独立」が認められたのである。こののち、一八九七年に、朝鮮半島には大韓帝国が成立、清と朝鮮両国の関係は対等になるかに見えた。

光緒二十五年（一八九九年）十一月十三日に漢城にて交換された「中韓通商条約」を見ると、公使領事の交換が約され（第二款）、関税についても互いに最恵国待遇を認め合い（第三款）、さらに領事裁判権についても刑事事件に関して相互に認め合う（民事は現地国）ことを約している（第四款）[33]。これは、文面的には間違いなく「対等」条約であったし、条約締結に臨んだのも双方とも二品官であり、肩書きも全権大臣であった。清朝皇帝と大韓帝国皇帝の締結したこの条約は、文面からすれば「対等」であった。しかし、小原晃の研究によれば、日清戦争後も清としては従来の体制を直ちに転換することはせず、条約ではなく章程を締結しようとするなどしてその姿勢を示したという[34]。

朝鮮は、中国に対して「自主独立」を（少なくとも外面的に）維持できたとしても、他方で外交政策は難しい局面に立たされていた。日清戦争後、清朝が相次ぐ租借地の設定により「瓜分之危機」に瀕していた頃、朝鮮は鉄道敷設権や鉱山採掘権、森林伐採権を、日本をはじめ、ロシア・アメリカ・イギリス・ドイツなどに奪われていた。こうした中で、高宗のリードの下、「勢力均衡政策」を模索、義和団事件を契機として「朝鮮中立化」案を、日本を含む列強に提示するに至ったが、この案は日露密約、あるいは日露戦争によって実現を見なかったとされる。日露戦争の結果、第二次日韓協約が締結され、韓国の外交権は日本に奪われ、統監が朝鮮外交を担うことになった[35]。これによって、在外韓国人も日本の使領館の保護下に置かれることになり、中国では（未確定な部分もあったが）日本臣民の得ていた特権を朝鮮半島の人々が享受できるようになるという危惧が生じた。

他方、中韓関係が微妙な状況に置かれる中で、特に山東半島から朝鮮半島へと出稼ぎに、あるいは活動拠点を移していく中国人は後を絶たず、少し時が下ってからのデータであるが、その数は一九一〇年で一万人を突破し、一九一二年には一万五〇〇〇人に達していた（当時の日本が八〇〇〇人[36]）。内訳は、ソウルが二三〇〇人、仁川が二〇〇〇人、プサンが七〇〇人、新義州が四〇〇〇人、元山が二五〇〇人、甑南浦が三〇〇〇人という情況であった。また職業統計を見ると、学界が六五人、商界が二〇〇〇人、工界が一一〇〇人、そのほかが八〇〇人。出身地を見ると、山東が全体の八割強を占め、広東・浙江・湖北・直隷・江蘇などがそれに続いていた[37]。彼らは北京政府に対して保護を求め、自らに有利な活動の場を作り出そうとしていた。彼ら中国商人は、主に「租界」に住んだ。朝鮮半島における中国の専管租界は、仁川・元山・釜山にあり、そのほか公共租界内に中国租界があるところは甑南浦など多所にのぼった[38]。これらの租界は、前述のように、いずれも一八八〇年代に形成されたものであった[39]。

日本がこの「租界」を問題としたのは、外交権を掌握した第二次日韓協約後ではなく、実質的な内政権を掌握した一九〇七年の第三次日韓協約後であったようである。これは統監である伊藤博文が一九〇七年から〇九年に展開したいわゆる「自治育成政策」との関連で打ち出した施策と思われる。この政策は、「朝鮮に治外法権を撤去させて国家としての形式を備え（独立保証の名目に沿う）、外国の干渉・影響を受けない状態にしてから、徐々に文明化しようとしたもの」と伊藤によって観念されるものであったようである[40]。「独立」が課題であったこともあり、それを「文明国」標準で実現させようとしたのだろう。

光緒三十四年末、東京の清の駐日公使から外務省に「釜山華商租界章程」など、釜山・元山・仁川三地の租界章程が届けられた[41]。これは日本側の要請に清側が応じたものであったが、朝鮮半島における中国租界をめぐる交渉がここに始まった。日本側としては、三地別々につくられている「章程」を一元化して明確な制度を確立すること、そして可能な範囲で利権回収をおこなうことに主眼をおいていた。中国側の档案によれば、「三口一律」の新章程について馬廷亮総領事と朝鮮総督府の鍋島直大との間で、数回にわたって議論が重ねられていた。ここでは、清側が「三口一律」は不適切としながら、地税の納入方法や新たに租界に加わった土地分配のルールなどについて議論した。また警察権については、日本が日韓協約以後、日本租界で韓国警察に警察業務を委託しているとし、清にも「委託」を求めた。しかし、馬総領事はこれを拒否し、警察は「自用」するとしていた[42]。他方、租界の領域を決定することや中国租界内の東清鉄道の土地（清国人からロシア人に貸与されていたため、日露戦争後、日本陸軍の管轄下におかれていた）の帰属なども大きな問題であり、図面をもとにした境界の確定が進められた[43]。そこでの問題は、第一に警察権の問題、第二は土地の租借権の問題であった。清側は、たとえば中国における杭州・沙市の日本租界において、日本側の警察権が道路や橋梁に及んでいることを主張し、朝鮮半島の中国租界でも同様の措置、すなわち中国側の警察権を道路や橋梁に及ぶものとするように求めた[44]。日本側は、中国よりも朝鮮半島のほうが警察制度が整っているなどとして反論したが、中国の警察権を一定程度で認めていくことになった。統監府の小松緑参事官の判断は、「警察権ハ旧ニ依リ之ヲ執行スヘキモ、韓国警察官ノ協助ヲ必要トスル事項ニ関シテハ領事館理事官ト之ヲ議定ス」るというもので[45]、またこれを新たな章程「仁川釜山及元山清国章程」の本文ではなく、別の交換公文にて定めることとなった。他方、土地については、現行では「永遠ニ清国臣民ニ貸与スル」ことになっているが、将来居留地が撤廃されることになったら、それを韓国市区に組みこんだ上で、旧章程にある「永遠租借権」を「土地所有権」とすることにより調整がおこなわれた[46]。

清側は既得権益の護持を目指し、また日本側は来たる治外法権撤廃あるいは租界回収に備えた布石をしようとする。このような両国の動きは、在華利権を維持・拡大しようとする日本と、不平等条約改正を企図する清・中華民国という、一九世紀後半から二〇世紀前半の両国の一般的な立場が逆転している例として興味深い。だが、これを奇異な例と見なすよりも、当時としては清も日本もまた権益の拡大と護持に努めていたのであり、どちらか一方がその現実から離れていたわけではないことを示す例であると考えたほうが適切であろう。

（2）日韓併合と租界問題

一九一〇年、日韓併合をおこなった日本は、「日本国内」である朝鮮半島に租界が設けられていることを認めず、租界撤廃を実行に移した。この際に多くの文書・档案が作成されるのだが、ここでは中国側の档案に即して、この時の経緯、そこに見られる中華民国北京政府の対朝鮮外交のありかたについて考察してみたい。

一九一〇年八月二十八日、日本政府は「韓国がこれまで締結していた一切の条約を無効とし、日本と各国が締結している条約のうち可能なものは朝鮮にも適用する」と宣言し、一方で朝鮮総督府は「仁川・鎮南浦・木浦・群山・馬山浦・城津の各国租界及び仁川・釜山・元山の清国租界における行政権については、警察権を除いて暫時現行通りとする」と頒布した。これは地方行政制度の整備を待って、租界を撤廃するということを含意しており、遅くとも一九一三年四月一日までに租界の行政事務を地方行政に組みこむことが計画された。

これに対する中国側の動きを見てみよう。民国元年（一九一二年）三月三十日、中国の駐朝鮮総領事から中華民国「外務部」（当時は外交部に改称していない）に以下のような報告をした。それによれば、日本政府が租界撤廃の意向を示したのに対し、ドイツ総領事が異議を清国総領事に打診してきたが、清国総領事からは清政府としては租界撤廃を了解していると返答したという。すなわち、昨年春に統監府と租界章程を定めた際に日本側から秘密照会があり租界撤廃時に租界内地はすべて韓国（すなわち日本）管轄地に編入し、永遠租地は土地所有権に改める点について了解ありたいが、ただしその際に帝国政府としては清国とそのほかの国々の地位を別々にすることなく、それぞれの権利を保障するつもりであるという意向が示されたので、それに同意したとのことであった(47)。外務部は、この報告に対し、永年租借を土地所有権に切り換えることが認められたのか否かを確認するとともに、今後租界以外でも自由に居留営業できるようになるのか否かという点を重視し、諸外国から遅れをとらないように朝鮮総領事に念を押すよう返答を出した(48)。朝鮮問題に対して「列強」と同列に接しようとしている姿がここに見える。

外務部がこの時点でこのような疑問をもっていたのは、東京にいる駐日外交代表の汪大燮が本国や朝鮮総領事に朝鮮租界に関する日本外務省の照会を送付していなかったからである。

その外務省から東京の各国公使への照会は、駐ソウルアメリカ総領事から各領事に伝えられ、また朝鮮総督府も

「租界撤廃に関する条件」の草稿を総領事側に照会していた。ここでは先の土地所有権の保証は明記されていたが、内地雑居・営業権については記されていなかった。[49]

駐朝鮮総領事馬廷亮は、中国租界の処理方法が不分明であったこともあって、朝鮮総督府を訪ね寺内正毅総督に会見した。寺内は以下のように述べた。

貴領事が私人の資格で意思疎通をはかるということなら、互いに本心を語り、何も心配することはない。租界に関する処理手続きについて、自分は詳細に知っているわけではないけれども、今回は、まず各国租界を対象とし、次に貴国の租界ということになろう。

寺内の言い方は順序を述べただけで、必ずしも処理方法について述べたわけではないが、馬は各国租界章程がそもそも中国を含む各国公使により署名されたもので、たとえ現在中華民国が未だに政府承認されていないとしても、各国の共同租界には華界も含まれているのだから、無関係とは言えないなどと反論した。[50]だが、駐日外交代表汪大燮が本国に伝えた内容は、これと異なっていた。日本外務省は、現在処理しているのは公共租界であって、中国のもつ「専界」とは関わりないと述べていたのである。[51]現実を知った外交部は事情調査を朝鮮総領事に命じた。[52]

馬廷亮総領事は、状況を把握するため、十二月二十六日に再び朝鮮総督府外事課を訪問、小松緑外事局長不在のため、池辺書記官から事情を聞いた。池辺は私見として日本が中華民国を政府承認していないため連絡が遅れたのであり、詳細は照会などで総督府から総領事館に知らせているから問題はないだろうと述べた。[53]年が明けて民国二年二月三日に小松局長が帰任、十日になって馬総領事と会見した。この場で小松は、これまでの連絡上の問題は中華民国非承認の故としてそれを遺憾とし、また初めて「貴国専租界と各国租界」が「稍異」であることを認め、交渉はまず各国租界、ついで中国租界という順番になっても奇異ではなく、さらに最終的な撤廃は同時におこなうことだろうと述べた。馬総領事は、連絡上の齟齬について多少こだわるが、最後に日本側が租界撤廃時に同じく撤廃を予定している民団について、会館などがこの民団の定義には含まれないことを確認している。馬総領事は、各中国租界の会館などに、公共財産は没収となるので、名義を明確にしておくように命じていた。[54]

だが、このように公共租界と中国租界を切り離す方法は、必ずしも華僑に都合のよいものではなかった。公共租界をめぐる領事団と総督府の会議は中国総領事を外しておこなわれ、その結果が公共租界内中国人区にも適用されることが考えられたからである。馬廷亮の後任の富士英総領事[55]は、今回の租界問題について調査したところ、今のところ各国公共租界を議論しており、中国租界にまで議論が及んでいないとのことだが、各国公共租界には、たとえば鎮南浦などに中国租界の部分があり、中国の総領事も会議に参加して意見を述べるのが至当と考えられると述べていた。次いで富は、もし会議の結果について「中国と各国の間には異なるところがない」などとだけいわれるのでは問題だし、まして公共租界においても中国の僑商は各国商人よりも数が多く、利害関係も各国より大きいのだから、なおさら中国の総領事が議論に加わっていないのはおかしいと考えられるので、議論に加わらなければ、たとえ各国と同じであっても、各国の損失は小さく、わが国の損害だけが大きいということになる、従って今回の会議には何としてでも加わらなければならないと考えている、と述べた。

三月六日、富士英はこの件で小松緑局長を訪ねたが、小松にやんわりと断られ、七日には公文を出して具体的に三つの質問を提出して抗議、各国領事団と何かを決定しても、公共租界の中国租界部分はそれに従わないという強硬要求に出たのである。[56] これに対し小松局長は、中国側の要求を退け、中国租界については将来処理するとして、共同租界内の中国部分については、今回の領事団との協議結果を適用すると述べた。[57]

四月中旬、領事団と総督府は七回目の会議を終えて議定書に調印、公共租界部分については一応の決着を見た。この議定書について、内容面について富士英が心配していたのは、永代租借権という「国際的性質」の権利と所有権の違いを、「程度太低」の中国商人が理解できず、一時の便利から土地を売却し、中国租界が縮小したり、なくなっていくのではないかということであった。[58]富総領事は、当事者である中華民国が会議から外されたことに対して抗議し、また一方でいかに中国商人の利権を守るかに腐心していた。ここには一九世紀後半の「属国」体制に繋がるような方向性は見られず、むしろ自国の利権を擁護する方向性や、列強と同等に扱われようとする方向性が見られる。

中国を排除した議定書を無視するとしていた富士英総領事の怒りはその後も続いた。民国二年五月十二日、総領事「有不満者四」として不満を四点にまとめて外交部に送付している。それは、第一に、議定書第三条に見える「各国居留地会」なる文字句の「会」の字義が曖昧であり、中華会館や中国商会の祠廟を含むものではないかということ。第二に、第四条で居留地域内での永代租借権を所有権と変え、日本人と同じ扱いとするとあるが、中国人で居留地以外の地域に土地を所有している者も少なくなく、そうした者の所有権も保証すべきであること。第三に、第六条で借地料を原則的に国税である地租と家屋税に充て、その差額を地方税として納めることとし、もし地方税額の方が多ければ、その差額を補塡するようになっているが、それは今後ずっと続くことなのか否かということ。第四に、第七条において今後の課税は帝国臣民と同じとあることについて、これには加税の可能性も含まれるので、再考を促したいということ。いずれも在朝鮮中国人の利権保護の文脈から出てくる不満である。だが、富総領事は各国が調印した以上、ひとり中華民国だけが反発できる状況ではないことも承知していた。[59]

（3）在朝鮮中国租界撤廃

民国二年五月三日、小松緑外事局長は、駐朝鮮中華民国総領事（未だ政府承認はなされていない）に対して「在朝鮮清国居留地ノ廃止竝支那人ノ有スル永代借地権ノ処分ニ関スル覚書」を送付した。それは、先の議定書とほぼ同じ内容であるかに見えたが、微妙に異なっていた。五月四日にそれを受領した富士英総領事は、翌五日、小松局長を訪ねた。総領事の抗議のポイントは、第三条にあった。覚書には「前記清国居留地内竝仁川、鎮南浦、群山及城津、各国居留地内ニ於テ支那人ノ有スル永代租借権ハ総テ所有権ニ変更スルモノトス」とあるのだが、各国との議定書には第四条で「前記各国居留地ノ地域内ニ於テ永代租借権ヲ有スルモノハ自己ノ選択ニ依リ該永代租借権ヲ所有権ニ変更スルヲ得ヘシ。右所有権ハ在朝鮮日本国臣民ノ有スルモノト同一ノ位地ニ在ルモノトス」とされていたのである。総領事が抗議したのは、欧米との議定書には選択権があり、中国側の覚書にはそれがないということであった。

日本側の理屈はこうであった。それは、朝鮮に専管租界を有していたのは日本と清（中国）だけである。従って、中国租界については、共同租界ではなく、日本租界に対する処理方法に準じ、共同租界の中国居留地部分については議定書に基づいて処理するということである。富士英総領事は、併合前であれば朝鮮における日中両国人の地位は同じだったが、今は日本人は本国人となり、中国人は外国人であるので、外国人と本国人を同列に扱うのはナンセンスであると反駁する。そして富総領事は、「私はとにかく中国と各国の地位に違いが生じないように始終考えていた」と胸中を明かすのである。だが小松緑は、もし旧専管租界における永代租借権を残すにしても、その地租は公共租界と同じにするから、結局損になると述べ、所有権を取得したほうが得だと述べた。そして、最後は国際公法を持ち出して以下のように述べた。

もし貴国だけのために特例を設けたとしても、何事につけうまくいくことはないだろう。国際公法については貴領事も十分に理解していることと思う。いかなる国であれ、外国で特権を享受せんと望むことについては、野蛮国に対する場合においてのみ実現される。現在、日本は外国人への待遇を本国人と同様にしている。この点、断じて不明なところはない。

総領事は、所有権を取得した方が得なのは知っていたと述べ、小松の言うことに納得したかのように振る舞って離庁する。[60]だが、富総領事は全く納得などしておらず、外交部に書簡を送り、「わが国が被る不利益は依然として多い」とし、「わが僑商の現在の程度から言えば、軽々しく永代租借権を所有権に変えるのは宜しくない」と小松の見解に反対し、さらに「現在の争点は、たとえ各国の議定書よりも有利とすることができなくても、各国との議定書と大差ないところまでもっていくことだ」と目標を掲げる。[61]総領事は外交部の指示を仰ぐものの、この書簡は小松の帰京日程に合わせて出されているようで、東京の汪大燮代表にも外務省との交渉を求めた。

中華民国外交部は、他の列強と異なり中華民国だけが独走することに警戒心を示しながらも、不利益の存在を認め、「ことは我が国体・僑情に大きく関わる」として、交渉を東京と京城二面で努力して進めるよう指示した。[62]中華民国政府承認が間近に迫ってきた八月十五日、朝鮮総督府の本多通訳官が総領事館を訪問、小松緑の言葉として、公共租界における中国人の永代租借権のすべてを所有権にあらためるという第三条について「不完備之点」があったことを認め、このほかにも不満な点があれば述べて欲しいと、歩み寄りの姿勢を示す。[63]だが、総領事が要求したのは、文言上完全に諸外国と対等にすることであった。無論、富士英総領事もそれが実現するとは思っていなかったが、九月の段階では、問題は権利問題というよりも「国家体面」の問題になっていたのだった。[64]

これまでの交渉過程を見ると、現場にいる富士英総領事が国家の体面が傷つけられたとして、強気の外交を展開しているように見える。富の前任者であり、汪大燮駐日公使の帰国後に、横浜総領事を経て駐日代理公使になっていた馬廷亮は九月になってから、富の四つの不満について以下のようにコメントした。第一の「会」の内容については、馬が総領事時代に確認済みであり、覚書交換時に修正を加えれば良いこと。第二に租界外の中国人は日本人と同待遇とする点について加税の含意があるというが、それも確実でないということ。第三に金銭全体についても領事団が自国の国民の不利益を考えるはずもないのだから、討論に付されて決まった議定書がそれほど不合理というこ と もないと思われること、などであった。[65]馬代理公使は日本外務省とも調整をおこなっていたのだが、外務省としては、公共租界部分については中国人にとって不利益はないとし、他方専管租界については別途総督府と総領事の間で調整するということにしていた。

九月十五日、総督府外事課は本多通訳官を総領事館に派遣し、第三条において中国人の永代租借権をすべて所有権とするという一文を削除し、また第四条については帝国臣民だけでなく、各国人民という語句も加えるという譲歩案を提示した。だが、たとえ永代租借権か所有権かという選択肢が生まれたからと言って、永代租借を無条件で選択するわけではなかった。富士英総領事としては、中国専管租界において永代租借権と所有権の選択権がないということを問題としていたが、日本側は永代の方の納税額を従前のままとはできないとして、結局所有権の方が得になるように設定するとしていた(66)。外交部は、総督府側の申し出に従ったほうが僑民にとって得になるのではないかとし、調査するように駐日代理公使、総領事に命じた(67)。

この調査結果はわからないが、十一月になって総督府側が全面譲歩し、専管租界についても永代・所有の選択権を与え、税則についても諸外国と同じにすることになった(68)。最終的には民国三年四月になって在朝鮮中国租界は撤廃されることになる。

(4) 解　釈

この案件における中国外交をいかに考えるべきか。上記のように租界撤廃交渉をめぐる日中交渉は、日本側の完全譲歩で幕を閉じた。日本側が譲歩したのは、朝鮮半島における治外法権の撤廃を含め、かつて朝鮮の結んだ「不平等条約改正」を第一に考えていたからであろう。日本が、不平等条約改正交渉を、中国のもつ利権をめぐっておこなうことは近代史においてまれなことである。この交渉過程から言えることは、第一に、中国側について、中華民国が権益護持、自国民保護、そして他の列強との対等というバランスの下に交渉を進めようとしていたことである。これは、一九一〇年前後の清や中華民国が、列強の侵略に晒され、不平等条約締結を余儀なくされている存在として自らを位置づけ、それを克服しようとすると同時に、諸列強と同様に国外の権益獲得、自国民保護を目指していたことを示す。この点は、一九一〇年代後半の対トルコ、セーブル条約交渉時に見られるような、条約内容に不平等性が含まれているから調印しないといった、不平等性への普遍的な忌避という姿勢とは異なる。第二は、朝鮮との関係を一九世紀後半の「宗主と主権」の関係から見れば、この交渉では「主権」が強調され、「宗主」は見られないということである。日本は朝鮮における日中の平等を述べ、中華民国は列強と同様の地位にあろうとしていることに着目すれば、列強が自らを朝鮮より上位に位置づけていたのだから、中国も自らを朝鮮より上と考え、さらには列強との平等を意識していたと言える。(69)ここで確かなのは、中国が自らを朝鮮と対等と思っていないことである。方法は「宗主」ではないが、「上下」は意識されていたのだ。

では、民国期になると「近代」や「文明国化」が強調されるあまり、宗主の側面がなくなっていくのだろうか。以下対シャム及び対中央アジア交渉の例を見てみよう。

第二章　対シャム交渉(1)

――主権と宗主の葛藤――

一九世紀の前半までシャム（タイ）は清から見れば朝貢国の一つで、三年一貢と定められ、清代を通じて四九回も進貢した主要朝貢国であった。(2) だが、そのシャムは、一九世紀の半ば自ら朝貢を停止し、日本同様、近代化政策を採るようになった。しかし、これは清との関係の完全な断絶を意味するものではなく、貿易関係は維持された。例えば、前述のごとく同治年間（江戸末）に日本が千歳丸や健順丸を派して上海システムに加わろうとした際に、清側が日本に対して北洋での対シャム貿易の事例を適用しようとしたことなどからも、シャムは朝貢を止めても無約通商国として清との関係を維持していたことがわかる。他方、貿易内容については、『清季外交史料』に残された史料などを見ると、軍艦建造に必要となる木材貿易をおこなっていたことが窺える。

しかし、このようなシャムの行動に、清が何も対応しなくてよいわけではなかった。すなわち、（シャム等東南アジア諸国と同盟して欧米列強にあたろうとした意見などは別として）従来の朝貢体制が海外華僑たちの現地における存在意義を支える手段として機能していた面もあったことから、朝貢貿易の停止が海外華僑の保護という新たな課題を清朝につきつけることになったのである。これに対応して清は、既に第Ⅰ部で述べたように、在外使領館を各地に設け、商人及び華工の保護にあたることになったが、そこでの対華商・華工観は「棄民」ではなく、保護すべき自国民であった。清は、前述のように、宣統年間には国籍法を定めて保護する対象を法的に確定した。

だが、シャムは、こうした清側の自国民視、保護意識の向上と裏腹に、一貫して中国と条約を結んだり使節を交換したりしようとはしなかった。中国としては「国民保護」の論理から、最低でも領事館を設置したかったのだが、シャムから見れば中国系住民をシャム国民にすることこそ、その国民形成・国民統合の上で必要な政策であったので、条約締結がひかえられたのだろう。また、民国期になると、シャムが不平等条約を改正する中で、シャムの事例に学ばねばならないという記事も中国の新聞や雑誌で見られるようになるなど、中国のシャム観にも変化があった。こうした交錯した情況の下、中華民国とシャムの関係はどのように展開していったのだろうか(3)。

1　保護民から「中国国民」へ——シャム華僑の選択

清代、華商らは天朝棄民と言われ、海外渡航した者を「国民」と見なして保護するための制度が施行されていたわけではなかった。一八七〇年代に出使大臣（公使）や領事が派遣された時でさえ、保護すべき「国民」なるものが確定していなかったのである(4)。

既に述べたように、中国の国籍法は宣統元年に発布された。その「大清国籍条例」は血統主義にたち、移民した華僑の男系子孫は、何代経ようと、ことごとく清国国籍を有するものとされた。中華民国北京政府も民国元年（一九一二年）十一月に新たに国籍法を制定したが、内容的には清代のものと変わらなかった。それに対してシャムが最初に定めた一九一三年四月の国籍法は出生地主義をとっており、シャム生まれの華僑の子孫は本人が中国国籍を要求しない限り自動的にシャム国民であるとされた。

だが、先に述べたとおり、シャムと中国との間には正式な外交関係がなかったので、両国で国籍法がさだめられても、シャム華僑を中国の出先機関が保護することはできなかった。したがって、現地生まれでないシャム華僑はシャム領内で無条約国民としてシャム臣民同様の扱いをうけることになった。他方、南シナ海に面する植民地の華僑たちは、出生地主義をとる欧米各国の法の恩恵にあずかり、それぞれの植民地で「登録」することにより、'Asiatic Subject' としてシャムに渡り、シャムの司法権に服さない治外法権の特権に浴しながら、商業に従事した。また、主に一八九〇年代の後半から一九〇四年にかけて、フランスなど各国が、シャム生まれの無条約国民（主に中国人）に対しても、一定の登録料を支払えば保護民としての登録を認めて登録証を交付した。保護民となった者たちは、シャムにおいてフランス臣民とほぼ同等の権利を有することになったので、「数万」の華僑がシャムで登録民となったとされている[5]。

一九世紀後半までのシャム華僑は、南部の鉱山や南東部の胡椒・砂糖プランテーションの華工、また商品生産の大部分や流通をになう華商から成り、そしてその中には有力者もおり、彼らはシャムの官位を授けられた徴税請負人となったが、シャムの権力に包摂されていった[6]。だが、一八五五年にボウリング条約が発効すると、一方で「水上都市から地上都市」へと変容をとげたバンコクのさまざまな建設事業に従事する労働力として華工が急増、他方、精米所・製材所の経営者として大量の（主に潮州）華商がバンコクに住むようになった。シャム政府は彼らに課す人頭税をシャム臣民よりも軽くして優遇したが、前述の「登録中国人」は課税対象から外された。登録中国人が増加し、他方で登録されたシャム臣民も出現するに及び、領事裁判権に蚕食されていることに気づいたシャム政府は、法的整備を進めるとともに、「シャム国民と中国人との間にそれまで設けられていた『境界』を取り去って、中国人を等質の国民として認めること」の必要性を実感し、イギリス・フランスに対する領土割譲という「重い代償」を支払いながらも、領事裁判権を回収し、一九〇九年には人頭税もシャム臣民と同等とした[7]。

華僑が保護民となる道が閉ざされシャム臣民と同等に扱われ始めるのと、シャムにおける中国ナショナリズムが強まるのとは軌を一にすると見てよいだろう。中国史では華僑のナショナリズムは革命・立憲運動との連環で説明されるが、東南アジアの華僑にとっては、朝貢停止のあとになって獲得した「登録民」という制度の有用度が消滅していくことと、ナショナリズム、そして本国への期待が重なっていたのである。他方、中国国内では、清朝・立憲派・革命派のいずれもが華僑の資金力に注目し、ナショナリズムをうまく喚起して本国との結びつきを強化させた。(8)中国政府の管轄から外れ、他方で特権を得てシャム国内でも優遇されていたはずの華僑は、近代国家へと変貌しつつあるシャムからシャム国民化することを迫られる中で、逆に近代国家の論理を利用して自らが「中国国民」であるという面を強調し、北京や広東政府に公使・領事の派遣を求め、保護を要請しはじめた。(9)

2　「華僑虐待」というロジックと国民保護

光緒新政期には、すでに華僑を保護するためにもシャムと条約を締結すべきだという議論があり、実際に清からシャム側に条約締結の意向を打診していた。清はシャムとの条約締結について、国民保護を第一目標としていたが、このほかにも背景として、①ヴェトナムへのフランスの勢力拡大に対する警戒、②反清革命運動の監視という面があった。両国の接触はパリの公使同士によりおこなわれたが、シャム側は条約締結が無益であること、治外法権回収中の新条約締結は不適切なことなどを理由に、交渉を拒否していた。(10)

この後、中華民国北京政府も清の方向性を継承した。民国二年（一九一三年）三月末から四月初めにかけて駐仏公使胡惟徳がパリへの赴任時にシャムに立ち寄り、華僑の状況を調査し外交部に報告した。胡公使は、北京政府期を通じてシャム政府から歓迎され国王の園遊会にも招待された唯一の人物であったが、(11)胡はシャムにおける華僑の人口の多さを強調して、彼らがシャム国の主要税源・主要戦力となっているが、①シャムが治外法権撤廃を進めていること、②シャム婦人の産んだ華人の子弟は中国法では中華民国国籍を有するが、シャムはシャム国民と見なしており、彼らを中華民国だけが保護下に置くことは困難であること、③両国ともに諸法の改革を進めていることなどを挙げ、現在条約締結交渉を進めることは得策ではないと結論づけた[12]。

民国二年三月、シャム華僑劉天明らの書簡が国務院から外交部に転送される。ここで劉らはシャムにおける華僑同化の現状を伝え、「剝削華民膏血・銷滅華民後裔」の危機だと告げ、公使の相互派遣と通好条約の締結を求めていた[13]。外交部通商司は、シャム華僑が「憫」なので「訂約派員」こそ「第一要義」として、華僑問題担当の通商司長周伝経から総長・次長の裁決を経て公函を発し、胡惟徳駐仏公使に対して駐仏シャム公使に打診するように要請する[14]。胡公使とは異なる見解を周司長が示したのである。周は北京政府期を通じて通商司長だった人物である。これに対し、胡公使は五月十五日に外交部に返信を発して（六月五日外交部着）劉の意見書にあるシャム政府の華民に対する過酷な仕打ち（人頭税・軍役など）を認め、シャム公使との会談記録を外交部に送付した。慎重論者だった胡公使も、本国からの要請に応じてシャム公使と接点をもったのであった。これによれば、シャム公使は、①華僑がシャム政府の管轄下にあり、人事・法・財産所有などの面でシャム臣民と同等の待遇を受けていること、②もし条約を締結すれば必ず国籍問題に触れることになり問題が生じること、③現在法制改革の途中にあるので、「訂約通使」の時期は未だに到来していないことを述べたとのことだった。これに対して胡公使は、①シャムには華民が多いこと、②中国が欧米と条約を締結していること、③両国が条約を締結することは互いに利があることなどを述べ、シャム政府が早日に条約締結に応じるよう本国に伝えて欲しいと要請した。シャム公使は本国に連絡すること、二カ月後には返事が来ることを約束した。胡公使は、王弟で英国留学の経験もあるシャム公使の発言を信じるに値すると判断、他方で同公使には口にできない背景があると分析、以下のように述べた。

シャム側が恐れていることは二つある。それは、華民の人頭税（身税）と充兵（兵への充当）である。一方は歳入の主要部分であり、また一方は国防要政であり、ともに戸口問題にかかわる。在シャム華民は純血の者が全人口の二割、混血が三割を占めており、純血のタイ人は実は半数に過ぎない。（中略）もし一度遣使すれば、この遣使にあたって納税・充兵の免除問題について厳重なる交渉をおこなわなくてはいけない。条約締結はシャムの国用・兵額・戸口の三大重要事項にかかわり、締結すればそれぞれその半数を失う可能性もあり、シャムという国の命脈にかかわることになる。

そして結論として、もしシャム側と交渉して何の効果も挙げられなければ、逆に「華民之望」を失うことになるという恐れを指摘し、交渉は時期尚早だとした(15)。慎重論は胡の持論だった。

六月十八日に政事堂（旧国務院、袁世凱の帝政下で改称）から袁大総統の「説帖」（メモランダム）が外交部に転送され、シャムへの遣使の検討、及び遣使前に実業視察の名目で勧導員を派遣し随時僑民と連絡できるようにすることが求められた。これは、胡惟徳公使の判断より積極的であったが(16)、政事堂の論理は、「華僑は保護する者がいないと乱党となりやすい」という革命運動に対しての考慮に由来していた。

結局、胡惟徳公使の慎重論よりも袁世凱総統の積極論が優先され、八月二十六日外交部通商司は政事堂に対して胡公使に再交渉させることを約束(17)、二日後の二十八日、胡公使に通商司から電文が発せられ(18)、胡公使は十二月に駐仏シャム公使に書簡を出し、翌民国四年三月十一日にシャム側の返答を得た。そこでシャム公使は、①時機不適、②相当の時間を意見交換に費やさなければ正式な商議を開くことは不便だ、というシャム本国の見解を伝え、さらに公使自身の見解として、③両国間に齟齬があることが世界各国に知られてしまうことは不都合である上、強引に会議を開いて中途で会議が停頓するようなことがあれば、いらぬ詮索をうけると述べ、条約締結の必要性を否定しないものの、交渉を先送りする姿勢を示す。胡公使自身も、条約締結の必要性を認めながらも、シャム側は領事裁判権問題と華僑の人頭税・兵役問題についても意見交換することを求めているのだろうから、今のところ交渉をおこなっても良い結果を得られない可能性が高いとして、再度見送りを提議した(19)。胡はやはり慎重論だった。

民国四年十月、政事堂機要局は外交部に対し、東南アジアに派遣されていた宣慰使姚梓芳の帰国報告を転送し意見を求める。この報告書でも、華僑の不利益および虐待を、税制および華暹（シャム）輸船公司問題などの具体的ケースから説明、そして日本駐シャム吉田作彌公使の条約締結を勧めるアドヴァイスなどを引用しながら[20]、条約を締結していないのは失策であるとし、早期の「訂約設領」が求められた[21]。さらに、民国六年四月、総統府秘書処は国民保護を唱えた方瑞麟の意見書を外交部に転送するなどして引き続き外交部に交渉開始を要請した[22]。他方、同年五月、広東省長朱慶瀾がシャム華僑温春余からの、華僑の窮状と条約締結を求める意見書を北京政府に転送し、自らも条約締結を要請するなど、地方政府からの積極論もあった[23]。

以上のように、第一次大戦終結直前までは、シャム華僑などから相次いで「虐待」状況が伝えられ、北京政府としては、国家が国民を保護するのは「万国之通例」なので、すみやかに条約を締結して公使・領事を派遣するという方向であった。「虐待」というのは、特に人頭税の面で華僑がシャム臣民と同等に扱われ、他の外国人と同等に扱われないことを示していた。北京政府側は、清代以来の「赤子に対して恩恵をたれる」といったものをはじめ、革命党対策、国民保護などのさまざまな論理で条約締結の必要性を強調していた。しかし、総統府・国務院（政事堂）・外交部通商司は条約締結に積極的であったものの、交渉担当者である駐仏公使胡惟徳は、一応本国の訓令に従いながらも、上述のようなさまざまな理由から慎重論を唱えていた。シャム側は交渉開始を時機尚早としながら、他方で事前に話し合いの場をもち、交渉を秘密裡に進める必要性を強調するなどの方法論を持ち出し、交渉の遅延を目指していた。

果たしてこの時期に交渉が開かれていた場合、平等条約が結ばれていたか否か不明であるが、胡惟徳は一貫して交渉に対して慎重であった。

3　華僑学校問題の発生と中国の世論

シャムとの交渉を担っていた駐仏公使胡惟徳は民国八年（一九一九年）四月に離任していた。だが、中央政府の意向に反して慎重論を唱えたためか、その離任以前から外交部は対シャム交渉における他のチャネルを探していた。民国七年十二月十一日陳籙外交部次長が駐華仏公使と会談、交渉経緯を説明して意見を求めたところ、仏公使は北京政府の姿勢を「義挙」として基本的に賛成するが[24]、翌民国八年四月十二日に代理総長が仏公使に支援を要請しても、明確なサポートは得られなかった[25]。

このように新たなチャネルが開かれない中、民国八年四月、シャム華僑代表が来京し、総統府・国務院に対して陳情活動を展開、他方で各法団と協力して新聞などのメディアを利用した華僑保護運動をおこし、その上で十日には外交部を訪問した[26]。四月二十二日、外交部は胡惟徳のパリ離任を受けて、シャム公使のいる東京を交渉の場に選択、通商司商約科の起案、司長・代理総長決裁を経て駐日荘景珂代理公使に対して公函を発し、平等条約締結を東京のシャム公使に対して「婉切」に提議し、交渉の開始へむけて同国政府の同意を取り付けるように指示した。この時の外交部の論理は、華僑虐待ではなく、「環球の風紀」が「大同」へと動いているのに、隣邦であり同様の利益を有する両国が条約関係にないのはおかしいということであった[27]。

翌五月十七日、外交部通商司保恵科が国務院に説帖を提出、独奥問題や世界平和を討議するはずのパリ講和会議に対シャム交渉のような一国の利害にかかわる問題を提出することはできないとし、事態解決へ向けての三つの道を提示した。それは、①中国の友好国の駐暹公使に華僑保護を依頼する、②使節をシャムに派遣して実情を調査し、将来の交渉に生かす、③この虐待状況を駐日公使および駐仏公使に伝達し、シャム公使と「厳重交渉」をおこなわせる、という意見である。これは国務会議の議決を経て決定事項となるが、[28] ①は先にフランスへの依頼に失敗しており、②は外交部通商司商約科から否定されることになり、最終的には③が選択された。

民国八年五月二十四日、国会に相当する北京の参議院で、シャム華僑保護のための条約締結と公使派遣を求める提案が賛成多数で可決され、三十一日に外交部に通知された。この議案の提出者は陳煥章（広東省代表）を代表とする一八名の議員であった。陳らの建議書は、シャム華僑代表の北京での請願運動を「民意代表機関」である議会としては無視できないとした上で、華僑虐待状況をこれまでの陳情とは異なる商業上・教育上の不利益からも説明した。また、自国民保護が「国際公例」であるのだから、シャムの同化政策に対してそれを座視することなどできず、「中華民種」の保持をおこなう必要があるとして、条約締結を提起し、具体的な交渉方法として、「正義人道」、「自由平等」に基づいた国際連盟が組織されようとしているパリ講和会議に派遣されている両国代表[29]を通してそれをおこなうことを提案した。[30] ここで挙げられていた教育問題こそ、これ以降「虐待」の代表例として扱われていくものであった。[31] たとえば翌月の六月七日、上海の広肇公所を始めとする諸法団から条約締結・使節交換を求める意見書が外交部に送られたが、そこでも教育問題が挙げられていた。[32]

シャム華僑の陳情活動は、中国国内の法団を巻き込んで世論を喚起し、中央政府を動かすに至った。六月十二日、外交部通商司保恵部科は駐日代理公使荘景珂に「公函」を発し、旅暹羅華僑商学会代表の報告に基づいて教育や税金などの面での華僑の虐待状況を述べ、駐日シャム公使に対して、こうした虐待状況への憂慮と、問題解決のために交渉開始を願う旨を打診するように訓令した。[33] それへの返答として、七月十四日に駐日代理公使からの返電が届き、シャム公使が条約締結について本国に問い合わせることを約束したが、虐待問題については否認、教育その他制度上の問題については華人にのみ適応されているわけではないと答えたと報告した。[34] 七月二十一日、駐日公使館からの公函が外交部に着く。これによれば、シャム公使館から久しく返事がなく、このほど新たに着任した廖恩燾秘書がシャム公使と会談した際に、廖からシャム公使に対して「どのように意見交換するのか」という点が依然不明なので議論を始めることができていないが、世界の趨勢が大同に向かっている中で、国境を接《マ》する両《マ》国が条約を締結していないのは惜しいと意見を述べた。これに対してシャム公使は、中国が何ゆえ直接シャム政府に提議しないのかと述べ、次いで華僑虐待問題については、上海の新聞で初めて虐待の噂を知ったが、調査したところすべて事実ではないことが判明したので、華僑代表が個人的利益か何か理由があって事実を捏造しているのではないかと廖秘書に反論した。そして各種法律はどの国の僑民にも一律に課せられており、中国系住民にのみ課せられているのではないとした。中華民国側は、華僑にとって不利な部分が新法にあるならば削除するように求め、シャム公使も意向を本国に伝える点で合意、その上で何故交渉を開くために、あるいは虐待の事実を調査するために人員を直接シャムに派遣しないのかと中国側に問うた。この一連のやり取りを踏まえて、公使館は人頭税やシャム国籍入籍問題が未だ曖昧であること、条約締結については間接的な交渉では障害も多いので直接使節を派遣すべきであることを外交部に建議した(35)。いずれにしても、交渉は方法論をめぐって停頓し、未だに開始されていなかった。

民国八年夏、中国国内では法団からの圧力が一層高まっていた。八月四日、国務院から外交部に上海華僑聯合会の電文が送られたが、これは旅暹華僑代表の要請（①公使の派遣・通商条約の締結、②パリの代表による交渉）に基づき、講和会議に参加している代表に電達して国際連盟に提出するよう要請していた。虐待は、教育面・国籍面・兵役面・徴税面の四面から説明され、また国王が中国を誹謗するような著作を著しているとしていた(36)。八月八日の江蘇交渉員の報告では、この意見書にある国際連盟提出要請こそが「公道」に基づいているとされ、他方で華僑が使節派遣、直接交渉も要請していることが示された(37)。このあと九月二日にも国務院から旅暹華僑代表の陳情書が外交部に転送され、外交総長は、駐日代理公使荘景珂にシャム公使と交渉を開始したか否か報告するよう催促した(38)。十月二十三日、また旅暹華僑代表から教育問題を憂慮する陳情書が外交部に送られ(39)、三十日、外交部通商司商約科は旅暹華僑代表に対して華僑学校における教育問題についてはすでに駐日代理公使荘に対してシャム公使と交渉するように命じたと述べ[40]、他方で駐日代理公使に再度催促した[41]。十一月十三日、かつての宣慰使姚梓芳の意見書が国務院から外交部に転送され、これは直接交渉をおこなうことの難しさが体験的に述べられ、他国の力を借りることを建議する。また経費問題についても、富裕なシャム商人が「報效」（「報銷」、支払う）するだろうと述べた[42]。だが、外交部は他国の力は借りずに駐日公使を通じておこなう方針を変えず、十九日には陳籙次長の決裁を経て日本公使に姚の意見を却下した旨が伝えられ[43]、他方国務院秘書庁へ公函を発し、他国の公使の手を経ておこなう必要はないと方針維持の意向を示した[44]。

十一月二十一日、日本公使から待望の報告書が外交部に到着する。シャム公使は、三カ月間何の音沙汰もなかったことを、バンコクや離宮での国王への報告義務に関わる事務上の理由に求め、次いで華僑学校の授業停止についても、個人的な意見として「シャムには普通学校規定があり各学校でシャム語・シャム文による教育をおこなうことになっている。なにも華僑だけを特別扱いして虐待しているわけではない。ルソンや日本では、華僑学校は現地の法を守り、現地語で教育をおこなっているではないか」と反論、華僑学校が授業停止に追い込まれたのは、法を守らないからであって法を守ればすぐに開講できるはずだと述べ、さらにこの件については職権を越えることなので本国に伝えていないと謝罪した。この他に、具体的方策として、中国から特使をシャムに派遣して調査・抗議するか、他国の駐シャム公使からシャム政府に伝達するのがよいだろうと建議した。秘書の報告を受けた駐日公使館（公使は未到任）は、東京のシャム公使との交渉では何ら進展するところがないと判断、シャム公使が言うように華僑虐待が他国民と同様に適用された法律によるものなのか否か、事前調査の必要があるとし（調査官派遣あるいは現地の中華会館や華僑商会による調査報告）、それがないと交渉の祭に不都合が生じるという意見を述べた[45]。

この駐日公使館の意見は旅暹華僑代表に伝えられたようで、十二月二十四日に公使館の返答を踏まえた反論を代表が用意し、学校閉鎖問題は華僑同化政策に由来し、このままでは「華民子弟は中華が何ものであるか分からなくなってしまうだろう」などと述べ、駐日公使の提起した再調査の必要性を否定した[46]。スキナーの研究にあるシャムの私立学校法の内容と華僑の報告は大幅に異なるのだが、時の外交部は「見るべきところのある意見だ」とし、この意見を取り上げるように駐日公使に指示[47]、駐日公使館員がその意見をもとにシャム公使と再度談判に及んだ。この談判の報告は、民国九年三月十日になって外交部に到着した（二月二日付）。それによれば、廖恩燾秘書が華僑代表の発言に基づいて婉曲的にシャム公使に抗議したところ、同公使は個人の資格でおこなわれた発言は外交上の問題とはしないとし、さらに同公使が教育問題に関与することを本国政府が望んでいないので、同公使への要請は無意味だとした上で、事態を知りたいのなら、使節を派遣して調査すればよいとして本国への伝達を拒否した[48]。

以上のように、民国八年前後にはシャム華僑代表と上海などの法団の陳情活動がおこなわれ、世論の圧力が政府や議会にかけられたのが特徴的である。陳情は、教育面での「虐待」（シャム臣民と同様に扱われること）を主に取り上げ、外交部もその陳情を汲み上げ、シャム側に抗議しつつ、条約締結交渉の場を日本に移して事態打開を模索した。だが、中国側の外交档案に依れば、華僑の国民化を国策とするシャム側は、そうした虐待はないとし、また交渉方法について調整が続く中で交渉は難航していた。また、中国側では条約を結ばなければならない論理として「隣邦」とか「自由平等」、「世界の平和的趨勢」などウィルソン主義を踏まえた意見が浮上、講和会議・国際連盟提出も唱えられたが、シャム側には共有されなかった。他方、政府内部ではかつての胡惟徳のような慎重論者が姿を消し、さまざまなルートから交渉を始める努力がなされた。

4　アジア連結論と正式交渉開始

民国九年（一九二〇年）三月七日、通常の決裁を経ていない電文が駐日代理公使に発せられる。陸徵祥外交総長か陳籙次長が発したものと思われるこの電文では、ペルシャとの平等条約締結の成功が朝野の歓迎をうけたことを挙げ、世界の潮流の変化に乗じてアジア各国（亜洲各国）と連合通好するべきだとし、シャムとの交渉も機が熟したと思われるので、ペルシャとの交渉を模範として交渉を進めるようにという指示が記されていた[49]。この動きは、国際連盟成立と連盟における中華民国の非常任理事国就任（アジア枠）などといったことを背景としていたと考えられる。

三月十八日、思わぬニュースが駐日公使から外交部に伝えられ、条約締結に期待がかかった。それはシャム国王の東アジア外遊であった。日本の新聞にシャム国王の訪日の記事が載り、さらに中華民国の駐日公使の判断でシャム公使に国王の来華を要請、同公使も、①本国に問い合わせること、②もし国王が訪中するなら、その時に直接条約問題を談判したらどうかと述べたことが報告されたのだった[50]。だが、六月にビスヌローク皇太子が死去し、国王の外遊は延期になってしまった[51]。これは、北京にとっては大きな痛手であった。なお、この間外交総長に顔恵慶が、次長に劉式訓が就任、外交部内部の大幅な人事の刷新がおこなわれ、袁世凱死後異動のなかった外交部参事（次官級・四名）が総入れ替えとなり、政策決定レヴェルでは府院から独立した「外交部主導外交」が展開されることになり、その上で在外公使（特に顧維鈞）の果たす役割が重要となっていった。

また、対シャム交渉の場も日本から他地へと移動した。それは、対ペルシャ交渉が成功したローマであった。十月八日、ローマの駐伊公使王広圻から、駐伊シャム公使との会談の模様が外交部に伝えられた。シャム公使は、シャムとの交渉を開くに際し、①他国を経由しないこと、②条約草案を用意して交渉を開くことを個人的に提議、王公使は外交部に対し中波（ペルシャ）平等条約に倣った素案の作成を建議した。[52]これに対し外交部は方法を酌定した後、国務会議にそれを提議して決定させるべきだとの方針を示した（「批」〔コメント〕による）。

十月十八日、通商司商約科が起案した案文が総長・次長の決裁を経て国務院秘書庁に送られた。そこでは、シャムとの条約締結を国務会議に提出し決議することが正式に提案された。これには「説帖」が付された。そこでは、まず駐伊公使からの電報が引用され、その後でシャム政府が条約締結を忌避する理由を、華僑問題と兵役・税制問題および国籍問題（戸口問題）との関連性から説明し、外交部としては、まず通好条約を結び（公使交換）、通商条約はその後で交渉をおこなうことを提案。次いで、駐伊公使の提起したペルシャとの条約に準じる点も、平等条約締結を目指す外交部の考えに一致するとして賛同した。[53]十月二十三日、この提案は国務会議で可決され、[54]二十八日に総長・次長決裁を経た密電が駐伊公使に送付された。そこでは、閣議決定を得たこと、及び「説帖」に依拠して駐伊シャム公使と交渉を開くようにとの指示がなされた。[55]こうして、今度はローマが交渉の舞台となる。

十一月八日の駐伊公使王広圻からの返答に依れば、王公使が条約草案を作成してシャム公使に渡したところ、同公使が中国公使館を訪れて討論に及んだ。ここで王公使は会議を開くことを提議したが、[56]シャム公使には疑念があるようで、その後の交渉には応じないとのことであった。[57]ローマでの交渉も決裂したのだった。

翌民国十年一月二十九日、イタリア・ルートが断たれたため、外交部通商司は、総長・次長の決裁を経て駐日公使胡惟徳に打電し、シャム公使と使節交換に関して交渉をおこなうように指示した。[58]胡惟徳ルート、日本ルートがまた模索されたのである。それを受けて胡はシャム公使と二月四日に会談、その模様を電報で北京に伝えた。シャム公使は、その後本国から何ら返電がないと述べたが、胡は現在国際連盟もでき、中国も各国と使節を交換しているというのに、隣国のシャムと関係がないのは不自然だと述べた。シャム公使は、シャム外交部もきっと国王に上奏するだろうと述べていた。だが、胡は、シャム公使の発言だけでは十分と感じず、自分がかつてシャムを訪問したこともあり、同国外交部とは面識もあるので、同部宛に書簡を書く用意があることを北京外交部に伝えた。[59] その翌日の七日、外交部通商司は周伝経司長自ら起案して、直ちに書簡を認めるように指示した。[60]

この電報と前後するが九日に外交部に着いた電報でも胡惟徳は自らの書簡の有用性を説き、中華民国の駐日公使館が秘書をシャム公使館に派遣して北京の意向を伝えるという方法には鄭重さが欠ける面があり、胡公使からの書簡が効果的であるかのような発言をシャム側がしたと述べた。[61] それをうけて、十一日には周伝経通商司長が起案して（総長・次長の決裁を受けた上で）駐日公使に打電し、政府の正式訓令あるいは正式の照会のようなものを必要としているか否か問い、[62] 十三日、駐日公使が外交部に英語に堪能なヲ作謙外交部参事に英文の照会文の作成依頼をするよう求め、[63] 二月二十六日、外交部通商司はヲ参事が作成した英文および漢文の照会文を駐日公使に送付する件を起案、三月二日に日本に打電された。[64] この照会文は、中国とシャムの通好を上古から説き、①現在国際連盟で中華民国が非常任理事国としてアジアの代表となっていること、世界各国がアジア各国を重視しているので、両国が通好を結ぶべきであることを述べ、②条約締結前に、外交代表を交換して正式なチャネルを開くことを求めた。当時の北京にも条約未締結国の外交代表がいることを挙げて、シャム公使に本国政府への伝達を懇請する格好となっていた。三月九日、胡公使はこの照会文を直接シャム公使館に持参した。公使は返答を得るのに三カ月必要だと述べて、受理したとのことであった。[65] 胡の書簡ではなく、本国の正式な照会を胡が持参するかたちで結着したのだった。

これから一カ月半交渉が途絶えるが、この間に外交部内部では主管部局が通商司から条約司（施照常司長）に変更されている。これは、対シャム条約が通商司管轄である華僑保護の論理でなく、平等条約の締結それ自体に目的が置かれたためと考えられる。条約司は顔恵慶総長時代にまさに条約改正のために設けられた司であった。

六月十一日、駐日公使館は外交部に咨文を送り、本国の訓令に接したシャム公使からの連絡内容を伝える。シャム公使は、国際連盟の非常任理事国選挙に際してシャム代表が中華民国に投票し、両国の友好が高まったとしながらも、通使問題については、条約締結がまず必要で、そのためには非公式の会議をおこなうことが前提となるが、会議を両国の首都でおこなうと誤解をうける可能性があるので、他国を選んで秘密裡にことを運ぶ必要があるという回答をしたのだった(66)。

七月十五日、外交部条約司第二科は駐日公使に打電し、シャム政府がすでに非公式会議を開くことに同意しており、また中国側がペルシャとの条約に基づいて平等な条約案六案を提示するのだから、これには賛同をえられるはずだと楽観的見通しを示し、駐日公使同士で交渉をおこなうように指示した(67)。この段階で原案が作成されていたのだった。そして、二十九日には胡惟徳公使から返電があり、シャム公使に会って条約草案（英文）を渡し、同公使も本国に送付することを約したと伝えられた(68)。

以上のように民国九年にはようやく中華民国北京政府から条約締結を要請する具体的な照会文と条約案がシャム政府に提示された。国際連盟に刺激された北京政府側の論理は、ペルシャ同様にシャムが数少ないアジアの盟国であり、その盟国との平等条約が急務だというもので、以前みられた「虐待→国民保護」という論理は影を潜めていた。

5　「皇帝」称号問題と特使派遣要請

パリ講和会議・国際連盟双方に参加した中暹両国は、同じアジアの国として以前よりも接近したかに見えたが、シャム側が新たな問題を提起、交渉はまたしても頓挫することになった。民国九年（一九二〇年）七月三十日、駐日公使からの電文が届き、その新たな問題が報告された(69)。それは、中国側から得た条約原案の漢文版を作成するにあたり、シャム政府は、日暹条約に準じてシャム国王を皇帝と記さなければ条約案を受理しないと訓令で日本公使に指示したということだった。胡惟徳公使は、中国と欧米の各王国の条約文の漢文テキストでは欧米側の王を表すのに「君主」という語を用いていること、日本語と中国語では語義が異なるので日本語の語法に依拠することはできないことを述べた。シャム公使は政府が最も注意しているのはこの点であり、訓令に背いて条約案を受理することはできないと受理を拒んだのだった。胡公使は、中華民国と他の君主国が結んでいる条約の漢文テキストを交渉の材料として使用するため本国にサンプルの送付を要請、逆に外交部も日暹条約文の送付を求めた(70)。

十二月十二日、駐日代理公使廖恩燾が本国に打電し、シャム公使が依然主張を変えないことを報告、外交部に指示を求めた(71)。十二月十六日、外交部条約司は、日本語と中国語では意味がいささか異なることを指摘、日本ではkingを皇帝と訳し、西洋の君主国との条約でも皇帝という語を使用しているが、中国語ではkingを君主と訳しており、西洋の君主国との条約でも実際に「君主」を使用していると述べた。またシャムとの条約については、英文テキストを底本とすることになっており、そこでは英語のkingを使用しているのだから問題にはならないはずで、もし漢文テキストで皇帝を使用するなら、英語テキストではemperorを使用しなくてはならなくなり、シャムが各国との条約の英文テキストで使用しているkingという称号と矛盾することになってしまうとし、この旨をシャム公使に理解してもらうよう廖代理公使に要請したのだった(72)。

民国十二年九月二十八日、通商司第二科の起案、銭泰司長・顧維鈞総長らの決裁を経て、駐日代理公使施履本に対して再度の指示がなされた。そこでは、①アジアの国同士なのだから条約を結ぶべきである、②元首呼称問題については漢文テキストを作成せず条約正副文ともに欧文とすることで解決できないか、③日本で交渉をおこなうと文書の往復に時間がかかるので、バンコクに使節を派遣し直接交渉できないか、という各点をシャム公使に婉曲的に伝達するように指示、シャムとはもともと友誼を重ねているのだから喜んで同意するだろうという見通しもあわせて述べた[73]。十月六日、駐日代理公使からの電報が外交部に到着、シャム公使が漢文テキスト不作成案に奇異感を顕わにし、必ず漢文テキストを作成し、その際には日本との条約文を参考にするよう再度述べたという報告がなされた。施代理公使は再度中日間の言語の相違を指摘したが、同公使は国内で反対が多いことなどを述べて反論、交渉場所についても、本国から東京で秘密裡におこなうようにとの訓令を受けているが、万が一どちらかの首都で交渉をおこなうにしても、騒ぎを起こさぬためにはシャム人がいない北京でおこなうのが妥当だとした。そして、シャムには急いで条約を結ぶ気がないということ、元首呼称問題解決が前提であると述べたとのことだった[74]。ここに交渉はまたしても頓挫することになった。

それから半年たった民国十三年五月二十日、外交部は国務会議に提出するためのシャム問題に関する「説帖」を作成した。ここでは、交渉の経緯がまとめられ、条約締結の重大性を強調した上で、事態を打開するために柔軟な方法を考案する必要性を強調した[75]。五月三十一日、国務院が再び外交部に公函を送り、国務会議において呼称問題について柔軟な対応をしてもよいと決められたということが伝えられた[76]。半年たってようやくシャム国王を「皇帝」と呼ぶ方向性が容認されたのだった。十月二十二日、外交部条約司第二科が駐日公使汪栄宝に打電し国務会議の決定を伝え、称号問題については融通をきかせた解決方法を考慮するように命じ、汪公使がこれをシャム公使に伝えるが、結局、シャム側の返答は来なかった[77]。

呼称問題で交渉が頓挫する中、かつて一度否定された特使派遣の動きが活発となっていた。民国十三年五月十九日、直魯豫巡閲使呉佩孚が外交部に書簡を送り、広東の粤海関監督兼交渉員陸孟飛がシャムとの交渉問題打開のために来京している旨を通知[78]、別途送られていた陸の条約締結・使節交換を求める意見書も同日外交部に着いた。その意見書は、五十余のシャム華僑の要請に基づいて華僑虐待などを伝え、他方で①広東軍政府もシャムに使節を派遣したが国書がなく、また在シャムの他国公使の紹介がなかったのでシャム外交部に交渉を拒絶されたこと、②広東一帯の海域に出没する海賊がしばしばシャムに逃げ込み、犯人の引き渡しが困難になっているという、北京外交部にとって新しい二つの情報が含まれていた[79]。

実は、第II部でも少し触れたが、この意見書にあるように広東政府もシャム側と接触をはかっていた。民国八年のパリ講和会議前後に王正廷全権が講和会議に来ていたシャム代表と会見し、条約締結・使臣交換を求めた際、シャム側は、「それを願っているが、シャムは領事裁判権の撤廃が不充分なのでそれが完了してから考えたい」などと述べたとのことだった[80]。一方、華僑連合会長である李登輝なる人物も、軍政府にシャム政府との交渉を要請しており、国際連盟ができてからは連盟にこの問題を提出するように同政府に求めていた[81]。このほか、李は民国九年には北京政府に対しヴェトナムでの領事館設置に基づいてフランスと交渉をするよう要請していた[82]。これをうけた広東政府の政務会議も外交部と外交調査会に対して情況を調査し、北京政府と協力して処理するよう求めていた。対シャム交渉は南北双方でそれぞれ進められていたのだった。

だが、こうした広東政府の動きを北京政府が明確に認知したのは民国十三年の陸孟飛の意見書によってであったと思われる。六月二十三日、広東の動きを知り多少の焦りが出たのであろうか、北京政府では有能な高官をシャムに派遣することを求めた僑務局の意見書が国務院経由で外交部に送付された[83]。また同日、衆議院議員葉夏声（広東代表）も外交総長宛の意見書を提出、孫文が南洋と借款契約を結ぶとの情報もあり、事態は切迫しているので、僑情に詳しい陸を宣慰使として派遣し、まずは華僑に「徳意」を示してはどうかと提案した[84]。陸や南方系の議員らは、南方の情報を提供することで、北京政府の焦りを喚起し、自己の要求を実現させようとしていた。

七月九日、外交部条約司第二科は、国務院および葉夏声議員に対し、現在外交部で使節交換交渉を進めていること、宣慰使派遣が交渉に影響する可能性があることを理由に要請を受け入れられないと述べた[85]。八月二十五日、外交部が挙げた理由は名目に過ぎず実際は経費問題が理由だと考えた葉議員が再び意見書を提出、費用については陸孟飛が個人的に負担するから陸を派遣するよう要請した。[86] しかし九月三日外交部は、部内にはシャム情報が十分あると述べて、要請をあらためて拒絶したのだった。[87] 交渉の主体をめぐる駆け引きにおいて、外交部は自らの位置をゆずることはなかった。

交渉が軌道にのるかと思われたところでシャム側の提起した「皇帝」問題は、北京政府にしてみれば寝耳に水であったが、シャム側が明らかに交渉を嫌がっていることを外交官僚に感じさせたことだろう。皇帝制度を打破した政権が、かつての朝貢国との交渉において、「皇帝」称号に拘泥している点では興味深いが、北京政府が妥協した民国十三年以後もシャム政府は交渉に応じることはなかった。北京政府は「英文」による完全平等条約締結を目指したが、「皇帝」称号という盲点をつかれ少なくとも半年は対応ができなかった。結果が出せない北京政府は、国民から批判され、シャム華僑の困窮もあいまって、特使派遣が叫ばれることになった。また、この時期になると条約締結の必要性は、「憐憫・徳意」、「国民保護」、「亜洲盟国」などさまざまな論理の中で語られた。またこの頃になってようやく広東の動きが視点にはいってきていることも指摘しておかねばならない。

第Ⅰ部で述べたように、清末以来、北京の外交当局は南シナ海に面する各植民地に移住していく華僑を把握するために積極的に領事館を設置していった。これは現地華僑が要請したことでもあり、それはシンガポール・マニラなどを皮切りにジャワ・ブルネイなどへと広がり、国民政府期には台北にも中華民国の領事館が置かれた。[88]

二〇世紀初頭の南シナ海は、実質的に各国の植民地と広東政府という地方政権に囲まれていた。無論シャムという独立国があったが、そのほかを見れば仏領インドシナ、蘭領インド、米領フィリピン、日本領の台湾、そして広東といった具合であった。この海の世界では当然ながら華僑が商業活動を展開していたが、彼らは一方で自由な活動を保証する「身分」を求めて、冒頭に記したような登録民となろうとしたが、他方で中華民国という「本国」と、また出身地である（あるいは出身地の外交権を有している）広東の政府に保護を求めていた。そこでの論理は「国民保護」であった。他方、中華民国北京政府にとっては彼らを把握し、領事館などを設置して「保護」することこそ、中央政府としての役割であったし、そうすることで中央政府であることの存在表明ができるのだった。無論、華僑が財源となることも重要視された。こうした事情は、同じく中央政府を目指し、財政難に直面していた広東政府にとっても同じだったろう。そして、各植民地政権やシャムにとっては、華僑を何とかして「外国人」とするのではなく、域内の論理に封じこめることで、国家（植民地）建設や税収などの面におけるリソースにしようとしていた。(89)

だが、中華民国が国際連盟に加盟するころになると、中国側が「アジア」という発想の下に交渉をおこなおうとする姿勢が感得できる。国連でアジア代表枠を得ていた中華民国は、アジアの「盟国」であるシャムとの条約締結を急いだのだった。確かにシャムは国連で中華民国が非常任理事国となることを支持していた。だが、交渉は結局頓挫してしまう。一つには、南シナ海の世界を中央政府である北京政府が広東を飛び越えて把握しようとするところに限界があり、また一つには皇帝称号問題があった。皇帝称号問題とは、「皇帝」と「大総統」、「君主」と「大総統」という組み合わせの中にある差異を北京がいかに認識したかという問題である。シャム「君主」を「皇帝」とすることへの躊躇が果たして清代以来の観念に由来するものか否か、当時の顧維鈞外交総長が本当にこの皇帝称号を大総統の地位と比較して交渉困難と感じたのかどうか、決め手がない。しかし、漢文テキストにおける称号問題で半年間も交渉が頓挫したという事実は、看過できない。条約内容が完全平等でも、こうした漢字文化圏特有の論理によって主権国家間の外交交渉が妨げられるという事実は、「主権」論理だけでは解決できない局面が存在する可能性を示すものとして注目に値しよう。日本が、明治初年から外交文書において「天皇」を使用せずに「皇帝」を使用して、日清修好条規でそれを清に認めさせ、江華島条約で自らを皇帝、相手を国王として上下関係を明示しようとしたことは周知の通りであるが、このような論理が、二〇世紀前半の東アジア・東南アジアの漢字文化圏に底流として残され、またそれが時に表層にも見え隠れするということは、この地域の外交の一つの特徴を示す可能性があるものとして検討していくべきだと考える。

第三章　空間意識と地域外交
——ロシア革命前後の対中央アジア外交に見られる新疆省「外交」——

清代の中国外交を論じる際、その空間概念が問題となることが多い。一般的に、なるべく外国使節を北京に近づけないように、そして遠方において外交案件を処理しようとする傾向があったとされる。他方、外国使節からすれば、中国側の交渉窓口を確定すること自体が懸案であり、欧米諸国と清とのやりとりでは中国側の「たらいまわし」が問題にされることも多かった。他方、朝貢体制においては、辺縁での交渉、貿易とともに、「礼」に則った使節の上京が組み合わされており、たとえば琉球は福州、ルソンはアモイ、シャムは広州といった具合に、国によって交渉地が決められていた。これは一七―一八世紀の東アジアの管理貿易体制の下では決して奇異なことではなかった。(1)

官制の面では、第Ⅰ、第Ⅱ部で述べたように中央に外務省に相当するような機関はなく、ロシアや中央アジア諸国が理藩院、朝貢国が礼部、という分担が一九世紀半ばまでの清の「定制」であって、一八六〇年代になってこれに「有約通商国」、「無約通商国」を扱う総理衙門があくまでも臨時性のある官署として加わるといった状態にあった。だが、朝貢国の関係に「通商国」が加わるようになると、ことは複雑化したし、「四国」の一員であるロシアをほかの三国と切り離すこともできないので、総理衙門と理藩院の境界も曖昧になった。他方、地方の担当者間でも役割分担がおこなわれていた。だが、一八六〇年代前後に、広東システムから上海システムへと「通商」管理体制に変化が生じたことから、「通商」の担当者が広東の欽差大臣から上海の通商大臣へと変化し、そして一八七〇年代以降は開港場の拡大にともなって南北洋大臣や各総督・巡撫、そして道台らが外交を担うようになった。(2)

中国を地政学的に見れば、中国の周縁には、常に周囲からさまざまなかたちで「入り込み」、あるいは「出て行く」可能性のある地域がある。それは、新疆から中央アジアに広がる地域、そして「満洲」から朝鮮半島・シベリアに広がる地域、そして雲南から東南アジアに広がる地域である。この地域の「国境」は、すでに一八世紀に常に問題となっていた。中央政府としては、こうした場をいかにコントロールできるかが実効支配能力を示す格好の指標となったが、地方政府にしても中央が過度に弱体化しなければ独立することもなく、中央を利用しつつ外敵を防ぎ、また外敵を利用して中央を牽制しながら、自らの利益を守ろうとした。中華民国前期は、いわゆる東北軍閥、西南軍閥、そして新疆の楊増新らがこうした場を自立的にコントロールしていた。(3)

本章の課題は、そうした場で具体的にいかなる外交が展開したのかということである。具体的には、中華民国前期における中央アジアとの外交について考察したい。中華民国側は中央政府の実効支配能力に限界があり、また中央アジアではロシアの崩壊やアフガニスタンの独立といった政治変動が相次ぎながらも、実質的な交易活動は基本的に続けられ、地方政府は秩序維持に努める必要があった。では、そうした状況の中で地域秩序はいかに形成され、中央政府と地方政府はどのように役割分担したのであろうか。(4)

1　清末民初の新疆と中央アジア――イリ条約

清代の中央アジアとの関係については、乾隆帝による遠征、ヒバ汗国、ブハラ汗国、コーカンド汗国などの朝貢、清末の新疆省設置などがこれまで研究されてきている。(5) 中央アジアから北アジア方面との往来は、原則として理藩院によって担われていたが、中央アジアは、こののちロシアの領土下にはいり、民国期にはこの地域との往来も外交部の管轄下におかれ、他方モンゴル・チベットについては英露が関わる場合には外交部、内政としては総統府蒙蔵局の管轄下に置かれるようになった。だが、これらは中央の行政制度に基づく理解であって、現実には地方政府に実務を委ねていた面もあった。中国の外交は、特に隣接する諸地域との往来に関する場合、辺縁に位置する行政区域によって担われていた側面が強い。他方、地方から見れば、決して中国外交の一端として対外交渉をおこなっているのでなく、その地域の秩序維持のためにおこなっていた側面が強い。特に民国前期は、新疆面が北京政府の管轄下に置かれていたとは言いがたい面があり、その自立性は高かった。新疆省長楊増新は、中央政府と連絡は取りつつ、自立を維持していた。[6]

清末、この地域の対中央アジア貿易を律していたのは、光緒七年（一八八一年）に締結されたイリ条約であった。[7]この条約は、第十五条に記されているように一〇年満期で、その期限の切れる半年前に改正の要請をしなければさらに一〇年更新されることになっていた。清朝は、イリ条約三〇周年の前年の宣統二年（一九一〇年）に、次年に「修約」することを期して準備を開始した。中国の不平等条約改正史において、改正の具体的動きが中央アジアをめぐる交渉に現れることに気づかされる。このイリ条約の件も、基本的に後の北京政府の主要政策である「到期修約」（修約外交）と同じ考えの下におこなわれており、また後述のように一九二〇年前後に楊増新省長は明確に不平等条約改正という観点から、この地域をめぐる諸条約を実質的な平等条約にしようとして奔走した。[8]こうした側面は、これまでの中国外交史の不平等条約改正史では指摘されてこなかったことである。

宣統二年の準備の際、新疆省の中俄（ロシア）通商総局は、「外交報告表」、「外交報告説明書」などを作成して北京の外務部に咨送したが、[9]ここでは新疆省および中国にとって不利益となる内容を除こうとする姿勢が見える。清が条約の改正を求めようとしていることを知ったロシアは、最後通牒まで発して中国側が「修約」を提起する前にイリ条約にかわる新約（当然イリ条約と同様の不平等条約）を締結することを求めた。[10]宣統三年（一九一一年）のはじめ、清朝外務部はロシア案を受諾、三月にそれを正式に伝えた。[11]同年十月の武昌蜂起のあと開かれていたロシアとの談判でも、免税措置の問題が議論の焦点であったが、辛亥革命のため、この交渉は頓挫、中華民国外交部はロシアとの交渉を進めようとせず、条約の発効を急ぐロシアは新案を取り下げ、イリ条約をもう一〇年間延長することにしたのだった。新疆省側から見て、最も大きな問題のひとつは、不平等条約にかこつけて中国人がロシア人の「通商票」を得て（時には領事館で売られていたものを購入して）、ロシア人の免税特権などを享受しようとしたことに見られる、国籍の混乱にあった[12]。これは、ロシアの特権それ自体を廃止すれば解決することであったが、それには困難が伴い、新疆省政府は北京外交部と協力して、一九一〇年代半ばまでに各地の戸籍簿などを作り上げることで、国籍の明確化をはかろうとした。中国の国籍法はジャワ華僑の「虐待」問題を契機とし、中央政府主導でおこなわれたが、ここでは中国国内の外国人の弁別のために国籍、そしてその根拠となる戸籍の作成が地方政府によって急がれたのだった。

2　ロシア崩壊前後の秩序形成(1)——二月革命前後

新疆と中央アジアの交渉がふたたび国家レヴェルで話題となるのは、民国七年（一九一八年）のことであった。新疆省は免税条項の撤廃を訴え、特にパリ講和会議への提起を求めていたのである。

ここではまず、中国側の史料に基づき、背景としてロシア革命前後の中央アジアおよび新疆周辺の状況についてふれておきたい[13]。イリからタルバガダイにいたる地域が接するロシアの疆域には、一九〇五年のロシア革命に失敗した革命家たちが流浪して居ついていたとされる。一九一七年にタシュケントで武装蜂起があって東トルキスタン・ソビエト政府が成立するなど、中央アジア地域が恐慌状態に陥ると、新疆周辺も一種の混乱状態に陥ることになった。新疆地区の旧ロシア領事たちは、基本的にロシア時代の約章（条約や章程）を守りながら業務を継続したが、たとえばカシュガル領事のように領事自身がトルキスタン・ソビエト政府に通じていたケースもあったし、実際のところ、ソビエト政府を樹立してロシアから自立した地域から新疆に来ていた人々をロシア領事館が管理下におくことは難しくなっていた(14)。だが、こうした状況の中でも新たな秩序形成の動きがあり、民国六年一月には北京において「阿爾泰商条款訂節略」が定められ、ロシア兵のアルタイ各地からの撤兵、そして貿易の新たな体制づくりが模索され始めた(15)。事実、アルタイにおいては、ロシア兵が本来なら中国に返還すべき房屋をロシア商人に譲るなどといった問題はあったが、同年夏に撤兵がおこなわれた(16)。これは北京政府の主権を挽回しようとする努力の現れとして評価された。貿易面でも、ロシアの特権を「暫時」性のものとし、具体的な取り決めをアルタイの現場でおこなうこととした。アルタイ長官もまた「以挽主権」(主権の挽回)を企図したのだった(17)。

この時期、新疆周辺で喚起された「危機」はロシアそれ自体の混乱というよりも、むしろ「煽動」によるものを多分に含んでいた。それは、第一次大戦の枢軸国側であるトルコ人やドイツ人によるウイグル人の独立、反政府運動に対する鼓舞煽動として、ロシア側のみならず、新疆側にも意識された。たとえば、民国六年九月の新疆省長楊増新の報告でも、漢口など各地にいるトルコ人が新疆向けに書簡や印刷物を送りつけてきており、省内のウイグル族や回族を煽動しようとしているので、取り締まると述べていたし(18)、中央政府もこれに連動して交通部が郵便物検査に乗り出そうとしていた。他方、北京ではロシアと中央アジア利権を争うイギリスが、ロシアが「無線電」を利用してインドやアジア各地のイスラム教徒を煽動しているとして北京政府に中国内部の取り締まりを要請、北京政府はそれにそのまま応じようとしていた(19)。

民国七年になると国境周辺が慌しくなるとともに、「革命主義」の広まりが新疆側にも意識され始めた。興味深いのは、こうした「主義」の広まりもドイツやトルコの煽動と連動するものとして観念されたことである。革命主義を唱える集団が各地に派遣される中で、北京のロシア公使が北京政府に取り締まりを要請した対象も、新疆との境界付近でトルコの「月牙之旗」とドイツ国旗の両面旗を掲げた勢力などであった(20)。

こうした外国からの取り締まり要請などは、北京政府経由でも新疆省政府に随時おこなわれていた。新疆省長は、確かに自立性が強かったのだが、こうした対外関係では中央政府と関係を保っていた。他方、逆に新疆側が中央を利用する例もあった。民国七年一月にタシュケントの「擾乱」が激化し、カシュガル付近の国境線が不安定化していた時、ハルピンで発行された許可証を持って、中国東北部からシベリア経由でカシュガルに来る不審人物が多かったことから、ハルピン外交特派員に命じて許可証発行を停止し、商人についてはタルバガダイへの「護照」（パスポート）を発行するようにさせて欲しいと中央政府に要請していた(21)。他方、新疆のロシア領事たちは、中国の商人が自由に国境線を往来することを警戒していた(22)。

民国七年二月、フェルガナのコーカンド一帯での戦闘が激化、ロシアからの独立を企図するムスリムたちが、一九一七年末にフェルガナのコーカンドに集まってトルキスタンの自治を宣言、コーカンド政府が樹立されたが、これに対してスターリンが反発、同地を攻撃していた。楊増新は、密偵の情報などから、この地域の「革命党」の勝利を知り、コーカンド汗国の復活もありえると考え、一方で海外のムスリムが新疆内のムスリムをたきつけて独立させようとすることや、中央アジアの華僑が危険に晒されていることに警戒を募らせ、中央政府に対し、軍事面での支援を求めた(23)。軍事的な意味でも、中央政府は利用可能な存在であった。

ロシアとのチャネルとしては、新疆省内のロシア領事だけでなく、北京のロシア公使も重要な存在であった。新疆省政府は中央アジアの華僑の保護を駐華ロシア公使に求めるよう北京政府外交部に要請していた。眼前の交渉相手の首都と交渉するチャネルは北京を通すことで実現した(24)。当時、国境付近の地方官たちは、基本的にロシアとの旧条約に則って諸関係を律しようとしていた。だが、外交部は華僑の保護のためという理由で、国境付近の地方官に対して国境の向こう側で実効支配をおこなっている勢力と「不正式交渉」をするようにと指示をだし(25)、新疆内部にいるロシア領事については、北京に旧ロシアの公使がいる関係上、すなわち中華民国が旧ロシアを承認している以上、公式な存在として認めるとしていた。中央から地方に対し、「現実」に即して現地政権と直接交渉をおこなうように求めたのだった。この点、民国七年三月二十六日の楊増新から中央への電報を見てみよう。

イリ鎮守使楊飛霞の報告によれば、「ロシアでは平等党（共産党）が既に勝利し、七河省やサマルカンド付近でも、平等党が執政党となっている。現在伊寧方面のロシア領事の駐在地では変動が大きいので、砲隊一隊を派して防備に当たらせるが、わが国が未だ認めていないロシア平等党については、以後その国とその派遣してくる領事をいかに遇するべきか。指示を請う」とのことであったので、増新（自分）から、以下のように返答した。「北京のロシア公使と新疆のロシア領事こそが、中国の承認している対象であるので、何か案件があったら、これまでどおり彼らと交渉するように。現在、国境付近の回部でもロシア領域でも、ロシア人が紛々として、四分五裂状態であるが、本件は基本的にロシア内部のことであり、わが国が関わり合いをもつべきことではなく、ロシア人もまた新疆内部で騒擾をおこすべきでもない。今すべきことは、まず境界の砦を固めて、許可証のないロシア人は入国させないということである。これはわが国の国境警備に関わることで他国との間に問題は発生しないだろう。砦に駐在している役人に命じて一切を適切に処理するよう指示せよ。いささかも瑕疵や怠慢があってはならない。伊寧は、ロシア領事、商人がいるので、派兵して駐在させる。そうすることで保護し、管理しやすくなるだろう[26]」。

この電報は、もともと楊が外交部に対して国境防衛に失敗した場合の処置を聞いているものであるが、その前段にこのような状況説明があった。前述のように、外交部は華僑を守るため国境付近の新疆の地方官が旧ロシア領内で実効支配をおこなっている勢力と「不正式」接触することを認めながらも、公式的には旧ロシアの派遣した外交官を認めるというのが建て前であった。

四月になると、決定的な電報が届くようになる。当時、駐ロシア中華民国公使館では、李世中秘書を残して、館員たちは帰国していたが、その李秘書の報告によれば、モスクワの新政府外務委員会が李に対して「新政府は一九一七年十一月二十二日をもって旧政府の派遣した全ての駐華外交官（領事を含む）の職を解いており、中国政府が公式に彼らと接触することは内政干渉にもなる」と通告してきたとのことであった。[27] 当時、中華民国政府は、旧ロシア政府を承認していたままであり、まだ新政府を交戦団体としてさえ承認するにも至っていなかった。[28] 他方、新疆省長楊増新も「政府承認」については北京の判断に任せていた。[29] こうした状況の中、中国に残された旧ロシアの公使や領事は必死であった。シベリアづたいに中国に避難してくる旧勢力の後押しをうけて新政府への抵抗をおこなおうとしていたのである。まず、イリ国境付近に、難民や兵隊が押し寄せる中で、新疆側にいる旧ロシアの領事たちは「平等党」の中国への侵入を食い止めるよう新疆省に要請し、イリ領事は自らの身辺が危険になったとして、保護を新疆省に要請した。[30]

新疆省政府は、前述のように国境の防備を固め、人的往来についてはこれまで「領事護照」がなくとも入境できたところ、必ず「領事護照」を求め、それがないものは入国させないこととしていた。他方、当然、入境者の武装は解除させた。また「偵探」（スパイ）を積極的に各地に派遣して情報収集をおこなった。[31]

しかし、旧ロシア領事たちがそのまま省内に領事として駐在することは次第に難しくなっていった。すでに「過激党」（新党、平等党、すなわち共産党）が旧領事を放逐し、新領事が着任しようとしているところもあったのだった。旧ロシアを承認していた北京政府はもし新政府の領事が承認を求めて武力に訴えてきた場合、武力でこれに対抗するように指示を出していた。[32] そして、前線はよりいっそう緊迫していた。イリ鎮守使は北京政府に対して、越境して派兵し、旧ロシア領内の華僑を保護したいと要請、[33] 楊増新省長も判断を自らせず北京政府にそれを求めた。外交部の回答は当然「否」であり、あくまで現地政権との非正式交渉によっておこなうよう命じた。[34]

民国七年六月になると国境付近での戦闘が激しさを増し、「新党」（共産党）勢力に敗北したロシア兵が多数国境を超えてくる。[35]新疆省長楊増新は、イリ鎮守使などに対して、決して「新党」勢力と闘わないように指示したが、[36]実際のところは、「新党」勢力も敵を追尾し、あるいはかつて新疆内にいた新党を苦しめた在新疆のロシア領事官への報復と称して、兵を中国国境内部に進めてきていた。[37]六月十八日に外交部に到着した電報で楊は新疆と接している地域がほとんど「新党」によって占領されていること、また新疆の旧ロシア領事たちは交渉相手にはならず、中央アジアの新疆商人を保護する手段が問題となっていること、「新党」を認められないとしても彼らが武力をもって領事交代を求めてきた場合にいかに対応すべきかも問題なこと、などを切々と訴えた。[38]これに対し外交部は、第三の武力行使の問題については、もし兵が国境をこえてきたら派兵して阻止せよという指示を繰り返すだけだった。[39]

だが、実際、戦争（内戦）難民が国境を超えないようにすることなど困難だった。国境での武装解除が原則ではあったが、それが守られる保証はなく、一部の敗残兵が武装解除せずに国境を突破した。新疆に残されたロシア領事などは彼ら敗残兵追尾のために新疆に侵入してくる「新党」を恐れ、楊増新にしきりに国境を超えて派兵するよう要請していた。だが、六月末に楊省長は、こうした要請に対する明確な原則を示し、「国際公法を守る存在」としての中国を強調、また宣戦講和は中央政府の大総統の専管事項である、など約法を遵守する姿勢を明確にした。[40]これは中央政府の指示ではなく、楊自身の強い「主権」、「公法」に対する意識に基づいたものだったと考えられる。[41]だが、現実的な事態の打開には、こうした建て前とは別に、「新党」側と事務レヴェルの非公式折衝をおこなわなければならなかった。タルバガダイ道尹から「新党」が会議開催を求めていることを知った楊は、会議に「外交員」を道尹が派遣することに賛成し、[42]また七月末にはイリ鎮守使もまた非公式に「匪党」と接触したのだった。[43]

他方、このころ新疆省の北京政府に対する信頼は損なわれ始めていた。それは、北京政府が吉林や黒龍江における案件、たとえばセミョーノフの活動などと新疆での問題を同一視、あるいは少なくとも両者のバランスをとろうとし、最終的には北京に近い東北部からシベリア方面を新疆よりも優先しようとしていることを背景としていた。(44)八月十七日の楊増新の電文は、この問題を提起、(45)東三省の場合はどこかで問題があれば他省からの援軍がありえるが、新疆省内部で兵を移動させることは困難として新疆重視を訴えた。北京政府がシベリア出兵を決めようとしていたことが楊の発言の背景にあったのだろう。八月二十四日、北京政府は「ウラジオストック出兵宣言」を出してシベリアへ出兵を表明したのだが、それ以前から新疆軽視という雰囲気が伝わっていたものと思われる。(46)

3　ロシア崩壊前後の秩序形成(2)——第一次大戦終結前後

一九一八年秋になると情勢は一層流動化した。新疆省政府は、この年の十月に対ソ連国境を封鎖し、既に混乱に陥っていたこの地域での貿易はほぼ完全に途絶えた。そして、ロシアでは対外貿易権を国家が掌握することになり、それまでこの地域で活動していた貿易商たちはその基盤を失うことになった。ここに公的な基盤を失った、かつての貿易商人たちと、ソビエト政府の支持を受けた商人らの争いが生じることになった。他方、中央アジアの華人の財産も戦乱の中で失われ、一部はソビエト政府に没収されるなどして、混乱が続いていた。

ソビエト政府が地盤を固める中、ソビエト極東政府（極東共和国ではない）は新領事派遣の打診を新疆省政府におこない、新疆省側も華商財産の問題解決を同政府に要請するなどといったやりとりがあったが、交渉の窓口が正式に開かれることはなかった。だが、一九一八年十一月十二日に転機が訪れた。周知のとおり、枢軸国が相次いで降伏し始めたのである。ブルガリアが九月二十七日に、トルコが十月三十日に降伏、そして十一月三日にオーストリアが単独休戦、十一月十一日にドイツが休戦条約に調印して、第一次大戦は終結した。北京政府は、これによって「協商国」と近かった「旧ロシア」側が復権し、敗戦国であるドイツなどと通じていた「過激派」が衰亡すると考え、「旧ロシア」側を「援助」し誼を交わすように指示したのであった。[47]これによってイリ鎮守使はロシア領事の要請を受け入れ、「新党」の占拠するサマルカンド進攻を計画するに至ったのである。[48]この計画は実現しなかったが、当時の新疆省にとって、すでに十数万人以上にふくれあがった省内のロシア人をいかにコントロールするかが依然大きな問題であった。

この後も旧政府の復活という予想はかわらなかった。その後中華民国北京政府が旧ロシア側を支持することの無意味さを悟り、中華民国の駐オムスク領事を交渉担当者に指名し、オムスク政府を窓口としてソビエト政府と交渉することを閣議決定したのは、民国八年（一九一九年）六月になってからであった。[49]オムスクの総領事は范其光であった。[50]范は、新ソビエトのイリ総領事館の衛兵数をめぐって長い交渉を続け、その数は中華民国側の要望とおり大幅に縮小された。だが、北京政府から派された范総領事が担当した案件はこの程度で、多くの案件では、ソビエト側の代表が新疆に赴いて交渉をおこない、交渉の主導は実質的に新疆省政府が握っていったのだった。

通商方面については、一九一九年から二〇年初めにかけて、トルキスタンやキルギス方面から新疆交界に使節が派遣され通商再開の交渉が少しずつ始められ、二〇年にソ連の地方政府からタルバガダイに常駐使節が派遣され、政府間に外交関係がないことから名称を「外交代表」ではなく「商務代表」とし、一方でタルバガイの商会との通商に関する取り決めとして、「塔城臨時通商合同」を結んだ。[51]ここでは、ソ連が中国の内政に干渉しないことや、中央アジアでの華商の税金を軽減することなどが記されていたが、免税問題ふくめて旧条約の扱いについては記されてなかった。[52]旧政府の条約や取り決めを継承するというスタンスがとられなかったのであろう。

このように各地域でそれぞれおこなわれた新たな通商秩序形成のうち特に重要なのが、民国九年の「新蘇臨時通商条件」（イリ臨時通商協定、伊寧会議定案）である。これはイリ地方の通商をめぐって、民国九年一月からトルキスタン代表とイリ道尹、イリ中俄交渉局局長らがキルギスで会談、交渉し、その結果結ばれたものである。イリ道尹らは、当初から基本的に新疆省政府と連絡をとりながら交渉を進めたが、四月になって楊増新省長がソ連人商人に「暫不納税」特権を継承させず、それを撤廃させようと企図し、またイリ道尹が締結しようとしていた取り決めの内容がイリ地方にしか適用されないことから、省政府として、省全体を対象とする取り決めを結ぶことを求め、省が直接交渉に出張ることになった。(53) 事態が急転することが予想された混乱時には、実情に即して各地域ごとに個別に取り決めを結ぶことが考えられたが、事態が収束に向かうと、こうした地域別の秩序形成にはむしろ弊害があることから、省が交渉し、省全域を対象とする取り決めを結び、同時に不平等条約を改正することが求められたのであろう。交渉の結果、民国九年五月二十八日、領事裁判権を撤廃し、関税自主権を相互に認め合う平等協定が締結された。新疆省政府は不平等条約改正に成功したのである。これが「新蘇臨時通商条件」である。(54) この交渉過程で、楊省長は中央の外交部とも連絡をとりあっていたが、(55) 北京政府外交部は、新疆省とソ連（の地方政府）が交渉することを容認し、交渉内容にも随時許可を与えていた。(56) 新疆省は、「新蘇臨時通商条件」の第一条に基づいて、駐ソ連商務専員をアルマアタに駐在させ、連絡にあたらせた。(57) ソビエト政府も、こうした一連の交渉を正式に認めるとともに、正式な通商条約の締結を求めた。(58) これ以後、民国十一年の通商談判、民国十二年の新ソ連臨時通商条件交渉など、いずれも新疆とソ連の中央アジア地区の代表により交渉が進められた。(59)

このように、ロシア革命前後の中央アジアにおける秩序形成は、中華民国の「内政不干渉」という立場の下、北京中央と新疆省が密接に連絡をとりあいながらおこなわれた。そこでは、旧ロシアへの承認という原則をふまえ、各地域ごとに実情に即した秩序の安定が求められ、ソビエト政府とのチャネルが開かれると、新疆省主導で新たな秩序の構築が目指され、省政府とソ連の地方政府が交渉をおこなうことで、「条件」という地域レヴェルの取り決めをおこない、それを中央政府が認めることで、制度化したのだった。そして、その後もこのような国境線周辺の秩序形成がもたれることになった。

4　アフガニスタン独立と「新阿」通行条件

ここでは、上節の内容を念頭におきつつ、アフガニスタンとの関係を例に取り上げてみたい。アフガニスタンは一九一九年に独立したとされるのだが、それ以前においても前述のように中央アジアの新たな秩序形成のアクターとなっていた。アフガニスタンと中華民国が国境を接していることもあって、アフガニスタンの動静は新疆省にとってもひとつの関心事であり、当時派遣された偵探（スパイ）から、英独の間で揺れ動くアフガニスタンの様子が随時、省に報告されている[60]。また、一九一八年十一月にアフガニスタンで暴動がおきて旧国王が倒され新王が立てられた際にも、アフガニスタンと接する蒲黎県の防備が固められた[61]。

民国八年（一九一九年）、アフガニスタンがイギリスの保護国から独立、国家承認を求めるために各国に使者を派遣した。中華民国に派遣された使者は二組、一組は北京へ、一組は新疆に向かった（新疆には二度[62]）。使節の来訪を知った新疆省長兼督軍楊増新は、この件を北京外交部に連絡した。先に述べたように、ロシア帝国の瓦解とソ連への再編の過程の中で、中央アジアでは旧ロシア側にできた暫定政府や地方政府と新疆省との「外交」が展開されていた。このような秩序形成は、軍事的混乱を防ぎ、関税などの諸税などの収入源を個々の政権が確保していく過程でもあった。こうした地域レヴェルの新たな秩序形成に、北京外交部も関与はしていたが、直接すべてを管理しようとするのではなく、地方に交渉を委ねる部分が多かった。まして、列強である英露などの勢力が混淆している地域であるアフガニスタンについては、交渉過程で不要な混乱が生じることを防ぐためにも、地方レヴェルでの対応を歓迎しているようでさえあった。

アフガニスタンは、中央アジア地域の秩序形成に比較的積極的に参加していたようである。一九一八年五月、すでにボハラで「過激」党と旧ロシア側との間の戦局が激化していたころ、そのボハラ「過激」党の代表とアフガニスタンの代表がタシュケントで今後のトルキスタンについて協議しているとか、またあるいは旧ロシア側と協議しているという話が新疆側にも伝えられていた(63)。他方、イギリスの駐カシュガル領事はアフガニスタンの動きに敏感であった。インド統治維持との関連もあってのことだろうが、同領事はアフガニスタンからの使節の中にインドの独立活動家が含まれていると主張し、新疆省政府にアフガニスタンとの往来に反対する意思を明示していた(64)。

こうした情勢の中で、楊増新は以下のように外交部に求めた。

新疆省はアフガニスタンに接している。中国とアフガニスタンとの間に通商条約はないが、それでもアフガニスタン人が新疆で通商をおこなって既に久しい。新疆に来たアフガニスタン人たちは他国の保護をうけ、通商をおこなっても納税しない。したがって、アフガニスタン人と取り決めを定めてから通商をおこない、それに基づいて納税させるのがよい(65)。

ここでは、税収の必要性から取り決めを定めることが求められている。他方、それまでアフガニスタン問題は英ソの微妙な関係の下に置かれていると考えていた外交部は、駐英公使顧維鈞からアフガニスタンは少なくとも名義上は完全に独立しており、イギリスもその地位を尊重しているとの報告をうけたこともあって、以下のような結論を導く。

新疆とアフガニスタンとの通商関係は比較的重要だ。従って、新疆省から使節を派遣してまず局部的な通商条件を締結するのが望ましい(66)。

新疆省という一地方とアフガニスタンという国家による、地域を限定した「通商条件」（条約・協定とも異なる）の締結が望まれたのだが、もちろんそこでも平等が企図されたのであった。

前節の事例は、中露・中ソが中央政府同士で関係をもちつつ、新疆省と中央アジアという「地域同士」の交渉を地域に任せた事例という面があるが、このアフガニスタンの例は国家と地方との関係であった。アフガニスタンは北京ではなく、新疆との関係の下に位置づけられたのである。これは、新疆省とアフガニスタンを同等のものと扱う方法とも見て取れる。

ロシア崩壊後の中央アジア諸国との外交、またアフガニスタンとの外交でも、基本的に省政府やイリなどの現場が交渉を主導し、それを中央が支持する（時に省政府が否定）というスタイルがとられており、また内容的には不平等条約を改正し、平等条約を結ぼうと中央・地方の双方が企図していたということが見られた。

この状況について以下の四点を指摘しておきたい。第一に、一般に中国の外交権は分散しがちであり、またそれはいわゆる「軍閥混戦期」に顕著だと言われるが、中央・地方が連絡をとりあいながら外交をおこない、それに際しては省側も外交部に打診し、外交部もその内容を容認していた。確かに、中央政府の統治力に限界があるから地方に外交権の一部を与えているということもあるかもしれないが、それはただちに「無秩序」、「混乱」ということではなかろう。地方は税収あるいは秩序という実を得、中央は華僑保護・不平等条約改正という国家的課題解決に取り組んでいると内外にアピールするための材料を得る。中央政府にとっても、地方政府にとっても自らの正当性に関わる成果を調達することができたのである(67)。

第二は、地域的な秩序形成の問題である。中央アジアとの交渉は中央よりも地方においておこなわれた。これは、必ずしも清朝の時と全く同じ条件で省長が外交をおこなっていたわけではないが、中央の力に限界があるとき、各地にサブシステムが形成され、中央も一定の制限下でそれに関わることによって、中華民国全体としての有機的な外交体制が維持されていたということでもあろう。こうした国境地帯における「国境を接する国・地域」との外交については、吉林・雲南などの例を検討することによって、いっそう理解を深められるであろう。そして、こうした議論は、清代の督撫外交あるいは現在の辺境外交など、「中国的外交」の一側面、あるいは「中国的外交空間」としても討論できるが、他方で中国以外の多くの国でも国境地帯で同様のことがあるとも言えるので、慎重な判断が必要である(68)。

第三は、不平等条約改正という論点である。新疆省政府は、北京政府の施策を先取りしていると言ってもいいほど、「到期修約」を実践しようとし、また平等条約締結を目指していた。地方政府も中央同様の外交を展開しようとしていた点は、内政面における近代化と同じである(69)。すなわち内政面では、地方政府が中央政府主導の近代化政策を受け入れない代わりに、自らが省建設を近代的におこなっていたが、これと省主導の条約改正がリンクするのである。中央と地方が相似形のように近代外交、不平等条約改正政策を展開していたということは注目に値しよう。そして、このような動きが辺縁にあるからこそ、中華民国や中国という大枠が維持されていったということもできよう。不平等条約改正の主体が中央政府以外にもあるという点、これこそまさに外交権が必ずしも一元化されていない中国的特徴であると言える。

第四は、新疆省とアフガニスタンという国家を交渉させた点である。これは、北京政府が自らをアフガニスタン中央政府よりも上位に位置づけようとした結果とも、また面倒を避けるための迂回措置であったとも言える。中華民国は国際連盟などでもアジアを代表する非常任理事国となっていこうとするが、この新興のアフガニスタンを自らと同列に見なすことはできなかったのであろうか。こうした面が中華民国の大国化の志向と結びつくか否かはより詳細な検討が必要であるが、アフガニスタンという国家との関係を新疆省の下に置いたことは否めないであろう。

小括

第I部や第II部で述べたような民国前期の「近代」、「文明国化」という現象の中で、果たして清代までの外交スタイル・考え方はどのようになったのだろうか。ここで二点ほど補足をしておきたい。第一は、中国にとっての「アジア」の問題である。この問題は、国際連盟で「アジア」を強く意識した中華民国が世界観を調整することにも関わる。

まず近代中国におけるアジア認識という根本的問題については、孫文の「大アジア主義」に関する研究など、多くの成果があるが、ひとつのまとまった業績として、香港の周佳栄の整理がある。(1)また佐藤慎一は、中国の近代アジア認識について、「中国人の世界認識において、アジアと東洋がほぼ相似形で捉えられ、中国自身もアジア（もしくは東洋）の一員だという意識が誕生する過程は、中国こそが世界の中心だという自信が失われる過程と裏表の関係にあるが、そのような現象が生じたのは『西洋の衝撃』に晒され、西洋が中国にとって限りなく重い意味を持つようになった一九世紀後半以後のことである」と指摘している。(2)

民国前期の外交官にとって「アジア」という地理的カテゴリーは自明のものであったか。無論、欧米の地理概念あるいは日本からの翻訳書の影響で、知識としては入っていただろうが、たとえば孫文がフィリピンやネパールの中国への朝貢を肯定していることなどからも、中国にとっては、朝鮮・琉球・東南アジア諸国（地域）はかつての朝貢国として意識されていたと思われる面もある。(3)これまで述べてきたところでは、第II部で論じた国際連盟における「アジア枠」での非常任理事国問題、またこの第Ⅲ部で述べたシャムとの条約締結交渉の中で中国側が考えたアジア連帯論などがこれに関連しよう。中華民国の外交官たちが「アジア」をいつ認知したかという問題は難しいが、第一次大戦への参戦が「アジア諸国」を想起させる機会となったことは間違いなかろう。さきのシャムは成功しなかったが、パリ講和会議の前後に、中華民国はトルコ、アフガニスタン、イランなどといった国々と交渉をもち、条約締結を模索した。

第二の補足は、ここで紹介しきれなかった中華民国と他のアジアの国々と間の外交である。第一次大戦前後には、アルメニアや朝鮮、あるいは極東共和国など、幾つかの国々が独立したり、独立運動を展開したりした。中華民国は、アジアにおける数少ない独立国の一つとして、国家承認を求められたり、支援を要請されたりした。前述のとおり、中華民国は、国際連盟の非常任理事国となるために、非常任理事国選出の際に「アジア枠」を採用するよう連盟に働きかけた。常任理事国である日本は除いて、アジアから一国非常任理事国が選出されることになれば、中華民国が選出される可能性が高いからである（枠がないと、北・東欧、中南米諸国が議席を占める）。こうした「アジアの代表」としての方向性は、それまでの中国の外交には見られなかった傾向だろう。(4)

他方、一九一〇年代から二〇年代の朝鮮と中華民国の関係については、これまでの研究史でも、また一部の史料集でも上海に亡命政府が組織されたことや、孫文に使節が派遣されたことなどが指摘されている。(5)だが、亡命政府は北京政府とも接触を保ち、ワシントン会議の際には韓国臨時政府外交総長から会議において韓国独立問題を提起するようにとの要請を北京政府におこなっていた。こうした点は、「革命」という観点から構成されている昨今の中朝（韓）関係史では充分に捉えられていない点であろう。亡命政府からの要請を受けた中華民国北京政府外交部は、これらの文書を受理し、前述のように、アメリカとの会議議題交渉において議題対象を中国のみならず「極東一般」とする方向性を模索した。(6)また、国際連盟においても、中華民国全権が「朝鮮人 Youon　Hai 及び Kwai

Yong」を会議に同行しようとしたが容れられず、結局傍聴のみを許されたという記録がある。(7) このような面では、数少ないアジアの独立国の中央政府として、中華民国北京政府はアジアの亡命政府の国際社会への取り次ぎ役を担っていたと言うこともできよう。だが、こうした亡命政府との関わり、朝鮮の人々との関わりに対して、朝鮮半島に接する吉林省は、中央政府とは別のスタンスに立っていた。たとえば、三一運動は吉林省内部にも波及したが、こうした運動の興隆はそのままそれを取り締まろうとする日本の在華領事館警察の拡充に口実を与えることになったため、吉林省長はむしろ率先して朝鮮側の運動を厳しく取り締まり、日本に口実を与えないようにした。これは、アフガニスタンと異なり、地方の側がむしろ列強の動向に敏感で、国境を閉ざしていく例であった。(8)

これらの補足内容をふまえ、つぎに第III部をまとめておこう。第一章では、中国が朝鮮との間で朝貢体制を再編している姿、そして朝鮮と対等な条約を結んでからも当地に租界を有し、中華民国期に入って不平等条約改正に意欲を見せはじめても、朝鮮にある自国の租界を撤収しようなどとは考えていなかったことや、朝鮮租界撤収をめぐる交渉では自らを列強と同等に位置づけようとする傾向が見られることを指摘した。第二章では、シャムをとりあげた。シャムは朝貢圏から自ら離脱し、中国よりも早く近代や近代国家建設を目指したことで知られる、アジアに数少ない独立国の一つであった。中華民国は、まず華僑保護の論理から条約締結を望み、そこでは完全対等条約が準備されたが、交渉過程で「皇帝」称号問題が発生、結局のところ交渉は妥結しない。これは近代主権国家間の外交を前提としながら、今度は漢字文化圏の称号の論理をシャムが利用した例だとも考えられる。第三章では、ロシア革命前後の混乱から新たな秩序形成までの時期における対中央アジア、アフガニスタン外交について、新疆省が中央とも連絡を取りつつ諸外国・地域と「外交条件」などの協定や取り決めを締結し、不平等条約を改正しようとしていたさまを示した。

以上第III部では、主権と宗主という議論に関連させながら、「近代」、「文明国」化という視点からも、「反帝国主義」的な議論でも十分にはとらえにくい民国前期外交のもう一つの特質を読み取ろうとしてきた。また、「朝貢貿易」を支えた「海禁と華夷秩序」のうち、特に華夷秩序について、それが民国前期にどのようになるのかという問題について考察してきた。たしかにそこで見られたことからして、対朝鮮外交について中国が華夷秩序や中華意識から自らを上に位置づけたとか、シャム外交について「皇帝」称号問題が外交をストップさせたのは当時の中国がまだ華夷秩序を意識していたからだとか、新疆に中央アジアやアフガニスタンとの交渉をおこなわせたのは、清代の方位観のあらわれだとか解釈することもできるのかもしれない。しかし、それを確実だとするだけの材料は必ずしも十分ではないし、筆者はそれらを中国の伝統外交の継承と断定するには、あまりに分析する側の先入観が強すぎるように思う。

では、ここから言えることはどのようなことだろうか。重要なのは、第I部や第II部であつかったような近代志向が同時に「富強」志向と絡み合い、また第一章であつかったような列強との対等意識や、ある意味では帝国主義的な傾向が、この時期の中国外交に見られるということだろう。つまり、植民地保有型の西欧諸国と門戸開放宣言をしていたアメリカの間で方向性が異なったにせよ、二〇世紀初頭には「富強」こそが国家の大きな目標となり、国家の存亡と富強のために「文明国化」や「近代国家化」が模索されたが、そこにおける最終目標は強国・列強(powers)の一つとなることであった。それは「大国化」志向と言いかえることができるものであり、中国の場合、単に存続のためだけでなく、「大国」となることへの志向性が強かったと考えられる。(9) この点については、たとえば、第II部の国際連盟における外交や、東欧・南米諸国との外交を想起すれば、一九一〇―二〇年代の外交が対アジア諸国に対してだけでなく、世界の舞台でも「三等国」から脱して「一等国化」することを目指すものとして理解されよう。これは一見アジア諸国との対等を目指すものであるように見えるが、その目標は「一等国」にあったのであり、ハーグ平和会議における衝撃とそこから来る「三等国脱出」の動機は依然維持されていたと考えるべきだろう。また、ここに中国自身が「本来ならば一等国となって当然」とする前提があることも重要だろう。

これは、朝貢制度といかに関わるのか。中華民国前期、朝貢国は喪失されたわけであるから、朝貢体制を維持する方向での調整はもはやおこなわれなかった。第一章で見た朝鮮半島における租界撤廃交渉での中華民国の振る舞いは、朝貢における「宗主と主権」の中にあるとも読めるかもしれないが、史料的に言えることは、中華民国が求めたことが列強との対等と、朝鮮半島における利権保持であったということである。朝鮮にとっては、中華民国もまた帝国主義的な存在であった[10]。また、ワシントン会議をはじめとする国際会議に参加するに際して、植民地となった地域の亡命政府の要望を聞き、反映させようとする方向性は、国際連盟におけるアジア枠での非常任理事国就任に見られるような、アジアの代表として中華民国を位置づけようという側面があろう。これは、列強と対等になろうとする「富強」の目標によって支えられていた面と、弱者の代表たらんとする面の双方をもつように見えるが、後者の面はむしろ多くの国々の代表たらんとする「大国」としての振る舞いとして解釈されるべきであろう。

第二章で見たシャムの事例は、「皇帝称号問題」という、漢字文書に存在する問題として重要である。これを朝貢制度が二〇世紀前半にも残っていたことを示す事例と見なすこともできるが、中華民国は基本的にシャムを対等に見ており、「旧属国だから」という説明はほとんど見られない。だが、これは中国が清末までの記憶を喪失したということを意味するものではないだろう。民国前期は、まさにどこが「属国」であったのかということを含め、かつての朝貢制度全体を、中国が失ったもの、かつてあった本来の姿として歴史的に再構成された時期でもあった[11]。そして、そうした歴史の記述が「本来の中国の姿」として記憶化されていくことになるのである。

だが、華僑問題については、先の朝貢貿易体制下でも、また近代外交の下の「国民保護」の論理においても、それが極めて重要であったことは否めない。また、特に清末以来、華工が多く移住した、あるいは出稼ぎにいった国との関係は、すぐれてこの華僑・華工問題に規定されていた。華僑や華工の動きは、決して商業や経済関係においてのみ説明されるべきものではなく、華僑・華工のほうが「外交」を欲すると言えるほど、現地での華僑・華工の動静がそのまま外交に影響を及ぼした。こうした状況は、現地国から見れば、中国側が華僑・華工を通じて主権を行使するようなものとして映ったかも知れず、中国外交が「華人」を介して拡大していくようにも見える。だが、これを中国外交の特色と考えるか否かは難しい点であろう。中国は、近代国家として世界の中で生き残り、強国となっていくため、あるいは政府や国家の正当性を調達し、財源を確保するために、自国民を保護したのであろう。

しかし、第II部で述べた、国際連盟で非常任理事国になるなど国際的な地位の向上を目指し、一方で東欧と新たな平等条約を結び、連盟などでは中南米諸国と連携しながら列強に対峙していこうとする方向性が、最終的になかなか実現しなかったように、中華民国の列強への道は決して順調なものではなかった。

「大国化」あるいは「強国化」という方向性を清末以来の連続性の中で考え、中国外交の通奏低音として論じようとする議論は根強く存在するであろう。他方で、そうした「大国化」は現代のナショナリズムに裏打ちされたもので、二〇世紀前半から中華人民共和国の外交につながるにしても、それと清末以来の朝貢体制とは区別すべきであるとする見解もあろう。一般的な「中国論」では中国外交の伝統として「中華思想」なるものが登場するのであるが、外交史的にそれを実証するのは難しい。「中華思想」という「説明」は、ある意味で中国を強引に位置づけようとした議論の産物であり、中国脅威論などと結びつき易いデリケートな「論」なのである。

こうした「伝統」を考える上で重要なのは、「華夷」をめぐる連続・非連続論である。中国人研究者のうち、たとえば劉傑をはじめとする論者は、明らかに清末にそうした中国を中心とする世界観は崩壊したとしており、(12)これは中国大陸の歴史学者にも支持されている見方のように思う。だが、文学研究者である孫歌は、「近代以来、中国自身が世界の中心にいるという考え方は衰えたのだが、しかしアジアの中心だという意識は弱まっていない」とする。そして、ではなぜ中国がアジアを語らないのかという問題については、「中国が潜在的にアジアの、少なくとも東アジアの中心だと思っている」からであるとする。[13] また前述の張啓雄は、「中華世界秩序原理」の適用範囲について、現代における中国とその周辺との関係も含まれるのではないかと示唆している。[14] 事実、現代のヴェトナムに対する「懲罰外交」や朝鮮半島への外交、あるいは日中国交正常化過程における中国側の「法匪」発言にこうした「伝統的」傾向が見られるとする見解をしばしば目にする。

この問題は、「朝貢体制」の指標をどこに求めるかによる。「華夷」と「海禁」のうち、「海禁」は事実上なくなり、「華夷」が残ったとも言えるが、それを示す指標を「化」の度合いに応じた「上下意識」、「空間意識」、「中国中心主義」などに求めて検証し、そういった方向性が見られたとしても、それが「伝統」に裏打ちされていると実証するのは困難であるし、逆にそうでないと言うのも難しい。本書では、民国前期の中国外交には、漢字文化圏に特有の事象や新疆外交に見られた地方における外交のような、近代国家の外交においてはイレギュラーな状況があったことを確認したが、これらが、「宗主」のコンテキストの下にあるものと断定することはしない。民国前期は、主権と独立が唱えられたが、この「主権」の時代にある中華民国は、自らの（領土）保全のため、また当時の多くの国が目指した「富強」への途の上での現実的な対応において、上記のような現象、状況を生み出していったと考えるのがまずは妥当と思えるからである。[15] 朝鮮半島への姿勢も単純に宗主国の姿勢だと断じるより、列強との対等という論理から出てきた側面と考える方が史料に即している。「主権」の時代は、「宗主」の時代と「関係をもつかもしれない」現象をともないながら、近代国家、文明国としての「強国」、「大国化」を志向したと考えられる。それが外国からはときに「中華思想」の表れとして解釈されることがあったのだろうが、そうした視線はオリエンタリズムの一つの表れであったとも言える。

本書が第I部と第II部で完結せず、第III部と第IV部を設けたのは、一般的な中国の外交史のように「被侵略」と朝貢国の喪失過程を示すだけで終わらないようにするためであり、また第I部・第II部のような「近代」や「文明

か「近代」か「伝統」か、そして、である。そして、「伝統」か「近代」か
国化」だけでは説明しきれない部分が中華民国前期の外交に見られるからである。そして、「伝統」か「近代」かではなく、中国外交をより長期的に包摂的に捉える方向性を模索したかったのである。従来の研究史では、連続論
はやや単調に現代中国の外交を論じ、ときに、ただちに「古来中国では……」、「朝貢体制がそうであったように
……」と引照基準を設定する傾向があったように思う。筆者は、そのような連続性で中国外交を捉える可能性を認めながらも、もしそのような観点をとろうとするならば、やはり二〇世紀前半における外交の姿を包括的に解明してはじめてそうしたことを議論できるようになるのではないかと考えるのである。

第Ⅳ部　外交をめぐる中央と地方

はじめに

この第IV部では、外交をめぐる中央と地方の問題を扱う。これは、「中華民国がいくら近代や文明国化を志向していたとはいえ、中華民国前期といえば国内は分裂状況にあり、中央政府の力など微々たるものであったではないか」という、従来の通説に即した疑問に対して、暫定的回答を与えようとするものでもある。「近代」、「文明国化」を志向した外交において、たしかに北京政府の実効支配能力の限界は、そのまま条約履行能力に結びつき、そして、中央政府の存在を支える根拠にも影響を与えることになった。近代国家が外交権を統一することは、不平等条約改正にも影響を及ぼすので、北京政府にとって重要な問題だった。

他方、各省の「自立」(autonomy) は諸外国に「中国分裂」という印象を与え、「勢力範囲」やいわゆる軍閥と各列強のつながりが、そうした印象を一層強めていた。しかし、第III部の中央アジアとの外交の部分でも述べたように、中央と地方は連絡をとりあいながら外交をおこなっていたし、単純に「分裂」と断じることには慎重であるべきだと考えられる。

こうしたことをふまえ、ここでは国内の「分裂」や北京政府の実効支配領域の限界を、必ずしもアプリオリにマイナス要因として扱うつもりはない。分裂は、統一に対置される言葉で、この二分法に依拠して歴史を叙述することあるいは統一が是で、分裂は非とするイメージの中で歴史叙述をおこなうことは妥当ではないと考えているからである。中央政府の統治能力に限界があるなら、それがどこでどのようなかたちで生まれ、またいかに機能上の限界があるのかということを個別に見極めたい。そして中央政府は、そうした状況に対して対策を練らずに放置していたのか、また中央政府が南北にあった状況下で、どちらが正統かということを論じるのではなく、その両者の政策の比較、また具体的な関係などについて考えたい。具体的には、まず第一章で中央政府を自称する広東政府の外交の見方について検討し、次に第二章第一節で各省や開港場に設けられた交渉署の制度の問題及び地方の諸勢力と外交の関わりを扱う。また、第一章および第二章の一部、そして第三章から第五章は事例研究と言うべき部分である。第一章、第二章では国内で発生した外交案件の処理、第三章、第四章はワシントン会議を例に、中央政府である北京政府が会議参加を利用して国内統一をおこなおうとする例、そして会議参加に際して対外一致をいかに地方と連携しておこないそれを内外に示すかという事例である。第五章は、海外で発生した案件の処理について扱うが、本書の一つのエピローグも兼ね、一九二三年から二四年という北京政府の正当性が揺らぎ始めた時期の外交を見ることにしたい。こうすることで、内外で発生した案件、そして国際会議をめぐる外交における中央・地方問題を、一九一〇年代から二〇年代半ばまで視野に入れて検討することが可能となろう。

第一章　もう一つの中央政府と外交
――広東政府外交の三層構造――

広東政府については、第Ⅰ部で制度、第Ⅱ部で政策を論じた。ここではそれらをふまえ、広東政府の外交を、北京政府との関係や地域的な観点から考察する。

広東政府は、民国六年（一九一七年）から十五年にかけて広東省広州にあった政府である。従来は、第一次から第三次の広東政府と称されたが、昨今では「南方政府」と総称され、初期軍政府（一九一七・九―一八・五）、改組軍政府（一九一八・五―二〇・十）、継続軍政府（一九二〇・十一―二一・四）、正式政府（一九二一・五―二二・六）、初期大本営（一九二二・十二―二三・六）、再建大本営（一九二三・三―二五・六）、国民政府（一九二五・六―二六・十二）といったように、政権のあり方に基づいて時期区分される。[1] また、それらを時期的に括ることで、従来とは異なったかたちで第一次、第二次、第三次広州政権と区分する手法もある。[2]

この広東政府に対する従来の歴史的評価は、「正統」を重んじる中国史にあって、極めて特徴的である。共産党史観においても、また国民党史観においても、否定的にとられる北京政府とは対照的に、広東政府は、肯定的に評価されてきた。それは、国民党史観において顕著であったが、共産党史観においても、ブルジョア政権であるという制限はつくにしても、北京政府に比べれば高い評価を与えられてきた。すなわち、この政府の軍隊が後に北伐を成功させたこと、あるいは革命の父とされる孫文が深く関わったことを以て、広東政府を、この時期における「正統」政権としてとらえる傾向が強いのである。そこに加えて、広東政府こそが当時の民意を代表した中華民国の

「正当」政府であったはずであり、逆に北京政府は国土を外国に抵当として差し出し、それによって獲得した借款で軍備を増強し、広東政府という民意を反映した政府の成長を妨げたという説明がなされてきた。そして外交においては、その政権のスローガンであった「革命外交」が高く評価されることとなった。だからこそ、広東政府に「偽」が付されることはないし、歴史叙述では逆に北京政府が「偽」のように扱われてきた側面があった。

確かに、南北両政権を比べるとき、二〇世紀の、というよりも第一次大戦以後の世界政治の趨勢とも言える革命（社会主義）とナショナリズムを採り入れ、さらに宣伝と動員によって内外の支持を獲得していこうとした点で、広東政府は北京政府とは決定的に異なる二〇世紀的政権であった。[3] それに対し、北京政府は一九世紀後半の「文明国化」志向型の政府であり、政策決定の面などでも清末との連続性のある政府であった。他方で、広東政府が国際的な認知を受けた中央政府ではなく、現実的な国際政治の渦の中にいなかったからこそ、ある種理想的な「口号」（スローガン）を唱えられたという側面もあった。

昨今、中国近現代史全体に対する再評価が進む中で、北京政府に対する再評価も進み、その近代化政策や行政面についての実証研究が進められていることは上に見てきた通りである。しかし、北京政府再評価の方向性が、今度は広東政府に対する評価下落に単純に結びつくとしたら、それは単なるレッテルの張り替えに過ぎない。[4] 二つの相対立していたように見える政権のどちらが正統か、どちらを評価すべきかではなく、当時の言説や実態に即し、両者のあり方や関係性をありのままに捉え、その上で両者を包括する総合的な視点を得ることが求められているのだろう。[5] また、この両政府が同時に中華民国に存在し得た背景や、同時代やその後に広東政府が正統として位置づけられていった過程も、考察すべき重要な課題である。

この点について、本書では既に第Ⅰ部で広東政府による外交制度改革の内容が実質的に北京政府のそれと酷似していたが、次第に現実に即した調整がなされたこと、第Ⅱ部ではその不平等条約改正への志向性における北京政府との類似性と南北両政府の関係の変容について述べた。他方、広東政府の外交政策の特徴としてあげられる革命外交については、前述のように唐啓華の業績により、北京政府のおこなった修約外交のほうが成果が大きかった、あるいは少なくとも同等であり、革命外交も民国前期の外交を継承していたということが既に実証されているが、本書ではそれに加え「渾括主義」に見られる一括改正の流れの中に革命外交も位置づけられることを指摘した。

本章では、こうした点をふまえ、広東政府の外交の構造を考察すべく、「正統」、「正当」にまつわる価値基準に照らして浮かび上がる事柄だけでなく、それ以外の日常的な外交業務も併せて検討し、当時の中国外交の全体像を把握することを試みたい。史料については、『南方政府公報』や第二歴史档案館から公刊された広東政府の档案類、そして北京政府外交部档案などを用いていく。

1　広東政府外交の三層構造

この広東政府の外交を捉えようとする場合、どのような枠組みが有用であろうか。筆者は、その性格、政策の中味からして三層構造で捉えることが有効だとの仮説を有しているので、まずそれを提示してみたい。その三層とは、中央政府としての外交、南方（あるいは西南方）の代表としての外交、広東省あるいは広州市など実効支配領域に関する外交の三層である。無論、この三層で全てが完全に分析できるわけでなく、たとえば華僑問題などに対する広東政府の姿勢を見る場合、それが広東という地域特有の立場の下におこなわれたか、それとも中央政府としての立場としておこなわれたか弁別しにくい面がある。だが、この華僑問題なら第一と第三を組み合わせることで説明可能となり、整理し易いとも言えよう。以下、この三層に基づいて軍政府・改組軍政府期の外交について見てみることにしたい。

（1）中央政府としての外交

第一の中央政府としての外交については、そもそも広東政府が中華民国の正当・正統政府であることを主張していたのだから必然的に生じるものである。中華民国の中央政府としての外交を展開すべく、一方で第I部で述べたように北京政府とほぼ同様の外交制度を定め、他方で政府承認を対外的に求めたり、中華民国全体に関わる案件に対してステイトメントを発表したりした。国全体に関わる案件としては、たとえば第II部で述べた第一次大戦やそののちの国際連盟、山東問題への対応などがある。こうした中央政府としての外交においては、多くの場合、同じく中央政府を主張する北京政府の外交を否定するという側面を伴う。だが、中華民国や中国として採るべき具体的な方向性、特に政策内容については北京政府と一致する面が結果的に多かった。また、借款の問題などについても、北京政府の借款を容認しない点では明らかに自らの正統性を表現しようとしているが、国内資源を担保とした借款獲得それ自体を否定するのではなく、北京政府にそうした行為をおこなう資格がないとして抗議したのだった。他方、広東政府が中央政府であることを主張したことが、当初は南方諸省の地方官の北京、広東への二重帰属状態を現出することになった。そして、南北議和の失敗後、広東政府が南方各省に北京との断交を求め、交渉員人事についても北京の任命した者の追認でなく、広東は広東で単独でおこなったために、広東政府は次第に南方代表的性格を強めていった。そして、このような外交を広東政府が広州で展開したことによって、広東は中華民国あるいは中国としての表象の中に組みこまれるという側面もあった。先に政策面では北京政府と一致する面が多いと記したが、他方で特に一九二〇年代になると広東政府には中央政府として北京政府とは異なる特徴を出そうとする方向性をもつようになり、それが革命やナショナリズムといった一九二〇年代の国際政治の産物を貪欲に摂取する契機となったとも考えられる。

注意しておくべきは、広東政府が全く虚像としての中央政府であったというわけではない、ということである。

北京政府よりもさらに実効支配領域に乏しく、また北京政府同様、政権内部の問題も山積していたが、北京政府の施策への抗議票を全国から集めるセンターとしては機能していたし、また対外的な全国一致を示す際に欠くことのできない政治的なアクターとして国内で認知され、通電の受け皿ともなっていたことは見逃せない。広東政府を等身大に捉える必要があろう。(6)

(2) 南方の地域代表としての外交

第二の南方の代表としての外交は、現実に広東政府を中央(の一つ)と認めている地方との関係の上に位置づけられる。こうした地方は、同時に北京政府をも中央政府として認知していたり、時には双方を認めずに「自立」したりしていたので、広東政府の影響が及んだと考えられる南方や西南という空間は、広東政府の「実効支配領域」では必ずしもない。南方の代表としての外交は、具体的には地方の対外関係・渉外関係を担当する部局の長、すなわち海関監督や交渉員を任命(当初追認、やがて単独任命)し、発生した外交案件を処理したことを指す。また、正式に承認されていないので外交関係はないのだが、それでも実質的な部分で外国と交渉することもあった。特にフランスとの間では、恐らくフランスが広東政府を「事実上の政府」として遇していたため、広州などの領事との間に直接のやりとりがあった。だが、そもそも前述のように南方諸省は広東政府の支配下にあったわけではなく、加えて当時の中華民国は南方と北方との二重権力体制になっていたので、南方諸省も外交に関しては北京政府からの電報を受理し、北京政府の暗号を用いて解読して、選択的に北京政府とともに外交問題の解決にあたった。広東政府にもちこまれた地方案件は第Ⅰ部で紹介したとおりであるが、亡命政権である広東政府も華南社会・南方社会から遊離していたことから、各省から見れば、南北双方と連絡をとってそれぞれを利用していたということでもあろう。だが、しだいに広東政府が華南地域に土着化していく中で、特に一九二〇年代に入ると、西南の護法省に限定された制度をつくり、単独で交渉員を任命し、フランスだけでなく諸外国から南方を代表する政府として認知されていくことにもなった。具体的な事例を見ると、各南方諸省の外交案件が広東とのやりとりの中で解決され、諸外国も時期的なちがいこそあれそうした地域センターとしての役割を認知していったことがうかがえる。

（3）広州市・広東省における外交

第三は実効支配領域での外交である。これは、亡命政権であるためにもともと支配領域を持たなかった広東政府が、亡命先である広州や広東省に対する影響力を拡大する中で、省政府と争いつつ、省市の外交への影響力を強め、自らの任命した広東省交渉員などを通じておこなった外交である。ここでは、広東政府の下の「地方政府」である広東省政府や広州市政府との関係が問題となる。広東省政府がその下に交渉員を置き、領事と交渉をおこなっている場合、広東政府外交部がそこにいかに関わるかは、広東省政府との力関係による。だが、内政面に比して外交面は「中央」であることを理由にそこに関与する契機があったので、広東政府はむしろ外交を通して実効支配領域を形成しようとした面がある。具体的な案件としては、マカオとの国境問題・麻薬賭博問題や華僑問題がある。これらは、上記の第一、第二の外交とも関わるが、広東政府として特に関与することが容易なものであった。

上記の三層について北京政府と比較し、またその関係について概要を見てみよう。第一の中央政府的側面で両者は対抗関係にありながらも、文明国化や近代外交、不平等条約改正といった政策については基本的に類似していた。一九二〇年代半ばになると、革命外交と修約外交という政策論争があるが、既に述べてきたように、広東側も北京政府の「概括主義」を継承し、また修約外交の成果を基礎としながらスローガンとして「革命」を強調したのであった。他方、こうした類似性や継承性とは別に、広東政府の存在が条約履行性の面での北京政府の立場を悪化させたことも事実である。広東政府と南方諸省との関係の変化や進展を見れば、北京政府が地方における問題の処理能力や官吏任免権を喪失していく過程が読み取れる。

当時の南北政府にとって、国内の各方面から支持をとりつけることが大きな課題であったことは言うまでもない。広東政府が外交をおこなうことに、北京政府は反発し、介入しようとしたのも確かである。しかし、両者は常に反発していたというわけでもない。一つの例としてマカオ問題を見てみよう。これは北京政府にとって「辺境」の主権に関わる問題である。中央政府にすれば、国境問題や辺境の問題は、問題それ自体が遠方の小さな問題であったとしても、同時に主権に直接関わる大きな問題として映った。この意味で、広東周辺の問題は北京政府にとっては敏感な問題であり、決して看過することのできないものであった。したがって、北京政府は積極的に広東周辺の問題にアプローチすることになり、そこに広東側と衝突する契機があり、時には「中華民国」の国権のために協力する契機も生まれた。なお、領土保全、賭博の禁止、麻薬取り締まりなどは、南北両政府に共通していた。また、華僑問題については、南北両政府ともに国民保護という観点でこれをおこなうのであるが、北京政府にしてみれば南方出身者を保護することは、自らの正当性を特に高めることにもつながり、他方で広東政府にとっては北京政府の代表性を否定できる材料になるという政治的な問題が絡んでいた。だからこそ、第Ⅲ部のシャムの事例にあったように華僑代表は南北両政府に嘆願書を送り両者を競わせたのである。しかし、一方で北京の派遣した海外の公使・領事が広東政府と連絡して華僑を保護するという協力も見られ、他方では南北に別々の政府があるために領事館開設交渉が難航し、華僑の立場が危ぶまれるということもあった。

次節では広東政府のこの三層構造が北京政府との関係において具体的にどのような姿を見せたのかを、北京政府の外交档案から検討してみたい。

2　三層構造と北京政府との関係——北京政府外交部档案に依拠して

（1）広東政府の外国借款問題(7)

当初は地方の政権として認知され、広東での関余を得ていた広東政府は、民国九年（一九二〇年）からその関余収入を喪失し、財政が困窮したので外国からの借款の獲得を模索しはじめた。その際には、広東政府が政府承認を受けていないため、政府借款をおこなうことは困難なので、企業や銀行などを通じた私的な借款をおこなおうとしたようである。北京政府外交档案を見ると、たとえば民国十一年にアメリカ人ジョージ・シャンクが、孫文との間に「草合同」（preliminary agreement）を締結したとされている。北京政府外交部は、こうした行為に敏感に反応し、駐華アメリカ公使館に照会を発してこれに抗議した。この「合同」の内容は、通商司第三科から国務院にあてられた書簡によれば、「借款」だとされていた。広東政府の借款獲得情報は同年四月に上海のスパイ（偵探）から総統府にも伝えられていた。偵探は、孫が軍備の充実のために、各方面からの借款を模索しているとしていた。

このほか、北京政府側が把握していた孫文らの借款計画には以下のものがあった。第一は、対フランス借款（派伊奥飛機借款）。具体的には、水上飛行機四機、陸上飛行機八機の購入費五七万フランを対象とし、担保には粤海全道煙酒税収入が充てられることになっていた。フランスは政府レヴェルで広東政府と借款契約を結んでいた。第二は、広州のイタリア人商人と広東政府海軍部による「イタリア船砲借款」である。具体的には、三五〇〇トン巡洋艦二隻分で一四五一万リラ、砲の分で四二五万リラとなっており、担保には広東政府がこの借款のために発行する国庫券が充てられることになっていた。第三は、広東政府と（恐らくイタリアの）マークレー会社との借款。一〇〇〇トン潜水艇二隻、一二〇〇トン水雷艇八隻、五〇〇〇トン駆逐艦四隻の費用として三三六二万リラとなっており、これについては既に二〇パーセント償却、残額は五年で償還されることになっていた。第四は、同じくマークレー会社で、同社が広東政府に代わってチリから駆逐艦を購入した際の費用四七〇〇万リラとなっていた。代金は会社が肩代わりし、これを広東政府が一〇年で償還することになっていた。担保には、粤省契税及び印花税が充てられた。このほかに、アメリカのシカゴ商人との軍用無線借款や日本商人との兵工廠造械機器及び軍械借款があり、両者合わせて一億元以上になるとされた(8)。

これらの事例から、広東政府が自らの管轄下にあると考えている税や国債などを担保として借款契約を結んでいたこと、また借款獲得対象が米日伊各国に広がっていたこと、内容的には軍備増強を理由としたものが多かったことがわかる。これらは、北京政府からすれば、「対外借款は中央政府の権限に属する」とする約法、憲法への違反行為であった。しかし、広東政府は自らを中央政府と考えているのだから、北京の抗議こそ不当であり、逆に北京政府による対外借款を不当として非難していた。広東政府の『政府公報』をまとめた『南方政府公報』にも、北京政府の手続きを踏まない外国借款への抗議と、資源などを担保とする借款そのものを私的な「売国」とみる反北京政府的言論が頻出する。だが、それは広東政府が借款をおこなっていないということを意味しないのである。財源が枯渇している中で、税収や鉱山採鉱権などの中央政府としてのリソースを担保として借款することに頼っていくしかない状況は、北京政府も広東政府も同じであった。

民国十一年十月のイギリス公使と北京政府の間に交わされた照会においても、広東政府の借款問題への言及がある。英仏中国公司のバーンなる人物が、広東政府との借款契約を締結するために、イギリス外務省に同意を求めてきた際に、イギリス外務省は、「銀行団の契約を参照するように。ただし銀行団以外の企業などの対中借款については中央政府・地方政府ともに政府は保護を加えることはできない」と回答したとのことだった。イギリス外務省の認識は、この借款が「省政府」借款であるものの、その目的が市政に関連するので、また銀行団借款でもないので、イギリス政府としては関知する余地はないというものだった。中国側の建て前は、中国国内のあらゆる借款は中央政府（北京政府）の許可がなければ認められないということであったが、イギリス側は内容的には「銀行団との契約」に則るように指導し、その他については企業が対中借款をしても関知しないという立場をとった。それに対し企業側は政府の承認と保護を求めたので、両者は平行線をたどった。実際、広東政府とイギリス政府、民間企業との間には、広東省全省鉱産を抵当にした借款、九龍や黄埔の開発優先権などの未決懸案があり、これ以上借款をめぐる交渉案件が増えることを嫌ったという面もあろう。しかし、広州湾や雲南に利権をもつフランスが広東政府を事実上の政府と見なしていたのと同様、香港に植民地を有するイギリスも、北京政府との「外交」関係を重視しながらも、経済関係などでは広東政府との実質的な交流を妨げようとはしなかった。(9)

（2）孫文による海南島等資源を担保とした対日借款事件

民国十一年から十二年には、西沙諸島をめぐる問題が発生した。以下、この件についての外交档案の内容をまとめてみたい。(10)ここでは日本人と台湾人を中心とする西沙群島実業公司（何瑞年＝台湾籍民）が西沙諸島に上陸して鉱山開発をおこない、周辺の中国漁船を追い、またその公司が広東政府の許可を受けてこうした西沙諸島開発をしていることが問題となった。(11)西沙諸島は燐鉱が豊富で、また香港と東南アジアを結ぶ航路に位置し、漁業資源も豊富であった。

この情報は「瓊崖（海南島）全属公民大会」から北京政府外交部に伝えられた。このケースの場合、北京にいる日本公使との交渉を必要とし、他方で広東政府がこの公司に与えた許認可に異議を唱えるという内容なので広東の外交に反発する北京を利用しようとした面があろう。当然、瓊崖全属公民大会は、広東省議会に対しても質問状を発していた。その結果、陳炯明省長の任期中にこの公司への許可は一旦取り消されたものの、その後政局が変化して改めて許可されたことが明らかになった。彼らは、集会を開いて反対運動をおこなったが、孫文はそれに応じることなく、ただ海南省建省後に再考すると述べただけだったとされている。

北京政府農商部は、この問題が「領海主権」、「外交」に関わることから、外交部の主管事項と見なしたが、外交部としては事情が不明確であるので、農商部に対して広東省と連絡をとって状況理解に努めるよう要請した。他方で北京政府外交部は、民国十二年五月五日に日本駐華公使に書簡を発して状況を説明し、その上で日本人の商業行為が認められているのは開港場だけだとし、またたとえその公司が華日合弁であるとしても、このような行為は認められないと抗議した。

その後、民国十三年には孫文が海南島の鉱産を担保とした対日借款を、また広東省の鉱産を担保にした対英借款をおこなおうとしているという事件が発生した。北京政府の呉佩孚は、これこそ「辱国喪権」であり無効だとして、外交団に声明を発するように外交部に求め、二月二十三日に北京政府は外交団に対して孫の行為は無効だと宣言した。こののち、広東慰問使として南下していた唐宝鍔からこの借款についての報告がなされたが、それによれば、広東政府では孫と陳炯明の争いがあり、孫が（軍資金のために）海南島の鉱産権と漁業権を日本人に売りわたし、その結果として海南島に属すると考えられていた西沙諸島に日本人（台湾籍民）が入り燐鉱を開発することが許されたとのことであった。先の西沙の件とこの海南の件は関係があるとされたのである。

この報告は、顔恵慶農商総長から外交部に伝えられ、三月、顧維鈞外交総長は顔農商総長に対して、外交部としては、唐宝鍔慰問使からの要請に直接接しているわけではないので直ちに動くことはしないが、第一に今回の内容が領海及び外交に関わっており、第二に西沙問題については既に日本公使らに抗議していると述べ、具体的には西沙諸島は「中央領土」（広東省下にないということか）であり、孫文の行為が無効である上、通商口岸ではないので、外国企業の活動は認められないと述べた。また、外交部は農商部から広東省長に抗議するよう求め、同時に具体的な対策についての説明も求めたが、他方で西沙の日本人による開発問題と広東省の借款問題に繋がりがあるのかについても改めて訊ねた。そののち、実は海南島の鉱産・実業権を担保とする西沙諸島案件と広東省内資源の抵当案件は別々のものと分かった(12)。

以上の例では、広東政府が、政府としての税収や広東省内の鉱山利権を担保として企業などから借款を得ようとする際に、広東政府が西南全体でなく、自らの支配領域である広東の税などを担保としている点が重要である。また、外交関係が使えないため、（フランスを別として）借款の対象が外国企業となったことも特徴的である。広東政府のこうした行為は、北京政府の「正統」性を脅かすものとなっており、北京から見れば抗議の対象であったが、そうした抗議という行為は、同時に自らが「正統」であることを諸国にアピールする契機となった。他方、広東政府が借款のために鉱山資源を担保とするような行為は、たとえば海南島の民が北京政府に保護を依頼したように、中央政府としての広東政府の外交が省内で必ずしも支持をうけておらず、結果的に北京政府によって「国境・領海など主権に関わる問題」として位置づけられ、北京側がその問題に関与する契機をあたえることにつながっていた。

（3）澳門案件

マカオは、明代以来ポルトガル人に居住権が認められ、一八八七年の中葡条約でポルトガルの植民地となった。周知の通り、「香港」の誕生以来、マカオは従来の貿易拠点ではなくなっていた。これは、イギリスとポルトガルの対中貿易量の差の結果でもあったが、そもそもジャンク貿易向きで、香港と異なり珠江の土砂が堆積しやすいマカオに、蒸気船用の港湾を建設維持するのは困難という事情もあった。だがマカオの都市自治の伝統や西洋文化は、珠江デルタ西岸地域に多くの開明的知識人を生み出す背景となった。清末以来多くの辞書や翻訳書がマカオで作成されたが、そうしたマカオの政治・思想的な効果は、孫文らの生まれた香山県（現在の中山県）がマカオに隣接していることからも想起できるだろう(13)。

しかし、一九一〇―二〇年代のマカオは、北京政府や広東政府にとって外交案件のるつぼでもあった。マカオでは「劃（遷）界」問題や賭博・麻薬などの治安問題が発生していた。前者は、マカオ政庁による周辺海域の埋め立てや軍事行動によってマカオがその領域を拡大していったために発生し、後者についてはマカオが賭博や麻薬販売の拠点となっていたために、特に地域政権にとっては治安、秩序維持の面で重大な問題となっていた。本項では特に前者について考察する(14)。

国境線・領土問題は、基本的に半島部分と島からなるマカオにおいて発生しにくい問題のように思える。確かに、島や岩礁の多いこの地区での境界それ自体に不分明なところがあったことは否めないが、問題はマカオ政庁が埋め立て作業を進め、従来は中国側と思われていた島と半島部を陸続きにしたりしたことなど、マカオ側の行為にあった。これらの問題は、清末に始まり、民国六年以降に顕在化した。民国六年には、マカオ船籍の船舶による広東近海での「海賊」行為や埋め立てによる領域拡大に広東省長が抗議し、民間でも広東を中心に抗議報道が展開されることによって、この問題が大きな関心事となった。当時は北京政府とも公文の往来のあった広東省長は、この件を北京政府外交部に報告した。北京外交部は、当初「成見なし」として広東省に対して解決を依頼していたが、五月末に北京のポルトガル公使から広東での加熱報道の沈静化を求める要請がなされると、それをうけて北京政府も広東省に沈静化のための手立てを講じるよう指示した。しかし、広東省は中央政府からの指示を正面からうけとめず、逆に中央でポルトガルとの交渉がおこなわれる場合には、必ず広東代表も含めるよう求めた。当初は広東政府と北京政府でなく、広東省政府が北京とやりとりしていた。その後、第一次大戦に対して、中華民国とポルトガルが協約国同士であったため、戦争中のもめごとをきらい、問題処理は暫時棚上げされ、戦争が終わった民国七年に交渉が再開された。

民国七年三月二十三日、ポルトガル公使は北京外交部にメモランダムを発し、問題性を完全に否定した。軍艦の行為も正当、海道航行権も条約で確認済み、埋め立てもその海域がポルトガル領海であるから問題ないというのがその主張だった。これをうけて、それまで交渉を広東省に任せていた北京政府もポルトガル側に明確に抗議し、駐リスボン公使を通してポルトガル本国政府と交渉しようとした。

リスボンでの交渉が具体的成果を生み出さない中、九月十九日に広東省政府と同省交渉署が広東政府の伍廷芳外交部長に代電を送り、南北一致して問題処理にあたるよう要請した。当時広東省政府や交渉署は、広東政府の下にあるというより、北京政府とも公的な往来があり、その職も北京政府から任命されていた（広東政府は同一人物を省長や交渉員として追認していたので、広東省政府や交渉署は南北両政府と公文の往来が可能だった）。広東政府は、この要請を受け、政務会議で決裁の上、北京と協力していくことを決めた。他方、十月二日に広東省長から北京政府外交部にも同様の要請がなされた。地方政府機関が両中央政府の橋渡しをしたのである。北京政府と広東政府は、それぞれポルトガル公使・駐広州領事に抗議した。また、北京政府は広東省長に対して軍事行動を起こすことも想定するように指示、広東政府は現地に調査員を派遣した。

南北双方から抗議をうけたポルトガルはそれを受け止めようとせず、北京での交渉を求めていた。広東では、十一月三日、政府政務会議において、伍廷芳外交部長がポルトガルが南北不和を利用しているので、南北が一致して対処するよう北京政府に打電すべきとし、他方でもともと北京政府から広東省政府に与えられた軍事行動準備の指示と同内容のものを政務会議に提議し、十二月十五日に伍部長から広東省長に対して北京政府と同内容の指示を与えた。この時、伍はこの件を北京政府に内密にするよう広東省長に求めていた(15)。

広東省政府に「内密に」と求めたのは、この件を秘密にしたかったのではなく、広東政府自らが北京政府にそれを伝えたかったからのようである。民国九年一月、広東政府は北京政府に書簡を送り、軍事行動を辞さないという決意を伝え、外交交渉では一致して問題解決に努力するよう求めた。翌月の二月には広東政府内政部から南方各省に北京政府の文件を受理しないよう求めることになるのだが、一月の時点ではまだ北京政府と広東政府との共同作業の余地が残されていた。これに対して、北京政府も広東政府に先の提案に同意すると伝えた。

他方、広東省の莫栄新督軍は広東政府のみならず北京政府からの指示を待って軍事行動を起こした。ポルトガル側は当然北京政府に抗議したが、北京政府外交部は、軍事行動は「初耳」と嘯き、代理公使と会見した外交部秘書は個人的意見として南北が分裂しているから北京政府から広東省に命令などしても意味はないと述べた。「南北分裂」は、軍事行動を指示した北京政府にとって体のいい方便であった。このような「説明」は一月二十八日のイギリス公使との会見でも繰り返された。イギリスはポルトガルから調停を依頼されていたのだが、パリ講和会議から帰国していた陸徴祥外交総長は、広東には北京政府の実効支配が及んでいないため、打電して勧告することしかできないことを強調した。イギリス公使はそれでも中央政府たるものは地方の軍事行動に対して責任を負わねばならないと抗議、これに対して陸総長は、だからこそ南北議和が必要なのであり、イギリス領事から広東政府に忠告した方が効果があると述べ、さらにマカオの野心について、香港とは異なり、マカオ政庁が領土拡張をおこなうばかりか、阿片と賭博の巣窟としているとし、マカオを「中国之患」だとまで言明したのであった。実効支配が及ばないことは第II部で述べた不平等条約改正には不利だが、実際の交渉では時間をのばしたり、相手に糸口を与えないための方便となった。

このイギリス公使との会見当日、北京政府外交部は直ちに広東省長に打電、その会談内容を伝えるとともに、駐広州イギリス領事が広東政府に来たら同様の返答をして「一致」して交渉に当たるよう広東政府に伝えることを要請した。統治が及んでいないとしながらも、口裏を合わせているのである。

しかし、同じくパリ講和会議から帰国した広東政府外交部次長伍朝枢は、北京政府に何も伝えないまま二月にポルトガル側に調停案を提示した。一方で北京政府と一致した行動をとりつつも、他方で独自外交を進め交渉の主導権を握ろうとしたのだった。これによってポルトガルも交渉相手として広東政府を選ぶような素振りを見せ始め、二月五日に、北京政府外交部に対して、広東政府と暫定的な条約を締結した場合、北京政府としてそれを承認するか否かを訊ねた。北京政府は無論これを否定し、同時にポルトガルと広東政府が交渉に入ったことに驚き、確認をとろうとした。この後、北京政府は、南北の不統一を理由に交渉を遅らせ時間稼ぎをしようとするのだが、広東政府はそれを利用して自らの外交的地位を高めようとし、広東政府の手でマカオ問題は一応の決着を見るに至った。これは広東政府の外交的な成果であった。上記の分類で言えば、中央政府としての外交と同時に実効支配領域における外交ということになるだろう。

このマカオの例は、正統性を主張する南北両政府が互いを否定しながらも協力姿勢を見せつつ、パリでの代表問題とあいまって次第に信頼関係を失っていく過程の中に位置づけることができるだろう。そして、同時に、広東という「地方」における中央政府としての外交が、中華民国という単位から見れば国権を守ることにつながっている側面も指摘しておきたい。

本章では第Ⅰ部、第Ⅱ部で取り上げた広東政府の外交行政、第一次大戦前後の外交政策をふまえたかたちで、その外交を考察する一つの観点として第一節で三層構造を挙げ、第二節でその三層構造と北京政府がいかに関わったかについて、中央政府の管轄の問題、そして条約や憲法で定められていた借款問題やマカオ問題を取り上げて考察した。史料面で不十分な部分が多く、案件の経緯を紹介したに過ぎないが、幾つかの側面は明らかになったと思われる。それは、第一に、従来の広東政府正統史観だけでは、広東政府の外交を捉えきれないということである。もし、北京政府を否定する際に、その非法性や対外借款などを理由とするならば、同じことが広東政府にも当てはまるのである。第二に、北京政府と広東政府の「対立」は、どちらが正統か、あるいはどちらが正当かということで把握できることがらではなく、両者は時に相互補完的であり、時に反発しながらも国権の護持という点では一致していた面がある。そして時間軸から見れば、パリ講和会議までは協調傾向、一九一九年から二〇年夏が協調基調ながら次第に広東政府が西南土着型に転換しはじめ、二〇年秋以降は北京との対抗軸を明確にしていったと思われる。第三に、国内各方面からの広東政府への支持は南北双方への支持の一面にすぎず、また広東省や南方諸省の地方政府や団体にも広東との緊張関係があるために北京政府を支持することもあったということである。第四に、広東政府は国際社会から中央政府として認知されていたわけではなく、外交をおこない得る空間は地域的にも法的にも相当限定されていたということである。

第二章　外交をめぐる中央と地方

本章では、外交をめぐる中央政府と地方政府の問題を扱う。第Ⅲ部の新疆の案件で見たような、中央と地方との関係性のみならず、地方が地方としておこなう「外交」についても考えてみたい。民国前期の代名詞のように用いられる「分裂」を、外交のあり方から見た場合、どのように捉えることができるだろうか。

地方外交は、何も近代中国に特有な概念ではない。「地方」は「中央」に対置される概念であるが、その「地方」の「外交」（対外関係）は、一般的に以下のように分類することが可能である。①地方政府が非政治的領域、特に経済関係について、住民の海外での活動や管轄区域への海外からの投資などを促進するために、外国と関係を有する場合。この時には、海外に常駐の代表処を設けることもあり得る。②地方政府が自らの管轄区域内で発生した外交案件を処理する場合。重大な案件については中央の外交機関に諮問することが前提となる。また地方政府が交渉をおこなう相手は領事ということになる。ただし、この際には、地方政府が外交交渉をおこない得るという制度的な後楯が必要である。③地方政府が中央政府の対外代表権を認めていながらも、自らの管轄領域に関する外交案件については中央が交渉するのを認めず、自らがその地に駐在する領事と交渉をおこなう場合。

最初のケースは、たとえば日本の沖縄県などの地方自治体、あるいはアメリカの幾つかの州に見られる傾向であり、現在でも珍しくない。だが、二〇世紀初頭の中国では②③が見られたのである。前述の広東政府の例は③の代表例だが、この他にも東北の張作霖政権や新疆の楊増新政権などが挙げられる。②のケースは、地方の首長が外交交渉をおこない得るという制度的な後楯が必要であると記したが、たとえばマリア・ルス号事件発生当時に神奈川県令が案件処理にあたったことを想起すればよい。

北京大学の鄭永年はその著書の中で、イギリスの学者セーゲルの説を引用しながら、経済発展を続ける現在の中国では、「中央政府が地方を統治しているかのように『仮装』しているばかりでなく、地方政府もまた中央政府に統治されているように『仮装』している」とし、実際上の例として、地方政府の対外事務が大幅に拡大されていることを挙げ、一九二〇、三〇年代に外国勢力が軍閥割拠の状況を利用して中国を分割していったように、現在も中国の中央と地方の関係を直視した上で、対中関係を築かなければならないとしている。また、セーゲルは、省政府を独立政府と見なすことを提唱し、鄭もまた「准」外交として省の外交の存在を認めている。(1)

国際社会において、国民国家こそがその構成員であり、中央政府だけがその国家の利益代表だという古典的な理解は確かに現在でも存在する。特に軍事面（安全保障）あるいは政治性の強い分野については、そうしたことが言えるだろう。しかし、経済（貿易・投資）あるいは金融問題などについては市場がグローバル化し、環境その他公共政策では地方政府や非政府系団体の活躍の場が広がっている。そして、地方政府が積極的に対外関係を取り結ぶ際には、時に中央政府と様々な摩擦を生むことになるが、実務が肥大化している中央政府にとって地方政府の協力なしに対外関係を円滑に推進することは困難であり、対外関係あるいは外交をめぐる中央と地方の関係、そしてそこでの秩序の確立は現在でも課題となっていると言えるだろう。

それでは、本章の対象とする時代の中国における地方交渉はどのような形態でおこなわれていたのだろうか。また中央政府と地方政府の関係はどのようなものだったのであろうか。当時の中国には、上記の②と③のケースがともに見られたと思われるが、残された史料の関係上、ここでは特に②について、交渉署という地方で発生した外交案件を処理する機関に注目して検討し、主に中央と地方の関係について論じたい。

交渉署については、既に第Ⅰ部でその制度について検討し、また第Ⅱ部で政策決定の関与について触れたが、ここではその地方での実務面について考察する。この点に関する先行研究としては、序論で述べたように、塚本元の二本の論文があるのみである。塚本は、民国八年（一九一九年）に福建で発生した、いわゆる福州事件を取り上げ、当時のいわゆる督軍や省長が、一見中央からの自立を模索しながらも、外交については中央政府と連絡を取り合いつつ地方交渉をおこなっている姿を描き出した。そして当時の地方交渉をめぐる中央政府と地方政府の関係を、「相互補完体制」であったとし、北京政府期の「分裂・混乱」像に一石を投じた。また、別稿では湖南で発生した諸案件を取り上げ、この「相互補完」だけでなく、案件が小さければ湖南だけで処理する場合もあるなど、幾つかの問題処理のかたちがあることを明らかにしている。(2)

本書では、この塚本元の研究をふまえ、第Ⅰ部で制度的問題について述べ、本章では中央政府の政策決定に対する交渉署の関与や地方交渉の事例について検討して、交渉署の活動の全体像を把握し、中国の地方交渉理解の一助としたい。

1　交渉署の活動に関する具体的事例——政策決定への関与と地方案件処理

（1）第一次大戦と交渉署

民国三年（一九一四年）七月二十八日、オーストリアがセルビアに宣戦布告、八月に入ると、英独仏露の各国が相次いで宣戦布告を発し、ここに第一次大戦が始まった。中華民国北京政府は、十月二十八日に各国から袁世凱政権に対して発せられた袁体制支持勧告を受けて帝政移行を図ろうとしていたこともあり、またそもそも参戦に値する国力を有していないがために、八月早々に局外中立を決定し、「局外中立条規」を発布した。しかし、日英同盟を理由に日本が参戦し、ドイツの膠州湾租借地などを攻撃し、中国の局外中立条規を無視した軍事行動をとるようになり、さらに民国四年には対華二十一カ条要求が日本によって突きつけられた。北京政府はこの要求を公にするなどして抵抗を試みるが、結局一部改定ののちに受諾するのであった。

このような状況の下、交渉署には何が求められたのか。それは、まず情報収集であった。この情報とは、管轄区域の外国人や中国人の動静である。他方、天津や上海などの開港場では、外国人の動静のほかに、租界で流布された外国からの情報を収集、中央に伝えた。最も緊急の課題であった日本を始めとする連合軍の山東上陸についても、直隷巡按使朱家宝が、英仏両軍が八月十三あるいは十四日に出撃予定であると伝えている。[3] イギリスが日本の参戦を承諾したのが十一日、日本がドイツに最後通牒を発したのが十五日であることを考えると要を得た情報である。また、東北諸省の交渉員は、特に日本領事との往来が頻繁であったとみえ、日本関連の情報の収集に努めている。上海に駐在していた江蘇特派交渉員楊晟（上海道尹を兼任）は、例えば開戦直後の各国人の徴兵状況、軍艦の離着などを外交部に頻繁に伝達している。こうした情報を交渉員に伝えたのは「偵探」（スパイ）と呼ばれる人々である。そして、辺境の交渉員には隣接する地域の情報収集も委ねられていた。例えば、雲南交渉員は仏領インドシナの動静について、黒龍江交渉員はシベリアについて、新疆交渉員は中央アジアについて、そうした活動をおこなった。黒龍江や吉林省の将軍・巡按使や交渉員は、鉄道の駅に「偵探」を配置し、中東鉄路で運ばれる物資や軍隊の動静をレポートした。開戦間もない民国三年九月十九日には、九月に入ってから西へ移動したロシア兵を全部で三万六〇〇〇余りと報告している。[4]

情報収集のほかに情報管理も必要な業務であった。交渉署は、戦争に関するデマを防止し、また外国から抗議対象となるような言論が飛び交うのを防ぐ活動もおこなっていた。一つには、公報への掲載、あるいは公署前の看板掲示などを通じて随時「官側の情報」を布告するという手法をとった。また一つには、具体的に広がっているデマの流通を抑えるために雑誌社や新聞社を取り締まることもあった。たとえば上海では、取りざたされていた日本の参戦を伝える誤報が新聞紙上などで盛んに報道されていたが、日本領事は、日本政府の方針が「青島のドイツ軍が動けば」という条件付きの参戦であるとし、誤報であることを交渉員に伝え、交渉員が各報館に対して「噂を簡単に掲載して人心を混乱させないように」との通告をおこなった。(5)だが、租界でのデマについては、中国側の取り締まりだけでは限界があった。外交部は、天津で戦闘がおこなわれるという噂について、それが駐華日・仏公使の言によればデマであること、仏公使によれば、噂の元凶とされる人物は既にドイツ租界で逮捕されたこと、またデマ取り締まりを駐華各公使に要請したことなどを直隷将軍朱家宝に対して伝えている。(6)武漢では、日本軍が射撃訓練などをおこなっていたことから、日本軍がドイツ租界を軍事占領するという噂が広まり、湖北将軍段芝貴および交渉員が徹底的な情報の取り締まりをおこなおうとした。(7)

また、外交部への献策も重要な職務であった。民国三年八月十五日、吉林交渉員傅彊は、日本の閣議決定の内容をふまえて膠州湾が危険と判断、「自保之図、必在外援」とし、その対象として大戦に巻き込まれていない国と結ぶことを唱えた。具体的には、ロシアを危険とし、アメリカを選定した。傅によれば、上策がアメリカとは秘密協商すること、中策はアメリカ商人の保護を名目として海軍の出動を要請することであった。(8)これに対して外交部は明確な返答をしないのだが、アメリカ依存傾向は、各地で一般的であったと考えられる。しかし、内閣である政事堂は必ずしもアメリカ一辺倒というわけではなかったようだ。江蘇交渉員が民国三年八月に「連日アメリカ領事と相談している」と報告すると、政事堂は「イギリス領事と相談することが最優先」と指示をする。交渉員が「英の字は美の字の誤りではないか」と問い返すと、政事堂は、「アメリカは確かに局外にある（大戦の当事者ではない）。しかし、アメリカ大陸は遠く、東アジアを制することには困難がある。そこでイギリス領事に相談するように指示した」と返答し、アメリカに偏りすぎないように警告したのだった。(9)

なお、「局外中立」に関する法令の施行も地方にとっては大きな問題であった。法令の運用は現場裁量というわけにはいかず、領事側からも運用面で中華民国全体として一律的な対応をとることが求められていた。しかし、中国内部の問題については、ある種現場の自由裁量であったという難点があった。だが、このような法令の運用について対応がまちまちになると、諸外国からの抗議を招く可能性があるため、対応を一元化する必要があり、また国際公法に順じた行動をとることができること、つまり条約、法令履行能力を外に示す必要があるということもあった。そして、中には、中立辦事処という、この問題を専門に扱う役所を設立する省や市も現れた。

法令の施行で一番問題となったのは中立条規の運用である。ハーグ平和条約に基づいて作成されたこの法令は、『公報』などを通じて全国に広められた。しかし、連合国と枢軸国それぞれに対する平等性、そして双方に対する軍事的援助の禁止を主な内容としたこの法令の運用には、当初から困難がつきまとった。例えば吉林交渉員は、もし中東鉄路関連の諸産業も対ロシア支援とみなして停止したら、失業者が急増するとして、石炭・燃料・糧食の三項に限って認めてはどうかという上申をおこない、外交部もこれを許可している。[10] 他方で露骨な軍事行動もみられた。例えば民国三年八月、関東庁は人員を奉天方面に派遣し、堂々と馬の買い付けをおこなった。交渉署も当初これを許可し、「護照」を発行したが、これが後に問題となり、外交部は今回だけ特例として認め、これを前例としないことで処理した。[11] こうした例は他にもある。営口交渉員からは、三井洋行が大車二〇〇輌、騾馬数十頭を購入しているとと外交部に報告するが、外交部は商人なら問題ないものの、もし宛先が戦地だと問題があるので、宛先を大連などに変えることを提案している。[12] 特に東北部では日本に寛容な例が多かったようであるが、日本人といえども明確に条規に違反する場合には、法の適用対象となることもあった。東北ではないが、蘇州では古本貞吉なる商人が硫黄の持ち出しをはかり、陸軍部の許可を得ていないがために海関で勾留された。外交部は硫黄を軍事物資と判断、品物を差し押さえた。これは、民国三年八月末の事件である。[13] また九月には、奉天で日本の軍人が軍服着用のまま列車に乗ったことに奉天省側が抗議したことも問題となった。これは中立条規に、軍服を着用し、武器を携えた軍人の乗車を禁じるという条項があったことに由来するが、外交部は中国駐屯軍についてはその限りではないという判断を奉天将軍に下している[14]。福建からは、ドイツ兵移動問題が外交部に伝えられた。廈門交渉員によれば、明らかに軍人と思われるドイツ人宣教師数十名が招商局の輪船で上海に行くことを望んでいるという件について、日英領事から取り締まり要請があったとのことであった。日本は責任問題として交渉員に迫り、イギリスは招商局側に圧力をかけ、上海の招商局もまたドイツ宣教師の乗船に反対していた[15]。

民国三年九月にはオーストリア兵問題が発生する。これは山東から天津に移っていた四〇〇名前後のオーストリア兵が、ふたたびドイツ支援のために山東に向かう際に発生した。山東将軍靳雲鵬は、「日本領事から抗議があったが、ドイツ人たちが平服を着用しているため足取りを辿りにくい」と報告、外交部に対処方法の指示を求めた[16]。この件について、天津警察庁長楊以徳は、青島から天津に来たオーストリア兵を全部で三九九名とし、そののち一部が偽装して山東へ向かったので、八四名しか天津に残っていないと報告している[17]。中立条規が発布されていた以上、オーストリア兵は中国国内で軍事行動をとることはできない。だが平服を着用し、武器も携帯していないオーストリア人の山東行きを取り締まることができるか否かは即断できなかった。北京においても日本公使などから平服のオーストリア人の移動について抗議があった。外交部は「截留」、すなわちしばらく足止めするように命じ、オーストリアの外交ルートを通じて軍側に照会せしめたところ、オーストリア側は一人として済南には行っていないとの返答があった[18]。

逆にドイツ側からの抗議も執拗であった。天津では、日本商人が牛肉をロシアに輸送しようとしていることは中立条規第十八条に違反するという訴えがドイツ領事から起こされ、海関がこの牛肉を差し押さえたが、中央の税務処と外交部は、第十八条で禁じられている食糧は米穀であり牛肉は対象外だという判断を下した[19]。またドイツ領事は、黄麻（ジュート）を日本商人が日本に運んでいることについて、ジュートが軍需用品となり得るとして抗議したが、日本側はジュートを生活用品と見なしていた。訴えを受けた直隷巡按使は外交部に明確な基準の明示を求め、外交部はジュートが生活用品との判断を下した。[20]

戦争を遂行するうえで食糧は重要な要素であったが、戦場となった中華民国でも、糧食が戦場にばかり集まることは歓迎できることではなかった。民国三年八月八日、江蘇特派員楊晟は、「中国の糧食および商品の流通が大戦のために滞るようなことがあってはならない」とし、招商局の輪船が上海から広東に運ばれるはずの小麦粉を運ばず、また滬寧車務処が無錫の小麦粉を江寧に運ばなかったことを問題として外交部に提起し、調査を依頼した。[21]約一カ月後、外交部は調査の結果を江蘇に伝えた。無錫の件については事実無根であったが、広東については確かにそのようなことがあり、その背景として香港総督の発布した（香港内の糧食を開封してもよいとする）軍律第九条があり、香港を経由して広東に糧食を輸送すれば香港で開封されてしまう危険があることが原因だったため、招商局が運搬を控えたとのことだった。外交部は、江蘇交渉員に「香港を通らずに広東に直接糧食を運ぶ方法があれば」、それを採用するように指示した。[22]

以上のように交渉員や地方官は情報を収集して問題あれば外交部に報告し、また中立条規違反との訴えがあればそれを外交部に伝えている。外交部は、それに対して判断と指示を与えている。交渉署側の档案が閲覧できないので、交渉署だけで対応した案件については不明である。また、戦乱の中で外国人・法人の財産が不当な侵害を受けないようにすることも交渉署の重要な任務であったが、この点は鶏公山案件で述べる。

このほか、租界の治安問題も重大であった。租界では、一般に、外国の駐兵権が認められているだけでなく、中国の警察権、司法権、そして行政権もおよばなかった。だが、租界の治安状況が悪化したり、ひとたび戦乱ともなれば、その地域の商業活動に大きな影響を与えるだけでなく、租界内外の中国国民に被害が生じることは明らかであり、また外国人と中国人の間に殺傷事件が生じたりして外国に賠償や利権侵害の口実を与える可能性もあった。ことに武漢では、フランス領事がロシア軍の残留を希望するほど治安問題が深刻化していた。実は、武漢では外国側の兵力が十分でないこともあって、第一次大戦中に湖北省の段芝貴将軍が中国兵を以て租界を含む武漢を守ることをイギリス領事に対して約束していた。だが、まず武漢で問題となったのは、ドイツ軍でなく失業した中国人労働者の増大による治安問題であった。

湖北省は、対策として粤漢鉄路や路溝の工事などといった公共事業により失業者を吸収することを考えたが[23]、この問題が収束に向かう前に租界内部で問題が発生した。ドイツが租界内部で射撃演習を実施、これが中国および諸国を刺激、イギリス領事は直ちに北京のジョーダン公使に指示を求めた。他方、武漢では日本がドイツ租界を占領するのではないかという噂が広まり、段芝貴将軍が日本領事に照会、領事は軍事関連のことは管轄外としながらも、内容から察して信憑性の薄い情報だろうと返答した。だが、段将軍が日本側の回答に満足することはなかった。段は、漢口租界について、それが租借地と異なり基本的に居留地であるので中国領土であるという解釈を前提とし、中国軍を動員してそれを守るべきか否か、日本兵が攻撃してきた場合にいかに対応すべきかを外交部にたずねた[24]。段が中国軍を動員してまで治安維持に向かおうとした背景にはドイツ領事からの要請があった。段は、「もしドイツから正式要請があれば、それに従わざるを得ない」と考えており、上記のように外交部に訊ねたほか、日本公使に対して軽挙妄動に走らないように要請することを外交部に依頼し、湖北の丁交渉員に対して武漢でのデマの取り締まりを強化させた[25]。

地方における対外業務は、交渉署だけでなく行政、軍事の長がおこなうことも多々見られたが、彼らもまた外交部と連絡をとりあい、交渉員を利用しながらおこなっていた。

（2）鶏公山案

本項では、交渉署や地方政府の外交と中央政府との関わりを考察する事例として、湖北省と河南省の間に位置する鶏公山という別荘地をめぐって発生した案件を取り上げたい[26]。鶏公山は、湖北省大悟県と河南省信陽県に跨がる標高七七四メートルの風光明媚な山で（山頂は河南側）、現在の行政区画では李家寨郷に属している。京漢鉄路の東に位置するこの避暑地は、清末に外国人により開発されたが、光緒三十四年（一九〇八年）に清朝政府により接収されて、中央政府の管理下におかれ、中華民国期には河南・湖北両政府に属する鶏公山工程員と警察の管理下にあった[27]。

民国期にこの避暑地を利用していたのは、漢口の外国人商人たちであった。『支那省別全誌』は、漢口の暑さについて以下のように記している。

夏季七、八月は炎熱酷烈にして平均温度華氏八四度（七月）より一〇〇度（八月）を示す、而も一昼夜間に於ける最高最低の差殆どなく、夕涼に昼間の労を癒するが如きは到底望むべくもあらず、彼の苦力等が昼間の悶熱に苦み、租界地に於けるバンドの芝生上或は屋外に睡眠するを見ても其の一班を知るべく、而も夜露なきを以て身体を害することもなし[28]。

こうした「炎熱」に特に白人は耐えられなかったのであろう。だが、京漢鉄路の開通（光緒三十二年四月）も大きな意味をもったようである。

漢口に住んでいる外国人商人たちは、時には郊外に出てピクニックをしたり、狩猟をおこなったりした。京漢鉄路開通後に河南省と湖北省の省境にある鶏公山が外国人の旅行先となり、そこに別荘を建て、ある時期になるとそこにいって避暑をしたものであった[29]。

漢口における外国人商人としては、無論イギリス人が諸方面において優勢であったが、英日に続き、ドイツ商人が第三の地位をしめていた。ドイツ租界は、長江沿い、日本租界とフランス租界の間に位置し、ドイツ領事館及び徳華銀行はフランス租界よりにあった。主なドイツ商店には、美最時洋行（電気・保険・蛋粉・牛皮・茶・麻）、瑞記洋行（牛皮・五棓子・桐油・雑貨・石油）、礼和洋行（桐油・五棓子・芝麻・苧麻・皮油・雑貨・猪鬃・紅茶・鉱石）、味吔洋行（同上）、弾臣洋行（同上）、元亨洋行（同上及び蛋粉）などがあった(30)。また徳華銀行は、「一八九六年以来独逸租界にて開店したるも、商業の中心を距ること遠く不利の地にありしを以て営業振はざりき」とされる一方、その発行する紙幣については「欧州戦乱以前迄は漢口に於ける外国銀行紙幣中最も多く流通」していたとされる(31)。

さて、このような背景の下に発生した鶏公山案は、第一次大戦に付随して発生した問題であり、中華民国の「局外中立」に深く関係していた。簡単に言えば、第一次大戦で漢口を去ったドイツ商人らの別荘は、本来ならば戦時国際法に基づいて「敵産」として凍結されるところ、財産管理者である中国側がその別荘をイギリスなど他国の商人に貸し与えてしまい、戦後に戻ってきたドイツ商人との間に問題が発生したという案件である。管理にあたっていたのは地方政府側であったが、問題は中央にももちこまれ、中央・地方間の連携の下に問題の解決が図られていった。

現存する档案史料によれば、この案件は、民国十年二月一日に駐漢口特派交渉員陳介が北京外交部に対して発した呈文に始まる。この呈文では、①まず駐漢口オランダ領事「巴克楽」が書簡を交渉員に二度発し、戦争終結後に中国に戻ったドイツ商人「韓貝」が（第一次大戦のために中国から帰国する前に）自らの手で修建した避暑房屋の再賃貸を求めているので、それを認めて欲しいと要求してきたこと、②次にその書簡に対して交渉員が鶏公山の河南側・湖北側ともに「退租之戸」がないので、租住は困難であると返答したこと、③そしてそれに対してオランダ領事から再度要請があり、ドイツ商人の「承修」したものはドイツ商人に承租させるのが「定例」であり、昨年他国商人に租住させたことは「暫時之事」であるから、戦争の終わった今はドイツ商人を租住させるべきだということ、の三点が述べられていた。交渉員である陳介の見解は、ドイツ商人の租住していた房屋は宣戦によって停租し、その後、他国の商人に分配され現在もまだ返還されていないので、ドイツ商人が再承租することは「事実上困難」だということであった。戦時国際法的な観点からの判断ではなく、実質的な観点からの回答であった。陳交渉員は自らの判断の是非を外交部に問うた。この呈文を受け取った外交部通商司第一科は、二月十五日に陳交渉員に対して指令を発し、陳交渉員の意見を支持、他国商人の租期がまだ満期に達していない状態で、現在居住している他国商人に退租を迫るのは「不便」だとし、オランダ領事の要求する諸点については今の賃貸者の契約が満期になってから改めて処理するべきだと述べた。外交部もまた戦時国際法に準じた処理ではなく、現実に即した対応をしようとした。

しかし、このような対応はドイツ側の反発を招き、法・規定の問題が提起されることになった。二月二十五日の代電で交渉員は、オランダ領事たちが房屋に関する収回章程の第二条（外国人らが作ったり修繕したりした房屋を地方官が買い上げてから、そこに原租戸を居住せしめる）を根拠に返還を要求していることを外交部に伝えた。戦時国際法ではなく、この別荘地の章程に照らしてドイツ人が租住権を有しているとの主張を聞き、交渉員は先の自らの判断の誤りを感じたことであろうが、旧ドイツ房屋の租者が既に一〇を数えている中、北京政府外交部が言っている租期には実は満期がないので、章程の第二条に租者がきちんと家賃を納めていれば撤租することも、居住権を奪うこともできないとされている以上、現在の居住者から房屋を奪うことは難しかった。無論、同様にドイツ商人から房屋を奪うことも本来できなかったはずなのである。

交渉員は、協約国商人が継続承租を願い、ドイツ人が「群来」して章程に照らして要求してくるという現実に直面し、現在租住している協約国の商人に譲歩してもらうべきか否か、外交部に対して改めて指示を乞うたのであった。この文件には、外交部次長のものと思われる批（コメント）がつき、それが次の三月五日の外交部通商司第一科から交渉員に発せられた訓令となってあらわれた。

中華民国としては、対ドイツ和約に調印していず、「徳約」（ドイツとの条約）も訂立されていないという状況下で旧来の規定を適用することは困難であるけれども、まず先の命令に従って辦理せよ。協約国商人の租住する房屋については、合同内款において適宜租期を定め、ずるずると制限できないようなことにならないようにせよ。河南交渉員とも連絡して処理するように。交渉状況は随時報告せよ。

外交部は前回の支持を撤回しなかったが、「租期」を定めるように支持した。解決へ向けたアジェンダを示そうとしたのである。

だが、ドイツ側に有利な解決方法を模索すれば、現在居住しているイギリス側などからの反発も必至であった。そして、今度は、北京のイギリス公使から外交部に直接の抗議がなされることになった。三月九日、駐北京イギリス公使館での顔恵慶外交総長と公使との会談で鶏公山問題が取り上げられ、公使は、「イギリス商人たちは現在借りている鶏公山の旧ドイツ人房屋を継続して賃貸することを希望し、今月中に租約を結びたいとしているがどうか。貴部はそれを認めたのか否か」と訊ねた。顔総長は、「本国とドイツが条約を結ぶ以前なら問題はない。現在はまさに条約交渉中であるので、ドイツ人以外に長期租賃させるのは不便である。ドイツ人房屋については、この旨に従って処理するように交渉員に伝えてある」と述べる。これに対しイギリス公使は「数カ月以内に条約が結ばれるわけではないだろう」と反駁するが、総長はそれについて保留し、もう一度調査して交渉をおこなう用意があると告げた。外交部としてはドイツ側に返還する用意があることを明示したのであった。

ドイツ側もまた要求を繰り返し、二十余りのドイツ人房屋がドイツ人に再租賃されるべき理由を説き、租者が自ら辞退したわけではなく中国側が追い出したのであって、現在は和平が回復しており、他国人に貸したのは臨時措置のはずであるのだから、当然家産を含めて返還されるべきだと主張した。(32)

ここまでの交渉は、中華民国とドイツ、つまり条約未締結国どうし、国交のない国どうしの交渉であったので、他国の領事を媒介とするなど正式の外交ベースにのせられなかった。だが、中独間に平等条約が締結された民国十年六月以降も、この問題は解決されることはなく、ドイツ商人は酷暑を避ける避暑地のない状態で武漢の夏を越さねばならなかった。しかし、民国十年六月に締結された中独条約では戦争中に凍結されたドイツ人財産の返還が定められていた。条約に基づけば鶏公山の別荘はドイツ人商人の手に戻るはずであった。戦時国際法、鶏公山の章程だけでなく、新たな条約もまたドイツ人商人に有利であった。

民国十年秋、この問題はすでに国交を回復した中独両国の間であらためて「外交」問題化した。十一月、駐華ドイツ公使が外交部に照会文を発し、条約において大戦以前のドイツ人財産の返還が定められ、また鶏公山の章程では外国人は該地において土地を購入することはできないが、中国官憲の批准を経て房屋を建築することが許され、租借の権利を自ら放棄するか、あるいは租金が納期を過ぎても納められない場合を除いて、租権が他人に譲渡されることはないと定められていることを根拠とし、中華民国の参戦と同時にこうした措置がとられたことに抗議し、賠償請求も辞さない姿勢をしめした。このドイツ公使の抗議を受けて、外交部通商司第一科は、十一月八日に河南・湖北両交渉員に訓令を発し、「租約が満期になったら直ちに酌量してドイツ人を居住させよ。あるいはドイツ領事と交渉をおこなうように」と新たな指示を出した。先の指示では「協約国商人の租住する房屋については、合同内款において適宜租期を定め、ずるずると制限できないようなことにならないようにせよ」としていたことに比べればドイツ側に有利になっている。同月二十三日、外交部通商司第一科はドイツ公使に照会を発し、この交渉員への指示内容を確認した。

年が明けた民国十一年一月九日、湖北交渉員陳介から解決方法の提案が外交部に寄せられる。ここでは、まず駐漢ドイツ領事の書簡が引用されるが、領事は当時一三棟あったドイツ商人の房屋に対して商人たちが膨大な投資をしてきたことなどを理由として返還を求めていた。[33] 陳交渉員はここで新たな判断を示したのである。現在中独は邦交を回復し協約を結び、家族を連れて漢口に来るドイツ人も日々増加している。漢口の夏は酷熱であり、各国人士はみな漢口を離れて避暑に行っている。人道上及び衛生上の観点からすれば、ドイツ人商人も避暑房屋を有する必要がある。まして、請求している者が各房屋の建設者であればなおさらだ。であるから、「ドイツ人財産准予発還之成約」に基づいて、その「優先租住之権利」も回復の列に加えるべきだ。そこで、ドイツ商人が建設した房屋一三棟については、本年から旧租者であるドイツ人に返還することとし、ドイツ人が建設したわけではない房屋については、たとえそこに久しく居住していたとしても再居住することを認めないというように処理したらどうだろうか。

更に、現在の居住者が章程第二条「原租戸が自ら退租しなければ他者の居住を認めない」を楯に反論してきた場合を想定して交渉員は以下のように述べた。

ドイツ人は暫時居住権を放棄したに過ぎず、中国側が採用した措置も「暫時特別通融辦法であり、自ら退租したわけではないので章程第二条は援用できない」などとして婉曲的に断ったらどうだろう。外交部からは「他国商人が満期になってから処理するように」との指示を得ているが、実際、鶏公山の避暑房屋の租期には明確な規定がなく、ただ毎年交租の時に租照を交換しているだけなのである。

外交部の指示とは異なる独自案を提示したのである。このドイツ人に有利な案につき外交部通商司第一科は十六日に「頗属公允」だとの返答をし、これに従い処理するようにと命じた。交渉員は、十八日及び二十六日に米領事に、英領事に対しては十九日に通知した。交渉員は、外交部に対し、鶏公山の房屋が当然「敝国地方官庁所有」であり、ドイツ人の私有財産でないので新条約にある「ドイツ人財産」に該当しないことをまず確認した上で、鶏公山章程を引用し、今回の接収は宣戦によるもので、租金の滞納や居住権の放棄ではないことから、外交部からの訓令に基づいて交渉員自身で解決法を考案したとのことであった。

しかし、この方法に基づいて陳介交渉員が処理を始める前に駐漢口英米両領事から再度の継続請求が来たのだった。二月四日付の外交部宛呈文によれば、英米領事は、これらの房屋が中国人の財産であってドイツ商人の財産（「産業」）ではないので条約は適用されないこと、現在租住している房屋については、約章に照らして租金をきちんと納めているので、賃貸契約を解消することはできないとしていた。陳交渉員は、ドイツ人が鶏公山から離れたのは「自ら権利を放棄した」のとは異なるので章程の適用外であり、また章程第二条については原建人を指しているので、英米商人は適用外だと反論した。ことはすでに規則や章程を用いた「交渉」段階に入ったのであった。両者ともに房屋が中国側の財産であり、民国十年六月の中独条約の財産返還条項の適用外というところでは一致していたが、大戦中の措置が暫時的なもので、賃貸権を放棄したわけではないとする交渉員と、賃貸権放棄云々にはふれず、現在の賃貸者に落ち度はないことを主張して継続租賃を求める英米側という対立が明確になった。

しかし、陳介交渉員には事態を収拾させるだけの力はなく、二月二十日、交渉員は窮状を外交部に訴えた（二十三日着）。他方、ドイツ公使館は二十三日に照会文を外交部に発し、昨年十一月二十三日の外交部からの照会文の内容を繰り返した後で、夏がとても暑い（炎熱）漢口においてドイツ商人が健康上の危険を回避するためにも以前の別荘を返還して欲しいこと、この旨を漢口交渉員に依頼し租金・警察捐も納め漢口交渉員がそれを受け取りながらも要求を実現させておらず、「外交部の許可を得ていない、問い合わせ中である」の一点張りだとの苦情を述べた。ドイツ公使は外交総長に対して、ドイツ商人が夏の間は衛生条件が悪く極めて暑い漢口を家族を連れて離れることを希望していること、また「満期後に解決」という条項を取り消し、ドイツ商人が今年の夏から鶏公山の別荘に住むことができるように願い出ていた。

二月二十七日、今度はイギリス公使が照会を発し、三月一日以前に租金を全納しているのだから、章程第二条の規定からして、ドイツ商人に租屋を返還することはおかしいとして、イギリス商人が損害を蒙るようなことがないように要請、その翌日にはアメリカ公使が全く同文の照会を外交部に発した。交渉員には現場で問題を処理するだけの力がなく、中央では外交部がドイツと英米の挟み撃ちにあっていた。

三月一日、外交部通商司第一科は、漢口交渉員に代電を発し、まず英米公使がまだ外交部に来て交渉しているわけではないことを挙げた上で、状況からしてドイツ人が「原建人」なので有利であること、現住の租戸が満期以後にも継続して住むことができるか否かについては、中国側に権限があることを理由に、先に外交部が十一月八日に示した「原擬辦法」で処理することを提示する。交渉員の提示した方法を取り下げ、もとに戻したのであった。同日、米代理公使と総長が会談した際、鶏公山のことが話題となり、顔恵慶総長はドイツ商人の「原建」の房屋については優先権がドイツ人に属すること、終戦したのだからドイツ人に対して差別待遇をすることはないことを明らかにした。代理公使は処理状況に対してそれが不分明であることを理由に、特に意見を開陳することを避けた。

三月三日、外交部通商司第一科は、漢口交渉員に代電を発する。その中で、まず英米公使の照会文を引用し、更に章程第二条の適用は不適切であるとし、外交部の提示した従来の方法で解決するよう指示した。また、章程を送付するようにと指示したのである。驚くべきことに、外交部はこれまで章程を有していなかったのである。三月二十三日、英公使オールストンは、顔恵慶総長宛に書簡を送り、イギリス商人に不都合な事態（much inconvenience）が生じることを恐れていると圧力をかけた（この文書は三十一日収）。三月二十四日、イギリス側から催促をうけた外交部通商司第一科は、湖北交渉員に進捗状況を知らせるように要請、二十八日に交渉員からの報告書に接した。ここで事態は新たな進展を見せていることを外交部は知ることになる。

それに依れば、ドイツ商人の房屋一三棟のうち、自ら退租したのは一カ所のみで、その他の一二カ所については半分を今年からドイツ商人に租住せしめ、その他の六カ所については現租人が継続して租住することにする（満租の翌年に還租）という「通融之辦法」を交渉員が英独両領事に提示したところ、ドイツ領事は賛成したが、イギリス側が公使からの訓令に接していないことを理由に対応を保留しているところだということが明らかになった。これは外交部が指示した方法とも異なっていた。外交部の指示通りには交渉員が動かず、独自で判断しながら事後報告している姿を示している。

三月二十八日、イギリス代理領事モスは交渉員に書簡を送り、交渉員の提案は公平さに欠けるとして、'object most strongly to your proposal'と述べて強い反論の姿勢を示し、ゴッフェ総領事の既発書簡を引用しながら、公使の承認を受ける以前はいかなる方法も有効とは認められないとした。二十九日、外交部通商司第一科は、湖北交渉員に「急」件を打電し、まず六軒ずつ分けて「半租半続」する方法について、両者を分ける基準について問うた。次いで、これは以前の文書からはわからないのだが、アメリカ商人の二軒はドイツ側が取り戻すことができたようで、結果として英米で対応が異なってしまうことをアメリカ側が承知しているのか、早急に知らせるように指示した。湖北交渉員は直ちに外交部に代電を送り、二十八日のイギリス代理領事の書簡の内容を外交部に伝え、該当する房屋にはイギリス商人のものが多いので、その他の国の領事がイギリスの態度を標準とする可能性が高いことを示唆し、外交部に対してイギリス公使と早々に交渉すること、および今後の方策の指示方を依頼した。アメリカ方面の対策は示されていない。このの ち、イギリス公使オールストンから、時間も経過したので、このままイギリス人を居住させるよう現状維持すべきとの意見が出され、档案はそこで終わっている。

以上、「鶏公山案」の経緯を紹介してきた。湖北交渉員と外交部が連絡を取り合いながら案件処理にあたっていること、交渉員が独自に解決法を考案して事後報告で交渉を進めることはあるものの、外交部としてはそれに動じることなく指示を与えつづけていること、交渉員と向き合っている領事も北京の公使を利用しながら交渉を有利に進めようとしていることなどが指摘できよう。他方、湖北省政府の対応は交渉開始当初以外ほとんど見えてこない。

この案件が地方単独処理ではなく中央との連携で進められたことの背景には、列強との交渉を地方だけでは支えきれないこと、特に国際法や条約に関わる案件の場合、困難が大きいということがあろう。第一次大戦当時の敵国財産に関する処理、戦後の財産復活、中国とドイツの国交回復など、さまざまな「外交」的要素が「鶏公山案」には絡んでいた。他方、第一次大戦時に戦時国際法に基づかず、また敵産処理に関する規定に従わずにドイツ人の別荘を他国人に転租したことについて、その責任の所在が問われていないことも興味深い。別荘が「中国側の財産である」ことは間違いないが、ことさらにそれを強調したことには、本件が敵産に関する諸規定に関わらないので、責任問題が発生しないことを外交部として地方に担保したものと解してよかろう。

（3）福州事件と湖南の事例——塚本元の研究

前述のとおり、塚本元は、中華民国前期の地方交渉について先駆的な二つの業績を公にしている。一つは民国八年の福州事件に関する論文で、今一つは湖南における幾つかの案件を考察した論文である。(34) ここで紹介された案件は、本書の論旨に大きく関わるので、ここではその内容を簡単に紹介したい。まず福州事件については、事件に際しての日中交渉を分析して、北京政府外交部と福建交渉署の政策目標がかなりの程度実現されていること、また交渉過程においては福州よりも北京政府外交部と駐華公使館の交渉が重要であったと指摘している。また、塚本は、「福州事件のような重大な外交案件の場合は、地方レベルでの交渉による解決は困難であり、北京外交部と列強公使館との交渉で解決しなければならなかった」ということ、そして、「当時の各省政府は、内政においては実質的に北京政府から独立的な地位にあったが、日常的な小事件は交渉署と領事館との交渉で処理するにしても、重大な外交案件が発生した場合、その解決のためには北京外交部における外交交渉に依存せざるを得なかったのである。また福州事件において北京外交部と福建当局とは緊密な協調関係のもとで外交交渉をおこなっており、そこには相互補完の関係が成立していた」とも述べている。塚本は、事件の重大さこそ、北京政府が中央政府として外交に関わり、自らの地位を示す契機であったとしている。

次に、民国八年から九年にかけて湖南で発生した五つの外交案件について、塚本元は、これらの案件は比較的重要度が低く、地方交渉署と日本領事館の地方外交交渉が中心となっているとしている。しかし、これらの例外として、小さな案件であっても中央のチャネルが一時的であれ用いられるのは、第一に外交交渉の担い手が中央を選択した場合、すなわち当事者が交渉相手を不満に思ったケースである。この場合、中央でそのまま事件が解決されるか、あるいは中央から地方に命令がいき、それによって解決されるかの二通りの展開があり得る。第二は借款など中華民国の制度で中央権限と定められているものは中央処理という原則があるとしている。

塚本元は案件の「重大さ」を基準に中央・地方の役割分担の目安を示した。また案件の内容が中華民国の制度で中央所管であるか否かということ、そして外国側が中央を交渉の場として選択するか否かも重要だとしている。本書で取り上げた二つの事例、第一次大戦前後の「中立」をめぐる事例と「鶏公山案」は、この塚本の論旨と重なる部分をもつが、異なる面もある。それは、案件が条約や協定、あるいは戦時の取り決めなどにより全国規模で一律の対応を求められたり、基準を確認しなければならない場合である。第一次大戦当時の中立のケースがそれに当たる。また、「鶏公山案」は大事に発展する可能性があり、他方で対独条約、戦時国際法などと関わっていたことがあろう。「鶏公山章程」は河南・湖北の管轄下にあったが、そのほかの条約などは中央の問題であった。交渉員は、「章程」の枠組みの中の問題だとすれば自らの責任が問われるので、そうなることは避けつつ、一方で中央に責任の一端を担わせながら、現場のコンテキストの中で問題を解決しようとしていた。同時に中央政府もすべてを引き取ることはせず、地方の自主性を尊重しながら、外国の公使と交渉でき、条約や全国規模の取り決めを定められる中央としての姿勢を一貫して維持していた。

2　中央と地方社会の重層性

（1）外交から見た地域社会と中央・国家——通電と省長・督軍・省議会

本書では、これまで中華民国北京政府外交部をはじめとする外交機関や外交官にとっての「外交」について検討してきた。だが、当時の「外交」は外交機関だけが関心をもち、関わりをもつ対象ではなく、国家や地域における様々なアクターが関わるものであった。そしてそうした諸アクターと外交機関や外交官たちも相応の関係を有していた。本節では、そうした外交に関わる多様なアクターについて概括してみたい。第一項では、省長・督軍・省議会という省の代表、第二項では法団という公的、私的な団体について述べたい。他方、全国規模の「輿論」については、「通電圏」という概念について紹介し、全国議会もなく、内政上中央と地方との関係が断たれがちであった当時にあって「公論」がいかに形成され、外交政策にどのような影響を与えたかを第一項で一瞥しておきたい。

中華民国前期には、中華人民共和国期のように、あらゆる単位に「党書記」がいたり、人民解放軍組織がはりめぐらされ、国民統合・地域統合を助けていたわけではない。また、中華民国後期のように、たとえ階層や地域に隔たりや偏りがあるにせよ、中国国民党が組織を利用して宣伝・動員をおこなったりしたわけでもなかった。こうした意味で中華民国北京政府は、組織された宣伝・動員をおこなうことを想定した政権ではなかったし、政治思想的にも何か新しいイデオロギーを出すとか、ナショナリズムに依拠するということもしていなかった。だが、だからといって、中華民国前期の政治や外交が完全に地域社会や「国民」から遊離していたわけではなかった。無論、「地方」といっても、中央と結びついていたのは「省都」所在地か開港場、あるいは大都市、鉄道沿線など、点と線に過ぎなかったが、そうであっても、各地に点在している開港場に外国人がおり、そこで様々な紛争が発生し、また各地の鉄道や鉱山が利権として外国に奪われ、時に中央政府が国家財産や国税を担保として借款するともなれば、それは中国各地に外交問題が発生し、それが常に地域社会に影響を与える契機に満ちているということになろう。こうした状況があったので、後述のように、内政が多元化している当時、北京政府や内外のアクターには、外交的契機による国内統一という志向が生じたのであり、同時に地域統合・国民統合においても対外関係が重要な意味をもつことになった。

外交問題に直面した地域社会が、中央政府や国家である中華民国・中国と結びつくためには、三つの手段があった。第一は、前述のように中央の対外的交渉チャネルを利用すべく中央政府や外交部とやりとりしながら、その問題を解決するという直接的な方法である。第二は、「通電」を各政府機関や新聞社に打ち、「公論」に付すという手法である。これは張謇や梁啓超などといった「名流」のみならず、さまざまな団体、時に在外公使たちが連名で利用することさえあった。これにより自らの見解を内外に示すと同時に、世論を喚起することができた。この方法において特徴的なのは、官僚組織のような上下関係があるわけではなく、少なくとも紙面上はみな対等だということであった。また、新聞紙上に各方面からの通電が掲載されることで、議論の場が形成され、そこに「公論」が生まれる可能性もあった。中央政府や外交部は、こうした「公論」を完全に無視することはできなかった。第三は、組織ネットワークの利用である。中華民国前期は、省を単位とした統合がはかられた時代であったが、省には行政の首班である省長、軍の首班である督軍、そして省議会があり、彼らは省内部で連携をとりあい、時には対立し、他方それぞれが中央の各部局と独自の関係を有し、他方で各省省長、各省督軍、各省議会が全国規模で横のネットワークをもち、随時連絡をとりながら、意見の調整をしたり通電を打ち合ったりしていた。こうした状況は、たとえば浙江省図書館古籍部で公開されている省議会の議事録からも明らかである。他方、督軍や省長たちには、派閥や個人的関係があったが、それに必ずしも囚われることなく連絡をとりあっていた。これは閻錫山の年譜などを見れば十分に感得でき、後述するワシントン会議のときの各省督軍による経費負担の例を想起すればよい。このような省議会や省長、督軍たちの言動は、自らの管轄区域において発生した案件のみならず、全国規模の案件に対してもおこなわれ、それが国民・民衆の「公憤」とあいまって、「公論」化していくこともしばしばであった。この省長、督軍、省議会は各省の意見を代表するものとして重視され、中央から見れば、大案件があったときには、これら三機関に諮問して回答を得れば、それで全国の意見を収集するという手続きをふんだということにもなった。

外交問題について、地方の各機関が熱心に関わったのは、自らの正当性の確保のためであると同時に、実際に自らの管轄下で問題が発生した場合に他所の支援をとりつけるための保険のため、とも考えられよう。他方、こうした地方のありかたに対して、北京政府外交部は各省からの意見の徴集というかたちでの「統合」、「統一の表現」を模索しながらも、宣伝と動員によって「公論」を外交交渉に積極的に利用することをしなかった。北京政府と国民政府との間には、文明国化、強国化、不平等条約改正など政策的な連続性、また人的な連続性も多々見られるが、地域や国民との関わりという観点では大きく異なっていた。

他方、中華民国前期のほとんどすべての政治勢力が中華民国・中国を否定したり、分離独立することを想定していなかったということも、重要である。だからこそ彼らは外交の面で中央と連絡をとっていたとも言えるのである。(35)各省省長・督軍・省議会は、「中国」、「中華民国」の保持には大変熱心であり、基本的にナショナリストが多かった。後になって、「封建的で帝国主義に迎合した」と評価される「軍閥」とて、たとえ自らの支配領域の資源を担保とした借款を得るような面があるにしても、残された史料から見れば、たとえば山東問題などについて、大変ナショナリスティックな言動をとっていた。彼らの言動を単なる「口号」(スローガン)と見なすよりも、このような「口号」を言わねばならず、そうしないと「軍閥」とて支持を得られなかった政治空間が当時の中華民国にはあったということに注意する必要があろう。問題は、そうした「ナショナリスティックな方向性」が中央政府に集約されず、分節化していたということだと考える。

(2) 法　団

法団とは、法定団体の略称であり、具体的には商会・教育会・農会・省議会・県議会などを含む。また、当時には公団という概念もあったが、公団には、学術研究団体や学生会、労働団体といった自発的結社のみを指す狭義の定義と、これらに法団を加えた広義の定義とがあった。省議会については前項で既に取り上げたが、こうした社会団体としての法団が外交といかに関わるのかを整理するのが本項の課題である。

まず法団の性格について簡単に触れておきたい。まず、毛沢東が、その論文「民衆的大連合」において、法団の性格を「辛亥革命以来の旧式の連合」だと位置づけたように、かつて法団はブルジョア勢力の拠りどころと見なされ、労働運動を重視する時にはマイナスのイメージで、ブルジョアの活動を重視する時には、その歴史的役割を評価しつつも一定の限界を指摘するという文脈で語られることが多かった。しかし、特に改革開放政策がとられ経済発展が政策の主軸に据えられ、他方で政治協商会議の役割が重視されるようになると、商会研究をはじめとする法団研究は新たな段階を迎え、実証的研究や史料集の公刊が相次ぐようになった。他方、地方政治史研究が深化するのに伴い、法団の活動について、比較的バランスのとれた歴史的理解が進み、法団の政治活動の実態も次第に明らかにされてきている。(36)

日本では金子肇や塚本元などによる政治史的な法団研究があらわれたが、金子は、法団の政治活動を以下のように整理している。①一九二〇年代前半の民衆運動において主導的役割を果たしたこと。これは、労働運動・農民運動が発展した一九二〇年代後半と大きく異なる。②地方の利害に敏感であるはずの法団が、一九二〇年代前半には、地方の利害に基礎をおきつつ国家レヴェルの政治問題、特に国家統一問題に敏感に反応し、連省自治構想や国民会議構想などを軸として、全国的に連合・結集する動きを見せ、時には中央政府に圧力もかけたこと。③軍閥勢力も革命勢力もともに法団の政治活動を軽視できなかったこと。④法団勢力が発展した背景には、軍閥勢力の戦争によって疲弊・混乱した各省社会に次第に醸成されてきていた自治運動があったこと。法団の政治活動は、幾つかの面で限界を有しながらも、一九二〇年代前半にあっては、ある程度民意を代表する役割を果たしていたこと。⑤法団の中でも、とくに商会が国家レヴェルの政治活動に敏感であったこと。

金子肇は、上海の法団を研究対象としたが、湖南省長沙を対象とした塚本元は、長沙公団勢力について以下のように説明している。①この勢力は、五四運動及び新文化運動の直接の産物であり、同時に当時の湖南では伝統から最も大きく変化した、最も新しい政治勢力であったこと、②彼らは、同時に最も改革を主張する急進派でもあったこと。③構成員は省エリートの中でも改革を強く志向する部分と、後に左派運動を主導する革新的知識人であり、その結果、非伝統的大衆運動もその支持基盤として動員することが可能であったこと。(37)

本書で扱っている「外交」は、金子肇の挙げた②④の論点に密接に関わり、③にあるように地方勢力も中央政府もそれを無視できなかったという点で、外交政策と社会の接点、あるいは世論の意義を考えるうえで極めて重要である。無論、すでに論じてきているように、北京政府は「宣伝と動員」、「組織化」に長けていなかったこともあり、塚本元の指摘しているような「新勢力」としての公団を北京政府は十分に吸収できなかったという面がある。しかし、実態を見ていけば、そうした公団勢力と北京政府が無関係であったというわけではない。外交档案には、国内の各法団、そして前述の省議会、省長、督軍とのやりとりが多数含まれているのである。

前述の金子肇の指摘にもあるように、法団は、全国レヴェルの政治に積極的に関与していた。それは、必ずしも統一問題に限らず、外交問題についても積極的に発言をしていた。笠原十九司が指摘しているように、民国十年（一九二一年）のワシントン会議の時には、法団勢力がワシントンに「国民代表」を派遣したことがその代表例であろう。[38]

ここではまず、金子肇が述べているような、積極的に全国政治や外交に関与した商会について見てみよう。[39] 商会が「外交」に関わるという場合、一般的には自らの商業活動に直接影響をあたえる外交案件について陳情をすることが想定される。しかし、民国前期に限っていえば、商会と外交は、このほかにも多くの接点を有していた。筆者は、以下の三点を外交と商会の接点として挙げることができると考えている。第一は、二十一カ条やパリ講和会議、ワシントン会議など国家全体に関わる外交案件が発生した際に、商会が展開したナショナリズム的な運動である。第二は、商会の利益に直接関わる案件についての働きかけである。排日運動などがその典型であろう。第三は、商会それ自体が、その地域を代表して交渉をおこなう例である。これは、地方政府が機能不全に陥ったり、倒壊した際に、商会がその地域の利害を代表して、対外折衝にあたったということを意味している。以下、この三点について具体的な説明をおこないたい。

第一の事例としては、山東問題の発生後、各法団・商会が通電などでその解決を要求したことなどが挙げられよう。たとえば、民国九年一月十八日、江蘇省教育会は、他の諸公団（上海県商会・上海県教育会・環球中国学生会・中美職業教育社・上海基督教救国会・民僑聯合会・上海欧美日学会・上海救火聯合会）と連合で北京政府大総統・国務院・外交部に打電し、山東問題について日本が中国との直接交渉を望んでいるという伝聞に関し、「ヴェルサイユ条約調印拒否の際に、国民の公意はこの問題を国際連盟に提出して解決することに決している」とし、「直接談判したら、パリ講話会議で調印を拒否した意味がなくなってしまう」とし、「公意」により外交政策を決定すべきだという議論を展開している。法団からの意見書では、民意尊重・公道保持が唱えられるケースが目立った。また、逆に中国の外交官や政治家が商会を「世論喚起」に利用することもあった。代表的な事例が、パリ講和会議当時に、上海総商会にて発生したいわゆる「佳電」事件である。[40]

第二の事例は、実際のところあまり多くない。パリ講和会議に際して、最も利害関係のある山東工商聯合会が北京政府宛の電文の中で、ヴェルサイユ条約に調印しないように促した点では自己利益の保護だが、二十一カ条の排除、売国奴の処罰、五四運動で捕まった学生の釈放など、一般的な内容も訴えていた(41)。他方、これは塚本元が検討した湖南での案件に関連した事例だが、一九二〇年に排日運動が興隆していた湖南で、日本の大石洋行がそれに反発して中国人調査員を殴傷した事件について、同じ湖南の衡陽総商会等が大石洋行の閉鎖、日本領事からの謝罪、賠償などを求める電文を外交部に送付した例がある(42)。これは自己利害に関わることと言えよう。

第三の事例には、たとえば第一次大戦中の山東の例がある。第一次大戦が始まり、日本軍が山東に上陸して各県城や海関を占拠したあと、商会がその地域の「農商人民」を代表し、日本軍と交渉をおこなった。膠県では、二三〇〇の日本兵が県城を占拠したあと、「紳董が商会の名義で、日本兵と商売をする交渉をした」。九月一日、日本軍が最初に上陸、占拠した龍口県では、日本軍が、中国陸軍・県衙門・商会の三方面に日本への協力を求める照会を発し、さらに龍口兵站司令川上武熊は龍口商会に各界紳商を招集し、商会を窓口に統治をおこなうことを企図した。こうした交渉主体、地域代表としての商会のあり方は確かに例外的である。しかし、そうした活動が可能となるのは、商会のメンバーが地域の実力者だからであり、逆に県、市、鎮レヴェルまで、全国政治、外交との関わりが発生したということを示している。だからこそ商会は無視できぬ存在であり、それを通じて「中国」という契機は県、市、鎮にまで浸透してきていた。

法団・公団から外交部への意見書は外交档案によく見られるものであるが、多くの場合は国家全体に関わる重要案件について論じていた。彼らは、対外的に北京政府外交部が窓口になっていることを認めつつも、時には自らが会議などを開いてそれを基礎に「対外一致」を示そうとした。常に中央政府を対外一致の窓口としていたわけではなかった。そして省長、督軍も外交について積極的に発言していた。これらは、各省交渉署による実務的な「交渉」とは異なるアスペクトにあり、通電、あるいはメディアを利用することで、地方や法団による外交論が当時の外交に関する世論の形成が結びついていったと考えられる。他方、北京政府外交部はこうした法団や公団によって形成される公論の「場」と接点をもっており、後述のように意見徴集などもおこなっていたのだが、それを組織化して外交交渉の後楯とすることを系統的におこなうことはしなかった。他方、「通電」を通じた伝達、またその紙上掲載は、議会が十分に機能せず、国家のコンセンサスを形成することが困難な当時にあって、「公論」が形成される手段、場として機能したものと考えられる。北京政府は、省に対する意見徴集をさかんにおこない、時に自ら通電を発したが、「通電」で形成される「公論」を後楯にして外交にいかしていこうと考えてそうしていたわけでは必ずしもなかった。

本章では、地方における外交交渉について、また「地方」や「社会」が全国レヴェルの外交と接点をもつ状況について考察した。具体的事例としては、第一次大戦に際しての「中立外交」における地方交渉署と外交部の連携、鶏公山案件、塚本元が取り上げた福州事件や湖南の諸案件を取り上げた。事例数が十分でないので暫定的ではあるが、以下のようなことが言えるであろう。地方政府では、事件の重大性、国際法や条約との関連など幾つかの条件があるときに外交部と連絡を取り合いながら外交をおこない、そこでは交渉署が実務を担当した。第III部の新疆省の例では省長主導で外交部と連絡をとっていたが、ここでの事例では交渉や対応を外交部と交渉署が直接連携しながらおこなっていた。こうした外交をめぐる中央・地方関係は、塚本が指摘しているように、内政的な対立関係にあまり左右されなかったと言える。他方、これは、外国という相手がおり、また「中華民国」という国家と関わる外交については、北京政府の対外代表権を認めていたことを示しているであろう。(43)

第二節で見たのは、国内の法団・公団、そして省議会、省長、督軍らの外交への関わりについてである。彼らは、地域利害もあるが、むしろ全国規模での外交を重視し、通電などの手段を利用しながら「公論」に主張を訴え、時には現実的に外交の現場に代表を送ろうとした。こうした「場」があったことは、中華民国前期の「外交」が国民の関心事になっていたことを示すだけでなく、そうした外交との関わりの拡がりが「中国」、「中華民国」としての国家意識や国民意識を醸成するうえで重要な役割を果たしていたと考えられる。だが、近代外交の担い手である外交部官僚が、十分にこれを後楯とすることができたかという点については疑問が残る。国民政府との比較で言えば、党組織をもたなかったこと、やはり清代同様、地方大官からの意見徴集を「コンセンサス」のために必要なものとして位置づけていたことなどが、その背景にはあろう。他方、こうした法団や公団は広東政府とも密接に連絡をとっていたが、広東政府もまた対外代表権を持たない以上、そうした地方の意見を反映した外交を展開することは困難であった。

民国前期の外交が、必ずしも「軍閥傀儡」とか「分裂」というイメージの下に描かれるようなものではなく、中国国内に有機的に形成された様々な「場」を背景におこなわれていたということは、本章で見た幾つかの事例からも確認できよう。だが、ここでのやり取りを見ると、北京政府外交部の外交官たちの考えていた文明国化への志向は、確かに第I部や第II部で述べたような成果をあげつつも、それが国民の支持、地方の支持を受けていたかという点になると判断が難しいということも表している。北京政府は、その一九世紀的な文明国志向と、おそらくは清代以来の政治手法の下で、国民や地方の支持を得つつ外交を展開するということについて有効な手段をもっていなかったのである。これが、同時代史的にも、また後の時代にも北京政府の外交がネガティヴに評価されていく一因でもあった。

以上の第一章、第二章第一節では、外交をめぐる中央・地方関係を見る上での枠組みと、国内で発生した案件についての事例研究をおこなった。以下では、国際会議参加に際しての、また海外で発生した案件について検討していきたい。

第三章　北京政府外交部による「中央政府」としての表現(1)

――一九二一年ワシントン会議参加をめぐる中国統一論議――

本章では、民国十年（一九二一年）のワシントン会議に参加する際、既に対内的な実効支配能力に限界のあった北京政府が、自らが中華民国を代表する外交主体であることを、どのように対内的にも対外的にも表現しようとしたのか、そして広東政府、各省、各団体がそこにいかに関わったのかということを考察する(2)。中央政府としての北京政府は、対外的な代表権を表現しなければならず、そのためには地方からの支持が不可欠であった。当時、国際会議に参加するに際して国内統一、対外一致が必要であることは、基本的に認知されていたが、一致の核ないし主体が北京政府であることについてコンセンサスが得られていたとは言いがたい状況にあった。北京政府は、第II部で述べたような不平等条約の改正政策には確かに成果をもたらし、また中華民国の国際社会における地位の向上をもたらしたのだが、国内でそうした外交が十分に認知され、支持されていたわけではなかったのである。また、内政面で中央政府である北京政府の統治能力に限界があったことは、条約履行能力の問題から見て、重大な問題であった。北京政府は国際会議に参加するに際して、自らの中央政府としての資格を証明していかねばならなかった。

1　参加条件としての「統一」と北京政府の対策

（1）日英続盟問題と北京政府——外圧としての「統一」問題

第II部で述べた点でもあるので簡単に確認しておきたい。民国十年（一九二一年）、中華民国はワシントン会議に参加することとなったが、[3]会議に参加するに際して、中央政府である北京政府には「国内統一」あるいは「対外一致」という課題があった。それは、北京政府の条約履行能力を証明するために課せられた義務でもあった。地方での外交案件を北京政府が処理できなかったり、あるいは北京政府の定めた条約や取り決めを地方が聞き入れなかった際に、何ら罰則を科すことができないのでは、条約締結主体として不適格と認ぜられるからであった。また民国十年には、シカゴ銀行借款に対する債務不履行が発生しており、かろうじて内外債や自転車操業的借款契約によって保ってきた債務返済にも疑問符が呈されていた。諸外国は、確かに武器売買や利権獲得のために中国におけるある程度の紛争を望んだにしても、信用に足る中国国内への窓口としての中央政府は必要だと考えていた。北京政府がいくら条約文の改正などの成果を上げようとも、こうした側面においては危険信号が灯されていたのであり、信用回復が急務であった。

ワシントン会議は、パリ講和会議の遺り残した極東による秩序形成という課題と、日英同盟存続問題が絡み合う中で実現した会議である。[4]第II部で述べたように、北京政府外交部は日英同盟にかわる同盟が極東に生まれるならばそれに加わることを想定し、民国十年には、国務会議で新たな極東に関する同盟に参加すること[5]（もし日英以外の第三国が同盟に加わるなら中華民国も加わること）や日英同盟の条文に対する異議を決議したのだった。[6]

民国十年七月初旬の顧維鈞公使とカーゾン英国外相との会談は第II部ですでに紹介した。日英同盟を日本抑制の鍵と見るカーゾンと、それを日本の対中侵略の支柱と見る顧との間には見解の相違があったが、ここでカーゾンから顧に対して、「英米日間で太平洋問題を討論する会議を開催する構想がある」ことが伝えられたのであった。そうした会議開催の必要性に同意していた顧は、この会議に参加するに際して中華民国に求められることを私見として外相に披瀝した。それは、新たな体制下における極東和平の為に必要なのは「強盛統一の中国」だということで、会議への参加によって北京政府が「強盛統一の中国」の中央政府として位置づけられることであった。外相は、条約履行能力の必要性は認めつつも、「強盛統一」については保留し、自助努力重視を伝え、同時に会議に対して「あまり多くを望まないこと」を示唆したのだった。(7)

他方、アメリカでは、中国に対する信用をめぐる議論がおこなわれていた。北京政府の条約履行能力に対する疑問を提起していたフーヴァーは、広東政府の統治能力もあわせて信用せず、鉄道を共同管理する議論を展開していた。一方、ヒューズのように、平和裡に中国を「統一」することを望む者もいた。(8)他方、これまでの研究で指摘されているように、米国の在華出先機関には広東政府を「統一」主体として有望視する向きもあり、(9)状況は錯綜していた。だが、ワシントンの国務省はあくまでも北京政府を政府承認し、「統一」主体と認めていた。(10)

中華民国を国家として認知した場合、条約履行能力に限界がある北京政府の中華民国代表権を疑うことはある意味で当然であったが、一方で広東政府やそのほかの勢力に対して北京政府以上の中央政府となることを期待できるわけでもなく、北京政府を原則支持するという路線に大幅な変更が加えられる可能性は、先の国際共同管理説を除いて見られなかった。(11)だからこそ、中国の保全という観点、日本の拡張を抑制するという観点からも、北京政府に対して対内的な勢力の増強がいっそう望まれたのであった。

北京政府外交部から見ると、パリ講和会議、国際連盟で解決できなかった二十一カ条問題や山東問題を来たる会議で解決してこそ、自らの外交能力を示し、それが外交権を有している主体としての証ともなると期待されたのだった。[12] 顧維鈞も「国民がみなその良心に基づいて本来の姿にもどり、内訌（内的いざこざ）を停止して対外的に一致し、国家の利益を挽回すべく外交の後援に努めれば、ここに一縷の望みを見出すことができるだろう」と述べている。[13] 国際社会からの疑念を払拭し、同時に外交政策上の最大懸案を解決するための最低条件、それが中華民国として会議に対して「一致」、「統一」した姿勢を示すことだったのである。

(2) 広東政府と国際関係

広東政府はこの日英同盟問題、ワシントン会議に際してどのような外交をおこなったのか。この点は、第一章で述べた広東政府の三層構造における「第一」層に基本的に属する問題であろう。中華民国を代表する政府として、広東政府の基本姿勢は北京政府のそれに類似していた。日英同盟に対してもその存続に反対していたのである。だが、広東政府の外交政策は、一面で北京政府の政策とは異なっていた。この時期の北京政府の外交が基本的に英米に依存していたのに対し、広東政府は、決して英米に限定されない外交を展開していた。むろん、対英米関係も密接であった。イギリスは、アメリカが「反乱団体」として広東政府を位置づけていたのと異なり、「事実上の政府」と見なす傾向にあったが、[14] 民国十年五月以降、孫文総統就任問題などをめぐって広東政府との対立を深めている側面もあった。[15] またアメリカは、広東政府に対して厳しい姿勢を示していたが、孫総統はアメリカとの関係を重視していた。そして、駐広州アメリカ領事館にも広東政府評価論があった。しかし、ワシントンの国務省は広州の領事館員に対して広東政府との公式の往来を禁じていた。英米以外については、広州湾に利権をもつフランス領事が、広東政府との公文の往来を維持していた。なお、広東政府は、ドイツやソ連とも交際を試みていたが、マカオ問題ではポルトガルと対立していた。[16]

広東政府にとっては、日英同盟に代わる秩序形成のための準備が、イギリスと北京政府との間で進められていることが問題であった。当時の広東政府は、イギリスとも北京政府とも関係が良好ではなかったからである。しかし、広東政府にはそれを打開するだけの外交的な動きをおこすことができなかった。孫文は、大総統に就任した際に、広東政府こそ中華民国の正当政府であることを国際社会に宣言していたが、ワシントン会議招聘に際して、アメリカは広東政府を招聘しなかった。アメリカは、中華民国を代表する政府として、広東政府を承認する意思を有していないことを示したのである。広東政府は、中央政府として招聘されなかったことを不服とし、内外でその正当性を主張する宣伝活動を展開した。こうした状況の中で北京政府は、広東政府を「事実上の政府」と認めて全権代表のポスト四席中の一席を用意したが、広東政府は交渉に応じようとはせず、逆に広東政府は会議進行中に軍を動かすことになった。(17) この点は次章で詳述する。

この時期の広東政府は、臨時約法の遵守、議会の正統性、そして大総統の存在という従来の枠組みで「中華民国」を代表する政府であることを主張したのであるが、国際的認知を受けられなかったために、借款や関余を得ることが難しく、財政が苦境に陥っていた。政府内部においても、陳炯明らが連省自治を通じた「統一」論に共鳴し、他省と関わりを持ちつつ統合を模索したのに対し、孫文らは結局武力「統一」路線を追求しようとしていた。会議参加に向けて中華民国としては「国内統一」、「対外一致」が求められながらも、パリ講和会議のときと異なり、南北政府の「議和」を期待できる状況にはなかった。広東政府はすでに姿勢を硬化させており、北京政府による「統一」は当初から厳しい状況にあった。ただ、同時に広東政府が北京政府に代わる結集核になるということも、想定されてはいなかった。

(3) 北京政府の外交担当者の「統一」要請論——在外使領の「統一」要求

先の顧維鈞とカーゾン外相とのやりとりにあるように、「統一」要請は外国からだけおこなわれたわけではない。

ここでは簡単に在外公使からの要請と、その内容について見ておきたい。中華民国内部におけるその必要性、想定されたその方法などが見えるであろう。

会議参加へのプロセスの中で駐英公使顧維鈞が当初主催者と目されていたイギリス外務省と交渉をおこなっていたこともあって、北京政府外交部の政策決定に対して、顔恵慶外交総長や施肇基駐米公使ともども、顧が大きな役割を有していた。[18]既に指摘されているように、民国前期は、近現代中国外交史上、在外使領の政策決定に対する役割が最も大きかった時期とされるが、[19]民国九年から十一年にかけては特にそうした傾向が一層強まっていたと考えられよう。

七月十二日、北京政府外交部はワシントン会議招聘の打診をアメリカから正式に受け、参加の方向で検討する旨を返答した後、参加資格を繞る調整をおこない、八月十六日に大総統名で正式にアメリカ側に参加を伝えた。前述のように、六月末にはイギリス経由で会議開催が知らされていたのだが、そののち顔恵慶外交総長は、各国の駐華公使や外国人顧問、側近と会う一方、しきりに顧維鈞駐英公使と施肇基駐米公使と連絡をとっていた。[20]七月十五日、外交部内部で派遣する全権代表に関する会議を開き、十八日に在外使領館に対して会議に関する意見書の提出を求めている。[21]なお、こののち八月九日に国内各省に意見徴集をおこない、[22]十八日に太平洋会議籌備処を外交部に設置、[23]十九日に政府の各部局の役割分担が決定された。[24]地方への意見徴集が、在外公使らから大幅に遅れてなされていること、特に参加の方向が決まってから一カ月後にそれがおこなわれていること、またそれが実際の準備機関設立、役割分担決定の十日前にようやくおこなわれたこと、などが重要だろう。地方からの意見徴集は、在外公使や政府部内と比べると、手続き的な意見徴集という意味合いが強いのである。だが、上記の一連の手続きは、顔総長時代の外交政策決定のあり方が示される一例である。[25]

さて、七月十八日おこなわれた在外使領への意見徴集に対して多くの返答が寄せられ、その多くが顧維鈞同様、中華民国の国内統一や対外一致を提唱した。以下、その中の幾つかの意見を紹介したい。駐オランダ公使王広圻は、短時間の統一はそもそも無理だが、国際的信用向上のために、間に合わずとも「国会」を開催する意志を示すことを求める。(26)王公使は、「国会開催」に正当性と「統一」表現を見出したのだった。駐日本公使館の「籌備事宜説帖」は、国民外交の養成を提唱した。この意見では、中華民国が一つに団結することを求め、また外交政策は民意に従わなければならず、民意吸い上げの手段として各界の機関から意見を求めることを提案する。(27)これは意見徴集により「民意に即した外交」を実現しようとするものである。他方、この会議を契機に各軍事勢力を統合しようとする意見もあった。駐ドイツ公使魏宸組は、もし国内を統一できれば必ず会議で良い結果を得られるので、この機会を利用し西南の首領に中央への迅速な服従を求める密電を打つことを求めた。だが、打電するだけで「服従」を得られるはずはない。魏公使は、西南各省首班をひきつける具体的方策は提示せず、ただ「愛国心」に訴えるしかないとした。(28)段祺瑞の武力統一模索以来、ウィルソンや五カ国公使団の統一勧告、南北和平会議など、外国からの圧力や国際会議参加を統一の契機とするべきだとする一連の意見があるが、この魏公使の意見もその流れに属していると言える。同様の意見として駐元山副領事馬の意見書がある。馬は、日本が「不統一」を理由に中華民国の出席資格を否定しようとしていると警戒心を示した後で、この機会こそ南北統一の機会であるとし、南北双方から代表を派遣して一致して日本の侵略を防ぐことを提案する。(29)副領事の「統一」は南北統一というイメージの下に語られていた。

このように、在外使領からの意見書には確かに「統一」、「対外一致」の必要性、また会議参加をそれに生かすようにとの見解があったが、その内容や方策はさまざまであった。しかし、これらの意見書に基本的に共通しているのは、当時の中国を実質的に統一できるとは考えていなかったこと、(30)北京政府が中華民国を代表する政府として、少なくとも「統一」を表現する手続きをとることが必要だと考えられていることであった。

こうした意見書が具体的に政策決定の場に直接反映されたか否かは定かではない。しかし、後述のように、その後の北京政府の、あるいは外交部の「対外一致」政策と照らし合わせれば、意見書に見られた内容と重複する部分があることに気づかされるであろう。(31)

(4) 外交部の「統一」表現法

では、北京政府外交部はどのような手法で「統一」を表現しようとしたのかということを検討したい。当時、国内に広東政府や聯省自治勢力など複数の政治勢力があったことは周知の通りだが、北京政府内部とて決して「統一」できているわけではなかった。直皖戦争後、民国九年七月に直隷・奉天両派によって天津善後会議が開催され、徐世昌大総統の続投、総理に靳雲鵬があたるという体制ができた。この体制は、直隷・奉天両派のバランス下に置かれ比較的安定していたものの、呉佩孚と張作霖の関係が芳しくなく、民国十年七月には靳総理が閣議を欠席することが頻繁となるなど、情勢が不安定であった。そうした意味で、北京政府は政府内部の調整もあわせておこなわなければならなかった。

北京政府外交部が七月から八月中旬の時点、すなわち在外使領からの意見を聞いた段階において、採用していた「統一」意思表明方法は、恐らく以下の四点であった。

第一に、駐ドイツ公使魏宸組や駐元山副領事馬の意見書にあったように、全権代表を南北両政府から選出すること。この交渉については次章で述べるが、顔恵慶は王正廷に広東政府との交渉を託して失敗、次いで直接伍朝枢とやり取りをしたが、すでに反北京政府の旗幟を明確にしていた広東政府側が交渉に応じることはなく、この案は実現しなかった。

第二の方法は、代表団に各省・各方面の人士を含めることであった。この代表団構成の問題は次章の主題なので、ここでは簡単に触れるにとどめるが、北京政府は代表団に政府内部の各派、国内各省からも最小公倍数的に代表を集め代表団を組織することで、国内各省・各方面の利害を代表していることを示そうとした。結果的には一三〇名以上の代表団が結成されるが、推薦受付や渡米依頼は八月中には始められていた。代表団を最小公倍数的に組織したひとつの背景は、主催者であるアメリカ側にあった。アメリカの広東系華僑が、アメリカ政府が広東政府を招聘しないことに対しておこした抗議活動に対してヒューズ国務長官が記者会見した際に、「アメリカ政府としてはただ中国の代表団が各界の対外一致を表していることを望むだけであり」、「アメリカは中国の某党が某党と調停しなければならないなどと勧告することはない」と述べていたのである(32)。だが、このような代表団の構成方法は、中華民国国内のありのままを代表団に反映させるため、国内の問題がそのまま代表団に輸出される結果となり、様々な齟齬が彼らの宿所であるワシントンのカイロホテルで発生することになり、情報管理も難しくなった(33)。

第三の方法は、駐日公使館の意見書にあるように、幅広く各界から意見を徴集することであった。国会が機能していない当時の北京政府にとって、政策に民意を反映させ、政府内部の意見を調整して合意を形成する上で最も重要な手段が電報等を通じた意見徴集だったのである。そして、八月九日に各省交渉員・省長にも公式に意見を求め、特に依頼することはなかったが、国内からの私人・団体の意見も幅広く受け付けていた。この意見と会議の議事決定過程、また施肇基十原則形成過程については第II部で論じた。

第四は、国民会議である。議会が開かれていない当時にあって、全権が全権として発言するためには「後楯」が必要であり、政府にかわってそうした役割を果たす「場」をつくろうとする見解である。八月四日、閣議で「国民会議については、憲法違反ということはない」ということが議論された模様であるが、この手法も最終的には取り上げられなかった。

このような手法が想定されながら、北京政府が実際に採用したのは第一から第三の方法であり、具体化したのは第二と第三であった。第一および第四の方法が検討されながらも実現されなかった点については、すでに第一の点については簡単に検討したが、第四については、国務院の問題もあったように思われる。八月十八日、北京政府内で会議に向けての役割分担が閣議で決定され、国務院が「統一問題」、「民族問題」を担当、国内問題を扱う内務部は「中国戸口増加問題」のみを担当することとなったのだが、「統一」問題を担当することになった国務院は、積極的に「統一」政策を推進するというよりも外交部の規定方針を継承するに止まったのだった。

2　国内各界の「統一」論議と北京政府の対応

(1) 北京政府を主体とする「統一」要請論

北京政府外交部は、民国十年（一九二一年）八月九日各省省長、交渉員に対して意見を求め、それに応じて各省から返答が寄せられ、在外使領の意見書同様、多くの大官が会議に対する国内一致を唱えた。だが、その手法および主体については様々な見解があった。

この内、外交部によって想定された上記の「統一」表現方法に事後承認を与える意見を提出したのが、直隷交渉員と山東交渉員であった(34)。直隷交渉員は八月二十一日に意見書を提出、会議で勝利を得ることが中華民国の自由発展の契機であるとし、今こそ条約改正に臨むべきだと会議での目標を示した上で、民国成立以来、今こそ民気が発揚し国際的な地位が上昇している好時期であるにもかかわらず、不統一であるが故に日本の侵略を招いたとして統一の必要性を強調、西南各省との連携、統一を主張した。広東政府を含む西南各省については、「彼らは、初め護法と言い、今は自治だと言うが、ともかく会議の席上では南北が一致していなければならないのだから、まずは、西南各省に打電し、解決できない案件は後回しにしてでも、速やかに『統一』を達成すべきだ」とした(35)。山東交渉員は八月二十一日に意見書を提出、会議を「遠東問題解決之枢機」と捉え、対内・対外別に意見を述べ、対内問題の筆頭に「急謀統一」を挙げるなど、統一問題の重要性を訴えた。直隷交渉員の意見が「日本の侵略」を根拠にしていたのに対し、この意見では「会議席上で軽視される」ことを統一重視の理由に挙げ、統一の手法については、代表の人選に細心の注意を払うこと、更に南北両政権の存在については、元来対外的には（「中華民国」として）一致しているのであって、無理に「（政府間の）統一」を図るのでなく、ともに積極的に会議の準備を進めれば自ずと外国も未統一を責めなくなるとしていた(36)。

直隷交渉員や山東交渉員と異なる方向で「統一」を建議したのが浙江交渉員である。同交渉員は、会議の準備状況を概観し、首都と大都市が関心を持ち研究をしているが、大都市以外の「内地」では未だに会議に注目していないと述べ、外交部から各省に対して、各県農・商・教育法定団体に向けて一体となって研究するよう促すことを求め、幅広く世論を吸い上げ国民外交の後楯とすべきだと述べた(37)。このほか、山西省長閻錫山が会議に向けて解決すべき課題として「統一與裁兵」を挙げることに見られるように、北京政府による「統一」を促す意見が幾つかある(38)。北京政府が対外代表主体であることを前提とした上で、各方面を包摂すべきだとか、諸勢力と妥協すべきだという見解は、外交部に近い交渉員グループや北方諸省の省長・督軍に多く見られる。彼らの多くは、統一が実際には不可能であることを認識しながらも、会議参加に際して統一が求められることを十分に理解していた。だからこそ、これらの意見書では、その必要性が強く求められるわりには、具体的な「統一」法は実際的なアジェンダというよりも、会議に対して中華民国が一致していることを表現することに主眼が置かれた。西南への「通電」、法団との「一体研究」などが「表現」方法の代表であった(39)。

他方、北京政府を前提としない「統一」案もあった。その中華民国の対外代表権は必ずしも完全に支持されていたわけではなかったのである。

（2）北京政府を主体としない「統一」要請論

一九一〇年代から二〇年代にかけての中国には非常に多くの政治勢力が現れた。中央政府の権力も集権的ではなかった。しかし、ほとんどすべての地方勢力は、「中華民国」という枠自体は否定しなかった。「臨時約法」が一定の拘束力を持ち、また通電、新聞などがその枠を支える「公論」の場として機能していた。[40]しかし、その枠を代表するのが北京政府なのかという点については、法統（法的な意味での正統性）の問題、民国という国家の成り立ちの問題から、様々な見解が存在していた。ワシントン会議参加の際にも、北京政府の対外代表権、外交主体としての位置について多くの疑問が提起されていた。会議が開催されることになった民国十年は上述の広東政府とは別に長江流域に聯省自治の動きがあり、国内政治は多極化しつつあった。先の国内意見徴集に応じて、浙江督軍盧永祥と湖南総司令部が統一の必要性を提唱した。浙江督軍盧は、各省代表からなる「太平洋委員会」を（北京でない地で）開き、そこで会議に派遣する代表人員を決定、それに北京政府が承認を加えれば、南北の溝が埋められると同時に全国の「公意」を得て国際的な地位を保つことができるという意見を述べた。[41]省を単位とした統合を模索する議論である点で、聯省自治推進派であった盧に相応しい議論である。しかし、このような聯省自治的な意見が中華民国内部で凝集力を発揮できるわけではなかった。民国十年の夏は、呉佩孚らが国是会議開催を提起するなど、聯省自治運動を再統合していこうとしたとも考えられる。国際会議などの外交的契機は、中央政府だけでなく国内の諸勢力にとって「統合」、「統一」のために利用可能なものだった。他方、湖南総司令部は、十月六日に南北両政府及び各地の「名流」にあてて通電を発した。この中で、会議は中華民国の存亡に関わり、この会議のいかんによって「国家之地位」が決まるとして、もし「売国之北庭」だけから会議に代表を派遣すれば外侮を招く恐れがあるので、南北双方から数人を代表として派遣するとともに、各省の軍民長官と省議会に通電を発して「対外一致之精神」を表し、それを連省建国樹立の第一歩とすべきだと述べた[42]。この意見は盧よりも強く北京政府の外交権を否定しているが、広東政府を承認しているわけでもなく、各省を単位とした合意の形成を目指す点で盧に通じるものであった。

このような北京政府の外交権を否定する意見として、楊祖培らの意見書がある。楊らは会議の重要性を強調し、「統一」されていれば会議に臨む代表が幾ばくか主義を貫徹できるとして、具体的「統一」方法を示す。それによれば、各省区議会と軍事長官が全権代表を一人ずつ選出し「統一善後会議」を南北の中間にある上海、南京、漢口などの長江流域で開催するべきとのことであった[43]。この会議は、北京政府、広東政府よりも上位に位置するとされていた。

北京政府への意見書には、北京政府を全面否定するものもあれば、一部として組み込むことを想定するものもある。全体的に見て、省を単位とする統合へと傾斜している当時の国内状況を反映していると言えるが、聯省自治運動と同様に、ただ国内での会議開催を主張するものが多く、具体的な外交政策や、外交行政を担う人材についてほとんど考慮されていない点が特徴的である。だが、これらのうち、実現性のあるものがなかったこと、また広東政府だけを「統一」の中心とする意見書がなかったことにも注目しておきたい。

(3) 省議会から見た「統一」論議――浙江省議会を例として

次に、この「統一」問題を省の側からいかに捉えられるのかという点を検討したい[44]。国際会議を契機としてさまざまな「統一」が模索される中、省はいかに対応したのであろうか。ここで事例として取り上げるのは、史料が比較的残されている浙江省と山西省である。浙江については省議会の通電簿があり、省議会が発した通電と、全国各地から寄せられた通電が収録されている。ここに北京政府外交部の電簿には見られない通電が多く見られる[45]。他方、山西については省長兼督軍であった閻錫山の史料が残されている。まず本項では浙江を、次項で山西を検討したい。

浙江省議会の通電簿を見れば民国十年夏から秋にかけて省議会に対して具体的に「統一」の呼びかけをおこなった通電が幾つかあることに気づく。ここには北京政府以外に五つの政治勢力が統一主体として名乗りを上げており、それらがほとんどワシントン会議との関連の下に「統一」を唱えていた。五つの政治勢力のうち、活発に通電を発していたのは直隷派を中心とする盧山国是会議である。(46) 張紹曾電（九月四日、十月二十三日）、張一麐電（九月四日）、呉佩孚電（九月十二日）、湖北省議会電（十一月十二日）等がそれにあたる。この会議は、国内的には湖北に進出した呉が聯省自治運動に対抗して長江流域で基盤を築き、張作霖に対してイニシアチヴを握ることを目的としたものであったが、対外的には「民主的」手続きを経て「統一」を達成し、借款獲得を有利に進めて自らの基盤を固め、ワシントン会議の全権代表を選出してその「後楯」となることによって、その存在を内外に示すことを企図としていた。だが、この国是会議が実際に開かれることはなかった。第二は上海の全国国民外交大会である。これは、全国商会・教育会連合会電（十月十六日）、上海国民外交大会籌備処電（十月三十一日、十一月五日）らによって提唱され、代表を上海に送ることを各方面に求めた。この会議は実際に開催され、北京政府の派遣する全権代表を監視するために国民代表（蔣夢麟・余日章）をワシントンに派遣するなど、活発な活動を展開した。第三は聯省自治運動であったが、この各省自治から聯省して「統一」を図るという構想も湖南省議会電（十月三日）の一電だけに止まっている。聯省自治運動は外交方面について十分な議論がなかったこともこの背景にあろう。第四は、省議会連合構想である。直隷省議会の呼びかけで各省議会が代表を派遣してワシントン会議の「後楯」になろうとするこの構想は、直隷省議会電（十一月五日）、江西省議会電（十一月二十五日）らが賛同したが、結局開催されることはなかった。第五は、各省代表をワシントンに派遣して「統一」を表現するという、太平洋討論会の計画である。太平洋問題討論会電（九月五日）及び各省というわけではないが、各々が連合して代表を派遣するという案を再提起した湖南省議会電（九月十二日）がこれに関連する。

さて、こうした電報をうけとった浙江省議会では、これらの要請に対していかに返答し、またワシントン会議への対応をいかに決定していくのであろうか。浙江省議会の議事録からそれを検討してみよう。民国十年浙江省議会の常年会（議員数一五二名）は十月五日に開始された。それまでは議会が開かれていないので具体的な対応は見送られていたのだった。この議会では、省内問題や省憲法制定の討議もおこなわれたが、十一月に入ると議題の中心はワシントン会議問題になった。地方議会においても外交問題が議論されたのである。議事録を見ると、十一月八日から九日にかけて、直隷省議会からの電報に対する討議がおこなわれたが、省議会の結束を主張した直隷省議会の提案が具体的な「統一」方法を示していなかったこともあり、九日には直隷省議会に対して「その趣旨には賛成する」旨の電報（蔣方震起草）が打たれたのだった。だが、直隷からの返電はなかった。会議が開かれる可能性はすでになかったのである。また十一月十一日から十四日まで、各法団を中心とする全国国民外交大会への代表派遣問題が討議された。蔣方震、沈定一、杜棣華らが代表派遣を主張するが、議会は紛糾し、即代表派遣派、代表派遣反対派、日和見派の三派にわかれ、結局「届時再推代表之説」（時が来たらあらためて代表を選ぶ）が圧倒的多数をもって可決された。議会全体としては極めて穏健的であった。十二月七日には、浙江国民外交後援会籌備処からの要請で省議会から代表をワシントンに派遣する件に関して議論された。先に触れた太平洋討論会と後援会との関係は不明であるが、省議会では代表を何人にするかが議論されたが、結局一人で十分ということになり、可決。代表には杜棣華議員が推挙されたが、具体的な予算、日程などについては記されていない。十二月七日には、既に会議も半ば進行していた。

以上のように、省議会は各方面からの呼びかけについて審議し、盧山国是会議に対しては全く反応しないものの、他の四案にはその対応を議論、国民外交会議については積極推進派が参加を主張したものの妥協案が採択、省議会連合構想については賛成の旨を示すに止まった。だが、ワシントンへは、代表派遣を決定した。国内との調整には慎重であるものの、調整不要の代表派遣については簡単に決定していた。省もまた「外交」をめぐる問題にからめとられ、中央と地方という関係とは別の、「地方と全国」、「省と中華民国、中国」、「省と省」という枠組みの下で、さまざまな議論をおこなっていた。

浙江省議会は、南北両政府や各省に対してワシントン会議の為に「統一」を促進し会議の「後楯」となるようにとの通電を発し、ワシントンの全権代表にも全力で交渉に当たるように打電した。浙江省として可能なアクションはこのような通電と先のような代表派遣を決めるにとどまった。在外使領の意見では、外交成果をあげるための対外一致が主張されたが、省議会レヴェルにおける統一問題は外交上の問題のみならず、国家統合の問題と深く結びついていた。それだけに、省議会としては極めて慎重な姿勢を示すことにもなったのであろう。[47]

(4) 省長・督軍から見た「統一」論議——山西省長・督軍閻錫山を例として

民国十年当時、「廃督裁兵」(督軍制度を廃止して兵数削減をはかる)運動が活発化しており、督軍は社会的な非難をうけることが多くなっていた。彼らに批判を加えるとき、督軍や省レヴェル以下の地域の軍事首領たちは時に「軍閥」とも呼ばれたが、そうした同時代的な批判が、国民政府期以降の前政権批判とあいまって、その後の督軍イメージを決定づけた面がある。彼らは、これまで「混乱」の源と見なされ、「秩序」とは程遠い存在のように位置づけられてきた。だが、アメリカにおける軍閥研究の進展にともない、軍閥がナショナリズム的行動を取ること、また秩序形成の後、近代化の主体となることが全く不思議ではないことが示されるなど、そうしたイメージの修正が必要なことは既に広く認められている。[48] しかし、省長や督軍が全国政治や外交にいかに関与したかということや、省長や督軍には督軍同士の関係があり、戦争時のみならず政治外交問題や経済問題についても連携をとりつつ行動していたということについての事例研究は、十分に蓄積されてきたとは言いがたい。ここでは特に史料が豊富に残されている山西省長兼督軍閻錫山をとりあげ、ワシントン会議に対するその動きを追ってみたい。

閻錫山もまたワシントン会議に対しては大いに関心をもっており、張作霖らの呼びかけに応じて北京政府の派遣する全権代表団の経費負担に応じ、また積極的に北京政府外交部に意見書を送付するなどしており、対外一致についても浙江省議会同様、各方面から働きかけを受けていた。

九月七日、閻錫山はさきの北京政府からの意見徴集に応じて外交部に意見書を提出、軍備削減と国内統一を第一の課題とした(49)。では、国内各方面からの「統一」への働きかけについてはいかに応じたのだろうか。まず直隷派の盧山国是会議については、閻のもとに九月十四日に陝西督軍馮玉祥経由で情報が伝わった(50)。馮もこの会議の開催には賛成の意を示していたのである。十六日、閻は「賛同の意」を馮に対して表明した(51)。しかし、この会議は開かれなかったので、「北洋」の督軍たちは経費の援助によって、全権代表の「後楯」となろうとしたのだった。九月二十九日、河南省長・督軍名義で、また十月一日には山東督軍名義で閻に対してワシントン会議の経費補助に関する呼びかけがおこなわれる。これはもともと直隷の曹錕、曹鋭兄弟から発せられたもので、閻のもとにも曹兄弟から直接呼びかけがあったようである。曹兄弟が、河南・山西・山東・安徽・江蘇・江西各省長の各督軍からの「捐」を取りまとめて北京政府に送ろうとするこの計画は(52)、同じく東北諸省で「捐」を取りまとめた張作霖の行動と軌を一にする。

軍事勢力にとって、戦争を起こさぬ事、また軍備を削減することもまた、「統一」、「対外一致」、そして全権の発言力を維持していくのに重要なことであった。国内においては「廃督裁兵」運動が起きており、ワシントン会議も当初は軍縮会議だと国内に伝えられたため、北京政府海軍部などが真剣に軍縮対策をおこなおうとしたほどであった(53)。督軍たちは、一部を除いて、ワシントン会議中の停戦を申し合わせ、他方で各々資金面で北京政府を援助することで「対外一致」の一助たらんとした。

しかし、督軍たちは、このような支援をしつつも、同時に代表団に関係者を推薦するなど影響力を示すようなこともおこなっていた。このような行為は代表団の統一を困難にする一因となった。ただし、省にとって、全国レヴェルの国権回収、たとえば関税自主権回復、治外法権撤廃、二十一カ条条約撤廃などはいずれも自らの利益となったし、山東問題の解決などは「中華民国」、「中国」にとって必要不可欠なものとして認識されていた。対外一致もまた、手法こそ異なれ必要とされた要件であった。彼らのおこなっていた国税の勾留、日々おこなわれた戦闘行為、省の自立的治政が外交に与えた悪影響は計り知れないが、このような中華民国としての外交へのポジティヴな側面もあったことは看過してはならない。

（5）北京政府外交部の選択——国民会議開催をめぐる政府内部の諸議論

以上のように、国内における統一論議は、在外使領や外交当局におけるそれと異なり、国内諸勢力による統合計画にリンクするものとして意識されていた。従って、対外一致が必要であるというコンセンサスがあっても、その手法・主体をめぐって様々な見解が存在していた。北京政府外交部が、意見徴集、代表団の網羅性をあげることを対外一致のための手段として位置づけていたのも、こうした内政面での面倒な状況を避けるためであったとも思える。この意見徴集という方法は、国会が機能していない当時にあって、ひとつの有効な方法であり、同時に清代以来「地方大官からの意見徴集」という手法がとられていたということもあって違和感は小さかったことであろう。だが、清朝と異なるのは、意見書を提出させても、本人に返答せず、外交部としての公式見解も特段示さなかったということである。このため、この「徴集」は一方的になされており、「正当性」の確保や国家、政治統合に直接的に結びつくものとは言いがたい側面があった。

しかし、意見書が閣議の場に乗せられることがあった。ワシントン会議参加関係では、白堅という人物の意見書がそれに該当する。これこそ、先に示した四つの統一方法のうち第四の手法を北京政府が採択するか否かを決定づけた意見書であった。白の意見書は、各省区議会（参議院に基づく人数）、軍人（一師団一人）、教育界（高等以上の学校から教員、学生各一人）、商会（在省商会、通商口岸商会ごとに一人）によって構成される国民外交大会を北京で開催するべきだと主張していた(54)。この意見書は、まず内務部に提出され、そこから統一問題を担当していた国務院に送られた。その際、内務部は「国務院が籌備機関を組織し、国民の方面にも何らかの方法で集合をかけ、国民側が提唱している意見に対してこちら側からも働きかけるべきであり」、「国務院、各部及び南北軍民長官、各省議会から代表を選出し、その他にも名流、碩学を集める」ことを提起した。これに対して国務院は特に意見を付け加えることなく、これを参考にするように（「核酌辦理」）外交部に求め、白の意見書に附件として内務部の意見を付けて外交部に送付したのだった。先に述べたように、国内の統一問題は外交部の管轄外であった。八月二十四日、外交部は国務院に次のような返書を送付した。「既に外交部では太平洋会議籌備処を設立し、各部院から派遣された委員が籌備に当たり、各省長官や特派交渉員に対しては電報を発して意見を求めている。それなのに国務院が別に籌備機関を設立する必要があるだろうか」。外交部はこう述べて、各省や各部からなる籌備機関の設立に反対した(55)。これは上記の内務部の意見に真っ向から対立するものであった。しかし、外交部は「国民」方面の対策については国務院に対して何らかの措置を期待していたのであった。

このように北京政府による会議開催という第四の選択肢は外交部によって否定された。この間の『顔恵慶日記』を見ても特に記述はない。国民会議を開かないということが既定方針であったということだろうか。だが、現実的な問題として、国民会議を開き何事もその会議に諮って対外政策を決めるような「対外一致」は、外交部にとって歓迎できるものではなかったのだろう。中華民国外交部は、「外交」を自らの正当性を内外に示すリソースと位置づけていたが、実際に外交政策それ自体について、各方面との「調整」によって策定していくことは考えておらず、あくまでも立案の自立性や自らが外交政策の行為主体となることを前提としていた。これは「国民外交」という観点に符合するものでは必ずしもなかった。

「外交」はたぶんに専門化されたものとして意識されていたのではないだろうか。

ワシントン会議参加は、中華民国にとって国内を統一するための一つの契機と見なされ、統一、対外一致プランが提示されたが、主体や手法は様々であった。対内統治に限界があり、条約履行能力にも疑問をもたれていた北京政府は、会議参加に際して国内を統一し、対外的に一致することを迫られたが、国内に存在する様々な統一プランを包摂した回答を出すことは困難であり、また採用した方針を合理的に説明することも困難であった。しかし、中華民国を代表する政府が北京政府であることは国際的に承認されており、招待状も北京政府に送付された。北京政府は、対外代表権をもつ中央政府として、国内をまとめあげる、少なくともそれを表現する必要があった。代表として、北京政府は対外一致を示さねばならなかったのだが、外交当局の採用した手法はいささか消極的なものであり、また国内矛盾をそのままワシントンに輸出しようとした点で現状肯定的であった。これは国際会議の開催などに際し、「外交」が地方と「中国」あるいは「中華民国」を結びつける契機とはなっても、「中央・地方」の溝を埋めるほどの効力を持たなかったことを意味していた。

北京政府外交部は、顧維鈞や施肇基といった外交官と部内の官僚、そして北京の名流らとの調整によって政策を決定し、そのあと在外使領に意見を求め、最後に国内からの意見を求めた。内外各方面の意見は対外一致を求めている点で共通していたが、在外使領が外交のための必要性を唱えたのに対し、国内の議論は聯省自治や北洋内部の勢力争いにおける、統合主体・手法の選定と外交における対外一致を関係づけて考えていた。外交部としては、後者の文脈の中で対外政策を決定することは困難であり、国民会議の開催も拒否するに至った。

北京政府の一つの正当性は、外国から中華民国を代表する政府として承認されているということに求められる。民国十年当時には、北京政府を凌駕する国内勢力がなかったとはいえ、その正当性には疑問が提起されていた。中華民国は確かに外交上の成果をあげていたが、それは国内で十分に認知されていたわけではなく、またナショナリズムも北京政府に収斂したわけではなかった。北京政府外交部にとって、国内からの支持をとりつけながら対外交渉を展開することには困難があり、たとえ外交上の成果があがっても、北京政府の正当性が失われていくこともあり得る状況であった。

次章では、「統一」表現のひとつである代表団構成について検討してみたい。

第四章　ワシントン会議における中華民国全権代表団編成過程

前章では、中華民国北京政府外交部の考えた統一表現について触れたが、そのうちのひとつであった全権代表団の編成過程について本章では検討したい。ワシントン会議に際して結成された一三二名にのぼる中華民国代表団の編成過程を実証的に検討し、それを通じて、中華民国における、国家や中央政府にとっての「外交」の意味や、当時構想されていた国民・地域統合のあり方などについての分析を試みる。民国八年（一九一九年）に開かれたパリ講和会議での代表団が四〇名前後であったことからも、この人数が極めて多いことがうかがえる。[1] では、ワシントンに何故これほどの人数を派遣しなければならなかったのか。中央政府の統治能力が現実的に極めて限定され、地域統合や国民統合の方式についての共通了解がないのにもかかわらず、大枠としての中国あるいは中華民国を解体することは忌避するという共通認識がある時、そうした場で外交がどのような役割を演じるのか。また、地方政府や地域が独自の対外関係を展開しながらも、中央政府がどのような外交を展開するのか。そして中央、地方・地域、また強力になった商業団体などがおりなす重層的な外交空間において、それぞれがいかなる役割を担い、どのような相互関係を築いていくのか。

当時の状況を、「統一」か「分裂」かといった単純二分法で把握できるとは筆者は考えていない。[2] 前述の通り、国会が停止した中にあっても「通電」とよばれる方式で、自分の意見を公論にふすことができるなど、中国という大枠とそれを支える政治インフラは存在した。[3] 他方、中華民国や中国という大枠は維持されながらも、誰がその大枠を代表するかについては多くの議論があった。外交をおこなうということは、すぐさま代表者として国際社会において認知されることを示し、国内政治における正当性に直結したため、外交が国内向けにおこなわれるポテンシャルが極めて高かった。外交は内政の延長と言うことがあるが、この時期の外交については、外交こそが内政に直結し、内政の大枠がそのまま外交に反映する状況にあった。これは、外交政策の決定が内的コンテキストでおこなわれるということではなく、外交それ自体の存在意義のことである。ここでは、その一つの事例として全権代表と代表団の問題を検討してみたい。

1　北京政府の対外一致政策と全権代表

(1) 対外一致表現と全権代表問題

北京政府にワシントン会議への正式の招聘状が届けられたのは、民国十年（一九二一年）八月十一日であった。[4]北京政府は、条約履行能力に直結する対内的な統治能力を示すべく、ワシントン会議参加に際し、少なくとも会議に対してだけは国内を超党派・超地域的に結びつけ、「対外一致」させることが必要であった。[5]外交総長顔恵慶はこの時のことを回想して以下のように述べている。

ワシントン会議への招聘状を受け取ってから、直ちに私は外交部内に「参加華盛頓会議籌備処」を成立させ、自ら主席に就任した。過去の教訓があったので、代表の人選については、特に慎重に進めた。代表それぞれについてばかりでなく、代表間についても和衷共済をはからねばならなかったし、加えて代表団は挙国一致の陣容を整えなければならなかった。[6]

国際会議参加に際し、対外一致が必要だという発想自体は、当時の一般的な言説であった。[7]前章で述べたように、北京政府の外交部は対外一致の施策として、第一に会議に対する意見を広く募集し、それを対外政策に組み込むこと、第二は全権代表あるいは代表団に全国性をもたせること、第三に会議開催中のみ国民会議を開き、代表団を支持させることなどを検討していた(8)。最終的に、北京政府は、第二・第三の方法を実施しようとした。北京政府は、全権代表について南北両政府から三対一の割合で選出し、他方で一般の代表については北京政府内部の諸派、国内各地方からの推薦を幅広く聞き入れ、総勢一三〇名を上回る代表団を組織した。

北京政府外交部において、ワシントン会議に派遣する代表のことが討議されたのは、七月十五日のことである(9)。この後、各方面からの意見が寄せられる中で、北京政府内部の全権代表選出は困難を極めていくことになる(10)。これも前章で述べたが、外交部は、七月十八日に在外公使に、八月九日に各省省長・交渉員に対して、意見徴集をおこなった(11)。これに対して、内外から多くの意見書が送付された。在外使領からの意見は、その多くが山東問題や二十一カ条問題などの懸案解決を訴えるもので、対外一致、南北統一を唱えていても、全権代表にまで踏み込んだものは多くなく(12)、具体的に全権候補に触れたものとしては、駐スイス公使が徐世昌大総統を、また駐スウェーデン公使が顔恵慶総長を全権候補として挙げた程度であった(13)。他方、国内からの意見書では、人選を南北政府から慎重におこなうべきだという議論も見られた(14)。内外の意見書を総計すると、顔外交総長と顧維鈞駐英公使を推すものが各三件、徐大総統・汪大燮・唐紹儀・王正廷・伍廷芳などが、各一件であった。唐以下の三名は広東政府の代表、あるいは全国区の南方系「名流」と考えられる。汪は、浙江出身の科挙官僚であるが、引退後も北京に住んで政界に隠然たる勢力を有していた「寓公」(研究系)である。彼は浙江督軍の盧永祥に推薦されている(15)。無論、この人にだけはなって欲しくないという逆推薦もあった。太平洋外交商権会は、徐大総統と靳雲鵬総理こそ悪の元凶だとし、彼らの言いなりになっている顔や施肇基は、中華民国を代表する資格はないとした(16)。最終的に選ばれたのが、顧・施・王寵恵の三名であるから、こうした内外からの意見書が影響力をもったとは考えがたいが、例えば汪に対しては顧問就任要請をおこなうなど、意見書に合致する方向も見られた。

他方、中華民国の全権に関する外国からの意見もあった。特に主催国アメリカはより具体的な提案をおこなっていた。前駐華公使ラインシュは、七月十三日には意見書を北京政府に提出し、全権代表や随員を慎重に選出することを求めるとともに、会議の使用言語がフランス語ではなく英語であることを伝えた。[17]当時、外交部の中には、大きく分けて日本語系と欧米言語系がいた。前者は、五四運動以降、ほぼ完全に実権を失っていた。他方、欧米組も、陸徴祥や劉式訓といったフランス語系と、顔恵慶や顧維鈞、施肇基といった英語系に分かれていた。ラインシュのアドヴァイスは、英語系を代表団の中心にすえることを意味していた。[18]また、北京政府のアメリカ人顧問ファーガソンは、全権代表には、国務総理（靳雲鵬）を充てるべきだとし、第二候補に顔外交総長、第三候補に施駐米公使を挙げた。[19]アメリカは、このあともイギリスとともに、顔総長の会議出席を求め続けた。顧や施は、駐外公使に過ぎず、他の国々の代表が国家元首や首相、少なくとも外相級であるのと比べると、肩書き上見劣りするのだった。[20]

（2）北京政府外交部による調整

北京政府外交部において全権代表に関する会議がもたれたのは、七月十五日であった。人選をおこなう際の手続きについては、外交部内部で十分な議論がなされていなかったようである。議会が停止している当時にあって、外交部単独で人選をおこなうことは、正当性の上でも極めて困難であった。中華民国の全権代表が最終的に、大総統、首相クラスでなく、結局駐外公使クラスになったのは、元首、首相クラスに外交経験が豊富な者がいなかったということもあるが、政府ではなく外交部主導で人事を決めたこと、外交が外交部主導でおこなわれていたことを示すのだろう。[21]

八月六日、沈瑞麟外交次長は、梁士詒による意見、すなわち上海の「知名人士」を集め、代表団はその会議の承認をうけるべきだという意見を支持すると主張した。全権を全権たらしめる手続きが北京政府内部のそれだけでは不十分だとする見解は、外交部内部にもあったのだった。しかし、この梁の見解には北京政界の名流である汪大燮が反対、特に国民から支持を受けていることを証明するための手続きを経ないで全権を選出する方向が定まったのである。

会議がもたれた七月十五日直後の『顔恵慶日記』の記述は、顔外交総長自身のそのときの代表団のイメージが、周自斎・朱啓鈐・王正廷を団長とし、顧維鈞と施肇基がそれを補佐するというかたちであったことを物語る。(22)周も朱も交通系に近く、経済問題に強い北京政界を代表する重鎮であり、王は南方よりでありながら北京政府側とも対話可能な人材であった。顧と施は、パリ講和会議の全権でもある、当時の中華民国を代表する職業外交官であり、同時に主催国と準主催国の駐在公使であったので、参加は当然であった。(23)王をつうじた広東政府との交渉については後述する。

七月二十三日、顔恵慶は北京を離れて上海へと向かい、三十一日に帰京、八月一日から本格的な代表団人選を始めた。(24)『顔恵慶日記』には、外交档案などには見えない政界の状況が示されている。(25)八月五日、顔と徐世昌が会見、徐大総統が朱啓鈐と汪大燮の会議参加に賛成、曹汝霖を代表とすることには反対する。このとき徐大総統は「全権問題」を顔に処理するように命じている。(26)こうして全権の人選は顔に委ねられた。八月七日には、周自斎が顧問担当を引き受けているが、周は顔の参加を促す。同日、顔と汪が会見、汪が周、朱、梁敦彦の顧問就任に賛成した。この時期、靳雲鵬総理は進退を問われていただけでなく、体調を崩していたので、総理との会談は多くない。なお、顔総長は、曹など五四運動で非難された知日派の重要人物とも会談を重ねていた。

顔恵慶総長は、広東向きのポストを一つ用意し、顧維鈞や施肇基といった外交官にも二つのポストを用意した上で、残りのポストを中央政界の中で割り振ろうとしていたように見受けられる。そこで徐世昌大総統や北京の「名流」詣でをして、各方面との調整を進めたのである。この結果、周自斎や梁如浩らの派遣は決まったものの、彼らは全権代表ではなく高級顧問や顧問ということになった。だが、いずれにしても、高級顧問や顧問として、中央政界の各派閥の代表が居並ぶ格好になったのである。彼らが全権とならずに顧問などにとどまった理由は判然としないが、ポスト数に対して各派閥の首領の数が多すぎたことが背景にあったのかもしれない。

では、残りの全権代表はどのように決められたのか。顧維鈞は全権代表就任要請の経緯を以下のように回顧している。

私は顔恵慶外交総長からの私電を喜びつつも意外な感をもって受け取った。この手紙は、周詒春清華大学学長の名で送られてきた。周は、顔総長と私に共通の、個人的に親しい友人だった。この手紙で顔総長は、私にワシントン会議における中華民国主席全権代表を務めることを望むと述べ、諾否を求めていた。次席は、開催地の公使として施肇基が充てられるとのことであった。私は、この電報による問い合わせの目的を直ちに理解した。何故なら、私たちが体験していたパリでの困難を想起したからである。私は躊躇なく返答を送った。私は、もし来る会議における中華民国代表団にとって私が必要とされるならば喜んで要請を受け入れるということ、また、施肇基は開催地の公使というだけでなく、外交官としてのキャリアの面からみても、自分より先輩なので、顔博士が席次問題で頭を悩ませないようにしていただきたいということを述べた。結果的に、外交部は私を中華民国の全権代表の一人とする旨の公電を送ってきた。(27)

この回想に従えば、顧維鈞と施肇基を選出したのは顔恵慶で、施を主席にしたのは顧の献策によるということになる。『顔恵慶日記』にも同じく周詒春清華大学学長を通じて顧に書簡を出したとの記載があるが、それは八月十六日、顧の返答を周が顔に伝えたのは三十一日であった。(28) 施に対する要請については不明である。(29) 他方、王寵恵については、八月二十二日に沈瑞麟外交次長から法律の専門家が全権代表には必要だという理由で就任要請がなされた。(30)

北京政府側の全権代表選出は、各勢力の均衡と実質的な能力という二つの要素をもとにして、顔恵慶総長を中心に進められたが、前者については顧問というかたちで決着し、後者については北京政府外交部官僚と顧維鈞ら顔の周辺の公使らの間で固められていった印象が強い。その後、代表団の陣容は十月六日に公表された筈なのだが、十月二十一日になっても、北京政府の派遣している駐外公使から代表について問い合わせがあることや、外交部が慌てて各在外公館にリストを送付していることから判断すると、この人選過程が一部の外交官と外交部の間でなされたことが確認できる。(31)

(3) 顔恵慶派遣問題

北京政府からの代表が顧維鈞・施肇基・王寵恵に決まってからも、内外からの顔恵慶総長待望論はおさまらなかった。(32)では、何故、顔は結果として会議に赴かなかったのか。顔自身は、第一次大戦当時駐デンマーク公使で、中華民国の対独宣戦の後は、顔が対独関係を担っていた。パリ講和会議時には、全権代表でこそなかったものの、パリにかけつけ代表団の一員として積極的に活動していた。民国九年に外交総長になってからも、顧らと連携をとりながら、人事を刷新し、組織機構改革を断行するなど、日本派が失脚してからの新たな外交部創設に大きな役割を果たし、民国十年六月には待望の対独完全平等条約の締結に成功した。他方、内政面でも、靳雲鵬内閣の副総理格として、総理不在の際には国務会議を主催した。

他国の全権代表は首相級、あるいは現職の外相などであった。外交上窮地に立たされていた中華民国は、なるべく「格」の高い代表を送ることを求められており、公使級だけで全権代表を構成するのはやはり問題であった。前述の通り、外交部への意見書の中で、顔恵慶を代表に推すものは、顧維鈞と同数の三件であった。太平洋外交商権会のように顔の渡米に正面から反対した意見書もあったが、この意見書は北京政府それ自体を批判しており、顔を個人的に非難したものではなく、総じて顔支持者は国内に多かったと見てよかろう。例えば、財政官僚として知られる張弧も、早い時期から顔の渡米を求めていたし[33]、前述のように周自斎も高級顧問主任受諾の際に顔の渡米を求めていた。

諸外国の駐華公使達にとっても顔恵慶の動向は関心事であった。外交档案で見る限り、八月から十一月までの間に外交部への問い合わせは都合七回あった[34]。十月六日に全権代表リストが公表され、そこに顔の名がなかったのにもかかわらずこれだけの照会がなされたということは、その関心の高さを示していると言えよう。これに対し顔は、ほぼ一貫して、渡米の可能性を示唆しながらも、様々な理由で述べて「躊躇」していると述べていた[35]。顔自身は、自伝の中で以下のように述べている。

私自身も会議に出席するつもりであった。だからこそ、秘書に翌月の太平洋航路を調べさせ、運行している各郵船の席を押さえさせておき、いつでも出発できるようにしておいたのである。しかし、政務が私にまとわりつき、身を二つに裂くことができなくなってしまった[36]。

この回想では、特に政治問題が理由だと書かれているが、外交档案に表れている主な理由としては、国内情勢の不安定のほかにも、国内での代理人の不在（外交次長の病気）、靳雲鵬総理の留京要請、渡米スタッフの充実などが挙げられている。客観的な理由としては、確かに政情の不安定が決定的であったかもしれない。事実、会議開催中に北京では内閣が二度も代わり、顔恵慶は正式な総理にはならなかったものの、代理総理として政務のとりまとめをしなければならなかった。パリ講和会議の際に、北京政界における状況が全権代表団の足かせになったことを想起すれば、顔が北京に残ったことは賢明であったと言える。『顔恵慶日記』を見ると、九月九日に徐世昌大総統とワシントン会議と内閣のことを話しあい、さらに自らの会議参加問題について意見を交換している。また全権代表が公表された翌日の十月七日には、靳総理がはっきりと顔の会議参加に反対だと言っている。十月十日、顔は徐総統から次期総理に推され、その足で靳総理と会見、訪米の希望を訴えるが、反対に遭っている[37]。最終的な確認は、会議開催直前の十一月八日に徐総統が改めて顔の渡米に反対したことであった[38]。史料的に見ると、経緯としては、徐総統と靳総理の慰留が一番大きな原因であったと考えられる。また、靳内閣が混迷を続ける中で、総統・総理だけでなく、各方面から慰留されたことも確認できる。他方、広東との交渉も依然懸案山積であったし、訪米に反対する意見が身内からあったことも、看過できないだろう。『顔恵慶日記』をみると、親戚の顔徳慶の反対、孫文の反対を特記している[39]。

顔恵慶は全権代表団の構成を以て挙国一致を表現することを企図していた。これは南北双方から代表を派遣するという意味でもあるが、同時に国内での支持がある者を派遣するという意もあろう。その意味で、自らの渡米が実現できなかったことは、決してポジティヴに評価できることではなかった。また、その経緯について、顔総長が世論の納得できるような方法（通電など）で公的、私的に説明していなかったことは、北京政府外交部に対する信頼という観点から見れば、決して歓迎できることではなかった。

2　ワシントン会議と広東政府——南北交渉を中心に

（1）民国十年（一九二一年）夏前後の広東政府の外交

広東政府の外交については、既に本部冒頭で述べたところであるが、民国十年五月から翌年の六月にかけての約一年間は、広東政府の「正式政府」の時代とされている。軍政府期と大本営期の中間に位置し、中華民国政府が「正式」に広東に成立した時期で、この時期の広東にある中華民国の大総統は孫文であった。孫は、五月五日に大総統に就任したが、その際に「対外宣言」を発表し、広東政府こそが「中華民国の唯一の合法政府であることを承認するように求め」、北京政府に対する非難を強めていた。孫は、南北の抗争は地域抗争なのではなく、民主主義と軍閥主義の争いだとし、更に対外政策については北京政府が締結した二十一カ条条約などを非難し、他方でジョン・ヘイ・ドクトリンを尊重することを強調していた(40)。北京政府は軍閥政府で、その外交は売国外交だとする、のちの国民政府期の北京政府外交批判の原型は、この時期の孫の発言にすでに見られている。具体的な点で、北京政府の結んだ条約・協定を継承するのかしないのかについてはここでは詳細に述べないが(41)、北京政府との協調よりも、対立関係をより明白にしていたのが、この時期の孫であった。その対外関係も、最終的には「承認」を得られるか否かという二者択一にあり、言説としては、不平等条約の改正を訴えナショナリズムを喚起しようとしていた(42)。このような背景の下、ワシントン会議が開催されることになった。南北交渉の難航は、当初から予想されたことでもあった。

（2）全権代表選出をめぐる南北交渉（1）——王正廷というチャネル

北京政府外交部は、パリ講和会議のとき同様、広東政府との全権代表共同派遣を模索した。パリ講和会議の際には、広東政府からみれば広東派遣の代表が軽んじられる結果となっていたこともあり、ワシントン会議に臨むに際し、北京政府外交部としては相当慎重にことを運ぶつもりであった(43)。席数や席次は、外交上、象徴的な意味をもつので、慎重になるのは当然であった。だが、ワシントン会議参加各国に割り当てられた全権は四名であった。北京政府は、このうち一名を広東政府に充当しようとしていた。南北対等ということにはしなかったのである(44)。ワシントン会議の全権代表をめぐる南北交渉については、外交档案を使用した沈雲龍の研究があるが(45)、その後に公刊された『顔恵慶日記』などによって新たな史実も明らかになっている。

南北交渉は、王正廷と顔恵慶との間で七月半ばから始まった。顔外交総長自身は、民国十年七月十八日の時点で、広東政府部内の閣僚ではないが同政府と比較的良好な関係にある王正廷を「南方代表」として会議の全権代表に充てるという構想を有していた[46]。同月十九日、北京にいた王は、顔に対して、「黎元洪を徐世昌に代わって一年間総統にする」という交換条件を北京政府が認めれば、広東政府も納得するであろうと述べていた[47]。顔は、七月二十一日に靳雲鵬総理と会談、王の見解を伝えている。「中国は完全に軍人統治下に置かれ、危険の只中にある。南方の情況は北方よりも更に酷い。黎元洪が北京に戻れることはないだろう」と『顔恵慶日記』には記されている[48]。実際、王の提案は非現実的であった。八月七日、王は顔に対して、広州との連絡のために上海に赴くと告げている[49]。八月十二日には顔の耳にも、広東政府が王に反対しているという報が入る[50]。顔が交渉相手を王から広東政府外交次長伍朝枢に切り替えたのは、八月二十日のことであった[51]。しかし、この直後、広東政府が単独派遣を決定、九月五日にはワシントン会議に対する宣言書を発表し、北京政府の派遣する代表を否定したのである[52]。だが、顔は、七月以来の交渉が不調であっても王に期待し続け、太平洋会議籌備処の主持人（座長）のポストを用意するなどしていた（実際には顔総長が就任）。しかし、政府承認を対外的に求めていた広東政府が交渉に応じることはなく、結局伍の会議出席も実現しなかった。北京政府としては、パリ講和会議において南北双方から代表を派遣していながら、席次問題で関係が拗れたという経緯があるので慎重に交渉を進めようとし[53]、また一方でランシングも仲介したのだが、全く成果はあがらなかった[54]。

顔恵慶が王正廷を選んだことはミスキャストだったのだろうか。例えば、広東政府側の湖南総司令部は、外交界の著名人のなかで南北政府の橋渡しのできる人物、すなわち唐紹儀・伍廷芳・王正廷・顧維鈞を代表にすることで、対外一致の精神を示すべきだとしていた[55]。ここでは必ずしも反王の意見は出てこない。広東政府は、七月十二日に会議に招聘されなかったことに抗議する対米抗議書を発し[56]、八月十日には北伐請願案を国会決議、軍事的手段による南北統一路線を採択した。また同月十五日には、広州を聯省自治のセンターとするための会議の召集を呼びかけ[57]、北京政府との全面対決姿勢を明確にし、二十五日には広州で国務会議を開いて、政府代表のワシントン会議派遣を討論した。(58) ワシントン会議の開催は、逆に「不和」を決定づける契機となった。

こうした経緯から見ると、顔恵慶が王正廷を選んだことはミスキャストであったと考えられる。(59) 藤井昇三が既に論じているように、広東政府が全権代表単独派遣を決定したのは七月末で、それ以前は、まだまだ共同派遣の余地はあった。(60) しかし、そのとき北京政府は広東側に直接コンタクトをとらずに、北京にいる王に望みを託したことが問題であった。だが、少なくとも八月二十日まで顔恵慶は王一本で交渉を進めようとしていた。

(3) 全権代表選出をめぐる南北交渉(2)——アメリカの方針転換

全権代表をめぐる南北交渉は、前述のように非常に難航していたのだが、開催国アメリカが北京政府単独支持の方針を転換して仲裁に乗り出した。だが、広東政府は結局応じることがなかった。ここでは、南北の関係が「国際化」する事例として、まず広東政府とアメリカの関係について触れ、そのあとでアメリカの仲介について述べたい。

民国九年半ばになると、広東政府はソ連やドイツも含めた多元的外交を展開していくのだが、民国十年の五・六月には政府承認要請も含め、アメリカへの接近を図っていた。(61) アメリカ側にもこれに応じる者がいた。駐広州副領事プライスである。プライスは、国務省に対して広東政府を承認するように働きかけ、最終的には逆に国務省から広東政府との正式な接触を一切断つように命令されていた。(62) 国務省は、広東政府について「アメリカが友好関係を有している政府に対して反乱をおこしている組織」と定義し、広東政府を「事実上の政府」どころか、「交戦団体」以下の存在としていたのである。(63) ハーディング政権下のヒューズ国務長官は、ウィルソン政権下の国務長官よりも外交政策に関する裁量権が大きかったとされており、また政策面では中国において日本が経済面での量的優位性を保つことは認めつつも、政治的には英米協力を基軸とした英米日協商に近い方向を模索していたとされる。(64) これに対し、国務省の極東担当部局は長官よりもより親中的であったとされているが、この親中の対象はあくまでも北京政府であったようである。だが、この国務省の意向に反して広東政府に好意的な意見書を国務省に送ったのはプライスだけではなかった。駐華公使のシャーマンは、十月二十六日の国務省宛電報の中で、北京政府の不人気を取り上げ、広東政府における立憲主義や民主的な政治を、中華民国における諸問題を解決する唯一の方法だとし、また広東のアメリカ商人も同政府に好意的であると報告した(65)。

アメリカ大統領から北京政府にワシントン会議の招待状が送付されたことを知った孫文は、ワシントンに対して広東政府を正式に招待するように要請した(66)。だが、アメリカ側はそれに一切応じなかった。広東政府としては、ワシントン会議招聘という契機を得て一気に国際的に認知される政府となろうとしたのであろう。

これに対して広東政府は、駐米代表馬素などを中心に *The China Review* という新聞を発行して宣伝活動を展開し(67)、華僑（特にクリーニング業者）を動員してビラを配布し、九月十六日にはニューヨークでデモ活動をおこなうなどしてアメリカ政府に圧力をかけた。国務省はこのようなアメリカ国内の動きに鑑み、方針を変更していくことになった(68)。九月十九日、ヒューズ国務大臣が、広東政府を政府として認めていない以上、政府としては会議に招聘できないが、全権代表四名のうち一名を広東政府枠とし、パリ講和会議の時のように全国統一を成し遂げることを望むという声明を発表するに至ったのである(69)。この方針は基本的に北京政府外交部の政策の追認ではあるが、これまでの経緯を見れば、アメリカとして広東政府の存在を認め譲歩したかたちとなっていた。この声明をうけ、前国務長官ランシングが南北の仲介に乗り出すことになるのである。

（4）全権代表選出をめぐる南北交渉（3）――ランシングの仲介による妥協点模索

北京政府外交総長顔恵慶が交渉相手を王正廷から広東政府外交次長伍朝枢に切り替えたのは、民国十年八月二十日のことであった。[70] 顔は伍に対して代表就任を要請したが、それに対する伍の返事が、九月一日に顔の許に届いている。「伍朝枢から返事が来た。故意に言葉を濁した感じで、広州には広州の計画があると述べている」と顔は日記に記している。[71] そして、恐らく九月の末になってもう一度伍に対して代表就任要請をおこなったのであろう。十月五日にはまた伍から電報が届いたとの記載があり、「代表任命を受諾することはできない。何故なら政府と相談していないからだ」としていた。[72]

ランシングの南北仲介活動は、顔恵慶と伍朝枢との間の調整が不調に帰しつつある時期に始まった模様である。ランシングは、まず広東政府に対して、中国としての利益を謀るためには南北が協力して代表を派遣すべきだという電報を送り、さらに顔に対しては伍廷芳との直接交渉をおこなうように求めた。[73] このランシングの仲介は南北双方にとって「渡りに船」というほどのことはなかった。顔は、ランシングの発言を伝えた施肇基の電文に次のようなコメントを書き記している。

私も機会を利用して伍公と話し合いたいと相談をもちかけた。そのときには、互いに国家（中華民国）を前提として、心を開いて相まみえ、ともに時局を救うことを希望した。[74]

つまり、ランシングに言われるまでもなく、手を尽くしているというのである。他方、広東政府もちょうどランシングからの電文が着く頃の非常国会で、列強はじめ諸国が広東政府を代表として認めなかったことを非難する議論が巻きおこっていた。

しかし、広州で過激な議論が進む中で、広東政府の駐米代表馬素は施肇基公使に接近をはかり、条件付きの全権派遣を仄めかし始めた。このことは直ちに北京に電送され、国務院はコメントともども外交総長に転送した。

顔恵慶が対応策を考慮せよ。広東政府に対しては、こちらの意見を犠牲にしてでも相手の意見に従うように。ただ、相手が故意に難癖をつけてくることは防がねばならない。[75]

この国務院のコメントを受け取った顔総長は、この文書の欄外に以下のようなメモを残している。

広東政府が代表を派遣しないのは、未だワシントンから招待状が来ないからではないか。また、中央に追随しないのは、北京政府を非法政府と見なしているからだ。(76)

顔は、これまでの経緯をふまえて南北交渉を国務院に任せることを決断した。つまり先の伍朝枢の批判を受けて、政府から公式に要請させようとしたのである。十月十九日、顔は上記のメモにある二点を盛り込んだ書簡を国務院に送り、国務院から広東政府に書簡を発するよう求めた。(77)他方で顔は、二十一日にランシングに対しても、外交部を通じた交渉に限界があること、また広東側の拒否理由を伝えた。(78)しかし、国務院から広東宛に打電されたか否か分からないまま、伍からの電報が二十一日に北京に届く。伍は、「広東政府の同意を得ていない」という前回と同じ内容を繰り返すだけであった。(79)顔は、国務院に打電を依頼しておきながら、今度は自ら外交次長伍朝枢の父親外交総長伍廷芳に打電し、伍朝枢の渡米を要請する。ここで顔は、「私は対外一致を強く望んでいる」、「中国の国際的な地位を考える時、それは二つに分かれるべきものではなく、一つである」などと熱心な調子で要請をおこなった。(80)しかし、伍廷芳もまたアメリカの招聘が必要だという発言を繰り返すとともに、私信形式での交渉は好ましくなく、適当な手続きをふむべきであり、ランシングに言われたから調整に熱心になること自体、そもそも熱意に欠けることなどを挙げて、調整に応じない姿勢を示した。(81)これを見た靳雲鵬総理はまたも顔総長に処理を依頼した。顔の日記には、「伍廷芳の電報について考えた。適当な手続きとはいったいどのようなものか説明して欲しいものだ」と書かれている。(82)翌日、顔はそのまま手続きをたずねる電報を伍廷芳に送った。(83)

交渉は絶望的であった。「ランシング達の準備した文案など使いものにならない。彼らは実際の情況を理解していないのだ」。(84)顔恵慶はこのように日記に書き残している。案の定、十日に伍廷芳は、「太平洋会議開催の直前になって直接交渉の手続きについて話し合おうというのか。誠意ある交渉とは、このようなものではあるまい」と顔を非難した。[85]ところが、十一月十日に至って靳雲鵬総理が広東側の妥協条件についてランシングに頼んで聞き出して欲しいと言い出した。これまで顔任せであった総理の突然の変化を説明する材料はないが、八日に顔が総理に孫文の近況などを説明していることが影響しているのであろうか。また同じ十日、王正廷が顔に対して「孫文は徹底的に戦うつもりだ」と妥協があり得ないことを述べていた。[86]総理は顔の説明のどこに妥協の可能性を見出したのであろうか。翌日、顔はワシントンに打電し、ランシングに依頼して広東の条件を聞きだすよう依頼した。[87]十二日に太平洋会議籌備処の顧問と食事をした際、顔は「孫文博士との和解には望みがない」とはっきりと述べていたが、総理の要請に基づいてこのような依頼をおこなっていた。[88]

結局、広東が出してきた条件は、七月に王正廷を通じて伝えられたものよりも一層厳しいものであった。その条件は、十一月二十日過ぎになって北京に伝えられた。徐世昌総統の辞任、二十一カ条条約の破棄に関する手法を考慮すること、これが条件だった。[89]これは、広東政府がスローガンとしている内容であり、前者は当初王が挙げていた条件と同じであった。全権代表を南北から派遣して「対外一致」を表現するという顔恵慶らの当初の目的はここに完全に潰えることになった。ここに全権代表は、顧維鈞、施肇基、王寵恵の三名となった。

この一連の交渉を見ると、北京政府が広東政府と合同で代表を派遣すること自体については、内外から支持があったにも関わらず、広東政府との根本的な認識の差異によって実現しなかったさまがうかがえる。客観的には、広東政府の方針が固まっていたため、交渉の余地が残されていなかったということもあるが、北京政府側にも幾つかの問題点があった。それは第一に出足の遅さである。当初、王正廷に一本化し、いたずらに約一カ月半を費やしたことは大きなロスであった。第二はコミュニケーション不足である。広州の動向は、『上海民国日報』など国民党系の新聞に日々掲載されていたが、顔恵慶らが目を通していた様子はない。第三は、北京政府内部で国務院が動かず、内政交渉まで外交部が担当しなければならなかったということがある。これは前章における国民会議の部分に通じる面がある。

ワシントン会議は、確かに「統一」、「対外一致」を中華民国全体に意識させ、その契機ともなったが、逆に「不和」を可視的に示す機会ともなった。中国国内で発生した外交案件の処理と異なり、こうした主権、承認などに関わる部分については、南北の連携はより微妙な問題であった。また、民国十年にもなると、広東政府の姿勢が従前と異なっていたことも重要である。この変化は民国九年に孫文が同政府に復帰する以前にあったと推測されるが、この変化、また民国十年半ばのより確固たる武力闘争への姿勢が、ワシントン会議参加問題において妥協なき姿勢として現れたと考えられる。各地方は、このの ち二重帰属ではなく一元的に旗幟を明確にしなければならない時代に入っていくことになる。

3　代表団の形成と解体

(1) 代表団の組織構成

最後に、全権代表ではなく代表団全体について見ておきたい。中華民国が派遣した代表団が一三二名にのぼることは既に述べた。その構成枠は以下の通りである（赴任しなかった者含む）。全権代表（四名）、高等顧問（二名）、秘書長・幇辦秘書長（各一名）、顧問（五名）、諮議（一二名）、名誉委員（三名）、専門委員（一七名）、処長・幇辦処長（計四名）、秘書（三九名）、随員（三二名）、訳員（六名）、書記（一二名）[90]。前述のように、この陣容を以て顔恵慶総長が表現しようと企図したのは、全国一致であった[91]。外交部は、パリ講和会議代表団の三倍以上の人数をいかに組織したのであろうか。そこには何か理念や原則があったのか。その編成過程について追ってみたい。顔総長が当初から一三二名という規模を想定していたかは定かではない。だが結果的には、北京政府内部の各行政部局の統合、各政治的派閥の統合、各地域の統合などの全てをおこなっているうちに、この人数に膨れ上がり、他方で予算が足りなくなって張作霖らの地方行政長官の財政支出を必要とすることになったのである。

北京政府外交部は、民国十年（一九二一年）八月十日に太平洋会議籌備処を設立し、二十三日にその章程を発布した。[92]この機関は外交部の附置機関で、トップには顔恵慶がいた。これは、パリ講和会議の際に、総統府外交委員会が強い権限をもって時に代表団と対立したことに対する反省から生じた措置であったろう。この機関の委員は基本的に外交部の職員とされたが、顧問を若干名採用できることになっていた。十月十三日の時点で、秘書長を含めて七名の顧問がいたが、[93]この顧問には、汪大燮や曹汝霖、王正廷などが就任していたようである。北京にいる名流や全国区の政治家をそこに包摂しようとしたのだろう。顔恵慶は、積極的に汪と会って相談するなど、研究系との関係が緊密であったが、少なくとも組織上はバランスをとろうとしていた。

外交部は、九月十日にワシントンに赴く代表団の秘書庁組織規則を、二十四日には専門員委員会組織規則を定めた。[94]この規則によれば、秘書庁は人数や登用規則を定めず、専門委員会については、中央政府の一〇にのぼる部局から「相当数」を出して組織することになった。[95]こののち、各部局から二七名にのぼる推薦があった（外交部除く）。その多くは司長クラスとそれに連なる秘書らであった。[96]このうち、交通部の七名が突出しており、鉄道問題がいかに重視されていたかをうかがわせる。しかし、外交部が想定していた人数は、各部局原則一名であったようである。一五名以上の残余人員は、秘書ということになった。

代表団顧問については前述した通りであるが、顧問以外については各方面からの推薦があった。特に縁故推薦は、顔恵慶自身が弟の顔徳慶（鉄道技師）と顔吉生（漢口交渉署員）を代表団に入れ、全権代表となった王寵恵が王寵祐（鉱山技師）を、施肇基も施肇曽（鉄道経営、推薦者は楊天驥）を代表団に入れていることを見ても明らかなように、多数にのぼった。中央政界からの推薦としては、農商総長の長男である王家瑞を顧問にした例があり、地方からの推薦は江蘇督軍が温世珍（金陵海関監督）を、名流として知られる岑春煊が劉彦を推薦した例などがある。こうした被推薦者は、恐らく一〇名をくだらないと想像される。[97]このほか、外交部が在外公館（駐米公使館・領事館）や各交渉署から、多くのスタッフを送り込んだ。特に開催国であるアメリカの使領館からは多くの応援がワシントンにかけつけ、他方で国内からも例えば山東交渉署からは三名が選出され、財政のエキスパートである鎮江海関監督賈士毅も外交部に推薦されて会議に赴いた。

このようにして、中華民国全権代表の宿泊先であるワシントンのカイロホテルには一三〇名をこえる中国人が宿泊することになった。上記の経緯から見れば、外交部が断ることなく各方面からの推薦を受け入れたこと、外交部自身も多くのスタッフを現地に送り込んだことが人数増加の原因であったようである。編成上の理念や方針については、各方面の専門的な人材を含めるということや、各方面に配慮をするということは確認できる。こうした放任主義により、確かに多様な人材を含む代表団が構成されたが、これが全体として機能したかどうかは別問題である。だが、広東政府の代表が参加しなかったこと、地方からの推薦においても南方からのそれが多くないことは指摘しなければならない。

（2）全権代表団の問題点——解体への道程

ここで代表団の抱えた問題に触れておきたい。各方面からの代表を受け入れた結果としての集団がどのようになるかということは、当時の北京政府外交部が想定した「対外一致」、「統一」の限界をもあわせて示すものであった。容易に想像できるように、過度に人数の多い代表団内部では意思疎通が困難になり、全権と一部の外交部職員・顧問だけで全てを決めているという印象を、下級代表らが感じることになった。さらに、代表団が各方面から派遣されていたために、彼らが本国にいる派遣母体と連絡をとり「情報」を伝えたために、様々な流言がまことしやかに中国国内でメディアにのって広がることになった。情報の統制が全くきかなくなったのである。これは外交部にとっては宜しからぬ事態であった。

ワシントン会議は、外交部にとっては企図した目標と得られた成果の間にそれほど差異がなく、「成功」だと感じられたはずである。だが、外交部以外からの代表たちは恐らくはそう感じず、国内世論もまた成功とはしなかった。この背景には、代表団の意思が統一できていなかったこと、それぞれが国内に異なる見解を伝え、それが広まったことがあろう。こうした問題は外交部の中にもあり、外交部は、一人の外交部職員を「放言癖」があるとして帰国させていた(98)。

また、国民外交の意識が強まっていたことから、世論が沸騰するとすぐ辞職騒ぎになることも、当時の中国の悪弊であった。特に山東問題と二十一カ条問題は敏感な問題であった。この件については、日本と直接談判することにアメリカ留学の学生達が反対活動を展開、カイロホテルに押し掛け、顧維鈞や施肇基を売国奴と罵るといった事件もおきていた（十二月一日）。こうした風潮は代表団にもあり、少しでも交渉上の問題があると、あるいは自分の考えと全権代表が選択した手法が異なると、すぐに代表団団員を辞職する風潮は十二月になって強まった。十二月四日には、顧問クラスが数名帰国すると言いだし、七日にはついに王寵恵全権代表が辞職を願い出た。八日には、高級顧問の二人、施・顧も帰国を仄めかすに至った。当初の目標を達成しつつあるにもかかわらず、批判が強まっていたからであろう。そして会議の終わる前には、恐らく代表団は半数に減っていた筈である。寄せ集めであっただけに、離散するのも早かった(99)。彼らの帰国状況と、帰国後の発言などについては、今後の課題である。

(3) 国内政治にとっての「国際会議」という契機

国際会議に参加する単位は、原則として国家である。当時の中華民国国内には複数の政府があったにせよ、それが政府として会議に参加することはできず、あくまでも中華民国として参加するしかなかった。従って、北京政府にとっては国際会議に招聘されること自体、国際社会という、より大きな権威から中華民国代表権を付与されたことを意味した。そうした正当性を利用して、大きな代表団を編んでみせることは、それ自体が北京政府の正当性を国内に示す一種のプレゼンテーションともなった。こうした「外交」をおこなうことは、中国国内で発生する外交案件について、北京政府が地方政府に対して一定の関与ができたことの背景ともなった。

しかし、国際会議に参加するだけで、現実的な統一が叶うはずもなく、あり得るのは会議に対する「一致」だけであった。北京政府としては、そうした「一致」を働きかける主体となりうることは権威の再生産の上で重要であったが、それが成功しなければ、相応のリスクを負うことにも繋がったので、国務院の対応に見られたような慎重さが生まれることにもつながった。北京政府は、自らのスタンスや目標を国内に説明して理解を求めたり、あるいは世論を味方につけるための努力を怠っていたこともあり(100)、そうした働きかけには限界があった。パリ講和会議、国際連盟、ワシントン会議という三つの国際会議は、北京政府の正当性を支える役割を果たしたが、その結果が中華民国国民の失望に繋がったとき、北京政府の外交官の予期しないかたちで、政府全体の存続可能性に影響を与えたと考えられる。

また、当時の中華民国にとって、対外関係は中央政府の専管事項ではなく、各地の開港場、鉄道附属地、鉱山などにおいても「外交」が生まれる契機があった。だからこそ、地方行政長官にしても、商人にしても、国際会議の結果はすぐさま自らの業務や仕事に関わることになった。しかし、たとえば各地方行政区域や、軍事的勢力圏として設定された地域が、独自にその範囲を代表して実質的な「外交」をおこなうにしても、こうした国際会議に出席することはできなかった。国際会議を無視することは可能だが、諸外国が、中華民国全権がワシントン会議で定めたことを既定のものとし、聞かなければ条約違反とするのであるから、尊重せざるを得ない側面があった。外交という側面から見ると、主権国家体制というシステムによって、国家としての中華民国は外殻として維持され、その殻の代表権をもつ北京政府もまた、延命することができたのである。従って、国際社会の視線如何が国内の正当性を左右することにもなった。他方、逆に、国際社会の視線が注がれなくなった時、北京政府の存在は危ぶまれることになる。前述したアメリカの外交官達が広東政府に共感したように、国際社会の視線が「主権」、「文明国」といったポイントから、民主主義やナショナリズムに移る中で、北京政府から広東政府へという変遷の一面が捉えられるのである。

第三章と第四章では、ワシントン会議参加をめぐる統一論議と、全権代表・代表団の構成過程を検討した。ここでは、第二章で検討したような国内の外交案件処理とは異なる、外交をめぐる中央政府と地方政府、また外交をめぐる統一、統合の局面を見ることができた。特に、中央・地方というよりも、「中華民国」、「中国」を前提とする行為を誰が代表するのかという点をめぐる中央政府の役割や、地方政府の動きが重要であった。次章では、国外で発生した、特定の地方と関わりのある外交案件の処理をめぐる中央・地方関係について見てみたい。

第五章　関東大震災と中国外交
――北京政府外交部の対応を中心に――

本章では、海外で発生した案件をめぐる中央・地方問題を考察する。国内案件と異なり当事者が明確になるのに時間がかかり、国際会議と異なり全国性があるわけでもないのが海外発生案件の特徴である。また、本書でもっとも下った時期、すなわち一九二三年を扱う。北京政府の外交がなぜ支持を失っていったのか、その原因の一つが垣間見えるだろう。

ここで検討する具体例は、関東大震災である。この未曾有の天災は、中国国内の日本への関心を一気に高めた。二十一カ条条約以来悪化していた日中関係にあって、利害得失や過去のしがらみにとらわれないかたちで交流がおこなわれたことは確かに興味深い。多くの中国のメディアが日本の被害状況や復興状況を報道し、支援ムードが高まったのである。だが、こうした関心の上昇から、「中国人虐殺事件」に結びつくかたちで、「関東大震災」が外交案件化するまでには数カ月を必要とした。そのため、地震発生から独立した案件となるまでの間に、多くの要素が加わることになった。結果的に、王希天殺害、華工大量虐殺事件などに関する真相が解明されたころには、米輸出解禁問題、対ソ交渉、対支（華）文化事業、交通借款、そしてさらに後には臨城事件、長沙事件など多くの「附属物」がこの案件に付着していた。

関東大震災と中国というテーマに関する研究史には、横田豊を代表として非常に多くの蓄積がある。そこには虐殺をとりあげ、「隠された真相究明」をしようとするスタイルの告発史学から、日中友好・非友好論、政治・政治思想史研究に至る幅広い研究史が育くまれている。(1) 本章は基本的に中国外交史研究のスタンスにたつが、それは、研究史上、関東大震災への北京政府外交部の対応、また中央・地方関係という観点からの研究がそれほど十分ではなく、管見の限り整理された論稿も見られないことをふまえてのことでもある。(2) 本章では、中華民国外交档案に依拠して王希天事件・浙江華工大量虐殺事件に対する外交部の対応を時系列的に整理し、王殺害案件への吉林省、華工殺害案件への浙江省の関わり、そこにおける中央・地方関係について考察したい。

1　「震災」という外交案件の発生

(1)　関東大震災という契機

関東大震災のニュースは、少なくとも民国十二年（一九二三年）九月三日に北京政府外交部に達していた。外交次長が日本公使館の池辺参賛官と会った際に、日本が大災害に遭ったので米穀輸出を特別に解禁するか否かを討議していた。(3) この時点では、外交部も震災それ自体を外交問題として認識することはなく、首都が崩壊した日本の情勢を探るとともに、在日中華民国国民の安否を気遣っていた。他方で日本への義捐金募集が北京でも活発に展開され始め、各地から「慰問使」が日本に派遣されることになった。北京政府も九月四日に代理公使という名目で施履本（随員として沈観鼎、周恩敬）の東京派遣、財政部から二〇万元の援助金の支出を決めていた。(4) こうした対応は比較的迅速におこなわれた。

民国十二年の秋、日中関係は小康状態にあった。ワシントン体制などという概念は当時の外交官僚にはなく、外交官僚らはワシントン会議で定められたことを、他の案件同様に実行に移していた。山東問題や二十一カ条問題についても同様で、解決に向けた指針が外交レヴェルでは一応できあがっていて、それが進められていた。他方、一九一〇年代後半から中国各地で排日貨運動が活発化しており、旅大（旅順・大連）回収運動と連関して民国十二年春に新たなピークを迎えていたが、同年七月には武漢など長江中流域を中心とする一部地域を除いて鎮静化していた。激しかった排日運動が、関東大震災にともなう支援熱によってかき消されたというわけではない。震災が発生した九月当時、日中関係は比較的安定していたのである。だが、震災後、各地の法団が積極的に対日援助を推進する中で、武漢など残された排日運動の拠点では対日援助か排日続行かの決断を迫られ、援助へと傾いていったということはあった。(5)

当時、北京政府外交部は、排日貨運動を終息させるよう地方官に働きかけていた。地方から見れば、中央の外交部が「媚日外交」を展開しているように見えたであろうが、外交部は排日運動が新たな導火線となって日本の侵略を招くことを憂慮していた。このような状況であったから、北京政府外交部にとって、この震災は比較的安定してきた対日関係をより好転させる契機として認識された。(6)実際、こじれていた顧維鈞外交総長と芳澤謙吉公使との関係の回復にもこの地震がきっかけを与えた。同年七月、芳澤公使着任前後に手続き問題が発生、信任状を中華民国政府に提出していないという理由で、新任の顧外交総長が芳澤を公使として認知しないなど、一悶着を経てから芳澤が着任した。その後、両者は和解、顧も震災のために公使館で開催されたバザーに来訪したのだった。(7)

他方、日本側にとっても関東大震災は既存の懸案突破の機会と認識された。解決が期待された最大の懸案は、冒頭で少し触れた米穀の輸出禁止問題であった。日本の外交当局者は、未曾有の災害を理由として、中華民国の対日米穀輸出禁止の解禁許可を暫時的であっても獲得しようと企図したのであった。九月三日、先の池辺発言のみならず、芳澤謙吉公使も北京政府外交部に照会を発し、公使単独の判断で特に長江流域における「防穀令の解除」を求めた。(8)外交部は異例の速さで国務会議に提案、国務院も即決で「善隣」のための一時的解禁を決し、中央関連官庁および江蘇・安徽など長江流域の諸省に打電した。しかし、湖南省などがこれに猛反発し、最終的には南京領事館が江蘇など一部の省の米を買い付け、日本に送り出すに止まった。[9]

さて、外交部にとって民国十二年の秋は対ソ交渉に注意を注いでいた時期だった。カラハンが北京に着いたのが震災翌日の九月二日（同日に蒋介石もモスクワ入り）、以後王正廷率いる中俄交渉事宜公署が対ソ交渉を担当した。また北京外交団との臨城事件問題も大案件であったし、「金法郎案」も国会で審議され、外交部の顔恵慶や王克敏が非難されるという外交部にとって厳しい状況も起きていた。内政的には九月から十月にかけて大総統選挙が展開、十月に曹錕が「賄選」によって大総統に選出され、関余要求を活発におこなって自立的傾向を強めていた広東政府が強くこれに反発していた。民国十二年秋は、日中関係は安定していたものの、中国自身は内外政ともに大きな懸案を抱え込んでいた時期であった。

なお、前述のように、関東大震災によって、日中関係が非友好から友好へと切り替わったというのは言い過ぎである。[10]しかし日中関係が小康状態にある中で、大災害を利用して新たな局面をつくらせる契機となったことは確かであろう。

では、顧維鈞を総長とする北京政府外交部は、当時の最大懸案である対ソ交渉に没頭する中で、どのように関東大震災にともなう諸問題に対処したのだろうか。[11]

(2)「震災」の外交案件化

民国十二年九月初旬、関東大震災は、外交部にとって「外交案件」ではなく、あるとしても「善隣」支援問題や米穀問題に過ぎなかった。ところが、九月下旬になると事態は異なってきた。九月二十四日、顧維鈞外交総長が臨城事件に関して「中華民国政府は外国人の生命財産を守るように地方政府に命令した」と公使団に述べたまさにその日、外交部は駐日代理公使施履本に対して中国人の留日学生が地震の際に韓国人に誤認されて殺傷されたという情報の真否をたずねた。[12] この情報は中華留日急賑会という組織から外交部が入手したものであった。十月一日、駐日代理公使から返答が届く。それに依れば、死者はなく、氏名の分かる負傷者三名、不明な者五、六名、そして共済会会長の王希天が失踪したということであった。またそこでは、出淵勝次外務省亜細亜局長の以下の談話が引用される。[13]

この事件は急災時に発生したもので、殴られて死傷した日本人も多かったのだから、故意に華人をねらったのではない。今回の震災に際し、日本政府は中国人学生や華僑の救護に対して尽力していると言えるだろう。このような案件が再び交渉案件にのぼらないことを望んでいる。[14]

この出淵の回答こそが日本外務省側の事件に対する基本姿勢であり、芳澤謙吉駐華公使とも打ち合わせ済みの公式見解であった。[15] だが、外交部も新聞報道などから、この情報が必ずしも事態を正確に反映しているわけではないことを承知していた。十月三日、外交部は芳澤駐華公使宛で照会文を発し、死傷者が多数にのぼること、王希天が殺害された可能性が高いことなどを示唆し、「本国政府としては極めて遺憾である」と初めて外交上の見解を示し、ついで「貴国政府から（中国人に）被害を与えた警団に対して、今後中国人民を特に注意して保護するよう厳命することを望む」という要請をおこなった。[16] 外交档案からの裏付けは無理だが、ここで責任を無理に追及すれば、臨城事件に関して同様の責任を問われることになることを配慮しての、ギリギリの要請とも考えられる。顧維鈞総長は、十月六日に芳澤公使と会談した際、「今回のことを耳にして、私ははじめ『謡言』だと思いましたし、未だに真実とは信じられません」と述べた後、施履本代理公使からの報告で状況を把握したが、「地震の起きた現場では人心が混乱していた筈で、そうした場では秩序を維持しなければならないので、このような事件が発生してしまうことは理解できます」と一方で日本側の主張に理解を示したものの、他方で「このような事件は我が国の人民の誤解を惹起するので、詳細な報告を待って、改めて商議したい」と述べ、交渉を先送りにした。[17] 外交問題化したくないとする日本側の意向は肩透かしを食らうことになった。芳澤公使は、事件に対して「遺憾」の意を示した後、顧総長に対して「正式に歉意を表明」した。ここに、震災問題が日中間の外交上の懸案となった。

（3）問題の拡大と使節派遣決定

曹錕が大総統に就任していた民国十二年十月中旬、中央政界では国務総理職をめぐる「津洛の争い」（津派と洛・保派の争い）が起きていた。洛派の首班である呉佩孚は馮玉祥・斎燮元らとともに顔恵慶による組閣を望み、津派の首班である曹鋭と王承斌らがこれに反対、呉景濂による組閣を望んでいた。曹大総統は、就任早々直隷派内部の抗争の調整に当たらねばならず、中央政界は依然収まりどころを見いだせずにいた。[18] また、臨城事件に関して引責辞職した田中玉前山東督軍が上将に任じられることに外交団が反発、顧維鈞外交総長が辞意を表すなど、外交界も依然落ち着かない状況にあった。

十月中旬から下旬にかけて、外交部にも震災「事件」が予想を上回る規模であったという情報が寄せられるようになった。「温州出身の労働者数百人が惨殺された」という民間からの情報や、[19]「王希天の失踪事件、数名の学生の負傷事件の他に、僑工で日本人に殴られて死傷したものは甚だ多い」という駐日公使館からの報告が届いた。この時点で、駐日公使館は外務省に対して、「遺憾」より上の「厳重抗議」をおこなっていた。[20] この問題については、始終現場である駐日公使館の動きが外交部よりも早く、かつ強硬であった。十月二十六日に外交部に着いた孫士傑駐横浜代理総領事の報告書も、神奈川県足柄で被害にあった浙江出身僑工の状況を具体的に報告、「このような事件は我が国で発生した臨城事件よりも一層酷い。日本政府が責任を逃れることなど当然できない」とし、外交部に対して「厳重交渉」を求めていた。[21] 十月二十四日、駐華日本公使館が外交部に照会を発し、初めて当初の二件以外にも、「震災当時、貴国人で言語不通のため、あるいはそのほかの事情で殴られたり被災した者、あるいは死亡したことによって失踪者として数えられている者も少数ではありません。目下、極力調査しております」と、日本側として多数の中国人犠牲者がいることを認めた。しかし、事件の位置づけは変わらず、基本的に「誤解」のために生じたもので、未曾有の天災の下で一部朝鮮人の横暴のために民情が激昂したことに由来するとしていた。「帝国政府」は「遺憾」にたえないとするが、万難を排して救護をおこない、帰国希望者を無償で上海に送り返しているなどの「実績」をあげて、「中国側の諒解」（理解し、許すこと）を求めた。(22)

しかし、その後、それまで「未だに信じられない」としていた顧維鈞が重い腰を上げざるを得ない状況になった。(23)十月二十七日に着いた駐日代理公使からの書簡は、被害に遭った中国人が朝鮮人に誤認されただけでなく、ただ不分明という理由だけで殺害されたということ、中日両国の労働者の間にはもともと齟齬があり、その怨みを震災の時に日本側が晴らそうとしたということ、被害者は大島町方面だけで一〇〇—二〇〇人にのぼることなどを述べ、「日本政府としてもこの重大な責任から逃れることはできない」とし、顧総長に何かしらのアクションを起こすよう迫った。(24)この日本からの電文到着から十一月三日までの一週間の間に、外交部は専門委員を東京に派遣して真相を調査する意向を固めた。この決定に大きな影響を与えたのは、駐日公使館一等秘書である張元節と江蘇交渉員許沅の間の申し合わせだったと考えられる。許交渉員は、上海の各慈善団体が代表を訪日させ、事実究明にあたらせることを決定した際、江蘇交渉員も政府の代表として彼らとともに訪日して調査にあたるべきだと考え、駐日公使館の張に相談した。(25)このように、外交部からではなく、交渉員らが先に対応しようとしたことが、逆に外交部の決定を早めたという側面があろう。十一月三日、外交部は国務院に「専員組織委員団」の日本派遣を提起した。理由は「日本公使は『道歉之文』をこちらに出してはいるのだが、事実関係いかんについては、委員を派遣して実地調査をして真相を明らかにし、『民憤』を平らげなければならない」(26)ということにおかれた。許交渉員のアクションだけでなく、民憤もまた公的な理由として挙げられるほど、沸き起こっていたのであろう。この要請は閣議において可決され、十一月六日に外交部に正式に通達された[27]。しかし、このとき既に震災から二カ月が経過していた。外交部は震災発生後、二カ月を経てようやく行動を起こしたのであった。では、顧総長を動かした「民憤」とはどのようなものだったのか、被害者を出した浙江省や吉林省、被災者が多く到着し情報発信地になった上海に注目して第二節で検討したい。調査員の選定以降の北京政府外交部の政策展開は第三節で述べたい。

2　地方の眼――外交部と浙江省・吉林省・上海市

(1) 被虐殺華工出身地としての浙江省

第一次大戦後の経済不況に天災も加わって、民国十一年（一九二二年）の浙江経済は非常に苦しかった。そのため多くの労働者が日本に出稼ぎに行っていた。東京都江東区大島町で殺害された中国人労働者の多くは、温州付近の山村の出身者であり、廉価な労働力として日本人労働者との間の軋轢を生んでいた。このような労働力移動に伴う軋轢という背景が華工殺害事件にはあったのである。

他方、震災発生直後、浙江省でも対日援助ムードが確かにあった。浙江は多くの中央官僚を輩出していた地であり、北京にある浙江旅京同郷会には汪大燮、銭能訓、胡惟徳、孫宝琦、王家襄らの「名流」や大物官僚が名を連ねていた。このうち孫は、九月七日に北京日災協済会理事長（副理事長に汪・顔恵慶等）として浙江省議会に援助金募集を働きかけて、また、同月十八日には盧永祥督軍と張載陽省長が連名で募金活動を省議会に働きかけていた[28]。しかし、九月末以降、帰国者らが多くの省民が殺害されたという真相を明らかにし始めて以降、浙江省は別の対応をとることになった。上海に居住していた浙江督軍盧は、十月十二日に北京政府との公式の往来を絶っていたし、省長張載陽も曹錕賄選に反対して北京政府との往来を絶っており、北京政府に対する直接的な行動を起こし得る立場になかった。[29]こうした中で、主にこの問題を議論したのは浙江省議会であった。十一月一日、浙江省議会常年会で、王潤議員が二七名の議員とともに省長宛の公開質問状を提出、新聞報道などで浙江省民が日本において殺害されたことが明らかであるのに、省長は手を拱いていることは問題なので、直ちに省長から駐日公使に抗議するようにと、その姿勢をただしたのであった。[30]これを受けて、省長は交渉のためにはより正確な証拠が必要だとして、被害者の出身地を管轄する甌海道尹（余大鈞）に調査を命じた。[31]これに対して王らは、任地が東京から何千里も離れている甌海道尹がどうして日本での詳状を知り得るのか、被害者の家族こそ情報をほしがっているのだと抗議し、以下のように述べた。

今回の日本人による華僑惨殺に際し、殺害された者の全てが温州人ではないにしても最多であることは確かである。吉林省長は該省の僑民王希天一人が失踪したと聞いて、すぐに駐日公使に対して詳査を依頼している。今、浙江省僑胞の被害者は最大数百名にのぼるというのに、省長は猶も新聞に掲載されている内容を証拠に足らずとし、また各同郷団体を駆けめぐっている呼号も証拠に足らずというのか。

王らは東京の公使に詳細の調査を求めるよう要請した。[32]張省長は浙江生まれの浙江育ち、浙江生粋の軍人であったが、外交に対しては実に慎重であった。その後も「新聞は正式の根拠にはならず、交渉に使うことは困難だ」との立場を堅持し、甌海道尹だけでなく各地の温州同郷会などから情報を収集し、その上で駐日公使に厳重交渉を求めるつもりだと回答した。[33]省長が最終的に駐日公使に書簡を出したのは、北京政府外交部よりも遅い十二月三日になってからであった。[34]省議会議員は当然これに納得できず、省議会としての対応を検討し始めた。省長への望みが薄くなった十一月二十九日、議会は外交部に対して、「厳重交渉」をおこない、「国権を保ち、民命を重んじる」ように強く求め、同時に各省省議会、省内各県議会に通電した。[35]先に触れた省議会のネットワークを利用しようとしたのであった。これに対して外交部は、王正廷らを調査のために日本に派遣したこと、改めて駐華日本公使に厳重抗議すること、駐日公使にも打電して日本側に厳重抗議させることを約した(36)。

民国十二年の新憲法下にあっては、国会において外交総長を弾劾することも、国会に総長を召還して質問することも可能であった。しかし、そうしたことはあまり検討されず、省議会はひたすら「厳重交渉／抗議」を要請していた。そしてその抗議が出遅れたこともあって、外交部の政策にほとんど取り入れられずに終わっていくのである。

(2) 王希天の出身地としての吉林省

浙江省に比べると吉林省の出足は早かった。民国十二年十月末、外交部が調査委員派遣を決定する前に、孫烈臣吉林省長が外交部に咨文を出し、駐日公使を通じて日本側と交渉をおこなうよう求めた。これによれば、吉林省長はそれ以前に既に駐日公使に対して直接厳重交渉を申し入れていた。吉林省長がこれほどまでに問題解決へ積極的であった背後には、長春県知事啓彬陽らによる要請、そして「輿情憤激」があったものと思われる(37)。省議会も、十一月一日に吉林留日学生同郷会からの書簡をもとに、非常に具体的な状況を外交部に報告し、日本側の説明にある九月二日王希天釈放説に異議を唱え、日本側に対する正式の抗議と徹底調査を求めた(38)。既に述べたように、十一月三日に外交部は委員派遣を決定、五日に駐日代理公使施履本に対して、王希天事件について、「吉林省の輿情がこの件に非常に憤激しているから」、日本政府に対して徹底調査するよう厳しく求めるように命令した(39)。これに対して駐日公使施は、外務省の十一月十日の公式回答である「現在調査中」を本国に寄越すが(40)、外交部はこれに納得せず、再度「切実交渉」を求めている(41)。だが、駐日代理公使としても、警察権が日本にある以上、独自調査をおこなうにも限界があって、出淵勝次亜細亜局長の公式回答をそのまま外交部に転送するしかなく、外交部に対して交渉方法を問うた(42)。外交部としてもこれには手詰まりで、吉林省議会・教育会に対して日本側の見解を伝えるとともに、外交部としても施代辦に厳重催促させ、王正廷らをして調査させると返答するに止まった(43)。この後、吉林からは省農会が外交部に電文を打ち、教育会に至っては国際法廷を開いて「公訴」すべきだと主張していた[44]。しかし、外交部は以前と同じ日本側の公式回答を用いた返答をするしかなかった。過激な文面で民情を煽り、それを「後楯」として外交を展開するという方向性は検討されなかった。こうした両者のやりとりは、その後も続いた。吉林省議会はしびれを切らし、「文明国などといいながらも」、「野蛮な」日本政府に対して「相当の条件を要求し、将来このような暴行が発生しないように保証をとりつけるように」と外交部に求める[45]。だが、それに対する外交部の返答は前回と同じであった。

吉林省は、浙江省よりも早く、かつ積極的に行動をおこしていた。これには恐らく浙江省とは異なる背景があったためであろう。吉林省は、省内の朝鮮系住民による独立運動を取り締まれないことを理由に、常に日本から抗議を受け、またこの問題を理由に領事警察の増員を図られていた[46]。このような日本からの直接的で日常的な圧力がこのような迅速な抗議運動に結びついたと考えられよう。また旅大運動との連続性も想起すべきかもしれない。

他方、吉林省側が王希天殺害について日本領事に抗議しても、あるいは駐日公使、北京外交部に何を言っても、結局「厳重抗議」、「調査中」などの同じ回答が繰り返されるだけであった。地方政府は省内の外交案件になら関わることができても、海外の案件となると無力である。外交部が、一つ一つの電報や書簡に返事を出すというのも珍しく、外交部としては吉林省に「誠意」を表現したつもりだったろうが、吉林から見ればそれは無意味だったろう。北京政府外交部の外交主体としての正当性は、このようにして少しずつ失われていくのである。

（3）情報の集積・発信地としての上海市

当時、上海は中国の商業・物流の中心地であり、また対日関係についても特に経済関係においては最も関係が密接な地であった。こうした意味で、震災に関しても上海は情報の集積地であり、発信地でもあった。また、温州旅滬同郷会が詳細な被害者名簿を作成するなど活発な活動を展開したこと、そして日本からの被災者が上海に上陸したことなども、上海が重要な役割を果たしたことの背景となった。

温州旅滬同郷会が「殺害されたのは数百人だ」と外交部に打電したのは十月十九日であった。この情報源は帰国者であった。その後、同会は帰国者約二〇〇〇名から聞き取り調査をおこない、十一月八日には「日人惨殺温処僑工調査表」を作成し外交部に送付した。同会の主張は、「今回の日本人による、災害に乗じて華僑を惨殺するという行為は、国際公法に照らして許されないばかりでなく、人類として耐え難いものである」から、日本政府に厳重抗議し、犯人の処罰・謝罪・賠償・将来の安全の保障の四点を求めることにあった。[47] この運動は上海の他の同郷会など、他の団体（公団・法団など）にも広がっていった。外交部は彼らの調査報告に対し、「この件に対しては『異常に』注意している」として、調査員派遣を知らせたのだが、[48] これも最初だけで、この後同会がいくら詳細なデータを外交部に送付しても、ほぼ同様の回答が届くだけとなった。他方、帰国した学生達は上海で「羅災留日本帰国学生団」という団体を組織した。この団体は、多くの証拠資料を作成し、他方で対日抗議活動を展開した。十一月五日に彼らが外交部に送った抗議文では、日本の「言い訳」に対して、国家たるものはいかなる状況下にあっても条約締結国の国民の安全を保つのが義務であるし、日本は中国に対してそのように要求してきたではないかと強烈に抗議し、「顧維鈞総長が外交総長になる時に国際的な地位を維持すると宣言したのに、今回の事件では朝鮮人と同等に扱われている」と顧維鈞を非難するとともに、自国民を保護しなかった張元節駐日公使館一等秘書の罷免を求めた。[49] だが、彼らの活動が外交政策に反映されるまでには、一カ月以上を必要とした。北京政府外交部は、こうした地方からの動き、「民憤」を十分に吸収することも、また動員して利用することも、またあるいは事態を説明して説得することもしないままに狭義の「外交」における交渉をおこない続けた。

北京政府は、国際社会では秘密外交を非難し、「国民外交」の重要性を訴えていた。だからこそウィルソン主義を国際社会で支持していたのである。しかし、実際のところ、国内では省を単位とした地域統合型の「国民外交」をおこなうのか、それとも民間団体や新聞における世論など「民意」を重視した国民統合型の「国民外交」をおこなうのか、明確な方針をもっていなかったのであろう。

3　王正廷派遣と事後処理

（1）調査委員の人選——王正廷派遣決定

民国十二年（一九二三年）十一月六日、国務院から外交部に調査委員派遣裁可が報告された。この前後、中国からの援助に対する返礼使「日本感謝団」（臼井代議士ら）が北京を訪問しているところであったが[50]、逆に日本に「調査」のために送る使節の人選が十日におこなわれた。外交部が選定したのは、前司法総長江庸、衆議院外交委員会委員長劉彦、外交部参事上行走沈其昌という三名であった。選出理由は、留日経験をもち日本の情勢に明るいことであった[51]。日本側とは、この使節受け入れに関し積極的に便宜供与をはかる方向でコンセンサスができあがっていた。

江庸は、民国七年から八年にかけて留日学生監督を務め、震災発生直後から曹錕の代理人として慰問訪日すると噂されていた法曹人であるが[52]、病気を理由に外交部の依頼を辞退した[53]。代表格の辞退により外交部は新たな人選を迫られるが、外交部は中俄交渉事宜公署督辦王正廷を候補者とした。日本側に王派遣が通知されたのが十一月二十五日[54]、駐日公使への伝達が二十七日である[55]。人選にほぼ二週間を要したことになる。この江から王という人選の変化の背景には、当時の新聞報道や、これまでの研究成果によれば幾つかの事情があったようである。それによれば、王の訪日は震災の被害調査のためだけではなく、対ソ交渉、王の経営する会社の業務交渉、交通借款獲得交渉など公私に亘る様々な案件を一気に処理しようとするものであったとのことである。確かに王は十月下旬から訪日を模索していた。十月十九日には、北京政府外交総長秘書と自称する周龍光が長崎に着いているが[56]、この人物は「震災慰問使」と称したものの、実際は王が派遣した私的秘書であった。その主な業務は、王の経営する上海華豊紡績会社と東亜興業との借款交渉にあり、周は東京到着後、麴町区丸の内にある「東亜公司」（東亜興業のこと）に入った。興味深いのは十月二十九日の周の帰国時に、周から出淵勝次亜細亜局長に対して書簡が送られ、「北京ニ帰ツテカラ出来丈王様ニ詳シク話シテ彼ノ親来ヲ慫慂致シマスカラ好シク御頼ミ申シマス」と周が出淵に何かを依頼している点である[57]。周は十一月の第一週には北京に戻っているであろうから、王の訪日にこの「親来ヲ慫慂致シマス」が影響した可能性が高い[58]。では、この時期に出淵が王の来日を求めるような理由があったのか。民国十二年は、孫文・ヨッフェ宣言の余波で後藤新平らが対ソ国交締結を模索した年であり、当のヨッフェも後藤らの招聘に応じて、二月から八月まで日本にいた。外務省は対ソ交渉に消極的であったが、十月に入って、山本権兵衛首相の直接の指示に基づいて重光葵条局第一課長、東郷茂徳欧米局第一課長らによって「北京会議準備打合会」が設けられ、対ソ交渉に対する日本の政策のあり方を検討し始めたところであった[59]。その翌月、中ソ交渉の開始を前に、外務省欧米局が「対東支鉄道方策考案」を作成、出淵局長も比較的消極的な意見を述べていた[60]。外務省が積極的に対ソ交渉を考え始めた時期と、出淵による王招聘要請がほぼ重なっている。外務省による王招聘の背景はやはり対ソ交渉問題にありそうである。他方、中華民国側にしても、かつてソ連からのモスクワでの交渉要請を断って、敢えて公使団のいる北京で交渉をおこなわせて、列強の牽制を利用しようとしていたことからもわかるように、自己に有利に対ソ交渉を進めようとしていた。王の訪日も、カラハンに対して「中日提携」を匂わせ、対ソ交渉を有利に進める布石だとも考えられる。

十一月に入ると、王正廷督辦辞職説がマスコミを賑わせる。原因はカラハンとの交渉の行き詰まりである。そして十一月九日には、日本の『報知新聞』から転載された王訪日の噂に関する記事が新聞に掲載された。[61] 王の訪日がまことしやかに報道されるのが十一月十八日、二十四日には確定的に訪日時期・ルートなどが報じられた。この間、王は洛陽に呉佩孚を訪ねているが、十一月十七日に王を訪ねた『盛京時報』の記者に、王は「呉佩孚との関係はよく、一年に一、二度は訪ねている」、「今回は中俄交渉について話し、賛同を得た」などと語り、訪日については未定としながらも、それに強い意欲を見せていた。[62] 当時、張作霖と呉の関係は悪化しており、この要因は対ソ交渉にも影響していた。

王正廷は、顧維鈞の推薦により国務会議で訪日委員に選出された。王は、十一月十九日には、北京にいたカラハンに対して訪日を知らせ、約二週間留守にするので帰国後交渉を再開すると述べた。[63] また、籌辦中俄交渉事宜公署会務処の趙主任も、王出発後のある問い合わせに対して、王が日本政府の対ロシア政策を探りに訪日したとはっきり述べている。[64] 王の訪日がカラハンとの交渉を見据えた上でのことであることは、ほぼ明らかである。

王正廷一行は、十二月六日下関着、七日には東京に入った。出迎えたのは、出淵勝次亜細亜局長のほか、戸田鉄道外事課長、牧野同文会会長代理、森満鉄理事、小貫東亜興業総支配人らであった。震災の事件、満洲をめぐる交渉、王の個人的事情のそれぞれを示す、あまりに露骨な陣容である。王一行も、沈其昌、劉彦のほかに、教育部代表朱念祖（留日学生慰問担当）、衆議院議員王文璞（ロシア問題担当）、華豊紡績公司支配人崔士傑（東亜興業との借款交渉担当）、王秘書周龍光、中俄公署総務処処長裘昌運（鉄道問題担当?）、劉彦随員胡巳任、交通銀行員周文彬（交通銀行借款担当）、上海申報記者張維城（通信担当）というように、その多目的性を反映する陣容であった。[65] 北京政府にとって震災問題は、この時点で独立して存在していたのではなく、既に多くの付帯問題を抱え込んでいた。これは、浙江や吉林からみた震災案件とは異なる側面である。

（2）真相解明の進展と「公憤」

震災発生当初、中国国内は一致して日本への積極的支援をおこなおうとし、それこそが「公理」、「公道」であるかのようでさえあった。実際、多くの具体的な支援が日本に対しておこなわれ、たとえば震災で図書館を失った東京大学にも広東省から漢籍の支援がおこなわれ、現在もそれが総合図書館に所蔵されている。しかし、浙江・吉林・上海などの当事者の「憤り」が次第に全体の支援ムードとは異なる方向性を打ち出し、通電などといった、公論を形成する電信ネットワークや新聞紙上に、相次いで事件の真相に関する情報が載せられるに至ると、当事者以外の各地にも次第に「憤」が広がり、やがて「公憤」の勢いを以て、外交当局に迫るようになった。

排日運動がもともと活発だった武漢の武漢国民外交委員会の活動などは別として、吉林・浙江・上海以外の地で対日抗議気運が高まるのは、民国十二年十一月半ば以降のことである。たとえば十一月九日に外交部に代電を発した河南省議会は、吉林省議会と武漢国民外交委員会の通電に触発されて文書を作成している[66]。この他に例えば江蘇省長・督軍は、全国商会連合会江蘇事務所や南京総商会に触発され、臨城事件と比較して、中国に抗議した日本でそのような行為が発生したことを責める論陣を張った。先に述べた三カ所の活動が次第に全国に広まっていたのである。

このように中国における対日感情は確実に悪化していったが、北京でも京師総商会が憤りを露わにしていた。先に日本人は蛮横に任せて我が中華を欺き、青島・旅大問題では公憤を惹起し、その結果、抵制日貨運動が生じてその死命を制したのだが、今ようやく時期が過ぎて抵制熱もさめてきたというのに、またこのような凶悪なことをしでかし、それもこれまでよりも程度が甚だしいではないか[67]。

そして比較的強硬であった河南省議会は、対日支援を停止し、その死命を制するべきだと主張した[68]。他方、雷殷ら参議院議員六二名は、よりテクニカルに問題を論じた。彼らは「国際公理」に基づく判断を主張、義和団事件、樺太の尼港事件、臨城事件などの先例に倣い、犯人捕捉、賠償、謝罪、将来の安全などを要求した[69]。この内容は上海の帰国留学生たちのそれと同じであった。

十二月に入ると、こうした動きは甘粛や江蘇、雲南などへと拡大していった。外交総長顧維鈞は、証拠が揃ってきたこともあり、対日姿勢を次第に硬化させていくことになった。

（3）交渉の膠着化

民国十二年十一月二十四日、華僑問題を担当する僑務局からこの事件への対処法について外交部に問い合わせがあった[70]。いよいよ中央官庁も危機感をもち始めたのである。同日、外交部は各省交渉員に対して被害者調査を命じ、本格的な証拠集めを始めた。震災が起きてほぼ三カ月、案件に様々な内容が纏わりついていたが、それでも対日強硬抗議の方向性が見え始めていた。この要請に応じて、前述のように温州旅滬同郷会や横浜領事等から続々と被害者リストが外交部に到着した。他方、十二月に入ると、日本で華僑殺人犯の起訴が始まった。顧維鈞は十一月二十一日の芳澤謙吉公使との会談の際に、被害者の家族に対して賠償をおこなうように要請していたが[71]、十二月六日に改めて犯人の厳重処罰と賠償を要求した[72]。顧総長は、温州旅滬同郷会の電文などを根拠として各界が「異常憤激」していることを挙げ、民意を反映した政策変更であることを日本側に強調した。しかし、困ったことに訪日した王正廷らから報告が届かなかった。十二月十八日、外交部は催促の電報を打ち、二十六日、施履本代理公使は、王らの調査結果が結局日本公使館のそれまでの調査と大差なく、王希天事件については依然調査中だと外交部に報告した[73]。王派遣は何ら成果をもたらさなかった。それまで外交部は、各界に対して王が訪日して調査しているから待つようにとしてきた。しかし、その王が帰国しても何ら情勢は変化しないことが分かったのである。年が明けた民国十三年一月十八日、まず温州旅滬同郷会がそれを捉えて外交部を詰問、さらに日本の審判の結果が甘すぎるので抗議するよう外交部に要請した[74]。

さて、その王正廷一行から報告書が提出されたのは一月三十一日のことであった[75]。この報告書は特に目新しいものではないが、外交部はこれ以後時々思い出したように日本側に対して犯人懲罰と賠償を要求していく[76]。震災から半年を経た民国十三年三月以降ともなると、吉林・浙江・上海などの当事者からの要請が大半を占めるようになり、「公憤」がやや冷めてきたことを物語った。このあと、五月になって清浦奎吾内閣が「二〇万円の慰藉金」を支払うことを決定するが、これは外交上の決着とは異なり、民国十四年六月に沈瑞麟外交総長と芳澤謙吉公使との間でなされた日中間の懸案事項整理の際にも、未解決の問題として震災の問題が挙げられていた[77]。結局「未解決」のまま残ってしまったのである。

「震災」に対する外交部の対応、そして中央・地方の問題の検討、これが本章の課題であった。外交部は、震災にともなう虐殺事件を直ちに外交案件化しようとしなかった。証拠が揃わなかったということもあるが、対ソ交渉、臨城事件など、この案件にさまざまな問題が関連しはじめたために、慎重にならざるを得なかったと考えられる。だが、吉林、浙江、上海などの当事者とも言える省市は盛んに抗議活動を展開し、具体的な調査結果なども取りまとめて、眼前の領事らに抗議するものの、「外交」ルートを利用するため、外交部に強い姿勢で抗議するように盛んに求めた。そしてそうした運動が通電などを通じて全国に広まる中、外交部もそれを受け入れ、当初の単なる厳重抗議から、より踏み込んだ具体的な要求をするようになった。しかし、王正廷の調査は実質的には役に立たず、また交渉の現場においても、日本側の不慮の事故論を突破することができずに、すれ違いのまま時だけが過ぎていった。「地方」が外交チャネルを持ち得ず、「中央」は地方の意見を反映した外交をおこなうことが求められたが、中央には中央からの問題の見え方があり、それは地方のそれと同じというわけではなかった。今回の場合、王の派遣が対ソ交渉においていかなる意味をもったのか不明だが、中央の対日交渉は対ソ交渉などを意識してのものであった。

外交部の政策決定について見る場合、少なくとも民国十二年（一九二三年）の十一月上旬までは駐日公使館が先導していたが、やがて北京で決まるようになった。また、省からの意見に対しては、無視することなく反応しているのだが、決まり文句を繰り替えすだけで、結局方針を転換するためには、より広範な圧力と具体的な交渉上の証拠が必要であった。そして、外交部としては、海外で発生した事件の場合、交渉署を機能させることはできないので、現地社会にアクセスする術をもたなかった。この関東大震災という案件は、中華民国国民に自らと日本との間の不平等性を認知させたであろう。これは外交部が拘泥していた条文の不平等というよりも、同じことをしても全く異なる解釈と意義を付与されることに関するより実質的な不平等性であった。

小　括

この第Ⅳ部では、文明国化、近代外交、不平等条約改正などといったキーワードで捉えきれない側面、すなわち「中央・地方」問題について広東政府も含めて検討した。民国前期に冠せられた「軍閥傀儡」、「分裂」という詞と、上記のような外交の姿の関連をいかに考えるかが、ここでの課題であった。

第一章では広東政府を扱った。ここでは広東政府外交の三層構造について説明したが、広東政府のもつ中央としての外交、南方の代表としての外交、自らの支配領域のための外交という性格は、広東政府のもつ多層的構造を示していた。このような政府が存在していたことは、北京政府の外交権の限界を示すが、同時に北京政府が政府承認をとりつけている意味の大きさを示してもいた。また、広東政府と北京政府の関係も、必ずしも敵対的として短絡的に語れるものではなく、時期や案件に応じて異なっており、時には共同して交渉することもあった。これは彼らがあくまでも中華民国や中国を共有するアクターであったことを示している。

第二章では、交渉署を中心とした地方交渉を扱った。一般に中華民国前期は中央政府の権力が地方に浸透していなかったとされるが、外交についてはそうした内政上での「分裂」がそのまま影響しているわけでは必ずしもなかった。外交案件が発生した場合、地方側も中央を尊重し、案件の重要度や手間、国際法・条約との関係、また交渉の駆け引き上の必要性から、地方が中央にアクセスし、中央と地方の相互補完的関係が築かれることがあった。民国前期の中央地方関係は、時期、場合などによって極めて多様に、重層的に築かれていたものであって、一概にえつけられたイメージであることが多い。

「軍閥傀儡」、「分裂」などと言い得るものではない。こうした「常套句」の多くは、ある歴史記憶の形成過程で植えつけられたイメージであることが多い。

第三章では、国際会議参加に伴う中央政府の位置、中央・地方関係を、統一論議という側面から扱った。ワシントン会議参加に際して、招待状を受け取った中央政府たる北京政府が、いかにして自らが対外代表権を有していることを表現するか、またいかに中国が統一され、対外的には一致していることを示すのかということ、そして当時の統一論の内容について考察した。実効支配領域に乏しい中央政府は、政府承認を受けているからこそ、常にこのような統一や対外一致を表現しなくてはならなかったし、国内各勢力にとっても国際会議の開催は「統一」、「対外一致」を訴える機会であった。しかし、北京政府は国内から意見書を集めること、各方面からの代表を募って全国性を示すことなどを考えたが、それらは十分に内外の期待に応えられるものではなかった。また、このような「対外一致」への北京政府の手続きは必ずしも国内から支持されているものではなかった。

第四章は、国際会議参加に伴う中央政府の位置、中央・地方関係における具体的な調整面を扱うべく、中華民国北京政府が対外一致を示すためにワシントン会議に送り込んだ全権代表団の形成過程を追い、そこから北京政府による統合の手法を考察した。そこでは、特に全権代表の選出に際して、すでに広東政府との間で「和議」が成立できる情況ではなく、あらゆる努力が実らなかったこと、代表団についても「代表性」を出すために各方面からの代表を入れつつも、それが逆に代表団内部の齟齬を生むなど「対外一致」や「統一」が容易に実現しなかったことを示した。

第五章では、国外で発生した外交案件について扱った。具体的には関東大震災時における中国側の反応を、中央政府である北京政府のそれと、当事者となった吉林、浙江、上海とのやりとりの中から考察しようとした。ここでは、中央政府と地方政府の「案件」の捉え方の違い、また一定の限界の下で外交をおこなっている中央政府の行為が地方からは認知されにくいさまが見て取れた。また、一九二三年という北京政府が財政破綻し、他方でナショナリズムや社会主義が社会風潮として拡まった時期に、その外交が地方や社会からの要請に応えられなくなってきているさまを考察した。中央には中央の問題の見え方があったが、それを説明せず、また社会の動きを「後ろ楯」としない外交には、当時、限界があった。

以上第Ⅳ部では、こうした一連の分析を通じて、従来言われていたような「分裂」というイメージではこの時期の外交を捉えることはできないということを示すことができたであろう。中華民国前期には、こと外交については中央と地方が関わる機会が多く、そこでは中央と地方がやりとりをしながら交渉を進めていく姿が見て取れた。中央から見れば、地方の支持がなければ交渉を有利に展開できず、地方は外交という知識と経験を要する分野について、相互補完的な活動をおこなうために中央が必要であった。また、広東政府の地域的な外交は、中華民国という国家の枠組みの中でおこなわれていた。第Ⅲ部で述べた新疆の例も同時に考えれば、外交権の多元的・重層的な視点が必要だと言うことになろう。

他方、第Ⅰ部や第Ⅱ部で述べた「近代」、「文明国化」は、確かに実効支配能力の低い中央政府のスローガンであった側面もあろう。だが、第Ⅲ部で述べたように新疆省政府もまた不平等条約改正を唱え、この第Ⅳ部で述べたように地方政府も外交問題については比較的明瞭に中央政府と連絡をとりあう姿勢を示し、国権の保持と回収を明確に打ち出していた。中央政府の方針自体は、単にスローガンというだけでなく、国内各方面で共有されていたことを示しているのである。

しかし、興味深いことに、南北の中央政府、また中央・地方の政策が類似しているということが、直ちに中央政府への支持を示すわけではないのが、当時の政治外交状況を見る上で重要なことである。当時は、「中華民国」、「中国」という大枠の護持、「文明国化」、「近代化」、「大国化」という政策の基本、不平等条約改正・国権回収という政策内容のそれぞれが、中央政府と地方政府に見られながらも、それを担う主体として北京政府が相応しいとされたわけでなく、主体は「分節化」されていた面が強い。このように同じような方向性が、通電やメディアによって共有されながらも、それが結集せずに、南北の中央政府、地方政府、法団などに分節化されていたのが、民国前期の特徴であった。

しかし、外交について考えていることが似通っているのに統合されないという情況はいかにして生じるのであろうか。概括的に言えば、共通の規範が一九世紀末からの政治社会変容の中で再編を迫られ、それが結集されていない過渡期にあったということが大きいのだろう。それぞれが通電などで主張はしても「対話」できていない、つまり共有はできていても「共有していることを体感する装置がない」状態にあったということだろうか。実際にほとんど同じ方向を向いているアクターが個性を強く自覚し、異なるところを強調しあい、外からの危機が迫ると、実際には同様のことを言っていながらも、全体がコードを共有してまとまるわけではなく、小さなまとまりが複数できてしまうということが見られた。従来言われたような「分裂」は、本書で述べたように修正を迫られるにしても、当時の政治社会が「分節」化していたことは、より詳細に議論をしていかなければならない点だろう。

結語

序論で述べたように、本書の目標は、中華民国前期の外交がいかなるもので、それをいかに捉えればよいかということを、中華民国北京政府の外交档案に即して検討することにあった。そして、この時期の中国外交を「近代」および「文明国化」への志向性の中で読み解き、第I部で組織・制度を、第II部で特に不平等条約改正にかかわる政策理念・目標・実行過程についてまとめ、そして「文明国化」などだけでは掬いとりにくいと思われる面を、第III部と第IV部で検討した。第III部では清末からの宗主権、あるいは現代に至るかもしれない大国化、そして空間意識などを考察、第IV部では「分裂」していたとされる時代の外交における中央・地方の関係について考察した。

中華民国前期の中国外交は、西欧的な近代国家モデルにおける「近代外交」を様々な側面で実現させようとする志向性が強いという点で「近代」重視であり、また国際社会において他と平等に扱われることを求め、その手段として「文明国化」を志向した。また、中華民国の求めた「平等」は、列強との平等であって、必ずしも南米やアジア諸国との平等ではなかった。このような方向性の下、組織・制度面では近代的外交制度の確立、政策面では不平等条約改正が目指され、可視的な成果をあげた。このような外交を北京政府が展開したことは、中華民国を代表する中央政府としての正当性を確保することにも繋がり、それが中華民国や中国の維持にも繋がった。こうした外交を国際政治的な観点から見れば、中華民国北京政府は確かに世界的な舞台における「従属変数」であったかもしれないし、中国保全論やアメリカでの主権擁護論に依拠していた面もあろうが、主権国家としての理念的な立場（独立・統一）を十分に活用し、また日本への警戒を強めるアメリカ、イギリスを頼りながら、国権を保ち、国際的な地位を向上させようとする外交を展開していたと言ってよいだろう。国際連盟における非常任理事国入り、過度とも言える分担金支払いなどは、こうした国際的な地位向上の象徴であった。

こうした点は、これまでの研究史とは異なる視点だとも言えるが、このような「文明国化」の志向性や「近代外交」という側面だけで中華民国前期の外交を説明できるわけではない。「伝統と近代」という側面で外交を説明することはしないが、東アジアに歴史的に形成されてきた秩序や、中国の古典などに継承されてきた「外交」が、民国前期にいかにあらわれるかという問題は、これまでの朝貢にまつわる先行研究との関係においても重要だろう。本書では、事例研究の結果、確かに漢字文化圏特有の交渉は見られ、また中国国境線の長さや国土の広がりから来る、方位限定的外交、地域外交は見られるが、中華思想や冊封外交における上下関係の「残滓」の有無などについては、史料から判読することは極めて困難であるとし、それは「大国化」の志向性の中でこそ読み取ることが可能であるとした。つまり、基本的に「伝統的な側面」が残ったか否か、ではなくて文明国化・近代化志向との連関の中にある「大国化志向」に上下関係は解消されたと考えられるのである。また、解消とは言っても、民国前期は中国の伝統外交や戻るべき「姿」の再構成など「伝統」が創出された時期でもあり、それが新たな伝統として意識されていくことになったと思われる。この点は今後の課題である。

他方、外交における中央・地方問題の検討は、上記のような文明国化、近代外交を民国前期外交の特徴として説明しても、「軍閥傀儡」、「分裂」といった側面があったとの指摘を受けることにいかに応えるかという関心から出発していた。だが、外交に関する限り、特に一九二〇年までは、広東政府、地方政府とも北京政府との間で連携しながら相互補完的に地方案件を処理していた。これは内政面での税の勾留などの中央との対立が部分的なものであることを示す。また、国外の国際会議に参加する際などには、北京政府は中央政府として「統一」、「対外一致」のったのである。だが、それは同時にその限界を示すものでもあった。

なお、このような文明国化・近代化志向の外交を展開したのは、主にアメリカ留学の若手外交官僚層で、民国前期は彼らが活躍する格好の機会であった。総統府や国務院が外交政策にそこまで関心を示さず、党組織がなかったということは、外交官が外交をおこなう空間を十分に準備した。また、政策決定過程について、外交官が力を持つのが明白となるのは、パリ講和会議の時に国務院の訓令を代表団が否定して以降であり、その力は一層強まった。

民国前期にとって外交が何であったのかという課題に対しては以下のような回答ができるであろう。第一に、外交は、通電、メディアによって国内の各層に共有され、また各地で外国人との案件が発生するなど、まさに全中国的関心事であった。第二に、こうした全国的な関心は、国家の維持、国権護持・回収などといったコンセンサスを形成しており、また国際会議の全権代表にも、地方交渉担当者にもこれが共有されたことから、「外交」が継続しておこなわれることが「中華民国」、「中国」を維持していく要因となった。外交は、「中華民国」、「中国」を意識する（広義の）メディアであったと言うことできるだろう。第三に、こうした方向性が共有されながらも、それらは分節化されており、それらが共有されているという認識、あるいは中央政府の下にそれが統合されるという認識は十分に得られていなかった。第四に、外交は関税（「関余」）収入など、実質的な財源と密接に関わっており、そのため財源を潤す「資源」としても認知された。中央政府は、借款の受け皿として可視的な正当性をもつことになった。第五に、中央政府である北京政府にとっては、対外的に統一主体であるということをアピールしながら「外交」をおこなうことが次第に負担になっていったということがある。特に北京政府の考えていた、清朝以来の「地方大官および名流からの意見徴集」という手続き、そして自らの立場を説明したり、動員したりしないという方法は、宣伝と動員、そしてナショナリズムと社会主義の時代にはそぐわないものとなっていた。外交政策に関しては、内容的には北京政府と南京政府はあまり違わないが、宣伝と動員、組織化、ナショナリズム・社会主義ということになれば、その相違は明らかであった。そうした意味で、北京政府は一九世紀型の文明国化による国際社会参加を求める政府であったのに対し、国民政府はナショナリズムなどの二〇世紀型の理念によって国際社会に存在を示そうとした政府だったと言えるであろう。

以上が同時代性を中心とした「歴史としての外交」における本書の骨子であるが、以下に中国外交史の中の民国前期外交についてまとめなおして中国外交史研究への提言にかえたい。

第一に、中華民国北京政府外交部の外交の根幹は、国際社会において一文明国として他国と対等に認知され、またそのように振る舞うことにあった。これは、中国外交史全体から考えれば、清末以来の試行錯誤の結果として現れた一つの方向性であろう。民国前期の外交官僚たちは、「これ以上奪われない、奪われたものは奪い返す」ことを目標にしながら、ただしそれを国際法に依拠して、また国際的に摩擦をおこさぬようにスマートにおこなおうとした。これは光緒新政下からの連続性の中に位置づけられることだろう。そして、「これ以上奪われない、奪われたものは奪い返す」という主権への敏感な姿は、この後の中国外交に継承されていくことになる。

第二に、民国前期の外交が、これまでの研究が明らかにしているように、一定の成果を上げたにもかかわらず、同時代的にも歴史的にも重視されないまま現在に至っているという問題がある。その原因の一つは、北京政府自身が自己の成果を国内に説明する装置を持とうとせず、同時に対外政策をめぐる合意形成を十分おこなわずに、欧米帰りの近代志向の外交官僚たちが大きな裁量権をもって政策を遂行した点に求められよう。「近代」、「文明国化」は、外国から評価されるための指標ではあったが、それに基づく政策が国内で支持されたとは言いがたかった。だが、中華民国北京政府にとってみても、このような外交を展開することによって政府承認を取り付け、借款供与対象として認知され、その借款を振り分けることが実質的な正当性の源になったのだから、政権存続のためにも必要不可欠な政策であった。中央政府としての北京政府はそのような存在であり、外交はその中央政府を世界と結びつける際の調整的役割を果たし、同時に、国境を守り、主権、統一といった条約履行能力に関わる部分を主張しつづけ、他方で具体的な外交交渉の場面でも不平等条約改正の面などで「近代性」をアピールする存在であった。列強もまた、そうした中央政府を必要としていたし、中国が完全にモザイク化することを望んでいなかった。北京政府は、国内の合意形成という面倒な手続きに時間を割くよりも、対外的な政策に重点を置いた外交を展開したということになろうか。そうした意味では、この時期の外交政策決定のあり方は、国内のしがらみから比較的独立していたということになろう。なお、民国前期の外交が歴史的に評価されなかった原因として、国民政府も共産党政府もともに北京政府期の外交を「売国外交」などとしてネガティヴに評価してきたという面があることも併せて指摘しておきたい。

第三に、民国前期の外交史の記憶づくりも中国外交史にとって重要である。不平等条約改正に繋がる『清季外交史料』の編纂、回帰すべき姿を示す『清史稿』が編まれたのもまた民国前期であった。民国前期の教科書などでも、領土を不当に奪われた姿が系統的に描かれ、それを遡ることで本来の姿が描けるようになっていた。民国前期は、同じく「中国」という単位が明確に意識された光緒新政の連続性の中にあり、この時期に「中国」の「外交史」が描かれ始めた側面が強い。他方、春秋戦国時代の中から「中国の伝統」を抽出し、外交官試験の問題などに取り入れたのも、この時期の特徴である。国民政府期の外交档案に「以夷制夷」、「遠交近攻」などの常套句が頻出するのに比べて、民国前期はこうした語句の引用は少ないが、そうした過去のテキストの外交面での再編が進んだ時期でもあった。こうしたテキストの再構成は、後の中国外交観に大きな影響を与えた。ヴェトナム戦争や朝鮮戦争の際に、そうした「言辞」が用いられたことについて、それを直ちに「伝統的中国外交」と結びつけることがあるが、そのようにして中国外交を説明する修辞的装置がこの時期から形成され始めたことを想起すれば、そうした詞が用いられていることが直ちにそうした伝統的内容を示すということにはならないことがうかがえよう。

第四に、一九世紀後半からの日本との相互関係で見れば、一九世紀の後半が日本が「近代」、「文明国化」を主張して「朝貢」、「伝統」から離脱しようとした時期だとすれば、民国前期こそ中国が「近代」、「文明国化」を標榜、それを代表する「英米」に接近した時期と言える。無論、一九二〇年代前後の国際政治の舞台や理念の面ではアメリカ依存ではあったが、国際連盟や在華利権問題ではイギリス依存であった。こうした英米それぞれへの接近、コミットメントの強さについて見れば、同時代に「近代」、「文明国化」だと自負しながらも英米追随を潔しとせず、むしろ「日本的なもの」に回帰していったように見える日本と対照的なスタンスをとったと言うことができよう。だが、こうした北京政府の傾向には、「富強」という面が加わり、「大国化」というその後の中国外交の根幹がここに発現することになった。また、中国の結んだ不平等条約の多くが敗戦した結果であったので、強国になることと外交上の勝利が結びつけられたことも看過できない。この後の第二次大戦は、日中双方の「大国化」に一つの終止符を打った筈だが、国共内戦、冷戦構造の定着化の中で、それは新たな局面を迎え現在に至っている。

第五に、当時の中華民国国内において、第一に述べたような文明国としての政策展開は各地方政府においても見られ、方向性が各層で共有されながらも、一つに凝集しなかったということ、しかしながら「中華民国」、「中国」は否定されなかったということは、後の中国の対外関係の活発化と「地方」外交の関わりを考えるうえで示唆を与えてくれる。他方、一見内政面で分裂しているように見えても、こと外交については、地方政府は中央政府と連絡をとっていたということも看過できない。

第六に、中華民国前期の外交を捉えるに際し、単なる「外交」の歴史だけでは限界があるということがある。本書を執筆しながら一番強く感じたことは、この時代の「外交」研究には同時代に対する総合的理解が不可欠だということである。「外交」だけを切り出すことができないほどに、当時の外交は多面化していた。これは、「外政は内政の延長」などという話ではなく、内政が外政であり、外政が内政であることを示す。これは後の中国外交にも通じる面があろう。

最後に外交官について。中華民国前期の外交官たちは、外交を通じて国を守ることを企図していた。外交官は当時の欧米の潮流である主権重視の風潮を採り入れ、主権を主な看板にして欧米の攻撃から免れようとした。欧米留学の気鋭の外交官達は、国際公法を真の意味で受容し、適用した。この時代には、おそらく日本以上に、中華民国が国際公法に則った行動をとろうとした時期である。中華民国の当時の状況は、ウィロビーやランシングなど外国の国際法学者も惹きつけた。ただ、彼らが自らアメリカの大学で修めた知識をそのまま交渉の場に適用できたのは、政策決定過程と大きな関係があった。顧維鈞自身が述べているように、特にパリ講和会議で全権代表たちが本国の訓令を無視してからは、外交部・在外公使の発言権が高まっていた。実のところ、中国外交史全体で外交官がこれほど決定に関与できた時期は稀である。これも党組織など強固な内政基盤がなかったためだと言える。

中国外交史において、このように同時代的意味での「近代」が重視され、文明国化志向の外交が模索された時期があったということが、主権の護持と国際的地位の向上という方向性を二〇世紀中国に与え、またその手法として国際法に準拠し「公道」に則った外交をおこなうという方法を残し、そして部分的ながら不平等条約改正と国際的地位の向上という実質的成果をもたらした。さらには、反日外交などの戦略もまたこの時期の産物であった。そして中国近現代史で考えれば、この時期にこのような政権が現れたことこそが、中華民国を存続せしめ、「中国」の外枠を維持させたと考えられるであろう。

注

序論

(1) 中華民国は、一九一二年に成立し現在に至っている国家であるが、中華民国前期という時期区分は、いわゆる「北洋政府期」、「民国北京政府期」と呼び慣わされてきた、一九一二年から(二六年もしくは二七年まで)の時期を指している。中華民国史研究は、「中国史」の中の断代史の一コマとしての民国期を対象としており、中華民国という国家そのものを追っているわけではないので、特に中国では戦後に台北に移った中華民国を捨象する傾向にある。そうした意味で、大陸時代(一九一二―四九年)を前期、台湾時代を後期とする可能性もあるが、中国史研究として見た場合、「民国期」はほとんど議論もされないまま、一九一二―四九年とされているのが実情である。

(2) 中国の外交を捉えるに際し、外交档案には当時の外交官にとって当たり前のことが記されていないため、後代の研究者が知りたいことが多く含まれていないので、中国を外から見ていた同時代の外国の文書を見た方が有益だという見解もあろう。だが、これは外交档案という中国外交の当事者の残した史料の検討の結果に対する反省として述べられるなら一層の説得力があるものの、その基礎作業がおこなわれていないのなら、まずは当事者の残した档案を検討するということが必要と考える。また、本書では「交渉」(やりとり)それ自体というより、中国外交のあり方を問おうとしたので、分析の重点が外交档案に置かれ、マルチ・アーカイヴ方式を全面的に採用しているわけではない。

(3) 先行研究は後述するが、共産党史観であれ、国民党史観であれ、自らの正当性を強化するために、基本的にこの時期の外交を軍閥の指導下にある「売国外交」であると位置づける傾向がある。そして、共産党史観では五四運動が、国民党史観では孫文の対外戦略と広東政府の対外関係、革命外交が強調された外交史が描かれた。それに対して、欧米の研究ではこの時期の外交の成果を積極的に評価する論調がとられた。日本では、一部に欧米の論調に似たものがあるが、大勢としては共産党あるいは国民党史観に順ずるものが多い。また、民国前期それ自体についても、「軍閥傀儡」、「分裂」といったマイナスのイメージが付される。これは、民国史が再評価された今も基本的に変わらない。なぜなら、民国史の再評価という場合、多くの場合、民国後期(＝国民政府期)の再評価を指し、他方清末の再評価でも光緒新政がポジティヴに見られるだけで、辛亥革命、五四運動を含む民国前期に対する全面的検討はなされずにいたのである。だが、だからといって、本書は、民国前期も「再評価」しようというのではない。むしろ再評価のパターン化を避け、档案に即して「事実」を示し、「評価」の束から少しでも離れたところで外交史を再構成しようという試みである。

(4) 使用する档案の大部分が中華民国北京政府外交部の残したものなので、本書での叙述の主語はほとんど北京政府となる。だが、対象を「中華民国前期」だとして、「中華民国北京政府の外交」としなかったのは、後述のとおり、広東政府や地方政府も分析対象に含めようとするためである。また、アーカイヴァル・アプローチの陥り易い問題性の一つに、アーカイヴの世界を重視するあまり、時代思潮を見落とす可能性がある。本書は、当時の外交をめぐる言論を対象とする点で、この思潮もまた相対化しようとする面があるが、新聞・雑誌により問題を必要な範囲でカバーする。

(5) 清末民初の時期にあって、どの政権のどの外相の時代にいかなる施策がとられたのか、それを支えたブレーン層は誰で、どのような議論があり、それがいかに立案され、実行にうつされたのか。こういった単純とも言える叙述が、これまでの中国近代政治史研究では不足していたように思う。こうした内閣、外相ごとの政策については今後の課題としたい。

(6) 外交档案を見る限り、孫文や「軍閥」などと称される人々の意向が外交の場に現れることは稀で、主人公はむしろ海外留学から戻った若手外交官(僚)たちであった。

(7) このように中国の外交档案に依拠し、同時代性と当事者性を重視すると、「列強」による侵略を捨象し、過度に内在性を強調することになる懸念がある。「帝国主義の侵略とそれへの抵抗」というかつての歴史の物語については確かに問題が多いが、清末から民国期の中国の主権が侵害されていた事実、その影響の大きさについて看過することは決してあってはならないし、その状況の解明が「帝国主義とそれへの抵抗」という枠にとらわれないかたちで急がれるべきである。本書は、今後の「列強」との関わりについての本格的研究の展開への備えでもある。

(8) こうした方向性と「強国」、「富強」となるという論理が同時代的にいかに結合し、それが一九二〇年代に入り、ナショナリズムや社会主義という潮流とどのように絡むかは、今後の政治思想史的課題だろう。

(9) この文明国標準を満たすためには、当然国内における諸制度整備など内政も重要なのだが、外交官たちには直接内政をおこなうことは困難であったし、長期間にわたって海外にある彼らにとって内政問題は比較的縁遠い問題であり、内外からも中国の外交官は内政がわからないという評価を受けることがあった。

(10) 実際のところ、文明国としての外交を担った人々の多くは、一九四五年から四九年の内戦期以降、中華民国とともに台湾に行くか、外国に移住するなどして、中国大陸に残らなかったということもあって、中華人民共和国外交史、あるいは戦後の中華民国外交史のありかたに影響を及ぼさなかった。拙稿「顧維鈞——その国際的名声と国内的孤立」(佐藤慎一編『近代中国の思索者たち』

大修館書店、一九九八年所収）参照。

（11）濱下武志『朝貢システムと近代アジア』（岩波書店、一九九七年）、茂木敏夫『変容する近代東アジアの国際秩序』〈世界史リブレット41〉（山川出版社、一九九七年）。

（12）当時の知識人と文明については、佐藤慎一『近代中国の知識人と文明』（東京大学出版会、一九九六年）に詳しい。

（13）拙稿「従廃除不平等条約史看『外交史』的空間」（『近代史学会通訊』第一六期、中国近代史学会、二〇〇二年十二月、一一―一四頁）。

（14）前掲拙稿「顧維鈞――その国際的名声と国内的孤立」。

（15）このような中央政府に対する意見具申のありかたは、清末との連続性、特に戊戌変法において上奏に関する諸制限が撤廃されてからの連続性の中で考えるべきであろう。また、「通電」は清末から民国期に用いられた意思伝達方法である。中央・地方政府をはじめとする組織・団体あるいは個人が、自らの見解を「公」に示すべく、政府や組織、新聞社、著名人など宛に電報（快郵代電という郵便のこともある）を同時に発する。その内容は誰々の通電として新聞に掲載される。議会が停止することの多かった中華民国前期において、通電は「公論」を形成する上の手段として重要な役割を果たした。拙稿「華盛頓会議与北京政府的籌備――以対外「統一」為中心」（『民国研究』第二期、一九九五年七月、一一三―三三頁）参照。

（16）現代中国における「近代性」については、思想史的な検討が必要である。筆者は、一九五〇―六〇年代において「中華民国」、「満洲国」、「汪精衛政権」がターゲットにされ、打倒の対象となったのは、正統性や日本の問題、傀儡性のほかに、「西洋的近代性の払拭」という側面があったからであろうと考えている。文革はそれをいっそう推進したものであり、ここにおいて清末以来の「近代性」への希求は一旦断絶したとみるべきであろう。だが、一九七八年以降の中国の変容を見るとき、人権や政治参加の権利の面はさておき、「近代性」がふたたび中国的な意味での「文明」、「先進」などとして生活レヴェルでも再浮上しているように感じられる。

（17）Immanuel C. Y. Hsu, *China's Entrance into the Family of Nations : the Diplomatic Phase, 1858-1880*, Harvard University Press, 1960. Yongjin Zhang, *China in the International System : The Middle Kingdom at the Periphery*, Macmillan, 1991. 唐啓華『北京政府與国際連盟（一九一九―一九二八）』（東大図書公司、一九九八年）。

（18）このような区別の方法は細野浩二が既に議論している。細野浩二「『西洋の衝撃』をめぐる日本と中国の態様――国際法の法的規範への対応の条理とその特質」上・下（『早稲田大学大学院　文学研究科紀要』〈哲学・史学編〉三六・三七輯、一九九〇年・一九九一年）参照。

（19）濱下前掲書『朝貢システムと近代アジア』参照。

(20) 木間正道・高見沢磨・鈴木賢『現代中国法入門』第三版（有斐閣、二〇〇三年）。

(21) 出使俄奥大臣楊儒が参加し、各条約に調印した（田涛主編『清朝条約全集』〈光緒朝〉黒龍江人民出版社、一九九九年、一〇四四―一六八頁）。しかし、総理衙門の判断は、陸戦条約については批准不要で、そのほかの条約についても批准を妨げないといった程度であった。そして義和団事件が生じたため、批准がおこなわれないまま放置され、日露戦争勃発後の光緒三十年六月になってようやく出使俄国大臣胡惟徳を通じて批准書がオランダに送られ、批准に至ったのであった。光緒三十年三月「己丑、外務部奏」（『光緒朝東華録』第五冊、中華書局、五一―六九頁）、光緒三十年十月「外務部奏」（同上書、五二五〇頁）。この件は、日本側の外務省記録でも確認ができる。「第一回万国平和会議一件」（第八巻、二・四・一―二）にある、明治三十八年一月十日起草［十六日発］小村大臣ヨリ内閣総理大臣宛「清国ニ於テ海牙万国和平会議ニ関係セル条約及宣言ノ批准書ヲ寄託シタルノ件」では、中国が一九〇四年十一月二十日に、批准書をオランダ国政府に寄託していたこと、それを駐日オランダ公使であるスウェルツ・ランダスから確認したことが述べられている。また、「第一回平和会議ニ於テ一八九九年七月二九日調印ノ下記諸条約宣言ニ関スル批准書並ニ加盟通知書ノ寄託一覧表　ハーグ　一九〇七年九月」（同上文書）では、清が「国際紛争平和的処理条約そのほか」には一九〇四年十一月二十一日に、また「陸戦法規慣例に関する条約」には一九〇七年一月三十日に調印したことが示されている。

(22) 光緒三十年八月二十八日収、駐俄国大臣胡惟徳函（外務部档案〇二-二一、一-一）。以下、特に断らない場合、台湾中央研究院近代史研究所档案館所蔵の外交档案を、「総理衙門档案」、「外務部档案」、「外交部档案」とする。なお、このときのロシアの対応については、当時日露戦争がおこなわれており、ロシアが中立国である中国の協力を必要としていたことを想起する必要がある。ロシアから見て、中国は中立と言いながら日本よりであると考えられていた。

(23) 光緒三十三年八月十五日収、専使陸大臣等致本部電（外交部档案〇三-三四、一-一）。この第二回平和会議で、清はアメリカの理念に強く賛同している。この点、後のウィルソン主義への共鳴に通じる部分がある。なお、先の平和会議で定められた赤十字については、清は日露戦争にはじめて適用、北洋大臣が管轄した。外務部档案〇二-二一、一三-一など参照。なお、陸徴祥は、清を三等国扱いにしようとした日本への警戒感を強く認識し、それを外務部に提言した。これは、同時期に多くの留学生が日本を訪れ、「友好の時代」として評価されるのと対照的である。そして、この会議で国際社会を認知した陸こそが民国前期に外交総長などとして、顧維鈞らの外交を背後から支えたとする見解がある。唐啓華「周辺としての中国――二〇世紀初頭の国際組織における中国と日本」（横山宏章・久保亨・川島真編著『周辺から見た二〇世紀中国』（中国書店、二〇〇二年所収）参照。

(24) 光緒三十三年日付不明、汪大燮第一七六書簡（『汪康年師友書札』第一巻、上海古籍出版社、一九八六年、九七六頁）。

(25) 光緒三十三年十一月二十二日収、汪大燮第一七七書簡（同上書、九七一頁）。

(26) 民国元年十一月二日収、臨時大総統令（外交部档案〇三-三五、二一-一）。なお、大総統に対して要請したのは、外交部外政司であ

った。民国元年十月三十日発、大総統呈「請派大員研究海牙保和会」（同上档案）。
(27) 民国二年五月十日発、大総統呈（外交部档案〇三-三五、一-一）。
(28) この作業は、中華民国における国際法受容に一定の役割を果たすことになったと考えられる。この組織は英米日の各公使館に平和会議に関する公私書籍の収集を命じている。日本からは、ハーグ平和会議日本代表団の随員でもあった長岡春一の『国際法考載』が取り寄せられ、徐樹錚の手によって印刷に付されている。民国元年十二月二十二日収「保和会準備会第一次会議記録」、民国二年一月十八日収「保和会準備会印刷品」（外交部档案〇三-三五、三-一）。
(29) 民国二年日付不明発、大総統呈（外交部档案〇三-三五、一-一）。
(30) 中国の場合、日本と異なり、敗戦により不平等条約を締結したため、戦争に勝てる「強国」とならなければ、国権回収は実現できないという方向性があった。これは「文明国化」により不平等条約を改正する方向性と同一ではないが、「強国」への志向性は「国際的地位の向上」、ひいては「列強に伍する大国化」というかたちで「文明国化」と絡み合い、そして一九二〇年代以降は国民党によるナショナリズムと強固に結びつき、世界大戦の主要戦勝国となることで「大国」としての地位が確保されるはずであった。
(31) このカテゴライズは、一九九九年十月十三日に北海道大学法学部で開かれた、「法形成ランチォン」における長谷川晃の報告に触発された部分が大きい。長谷川には、「アジア社会における普遍法の形成」（『北大法学論集』五〇巻三号、一九九九年九月）がある。
(32) 日本は、恐らくこの第二の時期が短く、すぐに第三の時期に入ろうとしたのに対し、中国ではこの第二の時期に多くの時間を費やしたのではないだろうか。
(33) これら一連の交渉過程は、「日本国換約」（総理衙門档案〇一-二一、五二-二）や「日本照会」（同上档案〇一-三三、四一-一）に示されている。
(34) 本書が中国近代外交の形成をタイトルとしたのは、それが完成したものではなく、多くの葛藤の中で形成されていたということを含意してのことである。
(35) 拙稿「中国における万国公法の受容と適用・再考」（『東アジア近代史』三号、二〇〇〇年三月、三五—五五頁）。
(36) 光緒十四年五月初六日「直督李鴻章致総署韓違約遣使欧州酌擬辦法函」（『清季外交史料』巻七六、六—七頁）。朝鮮との関係は第Ⅲ部で詳述する。
(37) 民国元年（一九一二年）における外務部から外交部への変更における外務と外交は、後述するように、名称変更的な色彩が強い。
(38) そのナショナリズムにともない現代中国への関心が高まり、特に民国史研究者が一九四〇年代から現代へと、また現代史研究者が民国期へと、越境することが盛んになりつつある。
(39) 一九九九年に制作された映画「我的一九一九」はこうした外交史の再位置づけについての象徴である。この映画は、顧維鈞を主人公とし、そのパリ講和会議での活動を追うのだが、従前のように北京政府の外交を「売国」として扱わない。エンディングでは、ヴェルサイユ条約不調印を評価し、「これこそ中国が史上初めて世界にNO！と言った瞬間である」という字幕が現れる。

（40）坂野正高の指導教官である植田捷雄もこれに同調している。植田捷雄『東洋外交史』上・中（東京大学出版会、一九七四年参照）。なお、東洋文化研究所で植田を指導教官としていた衛藤瀋吉の著書『近代中国政治史研究』（東京大学出版会、一九六八年）「第六章　ヨーロッパ近代との政治的対決」においても、西洋と東洋の対峙・衝突という文脈で一九世紀後半が描かれている。フェアバンク門下では、Immanuel C. Y. Hsu（徐中約）, *op cit.* がこの方面の継承者の代表だろう。坂野と徐の手法の相違については、坂野正高『近代中国政治外交史』（東京大学出版会、一九七三年、五八二―八三頁）参照。なお、こうした方向性での整理は、最近の内外のテキストにおいても採用されている。たとえば梁伯華『近代中国外交的巨変――外交制度与中外関係的研究』（台湾商務印書館、一九九〇年）、小島晋治・並木頼寿編『近代中国研究案内』「外交」（岩波書店、一九九三年）。

（41）岡部達味「中国外交の古典的性格」（『外交フォーラム』一〇〇号、一九九六年十二月）。

（42）J・K・フェアバンク『中国　社会と歴史』上（市古宙三訳、東京大学出版会、一九七二年、一四九―五〇頁）。

（43）坂野前掲書『近代中国政治外交史』、および Banno, Masataka, *China and the West : The Origins of Tsunli Yamen*, Harvard University Press, 1964.

（44）しかし、当時の日本の中国研究の動向を反映して、坂野正高の著作はこれとは異なる方向から批判を受けた。「中国の半植民地化が進められていく事態をどう評価するのか、とくに最恵国条款は欧米諸国が協力してアヘン戦争後の中国を侵略し、半植民地化していくうえに有力な作用を及ぼしていくことになるが、そうした側面に関する一言の言及さえなされていないのはどういうことなのだろうか。坂野氏のこのテーマへの関心はただ『歴史』的関心に止まっているのだろうか。惜しまれる」（三浦徹明「中国近代」『史学雑誌　回顧と展望　一九七〇年の歴史学界』一九七一年六月）。

（45）日中外交史についても、日本側の外交文書を使用した研究が先に蓄積されたために、日本の対中政策史か日中外交史のようになってしまった面がある。この大きな欠落を補うこと、これも中国外交档案を使用することの意義として第一に認められなければならないことであろう。

（46）最初に日本の学界に台湾に所蔵される外交档案を紹介したのは坂野正高であった。坂野正高「中央研究院近代史研究所の外交档案――特に『四国新档』と『辦理撫局档案』について」（同前掲書『近代中国外交史研究』所収）。だが、当時は利用に制限もあり、これに依拠した研究が十分に展開される条件は整っていなかった。

（47）坂野正高『中国の近代化と馬建忠』（東京大学出版会、一九八五年、五頁）。なお、坂野の外交官研究として「張蔭桓著『三洲日記』（一八九六年刊）を読む――清末の一外交家の西洋社会観」（『国家学会雑誌』九五-七・八、一九八二年七月）がある。

(48) 茂木敏夫は坂野正高の馬建忠研究について以下のように評している。「坂野氏を含めてこれまでの研究は、伝統―近代の座標軸において近代の側に立って、彼が伝統を脱してどれだけ近代に近づいていたか、そしてこれを従来の清末思想史研究の文脈に置くと、洋務（＝機器・軍事論）を脱してどれだけ変法（＝制度論）に近づいていたかという、伝統・旧中国との断絶面に近代の側から光をあてた研究になっている」。茂木敏夫「馬建忠の世界像　世界市場・「地大物博」・中国―朝鮮宗属関係」（『中国哲学研究』七号、一九九三年）。

(49) 佐藤前掲書『近代中国の知識人と文明』（四七頁、原載「文明と万国公法」祖川武夫編『国際政治思想と対外認識』創文社、一九七七年所収）。

(50) 佐藤慎一「鄭観応について――万国公法と商戦」(1)(2)(3)（『法学』四七‐四、四八‐四、四九‐二、一九八三年八月―八五年六月）。

(51) 佐々木揚「郭嵩燾（一八一八―九一）の西洋論――清国初代駐英公使が見た西洋と中国」（『佐賀大学教育学部論文集』三八‐一・二、一九九〇年）。このほかに佐々木には、「郭嵩燾における中国外交と中国史」（『佐賀大学教育学部論文集』三七‐一、一九八九年）がある。

(52) 佐々木揚には、このほかにも①ロシアと極東問題を扱った諸論考や、②マーク・マンコールといった海外の中国研究者の議論の紹介・批評、③同治年間の清日関係、さらには④一八八〇年代の官僚による外国事情調査関連の論文がある。代表的なものに、①同「一八八〇年代における露朝関係」『韓』（一〇六号、一九八七年五月）、同編訳『一九世紀末におけるロシアと中国』（巌南堂書店、一九九三年）、②同「清代の朝貢システムと近現代中国の世界観㈠　マーク・マンコールの研究について」（『佐賀大学教育学部論文集』三四‐二、一九八七年一月）、同「清代の朝貢システムと近現代中国の世界観㈡　マーク・マンコールの研究について」（『佐賀大学教育学部論集』四二‐一、一九九四年）、③同「同治年間における清朝官人の対日観について――ジョン・シュレッカーの研究について」（『佐賀大学教育学部論文集』三五‐二、一九八八年三月）、同「『封建』『郡県』『大同』と中国革命――日清修好条規締結に至る時期を中心として」（『佐賀大学教育学部論文集』三一‐二、一九八四年）、同「同治年間後期における清朝洋務派の日本論――李鴻章の場合を中心として」（『東洋史研究』四四‐三、一九八五年十二月）、④同「洋務運動期における清朝の外国事情調査――一八八七年の游歴官派遣」（川勝守編『東アジアにおける生産と流通の歴史社会学的研究』中国書店、一九九三年所収）、同「一八八〇年代末における清朝官僚の外国事情調査」（『中国　社会と文化』八号、一九九三年六月）。なお、佐々木は一部の論文を採録した『清末中国における日本観と西洋観』（東京大学出版会、二〇〇〇年）を公刊している。

(53) アジア国際政治の分析モデルについては、田中明彦が「アジア国際政治についての四つのモデル」としてまとめている。①近代的視角―現実主義モデル、②近代的視角―リベラル・モデル、③伝統的視角―中華思想モデル、④伝統的視角―海域中世モデル。斎藤次郎・濱下武志共編『アジア大混乱』（ＮＴＴ出版、一九九八年、二九四―三〇二頁）。

(54) 濱下武志『近代中国の国際的契機――朝貢貿易システムと近代アジア』（東京大学出版会、一九九〇年、一―二頁）。
(55) こうした方向性は、一九八四年の社会経済史学会の共通論題「近代アジア貿易圏の構造」（杉原薫・川勝平太・濱下武志）により提起された。杉原薫『アジア間貿易の形成と構造』（ミネルヴァ書房、一九九六年、三九五頁）。
(56) 濱下前掲書『近代中国の国際的契機――朝貢貿易システムと近代アジア』（二八頁）。
(57) 同上書（二一九頁）。
(58) 同上書（六頁）。
(59) しかし、その後、濱下の議論は韓国や中国の学界において批判にさらされることになった。拙稿「アジアから見た『アジア』、『地域』そして『周辺』――東アジアの歴史学界の断層面」（横山宏章・久保亨・川島真編『周辺から見た二〇世紀中国』中国書店、二〇〇二年所収）参照。
(60) 濱下前掲書『朝貢システムと近代アジア』（v頁）。
(61) 濱下武志「宗主権の歴史サイクル　東アジア地域を中心として」（『歴史学研究』六九〇号、一九九六年十月、増刊号）。なお、この議論は、田中明彦『新しい「中世」　二一世紀の世界システム』（日本経済新聞社、一九九六年）に通じるものがある。
(62) 濱下同上論文。
(63) 内在論は、時に過度に「内的コンテキスト」に映る部分を強調したり、あるいは「外」からの衝撃や、「外」を含んだ総合的な視点を欠きがちになるという危険性を秘めている。
(64) 籠谷直人「一八八〇年代のアジアからの『衝撃』と日本の反応」（『歴史学研究』六〇八号、一九九〇年七月）、同「アジアからの『衝撃』と日本の近代　中国人貿易商の『団結力』に注目して」（『日本史研究』三四四号、一九九一年四月）、古田和子「上海ネットワークの中の神戸」（『年報　近代日本研究』一四号、山川出版社、一九九二年）、同「アジアにおける交易・交流のネットワーク」（平野健一郎編『地域システムと国際関係』〈講座　現代アジア4〉東京大学出版会、一九九四年所収）。ただし、このようなアジアからの衝撃論については昨今疑義が呈されている。高村直助「開港後の神戸貿易と中国商人」（『土地制度史学』一七六号、二〇〇二年七月）。他方、濱下の議論に対する批判としては、本野英一「アジア経済史研究者からの三つの質問」（川勝平太編『グローバル・ヒストリーに向けて』藤原書店、二〇〇二年所収）がある。
(65) Motono, Eiichi, *Chinese-British Commercial Conflicts in Shanhai and the Cokkapse of the Merchant-Control System in Late Qing China, 1860-1906*, Unpublished D. Phil dissertation, University of Oxford, Trinity Term, 1994.
(66) 岡本隆司「開港と朝貢のあいだ――五港開港時代の福州を中心に」（『宮崎大学教育学部紀要』〈社会科学〉八一号、一九九六年九月）。

(67) このような議論は、華僑の活動を重視しようとする点で濱下の議論に通じるところがある。昨今では、一九九〇年代における華僑ネットワーク重視の傾向が見直されつつある。なお、本書では、「通商」の面から民国前期の外交を捉える部分は設けていないが、外交官たちにとって彼ら自身が企業家だった側面があっただけでなく、通商における国益の保持こそが「近代」外交に求められ、またそれができてこそ国民の支持を獲得できたので、通商を検討することは民国前期の外交を考える上でも極めて重要である。この点は今後の課題となろう。

(68) ウェスタンインパクト論と茂木の視点の双方を包摂した概説書として、並木頼寿・井上裕正『中華帝国の危機』〈世界の歴史19〉（中央公論社、一九九七年）がある（特に第七章「国家建設の構想」）。だが、この茂木の議論も朝鮮側の史料をふくめた総合的な検討が必要だと思う。

(69) 茂木敏夫『変容する近代東アジアの国際秩序』〈世界史リブレット41〉（山川出版社、一九九七年、三頁）。なお、清末を「本来の多様性としての中国が、国家に収斂された均質性としての『中国』に変容していく過程」と明確に示すなど、同上書の背景となっている論考には以下のものがある。同「中華帝国の『近代』的再編と日本」（大江志乃夫編『植民地日本』〈近代日本と植民地1〉岩波書店、一九九二年所収）、同「中華世界の『近代』的変容」（濱下武志他編『地域システム』〈アジアから考える2〉東京大学出版会、一九九三年所収）、同「清末における『中国』の創出と日本」（『中国　社会と文化』一〇号、一九九五年）がある。なお筆者は、このような「中国」創出論に対して、公刊外交史料における「中国」の使用例から、自称としての「中国」が「天朝」にとって代わる時期を咸豊・同治年間とし、茂木の主張する「中国」の創出過程と用語の使用が一致しないということを述べたことがある。拙稿「天朝から中国へ——清末外交文書における「天朝」「中国」の使用例」（『中国　社会と文化』一二号、一九九七年六月）。

(70) 拙稿「中華民国北京政府の対非列強外交」（中央大学人文科学研究所編『民国前期中国と東アジアの変動』中央大学出版部、一九九九年所収）。民国初期のチベット交渉などに関する外交档案を見ると、中華民国側がダライラマを冊封することが、主権がチベットに及んでいることの表現であると考えていたことがわかる。

(71) 拙稿「中国における万国公法の受容と適用・再考」（『東アジア近代史』三号、二〇〇〇年三月）。

(72) 拙稿「清末における留学生『監督』行政」（大里浩秋・孫安石編『中国人日本留学史研究の現段階』御茶の水書房、二〇〇二年所収）。

(73) だが、重慶時代に出版された外交史関連研究は、国民政府期の記述に関する限り、驚くほど詳細かつ正確で、陳体強の研究も未だに誰ものりこえられない状況にある。

(74) 藤井のワシントン会議関連の論文としては以下のものがある。「『平和』からの解放」（日本政治学会編『国際緊張緩和の政治過程』岩波書店、一九七〇年所収）、「ワシントン会議と中国の民族運動」（『東洋文化研究所紀要』五〇号、一九七〇年十二月）、「ワシントン体制と中国」（『国際政治と国内政治の連繫』、『国際政治』四六号、一九七二年十月）など。

(75) 本書については一九九八年七月に近代中国政治外交史研究会ワークショップ「民国初期外交史研究の課題と展望——唐啓華先生の近業によせて」（於学士会館、塚本元・川島真主催、二五名参加）が開かれ、活発な討論が交わされた。なお、拙稿「書評・唐啓華『北京政府與国際連盟（一九一九—一九二八）』」（『東洋学報』八二-一号、二〇〇〇年六月、一四七—五四頁）がある。

(76) 拙稿、書評「塩出浩和『可能性としてのマカオ——曖昧都市の位相』」（『公明新聞』一九九九年十二月六日）。

(77) 台湾では複数の研究者によって、経済関連档案の所在状況がまとめられた。林満紅主編『台湾所蔵中華民国経済档案』〈档案調査報告1〉（中央研究院近代史研究所、一九九五年）。

(78) 拙稿「中華民国外交档案保存・公開の現状」（『東北アジア近現代史研究会 NEWS LETTER』六号、一九九四年十二月）。

(79) 清代については、総理衙門档案が台北の中央研究院近代史研究所に残されているが、北京の第一歴史档案館には目録も残されていない。だが、台北の総理衙門档案は決して網羅性のあるものではないので、今後とも調査が必要である。特に、『籌辦夷務始末』をはじめとするこれまでの清末の基本外交関係史料が総理衙門档案ではなく、軍機処档案を軸に構成されているということを考えれば、この史料の重要性がわかるであろう。他方、外務部档案は、台北と北京に二分されている。だが、北京第一歴史档案館分については、一旦北京大学歴史系に預けられ、各国別に史料集の編纂が進められたが、一部を公刊した段階で、経費を取得した第一歴史档案館に再び戻された。日本関連のものもここに含まれる。こうした経緯があるので、外務部档案は長い間「整理中」であり、一般の閲覧には供されていない。

(80)「各項条陳」（外務部档案〇二-一四、一四-二）。但し、図書については、イタリア軍に持ち去られた可能性がある。

(81) ただ、呉成章『外交部沿革紀略』（民国二年）によれば、義和団事件によって档案は大いに乱れ、外交部の時代になって清档房が設けられても、それを専属で扱う官僚がいなかったため、荒れ放題であったとのことである（二四—二五頁）。

(82) 以下の記述は『外交年鑑』などに基づく。

(83) 民国十七年九月二十五日外交部総務司収、北平档案保管処祁鵬ヨリ摺呈「条陳籌議保管辦法並職員名冊」（「外交部北平档案保管処案」国史館所蔵・外交部档案〇四四〇-一三三〇）。

(84) 旧北京政府の人員が北平に残り档案を整理したのは外交部だけではなかった。国民政府内部では、民国二十二年に内政部などを中心に「文書档案改革運動」が起こるが、北平では清代以来の档案が旧北京政府官僚によって着々と整理されていっていたのである。

(85) 民国十七年九月二十五日外交部総務司収、北平档案保管処祁鵬ヨリ摺呈「摺呈辦理接管档案情形」（注(83)に同じ）。

(86) この移動と国民政府が企図していたとされる洛陽遷都との関係は不明である。
(87) この時、図書は上海経由で南京に運ばれた模様である。一九三八年一月に日本軍が南京で接収したという外交部図書五万二〇〇〇冊に、北平から運ばれた図書が含まれていた可能性もある。これらは戦後、国民政府に返還された。
(88) なぜ洛陽であるかという問題については、国民政府の洛陽遷都計画と関連があることが想定されるが確証がない。今後の課題としたい。
(89) 中央研究院近代史研究所に残された北京政府外交档案は、条約司・政務司・通商司などの部署別に整理されているわけではなく案件別なので上記の国民政府期初期の整理法に合致しない。この変化について考える上で、戦争中、重慶政府内部で外交史料の整理委員会が設けられていたことは注目に値する。この整理委員会での整理が現在の保存形態に決定的な影響を与えている可能性もある。この委員会についての档案は国史館に僅かに残されている程度であるが、今後の課題としたい。「戦後外交資料利用研究」（民国三十二年一月―十二月、国史館〇六六〇・〇九／六三二二・〇一‐〇二）。
(90) 筆者の外交档案をもちいた研究については、『史学雑誌』の「回顧と展望」（二〇〇〇年六月）において、金田真滋から、坂野正高の研究よりも方法論的に後退しているのではないかという批判を受けた。これは、イギリスをはじめとする諸外国の史料を使用し、また通商関係をふまえたかたちで外交史を記述する坂野の手法と比べて、筆者のように中国の外交档案に依拠して問題をたてる手法に対して疑義が呈されたということであろう。これは批判されてしかるべき点であると思うが、これまでの中国外交史の研究史において、中国外交档案に依拠した研究がほとんどおこなわれていないということを考えれば、外交档案に依拠した研究が必要になるのではないかと考える。当時の列強の外交文書から問題の枠組みをつくり、そこから中国を見るのではなく、中国外交档案の世界を再現しようという試みが本書なのである。また、本書は対外関係のみならず、当時の中華民国内部の状態に多くの記述を割くことになるが、こうした点については外交档案のほうが利用価値が高い。外交档案の半数ちかくは国内とのやりとりなのである。ただ、だからといって外国の外交文書を参照しないということではない。必要に応じて、可能な範囲で外国の外交文書も参照する。だが、あくまで本書での主眼は、外交档案に依拠して、当時の外交当局者の観点を再現していくことにある。
(91) 拙稿「『顧維鈞回憶録』的史料価値初探――従哥倫比亜大学収蔵、未収入回憶録之档案内容来探討」（復旦大学中外現代化進程研究中心・復旦大学歴史学系編〔金光耀主編〕『顧維鈞与中国外交』上海古籍出版社、二〇〇一年所収）。

第Ⅰ部はじめに

(1) 坂野正高『現代外交の分析――情報・政策決定・外交交渉』（東京大学出版会、一九七一年）のⅠ「外交とは何か」に詳しい。本書も、この坂野の整理にしたがう。

(2) 同上書(七頁)。

(3) 当時の清がこの不平等性を認知したか否かは別の問題である。坂野正高は、同治年間になると、外国語を条約正文とすること、最恵国条款を自己に不利なものとして認識していたとしている。坂野正高『近代中国政治外交史――ヴァスコ・ダ・ガマから五四運動まで』(東京大学出版会、一九七三年、二八一―八二頁)。

(4) 同上書(八―九頁)。「外交とは、交渉による国際関係の処理であり、大公使によってこれらの関係が調整され処理される方法であり、外交官の職務あるいは技術である」。これがニコルソンがオックスフォード英語大辞典でおこなった定義である。H・ニコルソン『外交』〈UP選書〉(齋藤真・深谷満雄訳、東京大学出版会、一九六八年初版、七頁)。現在も、*Oxford English Dictionary* の diplomacy の項目は、この定義が採用されている。

(5) 坂野前掲書『現代外交の分析――情報・政策決定・外交交渉』(九―一一頁)。

(6) 同上書(一〇頁)。坂野がこのように論じるのは、馬建忠など清末の(開港場)知識人の対「外交」観を踏まえていたからであろう。坂野によれば、馬はヨーロッパの国際関係の変遷をギリシャ・ローマから詳細に検討し、バランス・オブ・パワー(「均勢之局」)が成立する状況において初めて「外交」(「交渉之道」)が機能し得ることを指摘し、ウェストファリア条約とウィーン会議を経て、このバランス・オブ・パワーが全ヨーロッパに広まったとしているという。坂野正高『中国近代化と馬建忠』(東京大学出版会、一九八五年、二八一―二九頁)。

(7) 坂野前掲書『近代中国政治外交史』(七七頁)。

(8) 佐藤慎一「万国公法」(加藤友康他編『歴史学辞典――戦争と外交』弘文堂、一九九九年所収、五八五―八六頁)。また筆者は「洋務・外交機関」として定義してきた。拙稿「総理衙門」(天児慧他編『岩波現代中国事典』岩波書店、一九九九年所収、六六三頁)。

(9) 他方、多くの中国外交の起源を語るテキストも、それを春秋戦国時代に求める(朝貢体制を外交とするか否かは個別的)。入江啓四郎も、「周制上の封建秩序は、主権平等国家間の国際法秩序ではなかった」としながらも、春秋時代に入ってからは、「諸侯間の関係は、均しく封建秩序の下にありながらも、独立諸国間の関係に近似するようになった。それは準国際法関係を構成するものであった」とし、相互関係を規制したものとして「礼」を想定し、礼を周代の実定法兼慣習法として議論を進めている。また、中国語で出された外交通史のようなテキストには、春秋のみならず、冊封・朝貢体制下の諸関係も外交の一部としている。入江啓四郎『中国古典と国際法』(成文堂、一九六六年、一頁)。だが、北京政府外交部としては「古有聘問之使、無所謂外交也」という見解を示していた。呉成章『外交部沿革記略』(原書は一九一三年公刊、沈雲龍主編『近代中国史料叢刊』三編二五集)。なお、民国前期には各省が北京や上海に事務所を開設し、人員を駐在させることがあった。こうした「省際関係」は今後の研究課題である。これは現在の中国にも見られる現象なので、現状分析も求められるところである。
（10）陳体強『中国外交行政』（商務印書館、一九四五年、一頁）。
（11）同上書（二頁）。
（12）同上書（六頁）。
（13）茂木敏夫『変容する近代東アジアの国際秩序』〈世界史リブレット〉（山川出版社、一九九七年、八一頁）。
（14）陳体強前掲書『中国外交行政』（五〇—五一頁）。
（15）前掲拙稿「総理衙門」参照。
（16）呉成章前掲書『外交部沿革記略』甲（二頁）。

第Ⅰ部第一章

（1）歴史学ではあまり議論されないが、アリソンモデルのうち、個々の組織がそれぞれ合理的に各々の目標に向かうことによって、国家や政府の政策からみれば多少異なる表象が見えてくるという組織モデルが、組織と政策決定の関わりを示す好例であろう。中国の外交政策とアリソンモデルについては、国分良成「中国政策決定モデル試論」（小島朋之・家近亮子編『歴史の中の中国政治』勁草書房店、一九九九年所収）参照。
（2）濱下武志『近代中国経済史研究——清末海関財政と開港場市場圏』（汲古書院、一九八九年、ⅴ頁）。
（3）坂野正高『現代外交の分析——情報・政策決定・外交交渉』（東京大学出版会、一九七一年）、特に第三章「外務省」参照。
（4）外務省百年史編纂委員会編『外務省の百年』（原書房、一九六九年）、三上昭美「外務省の設置——わが国外政機構の歴史的研究」㈠（日本国際政治学会編『国際政治』〈日本外交史の諸問題Ⅰ〉第三・四号合併号、一九六三年七月）、同「太政官制下における近代外政機構の形成」（『中央大学文学部紀要』三六号、一九九一年）、同「外政機構の確立に関する一考察——わが国外政機構の歴史的研究」㈡（『国際政治』〈日本外交史の諸問題Ⅱ〉第二号、一九六四年四月）。
（5）特に、第一九章参照。
（6）一方、日本や欧米ではウェスタンインパクト論に依拠した坂野正高やビガスタフの総理衙門研究があるものの、両国のいわゆる「民国史」研究では、金子肇が総統と議会の関係を「議会専制」という制度面から説明している程度で、ほとんど研究されていない。それは、当時の中華民国は混乱しており、制度はあっても有名無実だとする見解があるからであろう。他方、日本では孫文の考案していた政治制度については、藤井昇三らを中心に研究史が独自の発展を見せていたが、それは一種の政治思想史的研究であって、実際の政治や行政とはいささか距離のあるものであった。

（7）拙稿「総理衙門」（天児慧他編『岩波現代中国事典』岩波書店、一九九九年所収、六六三頁）参照。
（8）坂野正高「『総理衙門』設立の背景」㈠㈡㈢（『国際法外交雑誌』五一‐四・五一‐五・五二‐三、一九五二年八月・一九五二年十月・一九五三年六月）のうち、㈠の「まえがき」部分。なお坂野には、「総理衙門の設立過程」（東洋文庫近代中国研究委員会編『近代中國研究』第一輯、一九五八年一月）もある。これらは、現在も総理衙門研究の最高水準のものであるが、昨今、呉福環『清季総理衙門研究』（新疆大学出版社、一九九五年）などが公刊されている。
（9）これらの諸機関は皇帝直属で、基本的に横並びの関係にあった。
（10）この時期の「平等」は、むしろ諸外国が清側に要求するものであって、清側の方が不平等的な地位におかれているという認識ではなかった。これは不平等条約改正の問題を考える上で重要な点であろう。茅海建『天朝的崩潰』（生活・読書・新知 三聯書店、一九九五年、四八二頁）。
（11）一八五九年のアメリカ公使ウォードを接見したのは、欽差大臣でもある大学士と吏部尚書であったし、ロシア政府の使節であるピエロフスキー、イグナーチエフに対しても理藩院関係者が接見した。
（12）『籌辦夷務始末』〈咸豊朝〉七一巻（一九頁）、また七二巻（一―二頁）。
（13）同上史料七二巻（二二頁）。
（14）同上史料七二巻（二七―三五頁）。
（15）同上史料七三巻（一〇―一二頁）。極めて興味深いのは、彼らが担当していた外交文書が軍機処の方略館にあったことである。この時期までは方略館がこの方面の文書庫であり、情報タンクの役割を果たしていた。
（16）総理衙門自体は、恭親王自身が執務をとっていた嘉興寺が当てられたが、やがて東堂子胡同にある鉄銭局公所がこれに当てられた。建物は修繕を加えても簡素であったが、門だけは衙門の大門らしくした。
（17）『籌辦夷務始末』〈咸豊朝〉七一巻（二〇―二一、二七―二八頁）。恭親王は、天津の大臣には欽差大臣の資格を与えないこと、武備院卿恆祺は北京に召還して総理衙門勤務にさせ、代わりに崇厚か崇綸を当てることを提案した。
（18）坂野前掲論文「『総理衙門』の設立過程」（六六頁）参照。
（19）『籌辦夷務始末』〈咸豊朝〉七一巻（二四頁）、七二巻（二頁）。
（20）だが一八八〇年代後半以降も、国境問題などのうち南北洋大臣の管轄から外れていた案件については、総署が依然として指導力を有していた可能性もある。こうした点については今後の研究が待たれる。
（21）一八八〇年代から九〇年代にかけて外交思想がいかに展開し、いかなる改革論があったのかということについては、戊戌変法期の改革論の系譜を知る上でも重要である。薛福成や黄遵憲など一部の外政官僚については検討したことがあるが、詳細は今後の研究課題としていきたい。

(22) 呉成章『外交部沿革紀略』甲（一九一三年、沈雲龍主編『近代中国史料叢刊』三編二五集、一一頁）。

(23) ただし、地方大官の外交との関わり方については変更があった。総理衙門時代には地方の将軍・総督・巡撫はみな「総理各国事務衙門大臣銜」を得ていたのだが、外務部下では「兼銜」の必要はないとされた。しかし、地方大官が外交をおこなうことについては、応分の貢献が求められ、「公平さを保ち、（外務部と）協力して処理すること」が求められていた。『光緒朝東華録』（光緒二十七年六月十二項、中華書局版、四六八六頁）。

(24) 呉成章前掲書『外交部沿革紀略』甲（一四頁）。

(25) ただ、外務部にも別のかたちで英股・法股・俄股・徳股・日本股などが設けられていた。

(26) 呉成章前掲書『外交部沿革紀略』甲（一七頁）。

(27)『王文韶日記』には、この人事をめぐる連続・非連続については特に記されていない。袁英光・胡逢祥整理『王文韶日記』（中華書局、一九八九年）。

(28) 顧維鈞『顧維鈞回憶録』第一分冊（中国社会科学院近代史研究所訳、中華書局、一九八二年、一〇一頁）。なお、陸については、中国外交の「近代化」について大きな貢献をなしとげたという評価をすることが可能であろう。特に、パリ講和会議などにおける外交については、従来日本との密約という明確な証拠の残されていない点のみが強調されているが、むしろ顧維鈞らの外交を主導したのは陸だとする評価も可能である。この点は唐啓華の今後の研究、またベルギーのルーバン郊外の教会に残された陸の個人文書などを解析することで検討が進むことであろう。陸の個人文書がベルギーにあるのは、陸の配偶者がベルギー人で、外交官引退後、ベルギーに住んだためである。

(29) 呉成章前掲書『外交部沿革紀略』乙（一頁）。

(30) この部分では述べられていないが、官吏の給与体系（正式部員と兼任の関係）や文書処理形式（認印数の低下）などの面で各段の変化があったとしている。これは外部の人間には大きな変化には見えないが、外政官僚にとっては大問題であったのだろう。

(31) ただし、これよりも早く一九一二年一月に南京で外交部が成立していたのだが、それについて呉は「そのとき南北は未だ統一されておらず、各国との直接交渉も北方の政府が担当していた。したがって南方の外交部の事跡については、別に冊子にして述べたい」などとしている。北京政府のラインを正統とした記述をおこなおうというのである。呉成章前掲書『外交部沿革紀略』乙（一頁）。

(32) 王立誠『中国近代外交制度史』（甘粛人民出版社、一九九一年、三頁）。

(33) この時期の南北両政府にはそれぞれ公報があり、北京政府のものが『臨時公報』、南京政府のものが『臨時政府公報』であった。

(34) 南京の政府が各国に対して政府承認を求めていたことはよく知られている。だが、一月三十日の参議院で宋教仁を外交全権代表として日本に派遣することが決議されていたことはあまり知られていない。張国福選編『参議院議事録・参議院議決案彙編』(北京大学出版社、一九八九年、六頁)。なお、次長魏宸組について、外交史研究者以外はあまり馴染みがないかもしれないが、パリ講和会議などに参加した欧州通の外交官として著名。顧維鈞は回憶録で以下のように記している。「内閣秘書長の魏宸組氏はベルギーに留学していたことがある。彼は私に対してとても良くしてくれ、受け取った外国文書、特にフランス語の文書(魏宛と総理宛の双方があった)を私に渡して文書作成の練習をさせてくれたばかりでなく、北京での生活、特に官場での生活や総理との面談などの問題について私と話し合った。彼の中国語は素晴らしく、また欧州を中心として欧米の事情にも通じていた。こうした要素が、魏宸組その人を中国で公職につかせ幅広い知識を身につけた人物へと育てていったのであろう。後に彼は駐ベルギー公使、ドイツ公使となり、パリ講和会議での五人の全権代表の一人に選ばれた。私はパリ講和会議でまた一緒に仕事をする機会に恵まれたのである」(顧維鈞前掲書『顧維鈞回憶録』八九頁)。

(35) なお、『臨時政府公報』二四号(一九一二年二月二十八日)には、スタッフの名が掲載されている。参事王景春、秘書長関霽、秘書羅文荘・李景忠・周詒春・萬声揚、外政司司長馬良、同主事尹起風、商務司司長馮自由、同僉事王治輝、編訳司司長徐田、僉事陳治安、庶務司司長梁鉅屛、同主事許伝音・王斯林・李裕鍾、録事汪金争・張士藩・載翊文。

(36) 民国元年三月十二日、「各部官制通則案」(張国福選編前掲書『参議院議事録・参議院議決案彙編』(三三一三五頁)。なお、この間三月二十九日には北京政府側の提起した内閣案を参議院が了承、「外交」部総長には陸徴祥があたることになった(この時点では南京では「外交部」、北京では「外務部」を用いている)。

(37) 佐藤慎一は、その著書である『近代中国の知識人と文明』(東京大学出版会、一九九六年)や「万国公法」(加藤友康他編『歴史学辞典――戦争と外交』弘文堂、一九九九年所収)において、民国期になると万国公法は国際法と呼ばれたとしているが、少なくとも公式の場では国際公法と呼ばれていた。

(38) 民国元年四月四日「外交官領事官考試令案」(張国福選編前掲書『参議院議事録・参議院議決案彙編』〈法制案〉六七頁)。

(39) 劉寿林他編『民国職官年表』(中華書局、一九九五年)参照。因みに『辛亥以後十七年職官年表』は、誤りが多く、利用には注意を要する。

(40) 陳体強『中国外交行政』(商務印書館、一九四五年、五〇―五一頁)。

(41) 外交部は Waichiaopu と綴ることになっている。『政府公報』六五号(公文・民国元年七月四日)。

(42) これより以前、南京の臨時参議院が「各部暫行官制通則」を定めており、この制度も基本的に北京の制度に倣っているという立場もある(王立誠『中国近代外交制度史』甘粛人民出版社、一九九一年、二二八―二二九頁)。他方、陳体強はそのような立場をとらない。筆者は、南京政府の通則も外務部の官制を参考にしているため、同じような制度ができたと考えている。
(43)呉成章前掲書『外交部沿革紀略』乙（六頁）。
(44)「外交部部令」（『政府公報』〈命令〉民国元年六月分、二四頁）。
(45)同上。
(46)だが、外交部職員に兼職がなくなったことは、中国外交制度史上画期的な変化と言える。総理衙門時期は正規職員はいなかったし、外務部期は本職と兼職の双方があった。呉成章前掲書『外交部沿革紀略』乙（六―八頁）。
(47)顧維鈞前掲書『顧維鈞回憶録』第一分冊（一〇三頁）。
(48)石源華『中華民国外交史』（上海人民出版社、一九九四年、三一頁）。
(49)このほか、後述のように中央と地方の関係については、「各部総長はその主管事務に関して地方官に対して諭令を発することができ、また必要に応じて地方長官の命令処分をさしもどし、あるいは取り消すことができる」と規定されていたのを、「各部総長はその主管事務に関して、地方長官に対して訓令及び指令を発することができる」というように改正された。これは、中央の権限を弱める結果になっているが、説明としては「中国は広いので遠方の省については何が起こっているかよく分からない。だから必要という二文字は表現として強すぎる」ということであった。呉成章前掲書『外交部沿革紀略』乙（二〇頁）。
(50)「外交部職掌一覧表　民国二年分」（南京第二歴史档案館所蔵・北洋政府外交部档案、一〇三九―四一頁）。
(51)国務院統計局編『民国行政統計彙報』上〈外交類〉（国務院印鑄局、一九一八年、七二頁）。
(52)『外交年鑑』上〈任官門〉（一頁）。なお、王立誠前掲書『中国近代外交制度史』（二三〇頁）には一九一三年だとあるが、これは誤りである。
(53)陳体強前掲書『中国外交行政』（五三頁）。
(54)王立誠は、この改正のポイントを「政務と事務」の分離がなったという点におき、「部内分工の合理化の第一歩」だとしている（王立誠前掲書『中国近代外交制度史』二三〇頁）。
(55)『外交年鑑』上〈行政門〉（四三―四四頁）。
(56)同上史料（二六―四三頁）。
(57)陳体強前掲書『中国外交行政』（五四頁）、「修正外交部官制草案」（『外交公報』第一期、法令、民国十年七月、五―九頁）。
(58)なお、『顔恵慶日記』は民国九年部分が欠けており、条約司設立意図などは探り難い。
(59)このほか、民国十六年七月に外交部は「新外交部官制」を発布し、交際司を廃して情報局を設け、総務庁に帰属せしめた。
(60)『外交年鑑』上〈行政門〉（五六―五七頁）。

(61) 同上史料（五五—五六頁）。
(62) 以下に述べるような機関が、いかなるメンバーにより構成され、政策決定過程においていかなる意味をもっていたのかということは今後の検討課題である。
(63) 呉成章前掲書『外交部沿革紀略』乙（二五—二六頁）。
(64)『外交年鑑』上〈行政門〉（五八—五九頁）。
(65) 坂野正高『近代中国政治外交史』（東京大学出版会、一九七三年、二八九—九二頁）。
(66) 陳体強前掲書『中国外交行政』（一四三頁）。
(67) 梁伯華『近代中国外交的巨変——外交制度與中外関係的研究』（台湾商務印書館、一九九〇年、五五頁）。
(68) 後述のように、江戸末期に日本から使節が上海を訪問したことが知られているが、このとき日本の領事館を上海に設置することも交渉要件であった。この結果、第二回目の訪清使節の帰国後、清側は日本領事館設置を大筋として認めることになった。
(69) 陳体強前掲書『中国外交行政』（一五二頁）。
(70)「領事」という呼称は、当初は「商業監督」、「管事」などと併用されていた。この任命によってほぼ「領事」に確定したといえる。だが、日本についてだけは「理事官」が用いられた。日本について「日清修好条規」の「条規」、あるいはこの「理事官」のように、他の欧米諸国とワーディングが異なる面がある。これが、第II部で述べるように、清が日本を位置づける上での戸惑いや日本を区別していたことを示すのかどうか、今後の検討が必要である。他方、在朝鮮租界においては、領事のほかに理事官が設けられていたようである。
(71) しかし、第III部で述べるように、実際に東南アジアで活躍したり、あるいは福建などで現地商人を悩ませていた華僑は、東南アジアなどの欧州系公使館などで一定の経費を払って欧州系居留民と同等の権利を得た「登録民」や、欧州本国には入国できないものの海外では欧州本国民と同等の権利を有する「植民地臣民」などであった。すなわち、彼らは朝貢がおこなわれなくなっても、別に清に頼ることなく、別の後楯を得ていたということも言えるのである。そうした意味では、シャムなどでの登録が困難になり、またインドネシアなどで制度的に土着化がはかられる一九〇〇年代にはいって、外交による保護が必要になったとも考えられる。これは一九〇九年の国籍法制定とも軌を一にする。
(72) 佐藤慎一「鄭観応について——万国公法と商戦」(1)(2)(3)（『法学』四七-四、四八-四、四九-二、一九八三年八月—八五年六月）。
(73) たとえば、光緒二十七年七月初九日「粤督張之洞致総署小呂宋華人被害請電張蔭桓設法保護電」（『清季外交史料』巻六八、五—六）。
(74) 光緒三十二年九月二十七日外務部収、法律大臣咨（外務部档案〇二-二一、一五-一）。

(75) 光緒三十四年二月二十日収、軍機処交抄摺（外務部档案〇二-二一、一五-三）。
(76) 同上。
(77) この劉の上奏文だけでなく、日本公使をはじめとする駐華公使からの問い合わせや、オランダ領インドにおける国籍に関する新法制定もまた、国籍法制定への契機となったと考えられる。
(78) 光緒三十四年六月初二日収、法律館片（外務部档案〇二-二一、一五-三）。これらの档案では、南洋が強調されているが、西北の遊牧民をめぐっても、清露間で国籍問題が発生していた。これは、二千余人のハザックが遊牧のためロシア領に移動したために生じた事件で、携帯した財産（羊など）を明確にするなどして「外国への入国」として処理された。光緒三十四年九月初三日収、塔爾巴哈台参賛大臣文など（同上档案）。
(79) 光緒三十四年九月二十三日収、法律館文（同上档案）。
(80) 三日後に、曹汝霖が加えられている。光緒三十四年九月二十六日収、修訂法律館（同上档案）。
(81) 「和属華僑請頒国籍法」（外務部档案〇二-二一、一五-四）。
(82) 王広圻からの報告書には血統主義とははっきり記されていない。これは、王から駐オランダ陸徴祥公使への報告に記されている。宣統元年正月廿九日収、農商部文「和属各埠僑商請頒国籍法抄録公議条規核辦見復由」（同上档案）。
(83) 宣統元年正月廿九日収、農商部文「和属各埠僑商請頒国籍法抄録公議条規核辦見復由」（同上档案）。
(84) 外交档案は、この地域には依然革命党の「煽動」が及んでいないとしている。
(85) 宣統元年正月初十日収、駐和王参賛函「詳陳瓜哇各島情形、請速定国籍由」（外務部档案〇二-二一、一五-四）。
(86) 宣統元年正月初六日収南洋泗水商務総会稟「和定新律擬将華僑収入植民地籍、請速設領事速頒国籍由」（同上档案）。
(87) 宣統二年二月初八日収、軍機処抄「農工商部奏請旨飭下修訂法律大臣将国籍法一門速定請旨頒行由」（同上档案）。
(88) 宣統元年二月十四日収、法律館「会奏国籍条例草案、希核定会画併開列堂銜由」（同上档案）。
(89) 宣統元年閏二月二十八日収、憲政編査館文「遵旨覆議国籍条例一摺録旨刷奏咨照由」（同上档案）。
(90) 中華民国北京政府は民国元年十一月十八日に国籍法を公布するが、その内容は清末のものとほとんど変わらなかった。その際の施行細則、駐外使館への説明などは以下の档案に詳しい。「中華民国国籍法」（中央研究院近代史研究所所蔵外交部档案、駐美使館档案〇三-一二、一六-三）。
(91) 二〇世紀後半の中華人民共和国、中華民国も、多くの国を小国・弱国としながらも、中国であれば社会主義国、第三世界の国という論理で国交関係をもち、台湾であれば自由主義陣営という論理によって具体的な関係がなくとも国交をもった。あるいは、両岸対立という論理によって世界中の国からの承認が必要となるので「有関係」と意識されることになるのだろう。現代中国外交は、社会主義国、大国、周辺諸国という三類型の下で政策を展開しているが、その大枠は二〇世紀前半に形成されたと考えられる。

(92) 年次不明（一九二〇年代か）「俄境設領説帖」（外交部档案〇三-一〇、一一-三）。

(93) 民国三年時点で公使館は一四カ所、領事館は二八カ所に置かれていた。領事館の場所は以下の通り。シンガポール・オーストラリア・ウラジオストック・メキシコ・カナダ・サンフランシスコ・フィリピン・パナマ・横浜・朝鮮・ジャワ・キューバ・ニュージーランド・ヤンゴン・バンクーバー・ニューヨーク・ホノルル・神戸・ペナン・仁川・元山・プサン・甑南浦・新義州・長崎・サモア・泗水・巴東。

(94) 国務院統計局編前掲書『民国行政統計彙報』上〈外交類〉（七六―七八頁）より作成。

(95)『外交年鑑』上〈任官門〉（民国九年分、四頁）。

(96) ここで大使館が挙げられているのは、民国三年十二月の「外交官領事館官制」において「世界の『頭等国』は互いに大使を派遣し常駐させている。民国としても大使交換をおこなうべくそれに備える」という一文が盛り込まれていることを受けてのことだろう。だが、民国前期には「大使」は派遣されなかった。国務院統計局編前掲書『民国行政統計彙報』上〈外交類〉（七七頁）。

(97) 民国九年には赴任先によって、二年・三年と分けて定めている。「暫定使領各館任職期限令」（民国九年十一月九日『外交年鑑』上〈任官門〉一六頁）。

(98)『外交年鑑』上〈任官門〉（六―七頁）。

(99) 同上史料（七―八頁）。

(100) 民国財政については賈士毅の民国財政史に関する一連の著作があるが、本書では一次史料を使用した考察をすることができなかった。印象としては、民国北京政府は外交部を含め近代会計制度を導入し、また節約しようとしていたが、それにしても清末以来の借款の利息返済が膨大であった。また主だった収入に、関余、塩余、崇文門で徴収される税があり、臨時収入としては一次大戦勝利による在華ドイツ財産の接収があった。この点は、唐啓華の新稿「欧戦後徳国対中国戦時賠償問題之初歩研究」（〈二十世紀的中国世界〉国際学術討論会提出論文、中央研究院近代史研究所、二〇〇〇年一月）参照。また、近代会計制度の導入が見られる史料として、『政府公報』〈第八三号〉（命令・民国元年七月二十二日）に掲載されている「外交部会計出納暫行章程」がある。ここでは以下のように述べられている。「民国が開国して万事新たな処置を待ちわびている状況であるが、中でも財政の整理は各機関にとって急要の問題である。まして臨時期間にあっては、財政の異常支出などについては旧習のようなかたちでおこなってはならない。今の旧習では、簿記が混乱して予算・決算などおこなえる状況にはなく、また出納も混乱して経費節減などやりようがなかった。今のところ、財政部の通行会計法規はまだ討議されていないが、外交部の財政の一部分については、自発的に整理していくことにする。ここに、会計出納簡章（規程）十八条を定める。まず第一に、西洋式の簿記を用いることで会計の基礎を確立する。第二に、金庫制度を採用し、出納を正確におこない、権限を明確にして、誤りがおきないようにする。手続きは煩雑になるが、条理に叶うことになるし、各国の会計法規とも符合することになるだろう」。外交部はこのようにいち早く近代的簿記を導入し、具体的なフォームを作成して、用いていったようである。例えば収入は赤い用紙、支出は青い用紙で申告することになっていた。この外交部の定めた新会計制度については、「部頒会計出納簡章案」に詳細に記されている（中央研究院近代史研究所所蔵外交部档案、駐美使館档案〇三-一二、一三-二）。だが、財政の大枠、たとえば支出項目と収入項目を対応させる形態はかわっていない。

(101)「駐外使館経費有着矣」『長沙大公報』（一九二三年十一月七日）。

(102) 当時の財政は、収入項目と支出項目を対応させるスタンスであったため、ソ連の成立に伴う庚子賠款予算のように、特別に支出対応を失う予算が出現しないと補充が難しかった。こうした財政のあり方も北京政府の財政を逼迫させた一因である。

(103) 民国十五年「裁併使領館説帖印件」（外交部档案〇三-一〇、一一-四）。

第Ⅰ部第二章

(1) 坂野正高『中国の近代化と馬建忠』（東京大学出版会、一九八五年）参照。

(2) 当時の日本では吉野作造などが「青年支那党」と訳していた。

(3) 坂野正高『近代中国外交史研究』（岩波書店、一九七〇年、三一四―一六頁）。

(4) 顧維鈞『顧維鈞回憶録』（中国社会科学院近代史研究所訳、三九一―九四頁）。

(5) 劉傑『中国人の歴史観』（文春新書、二〇〇〇年）。

(6) 拙稿「政治と外交のまち」（天津地域史研究会編『天津史』東方書店、一九九九年所収）。

(7) 出使大臣に関する先行研究については、拙稿「光緒新政下の出使大臣と立憲運動」（『東洋学報』七五-三・四、一九九四年三月）で整理したが、以下の諸論著も併せて参照されたい。陳体強『中国外交行政』（商務印書館、一九四五年）、王立誠『中国近代外交制度史』（甘粛人民出版社、一九九一年）。

(8) 北京に実職をもった官僚を、通常三年の任期で「二等」欽差大臣として「出使」させる点については、これを「外交官」派遣に相当すると見なす視点と、国や使節の格と「品等」等から冊封使と関連づけて理解する視点があり得る。後者については、濱下武志「近代東アジア国際体系」（平野健一郎編『講座　現代地域システムと国際関係』東京大学出版会、一九九四年所収）を参照。

(9) たしかに、華僑などから「捐」を募ることはあったが、国内の地方官に比すればその「利」は極小であったろう。

(10) 官費留学生には、中央政府派遣者と地方督撫・南北洋大臣派遣者がいるわけだが、地方衙門は各々「留学生監督」を派遣してその監視につとめた。だが、留学生が多くの事件を引き起こす中で、清朝政府は光緒新政下に中央政府の派遣する一人の「留学生

（総）監督」に留学生の管理（監視）を一元化させた。この点については、拙稿「日本と台湾における清末民初留日学生関係資料」（『中国研究月報』四八‐七、一九九四年七月）、拙稿「清末における留学生『監督』行政」（大里浩明他編『中国人日本留学史研究の現段階』御茶の水書房、二〇〇二年所収）参照。

(11) 日本語の代表的な参考書としては、坂野正高『現代外交の分析——情報・政策決定・外交交渉』（東京大学出版会、一九七一年、一九一—七四頁）がある。

(12) 「統籌全局善後章程」（『籌辦夷務始末』〈咸豊朝〉巻七一）。

(13) 蘇精『清季同文館』（台北、自費発行、一九七八年）、同『清季同文館及其師生』（台北、自費発行、一九八五年）を参照。同文館についてはこのほかに、Immanuel C. Y. Hsu, *China's Entrance into The Family of Nations : The Diplomatic Phase 1858–1880*, Harvard University Press, 1960, pp. 190–98. Knight Biggerstaff, *The Earliest Modern Government Schools in China*, Cornell University Press, 1961, pp. 122–24, 145–47がある。

(14) 天津条約、英約の第五十条、法約の第三条を参照。ここでは、清朝が学生に語学を学習させる間、暫時「漢文」で照会を往復させることが規定されている。だが、そもそも漢文テキストが条約正文ではない時代であるから、「洋文」に通じる者を養成することは急務であった。

(15) 「美使列衛廉致桂良等照会」（中央研究院近代史研究所編『中美関係史料』第一冊、同所、一九六八年、三〇五頁）等。

(16) 『籌辦夷務始末』〈同治朝〉巻八。

(17) 「新設同文館酌擬章程」（『籌辦夷務始末』〈同治朝〉巻八）。

(18) この同文館の他にも、同治二年に江蘇巡撫李鴻章の奏請により設立された外国語言文字学館（在上海、後に広方言館と改称、江海関道が管理）、同治三年に開かれた広東同文館（広州将軍が管理）などの語学学校がある。

(19) 佐々木揚は、同治年間の清朝における日本情報について、「総理衙門も李鴻章も、一八六〇年代はじめより、開港場で発行される欧文新聞を翻訳させて海外情報を知る手がかりとして」いたと指摘している。佐々木揚「同治年間後期における清朝洋務派の日本論——李鴻章の場合を中心として」（『東洋史研究』四四‐三、一九八五年十二月）参照。同文館は、総理衙門の唯一の情報源ではないが、少なくとも一つの翻訳機関として機能していたことが容易に想像できる。なお、地方督撫が独自に海外情報を翻訳させて、行政に役立てるという同治年間の状況が、洋務局へと引き継がれ、民国期に入っても、各省督軍（省長）の中には交渉署とは違った独自の外交スタッフを抱えるという状況に繋がっていく。そして、民国期の省長、督軍の中には自らの下に外交担当のスタッフを置く者もあった。張作霖などはその代表であり、一九二〇年代半ばに張が北京入りした時、その外交スタッフと北京外交部の二元外交が出現した。このことは、本書で検討できていないが、重要な論点である。

(20) 同文館は確かに人材を輩出したが、実際には多くの問題を抱えていた。特に同治年間には学生の大部分が下級旗人の子弟であったために卒業後に軽視されたという問題や、同治八年のマーティン校長（W. A. P. Martin）就任前には外国語教育の水準が低く、卒業しても実務に堪えられなかったという問題などがあった。また教育方針についても争執があった。この点は、劉広京「変法的挫折——同治六年系同文館的争議」（『復旦学報』一九八二年第五期）を参照。なお、同治年間から光緒年間にかけて下級旗人の子弟の教育問題が政府の大きな問題となっていた。この点は、『光緒朝東華録』などに多く見られる。

(21) しかし、注意しなければいけないことに、中国における「外交人材」の位置づけの問題がある。現在の中華人民共和国においても、外交部のスタッフは「語学学校」である北京外国語大学の出身者などが多いことが知られている。これを、政策決定者が党中央にいる北京大学や人民大学、あるいは清華大学出身者に占められ、外交部は実質的には執行機関であるので、「外国語」が重視されているに過ぎないという見方もできる。これは日本のキャリアが東京大学などに多く占められているのと対照的である。

(22) 海防論の高まりと出使大臣派遣の関連については、佐々木揚の示唆が有益である。佐々木前掲論文「同治年間後期における清朝洋務派の日本論——李鴻章の場合を中心として」を参照。また、昨今公刊された箱田恵子「清末領事館派遣論」（『東洋史研究』六〇-四、二〇〇二年）は、今後の清末外交史研究の展開が期待できる好論である。

(23) 坂野正高『近代中国政治外交史』（東京大学出版会、一九七三年、二八九—九二頁）参照。

(24) 『光緒朝東華録』（中華書局版、七四頁）。

(25) 佐々木揚「同治年間における清朝官人の対日観について——日清修好上記締結に至る時期を中心として」（『佐賀大学教育学部研究論集』三一-二、一九八四年二月）参照。だが、同年の台湾出兵への対応で台湾の海防を担当したのは沈保禎である。

(26) 『李文忠公全集』（訳署函稿、巻一、三—四頁）参照。なお、この文は同治九年九月のものである。

(27) 李鴻章及び世鐸の上奏は、いずれも総理衙門の上奏文の引用部を参考にした。前掲書『光緒朝東華録』（七四—七五頁）。

(28) 同上史料（五八—七〇、七四—七五頁）。

(29) 同上史料（二九五—九七頁）。

(30) 同上史料（一七一八—一九頁）。

(31) たとえば呉寿齢の上奏文が「吏治之壊」を糾弾している。同上史料（一七六〇—六一頁）。

(32) 同上史料（二二六〇—六二頁）。

(33) 同上史料（二五四八—四九、三六五二頁）。

(34) 同上史料（四八五八—五九頁）。

(35) 同上史料（四八八八—九〇頁）。

(36) 同上史料(五六三四―三五頁)。
(37) 同上。
(38) 民国三年七月二十二日収、駐和唐公使函「報告海牙第三次保和会準備会、未得各国同意情形由」(外交部档案〇三-三五、一一-三)。
(39) この意味で、北京官界にとっての辛亥革命とは上層の満族高官が失脚したことであった。あまり知られていないのは、外交部の電報科などに勤務していた下級技術系満族官僚は民国期にもそのまま勤務しつづけたということである。
(40) 顧維鈞前掲書『顧維鈞回憶録』第一分冊(四七―四八頁)。
(41) ここに清末以来の外政官僚の中で、同文館出身者が優位性を保つことができたひとつの背景があろう。そうした意味で、この変化をヤング・チャイナへの移行期として捉えることには慎重さを要する。すなわち、光緒以来の外政官僚であっても、陸徴祥などの同文館出身者であれば外国語を比較的よくしていたからであり、制度変化も同文館系が科挙官僚系を凌駕したという可能性もあるからである。他方、ここで外交の世界から外れた者たちは、おそらく研究系を構成する一部分となっていったと思われる(汪大燮など)。
(42) 顧維鈞前掲書『顧維鈞回憶録』(六四頁)。
(43) 国務院統計局編『民国行政統計彙報』下〈外交類〉(国務院印鑄局、一九一八年、七六―七七頁)。
(44) 『外交年鑑』上〈任官門〉(一三―一五頁)。
(45) 同上史料(一五頁)。
(46) このほか、いわゆる「瘴癘地」指定もある。ブラジル・ペルー・メキシコ・キューバ使館、北ボルネオ・南アフリカ・パナマ・サモア領館などであった。そこでは任期が二年と通常よりも一年短かった。同上史料(一六頁)。
(47) 顧維鈞前掲書『顧維鈞回憶録』第一分冊(三九六頁)。
(48) 施肇基『施肇基早年回憶録』(伝記文学出版社、一九八五年、二一頁)。
(49) 同上書(二三頁)。
(50) 呉成章『外交部沿革紀略』乙(一九一三年、沈雲龍主編『近代中国史料叢刊』三編二五集、三三頁)。後述のように広東政府は昼は一二時までであった。気候のちがいであろうか。
(51) 『外交年鑑』上〈行政門〉(八五頁)。
(52) 同上。
(53) 『外交年鑑』上〈行政門〉(五四―五五頁)。
(54) 顧維鈞前掲書『顧維鈞回憶録』第一分冊(一〇三頁)。

(55) 引用文中に見える北京外交団の地位については、黄文徳『北京外交団與近代中国関係之研究——以関余交渉案為中心』（国立中興大学歴史学系碩士論文、一九九九年六月）参照。
(56) 顧維鈞前掲書『顧維鈞回憶録』第一分冊（一〇四頁）。
(57) 前述のようにこの図書は戦時中に日本に奪われることになる。なお、顧自身の蔵書の一部（天津旧宅のもの）は、現在天津市図書館に所蔵されている。
(58) 顧維鈞前掲書『顧維鈞回憶録』第一分冊（一〇六頁）。
(59) 同上史料（一〇八頁）。
(60) 同上。
(61) 顔恵慶『顔恵慶日記』（上海市档案館訳、中国档案出版社、一九九六年）。
(62) 顧維鈞前掲書『顧維鈞回憶録』第一分冊（一〇三頁）。
(63)『外交年鑑』上〈行政門〉（五二―五四頁）。
(64) 同上史料（五三―五五頁）。
(65) 中央研究院近代史研究所档案館の駐米公使館档案に、外交部が民国初年に発布した「服制案」が残されている。上記で述べられている「服装に注意する」の意味をこの「服制案」から見てみたい。この「案」では、礼服が主に定められているのだが、まず洋服であることは言うまでもない。「上衣」色は紺で、刺繍によって等級が判別できるようになっている。その下にはくズボンなどは詳細に定められていない。問題は色と等級を決める刺繍にあったようである。冠では、たてる羽の色で等級を分けていたが、このほかベルトも色で分けられていた。この他、晩餐用の礼服の規定もあるが、これも色は紺である（熱帯諸地で用いる夏用の礼服は白綿）。民国二年一月十日、駐美使館収、「函送外交官領事官服制章程及様本希査照由」（外交部档案〇三-一二、一三-四）。
(66) 近代化にむけて後発の諸国ほど近代性への要求が厳しく、先発の列強ほど裁量の範囲が広くなり現実に即して行動する面がある。日本は、自らが「大国」になったと意識しはじめた点で、その「裁量」のはばが広くなったと考え、勤勉に身につけ表現してきた「近代性」を放棄し、次第に中華民国のほうが「近代性」を、日本側が「裁量」の中の「非近代」を表現するようになったと言えないだろうか。表層構造が逆転した面があったと考えられるのである。

第I部第三章

(1) 本章では史料について、以下のような略号を用いる。南京A＝「外交官領事官考試甄考巻及規則」（南京第二歴史档案館所蔵・北洋政府外交部档案一〇三九-二一八）。南京B＝「関於招考外交官考試甄録及文件」（南京第二歴史档案館所蔵・北洋政府外交部档案

一〇三九-二一九)。中研院A＝「清末民初駐美使館档」、「外交官任用資格審査案」(外交部档案〇三-一二-七-七)。

(2) 第二回試験を取り上げるのは、ひとえに史料の事情に依る。

(3) 陳体強『中国外交行政』(商務印書館、一九四五年)の第七章「人事行政」、及び王立誠『中国近代外交制度史』(甘粛人民出版社、一九九一年)を参照。なお中国人事史関係の概説書でも外交官・領事官試験は簡単に触れられる程度である。ただし、林忠山『清末民初中央官僚体制変革之研究——取士之分析』(台湾大学政治学研究所博士論文、一九八一年)は、外交官試験それ自体には詳しくないが、これまでの人事行政研究をはるかに上回る水準に達しており、外交部内の人事行政も含めて本書執筆に際して大いに参考にした。

(4) Immanuel C. Y. Hsu, *China's Entrance into the Family of Nations: The Diplomatic Phase, 1858-1880*, Harvard University Press, 1960, pp. 190-98 及び、Knight Biggerstaff, *The Earliest Modern Government Schools in China*, Cornell University Press, 1961, pp. 94-153 を参照。また同文館については、蘇精『清季同文館』(台北、自費出版、一九七八年)、同『清季同文館及其師生』(台北、自費出版、一九八五年)を併せて参照願いたい。

(5) 坂野正高『中国近代化と馬建忠』(東京大学出版会、一九八五年)の第一章「フランス留学時代の馬建忠——外交官および外交官制度についての二つの意見書(一八七八年)を中心として」(一三—五〇頁)を参照。

(6)「人的に連続」といっても、宣統三年に一五五名いた外務部部員(部長の幕僚五名含む)のうち、民国外交部に残留できたのは六五名に過ぎない(在外使領館は除く)。だが、宣統三年の外務部の正式定員が三六名で、額外司員が一一四名もいたのであるから、額外でも残れた者がいたことになる。他方、南京臨時政府外交部の定員は二一名であった。そして、南北合一後の唐政権下での外交部の定員は一三四名に増えている。

(7) 坂野正高の言うヤング・チャイナは決して一つの派ではなく、外交政策においてしばしば対立した。例えば、第II部で述べるように、パリ講和会議の時には、山東問題保留が認められない場合に対独講和条約に調印するか否かという点に関する中国代表団会議の際に、王正廷・顧維鈞・施肇基が調印すれば対内的支持が得られないとして不調印を主張したのに対し、伍朝枢・胡惟徳は調印しなければ国際的に孤立するとして調印を主張した(「一九一九年五月二十八日秘密会議」、台北中央研究院近代史研究所所蔵・外交部档案「巴黎和会档案」〇三-三七、一二-一。「参与欧洲和会全権委員処会議録甲」)。

(8) 林代昭主編『中国近現代人事制度』(労働人事出版社、一九八九年、一六三頁)。張瑞徳『抗戦時期的国軍人事』(中央研究院近代史研究所、一九九三年)を参照。なお、現状分析については中国の官僚制における「G. O./General Office＝辦公庁・室」の重性を説いた業績などがあるが(Wei Li, *The Chinese Staff System: Mechanism for Bereaucratic Control and Integration*, Institute of East Asian Studies, University of California, Berkley, 1994)、こうした成果も北京政府期の総統府や国務院の秘書処を考える上で有効となろう。

（9）これらの諸規則は『政府公報』、『東方雑誌』などにも見られるが、「外交官任用及資格審査案」（中研院A）にまとめられている。

（10）『奏定出使章程』は中研院近史所にもあるが（「出使章程案」、「駐美使館保存档案」外交部档案〇二-二三、一-四）、東京都立中央図書館実藤文庫にも所蔵されている。なお清末の出使大臣に関する議論については、『大清歴朝実録』よりも『光緒朝東華録』に詳しい。

（11）先の考試令及びこの考試法に関し、特に起案が誰でどのように決裁されたかについて、当然当時の外交総長、次長を始め、司長クラスのスタッフに注目すべきである。総長の陸徴祥、次長の曹汝霖、参事の袁克暄・章祖申・夏詒霆・伍朝枢、政務司長王継曾、通商司長周伝経、交際司長陳恩厚らが当時の外交部幹部だが、文書のやり取りから、人事行政については特に外交次長と参事の影響が大きかったことが予想される。

（12）曹錕による第一届国会の復活や憲法制定に関しても、「賄選」に見られるように、確かに手続き面などで当時多くの反論があったことは確かなのだが、後世の研究者が評価を先行させて実際の政治過程に目を向けないとすれば、それも問題である。外交政策面から言えば、外交部の文書用紙が一変するなど目に見える変化の他に、対外交渉の場面で「憲法第×条に基づき」という挿入句が多用されるようになるなどの変化が見られ、「二三年以降、北京政府は正当性を失っていく」という単純な議論では片付けられないことがわかっている。二三年の意味については、Andrew Nathan, *Peking Politics, 1918–1923 : Factionalism and the Failure of Constitutionalism*, University of California Press, Berkley, 1976を参照。なお、中華民国を代表する政府が北京政府から南京政府へと移行する時期について、その移行が、決して「自然の成り行き」的な単純な問題だけではなかったことを外交史から明らかにした論稿として、唐啓華の一連の業績がある。Chi-hua Tang（唐啓華）, 'Britain and Warlordism in China : Relations with Chang Tso-lin, 1926-1928'（『興大歴史学報』第二期、国立中興大学歴史学系・歴史研究所、一九九二年三月）、同「英国与北伐時期的南北和議（一九二六―一九二八）」（同上誌、第三期、一九九三年四月）、同「北京政府与国民政府対外交渉的互動関係　一九二五―一九二八」（同上誌、第四期、一九九四年五月）など。

（13）日本における留日学生研究も、史料的問題からか清末にウェイトが置かれつづけている。もし、彼らの中国国内への影響力を考えるなら、彼らが政府部内（中央・地方ともに）で力を得る民国初期についても検討するのが筋であろう。留日学生研究に関する史料的問題については、拙稿「日本と台湾における清末民初留日学生関係資料――中国留日学生監督処文献・外務部档案・教育部档案」（『中国研究月報』四八-七、一九九四年七月）を参照。

（14）「外交官領事官考試法案」（南京B）。以下、この法案の条文に関する部分はこの史料からの引用である。

（15）「文官高等考試法案」（南京B）。以下、この法案の条文に関する部分はこの史料からの引用である。

(16) 陳体強前掲書『中国外交行政』(二六二頁)。

(17) 甄録試では作文(国語及び外国語一種)と面接(外国語一種)という語学試験が課されていた(「外交官領事官考試暫行規則」南京A)参照。

(18) 一九一五年の制度と比べると、一九一九年の改正で試験が難化していることが分かる。例えば、第三試験には経済学が選択に加わり、選択が二科目から四科目に増え、第四試には語学試験が加わっている(同上史料参照)。

(19) 「外交官領事官考試令施行細則」(中研院A)。

(20) 履歴書の書式は、後述する外交官・領事官資格審査の際の履歴書に酷似しており、以下の諸点を記すことが求められている。①先祖三代(註明存歿)、②籍貫(某省某県人)、③住所(現居某省某県某地)、④学業(自某年某月入某省某地、国立或私立、某学校修業某学科、某年某月卒業、得有卒業文憑或証明書)、⑤職務(自某年某月在某官署任某職或自某年某月受雇於某地某所従事某項業務)(「願書式」中研院A)。

(21) 選択する外国語は基本的に一つであるが、二つ以上に精通している者は、その語の外国語訳も願書に添付した場合、二つ語学試験を受けることができると規定されている(第十六条)。だが、点数の配分などは明らかではない。

(22) 日本の外交官試験については多くの参考書があるが、筆者は主に坂野正高『現代外交の分析――情報・政策決定・外交交渉』(東京大学出版会、一九七一年)に依拠した。

(23) 坂野正高も単に中国での外交官試験の始まりが一九一五年だと紹介するに止まっていたし、王立誠に至っては英国の制度と比較して北京政府の制度を論じている(王立誠前掲書『中国近代外交制度史』二八六―八七頁)。しかし、張斎顕『北京政府外交部組織與人事之研究(一九一二―一九二八)』(国立中興大学歴史系碩士論文、二〇〇〇年)は、中国の外交官任用制度が日本モデルであったことを丁寧にあとづけている。

(24) 確かに「原(敬)型」なのだが、明治三十年の改正(例えば行政法を必修科目から選択科目に移した点等)は踏まえている。なお、有名な原敬の『外交官領事官制度』及び「外務省所管官制改革始末」(外務省百年史編纂委員会編『外務省の百年』上巻、原書房、一九六九年所収、二三八―五三頁)については、坂野正高『中国近代化と馬建忠』(東京大学出版会、一九八五年、四三―四九頁)を参照。

(25) この体制に変化を与えたのが、顔恵慶外交総長である。筆者は、国権回収運動において成果を挙げる一九二〇年から二二年にかけての時期を、顔恵慶・顧維鈞体制期と位置づけたい。この体制下で参事の総入れ替えと政務司長の異動、条約司の新設と銭泰の司長への抜擢などの人事改革がおこなわれた。

(26) 「外交官領事官試験暫行規則説明書」(南京A)。

(27)　各国の外交官任用法については、坂野前掲書『現代外交の分析——情報・政策決定・外交交渉』（三六—四三頁）を参照。
(28)　ただし、年齢などについては民国二年一月九日に発布された「文官考試法草案」に基づくことが定められている。
(29)　日本に対して高めていることも確かだが、一九一二年に制定された「外交官領事官任用暫行章程」の第七条において外交官領事官の資格を①一カ国語以上の外国語に通じていること、②健康であること、③外見が整っていることの三点に求めていたことと比べても格段の違いがある（中研院A）。
(30)　民国五年三月二十五日駐美使館収、外交官領事官資格審査委員長曹汝霖咨文。「外交官領事官資格審査規則」、「外交官領事官資格審査施行細則」（中研院A）。
(31)　民国九年（期日不明）駐美使館発、外交官領事官資格審査委員会宛咨文・附件（中研院A）。
(32)　一九一六年（洪憲元年）に実施された第一回考試に関する史料が全くないわけではないが、甄録試験の際に提出した履歴書と論文が僅か三人分あるだけである（南京A）。
(33)　民国八年七月十七日外交部総務庁収、北洋大学校公函「検送除謨、施肇夔卒業論文、請査閲由」。七月二十九日外交部総務庁収、北洋大学校総務庁宛公函「検送本校卒業生羅錫鴻卒業論文由」（南京B）。
(34)　「試場規則」（南京B）。
(35)　この「楽天畏天論」の出題は、民国前期に中国外交の淵源を春秋戦国期に求める風潮が強まっていたことを背景としていると考えるべきだろう。これは、清末に古典として引用されたのとは異なり、交渉術として読み替えていく作業でもあった。この好例がこの「楽天畏天論」であろう。一問が第一次大戦を如実に踏まえた現状分析ものであったのに対し、この『孟子』からの出題は奇異にも思える。だが、この議論は小国がいかにして外交を展開するかということについての示唆に富むものである。しかし、当然問題文には原典は付されておらず、欧米留学の者でも当然知っているべき教養であることを前提としている。以下に内容を紹介したい。「斉の宣王がたずねられた。『隣国と交際するのに、なにかよい方法があるだろうか。』孟子はお答えしていわれた。「そりゃ、ございますとも。たとえ、こちらが大国であっても、隣の小国を侮らずに礼を厚くして交際することが肝心ですが、これはただ仁者ができるだけです。だから、むかし殷の湯王は無道な葛伯につかえ、周の文王は西の蛮族昆夷につかえたの〔がそのよい例〕です。また反対にこちらが小国ならば、たとえいかに圧迫されてもよくこらえて大国につかえて安全をはかることが肝心ですが、これはただ智者だけができることです。だからむかし周の大王は北の夷の獯鬻につかえ、越王勾践は南の蛮国呉につかえたの〔が、そのよい例〕です。こちらが大国でありながら、よく小国と交際する君主は、天を楽しむひとであり、こちらが小国であるのを知りぬいて大国によくつかえ〔て安全をはか〕る君主は、天を畏れるひとです。天を楽しむ君主は天下を保つことがき、天を畏れる君主は自分の国を保つことができます（後略）」（小林勝人訳注『孟子』上、岩波文庫版、七三—七四頁）。「以大事小」と「以小事大」が問題となっている。当時の中華民国は「大」であることはないから、自らを「小」として位置づけることになろう。ではこれをどのように読み解くのだろうか。ここでは、この問題を選択し、八五点の高得点を上げた伍善焜の解答例を紹介しておきたい。伍は、「夫天者、公理也」とここで言う天を公理に置き換えてしまう。そして、「楽天者優遊公理之中、旎宇塵寰、俯仰自適、畏天者遵循公理之命、小心謹慎、莫敢或逾、此則人事之固然、抑亦各国相待之道也」と結び付けていく。畏天たる小は公理に従い、周囲に注意を払いながら、慎重に分を越えるようなことをしないというのだから、当時の中華民国外交そのものである。解答は、このあと戦国時代の説明に入り、最後になって、「今日之世、一戦国之世也。口言公理、心実盗賊。此次欧戦、非所謂抑強権、伸公理者哉、而其終則何如、山東膠州、本吾属土、徳人以武力取之、若言公理、則令之代吾取之者、何為不直接交還也。（中略）大者恃其強、小者忘其弱之所致也。今世之戦、為亙古未有、使戦後猶不能循公理、以解決懸案、吾恐此次大戦、特将来戦時之開端耳。欲求免除之道、宜共究楽天畏天之論」とまとめている（「外交官領事官考試甄録試験巻」南京B）。古典における「天」を公理に置き換えることによって、戦国時代に関するさまざまな古典をアナロジーとして利用することができているのであろう。

(36)「外交官領事官考試甄録試験巻」（南京A）。
(37) 民国八年十月六日外交部総務庁発、文官考試事務処「咨送甄録試験及格各生名冊由」（南京B）。
(38)『政府公報』（民国八年十月十八日、「通告」）参照。
(39) 同上史料（民国八年十月二十八日、「通告」）参照。
(40) 同上史料（民国八年十二月二十三日、「通告」）参照。
(41) 民国八年十月四日外交部総務庁発（通告）、「通知甄録試験及格録取各生由」（南京B）。
(42) 北京大学や北洋大学などの法政教育に強い大学の他にも、この時期には聖約翰大学が外交界において大きな位置を占めていた。同大学は、顧維鈞、施肇基、顔恵慶らを輩出しただけでなく、後に周恩来のブレーンとなった人材の中にも同大学の出身者が多かったという。
(43) 最終的な合格者は『政府公報』（民国八年十一月二十日、「批示」）参照。
(44) 熊淑華『留美学生与中国啓蒙運動（一九一五―一九二三）』（台北中国文化大学・中美関係研究所碩士論文、一九八三年）参照。なお、外交部は日本にも留学生を派遣していたが、この点については林忠山前掲博士論文『清末民初中央官僚体制変革之研究』を参照。
(45) 直隷以下は次の通り。奉天・福建（以上五名）、江西（四名）、広東・山東・安徽（以上三名）、四川・河南・熱河・貴州・吉林（以上二名）。雲南と広西がいないことは確かだが、護法各省からも受験者がいないわけではなかった。「報考外交官領事官甄録試験題名冊」（南京B）。

(46) 民国八年十月六日外交部総務庁発、文官考試事務処「咨送甄録試験及格各生名冊由」（南京B）。
(47) 民国八年十二月二十二日外交部総務庁収、銓叙局咨文「本届文官考試及格各員業已呈准分発京外各機関学習、抄録各項呈単送、請査照辦理由」（南京B）。
(48) この他、満洲国、華北諸政権、汪精衛政権なども視野に入れるべきだろう。たとえば、顔恵慶総長時代に外交次長を務めた沈瑞麟や、駐日代理公使だった施履本、ロシア崩壊後にオムスクにあって中ソ間の連絡にあたった范其光は、ともに満洲国の官員となっている。なお、大陸から台湾への連続性については、行政官僚ばかりでなく、農業復興委員会などの技術官僚も台湾にわたって大陸時代からの政策を一部継続させることによって大きな成果を挙げたことにも注目すべきだろう。なお、行政官僚の連続性と档案の運台問題も当然関係があるだろう。台湾に大量の水利関係档案が運ばれたことは偶然ではないのである。
(49) オスマン帝国の人事行政史研究者である鈴木董は、その著書の中で帝国の大宰相に注目して、大宰相に至る上でのキャリアパターンを検討している。鈴木のように官僚のキャリアのある面に注目して考察することも可能だが、同時にある資格を得て官界に入った者のその後を考察するという方法もあろう。鈴木董『オスマン帝国の権力とエリート』（東京大学出版会、一九九四年）参照。
(50) 顧維鈞や徐謨は、一九四九年以降も中華民国の外交官として活動する。推論を重ねることは危険だが、一九五〇年代から六〇年代まで中華民国の欧米畑の外交官僚は大陸期に養成された集団が主流であった可能性が高い。他方、日本畑は比較的早く日本語の達者な本省人が主流となっただろう。だが、その後本省人の中での後継者の養成が十分ではなかったため、政府は現在対日要員の人材不足に悩んでいる。

第Ⅰ部第四章

(1) 茅海建『天朝的崩壊』（生活・読書・新知　三聯書店、一九九五年）参照。
(2) 例えば、「安徽奏准設立洋務局、擬妥章程咨報備案」（総理衙門档案〇一‐三四、三‐五）、「粤督張之洞奏設洋務処委令司道籌辦案」（同上档案〇一‐三四、三‐六）参照。
(3) 王立誠『中国近代外交制度史』（甘粛人民出版社、一九九〇年）を参照。また、教案がよく発生するところでは、教務局という機関が見られた。
(4) 「御史史履晋奏請外省撤局所裁幕友摺」（光緒三十一年十二月十二日、故宮博物院明清档案部編『清末籌備立憲档案史料』中華書局、一九七九年所収、四八八―九〇頁）。
(5) 「論外交之機関急宜整理」（『東方雑誌』第二年第一一期、光緒三十一年十一月二十五日）。
(6) 「考察憲政大臣李家駒奏考察日本官制情形請速釐定内外官制摺」（同上史料、五二三―三六頁）、原載は『東方雑誌』（第六年第七期、宣統元年五月初七日)。
(7)故宮博物院明清档案部編前掲史料『清末籌備立憲档案史料』(五〇三―一〇頁)。
(8)同上史料(五一〇―一一頁)。なお、この時期に独立性の強い交渉署が東三省に設けられたことが、後の同地の交渉署業務に与えた影響も一考に値するテーマである。すなわち、国民政府期に入って張学良が東三省の交渉署の存続にこだわった背景や、この地域の外交権の問題につながる可能性があるからである。
(9)「外務部奏請設各省交渉使欠並擬章程請飭会議政務処覆核摺」、「各省交渉使章程」(『政治官報』一〇一四号、宣統二年七月二十一日)。
(10)明治四十四年四月十七日発、在哈爾浜川上俊彦総領事ヨリ在吉林林久治郎領事宛書簡(日本外務省保存記録一・一・二・六四)。
(11)明治四十四年五月二十六日発、在哈爾浜川上俊彦総領事ヨリ小村外相宛(同上史料)。
(12)『政府公報』一四九号(民国元年九月二十六日)。
(13)『外交年鑑』上〈行政門〉(四四―四六頁)。このほか「特派各省交渉員各例草案及各埠交渉員職務通則」(南京第二歴史档案館所蔵・北洋政府外交部档案一〇三九-二二六)がある。
(14)『外交年鑑』上〈行政門〉(四六―五一頁)。
(15)同上史料(五二―五二頁)。
(16)兼任リストは、『外交年鑑』上〈任官門〉(一八―一九頁)に掲載されている。
(17)同上史料「各省辦理外交事務機関一覧表」および〔一九一三年外交部第二次一覧統計表〕南京第二歴史档案館所蔵・北洋政府外交部档案一〇三九-四二)より作成。
(18)『外交年鑑』上〈任官門〉(一六―一九頁)。
(19)同上史料(一七―一八頁)。
(20)同上史料(一九―二〇頁)。
(21)『浙江省議会民国十年常年会議事録』(議事録第一〇号、民国十年十一月十一日、浙江省図書館古籍部、三二五・五一二四-三二三九・六一)。
(22)「江蘇特派交渉員函請属保護日人後藤朝太郎等遊歴浙江由」(『浙江公報』一九二一年九月五日、浙江公省訓令九七号)など。
(23)「四川外務司呈造本司已未結各案簡明表冊」(南京第二歴史档案館所蔵・北洋政府外交部档案一〇三九-二四七)。
(24)「四川外務司呈造本司事実成績簡明表冊」(同上档案)。
(25)石射猪太郎『外交官の一生』(中公文庫、一九八六年、四〇、四三頁。初版は太平出版社、一九七二年)。

(26) 西春彦『回想の日本外交』（岩波新書、一九六五年、一五―一九頁）。ただし、職官年表類や人名辞典などでは、当時栄厚は吉林財政庁長で道尹は務めていなかったことになっている。
(27)「四川外務司呈造本司各員年貫履歴表冊」（南京第二歴史档案館所蔵・北洋政府外交部档案一〇三九-二四七）。
(28)「江蘇交渉公署職員履歴表」（南京第二歴史档案館所蔵・北洋政府外交部档案一〇三九-二六）。
(29) 王立誠『中国近代外交制度史』（甘粛人民出版社、一九九一年、二四七頁）。
(30) 同上書（一八六頁）。
(31) 張秀哲『国民政府の外交及外交行政』（大平社、一九三五年、三三二頁）。
(32) 陳体強『中国外交行政』（商務印書館、一九四五年、一〇三頁）。

第Ⅰ部第五章

(1) このような革命外交重視のコンテキストが、国民政府の正当性調達過程の中で形成され、現在の「中華民国」（台湾）においてさえ、孫文の外交姿勢を含めて相対化が進んでいることは前述のとおりである。
(2)『軍政府公報』〈法規〉〈命令〉（一号、民国六年九月十七日）。
(3)『軍政府公報』〈法規〉（二号、民国六年九月二十日）。
(4)『軍政府公報』〈命令〉〈公文〉〈通告〉（六九号、民国七年四月九日）、同〈公文〉（七〇号、民国七年四月十日）。なお、この人事交代は、この時期の工具書として多用される劉壽林編『辛亥以後十七年職官年表』（文海出版社、一九七四年）には記されていないが、劉壽林他編『民国職官年表』（中華書局、一九九五年）には記載されている。なお、李錦綸（一八八六―一九五六）は広東省籍でニューヨーク生まれ。シカゴ大学で学士、ニューヨーク大学で修士号を取得した後、一九一一年に帰国して広東省交渉署政務科科長となり、軍政府成立後に孫文の秘書になっていた。
(5)『軍政府公報』〈公文〉（七一号、民国七年四月十三日）。
(6) 広東省档案館編訳『孫中山与広東――広東省档案館庫蔵海関档案選訳』（一九一八年四月一日、一四二頁）。
(7) この条例は、一九一八年四月二十二日に発布された（『軍政府公報』〈法規〉民国七年四月二十三日、第七五号）。なお、北京側は「外交部官制」（一九一四年七月十一日、教令第九七号、『外交年鑑　民国九年分』上編、外交部統計科、一九二一年、一―三頁）を参照した。
(8) 外交部次長も八月十九日に伍朝枢に決定している。（『軍政府公報』〈命令〉修字一号、民国七年八月三十一日）。なおスタッフは、李錦綸と呉承斎が外交部司長、朱念祖と鄭道実が秘書となっていた（『軍政府公報』〈命令〉修字二号、民国七年九月四日、『軍政府

公報』〈命令〉修字十五号、民国七年十月二十日)。
(9)「致馮国璋電」(『伍廷芳集』中華書局、一九九三年、八二〇―二一頁、原載『東方雑誌』一五巻六号、一九一八年六月十五日)。
(10)『軍政府公報』〈布告〉(修字一号、民国七年八月三十一日)。
(11)『軍政府公報』〈公文〉(修字七号、民国七年九月二十一日)。
(12)『軍政府公報』〈法規〉(修字三号、民国七年九月七日)。
(13)一九一四年七月十一日、教令第九七号(『外交年鑑　民国九年分』上編〈外交部統計科〉一九二一年、一―三頁)。
(14)『軍政府公報』〈命令〉(修字一二号、民国七年十月九日)。
(15)『軍政府公報』〈公電〉(修字七四号、民国八年五月二十一日)。
(16)『軍政府公報』〈公文〉(修字一五号、民国七年十月十九日)。
(17)現在の台湾、中華民国にも各省政府がおかれ、省長が任命されている。これは、名義上のもので、二元権力とは言えない。なお、この羅誠はのちに陸栄廷から免罪要請がなされ、外交部がそれに同意している。『軍政府公報』〈公文〉(修字一二二号、民国八年十一月八日)。
(18)『軍政府公報』〈公文〉(修字三二号、民国七年十二月十八日)。
(19)『軍政府公報』〈公電〉(修字一〇〇号、民国八年八月二十三日)。
(20)『軍政府公報』〈命令〉(修字六九号、民国八年五月三日)。
(21)『軍政府公報』〈公文〉(修字七四号、民国八年五月二十一日)。
(22)『軍政府公報』〈公文〉(修字七五号、民国八年五月二十四日)また、二十七日には改めて交渉員に対して拘留の督促がおこなわれている。『軍政府公報』〈公文〉(修字七八号、民国八年六月四日)。
(23)『軍政府公報』〈公文〉(修字七四号、民国八年五月二十一日)。
(24)『軍政府公報』〈公文〉(修字七九号、民国八年六月七日)。
(25)『軍政府公報』〈公文〉(修字一五号、民国七年十月十九日)。
(26)『軍政府公報』〈公文〉(修字二六号、民国七年十一月九日)。
(27)『軍政府公報』〈布告〉(修字二六号、民国七年十一月二十七日)。
(28)『軍政府公報』〈公文〉(修字二六号、民国七年十一月二十七日)。
(29)『軍政府公報』〈公文〉(修字二五号、民国七年十一月二十三日)。
(30)『軍政府公報』〈公電〉(修字四〇号、民国八年一月十八日)。

(31)『軍政府公報』〈公文〉（修字四〇号、民国八年一月十八日）。
(32)『軍政府公報』〈公文〉（修字、民国九年七月十七日）。
(33)広東省档案館編訳『孫中山与広東――広東省档案館庫蔵海関档案選訳』（一九一七年十月二十七日、一一〇頁）。
(34)同上書（一九一八年二月二十一日、一三五頁）。
(35)「海防捷報刊載日本対於軍政府態度新聞」（一九一八年十月十二日）（中国第二歴史档案館編『中華民国史档案資料匯編』第四輯、二、江蘇古籍出版社、一九九一年、一五四四頁）。
(36)『軍政府公報』〈公文〉（修字二九号、民国七年十二月七日）。
(37)李厚基は、北京政府から任命されていた福建督軍であるが、改組軍政府とも文書の往来をおこなっていた。一九一八年十一月は、改組軍政府から潮梅籌餉督辦を解任された陳炯明が使節を李厚基のもとに派遣し、広東反抗を相談したという。李厚基は使節と謁見したことを軍政府に伝え、誤解のないように訴えている（「李厚基来電」一九一八年十一月十七日、中国第二歴史档案館編『中華民国史档案資料匯編』第四輯二、江蘇古籍出版社、一九九一年、六九六頁）。
(38)『軍政府公報』〈公文〉（修字二三号、民国七年十一月十六日）。
(39)『軍政府公報』〈公文〉（修字三七号、民国八年一月八日）。
(40)『軍政府公報』〈公文〉（修字二三号、民国七年十一月十六日）。
(41)『軍政府公報』〈公文〉（修字二三号、民国七年十一月十六日）。
(42)『軍政府公報』〈公文〉（修字四九号、民国八年二月二十二日）。
(43)このほか、この沈議員はインドネシア華僑の為に対オランダ条約の改定を求めるなどして華僑の保護に専心していた。『軍政府公報』〈公文〉（修字、民国九年一月十日）。
(44)『軍政府公報』〈公文〉（修字七九号、民国八年六月七日）。
(45)『軍政府公報』〈公電〉（修字一〇五号、民国八年九月十日）。
(46)『軍政府公報』〈公文〉（修字一〇五号、民国八年九月十日）。
(47)『軍政府公報』〈公電〉（修字一四七号、民国九年二月七日）。
(48)『軍政府公報』〈公文〉（修字四九号、民国八年五月二十八日）。
(49)『軍政府公報』〈公電〉（修字一四二号、民国九年一月二十一日）。
(50)『軍政府公報』〈附録〉（光字二号、民国九年十二月八日）。
(51)『軍政府公報』〈通告〉（修字一八〇号、民国九年七月七日）。

(52)『軍政府公報』〈布告〉(修字一九三号、民国九年七月二十一日)。
(53)『軍政府公報』〈公文〉(光字二二号、民国九年二月二十六日)。民国十年、広東政府は外交部辦事細則を発布した。これは北京政府で顔恵慶総長がおこなった制度改正に対応したものではないようだ。当初、北京政府の制度とほぼ同様の制度を定めていた広東政府が広東にて独自の制度を形成しはじめたということになろう。ここでは、政務司が政治交渉・国境・訴訟・伝教、遊歴・通商・関税、外債・郵電などを担当するとされているが、これは北京政府の条約司と通商司を併せた組織であろう。また、総務司が華僑保護・典礼・人事・予算・庶務、秘書処が印信・収発文件・諸雑務、連絡・長官指揮業務などを担当することになっていた。この制度で興味深いのは、権限関係を明確にしていることである。第四条では、各司や秘書処で連絡、商議しても結論が出なかった場合、部長・次長決裁で定めることなどが明記され、文書の扱いについても同様であった。勤務時間は、午前九時から正午、午後一時から五時までとなっていた。(『軍政府公報』〈法規〉光一九号、民国十年二月十六日)。

第Ⅱ部はじめに

(1) 一九九〇年代後半以降、中華人民共和国において、不平等条約(および改正)に関する史料集やその経緯をまとめた簡便な書物が多く出版されている。それは、香港やマカオの「収回」を契機としているだけでなく、中国がこれまでいかに「奪われてきた」のかということを強調し、それを国民の記憶として定着させ、今後の指針とする意図があったと考えられる。また、小島朋之が紹介している一九五〇年代の中国の教科書に示される「一八四〇年代以前の国境線」が大陸部東南アジア全域、琉球、中央アジアの一部などを含みこむラインに設定されているように(小島朋之「アジアの中の中国」国分良成編『現代アジア――危機からの再生』慶應義塾大学出版会、一九九九年所収)、中華人民共和国における記憶づくりは、五〇年間にわたっておこなわれてきた面がある。筆者は、現代中国における歴史的「事実」の扱いがいわゆるfactというよりも、discourseに近いものであり、そうした「事実」形成の上で、実際に何があったかということと同様に、何がどのように伝えられたか、記憶させようとしたかということが重要であると考えている。筆者が本書で議論しようとしているのは、factであると同時に、形成されていくdiscourseでもある。そうした意味で、民国前期におこなわれた記憶づくりについてここで触れておきたい。民国前期をどのような視点で捉えるかということは既に述べたとおりであるが、それは記憶づくりにも影響していた。それは一つには中国が文明国となるため啓蒙書的な色彩を帯び、また一つは奪われていくプロセスとしての中国外交史を執筆するということであった。これらは、『清季外交史料』や『清史稿』の問題として存在している。前者の事例としては、欧米留学の外交官が自らの博士論文などを中国語に翻訳する例が目立つ。外交官である刁敏謙は『中国国際条約義務論』を商務印書館から一九一九年に出版している。ここにある陸徵祥や汪大燮の序文も同じようなモチーフで描かれている。同書は刁がロンドン大学に提出した博士論文の翻訳で、中国が国際社会で果たすべき条約上の義務は何かということを詳述している。これは、国際社会で文明国として認知される第一歩である。また、ここでは同時に何故そのような義務が中国に発生したのかという点について、歴史の整理もおこなわれている。ここではアヘン戦争から説きおこされ、中国が民国成立まで結んできた不平等条約が時系列的に整理されながら展開される。そして結論部では、不平等条約を改正しなければならないことが述べられている。また一九一七年に刊行された荘病骸の『外交思痛録』（一九一七年、近代中国史料叢刊、三編、第二輯、一九八五年）などは、より強く中国がいかに蚕食されてきたかを強調している。ここでは中国がそれをいかに克服するかということはあまり述べられず、民族の奮起を促すような記述になっている。興味深いのは、国民政府期に入って出版された外交史関係のテキストは、民国北京政府の外交を基本的にマイナスに描き出し（対ドイツ関係など成果として無視できない部分は、「関係の変化」などとして表現をぼかしている）、広東政府の革命外交を極めて高く評価し、それが南京国民政府につながったという立場をとっている。例えば、一九三二年に出版された夏天『中国外交史及外交問題』（光華書局）などはその典型である。民国前期外交の諸成果は、一九三〇年代で既に抹消されており、これが共産党政権にも基本的に受け継がれたため、中国でも台湾でも記憶として消去されていったのであろう。他方、同時代的にも、中華民国が依然侵略の危機にさらされているということも強調された。その代表が『民国経世文編』に掲載されている諸文であろう。その外交の項目は以下の通りである。

王侃淑　「論列強対於中国瓜分保全両策之変遷」
闕名　「列強之縦横術」
唐瓊昌　「慎選駐米公使並改派公使分駐墨古秘等国之意見書」
李大鈞　「敬告国民注重中日外交意見書」
闕名　「日人経営満洲実業之実情」
闕名　「俄蒙貿易最近之情況」
闕名　「中俄蒙事協約正論」
朱瑞　「致各省都督論俄蒙協約」
熊希齢　「対於中俄条約之痛言」
林唯剛　「俄蒙交渉始末」
闕名　「証明英人無可干渉蔵事之理由」
闕名　「英兵入蔵論」
闕名　「英蔵交渉始末記」
湯叡　「巴爾幹半島之風雲」

林紓・楽賢訳「土耳基乱事始末」ここでは、必ずしも不平等条約改正といった方向での議論は現れてこない。交渉始末、侵略過程といったことが対象となり、それへの危機感が高まるような方向性が模索されているように思える。

（2）「不平等条約」（外交学会編『外交大辞典』中華書局、一九三七年、八二一—八三頁）。

（3）王建朗『中国廃除不平等条約的歴程』（江西人民出版社、二〇〇〇年）。これと対照的なのが、蔣中正『中国之命運』（正中書局、一九八七年、原版一九四三年）である。

（4）だが、毛沢東とて、一九四五年四月二十四日の「論聯合政府」の中で、「不平等条約の撤廃と平等条約の締結を歓迎する」といった文言を挙げ、必ずしも一九四三年前後での撤廃を認めているわけではない（第一〇「外交問題」）。一九五〇年の中ソ同盟条約について、それがソ連から中国に「押しつけられたものではない」のであるから清末の諸条約と同様に不平等条約として扱うことはできないが、一方で敗戦国日本から中国を守るという口実の下に、「満洲」の旧権益と新疆における利権をソ連が確保し、経済諸協定でも中国に不利な条項が多いとして、「不平等性の復活」ではないかと述べる研究もある。フランソワ・ジョワイヨー『中国の外交』（中嶋嶺雄・渡邊啓貴訳、文庫クセジュ、一九九五年）参照。また、こうした不平等性は一九五二年の中ソ交渉までは見られたが、一九五四年には改善されていく。こうした点についていは、中嶋嶺雄『中ソ対立と現代——戦後アジアの再考察』（中央公論社、一九七八年）に鋭く示され、またその前史たる一九四〇年代の中ソ交渉については、国共双方の視野を含んだ石井明『中ソ関係史の研究——一九四五—一九五〇』（東京大学出版会、一九九〇年）という金字塔がある。

（5）茅海建『天朝的崩潰』（三聯書店、一九九五年、四八二—八三頁）。

第Ⅱ部第一章

（1）坂野正高『近代中国政治外交史』（東京大学出版会、一九七三年、二七九—八二頁）。

（2）同上書（二八〇—八二頁）。なお、茅海建は、「第一次中比条約的訂立時間及其評価」（同『近代的尺度』上海三聯書店、一九九八年所収）において、結局結ばれなかった第一次中比条約を、「中国近代史上、不平等条款を含むとは明確には言えない最初の条約」と位置づけている。

（3）同治元年七月初一日収、通商大臣薛文一件（台湾中央研究院近代史研究所所蔵・総理衙門档案「無約国案（日本）」〇一-二一、二二-一）。

（4）この使節は総勢で五九名とされるが、中国側への報告はそれよりもはるかに少なかった。

（5）積んでいたはずの石炭、朝鮮人参などは記されていない。

(6)「頭目」は、単に武士であること、あるいは役人であることを示していると思われるが、長崎奉行所や幕府の役人も入っているので、このような表現をとったのかもしれない。なお、この千歳丸派遣の主体については、長崎奉行というよりも外国奉行であろうというのが一般的見解のようである。けれども、後の同治七年書簡のところでは、長崎奉行の意見として、千歳丸との連続性の中で長崎奉行の使節派遣が語られている。

(7)この「西洋商船が運ぶので」という部分は、この文書では省略されているので、以下にある八月初四日の文書に添付されていた原文から引用した。

(8)同治元年七月初四日、通商大臣薛文一件（注(3)に同じ)。

(9)双方ともに添付文書で日付がない。呉煦の個人文集などからの考証が必要である。

(10)同治元年八月初四日収、通商大臣薛署江蘇巡撫李文一件（注(3)に同じ)。

(11)呉煦は、無約小国を「デンマーク・スウェーデン・ノルウェー・オランダ・イタリア・スペイン・ハンガリー・布林宴国（ポルトガルか）・昂不爾厄国・亜爾敦不爾厄国（これらはプロイセン、ハンブルグなど、現在のドイツの国々と思われる。不爾厄はブルクであろう)」だとした。

(12)同治元年八月初四日収、通商大臣薛署江蘇巡撫李函一件（注(3)に同じ)。

(13)同治元年八月初八日行、通商大臣薛文一件（同じく李一件)（注(3)に同じ)。

(14)同治元年閏八月初三日収、通商大臣薛、署江蘇巡撫李文一件（注(3)に同じ)。

(15)同治元年閏八月二十八日収、通商大臣薛、署江蘇巡撫李文一件（注(3)に同じ)。

(16)同治元年九月初四日行、通商大臣薛文一件（注(3)に同じ)。

(17)同治元年十一月十九日収、通商大臣薛、江蘇巡撫李文一件（注(3)に同じ)。

(18)同治三年四月初十日収、上海通商大臣文一件「無約国案（瑞、那、日本)」(台湾中央研究院近代史研究所所蔵・総理衙門档案〇一-二一、二二-一)。なお、この使節についての中国側の史料としては『黄浦志』などがあるが、官側内部の詳細なやりとりは記されていない。

(19)山口の役職は、御軍艦奉行支配組頭箱館奉行支配調役並。山口の書き残した記録に、山口錫次郎「唐国上海江罷越候儀申上候書付」『続通信全覧』〈類輯之部二九〉がある。

(20)同治三年四月十三日行、上海通商大臣文一件（注(18)に同じ)。実際、彼らは比較的順調に貿易をおこない、滞在期間一カ月半ほどで帰国することになった。

(21)同治七年三月初三日収、上海通商大臣曽国藩文一件「無約国案（日本)」(総理衙門档案〇一-二一、二二-三)。

(22) 中国側には「河津伊豆守」などという名前は理解できず、「いったいどのような官職姓名なのか不明である」とされてしまっていた。
(23) この書簡は、通事である呉益彰と鄭永寧の名前で作成されている。日本側の書簡は、自らが既に西洋諸国と往来をはじめ、彼らとは公使を交換しており、また「紳士・商民」が渡航する場合には、さまざまな手続きをとることが約されていて、それを実行しているが、中国とは公然と往来することができず、こうした手続きがない、と述べている。
(24) 同治七年三月初八日行、上海通商大臣文一件(注(21)に同じ)。また、総理衙門は長崎での華商貿易に対する管理がたいへん厳しいものであったと聞いていて、それを調査するようにも命じている。
(25) 同治七年三月初八日致、上海通商大臣函一件(注(21)に同じ)。
(26) 同治七年四月十三日収、上海通商大臣曽国藩文一件(注(21)に同じ)。
(27) 同治七年閏四月十四日収、上海通商大臣曽国藩文一件(注(21)に同じ)。
(28) 内容を省略する。同治七年五月初九日収、上海通商大臣曽国藩文一件(注(21)に同じ)。
(29) 同治七年十月初九日収、上海通商大臣曽国藩文一件(注(21)に同じ)。
(30)「四国」内部の相違、「無約通商国」内部の上下などは今後検討すべき課題であろう。また、総理衙門という組織が果たして不平等性を認知し、その改正をおこなおうとしていたかについては議論の余地がある。
(31)『清季外交史料』という光緒年間の外交を考える上で最も有用な史料は、民国期になって不平等条約改正史の基盤として編集された史料集であり、不平等条約改正史に対しては貢献が大きい。
(32) 不対等と不平等の語義のズレについては議論の余地が残る。
(33) 田涛主編『清朝条約全集』第二巻(黒龍江人民出版社、一九九九年、一一九三頁)。
(34) 同上書、第三巻(一二六三、一二七〇頁)なお、中日条約の第六款、中美条約の第十三款には、中国が「国家一律之国幣」の制定に努力するという条文もある。
(35) このあたりの「意識」の変化は極めて実証しにくい面がある。外交思想史を含めた総合的な研究が必要であろう。
(36) 出使俄奥大臣楊儒が参加し、各条約に調印した(田涛主編前掲書『清朝条約全集』〈光緒朝〉一〇四四―六八頁)。しかし、総理衙門の判断は、陸戦条約については批准不要で、そのほかの条約についても批准を妨げないといった返答であった。そして義和団事件が生じため、批准がのびのびになり、結局、日露戦争にともなう「中立」国としての義務をいかに果たすのかという問題などから、光緒三十年六月になってようやく出使俄国大臣胡惟徳を通じて批准書がオランダに送られ、批准に至ったのであった。光緒三十年三月「己丑、外務部奏」(『光緒朝東華録』中華書局、第五冊、五一六九―七〇頁)、光緒三十年十月「外務部奏」(同上史料、五二五〇頁）。

(37) 義和団事件に際しては、日本軍が総理衙門档案などを保衛したとされるが、散逸档案も多かったようである。

(38) この会議では、一九〇四年十二月二十一日に病院をめぐる公約が結ばれ中国も加盟している。

(39) 光緒三十年八月二十八日収、駐俄国大臣胡惟徳函（外務部档案〇二-二一、一-一）。

(40) 光緒三十三年八月十五日収、専使陸大臣等致本部電（外交部档案〇三-三四、一-一）。この第二回平和会議で、清はアメリカの理念に強く賛同している。アメリカは、理念的な平等主義を掲げ、一方でモンロー主義を唱えたことから、清から見れば、最も立場を共有できる列強であった。このような親米路線はウィルソン主義への共鳴に継承されていく。なお、先の平和会議で定められた赤十字については、清は日露戦争にはじめて適用、北洋大臣が管轄した。外務部档案〇二-二一、一三-一など参照。

(41) 光緒三十三年日付不明、汪大燮第一七六書簡（『汪康年師友書札』第一巻、上海古籍出版社、一九八六年、九七六頁）。

(42) 光緒三十三年十一月二十二日収、汪大燮第一七七書簡（同上書、九七一頁）。

(43) 唐啓華「周辺としての中国——二〇世紀初頭の国際組織における中国と日本」（横山宏章・久保亨・川島真編著『周辺から見た二〇世紀中国』（中国書店、近刊所収）。また、唐はこの会議において陸徴祥が日本への警戒感を露わにしていることを指摘し、民国前期の外交はこの陸の対外観に依拠している可能性があるという示唆深い指摘をおこなっている。

(44) 光緒三十三年九月初二日収、駐和陸大臣数臣参信一件（外務部档案〇二-二一、四-一）。

(45) 光緒三十三年九月初二日収、駐和陸大臣文「密陳保和会前後実在情形並近来世界大勢」（同上档案〇二-二一、四-一）、光緒三十三年九月初二日収、駐和陸大臣信一件（外務部档案〇二-二一、一〇-一）。

(46) 民国元年十一月二日収、臨時大総統令（外交部档案〇三-三五、二-一）。なお、総統に対して要請したのは、外交部外政司であった。民国元年十月三十日発、大総統呈「請派大員研究海牙保和会」（同上档案）。

(47) 民国二年五月十日発、大総統呈（外交部档案〇三-三五、一-二）。

(48) この作業は、中華民国における国際法受容に一定の役割を果たすことになったと考えられる。この組織は英米日の各公使館にハーグ平和会議に関する公私書籍の収集を命じている。日本からは、ハーグ平和会議日本代表団の随員でもあった長岡春一の『国際法考載』が取り寄せられ、徐樹錚の手によって印刷に付されている。民国元年十二月二十二日収、「保和会準備会第一次会議記録」、民国二年一月十八日収「保和会準備会印刷品」（外交部档案〇三-三五、三-一）。

(49) 民国二年日付不明発、大総統呈（外交部档案〇三-三五、一-一）。

(50) 民国三年一月十九日外交部発、駐奥沈公使「希臘請訂約通交事、可先与接洽酌核辦理由」（外交部档案〇三-三四、二一-一）。

第Ⅱ部第二章

(1) 藤田久一『国際法講義』Ⅰ（東京大学出版会、一九九二年、一六三頁）。
(2) 同上書（一六三頁）。
(3) 田畑茂二郎『国際法新講』上（東信堂、一九九〇年、九四頁）。
(4) 確かに各省は独立を宣言したが、それは中央政府に対する独立であって、独立国として国家承認を受けるとか、あるいは中国における正当性をあらそうために、交戦団体承認をうけるといったことをしてはいなかった。こうした省の「独立」は実質的には autonomy と表現されるべきものである。このような側面は、後の聯省自治運動にも継承されていった。
(5) 宣統三年十二月二十五日発、駐美・日・俄公使電（外交部档案〇三-四四、一-一）。だが、各国における外交代表の扱われ方はまちまちであって、必ずしも一律とは言えなかった。
(6) 宣統三年十二月二十七日発、伍代表電（外交部档案〇三-四四、一-一）。
(7) 民国元年四月五日発、上海唐総理電（同上档案）。なお、南京自体における交渉案件も、「南京留守条例」によって、原則的に総統直轄となった。民国元年四月十三日発、唐総理・黄留守電（同上档案）。
(8) 田村幸策『最近支那外交史』上（外交時報社、一九三八年、二八三―三〇三頁）。
(9) 石源華『中華民国外交史』（上海人民出版社、一九九四年、二五頁）。この電文は、外交档案には見られないが、『東方雑誌』の「中国大事記」に掲載されている。『東方雑誌』第八巻第一一号〈中国大事記〉（一九一二年五月一日）三月十一日の項目参照。
(10) 田村前掲書『最近支那外交史』上（二九四頁）。
(11) 曹汝霖は、この間弁護士となっているが、彼は中国で最初の公認弁護士であった。
(12) 曹汝霖『曹汝霖一生之回憶』（伝記文学出版社、一九八〇年、八六―八七頁）。
(13) 広東省社会科学院歴史研究室他編『孫中山全集』第二巻（中華書局、一九八一年、一―三頁）。
(14) 同上書（八―一〇頁）。
(15) 兪辛焞『孫文の革命運動と日本』〈東アジアのなかの日本歴史9〉（六興出版、一九八九年、一六三頁）。
(16) 民国元年九月十三日収、駐秘代辦譚参賛申（外交部档案〇三-一二、二-六）。
(17) 民国元年十二月二十五日収、馬代辦「訳送秘国答復袁総統賀電文由」（外交部档案〇三-四一、一六-二）。
(18) 民国元年十月二十二日発、駐秘譚代辦申一件「秘国似可承民国成立由」（外交部档案〇三-三九、二八-一）。
(19) 民国四月十五日収、駐古巴代辦電、民国二年四月三十日収、駐秘代辦譚申（外交部档案〇三-一三、二-六）。
(20) 民国二年五月十三日収、駐古代辦函、付件「訳録五月三日古巴外部大臣照会」等（外交部档案〇三-一三、二-六）。

(21) 日本が「支那」という用語を用い、中国としての連続性を強調したのも、ちょうどこの時期である。
(22) 本節の内容については、関連する档案類をすべて閲覧しているが、既発表の唐啓華「民国初年北京政府『修約外交』之萌芽　一九一二―一九一八」（『興大歴史学報』二八、一九九八年六月）に依拠しながら記述する。
(23) そもそも「華僑問題」なるものは、いつ、どのような事情から発生し、中国の官僚層あるいは社会に問題として認知されたのであろうか。「華工問題」と「華僑問題」は異なるのか、一八八〇年代以前と以後とでは対応が異なるのであろうか。「華僑問題」なるものをアプリオリに設定せず、問題そのもののあり方を考える、当時の文脈に即した実証研究の出現に期待したい。
(24) 宣統三年六月初一日収、駐米張大臣函（外交部档案〇三-一三、一四-一）。
(25) 例えば、民国三年三月四日外交部発、大総統呈「請派駐美夏公使議訂古巴、巴拿馬両国条約由」（外交部档案〇三-一三、一四-一）、民国六年四月十一日外交部収、駐美使館函「古巴・巴拿馬苛例厳酷、各華僑簽請訂約由」（外交部档案〇三-一三、一五-一）。
(26) 民国元年十月十九日外交部発、咨国務院「智利請派員通交開具説帖議決」（外交部档案〇三-一三、一六-一）。
(27) 濱下武志「宗主権の歴史サイクル――東アジア地域を中心として」（『歴史学研究』六九〇号、一九九六年十月）。
(28) 国務院統計局編『民国行政統計彙報』上〈外交類〉（国務院印鑄局、一九一八年、六三―七〇頁）。
(29) 伍朝枢については、林孝庭『外交家伍朝枢與近代中国』（国立政治大学外交研究所碩士論文、一九九七年四月）参照。
(30) 民国三年三月四日収、呈大総統「請派駐美夏公使議訂古巴巴拿馬両国条約由」（外交部档案〇三-一三、一四-一）。
(31) 民国四年二月十九日収、駐美使館咨陳「古巴訂約事」（外交部档案〇三-一三、一四-二）。
(32) 民国四年十月九日収、駐美夏公使「古巴訂約事」（同上档案）。
(33) 唐啓華「民国初年北京政府『修約外交』之萌芽　一九一二―一九一八」（『興大文史学報』二八、一九九八年六月）参照。
(34) 民国元年十月十二日収、駐英劉代表九月十五日函（外交档案〇三-一三、一六-一）。
(35) 民国元年十月九日発、咨国務院説帖「智利国請派員通好開具説帖議決由」（同上档案）。
(36) 民国三年八月三日発、呈大総統「擬與智利国簽訂通好約款呈請核示由」（同上档案）。
(37) 民国三年九月二十九日収、駐日陸公使函（同上档案）。
(38) 銭泰『中国不平等条約之縁起及其廃除之経過』（台北国防研究院、一九六一年、一七四―七五頁）。
(39) 民国三年五月二十日発、呈大総統「與瑞士国議約事」（外交部档案〇三-一三、一一-一）。
(40) 民国六年二月十六日収、駐奥沈公使電（同上档案）。
(41) 民国六年四月十五日収、駐法胡公使電（同上档案）。
(42) 民国六年八月十三日収、国務院公函（同上档案）。

(43) 田涛主編『清朝条約全集』第三巻（黒龍江人民出版社、一九九九年、一六〇一頁）。
(44) 民国六年九月二十九日発、駐日章公使電（外交部档案〇三-二三、二一-二）。
(45) 銭泰前掲書『中国不平等条約之縁起及其廃除之経過』（二三四頁）。この領事裁判権放棄は戦後の一九四六年になされている。一九四三年でいわゆる「列強」との関係は精算されたが、その他の国々との条約はまだ多くの調整を要したものと考えられる。

第Ⅱ部第三章

(1) だが、台湾における評価が比較的脱ポリティカル・ディスコースに向かうのに対して、中国大陸ではまた別の位置づけがなされているようである。まず、五四運動を以て近代と現代の分岐点とする説は、中国社会科学院近代史研究所の張海鵬所長らにより既に相対化されてしまっている。他方、五四運動を美化したり、その歴史上の意義を強調する言説も一九八九年の天安門事件以降、見られなくなってきている（この結果として張所長らの言辞があるとも言える）。他方、パリ講和会議における中国外交においては、従来は五四運動の運動対象とみなされ、売国外交とか評されたが、昨今では例えば「我的一九一九」という映画に見られるように、「中国が最初に世界にＮＯ！といった時」という位置づけがなされ、ナショナリズム的な観点からの再評価が進んでいるようである。
(2) 本節の記述は、唐啓華「民国初年北京政府『修約外交』之萌芽 一九一二—一九一八」（『興大文史学報』二八、一九九八年六月）、同「一九一九年北京政府『修約外交』的形成與展開」（『興大歴史学報』八、一九九八年六月）を参考にした。
(3) これらのドイツ財産管理の方法は日本に倣って進められた。章宗祥「東京之三年」（『近代史資料』三八号、中華書局、一九七〇年、四一頁）。
(4) 第一次大戦中における具体的な対応、例えば中立時の戦時中立のありかた、あるいは宣戦布告後の敵産処理などについては、今後実証的な検討をしていきたい。
(5) 銭泰『中国不平等条約之縁起及其廃除之経過』（台北国防研究院、一九六一年、一三四頁）。
(6) 張水木「徳国無限制潜艇政策與中国参加欧戦之経緯」（中華文化復興運動推行委員会主編『中国近現代史論文集』二三編、台湾商務印書館、一九八六年所収）。
(7) 陸徴祥「参与欧州和平分会報告」八（外交部档案〇三-一二、八-四）。
(8) 民国七年一月十七日収、駐英施公使電（外交部档案〇三-三七、三-一）。
(9) 民国七年十二月三十日収、参議院函（同上档案）。
(10) 民国八年一月四日発、駐美顧、駐英施公使電（外交部档案〇三-三七、三-三）。
(11) 民国八年二月十八日収、国務院函（外交部档案〇三-三七、三-二）。

(12) 劉彦は、この原案を総統府外交委員会で策定され、一月八日に陸徴祥らに電報で送られたものと述べており、また唐啓華もそれを引用している。胡惟徳案ではないとしているのである。だが、外交部档案で判断する限り、今のところ胡惟徳案と考えるのが妥当かと思われる。劉彦著・李方晨増訂『中国外交史』（三民書局、一九六二年、五四七—五一頁）、唐啓華前掲論文「一九一九年北京政府『修約外交』的形成與展開」参照。
(13) 民国八年一月二十一日、全権代表団第一回会議記録（外交部档案〇三-三七、一二-一）。
(14) 民国八年一月二十二日、全権代表団第二回会議記録（同上档案）。
(15) 民国八年一月二十三日、全権代表団第三回会議記録（同上档案）。顧は、翌日の第三回会議でも連合会に賛成する意見書の起草をまかされるなど、諸事の起案を担当していた。
(16) 民国八年二月五日、全権代表団第一〇回会議記録（同上档案）。
(17) 民国八年二月八日、全権代表団第一一回会議記録（同上档案）。
(18) 民国八年七月十九日収、駐議和全権大使函（外交部档案〇三-三七、三-二）。
(19) 同上。
(20) 民国八年二月十五日、全権代表団第一八回会議記録（外交部档案〇三-三七、一二-一）。
(21) 陸徴祥総長は会議に参加する際に日本経由で来たのだが、日本で日本の山東利権継承を確認するような密約を締結してしまったため、中華民国が講和会議で辛い立場に追い込まれとされている。このお膳立てをしたのは劉崇傑参事であるとされているが、この劉参事がパリ到着すると、留法学生平和促進会の建議に基づき、内田康哉外相・陸総長会談について、全権代表団で劉のつるし上げとも言える問責会議が開かれ、以後劉を代表団の一切の職務につけないことにしてしまった。問責した側のほとんどは欧米留学者であり、このあたりに、五四運動後の陸宗輿・章宗祥解任とつながるベクトルがある。このパリ講和会議は「親日」性が明確に否定される場であった。五四運動は中央での「親日」の否定であり、パリでは劉のパージとなってそれがいち早くあらわれていた。劉参事は三月十九日の第五〇回会議でも必死に弁明するが認められなかった。なお、果たして真に密約があったどうかは依然として判明しておらず、また陸については顧維鈞や施肇基の政策をリードしていたとする唐啓華の説もあり、今後議論が必要である。
(22) 民国八年三月三十一日収、法京陸総長電（外交部档案〇三-三三、一五〇-一）。
(23) 民国八年四月十三日収、法京陸総長電（同上档案）。
(24) 民国八年四月十七日収、法京陸総長電（同上档案）。
(25) 民国八年五月十七日収、法京陸総長電（外交部档案〇三-三三、一五〇-二）。

(26) 民国八年四月二十二日、全権代表団第七二回会議記録（外交部档案〇三-三七、一二-一）。
(27) 民国八年四月十二日、全権代表団第七一回会議記録（同上档案）。
(28) 民国八年四月二十八日収、法京陸総長電（外交部档案〇三-三三、一五〇-一）、民国八年四月三十日収、法京陸総長電（同上档案）。
(29) 民国八年四月三十日、全権代表団第七四回会議記録（外交部档案〇三-三七、一二-一）。
(30) 民国八年五月十二日収、法京陸総長電（外交部档案〇三-三三、一五〇-二）。
(31) 民国八年五月十一日収、法京陸総長電（同上档案）。四月末から五月初旬の電報は到着までに十日前後要している。五四運動による混乱のためだろうか。
(32) 民国八年五月三日収、法京陸総長電（同上档案）、民国八年五月十三日収、法京陸総長電（同上档案）。
(33) 民国八年五月五日収、法京陸総長電（同上档案）。
(34) 民国八年五月十三日収、法京陸総長電（外交部档案〇三-三三、一五〇-二）、民国八年五月十六日収、法京陸総長電（同上档案）。五四運動発生の原因については様々な議論があろうが、外交史的に興味深い論点として、アメリカによる文化宣伝がある。山腰敏寛「アメリカの対中宣伝活動と五四運動」（『東洋文化』通巻三〇七、一九九四年九月）参照。
(35) 民国八年五月十二日発、法京陸総長（同上档案）、民国八年五月十三日発、国務院秘書庁函（同上档案）、民国八年五月十五日発、照録致陸総長電（同上档案）。
(36) 民国八年五月十四日発、法京陸総長（同上档案）、民国八年五月十七日収、法京陸総長（同上档案）、民国八年五月十九日収、法京陸総長電（同上档案）、民国八年五月二十日、法京陸総長電（同上档案）。
(37) 民国八年五月十六日収、刁司参事往晤美公使問答（同上档案）、民国八年五月二十五日収、法京陸総長電（同上档案）、同日収、法京陸総長電（同上档案）、民国八年五月二十六日収、法京陸総長電（同上档案）、民国八年五月二十八日収、法京陸総長電（同上档案）。
(38) 民国八年五月三十一日収、法京陸総長電（同上档案）。
(39) 民国八年五月二十七日収、国務院抄交致法京陸総長電（同上档案）。
(40) 民国八年六月二日収、法京陸総長電（同上档案）。
(41) 民国八年五月二十八日、全権代表団秘密会議記録（外交部档案〇三-三七、一二-一）。
(42) 民国八年六月二日収、法京陸総長電（同上档案）。
(43) 民国八年六月十一日収、法京陸総長電（同上档案）。

（44）民国八年六月十日発、法京陸専使電（外交部档案〇三-三三、一五〇-二）。
（45）民国八年六月十一日収、国務院交抄致陸専使電（同上档案）。
（46）民国八年七月四日収、法京陸総長電（外交部档案〇三-三三、一五一-一）。
（47）民国八年七月二日収、法京陸総長来電（同上档案）。
（48）民国八年七月六日収、法京陸総長電（同上档案）。
（49）民国八年七月三日収、国務院致胡公使電、同日収、国務院致陸総長電（同上档案）。
（50）中華民国全権が講和会議で示した不平等条約改正へのもう一つの試みについても記しておきたい。それは、一年後の民国九年六月に、対トルコ・セーブル条約に調印しなかったことである。顧維鈞は、魏宸組の賛同も得たとして以下のような見解を述べている。それは、セーブル条約の精神が「領土割裂」、「監督軍政・財政」、「協定関税」、「治外法権拡大」など中華民国が反対、撤廃しようとしているものに他ならず、もし調印すれば、中華民国がこうした精神に賛成しているととられかねず、外交政策に合わないばかりか、将来の撤廃の際にも不利な条件となるというものであった。また、南米各国もこれに調印しようとしていないことも理由として挙げ、調印しないと結論づけている。他方、そもそも中華民国はトルコに対しては宣戦しておらず、講和参加が不要だという側面もあった。この案は、外交部から国務会議へと上げられ、決議を経て決定されている。
（51）民国八年七月五日発、駐外各使館（外交部档案〇三-三七、三-五／〇三-一三、四六-三）。
（52）この後、結局アメリカが国際連盟に加盟しないのだが、この斡旋ラインがワシントン会議へと繋がっていくのである。民国十年八月十五日収、駐美使館函（外交部档案、〇三-三三、一五一-二）。
（53）民国八年八月九日発、各部局公函（外交部档案〇三-一三、四六-二／〇三-三七、三-五）。
（54）民国八年八月二十日収、法京陸総長電（外交部档案〇三-三三、一五〇-二）。
（55）民国八年八月二十四日収、法京陸総長電（外交部档案〇三-三三、一五一-二）。
（56）民国八年九月十三日収、駐法兵代辦電（外交部档案〇三-一三、四六-一）。
（57）民国八年九月十六日発、駐外各使領館通電（外交部档案〇三-一三、四六-三）。
（58）民国八年十月九日収、甘粛省議会電（外交部档案〇三-三七、三-五）。
（59）民国八年十二月十七日収、国務院交府交黄濬説帖（外交部档案〇三-三三、一五一-二）。
（60）民国八年十月三十日発、陸総長電（外交部档案〇三-三七、三-三）。
（61）このような研究会や委員会の権限、性格については別途議論が必要である。
（62）民国九年二月十七日発、法京顧公使（外交部档案〇三-一三、四七-一）。

(63) 民国九年三月十七日収、国務院函(外交部档案〇三-二三、四-一)。
(64) 民国九年三月二十二日収、国務院函(外交部档案〇三-三七、四-一)。
(65) 民国九年三月二十三日収、国務院函(同上档案)。
(66) 民国九年四月十三日収、顧専使電「和会報告事」(外交部档案〇三-三七、四-三)。
(67) 民国九年四月二十七日収、法京顧専使電(外交部档案〇三-二三、四七-一)。
(68) 民国九年五月十三日発、国務院秘書庁(同上档案)。
(69) 民国九年六月十九日収、法京顧専使電(外交部档案〇三-三七、四-三)。
(70) 民国九年九月十五日発、駐美顧・駐和唐公使「応提出国際連合会各項問題」(外交部档案〇三-三七、四-四)。
(71) 民国九年九月二十一日収、総長会晤美柯公使問答/中国願意加入研究英日続盟事(外交部档案〇三-三三、七九-三)。
(72) 民国九年十月二十三日収、駐美顧公使電(中央研究院近代史研究所編『中日関係史料——山東問題』上、中央研究院近代史研究所、一九八七年、二六六文書、二七七頁)。
(73) 租借地・租界はイギリスに相談せよと述べていた。民国九年十月二十二日収、駐美顧公使二十日電(同上書、二六二文書、二七五頁)。
(74) 民国九年十一月八日収、法京顧代表電(同上書、二七六文書、二八八頁)。
(75) 民国九年十一月九日収、法京顧代表電(同上書、二七七文書、二八八―八九頁)。
(76) 民国九年十一月十日発、顧・唐代表密電(同上書、二七九文書、二八九―九〇頁)。
(77) 民国九年十二月五日収、英京施肇基・林長民四日電(同上書、二九九文書、三〇二頁)。なお、こののち、和約研究会などでは調停国をアメリカではなくイギリスに絞っていこうとする動きが起きることも重要である。ワシントン会議自体、そもそもこのイギリスから中華民国に告げられていくのである。

第Ⅱ部第四章

(1) ワシントン会議については数多くの先行研究があるが、それらについては主に第Ⅳ部で紹介する。ワシントン会議は太平洋という場において最初におこなわれた国家間秩序の枠組みでもあった。すなわち、一九世紀前半までは秩序形成がおこなわれる場ではなかった太平洋が、航海技術の発達と、ペリー来航のような太平洋を繋げていく衝撃が各地に訪れ、ヒトやモノの流れ、地域観念に大きな変更を生じせしめた。そしてハワイ併合と米西戦争は、この海においてアメリカが優位性を形成していく重要な過程であった。だが、この場においてはアメリカと日本がまず衝突し、一九二〇年代にワシントン会議という最初の交通整理が必要となった。無論、香港とカナダに植民地を有していたイギリスにとっても、またフランスやオランダにしても、この太平洋が重要な場となっていたことには変わりはない。中国では、確かに「海国」という言葉があり、また華僑の流れも香港からハワイ経由でアメリカ西海岸に至るものが活発であったが、軍縮会議、四国条約に結果的に加わらなかったことからも分かるように、この段階で太平洋秩序に加わったとは言い切れない。だが、第二次大戦の勝利後、そして戦後、この方向性は次第に強まってきていると言える。今後は、この太平洋における秩序形成こそが、東アジア、そしてそのアメリカとの関わりなども規定していくのではないかと考えられる。

（2）より興味深いのは、中華民国国防部史政局所蔵・中華民国海軍部档案である。当時の中華民国では海軍軍縮会議にも招聘されるという見方が強く、海軍部は「裁軍」の一環として、軍縮を真剣に討議していた。

（3）東海岸の華僑については、ピーター・クォン『チャイナタウン・イン・ニューヨーク』（芳賀健一他訳、筑摩書房、一九九〇年）がある。

（4）羅家倫は、民国六年北京大学に入学し、民国八年初めに『新潮』という雑誌を創刊。五四運動の時には、三代表の一人に推薦され、各国公使館に意見書を届けた。翌九年にアメリカ留学。プリンストン大学、コロンビア大学で学んだ。このアメリカ留学中にワシントン会議が開催され、会議見聞記事を書いたのである。

（5）*The China Review*, vol. I, p. 347, Dec. 1921（コーネル大学所蔵）、李紹盛『華盛頓会議之中国問題』（水牛出版社、一九七三年、六四頁）、藤井昇三「平和からの解放」（日本政治学会編『国際緊張緩和の政治過程』岩波書店、一九七〇年所収）参照。藤井が指摘しているように、広東政府は新聞などに、会議に提出すべき議題として、山東問題や二十一カ条問題などの個別問題を優先するべきであるという論陣を張っていた。藤井昇三「ワシントン会議と中国の民族運動」（『東洋文化研究所紀要』五〇号、一九七〇年三月）。だが馬素は、原則論それ自体には反対していない。

（6）周守一『華盛頓会議小史』（上海、一九二二年、一四二頁、筆者は一九三三年版使用）。

（7）Bertrain Lenox Simpson（1877–1930）は、イギリス人のジャーナリスト。一八九六年から五年間海関に勤務する。後に'Far Eastern Times'などの記者となって排日的論調をはったことで知られている。ワシントン会議当時は北京政府顧問。後に張作霖大総統の政治顧問、張死後は、閻錫山の推挙により天津海関長となる。

（8）藤井前掲論文「平和からの解放」参照。

（9）李紹盛前掲書『華盛頓会議之中国問題』（六三頁）。張忠紱や沈雲龍も、この見解を採っている。

（10）羅家倫「我対中国在華盛頓会議之観察」（『晨報　臨時増刊』一九二二年）。

（11）日本外務省『日本外交文書　ワシントン会議極東問題』上（外務省、一九七六年、五一頁）。

（12）W. W. Willoughby, *China at the Conference*, Johns Hopkins University Press, 1922, p. 32.

（13）一九六四年十二月八日のJames D. Seymourによる顧へのインタビュー。Box. 3, Loose Materials, V. K. Wellington Koo Oral History, Manuscript Library, Columbia University.

（14）民国十年十一月十五日収、施顧王代表電（外交部档案〇三-一三、一四-二）。

（15）中国社会科学院近代史研究所『近代史資料』編輯室主編・天津市歴史博物館編輯『秘籍録存』（中国社会科学出版社、一九八四年、三九八頁）。

（16）藤井前掲論文「ワシントン会議と中国民族運動」参照。

（17）バルフォアのワシントン会議に関する活動については、グリスウォルト『米国極東政策史』（柴田賢一訳、ダイヤモンド社、一九四一年、三一一―三八頁）参照。

（18）グリスウォルト前掲書『米国極東政策史』（三二八―二九頁）、東方通信社編『華府会議大観』（東方通信社、一九二二年、一七九頁）。

（19）日本外務省前掲書『日本外交文書　ワシントン会議極東問題』上（四五頁）。

（20）施肇基十原則が討議の対象となった時に、特に問題となったのは、この第五項であった。同上書（六四―六六頁）。

（21）同上書（四八頁）。

（22）同上書（四九―五二頁）。会議の経緯については、日付を追って整理している東方通信社調査部編『華府会議大観』（東方通信社、一九二二年、一七九―九一頁）を参照。

（23）加藤友三郎は、当時海軍大臣であった。加藤はアメリカ人にすこぶる評判が良く、ヒューズ国務長官も、加藤のことを誤魔化しとか、嘘をつくことを絶対にしない人だ、と大変信用していたという（幣原喜重郎『回想五十年』読売新聞社、七三―七四頁）。また、海軍では山本権兵衛大臣時代から、海軍大臣の権限が軍令部に対して強大で、加藤大臣についてもその類に漏れない。従って、ロンドン軍縮会議の時に見られる、海軍省（軍政派）対軍令部（統帥派）という対立構造は、ワシントン会議のときにはなかった。

（24）日本外務省前掲書『日本外交文書　ワシントン会議極東問題』上（五二頁）。

（25）東方通信社調査部前掲書『華府会議大観』（一九六―九七頁）、日本外務省前掲書『日本外交文書　ワシントン会議極東問題』上（五三―五四頁）。この加藤全権代表の発言は、私的な見解ではなく、後述の日本政府の訓令に従って述べられたものである。

（26）日本外務省前掲書『日本外交文書　ワシントン会議極東問題』上（五一頁）。

（27）中華民国全権代表は、原則を個別問題提出の道具としようとしていたが、日本全権代表は、原則を個別問題「不」提出の道具にしようとしていた。

(28) 東方通信社調査部前掲書『華府会議大観』（一九八頁）。このブリアンの提言に従って、十原則は一項ずつ討議が加えられた。
(29) 日本外務省前掲書『日本外交文書　ワシントン会議極東問題』上（五二頁）。
(30) 東方通信社調査部前掲書『華府会議大観』（一九八頁）。
(31) 日本外務省前掲書『日本外交文書　ワシントン会議極東問題』上（五五頁）。
(32) 東方通信社調査部前掲書『華府会議大観』（一九八―九九頁）参照。
(33) 施肇基十原則では「中華民国」（China Republic）という語が用いられていたが、ルート四原則では「中国」（China）に変わった。呼称それ自体に意味があるか、外交档案からは不明であるが、施肇基十原則が発表されてから、フランス全権代表のブリアンから「中国」とは何を指すのかという問題が提起される程、デリケートな問題であった。一方、中華民国全権代表の中でも、「中国」と「中華民国」という語は混用されていたようである。特に王寵恵は、本国の外交部から「中華民国」という「憲法に定められた国名」を使用することを求められている。民国十年十二月十五日、美京施顧王代表電（外交部档案〇三-三三、三-三）。
(34) 日本外務省前掲書『日本外交文書　ワシントン会議極東問題』上（五七―五八頁）。
(35) グリスウォルト前掲書『米国極東政策史』（二七七―三一〇頁）。
(36) 山本慎吾「ワシントン会議と日本」（『国際政治』二三号、一九六三年十月）、同「ワシントン会議における中国問題」（『歴史教育』九-二、一九六一年）参照。
(37) 民国九年九月二十一日外交部収、総長会晤美柯公使問答／中国願意加入研究英日続盟事（外交部档案〇三-三三、七九-三）。
(38) 民国十年五月十四日外交部発、密節略・英公使／英日同盟事（外交部档案〇三-三三、八〇-一）。
(39) 民国十年六月二十八日外交部収、提出国務会議説帖／英日続盟事（外交部档案〇三-三三、八一-一）、同日外交部発、密駐英顧公使／続盟事（外交部档案八一-二）。
(40) 『顔恵慶日記』（上海市档案館訳、中国档案出版社、一九九六年、一九二一年六月十四日）。
(41) 民国十年七月四日、駐英顧公使電（外交部档案〇三-三九、一-一）。
(42) 中国社会科学院他編前掲書『秘籍録存』（駐英顧公使七月四日電、三一〇頁）。
(43) 英国政府での日英同盟に関する議論についての日本語文献としては村島滋「二〇世紀の日英同盟――一八九五―一九二三年の日英関係」（細谷千博・イアン・ニッシュ監修『日英交流史　一六〇〇―二〇〇〇』㈠〈政治・外交I〉東京大学出版会、二〇〇〇年）。
(44) 確かに、新借款団設立の時に、イギリスは日本政府に満蒙の概括的除外要求を取り下げるように要求していた（平野健一郎「西原借款から新四国借款団へ」細谷千博他『ワシントン体制と日米関係』東京大学出版会、一九七八年所収）。

(45) このほか英国外相は、顧維鈞の言論が、英国に帰国中の北京政府顧問シンプソン（Simpson／辛博森）と同じであるとし、中国政府がシンプソンを雇用し、英国内で運動させているのかとたずねたところ、顧はシンプソン氏の現在の言動は私的なものであると返答した。
(46) 中国社会科学院他編前掲書『秘籍録存』（駐英顧公使七月五日電、三一〇頁）、外交部档案では〇三-三三、一-四に収録。
(47) 民国十年七月十八日発、比国等駐外各使密電（外交部档案〇三-三九、六-一）、同日発、駐美施・駐英顧・駐日胡各公使密電（同上档案）、同日発、駐法陳・駐義唐・駐和王公使密電（同上档案）。
(48) 顧維鈞の意見書は、①主権尊重、領土保全、②機会均等、③門戸開放、④政情不安解決とまとめることができるが、この四項目は、ワシントン会議でのルート四原則と順不同ながら同じ内容である。中国社会科学院他編前掲書『秘籍録存』（三三三頁）。
(49) 同上書（駐スイス汪公使二〇日電、三三五頁）。
(50) 同上書（駐オランダ王公使二十五日電、三三六頁）。中華民国の在外公使の連絡については、施肇基もそれを密におこなうことを求めていた。だが、王正廷は、顔恵慶に提出した意見書の中で「我国駐外各使ヨリハ固ヨリ各種報告アルモ彼等ノ社会方面ニ於ケル活動ハ極メテ少ナシ」としている。大正十年七月、坂西利八郎中将ヨリ七月二十日?電、（日本外務省保存記録、松本記録二・四・三-一、三三九頁）。
(51) 民国十年七月二十日収、駐美施公使電（外交部档案、〇三-三九、六-一）。
(52) 日本外務省前掲書『日本外交文書　ワシントン会議極東問題』上（三四―三七頁）。
(53) 同上書（四二文書、四九―五〇頁）。
(54) 中国社会科学院他編前掲書『秘籍録存』（駐ペルー夏公使電、三三七頁）。事実、ロシアの極東共和国はワシントン会議へ参加を求めていたし（小沢治子「ワシントン会議とソビエト外交」『政治経済史学』三〇七号、一九九二年二月）、外交档案にも極東共和国からの文書が見られる。韓国の亡命政府である「韓国臨時政府」も北京政府に対して、韓国の独立問題を会議に提出するように要請していた（民国十年十月収、韓国臨時政府函、外交部档案〇三-三九、一三-二）。
(55) 北京政府は、安南（ヴェトナム）とワシントン会議との関係に関心を持ち、簡単な調査書を入手している（民国十年十一月二日収、院秘書廳函、外交部档案〇三-三九、一四-二）。
(56) 民国十年七月二十五日、駐法陳公使電（〇三-三九、六-一）、中国社会科学院他編前掲書『秘籍録存』（駐法陳公使二十五日電、三三七―三八頁）。
(57) 同上書（駐瑞士章公使二九日電、三三八頁）。
(58) 同上書（駐徳魏公使二日電、三三八―三九頁）。

(59) 大正十年八月十一日収、坂西利八郎中将ヨリ内田外務大臣宛九日電（日本外務省保存記録・松本記録二・四・三-一、五三四頁）。
(60) 植田捷雄『東洋外交史』上（東京大学出版会、一九七四年、五〇二―〇三頁）。
(61) 中国社会科学院他編前掲書『秘籍録存』（駐西劉公使二十日電、三三九頁）。
(62) 義和団事件後の辛丑和約で取り決められた借款。その名称が、義和団事件の生じた一九〇〇年が「庚子」であったことに由来する。借款額は合計で四億五〇〇〇万両で、年利四厘、利子を含めると一〇億両近くになり、返済は三九年分割払いであった。抵当には、海関、常関税と塩税が充てられた。宣統元年（一九〇九年）、アメリカは庚子借款の受け取りを放棄し、留米学生の教育費用に充てると発表し、中国側に大いに歓迎された。この後、英、仏、日が従うが、完全な回収には至っていなかった。
(63) 民国十年八月十六日、駐日公使館説帖（外交部档案〇三-三九、六-一）。
(64) 民国十年八月二十三日収、駐元山馬副領事日電（同上档案）。
(65) 国内では「反対魯案直接交渉」の風潮があった。それには、二つ理由がある。一つは、ドイツの山東権益引き継ぎ問題は、中華民国とドイツの二カ国間問題で、既に解決済みであるということ、また一つは、もし日本と交渉するにしても二カ国間会議にすると日本がまた色々脅しをかけてくるから、公開されている場に持ち込む必要があるとされていたということ、であった。
(66) 中国社会科学院他編前掲書『秘籍録存』（駐英顧公使二十四日電、三四三頁）。
(67) 民国十年九月三日、駐美施公使電（外交部档案〇三-三九、一六-二）、同上書（駐美施公使三日電、三四三頁）。（［　］内は、外交档案にのみ見られる部分）。
(68) 無線といった他の意見書には見られない問題点を取り上げるところは注目に値する。無線問題は、中華民国政府の許可なく外国が無線電信を使用していることを指す。ただし、義和団事件時に規定された外国軍隊の無線電信使用は政府も認めていた。
(69) 同上書（駐オランダ王公使九月四日電、三四〇頁）。
(70) 民国十年九月十六日、駐外各公使電（外交部档案〇三-三九、六-一）。
(71) 民国十年八月九日、各省省長・特派交渉員電（同上档案）。
(72) 大正十年八月十六日収、赤塚総領事ヨリ内田外務大臣宛十五日電（日本外務省保存記録・松本記録二・四・三-一、五四八頁）。日本と奉系張作霖との関係については、多くの論文があるが、一九二一年前後のものとして藤井昇三「一九二〇年安直戦争をめぐる日中関係の一考察」（『国際政治』〈日米関係の展開〉日本国際政治学会、一九六一年）などの論文がある。
(73) 大正十年八月十六日収、関東軍参謀長ヨリ外務省次長宛十八日電（日本外務省保存記録・松本記録二・四・三-一、五九〇頁）。
(74) 民国十年八月二十一日、直隷交渉員代電（外交部档案〇三-三九、六-二）。
(75) 前述のように、劉式訓外交次長の後任者として名前が挙がる程の存在であったこともあり、北京政府外交部から、籌備状況の報告を受けていたのかもしれない。
(76) 民国十年八月二十三日、山東交渉員代電(外交部档案〇三‐三九、六‐二)。
(77) 民国十年八月二十八日、浙江省長代電(同上档案)。
(78) 日本外務省前掲書『日本外務省　ワシントン会議』上(四二文書、四九—五〇頁)。
(79) 大正十年八月十二日収、駐北京小幡公使ヨリ内田外務大臣宛十一日電(日本外務省保存記録・松本記録二・四・三‐一、四九四頁)。
(80) 日本外務省前掲書『日本外務省　ワシントン会議』上(一〇四文書、一一三—一一五頁)。
(81) 同上書(一一九文書)。
(82) 同上書(一三一文書、一四四—四五頁)。
(83) 民国十年九月十一日、院秘書廳函(外交部档案〇三‐三九、九‐一)。
(84) 広東政府は、日本の圧迫に北京政府が屈したとして非難する。だが、北京政府としては、日本に対して原則提出の方針であることを強調し、山東問題や二十一カ条問題の不提出を匂わせ、会議で機会を見て、原則に抵触する案件として提出するつもりであった。広東政府が北京政府を非難したのは、徐世昌大総統が「大総統対于太平洋会議之意見」(八月十三日)という文章を発表し、ここで「……希望其於処理太平洋事務、先行確立国際公平之普通原則、然後不論何国何事胥循此原則」(『外交公報』第三期)と述べたことを、表面的に受け取ったことが原因と思われる。
(85) 日本外務省前掲書『日本外務省　ワシントン会議』上(三〇文書、三〇—三三頁)。
(86) 民国十年七月二十九日、駐美施公使電(外交部档案〇三‐三九、一‐三)。
(87) ヤップ島は、海底電線の基地であった。第一次大戦後、赤道以北の太平洋における旧ドイツ領の処分については、一九一九年五月七日のヴェルサイユ条約でこれらの諸島を日本の委任統治にすることを決議した。次いで翌一九二〇年に国際連盟理事会は、これらの諸島に対する委任統治条項を決定し、これを日本に通達することによって、一九二一年三月に日本の南洋委任統治は確定せられた。だが、ヴェルサイユ会議でもアメリカは一貫して日本のヤップ島領有に反対し、一九二〇年の国際通信予備会議において、日本がヤップ島の領有を主張したところ、これにもアメリカは種々の要求を出し、妥結を見なかった(植田前掲書『東洋外交史』上、五四六頁)。
(88) 民国十年七月二十四日、駐日胡公使電(外交部档案〇三‐三九、一‐三)。
(89) この議案については、欄外註記として「大正十六年七月十六日小村参事官青木堀内両課長岸田事務官協議ノ上左ノ通議題ヲ仮想シ調査ヲ担当セシム」とある。当時の外務省では既に政務局が「亜細亜局」と「欧米局」に分かれていたが(坂野正高『現代外交の分析』東京大学出版会、一九七一年、一〇二―二二頁）、小村欣一（小村寿太郎の息子）は亜細亜局参事官であり、青木新は欧米局第一課（ロシア担当）、三課（アメリカ担当）長、堀内謙介は第二課（欧州及びその植民地担当）長、岸田英治は亜細亜局第一課首席事務官であった（麻田貞雄「ワシントン会議をめぐる日米の政策決定過程の比較」細谷千博他編『対外政策決定過程の日米比較』東京大学出版会、一九七七年所収）。彼らはこの議案の項目毎に担当課を決め、準備体制に入った。

(90) 民国十年八月二五日、駐日胡公使函（外交部档案〇三-三三、五-四）。

(91) 植田前掲書『東洋外交史』上（五〇二頁）。

(92) 同上書（四八三―八六頁）、臼井勝美『日本と中国――大正時代』（原書房、一九七二年、一七二―七七頁）、重光蔵「石井・ランシング協定」（『国際政治』六号、〈日本外交史研究・大正時代〉日本国際政治学会、一九五八年九月）参照。

(93) 外務省としては、中華民国の和平統一問題が議題になることは予想していた。しかし、会議の前に、公の場でそれを中華民国に求めることはなかった。

(94) 王鴻年は、この後北京に一時帰国し、その後ワシントンに赴き会議に参加している。

(95) 民国十年八月二十四日、駐日胡公使函（外交部档案〇三-三九、五-四）。

(96) 民国十年九月二日、駐日本館王秘書函（同上档案）。

(97) 日本外務省前掲書『日本外務省　ワシントン会議』上（一二二文書）。

(98) 民国十年九月十四日、駐日胡公使電（外交部档案〇三-三九、一六-二）。

(99) 中国社会科学院他編前掲書『秘籍録存』（駐日胡公使十六日電、三四五頁）。

(100) 全権代表への訓令でも、会議以前に中華民国側に統一を求めるといった動きは見られない。

(101) 日本外務省前掲書『日本外交文書　ワシントン会議』上（一七六文書、一八一―二一八頁）。

(102) 民国十年十月十一日、駐日胡公使ヨリ十月十一日電（外交部档案〇三-三九、五-四）。

(103) 一番最初に北京政府に報告された施肇基公使の電報には「己」の項が欠けている。施肇基は、報告者が忘れてしまったとしている（Also informed there may be a seventh heading informant cannot recall at the moment）。そして翌日の再報告を約している。民国十年九月十日、駐美施公使電（外交部档案〇三-三九、三-一）。

(104) 民国十年九月十日、駐美施公使十日電、九月十二日、駐美施公使電、九月十五日、日来弗（ジュネーヴ）顧・王代表密電、九月十七日、美館照会（同上档案）。［　］内は日本外務省前掲書『日本外務省　ワシントン会議』上（一三八・一四〇文書）、［　］内は一四〇文書にのみ見られる部分。

(105) 日本外務省前掲書『日本外務省　ワシントン会議』上（一四一文書）。

(106) 同上書（一四五・一四六文書）。
(107) 民国十年九月十日、駐美施公使電（外交部档案〇三-三九、三-一）。
(108) 日本外務省前掲書『日本外務省　ワシントン会議』上（一四四文書）。
(109) 大正十年九月十六日収、小幡在北京公使ヨリ内田外務大臣宛十五日電（日本外務省保存記録・松本記録二・四・三-一、七八〇頁）。
(110) 民国十年九月十七日発、各部院処局密函（外交部档案〇三-三九、三-一）。
(111) 当時、北京政府の主要財源は、塩税と関余であり、国内租税は中央政府の財源となっていなかった。それは、実質的には各省の財源となっており、だからこそ、一九二一年六月の地方行政会議で、各省代表が「名目上」も租税を地方財政に移管することを求めたのである。だが、前述のように、内務部は、これを拒否し、地方行政会議は妥結を見ずに解散した。
(112) 民国十年九月二十日、財政部函（外交部档案〇三-三九、三-一）。
(113) 民国十年九月二十二日収、内務部函（同上档案）。
(114) 民国十年九月二十二日収、内務部函（同上档案）。
(115) 民国十年九月二十二日収、陸軍部函（同上档案）。
(116) 民国十年九月二十三日収、司法部函（同上档案）。
(117) 民国十年九月二十七日収、海軍部函（同上档案）。
(118) 民国十年九月三十日発、日来弗顧・王代表極密電（同上档案）。
(119) 民国十年九月三十日、駐美施公使電（同上档案）。
(120) 民国十年十月三日、駐美施公使電（外交部档案〇三-三九、三-二）。
(121) 民国十年十月十日、駐美施公使電（同上档案）。「太平洋之一般原則」ではなく「極東之一般原則」を議論している場で、適用範囲にタイが含まれることは、当時使用されていた「極東」という語に、現在の東南アジアと呼ばれる地域（少なくともタイ）が含まれていることを示している。
(122) 民国十年十月九日、英京顧王代表電（同上档案）。
(123) 民国十年十月十日、英京顧王代表電（同上档案）。
(124) 全権代表と外交部との関係は、議案交渉の時点では対等と見なしてよいだろう。
(125) 日本外務省前掲書『日本外交文書　ワシントン会議』上（一五九文書）。
(126) 同上書（一六〇文書、一六八―一六九頁）。

(127) 同上書（一六三文書）。
(128) 大正十年十月十三日収、坂西中将ヨリ内田外務大臣宛十二日電（日本外務省保存記録・松本記録二・四・三-一、一〇一七頁）。
(129) 民国十年十月三日収、院秘書廳函（外交部档案〇三-三九、一四-一）。
(130) 日本外務省前掲書『日本外務省　ワシントン会議』上（一三四文書、一三四頁）。
(131) 民国十年十月九日、華盛頓会議中国後援会函（外交部档案〇三-三九、一四-一）。
(132) アメリカ原案は公表されていたようであるが、これに対する外交部案は全くされず、政府部内の一部しか知らなかった筈である。
(133) 民国十年十月十三日、太平洋問題討論会函（外交部档案〇三-三九、三-二）。
(134) 民国十年十月二十六日、汕頭太平洋会議研究社（議決案）函（外交部档案〇三-三九、二-七）。
(135) 民国十年十月二十七日、太平洋会議国民外交自決会函（外交部档案〇三-三九、八-二）。
(136) 郗朝俊は、留日学生で、帰国後辛亥革命に参加し、後に省財政部副部長、省参事会参事員に就任した。郗朝俊については、以下の文献参照。陝西省交通史志編写委員会『陝西公路運輸史』（人民交通出版社、一九八八年、二九頁）、『陝西辛亥革命回憶録』（陝西人民出版社、一九八二年、八三―一〇〇頁、馬凌甫の回想）。
(137) 民国十年十一月三日収、陝西公立法政専門学校意見書（外交部档案〇三-三九、八-二）。
(138) 民国十年十月二十八日収、英館問答（外交部档案〇三-三九、一三-三）。
(139) 民国十年十月十九日発、施代表極密電（外交部档案〇三-三九、三-三）、民国十年十月二十一日発、院郭秘書長密函（同上档案）、民国十年十月二十二日発、施顧王代表函（同上档案）。
(140) 民国十年十月二十日発、施代表極密電（外交部档案〇三-三九、三-二）、同年十月二十日発、施代表極密電（同上档案）。
(141) 中国社会科学院他編前掲書『秘籍録存』（駐美施公使ヨリ十月二十七日電、三九三頁）。
(142) 民国十年十月三十一日発、駐美施公使極密電（外交部档案〇三-三九、三-二）。
(143) 民国十年十月三十一日発、施顧王代表極密電（同上档案）。
(144) 民国十年十一月三日収、駐美施公使電「顧王代表等抵美由」（外交部档案〇三-三九、四-二）。
(145) 中国社会科学院他編前掲書『秘籍録存』（ワシントン施代表ヨリ十一月五日電、三九三―九四頁）。
(146) ここでも、施肇基や顧維鈞の意向が、外交部よりも優先される。
(147) 中国社会科学院他編前掲書『秘籍録存』（代表団へ十一月十四日電、三九四頁）。
(148) 中東鉄路を二国間の問題としたことには、カラハン宣言以降、対ソ連交渉が流動化していたこと、ワシントン会議にソ連が参加していなかったことなどが挙げられよう。

(1) 民国八年四月五日発、函財政・司法・農商・内務部（外交部档案〇三-三四、九-一）。
(2) 民国八年四月十四日発、咨呈国務院「対待無約国辦法事」（同上档案）。
(3) 民国発年四月十七日発、法京陸総長電（同上档案）。
(4) 民国八年四月二十七日、大総統令「管理無約国人民案由」（同上档案）。
(5) 民国八年五月二十五日収、宝道「中国與因俄国奥匈国分裂而新成立各国之交際」（外交部档案〇三-三四、一-二）。
(6) 民国三年一月十六日収、駐奥沈公使函（外交部档案〇三-二三、二〇-一）。
(7) 民国三年一月十九日発、駐奥沈公使「希臘請訂約通交事、可先与接洽酌核辦理由」（外交部档案〇三-三四、二一-一）。
(8) 民国六年十月十七日発、駐法胡公使電（外交部档案〇三-二三、二〇-一）。
(9) 民国六年十二月八日収、駐法胡公使電（同上档案）。
(10) 民国八年一月二十一日収、駐日章公使電（同上档案）。
(11) 民国八年一月二十七日発、院秘書庁「擬與希臘訂約特具説帖請提出国務会議」（同上档案）。
(12) 民国八年二月三日収、国務院公函（同上档案）。
(13) 民国八年二月十四日発、復駐日章公使電（同上档案）。
(14) 民国八年二月二十日収、駐日章公使電（同上档案）。
(15) 民国八年二月二十二日発、駐日章公使電（同上档案）。
(16) 民国八年五月七日収、駐日荘代辦（外交部档案〇三-二三、九〇-一）。
(17) 民国八年五月二十二日収、駐日荘代辦（同上档案）。
(18) 民国八年八月二十二日収、駐日使館公函（同上档案）。
(19) 民国八年十二月十六日、駐日使館公函（同上档案）。
(20) 同上。
(21) 民国十三年二月二日収、駐智利使館函（同上档案）など。四年も要したのは批准書交換の手続きをめぐってトラブルがあったからであった。
(22) 民国三年一月十九日外交部発、駐奥沈公使「希臘請訂約通好事、可先与接洽酌核辦理由」（外交部档案〇三-三四、二一-一）。
(23) 「欧戦後承認新建立各国清単」（外交部档案〇三-三六、一七三-三）。
(24) 民国十一年四月二十一日外交部発、駐日本使館電（外交部档案〇三-二三、八四-一）。

(25) 民国九年三月十五日外交部収、法京顧専使（外交部档案〇三‐二三、五三‐一）。
(26) チェコについては、中央研究院近代史研究所編『中俄関係史料』〈俄政変與一般交渉〉二（中央研究院近代史研究所、一九六〇年）参照。
(27) 民国八年五月二十三日収、駐法公使館咨呈（外交部档案〇三‐三六、一七〇‐二）。
(28) 民国八年七月一日発、駐法胡公使電（同上档案）。
(29) 民国八年十二月十九日発、提出閣議案（外交部档案〇三‐三六、一七〇‐五）。
(30) 唐啓華「北京政府與国民政府対外交渉的互動関係 一九二五—一九二八」（『興大歴史学報』四、一九九四年五月）参照。無論、口号（スローガン）としては革命外交といい、北京政府との相違を強調するのだが、南京国民政府が実施していった方策も、実は北京政府外交部の修約外交の延長上に位置づけられるのである。
(31) こうした外交上の成果のうち、民国十七年のポーランド・ギリシャ平等条約は国民政府によって認められなかった。
(32) 拙稿「中華民国北京政府の国際連盟外交」（『史学雑誌』一〇四‐一二、一九九五年十二月、一〇二頁）参照。具体的な史料としては、「国際聯合会」（外交部档案〇三‐三八）などを参考にした。

第II部第六章

(1) 九月二十一日、孫文大元帥は戴傳賢を軍政府委員に任命し、国会非常会議において「政府外交経過情形」を報告させている。この内容は、『軍政府公報』などにも明らかではない。
(2) 「陳炳焜督軍談話（一九一七年九月十日）」（広東省档案館編訳『孫中山与広東——広東省档案館庫蔵海関档案選訳』一九九六年所収、九九頁）。
(3) 陳錫祺主編『孫中山年譜長編』（中華書局、一九九一年、一〇六二—六三頁）。
(4) 『軍政府公報』〈布告〉（七号、民国六年九月二十六日）。
(5) 頼澤涵「広州革命政府的対内与対外策略 民六年—一四年」（李雲漢主編『中国国民党党史論文選集』近代中国出版社、一九九四年）。
(6) 林能士「護法運動経費的探討——連盟者的資助」（中華民国史歴史与文化討論集編輯委員会編『中華民国史歴史与文化』第一冊、国民革命組、一九八四年所収、二五三—七九頁）。
(7) William C. Kirby, *Germany and Republican China*, Stanford University Press, 1984, p. 29.
(8) この後、孫中山自身は曹亜伯をベルリンに派遣し、終戦までドイツとの連携を模索するが、これは広東政府としての対外政策というよりも、孫文個人の施策だと見なすべきであろう（William C. Kirby, *op. cit.*, p. 30）。
（9）国会非常会議ならびに大元帥・元帥らは、段祺瑞を財政面で支援していた日本政府に対して抗議電文を発している。『軍政府公報』〈函電〉（一九号、民国六年十月三十日）、『軍政府公報』〈函電〉（二七号、民国六年十一月二十三日）。
（10）『軍政府公報』〈函電〉（八号、民国六年十月十八日）。北方の督軍らに対するものとしては『軍政府公報』〈函電〉（五八号、民国七年三月十八日）など。
（11）孫文大元帥は、すでに国内外から借款を取り付け軍事費に援用する計画を打ち出していた。広東省档案館編訳前掲書『孫中山与広東──広東省档案館庫蔵海関档案選訳』（民国七年九月十七日、一〇一頁）。
（12）同上書（一九一八年二月十三日、一六〇頁）。
（13）しかし、伍廷芳が直ちに連合派に合流し、外交代表を務めたわけではない。一九一八年一月六日の李烈鈞から岑春煊宛の電報に、「外交方面はこもごも重要である。軍械（武器）借款については、昨年十月に調印し、来年六月には銃の引き渡しがあり、一年後には砲の引き渡しがある。十一月には、梁士詒が日本からの五〇〇万借款を取り付けた。財政部はまた対日借款を交渉中という。数こそ小さいものの、忌み嫌うべきで、かつ敵に利あるものであり、直ちにこれらを打破し、敵の命脈を絶たねばならない。先に各省は伍廷芳博士を推薦したが、伍博士は西南には連合機関がなく、業務もまた属するところがないとして、未だに就職していない。しかも、日本との外交関係が益々緊張している。日本の外交方針は、つとに段祺瑞に傾いていたが、段が一変し、また西南の戦局もまた一変し、次第に南方へと傾きつつある。というのに、南方には統籌機関がなく、接触すべき相手もおらず、連絡提携することなどできなくなり、結果的に敵に利用されることになる。これこそ惜しいことではないか。補救の機を謀らねば、南方に不利になると考え、この間研究を重ねてきた。私達の見解は以下の通りである。一、北方は既に誠心なく、南北議和の時期はなお遅くなる。西林（岑春煊）は徳威才望、日本人からも尊敬されている。もし彼を派遣すれば、効果は必ず大きいだろう。二、西林は上海において直系（直隷派）と接触しており、その役割はとても重要なので、もし日本に行くことができないのなら、ここは西林の名義で、あるいは西林の代表として、上海商人の中でふさわしく、声望のある者を日本に派遣するのはどうか。三、唐紹儀は内外の声望が厚く、現在養病中である。もし彼が行くなら、必ずその利益は大きいだろう。以前、唐紹儀と話したことがあるが、そのとき彼は同意した。もし、西南からの密托があれば、きっと外交方針を定め、療養を名義としてまず日本に行ってくれるだろう。ただ、彼の病はとても重く、急がせることはできない」とある。唐継堯は、唐紹儀に賛成している（「李烈鈞推岑春煊唐紹儀為外交代表徴詢意見密電」中国第二档案館・雲南省档案館合編『護法運動』档案出版社、一九九三年、四五六─五七頁）。
（14）「致護法各省区軍政首領電」（一九一八年二月八日、丁賢俊・喩作風編『伍廷芳集』中華書局、一九九三年所収、八一六─一八頁）。

(15)「鈕永建建議西南成立統一機関密電」（一九一八年一月二十二日、中国第二档案館・雲南省档案館合編前掲書『護法運動』四七四―七六頁）。
(16)「呉景濂陳述軍政府改組計画密電」（一九一七年十月二十一日、同上書所収、四三二―三三頁）。なおここでは、その統一機関に対する態度が不分明な唐紹儀と伍廷芳は外交に当たらせる人材にはふさわしくないとしている。
(17)「莫栄新等徴求対護法各省連合条例意見密電」（一九一七年十月二十一日、同上書、四五三―五五頁）。
(18)「伍廷芳等建議推挙唐紹儀為赴日外交代表密電」（一九一八年一月十一日、同上書、四五九―六〇頁）。
(19) 広東省档案館編訳前掲書『孫中山与広東――広東省档案館庫蔵海関档案選訳』（一九一八年二月四日、一三一頁）。
(20) 同上書（一九一八年一月七日・九日、一三二―三三頁）。
(21)『軍政府公報』〈通告〉（七五号、民国七年四月二十三日）。孫文の文件は、英米日仏伊ばかりでなく、ロシア・ポルトガル・オランダ・ノルウェー・スウェーデン・デンマーク・ベルギー・メキシコ・スペイン・ブラジル・キューバなど、中華民国と国交のある国のほとんどすべてに送られた。同上書（一九一八年四月二十六日、一四七頁）。
(22)『軍政府公報』〈法規〉（修三二号、民国七年十二月十八日）。
(23)『軍政府公報』〈公文〉（修四四号、民国八年二月五日）。
(24)『軍政府公報』〈公文〉（修五八号、民国八年三月二十六日）。
(25)『軍政府公報』〈命令〉（修四三号、民国八年一月二十九日）。
(26) 劉大年主編『孫中山書信手跡選』（文物出版社、一九八六年、一〇八頁）。
(27)『国父批牘墨跡』（三三頁）。
(28)『民国日報』一九一九年一月二十四日。
(29)『国民公報』一九一九年一月二十七日。
(30)『中央党務月刊』一一期、一九一九年一月二十六日。
(31) 山田辰雄「第一次国共合作形成過程における孫文思想の変化と展開　一九一九―一九二五年」（『法学研究　法律・政治・社会』五〇巻、一九七七年八月）。
(32)『中央党務月刊』一一期。
(33) 会議への準備が進む中、条約司長が李錦綸から孫文の女婿・戴恩賽に交代するという異動があった。『軍政府公報』〈命令〉（修字四六号、一九一九年二月十二日）。また四月二十八日には、何永貞が外交部次長に任命されている。『軍政府公報』〈命令〉（修字六八号、一九一九年四月三〇日）。

(34)『軍政府公報』〈公電〉(修字七四号、民国八年五月二十一日)。
(35)同上。
(36)『軍政府公報』〈公電〉(修字八三号、民国八年六月二十一日)。
(37)『軍政府公報』〈公電〉(修字七五号、民国八年五月二十四日)。
(38)『軍政府公報』〈法規〉(修字五〇号、民国八年二月二十六日)。
(39)『軍政府公報』〈公電〉(修字八二号、民国八年六月十八日)。
(40)『軍政府公報』〈通告〉(修字九一号、民国八年七月二十三日)。
(41)『軍政府公報』〈公電〉(修字九一号、民国八年七月二十三日)。
(42)『軍政府公報』〈公電〉(修字一〇四号、民国八年九月六日)。これは国会・政務会議も一致した見解であった。『軍政府公報』〈公文〉(修一〇七号、民国八年九月十七日)。
(43)『軍政府公報』〈公電〉(修字九九号、民国八年八月二十日)。
(44)『軍政府公報』〈公文〉(修字九九号、民国八年八月二十日)。
(45)『軍政府公報』〈公電〉(修字一〇五号、民国八年九月十日)。
(46)『軍政府公報』〈公電〉(修字一一二号、民国八年十月一日)。
(47)『軍政府公報』〈公電〉(修字一一九号、民国八年十月二十九日)。
(48)『軍政府公報』〈公電〉(修字一五一号、民国九年二月二十五日)。
(49)『軍政府公報』〈公文〉(修字一一五号、民国八年十月十五日)。
(50)『軍政府公報』〈公文〉(修字一二〇号、民国八年十一月一日)。
(51)だが、一九一九年九月にパリ講和会議全権の一人である伍朝枢が帰国した際には必ずしも反北京政府的な発言をしていたわけではなかった。会議に際しては、山東条項保留が認められなければ調印すべきだとしていた伍であったが、帰国して提出した報告書にはそうしたことは記されず、強権と公理は表裏一体、今回の外交の失敗の原因は国勢が弱っていることにあるなどと述べていた。他方、特に王正廷との齟齬については触れず、北京政府の代表を特に非難することもしなかった。『軍政府公報』〈公文〉(修字一〇八号、民国八年九月二十日)。
(52)『軍政府公報』〈通告〉(修字一二七号、民国八年十一月二十六日)。
(53)『軍政府公報』〈公電〉(修字一一〇号、民国八年九月二十七日)。
(54)『軍政府公報』〈公文〉(修字一一四号、一九一九年十月十一日)。

（55）『軍政府公報』〈公文〉（修字一二五号、一九一九年十一月十九日）。

第III部はじめに

（1）清末の朝貢体制論や中華思想などは、しばしば中国的国際秩序観とか中国外交の特色として語られ、中国外交の基層として位置づけられる。ここには幾つかの問題点がある。第一に、現代外交の引照基準として「伝統」としての清代の対外関係が挙げられながらも、その清代の状況が二〇世紀を通じていかに変容していったのかという過程が語られないままになっているということ、第二に、あたかも清代の状況が堯舜の時代から連綿と続いた一枚岩の「伝統」であるかのように平面化されていること、第三に、現代外交の引照基準とされる場合に、一八八〇年代以降におこなわれた朝貢体制の近代的な再編についてはほとんど考慮されないことである。こうした問題が生じた背景には、特に欧米や日本の学界おいて、過度に「朝貢から条約へ」という「近代的」変容、つまり一九世紀の後半に「世界家族 family of nations」に中国が組みこまれる際に、「朝貢」という「伝統」が「条約」という「近代」に敗北したというストーリーが過度に強調され、そこにおいていかなる議論と制度変化があったのかという点だけが突出したかたちで研究されてきたということがあろう。日本の学界でも中国外交の「伝統」の問題については多くの議論がなされてきた。猪口孝「伝統的東アジア秩序試論——十八世紀末の中国のベトナム干渉を中心として」（『国際法外交雑誌』七三-五、一九七五年二月）などが広く知られているが、現代中国外交研究においても、小島朋之が中国の外交政策スタイルの特徴として、中華至上主義的外交、失地回復主義的外交などを挙げている。小島朋之『現代中国の政治——その理論と実践』（慶應義塾大学出版会、一九九九年、二二〇—二二一頁など）参照。この他岡部達味「中国の対外政策と対外イメージ」（岡部達味編著『中国外交——政策決定の構造』日本国際問題研究所、一九八三年所収）も対外イメージの源泉としての朝貢体制をあげ、宇野重昭『中国と国際関係』（晃洋書房、一九八一年）はこうした朝貢体制論については多く言及しないものの、思考様式としての連続性を提起する。だが、一方で、現代中国外交を分析する場合でも、社会主義国あるいはＡＡ諸国の代表としての外交という観点に重点をおく分析視角も多い。岩村三千夫『中国の外交——その理論と実践』（大成出版社、一九七二年）、あるいは高橋伸夫『中国革命と国際環境——中国共産党の国際情勢認識とソ連——一九三七年から一九六〇年』（慶應義塾大学出版会、一九九六年）参照。高橋のこの逸論は、内政の延長としての外政という側面を理解しつつも、敢えて国際環境による規定性を論じようとしている。また、昨今の英文の研究を見ると、日本語の研究ほどは、朝貢体制などの歴史的要因を見出そうとする傾向にはないようだ。ハーバード大学のカービー教授の、W. C. Kirby, 'Traditions of Centrality, Authority, and Management in Modern China's Foreign Relations,' in T. W. Robinson and D. Shambaugh ed., *Chinese Foreign Policy : Theory and Practice*, Clarendon Press, 1994 や、Quansheng Zhao, Interpreting Chinese Foreign Policy, Oxford University Press, 1996 にも、そうした角度からの分析は見られない。なお、後述のように、孫歌など一部の論者を除いて、中国の歴史研究者はこうした伝統的な視点から現代外交を分析することを避けるが、朱建栄『毛沢東のベトナム戦争——中国外交の大転換と文化大革命の起源』（東京大学出版会、二〇〇一年）は、現代の中越関係にもかつての朝貢関係が影を落としていたとする。

（2）濱下武志『朝貢システムと近代アジア』（岩波書店、一九九七年）参照。

（3）張啓雄『外蒙主権帰属交渉 一九一一―一九一六』（中央研究院近代研究所、一九九五年）参照。

（4）岸本美緒「『中国』とは何か」（尾形勇・岸本美緒編『中国史』山川出版社、一九九八年所収）、拙稿「天朝から中国へ——清末外交文書における『天朝』『中国』の使用例」（『中国 社会と文化』一二号、一九九七年）、吉澤誠一郎『天津の近代——清末都市における政治文化と社会統合』（名古屋大学出版会、二〇〇二年）、特に第八章参照。

第Ⅲ部第一章

（1）『清季外交史料』、『清史稿』などの成立背景については、第Ⅲ部小括の注(11)参照。

（2）このような中国近代史の叙述の背景については、拙稿「中華民国外交史からみた現代中国——民国前期外交史からの問い」（『北大法学論集』五一-四、二〇〇〇年十一月、二一〇—二二五頁）で論じたことがある。

（3）濱下武志『朝貢システムと近代アジア』（岩波書店、一九九七年、一一五—一一六頁）。

（4）光緒十一年二月二十七日、「全権大臣李鴻章致総署與伊藤商訂朝鮮撤兵条款函」（『清季外交史料』巻五六、一一—一三頁）。濱下武志は一八八二年の朝米条約の草案では宗主権を主権的に考えるという傾向が見られると指摘している。拙稿「中華民国北京政府の対非列強外交」（中央大学人文科学研究所編『民国前期中国と東アジアの変動』中央大学出版部、一九九九所収）参照。このような宗主権の行使を主権の表明のようにしていく方向性は、民国期の対モンゴル・チベット政策に継承されていくものと考えられる。なお、属国問題は必ずしも朝鮮問題においてのみ強調されていたわけではない。「使英曾紀沢致総署辨阻英人図緬応否提明属国電」（『清季外交史料』巻六一、二〇頁）参照。

（5）光緒十一年正月三十日、「礼部奏朝鮮派員恭齎奏本乞代転奏摺」（『清季外交史料』巻五四、一一頁）。

（6）光緒十一年七月二十二日、「礼部奏朝鮮例行公事応照旧章辦理摺」（同上史料、巻六〇、二五—二六頁）。

（7）拙稿「政治と外交のまち」（天津地域史研究会編『天津史——再生する都市のトポロジー』東方書店、一九九九年所収）参照。また、既に第Ⅰ部で述べたことであるが、一八八〇年代後半には総理衙門の外政への影響力は大幅に低下しており、一八八〇年に直隷総督の兼官となり李鴻章が初代となった北洋大臣が実質的な外政の担い手となっていた。

（8）実は「駐紮朝鮮交渉通商事宜」のことを「與聞するところの外交」だと李鴻章は述べている。中国における「外交」は「交渉通商」として認知され、それは礼部管轄の朝貢とは区別されていたのである。光緒十一年九月二十三日、「直督李鴻章奏請派袁世凱総辦朝鮮交渉事宜摺」（同上史料、巻六一、一九―二〇頁）。

（9）光緒十一年十二月二十二日、「直督李鴻章致総署袁世凱報朝鮮混乱情形電」（同上史料、巻六二、五四―五五頁）。

（10）巨文島事件において、清は自らの対朝鮮宗主権をイギリスに認めさせようとしていくことになる。これはアフガニスタン問題に絡む露英対立、また朝鮮政府の対露接近などといった情勢の中で、清が採用した方針であった。最終的に清はこの外交交渉に成功し、日本までもが清主導による朝鮮「管理」について賛同していくことになったのである。

（11）光緒十二年五月十四日、「直督李鴻章致総署韓群小自主斥華情形電」（『清季外交史料』巻五七、四頁）。

（12）光緒十三年七月二十五日、「総署通告駐外使臣與朝鮮駐外使臣公文程式電」（同上史料、巻七二、二八頁）。

（13）光緒十三年八月初二日、「直督李鴻章致総署挍袁世凱電韓派全権大臣各国不以為然電」（同上史料、巻七三、一頁）。

（14）光緒十三年八月初七日、「総署致李鴻章韓派使臣須先請示以符体制電」（同上史料、巻七三、二頁）。

（15）光緒十三年八月十一日、「直督李鴻章致総署袁電韓已派駐美使臣請示電」（同上史料、巻七三、二―三頁）。

（16）光緒十三年八月十六日、「直督李鴻章致総署袁世凱商韓王派使泰西照属邦制已允遵辦電」（同上史料、巻七三、四頁）。

（17）光緒十三年九月二十四日、「直督李鴻章致総署袁世凱商韓王派使泰西照属邦制已允遵辦電」（同上史料、巻七三、四―五頁）。

（18）光緒十三年十一月十四日、「直督李鴻章奏遵旨與朝鮮国王籌商派使各国酌擬三端准咨照辦摺」（同上史料、巻七四、一八―一九頁）。

（19）光緒十三年十二月初十日、「直督李鴻章致総署袁世凱電派使各条韓王欲刪改先謁華使一端電」（同上史料、巻七四、二一―二二頁）。

（20）光緒十三年十二月十一日、「総署致李鴻章派使三端既経議定即電韓王遵辦電」（同上史料、巻七四、二七頁）、光緒十三年十二月十八日、「直督李鴻章致総署韓使因美斥国書冒罪違章電」（同上史料、巻七四、二七頁）。

（21）光緒十三年十一月十四日、「直督李鴻章奏遵旨與朝鮮国王籌商派使各国酌擬三端准咨照辦摺」（同上史料、巻七四、一八―一九頁）。

（22）光緒十四年五月初六日、「直督李鴻章致総署韓違約遣使欧州酌擬辦法函」（同上史料、巻七六、六―七頁）。

（23）この点で、鈴木智夫『洋務運動――一九世紀後半の中国における工業化と外交の革新についての考察』（汲古書院、一九九二年）における李鴻章の国権主義的外交に関する問題提起が参考となろう。なお、本書では朝鮮側の対応を十分に考察できていない。今後岡本隆司により中朝双方の史料を利用した包括的な研究が出てくることを期待している。

（24）無論、たとえば下関条約まで、中国の領事館は日本国内で領事裁判権を有していたように、在外特権は他にも例がある。だが、中国が相手国と中国優位の不平等条約を締結していたケースは対朝鮮外交において顕著である。

(25) このような中国側による「属国」の読み替えに対する朝鮮側の理解については、多くの研究がある。特に、一九世紀末の韓国を代表する官僚である兪吉濬が、朝鮮のような「貢物」を送ることで自国の安全を図る国＝贈貢国と、いわゆる保護国を区別し、贈貢国を主権国家として位置づけたことなどは注目に値する。兪については、月脚達彦、金鳳珍、原田環らの研究があるが、さしあたり、岡克彦『韓国政治思想と法秩序の基本構造——兪吉濬の「競励原理」による社会発展への試み』(北海道大学法学部博士学位論文、一九九九年)を参考にした。

(26) 本書では中国と日本との交渉を検討の対象とするので日中両国の外交档案を利用する。だが、中央研究院近代史研究所档案館に移管されている清朝駐ソウル総領事館档案については、公開されていないので使用しないこととする。

(27) 一九九八年六月六日、台湾の中外関係史研究会で「朝鮮半島の中国租界」について発言したところ、ほとんどすべての参加者がいわゆるChina Townのことであろうとし、「租界」だということを信じようとしなかった。中国自身の租界が海外にあったということ自体、これまでの中国近代史にとってはそれほど馴染みにくいことなのである。清の有していた「租界」は、釜山の専管租界(一八八四年七月四日、清領事監督下での居留民自治)、元山の専管租界(一八八八年四月十日、同上)、仁川の専管租界(一八八四年四月二日「仁川華商租界章程」、同上)などと、鎮南浦・木浦・群山・城津・馬山に設けられた各国共同租界があった。

(28) この「租界」がconcessionかsettlementかについては、土地の分配を領事ではなく、中国人の「商董」らが請け負っているが、韓国人の地主から借地しているわけではないと思われる点などから、settlementというよりもconcessionに相当すると思われるが、この点は一層の研究が必要となろう。

(29) 明治四三年三月十一日、「往復公文案」(「在仁川釜山元山清国専管居留地ニ関スル日清交渉一件」、日本外務省保存記録三・一二・二-五五)。

(30) 本書およびその他の研究文献については、プサン大学の裵京漢教授から御教示いただいた。記して謝意を表したい。

(31) 光緒二十一年四月十四日、在煙台交換「中日馬関条約」(田濤主編『清朝条約全集』第二冊、黒龍江人民出版社、一九九九年、九一一頁)。

(32) たとえば、後に編纂された『清史稿』の属国伝においても、朝鮮の項目は、朝鮮が自主之邦となったところで終わっている。

(33) 光緒二十五年十一月十三日、在漢城互換「中韓通商条約」(田濤主編前掲書『清朝条約全集』第二冊、一〇七二—七五頁)。

(34) 小原晃「日清戦争後の中朝関係——総領事派遣をめぐって」(『史潮』新三七号、一九九五年九月)参照。なお、条約は「両国同文」を理由に漢文で作成されている。

(35) 森山茂徳『日韓併合』(吉川弘文館、一九九二年)参照。

(36) 楊昭全・孫玉梅『朝鮮華僑史』（中国華僑出版公司、一九九一年、一六五頁）参照。他方、日本外務省は、明治四十五年段階で二万人程度と見積もっている。ここでは、日清戦争以前は絶無であった「支那人」が平安北道へ急速に移民を始めたとしている。（「朝鮮移住支那人関係雑纂」日本外務省保存記録三・九・四-一〇二）。
(37) 国務院統計局編『民国行政統計彙報』上〈外交類〉（国務院印鑄局、一九一八年、六三―七〇頁）。
(38) こうした元山や釜山など専管租界所在地には領事館も設けられていった。また、京城の総領事館は袁世凱が駐留したときの衙門をそのまま継承しており、南大門の一頭地にあり、外見も壮観であったという。民国三年に区画整備のため三十数坪が売りに出され、また民国十年代には日本の商行がこの土地の売却を要求し、駐日公使はこれに同意しようとしたが、時の顧維鈞外交総長が拒絶したとのことである。顧維鈞『顧維鈞回憶録』第一分冊（中国社会科学院近代史研究所訳、中華書局、一九八二年、三八六頁）。
(39) 中国側の档案によれば、光緒三十三年（一九〇七年）に駐韓総領事である馬廷亮が釜山、元山に調査に赴いている。その調査では、両地で各埠で日中の居留民の間で利害の衝突があり、日本の租界拡張・日本人の勢力伸張により活動範囲を狭められてきた様がうかびあがっている。このような日本による攻勢は特に一九〇〇年代に入って強まり、一九〇五年以降助長されていた。こうした状況が以下の交渉の背景にあったことは重要だろう。光緒三十三年四月十六日収、中韓馬総領事信（「韓国各口岸租界案」外務部档案〇二-一二、五一-三）。
(40) 森山前掲書『日韓併合』（二四一―四二頁）参照。
(41) 明治四十一年十一月十一日、駐日胡惟徳公使ヨリ小村外相宛（「在仁川釜山元山清国専管居留地ニ関スル日清交渉一件」日本外務省保存記録三・一二・二-五五）。
(42) 宣統元年閏二月十八日収、駐韓馬領事函（「韓国各口岸租界案」外務部档案〇二-一二、五一-三）。
(43) 宣統元年三月四日収、駐韓馬総領事函（同上档案）。
(44) 明治四十二年四月六日、曽彌荒助統監ヨリ伊藤博文宛（「在仁川釜山元山清国専管居留地ニ関スル日清交渉一件」日本外務省保存記録三・一二・二-五五）。
(45) 明治四十三年三月十一日、統監府小松緑参事官ヨリ馬廷亮総領事宛（同上文書）。
(46) 明治四十三年十二月二十一日、曽彌荒助統監ヨリ小村外相宛「在韓清国居留地設定ノ件」（同上文書）及び同上。
(47) 民国元年三月三十日外務部収、駐朝鮮総領事函（外交部档案〇三-三三、三九-一）。
(48) 民国元年四月四日外務部発、駐朝鮮総領事函（同上档案）。
(49) 民国元年十二月八日外交部収、駐朝鮮総領事函（同上档案）。このののち、外交部は駐日汪代表に対して直ちに送付するように命じている。

(50) 民国元年十二月二十日収、駐朝鮮総領事函（同上档案）。当時のソウル―北京間の書簡は、僅か三日で着いていた。
(51) 民国元年十二月十四日収、駐日汪代表電（同上档案）。
(52) 民国元年十二月二十日発、復駐朝鮮馬総領事函（同上档案）。
(53) 小松緑（一八六二―一九四二）、会津生まれ、士族。慶応大学を経て渡米、イェール大学・プリンストン大学にて政治学を修め、明治二十九年帰国、外務省に入省、駐米公使館書記官、駐シャム代理公使を経て、明治三十九年伊藤博文統監とともに朝鮮へ、以後曽彌荒助統監、寺内正毅総督時代の外事局長として、朝鮮初期統治に深く関わった。大正五年以降はジャーナリスト兼文筆家として活躍。
(54) 民国二年二月十四日収、駐朝鮮総領事函（同上档案）。
(55) 富士英（一八七一―？）は馬廷亮に比べてあまり馴染みがないが、早稲田大学留学、学部主事・外務部主事、憲政編査館編制局副科員、外交部秘書などを歴任の上、朝鮮総領事になった実務官僚である。民国八年まで外国に在り、後に外交部参事や俄文専修館館長などを務めた。
(56) 民国二年三月十四日収、駐朝鮮総領事呈、三月七日総領事館発、「抄録小松外事局長函」（同上档案）。
(57) 民国二年三月十五日収、小松外事局長復文（同上档案）。
(58) 民国二年四月二十五日収、駐朝鮮総領事函（同上档案）。
(59) 民国二年五月十六日収、朝鮮富総領事函（同上档案）。
(60) 「謹将五月五日往総督府與小松外事局長問答録呈」（民国二年五月十九日収、駐朝鮮総領事呈、同上档案）。
(61) 民国二年五月十九日収、駐朝鮮総領事呈（外交部档案〇三-三三、三九-二）。
(62) 民国二年五月二十三日発、復駐朝鮮領事（同上档案）。
(63) 民国二年八月十五日、総督府本多通訳官来署面談（同上档案）。
(64) 民国二年九月十七日収、駐朝鮮総領事館呈（同上档案）。
(65) 民国二年九月十八日収、駐日使館函（同上档案）。
(66) 民国二年九月二十一日収、駐朝鮮領事館函（同上档案）。
(67) 民国二年九月二十四日発、駐日馬代理公使函（同上档案）。
(68) 民国二年十一月十二日収、朝鮮総領事函（同上档案）。
(69) 民国前期の中朝関係については、一九二〇年代半ばの華僑虐殺事件も含めて複雑な様相を呈しており、単純に孫文と独立運動派の接近などという文脈だけで整理できるものでもない。また「租界」、「居留地」研究もアジア全体を視野に入れた、各々のコンセッション、セトルメントの比較研究が必要とされている。

第III部第二章

（1）本章での史料略記号は以下の通り。外交部档案、記号は宗号。史料A＝「暹羅訂約」〇三-三三、五-一、史料B＝「暹羅訂約」〇三-三三、五-二、史料C＝「暹羅訂約」〇三-三三、六-一、史料D＝「暹羅訂約」〇三-三三、六-二、史料E＝「暹羅訂約」〇三-三三、六-三、史料F＝「暹羅訂約」〇三-三三、七-一、史料G＝「暹羅訂約」〇三-三三、七-二、史料H＝「暹羅訂約」〇三-三三、七-三、史料I＝「暹羅華僑被虐待案」〇三-三一、一〇-三。

（2）朝貢数は、朝鮮二二三回、琉球一二二回、越南五〇回であった。

（3）両国の間に正式な外交関係が成立したのは、一九四六年一月の友好条約調印時である。これは、国連安全保障理事会常任理事国となった中華民国がタイの国連加入承認と引き換えに調印を促した結果であった。中国とシャム（タイ）間の外交については、一九世紀以前については朝貢関連史料を丹念に紹介した、李光涛「記清代的暹羅国表文」（同『明清档案論文集』聯経出版事業公司、一九八六年所収）や、清とシャム双方の文書を突き合わせた、増田えりか「ラーマ一世の対清外交」（『東南アジア歴史と文化』二四号、一九九五年）などがあるが、本書が対象とする一九世紀末から二〇世紀初頭にかけては研究が少なく、一九二〇年代半ばからはタイ側の外交文書を主に使用した村嶋英治「タイ華僑の政治活動」（原不二夫編『東南アジア華僑と中国』アジア経済研究所、一九九三年所収）が参考となろう。

（4）華僑の国籍問題についての最近の論稿としては、田中恭子「マラヤ・シンガポール華人の国籍問題——自治・独立の過程（一九四五—六三年）を中心に」（平野健一郎編『地域システムと国際関係』〈講座現代アジア4〉東京大学出版会、一九九四年所収）、そして特に第III部はじめにの注(1)の研究史整理が有用である。あるいは時代があとになるが、孫安石「東アジアの国籍と近代——一九三〇年代における「国民」をめぐる言説」（小川浩三編『複数の近代』〈北大法学部ライブラリー6〉北海道大学図書刊行会、二〇〇〇年所収）がある。

（5）保護民問題については、飯島明子「タイにおける領事裁判権をめぐって——保護民問題の所在」（『東南アジア研究』一四巻一号、一九七六年六月）が、シャム国内事情と絡めて明快かつ詳細に論じている。なお、日本も一八九九年に国府寺直作駐シャム代理公使の要請に青木周蔵外相が同意し、保護民登録を実施したことがある。だが、①日本領有以前にシャムに渡った（自称）台湾人が大量に登録を要請して事務が混乱し、②直ちにシャム政府の反発を受けたこと、③後任の稲垣満次郎弁理公使が登録に反対であったことなどから翌年には停止、登録者も取り消された（暹国在留清国人登録並ニ同国人保護関係雑纂）（日本外務省保存記録三・九・五-六）。

(6) シャム華僑が、シャム国のシステムに包摂されていく過程に関する事例研究として、南タイ・ラノンの錫高山開発で地域の有力者となった許氏の歴史を描いた、Jennifer W. Cushman, *The Formation of a Sino-Thai Tin-mining Dynasty 1797–1932*, Oxford University Press, 1991 がある。

(7) 華僑のシャム国民化については、飯島前掲論文「タイにおける領事裁判権をめぐって」および William G. Skinner, *Chinese Society in Thailand : An Analytical History*, Cornell University Press, 1957 を参照した。

(8) 庄国土『中国封建政府的華僑政策』(厦門大学出版社、一九八九年)、顔清湟『出国華工与清朝官員——晩清時期中国対外華人的保護(一八五一年—一九一一年)』(粟明鮮他訳、中国友誼出版公司、一九九〇年)など参照。

(9) この論文を『歴史学研究』にて公刊した一九九六年当時は、広東政府側の史料がなく、北京政府側の対応しか記さなかったが、第Ⅳ部でもふれるように、シャム華僑は広東政府とも連絡をとっていたことが明らかになった。

(10) 光緒三年五月初八日外務部収、駐法劉大臣函「詳陳法暹商訂新約各節由」などによる(史料A)。

(11) この時、駐暹日本公使吉田作彌も胡公使のために宴を開いているが、吉田は「居留支那人ハ由来胡氏ノ為シ」ており、条約問題については「抑モ華暹条約ノ締結ニ関シテハ治外法権ナル国難ノ問題アリテ相互対等ノ条約ヲ為シ得ルマテハ現状ノ儘々放棄スルノ外ナカルベシ」と報告している(大正二年四月十日バンコク発〔五月一日外務省接受〕、在暹特命全権公使吉田作彌ヨリ牧野外相宛函「支那民国全権公使胡惟徳来暹之件」/「諸外国外交関係雑纂・暹支間」日本外務省保存記録一・二・一・一〇-四)。

(12) 民国二年四月二十九日外交部通商司収、駐法胡公使函「三月二十五日行抵暹京、茲将該処華僑近状及暹政府一切設施一併奉告由」(史料A)。なお、当時外交部には工商部を通じてシャムの中華総商会の情報が送られていた(「暹羅商会成立案」外交部档案〇三-三一、一〇-一)。

(13) 民国三年三月三日外交部通商司収、国務院函「暹羅苛待華僑、奉大総統発下劉天明等原呈請核辦由」(史料A)。

(14) 民国三年三月十二日外交部通商司商約科発、駐法胡公使公函「暹羅訂約事」(史料A)。

(15) 民国三年六月五日外交部通商司収、駐法胡公使函「与駐法暹使晤談訂約事、宜候有回音行声復由」(史料A)。

(16) 民国三年六月十八日外交部通商司収、政治堂交大総統発下説帖「請派員聯絡暹羅僑民由」(史料A)。

(17) 民国三年八月二十六日外交部通商司商約科発、咨駐法胡公使「暹羅立約派使事」(史料A)。

(18) 民国三年八月二十八日外交部通商司商約科発、咨駐法胡公使「暹羅立約派使事」(史料A)。

(19) 民国四年四月十九日外交部通商司収、駐法胡公使「暹羅訂約事」(史料A)。

(20) 駐暹日本公使吉田作彌は、姚梓芳が細川侯爵・柏原文太郎の紹介状を有していたこともあり、その政治的目的を察知しながらも、シャム外務大臣への紹介方を引き受けた。だが、シャム側は「数日ヲ経テ同大臣ヨリ回答有之、従来ノ慣習上前以テ支那政府ヨリ少ナカラサル反対アリ。此レ或ハ暹国政府カ前述ノ態度ニ出テタル反対アリ。一元因ニ非サル哉トモ被存候」とその原因を分析している。さらにシャム政府に対して「縦令姚宣慰使ハ暹羅政府ニ対シテ固ヨリ何等ノ資格ナキニセヨ、聊カ世界ノ情勢ニ通暁セル当局者ガ北方大国ノ特派員ニ対シ傲然トシテ非公式ノ会見スラ之ヲ拒絶スルニ至テハ、其国柄ニ不似合ノ嫌ヲ免シサル所ト存候」と感想を述べている（大正二年十一月二十八日バンコク発〔十二月二十五日外務省接受〕、在暹特命全権公使吉田作彌ヨリ牧野外相宛函「支那共和国特派華僑宣慰使姚梓芳来暹ノ件」／「諸外国外交関係雑纂・暹支間」日本外務省保存記録一・二・一・一〇-四）。

(21) 民国四年十月二日外交部通商司収、政事堂交批令「姚梓芳詳陳暹僑状況敬陳管見、擬交外交・農商両部奉批閲由」（史料A）。

(22) 民国六年四月二十日外交部通商司収、総統府秘書庁函「方瑞麟請願与暹羅結約派使奉批交部、請査照辦理由」（史料A）。

(23) 民国六年五月十九日外交部通商司収、広東省長咨「華僑温春余請派代表暹羅締結商約由」（史料B）。

(24) 民国七年十二月十二日外交部通商司収、次長会晤法柏使問答「擬設暹羅使館事」（史料B）。

(25) 民国八年四月十九日外交部通商司収、法柏使問答「設法与暹羅商訂通商条約事」（史料B）。

(26) 「暹羅虐待我僑民」（『晨報』一九一九年四月十日、十一日）、「華僑要聞二則」（『晨報』一九一九年四月十五日）など参照。代表らは到着後直ちに国務院などに意見書を提出、華僑虐待問題のパリ講和への提出を求めた（民国八年四月十一日外交部収、国務院交旅暹羅華僑代表陳暹等呈「旅暹羅華僑被虐事」など〔史料J〕）。

(27) 民国八年四月十九日外交部通商司商約科発、駐日本荘代辦「希与暹羅駐日公使提議訂約事」（史料B）。

(28) 民国八年五月十七日外交部通商司保恵科発、国務会議説帖（史料J）。

(29) パリ講和会議中国代表団内部ではシャムとの連絡役を民国八年一月二十二日の第一回代表会議で全権代表の施肇基としていたが、一月二十八日の第四回会議において、それまで対シャム交渉をになってきた胡惟徳駐仏公使がシャムの領事裁判権回収に詳しいので意見を聞くべきだとシャム代表が発言し、以後対シャム連絡担当となっている（「参与欧州和会全権委員処会議録」外交部档案〇三-三七、一二-一）。

(30) 民国八年五月三十一日外交部通商司収、国務院公函「参議院建議与暹羅立約通使案、査核辦理由」（史料B・I）。

(31) 一九一九年に浮上した教育問題とは「私立学校法」の施行が原因である。これによって①校長はシャムの中学二年以上の教育修了者であること、②外人教師はタイ語試験に合格する必要があること、③タイ語を一週間に少なくとも三時間は教えることなどが規定された。これは、欧米系のミッション・スクールにも適用された（William G. Skinner, *op. cit.*, p.228. なお中国語訳された「民立学校法」は、史料Iにある）。

(32) 民国八年六月七日外交部通商司収、上海広肇公所等呈「暹羅華僑被虐、請訂約保護由」（史料B）。

(33) 民国八年六月十二日外交部通商司商約科発、駐日荘代辦公函「暹政府虐待華僑請向駐東京暹羅公使設法商辦並随時声復由」（史料

B）。
(34) 民国八年七月一日外交部通商司収、駐日荘代辦電「暹羅訂約事」（史料B）。
(35) 民国八年七月二十一日外交部通商司収、駐日荘代辦電「暹羅訂約事」（史料B）。
(36) 民国八年八月四日外交部通商司収、国務院公函「暹羅訂約事、請査核上海華僑聯合会来電辦理由」および上海華僑聯合会呈「請速与暹訂約以保旅暹僑民由」（史料B）。なお、時のシャム王、ラーマ六世はアサワパーフの名で反華僑論『東洋のユダヤ人』を著し、華僑のシャム国民化を求めた。当時のシャムで、反華僑派と華僑の双方が互いに過激に新聞紙上（『サヤムラート』／『華暹日報』）で争っていたことは、日本公使の報告にも見える（大正十年十二月二十日発〔十一年二月六日接受〕、在暹三隅臨時公使ヨリ内田外相宛函「『支那人ノ危険ト題スル当地暹字新聞社説抄訳報告ノ件」。「諸外国外交関係雑纂・暹支間」日本外務省保存記録一・二・一・一〇-四）。
(37) 民国八年八月十二日外交部通商司収、江蘇特派員呈「据華僑聯合会会長李登輝転呈暹羅華僑商学代表陳暹及馬裕芳等報告暹政府虐待華僑情形、請迅電傳使作為議案以便派使設領実行保護由」（史料C）。
(38) 民国八年九月一日外交部通商司収、国務院交「暹羅華僑総代表馮裕芳呈」（史料C）。
(39) 民国八年十月二十三日外交部通商司収、旅暹華僑代表劉宗暁等呈「請先商暹政府准華校仍旧課学事」（史料C）。
(40) 民国八年十月三十日外交部通商司商約科発、批旅暹華僑代表劉宗暁等呈「据主請暹政府准華校仍旧課学已函駐日本荘代辦切商暹由」（史料C）。なお、当時北京では教育部官僚への給与が未払いとなるなど財政問題が顕在化していた。
(41) 民国八年十月三十日外交部通商司商約科発、駐日本荘代辦公函「旅暹華僑請准華校仍旧課学希切商暹使見復由」。
(42) 民国八年十一月十三日外交部通商司収、国務院交前宣慰旅暹華僑使姚梓芳呈「請与暹羅訂約遣使事」（史料C）。
(43) 民国八年十一月十九日外交部通商司商約科発、駐日本劉公使公函「暹羅訂約事」（史料C）。
(44) 民国八年十一月十九日外交部通商司商約科発、院秘書庁公函「暹羅訂約事」（史料C）。
(45) 民国八年十一月二十一日外交部通商司収、駐日使館函「暹羅訂約事」（史料C）。
(46) 民国八年十二月二十四日外交部通商司収、旅暹華僑代表劉宗暁等呈「懇再設法維持旅暹華校由」（史料C）。
(47) 民国八年十一月十九日外交部通商司商約科発、駐日荘代辦函「暹維持旅暹華校事、抄録原呈函達査酌辦理由」（史料C）。
(48) 民国九年三月十日外交部通商司収、駐日荘代辦「為暹僑民立学校並教国文事、駐日暹使不允伝達彼政府由」（史料D）。
(49) 民国九年三月七日外交部発、駐日荘代辦電「中暹訂約事」（史料C）。
(50) 民国九年三月十八日外交部通商司収、駐日荘代辦電「暹約及暹王遊華事」（史料D）。
(51) シャム国王の訪日は十月が予定され、シャム↓香港↓日本↓朝鮮↓台湾↓マニラ↓仏印↓シャムというルートが考えられていた

（大正九年一月三十一日発〔二月三日接受〕、駐暹西公使ヨリ内田外相宛電）。北京政府からの打診に対し、シャムも真剣に対応しようとしたようで、四月十九日には日本公使に対して中国旅行中の保護を依頼し、肯定的回答があれば北京に打診するとしている。この時点で想定しているルートは京城→北京→天津→上海→台湾であった（大正九年四月三十日発〔五月二日接受〕、駐暹西公使ヨリ内田外相宛電）。外務省は「保護」の内容をめぐって敏感に対応するが、単なる'confidential'の意と分かり、受諾している（大正九年六月八日外務省発、内田外相ヨリ駐暹西公使宛電）。だが、訪中が正式に北京に伝えられた形跡は外交档案には残されていない（以上、「各国貴賓ノ来朝関係雑件・暹国之部、皇帝来朝ノ件」日本外務省保存記録六・四・四・一－八－一）。

(52) 民国九年十月八日外交部通商司収、駐義王公使電「中暹訂約事」（史料D）。

(53) 民国九年十月十八日外交部通商司商約科発、院秘書庁公函「議訂暹羅通好条約備具説帖、請提出国務会議公決由」（史料D）。

(54) 民国九年十月二十七日外交部通商司収、国務院函「与暹羅議訂通好条約已経閣議議決由」（史料D）。

(55) 民国九年十月二十八日外交部通商司商約科発、駐義王公使密電「暹羅訂約事」（史料D）。

(56) 民国九年十一月八日外交部通商司収、駐義王公使電「中暹訂約已疑草案交該事由」（史料D）。

(57) 民国九年十一月二十三日外交部通商司収、駐義王公使電「報載波斯訂約事、暹約罷議事」（史料D）。

(58) 民国十年一月二十九日外交部通商司第一科発、駐日本胡公使電「中暹通使事」（史料D）。

(59) 民国十年二月六日外交部通商司収、駐日本胡公使電「中暹通使事、暹使称由我備函暹外部当可得復、応否経由公使致函拟由総長修函、乞電復由」（史料D）。

(60) 民国十年二月七日外交部通商司第一科発、駐日本胡公使電「中暹通使事」（史料D）。

(61) 民国十年二月九日外交部通商司収、駐日本胡公使電「中暹通使事、議請致函暹外部、再加函送暹使請其転逓乞電復由」（史料D）。

(62) 民国十年二月十一日外交部通商司第一科発、駐日本胡公使電「中暹通使事」（史料D）。

(63) 民国十年二月十三日外交部通商司収、駐日本胡公使電「暹羅通使事」（史料D）。

(64) 民国十年三月二日外交部通商司第一科発、駐日本胡公使電「函送漢洋文照会稿由」（史料D）。

(65) 民国十年三月十日外交部通商司収、駐日本胡公使電「暹羅訂約事」（史料D）。

(66) 民国十年六月十一日外交部通商司収、駐日本公使館咨「暹羅通使事、据駐日本暹使函請択地会商由」（史料E）。

(67) 民国十年七月十五日外交部通商司第二科発、駐日本胡公使公函「抄送中暹通好条約草案、請転達駐日暹使及訂期於東京会商由」（史料E）。この「通好条約草案」（漢文テキスト）によれば、この条約は大中華民国大総統（the President）と大暹羅国大君主（the King）が条約を結ぶことになっている。条約は全六条から成り、両国国民の友好・公使、領事の交換・領事裁判権の相互否定・中暹英テキストを作成し英文を正文とすることなどが規定されている（史料H）。

(68) 民国十年七月二十九日外交部条約司収、駐日胡公使電「暹羅草約事」(史料E)。
(69) 村嶋前掲論文「タイ華僑の政治活動」の注(26)では、National Archive of Thailand, So. Bo. 2.47/134という文章に基づいて「一九二二年に北京政府がヘーグのシャム公館を通じて条約案を提出した。これに対しシャム側は『暹羅国皇帝』という呼称の使用を求めた。一九二四年になって北京政府はこれに応じると東京のシャム公館に回答してきたことがある」と記されている。だが、実際には、この問題の提起は一九二一年に日本公使を通じてなされていた。なお、一九二三年二月に駐蘭公使王に対して外交部が呼称問題発生の発端を説明していることから、それまで王公使は呼称問題のことを知らなかったと考えられる(民国十二年外交部条約司第二科発電、復駐和王公使「与暹羅訂約情形由」)。
(70) 民国十年七月三十日外交部(条約司?)収、駐日胡公使電「中暹訂約事」(史料E)。
(71) 民国十一年十二月十二日外交部(条約司?)収、駐日廖代辦(史料E)。
(72) 民国十一年十二月十六日外交部条約司第二科発、致駐日廖代辦電「中暹訂約暹羅君主名称事」(史料E)。ちなみに日本の天皇は、漢文および日本文では皇帝、英語ではemperorを名乗っていた。
(73) 民国十二年九月二十八日外交部条約司第二科発、駐日施代辦電「中暹訂約事」(史料E)。関東大震災によって永田町にあった中華民国駐日公使館は全壊したが、麹町区中六番町四六の臼井氏宅に事務所を設け業務を継続していた(「支那各地ヨリ慰問使渡来ノ件」日本外務省保存記録六・三・一・八-一七-二二)。
(74) 民国十二年十月四日外交部条約司収、駐日施代辦函「中暹訂約事」(史料E)。
(75) 民国十三年五月二十一日作成、説帖「暹羅之元首呼称謂由」(史料E)。
(76) 民国十三年五月三十一日外交部条約司収、国務院函「中暹訂約対於皇帝呼謂可否略予通融一案、現経国務会議決通融辦理、請査照辦理由」(史料E)。
(77) 民国十三年十月二十二日外交部条約司第二科発、駐日汪公使函「中暹訂約事」(史料E)。
(78) 民国十三年五月十九日外交部条約司収、直魯豫巡閲使函「請与暹羅訂約由」(史料E)。
(79) 民国十三年五月十九日外交部条約司収、瓊州北海交渉員「請与暹羅訂約事」(史料E)。
(80)『軍政府公報』〈公電〉(修字一〇五号、一九一九年九月十日)。
(81)『軍政府公報』〈公文〉(修字一〇五号、一九一九年九月十日)。
(82)『軍政府公報』〈公電〉(修字一四七号、一九二〇年二月七日)。
(83) 民国十三年六月二十三日外交部条約司収、国務院函「抄送僑務局総裁請与暹羅訂約派使保護華僑並先簡熟悉能員赴暹慰問文一件、請査核辦理由」(史料F)。

(84) 民国十三年六月二十三日外交部条約司収、議員葉夏声致総長函「派員赴暹宣慰事、機迫切函薦勝任之人候卓裁由」（史料F）。

(85) 民国十三年七月九日外交部条約司第二科発、国務院函「中暹訂約事」および議員葉夏声函「中暹訂約事」（史料F）。

(86) 民国十三年八月二十五日葉夏声議員発函（表題なし）（史料F）。

(87) 民国十三年九月三日外交部条約司第二科発、議員葉夏声「中暹正在訂約無庸派員調査由」（史料F）。

(88) 他方で、香港・澳門には領事館を設置できなかったし、一九二〇年代には駐サイゴン領事館設置を求めたが、植民地庁および駐華仏公使から拒否されつづけた。

(89) このような非正式政府に囲まれた海における商業やヒト・モノの移動、そしてそれへの各政府のアクセスのありかたなどは今後の研究の課題となろう。

第III部第三章

(1) こうした状況は、改革開放後にも、中国国内への外国からの投資について、どの国がどの地域であるとおよそ定められたということと重なるのかもしれない。

(2) こうした点は第I部で詳細に論じた。中央アジア方面では、イリ将軍やタルバガダイ将軍ら辺縁の将軍らが折衝にあたることになっていた。こうした役職の多様性は、一面で制度的な職掌分担があるものの、いま一方で担当者の政治的な手腕や能力などに左右されがちであり、どの案件をだれがどのように担当するのかということは、実際のところ官僚の世界にいる人間には（様々な要因から）比較的自明なことであっても、これを外国人に理解させることは極めて困難であった。このような中国の官僚のありかたが、ネポティズムや伝統官僚などといったオリエンタリズム的な対中国イメージを助長していったことは言うまでもない。

(3) 楊増新については、基本史料として『補過斎全集』（刊行年不明、一九二六年以降、東洋文庫所蔵）に含まれている、『補過斎読老子日記』（民国十五年、六巻）、『補過斎日記』（民国十年、二九巻）、『補過斎文牘』（甲―癸巻）、『補過斎文牘続編』（一四巻）、『補過斎三編』（六巻）などがある。特に『補過斎文牘続編』の「外交」（巻一一―一二）、『補過斎文牘』（庚）の「外交」、『補過斎三編』（巻五―六）の「外交」が外交には関係が深い。だが、本書はこれらの史料を十分消化しておらず、幾つかの編纂史料や外交档案に依拠しただけである。楊増新関連の史料の読み込みについては今後の課題としたい。なお、楊増新に関する代表的な研究としては以下のような研究がある。李信成『楊増新在新疆　民国元年―民国一七年』（国史館、一九九三年）、日本では中田吉信「新疆都督楊増進」（『江上波夫教授古稀記念論集・歴史編』山川出版社、一九七七年所収）。

(4) 元来筆者は、チベットも考察対象とし、冊封することが主権の行使であるという中華民国の考え方を提示したのだが、この内容を二回にわたり報告した際に、中見立夫、張啓雄両氏からチベット、モンゴルについては歴史的経緯や背景があるとの指摘をうけた。中華民国外交档案を見ると、民国初年にはイギリス側が中華民国のチベットに対する「上邦之権」(suzerain right) を認めながらも、その内政干渉を認めようとしなかった。当時の中華民国では西蔵省設置の動きがあり、それをイギリスは牽制しようとしていた。中華民国側は、主権がチベットに及んでいる証拠として、ダライラマを冊封したり、冊封使を派遣したりすることをおこなうとしていた。冊封は宗主に繋がる考え方だが、それによって主権をあらわすという点、主権と宗主が絡み合っていて興味深い。チベットについては今後の課題としたい。(外交部档案〇三-二八など)。

(5) 代表的な論考に、片岡一忠『清朝新疆統治研究』(雄山閣、一九九一年) がある。また、コーカンド汗国と清の関係については (漢文史料に依拠しているので中央アジア史研究者には受け入れ難い面もあるだろうが)、潘志平『中亜浩罕国与清代新疆』(中国社会科学出版社、一九九一年) がある。

(6) 詳細は、李信成『楊増新在新疆　民国元年–民国一七年』(国史館、一九九三年) を参照。また、たとえば一九二〇年には熊希齢らを首班とする石油開発会社が新疆の油田を開発する権利を中央政府から得て新疆にはいろうとした際、新疆側は同省の鉱産資源は同省人のものであるとして反発、熊らの企業は実際の採油をおこなうことができなかった。中華民国憲法の考え方から言えば、鉱産採掘の許認可権は中央政府に属している筈であった。

(7) イリ条約についても多くの研究があるが、要領を得たものとして、孟凡人・黄振華主編、厲声著『中俄伊黎交渉』(新疆人民出版社、一九九五年) を挙げておきたい。

(8) そもそも、一八五一年の「イリ・タルバガダイ通商章程」では、ロシア側に対する免税措置が規定されていたが、八一年のイリ条約では、これを「暫不納税」という表現にまで後退させ、一九〇〇年、イリ条約満期二〇年に際しても、新疆省はイリ条約におけるロシア商人の免税特権 (暫不納税) 条項の撤廃を求めたが、義和団事件によって実現しなかった。

(9) この経緯については、厲声『新疆対蘇 (俄) 貿易史 一六〇〇—一九九〇』(新疆人民出版社、一九九四年、一六一—六四頁) に詳しい。また、新疆省と中央アジアの経済関係をまとめたものとして、庄鴻鋳・呉福環・厲声・魏長洪『近現代新疆与中亜経済関係史』(新疆大学出版社、二〇〇〇年) がある。

(10) ちなみに、このときに外務部からイリに派遣されて「修約」のための準備をおこなったのが、本部第一章でとりあげた朝鮮租界問題で列強との立場の同一性に拘泥した、あの富士英である。

(11) ロシア案の内容は基本的にイリ条約を継承していた。中国側が改正できたのは税則だけであった。

(12) こうした状況は前章で述べたシャムの登録民の事例と重なるところがある。このような登録民のおかれていた状況に関する歴史についてもまだ十分に議論されていない。

(13) 日本ではあまり使用されていないが、新疆維吾尔自治区档案館・新疆人民出版社『新疆与俄蘇商業貿易档案史料』(新疆人民出版社、一九九四年）に、この間の新疆側の動静に関する档案が掲載されている。他方、中央政府外交部の档案は主に台北・中央研究院　近代史研究所档案館に所蔵され、一部が中央研究院近代史研究所編『中俄関係史料　一般交渉　中華民国九年』（同所、一九六八年）として公刊されている。

(14) 興味深いことに、ロシアの瓦解によって新疆と中央アジアのバランスはいったんくずれるのだが、清朝の崩壊時にはこのようなことは起きなかった。これは、楊増新の体制が継続して維持されていたからであるが、辛亥革命が基本的に中央のトップの交代と、国家シンボルの交代というところに機軸があったことを物語っている。

(15) 民国六年一月（日付不明）「阿爾泰商条款訂節略」（中央研究院近代史研究所編『中俄関係史料――新疆辺防』同所、一九六〇年初版、一九八三年再版）。

(16) アルタイ長官程克は、北京政府の行為を「（第一次大戦の）機に乗じて撤兵を要求した」と明言している。民国六年六月十二日収、阿爾泰長官電（同上史料）。

(17) 民国六年二月二十二日収、阿爾泰辦事長官（同上史料）。

(18) 民国六年九月六日収、新疆省長函（同上史料）。

(19) 民国六年十二月八日収、英館巴参賛面交説帖（同上史料）。

(20) 民国七年一月二十二日発、新疆省長等電（同上史料）。

(21) 民国七年一月二十四日収、新疆省長電（同上史料）。中国における護照制度については研究がないようである。当時は、「護照」が現在のビザのような意味で使用されることが多かった。また中国の統治機構が寸断される中で、手続き的に海外渡航がいかにおこなわれていたのかということも解明されていない。たとえば、孫文はどこの発行した護照をもって、欧米にいったのか。それはどこで申請したのか。こういったことは今後の課題となる。中央政府内部にとっては、外交部管轄か、内政部管轄かということになる。地方では交渉署の主要職務としてこの護照の発行があったことを明記しておきたい。

(22) 中央アジアの華僑の状況については詳細がわからない。シベリア華僑については、何萍『近代中俄華人政策下俄遠東区華人社会変遷　一八六〇―一九一四』（国立台湾師範大学博士論文、一九九七年）があるが、中央アジア華僑には言及されていない。

(23) 民国七年三月九日収、新疆省長電（中央研究院近代史研究所編前掲書『中俄関係史料』）、民国七年三月十八日収、新疆省長電（同上史料）。

(24) 民国七年三月二十一日収、新疆省長電（同上史料）。

(25) 民国七年三月二十二日発、新疆省長電（同上史料）。

(26) 民国七年三月二十六日収、新疆省長（同上史料）。

(27) 民国七年四月十三日収、収留俄李秘書電（同上史料）。

(28) こうした判断の背景には、第一次大戦に「協商国」として参戦している中華民国の立場があった。すなわち、中華民国は協商国と歩調をあわせるかたちで新政府承認に踏み切ろうとしていたのである。民国七年五月二十五日発、阿爾泰辦事公署電（同上史料）。

(29) 民国七年四月二十四日収、新疆省長電（同上史料）。

(30) しかし、この問題は新たな問題を惹起した。新疆軍は、イリ鎮守使の判断で確かに派遣されたのだが、彼らの駐屯場所が問題になったのだった。新疆側は領事館の衛兵の詰め所となっていた場所を利用しようとしたが、ロシア領事側がそれを中国側に「貸す」ことに躊躇しはじめ、新たな協議内容となった。民国七年五月四日発、俄庫公使節略（同上史料）。

(31) このスパイ派遣経費を、楊増新は北京政府に求めた。民国七年五月七日収、新疆省長電（同上史料）。

(32) 民国七年五月十六日発、国務院秘書庁・陸軍部函（同上史料）。またモスクワの新政府に対しても、李世中秘書をつうじて非正式に新政府派遣の公使・領事は認められないことを伝えていた。民国七年五月二十一日発、駐俄李秘書電（同上史料）。

(33) 民国七年五月二十六日収、伊黎鎮守使電（同上史料）。

(34) いわゆる共産主義それ自体の影響に対する警戒感も存在した。楊増新は「均分主義」が中国国境に近い「新党」支配地域で実行されていることを知り、その影響の大きさを述べている。民国七年七月二十日収、新疆省長電（同上史料）。

(35) 民国七年六月十日収、国務院函（同上史料）。

(36) 民国七年六月十四日収、新疆省長電（同上史料）。

(37) 民国七年六月十七日収、新疆省長電（同上史料）。

(38) 民国七年六月十八日収、新疆省長電（同上史料）。

(39) 民国七年六月十八日発、新疆省長電（同上史料）。もちろん、新疆省長楊増新はこの機会を利用して、省内における自らの地位を万全のものとし、そのために「中華民国」や「中央政府」を利用したという側面がある。

(40) 民国七年七月七日収、新疆省長電（同上史料）。

(41) 民国七年七月十一日収、新疆省長電（同上史料）。なお、このようなことを再度繰り返している背景のひとつに、当時同時に進行していた中国東北部のロシア人問題があった。これはシベリア出兵問題とからみデリケートであった。特に満洲里で活動していた、セミョーノフの勢力について北京政府は中立を宣言し、その外交上の地位を認めないというスタンスを保っていた。

(42) 民国七年七月十九日収、新疆省長電（同上史料）。他方、新疆に駐在していたロシア領事たちの行動（兵を募集して「新党」に対抗しようとしていることなど）は明らかに領事裁判権を含めた領事特権の範囲を逸脱しており、「主権侵害」を楊増新らに感じさせていた。民国七年七月二十七日収、新疆省長電（同上史料）。

(43) 民国七年七月二十九日収、新疆省長電（同上史料）。北京政府もまた、こうした情勢の中で重い腰をあげることになった。外交部は、ドイツ人やトルコ人が各地に潜伏し、西トルキスタンの民族運動を刺激してロシアの内乱に乗じようとしているので、新疆が危険なので対策を講じるべきという「議案」を国務会議に提出したのである（民国七年七月三十日発、国務院秘書庁函、同上史料）。だが、その結果がどのようになったか不明である。

(44) 外交部もまたこの問題に気づいていた。民国七年七月三十日発、陸軍部函（同上史料）。

(45) 民国七年八月十七日収、新疆省長電（同上史料）。

(46) 中国のシベリア出兵については、笠原十九司「北京政府とシベリア出兵——第一次大戦とロシア革命がもたらした東アジア世界の変動」（中央大学人文科学研究所編『民国前期中国と東アジアの変動』中央大学出版部、一九九九年所収）が最も代表的。また、最も有用な史料集に、中央研究院近代史研究所編『出兵西伯利亜　中俄関係史料　中華民国六年至八年』（同所、一九六二年初版、一九八四年第二版）がある。中華民国にとって、このシベリア出兵こそ、欧州宣戦に送出されて兵站部門を担った「華工」とともに、戦勝国に加わり国際的地位をあげていくことへの必須要件であった。

(47) 民国七年十一月十二日発、新疆省長電（同上史料）。

(48) この計画は楊増新らの説得により止められた。民国七年十二月二十三日収、新疆省長電（同上史料）。

(49) 民国八年六月六日発、新疆省長電（同上史料）。ロシア側からもそれ以前に交渉の申し出はおこなわれていた。民国八年一月三日、土爾克斯坦蘇維埃自治共和国内務外交委員致中国提督馬福興函（薛銜天他編『中蘇国家関係史資料匯編』中国社会科学出版社、一九九三年、五〇三—〇四頁）。

(50) 范其光（一八八二—?）江蘇江寧人。京師同文館卒業。ロシア留学。師範学校、鉄道学校に学ぶ。帰国後、吉長鉄路などで鉄道技師として勤務。後に北京政府蒙蔵院に勤務、会議外蒙専使一等参賛、庫倫辦事大臣一等書記官。一九一六年に黒龍江省交渉員、一九一九年三月にオムスク総領事として着任。二一年にウラジオストック総領事。二四年に帰国後は中東鉄路理事などを務める。また、満洲国建国後は、満洲国の官吏となった。民国前期の沈瑞麟（外交次長）、施履本（山東交渉員）らは、満洲国の外交官、官僚となった。

(51) このように政府機関が前面に出て交渉をおこない得ない場合、商会が代表して取り決めなどを結ぶことがあった。このケースは商業関係なので商会が主体となることは自然といえるが、日本の山東占領に際しては商会が地域を代表して日本と取り決めを結ぶなどした。商会と外交のかかわりについては、以下を参照。拙稿「北洋政府外交档案上的商会面貌——「外交與商会」的初歩探討」（張国剛主編『中国社会歴史評論』第三巻、二〇〇一年所収、三二二—二九頁）。

(52) だが、この取り決めは最終的に新疆省政府により否定されることになる。
(53) 民国九年四月一日新疆省発、新疆新訂伊黎中俄臨時通商全案呈政府電（中央研究院近代史研究所編『中俄関係史料　中華民国九年　一般交渉』同所、一九六八年所収）。
(54) 一九二〇年九月「新蘇臨時通商条件」（新疆維吾尔自治区档案館・新疆人民出版社『新疆与俄蘇商業貿易档案史料』新疆人民出版社、一九九四年所収、一三八―四〇頁）。
(55) 最後の調印前の、北京政府外交部からの新疆外交特派員への命令は、一九二〇年五月「省長楊増新関於新俄修訂通商貿易章程事宜給外交特派員張紹伯的密令」、および「省長楊増新関於中俄通商事給交渉署的訓令」（新疆維吾尔自治区档案館・新疆人民出版社前掲書『新疆与俄蘇商業貿易档案史料』一一九―二二頁）などに見られる。
(56) イリ協定について省政府が北京政府に正式に報告したのは八月二十日になってのことである。このように報告時期が遅れたことを以て、新疆が中央から自立して交渉を進めたと断じることは難しい。交渉過程においては密接に連絡をとりあっていたからである。だが、「主導」権は新疆にあるという意思表示にはなったかもしれない。
(57) 最初の代表は、新疆省候補知事で、北京の俄文専習館出身の趙国梁であった。
(58) 民国九年九月三日、外交人民委員部全権代表全俄中央執行委員会土爾克斯坦事務委員会委員致中華民国喀什噶爾道尹朱瑞墀函（薛衛天他編前掲書『中蘇国家関係史資料匯編』五〇一―〇二頁）。
(59) 一九二二年四月「新蘇双方為商定臨時通商条件的往来函件声明及会議節略」（新疆維吾尔自治区档案館・新疆人民出版社前掲書『新疆与俄蘇商業貿易档案史料』一五二―五五頁）。
(60) 民国七年八月三十一日収、新疆省長函（中央研究院近代史研究所編前掲書『中俄関係史料』）。
(61) 民国七年十一月二十六日収、新疆省長電（同上史料）。
(62) 民国九年十月二十三日外交部収、新疆省長咨密陳「阿富汗派員通好別有深意由」（中央研究院近代史研究所所蔵外交部档案、一七三-五）。
(63) 民国七年五月六日収、新疆省長電（中央研究院近代史研究所前掲書『中俄関係史料』）。
(64) 民国七年十月二十四日収、英使署節録（同上史料）。
(65) 民国十年六月十二日外交部収、新疆省長電「阿員呈遞国書事」（同上史料）。
(66) 民国十年六月十四日外交部発国務院秘書長、新疆楊省長電「中阿訂約事、擬致新省長　電請轉呈核発由」（同上史料）。
(67) 本書では民族問題、たとえば回民あるいはムスリムの問題に触れていないが、新疆関連の档案の中には少なからずこの方面の档案が含まれている。また、第一次大戦後に戦勝国とトルコの間に締結された不平等条約であるセーブル条約に中華民国が調印しなかったことについて、フランスなどは新疆のムスリムに対する配慮だと考えた。外交档案によれば、実際のところ不平等条約反対という宗旨に基づいた決定だったようである。

(68) ある空間に歴史的に形成されている外交のあり方を分析する際に、「外交空間」という枠組みが参考となる。高橋進「ドイツ外交の現在――外交空間試論」（鴨武彦編『世紀間の世界政治』第五巻、日本評論社、一九九四年所収）、網谷龍介「オーストリアの『外交空間』とEU――『中欧』と『ヨーロッパ』の狭間で」（高橋和夫編『国際関係論とは何か――多様化する「場」と「主体」』、法律文化社、一九九八年所収）参照。

(69) 塚本元『中国における国家建設の試み』（東京大学出版会、一九九四年）参照。

第Ⅲ部小括

(1) 周佳栄『新民與復興――近代中国思想論』（香港教育図書公司、一九九九年）所収の「近代中国思想的亜洲観」（二一―二三頁）。

(2) 佐藤慎一「『アジア』という価値」（『岩波講座世界歴史28　普遍と多元――現代文化へむけて』（岩波書店、二〇〇〇年所収、二七九頁）参照。

(3) こうした国々・地域に対するイメージは、北京政府と国民政府期で異なっているようである。すなわち、北京政府期には朝貢国あるいは属国という文脈がそれほど強調されないのに対し、国民政府期になるとナショナリズムを強調するあまり、それらをかつての「属国」として位置づけ、「大中華」主義を前面に押し出しているように感じられる。

(4) 朝鮮の他にも、条約を締結したペルシャやフランス領インドシナからの働きかけもあった。「中華波斯通好条約」（外交部档案〇三-一三三、九六-一）、民国八年二月四日外交部収、国務院交抄越南代表阮彊柢呈一件（外交部档案〇三-三七、一二-一）。

(5) 民国十年九月二十九日外交部収、韓国臨時政府外交総長函「太平洋会議擬提出韓国独立問題、請為援助由」（外交部档案〇三-三九、一三-二）。

(6) 拙稿『北京政府の外交政策と中国統一問題』（東京大学人文科学系研究科修士論文、一九九四年）。

(7) 大正九年十月二十一日駐華使館発、駐仏石井大使ヨリ内田外相宛電（日本外務省保存記録二・四・二-二六）。

(8) 中朝関係については、前述のとおり、一九一〇年まで（実際は一九一四年まで現状維持）に設置されていた中国租界（日本語テキストでは「支那人居留地」）や、一九二〇年代に半島内部で発生した中国人虐殺問題なども含めて、総合的に討論する必要がある。

(9) このような観点がいささか奇異なのは、中国近現代史のコンテキストの中で「反帝国主義」が大きな柱となり、支配と抵抗の二分法の中で、中国が「抵抗」の主体として描かれているからである。

(10) 無論、李鉉淙『韓国開港場研究』（一潮閣、一九七五年）の論調に見られるように、中国もまた確かに日本と同様に租界を設けたものの、実際には日本のほうが侵略性が強く、中国は商業的な活動を目的としていたとする見解がある。朝鮮史のコンテキストから見れば、中国のこうした「列強に伍し」ていこうとする姿勢は帝国主義的ではあるが、だからといって日本と同じであるということにはならない。この点は明記しておかねばならない。筆者がこの問題を口頭報告した際に、韓国の裵京漢教授から数度この指摘を受けた。

(11) 民国前期には史料の編纂も進められた。そこではいかに侵略されてきたかということに重点がおかれ、自然とそれらを回収しなければならないという結論が導き出せるようになっていた。その代表格が『清季外交史料』の編纂である。この史料集は、王彦威・王亮の編になり、父が筆者したものを息子がまとめたものである。ほぼ民国前期が編輯時期にあたり、一九三一―三二年に刊行された。これには単純な史料集というだけでなく、ところどころで解説が加えられるなど、編纂意図が強く紙面にも表れるという特徴がある。また、『籌辦夷務始末』が同じ私撰であっても同時代的に編纂されたのに対して、『清季外交史料』は民国前期に光緒宣統年間を振り返って編纂している点に特徴がある。「清季以来、欧米は政治経済の力を強めて極東に侵入し、一方で日本がその三島に勃興し大陸政策を発展させてきた。列強は『得寸思尺』の如くその欲望の止まるところを知らず、中国側の衰えも底を打つということがなかった。当時、国政をあずかる者は体制を見るに疎く、列強への対応に窮していた。そして一八六〇年には外興安嶺及びウスリー河以東をロシアに割譲し、一八七一年には日本に琉球県を建てられ、一八八一年には新疆西北の地を再びロシアに占領され、一八八五年にはヴェトナムをフランスに奪い取られ、一八八六年にはビルマをイギリスに譲り、一八九五年には台湾と朝鮮を日本のために失うに至った。このように辺境を失うこと、四百万里に達するであろう。藩封がすべて失われ、今度は腹地が危なくなり、東北四省は既に日本に占領され、外蒙古も有名無実であり、新疆ではイギリスとソ連が覇を競い、雲南の南部では英仏が争い、イギリスはチベット・西康を蚕食し、日本は長城の各出口とチャハルをうかがっている。このような状況になっているというのに、依然として彼らのなすがままになっている。内政は多くの問題を抱え、民生は憔悴し、外国の手のついていない土地などなくなってしまった。国家の尊厳は次第に衰落し、交渉をおこなうのも益々困難になっている。このような問題が発生した経緯は、まさに今日に至るまで一日でできあがったわけでも、ある一つの事件によるのではない。この点こそ、国人が外交を研究するのが望ましい理由であり、深く注意を喚起したい点なのである」(『清季外交史料術略』『清季外交史料』術略、一)。『清季外交史料』は被侵略史のための史料集という色彩を強く帯びているのである。そして、光緒年間で最も重要であるのが清仏戦争と日清戦争であるとしている。このような記憶づくりは、ナショナルヒストリーの形成や国民の形成には大きな意味をもっても、『清季外交史料』に依拠してそのまま研究すれば、編纂者が意図したとおりの外交史ができあがるという意味で、研究者としては実に注意しなくてはならない点である。また本書の主旨に即して言えば、『清季外交史料』の編纂は、不平等条約改正の際に必要な帳簿づくりとして進められたのであり、まさに文明国化のための外交を展開する時期に相応しい作業がおこなわれたとも言えるのである(だが、『籌辦夷務始末』とて一九三〇年代に公刊され、これによって中国外交史研究は「近代外交史」の仲間入りを果たすのである）。

他方、『清季外交史料』の術略部分に以下のような興味深い記述がある。「諸史を顧みるに、みな紀伝を重んじ、外交の事跡は僅かに四夷あるいは外国伝の中に見られる程度である。最近『清史稿』が脱稿されたそうだが、ここで初めて「邦交志」という項目が作られ、前史の欠を補っている」（「清季外交史料術略」『清季外交史料』術略、二）。そして、その『清史稿』をひもとくと、巻一五三（志一二八）に邦交という項がある。「中国は古より邦交を重ねてきた。清の盛時には諸国が朝聘し、みな礼に従っていた。しかし、海道が大通してから、局勢が一変した。それはポルトガル・オランダに始まり、僅かな土地を手に入れると、そこに移ってきて貿易を始めるべく、広東の東部にやって来た。そしてイギリス・フランス・アメリカ・ドイツなどの大国も袂を連ねてやって来るなど、多くの国々が集まってきたが、その目的は通市をすることだけにあった。しかし、道光年間の己亥の年にいたり、アヘン禁止政策が反発を招き、慌しくするうちに戦争となり、イギリスに香港を割譲し、五口で通商することになった。次いでフランス・アメリカ・スウェーデン・ノルウェーとも相次いで条約を締結し、ドイツ・オランダ・スペイン・イタリア・オーストリア・ポルトガル・ベルギーはみなイギリス・フランスとの条約に基づいて条約を結び通商を始めた。これから海疆に事件が頻発することになった。ロシアは康熙二十八年に条約を締結しており、他国に先んじている。日本は同治九年に条約を結び、他国に比べると最後の方に条約を結んだことになる。中国は追い詰められ、受禍も大きくなった。このほかペルー・ブラジル・コンゴ・メキシコなどの小国と条約を結んだが、これらの国々は大国の後尾にくっついてきただけで、特に目的があったわけではない」。この邦交という項目は、「守夷守境之謂何」について「後人之考鏡」とするために書かれているという。そこでは、「本来は中国に劣り、礼を以て朝聘していた」国々が、いかに中国を不条理にも侵入してきたかということが記されている。『清史稿』の「邦交志」は、それ以後出版される中国外交史関係書物の底本となったことが予想される。この邦交部分の執筆者は、李家駒・呉広霈・劉樹屏らであった（「清史稿刻記」『清史稿』）。李は、一九〇七年に出使日本国大臣・考察日本憲政大臣などに任じられた法政官僚である。

しかし、『清史稿』にはこの「邦交」のほかに「属国」の項目もある。「邦交」に挙げられているのは、上記の引用部に表れた諸国であり、朝鮮・琉球・越南・緬甸・暹羅・南掌・蘇禄・グルカ・コーカンド・坎巨提などは属国に属している（『清史稿』「列伝・属国」巻五二六—五二九）。ここで言う属国が前述のような李鴻章・袁世凱の言う「属国体制」の属国なのか、あるいはそれ以前の属国なのかは不明であるが、明らかなのは「交」する対象である「邦」と、「属」である「国」の分離である。これは、第III部で述べる宗主と主権に関わるようなテーマである。また、南米・アフリカ諸国を小国と位置づける点などは、国連における中華民国の大国志向と重なる傾向である。『清史稿』の内容については、ここでは簡単に指摘するにとどめ、詳細な検討は今後の課題としたい。

(12) 劉傑『中国人の歴史観』（ちくま新書、二〇〇〇年）。

（13）孫歌「亜洲論述与我們的両難之境」（『読書』二〇〇〇年二月号）。

（14）張啓雄『外蒙主権帰属交渉 一九一一—一九一六』（中央研究院近代史研究所、一九九六年）。

（15）「遠交近交」、「以夷制夷」など中国外交に伝統的と思われる用語も、実は蔣介石をはじめ、国民政府期の人々が自ら用い、それを日本側が中国外交の特徴として再認識していった側面がある。

第Ⅳ部第一章

（1）深町英夫「広東軍政府論——民国前期における『中央政府』」（中央大学人文科学研究所編『民国前期中国と東アジアの変動』中央大学出版部、一九九九年）。

（2）深町英夫前掲論文の元報告「南方政府の変遷」に対する塩出浩和のコメント（『中華民国前期中国社会と東アジア世界の変動 シンポジウム記録一九九七年三月十五日』中央大学人文科学研究所「民国史研究」チーム編集、一九九八年所収、深町英夫発言、四五—四七頁）。

（3）筆者は、広東政府が成立当初からこのような性質を有していたとは考えていない。一九二〇年代に入ってから次第に変容していったと考えられる。

（4）広東政府の実態研究も進められている。塩出浩和は「広東省における自治要求運動と県長民選——一九二〇—一九二一年」（『アジア研究』三八-三、一九九二年三月）、「第二次広州政府期の広州市政——特に一九二一年の改革について」（『アジア発展研究』一号、一九九二年）、「第二次広州政府期（一九二〇—一九二二年）の広東省議会と広東省憲法」（『アジア発展研究』二号、一九九四年）において、その県長民選を分析し、深町英夫は「広東軍政府論——民国前期における『中央政府』」（中央大学人文科学研究所編前掲書『民国前期中国と東アジアの変動』所収）において、広東政府が初期の段階においては、亡命政権としての性格が強く、広東省においては広東政府と広東省政府との二重権力関係がみられたとしている。

（5）北京政府から広東政府へという単純な図式を離れ、その中間に「聯省自治」の時代を組み込む見解も提起されている。袁世凱死後、北京政府が実行支配能力を喪失し、広東政府が南方に樹立された後、長江流域を中心に聯省自治運動が起こり、新たな国家建設が模索されたという見方である。たとえば、横山宏章『中華民国史——専制と民主の相克』（三一書房、一九九六年）参照。

（6）唐啓華の議論は、相当に実証的でバランスがあるものであるが、国民党史観の強い台湾という場における議論だけに、「革命外交」といったこれまでの「政党」に対する反発、それへの批判が議論の軸になっている。日本の学界もまた「政党」史観が強いが、台湾ほどではない。逆に、日本では「分裂」論が比較的強いが、これは中国や台湾からは見られない特徴であろう。

（7）この内容についていては、外交部档案〇三-二〇　四二-二、四二-三に依拠している。

（8）いずれも同上档案による。
（9）アメリカの姿勢については、本部第四章における広東政府とプライス広州副領事のやり取りを参照のこと。
（10）この案件は、外交部档案〇三-二〇、四二-二に依拠する。
（11）これは台湾籍民と台湾人が実行者となっていた。
（12）こののち、広東省が造幣権と造幣工廠の双方を担保として対英借款をおこなおうとしているという情報が『順天時報』に掲載されると、財政部がそれを慌てて外交部に伝えていた。
（13）二〇世紀前半のマカオの国際関係上の位置は、第二次大戦中が特に興味深い。周知の通り、大戦中は宗主国ポルトガルが中立国であったこともあり、東アジア唯一の中立地域として機能するとともに、スパイ戦の場ともなった。また戦後は、中国の隣接する、必ずしも米国一辺倒ではない西側の拠点であり、西側諸国からみても中国に隣接する香港に続く拠点で、またソ連や北朝鮮にとっても、情報収集の場となった。一九八〇年代以降の経済発展によって国内総生産が台湾を上回るほどになったマカオだが、まずは主権を返還、一九九九年に統治権を返還している。塩出浩和『可能性としてのマカオ』（亜紀書房、一九九九年）、同「第II次広州政権とマカオ問題」（アジア政経学会提出ペーパー、一九九六年）、譚志強『澳門　主權問題始末（一五五三―一九九三）』（永業出版社、一九九四年）、可児弘明「マカオの主権返還」（同編『香港および香港問題の研究』東方書店、一九九一年所収）参照。なお、塩出の著作については、拙稿「書評　塩出浩和『可能性としてのマカオ　曖昧都市の位相』」（『公明新聞』一九九九年十二月六日）参照。
（14）この項目は、主に中央研究院近代史研究所档案館編『澳門專档』四（中央研究院近代史研究所、一九九六年）に依拠する。マカオ側の文書をマカオのアーカイヴで調査したがすべてポルトガル文書であったので、収集を断念した。この中央研究院近代史研究所所蔵の澳門档案は、北京政府外交部档案の中で唯一広東政府の外交部档案も含みこまれている档案である。この档案の中には両政府の中間にあった広東省政府が北京政府外交部からの電文の写しをすべて広東政府外交部に提出しているとあり、恐らく逆のこと、すなわち広東政府からの文件を北京政府外交部に送ることもしていたと考えられる。
（15）この間、澳門への米輸出禁止を建議する向きもあったが、北京政府は澳門の華僑が困窮するとして斥けている。だが、当時は実は米輸出が禁止されており、広東省からはこの困窮のおり澳門への輸出を完全禁止して省民を守ることもあり得るという意見が上げられていた。

第IV部第二章

（1）呉国光・鄭永年『論中央―地方――中国制度転型中的一個軸心問題』（牛津大学出版社、一九九五年、一一七―三五頁）。Yonnian Zheng, 'Perforated Sovereingty: Provincial Dynamism and China's Foreign Trade,' *The Pacific Review*, vol. 7, no. 3, pp. 301–21; Gerald Segal, *China Changes Shape: Regionalism and Foreign Policy, Adelphi Paper 287*, London, Brassey's for IISS, March 1994.

(2) 塚本元「福州事件と中日交渉――『軍閥期』北京政府外交部の役割の一例」（中央研究院近代史研究所編『第三届近百年中日関係研討会論文集』上冊（同所、一九九六年所収）、同「北京政府期における中央外交と地方外交（一九一九―二〇）――湖南日中両国人衝突事件の外交的処理を事例に」（『法学志林』九五-三、一九九八年二月）。

(3) 一九一四年八月十三日収、直隷巡按使朱家宝（中央研究院近代史研究所編『中日関係史料　欧戦與山東問題』中央研究院近代史研究所、一九七四年、九八文書）。

(4) 一九一九年九月十九日収、黒龍江将軍（同上史料、四二二文書）、一九一九年八月二十一日収、吉林将軍（同上史料、一五一文書）。

(5) 一九一九年八月十二日収、上海交渉員（同上史料、八二文書）。

(6) 一九一四年八月二十一日発、直隷将軍（同上史料、一五二文書）、九月二日発、直隷将軍（同上史料、二六五文書）。

(7) 一九一九年八月二十六日収、湖北将軍（同上史料、二一六文書）、一九一九年九月四日収、湖北将軍（同上史料、二八九文書）。

(8) 一九一四年八月十五日収、吉林交渉員（同上史料、一〇七文書）。

(9) 一九一四年八月十七日収、政事堂（同上史料、一二四文書）。

(10) 一九一四年八月二十四日収、吉林交渉員（同上史料、一六五文書）、一九一四年八月二十六日発、吉林交渉員（同上史料、一八九文書）。このほか、河南からは興味深い要請がなされている。それは、中立条規の第十五条から第二十条を白話で示して欲しいというのであった。一九一四年九月十六日収、河南巡按使（同上史料、三九九文書）。

(11) 一九一四年九月五日収、奉天将軍（同上史料、一八五文書）。

(12) 一九一四年九月八日収、奉天将軍（同上史料、三三〇文書）、九月八日発、奉天将軍（同上史料、三三一文書）。

(13) 一九一四年八月二十七日収、江蘇将軍・巡按使（同上史料、二〇九文書）。

(14) 一九一四年九月十一日収、奉天将軍（同上史料、三五五文書）。

(15) 一九一四年九月二日収、廈門交渉員（同上史料、二七〇文書）。

(16) 一九一四年九月七日収、直隷交渉特派員（同上史料、三二六文書）。

(17) 一九一四年九月十八日収、天津警察庁長（同上史料、四一六-一文書）。天津史において親日的とされる楊以徳が日本領事からの抗議を好意的に捉えているのが印象的である。

(18) 一九一四年九月七日収、直隷特派員（同上史料、三三六文書）。
(19) 一九一四年八月二十七日収、直隷巡按使（同上史料、二一一文書）、八月二十八日収、税務処（同上史料、二一七文書）。
(20) 同上史料。
(21) 一九一四年八月八日収、上海特派員（同上史料、四四文書）。
(22) 一九一四年九月三日発、上海特派員（同上史料、二七五文書）。当時、上海から広東への船はいったん香港で陸揚げして、そこから広州に運び込むことが多かった。
(23) 一九一四年八月五日収、江海関監督（同上史料、一二文書）。
(24) 一八九〇年代に設定され始めた租借地は租界よりも外国の「領土」としての色彩が強く、租界の主権はあくまでも中国側に属するとされていた。
(25) 一九一四年八月二十四日収、武昌将軍段芝貴（同上史料、一七〇-一文書案）。
(26) 本項については、「江漢籍監督兼任外交部特派湖北交渉員管理漢口工巡事宜文稿」（湖北省档案館所蔵湖北交渉署档案、LS二九-七）、「美英徳領事館為租用鶏公山避暑官房屋紛糾」（LS四九-一〇）、「発還徳商原租鶏公山避暑官房与英美両方争執案」（外交部档案〇三-一六、二〇-一）に依拠して述べる。档案内容をまとめながら経緯を説明することに主眼をおくので、档案番号を引用で示すと煩雑になるので、ここでは上記ファイル名を示すにとどめる。
(27) 国民政府期及び人民共和国期にも、「雲中公園」と呼ばれて避暑地として珍重され、一九四九年以降は国有、一九八一年からは県直轄となっている（信陽地区地方史志編纂委員会編『信陽地区志』、生活・読書・新知　三聯書店、一九九二年、一五二頁）参照。なお同志には鶏公山の写真が掲載されているが、それを見ると現在でも洋式の住宅が多く残されているようである。
(28) 東亜同文会編『支那省別全誌』第九巻「湖北省」（東亜同文会、一九一八年、一八頁）。蘇雲峰『中国現代化的区域研究　湖北省（一八六〇—一九一六）』（中研院近史所専刊四一、一九八一年、一一—一二頁）。
(29) 皮明庥主編『近代武漢城市史』（中国社会科学出版社、一九九三年、七六八頁）。鉄路路線敷設については、張瑞徳『平漢鉄路与華北的経済発展』（中研院近史所専刊五五、一九八七年、五六頁）参照。
(30) 東亜同文会編前掲書『支那省別全誌』（八九六頁）。
(31) 同上書（一〇一一頁）。
(32) この档案には中独条約のことが触れられていないので、民国十年六月以前のものと推察される。
(33) この書簡では、租賃の継続を求めて領事館に「租金開単」を送付してきたドイツ商人石格司（石格師／R. Sachse／豫界＝河南省側三十号房屋の租者）の訴状が引用されている。領事はその主張を「正当」と判断しており、次いで商人達の証言から、合計一三棟あるドイツ商人の房屋は権利取得以来相当の投資をしており、租金を軽減するためにも実際の投資額よりも安く見積りをして中国側に提出していたこと、また永久に居住できると考えていたので地価や装修費は含めなかったことを述べている。交渉員は、「少報造価」は別にドイツ商人だけに見られる問題ではないとし、宣戦以後ドイツ房屋を新たに貸し出すに際して値上げをおこなわず、それ以後も値上げしていないとしてドイツ側の提起した価格問題に応えている。

(34) 塚本元前掲論文「福州事件と中日交渉――『軍閥期』北京政府外交部の役割の一例」、同前掲論文「北京政府期における中央外交と地方外交（一九一九―二〇）――湖南日中両国人衝突事件の外交的処理を事例に」参照。

(35) こうした意味で、聯省自治運動が「外交」をいかに構想していたかは重要な論点となるはずであるが、これまでの多くの論考では触れられていない。

(36) 三朱英『辛亥革命時期新商人社團研究』（中国人民大学出版社、一九九一年）、徐鼎新・錢小明『上海總商會史（一九〇二―一九二九）』（上海社会科学出版社、一九九一年）、虞和平『商会與早期近代化』（上海人民出版社、一九九三年）など中国でも数多くの実証研究が出されている。

(37) 金子肇「一九二〇年代前半における各省『法団』勢力と北京政府」（横山英編『中国の近代化と地方政治』勁草書房、一九八五年所収）。金子は、法団勢力の全国政治への関与に注目し、塚本は地方政治における法団の役割を検討しようとしているので、両者の指摘には力点の違いが見られる。また、筆者は、塚本著作に対する書評のなかで既に論じたことがあるが、外交という視点から見れば、地方における活動を主な対象としながら「中国における国家建設」を論じようとした塚本の議論には、まだ検討の余地が残っているように感じている。塚本元『中国における国家建設の試み――湖南一九一九―一九二一年』（東京大学出版会、一九九四年）、「拙稿・書評／塚本元著『中国における国家建設の試み』」（『史学雑誌』一〇五編二号、一九九六年二月、一〇四―一五頁）参照。

(38) 笠原十九司「ワシントン会議と国民外交運動」（『宇都宮大学教育学部紀要』二九号、一九七九年）。

(39) 筆者は、拙稿「北洋政府外交档案上的商会面貌――「外交與商会」的初歩探討」（張国剛主編『中国社会歴史評論』第三巻、二〇〇一年六月、三二二―二九頁）、同「民国前期外交與商会的初歩探討」（『城市史研究』〈特刊・二〇世紀華北城市近代化〉二一輯、天津社会科学院出版社、二〇〇二年、二七三―八三頁）において、「商会と外交」というテーマについて集中的に議論をしている。

(40) この電報は一九一九年五月十日付のものである。総商会名義で中央政府に有利な電報を打たせようとした（段祺瑞総統が五四運動のあと主張していた対日直接交渉の支持）。張桓忠『上海総商会研究』（知書房出版社、一九九六年）参照。

(41) 民国八年六月十三日収、山東工商聯合会電（中央研究院近代史研究所編『中日関係史料――排日問題』同所、一九九三年、四四頁、第八〇項）。なお山東問題の当事者である山東省からは北京政府外交部に数多くの意見が寄せられていた。民国九年一月二十日の山東省議会電は、ヴェルサイユ条約の発効にともない日本が山東利権の継承を求めている件について、国際法的な解釈を加え、政治的な条約というものは、両国間の宣戦布告を以て消滅するのが「国際公法」の通例であって、中華民国は鄭重に対独宣戦布告をおこなったので、中独間の条約は白紙に戻されているのだから、日本が山東権益を継承する権利はないし、ヴェルサイユ条約についても、それは締結国間にのみ効力をもつのであって、第三国には無関係で、もしドイツ権益が消滅していないとしても、膠澳条約に「租借地伝租禁止」規定と、「鉄路・鉱山二十年返還」規定があるので、他国への継承は認められず、まして、今回、中華民国は戦勝国であるので、日本の無謀な要求は「平民気・保国権」のためにも、拒絶する他はないとしたのである。このほか山東省議会は、民国九年一月二十日に日本との直接交渉拒絶要請のために、張柏荘・杜応斗・姚元謙の三名を中央に派遣するなどの動きを示している。

（42）民国九年四月十九日収、衡陽商会等来電（同上書、二四三頁、第三五〇項）。

（43）しかし、本章で用いたのはいずれも北京政府外交部の档案であるのだから、地方が単独でおこなった外交については検討できていないという問題がある。だが、地方が独立を志向したことはないのであり、自省の利益を主張しても、それは外交においては中央との結びつきがなくては十分な効果が得られなかったと考えられる。

第IV部第三章

（1）本章における史料の略記号は以下の通り。北洋政府外交部档案＝南京第二歴史档案館所蔵、外交部档案＝中央研究院近代史研究所所蔵、CO＝Colonial Office（イギリス植民地省文書、香港 Public Record Office 所蔵マイクロフィルム）、*FRUS*＝*Foreign Relations of United States*（アメリカ外交文書、公刊本）。

（2）ワシントン会議における中国外交については、**W. W. Willoughby**, *China at the Conference : A report*, Johns Hopkins Press, 1922 など同時代に記された研究に詳しい。日本では、藤井昇三「『平和』からの解放」（日本政治学会編『国際緊張緩和の政治過程』岩波書店、一九七〇年所収）、同「ワシントン会議と中国の民族運動」（『東洋文化研究所紀要』五〇号、一九七〇年三月）、同「ワシントン体制と中国」（『国際政治』四六号、一九七二年十月）などがある。なお、中国ナショナリズムと同会議については、笠原十九司「ワシントン会議と国民外交運動」（『宇都宮大学教育学部紀要』二九号、一九七九年十二月）がある。

（3）北京政府外交部による国権回収運動については、坂野正高「第一次から五三〇まで——国権回収運動覚書」（植田捷雄編『現代中国を続る世界の外交』野村書店、一九五一年所収）や **R. T. Pollard**, *China's Foreign Relations 1917–1931*, The Macmillan Company, 1933 などがあるが、最近のものとして以下を参照。唐啓華「民国初年北京政府『修約外交』之萌芽」（『文史学報』二八期、台湾中興大学、一九九八年六月）、同「一九一九年北京政府『修約外交』的形成与展開」（『興大歴史学報』八期、一九九八年六月）。

（4）民国九年九月二十一日外交部収、総長会晤美柯公使問答／中国願意加入研究英日続盟事（外交部档案〇三-三三、七九-三）。
（5）民国十年五月十四日外交部発、密節略・英公使／英日同盟事（外交部档案〇三-三三、八〇-一）。
（6）民国十年六月二十八日外交部収、提出国務会議説帖／英日続盟事（外交部档案〇三-三三、八一-一）、同日外交部発、密駐英顧公使／続盟事（同上档案）。この段階では、極東問題に関する会議が、アメリカ主導でワシントンで会議が開かれることは想定されておらず、顔恵慶総長自身も「日英同盟については、アメリカの幇助が不要である」と判断していたので、専らイギリスとの交渉が進められていた。『顔恵慶日記』一九二一年六月十四日（上海市档案館訳、中国档案出版社、一九九六年）。
（7）民国十年七月八日外交部収、駐英顧公使密電／英外相亦召集帝国会議本為討論続盟問題、現擬向美国召国際会議、以便収太平洋問題通監討論由（外交部档案〇三-三九、一-一）、同電文は天津市博物館編輯『秘籍録存』（中国社会科学出版社、一九八一年）にもある（三一一頁）。イギリスによる会議準備については、山本慎吾「ワシントン会議と日本」（『国際政治』二三号〈日本外交史研究・大正時代〉一九六三年）参照。
（8）北京政府外交部のアメリカ人顧問達の考え方については、篠原初枝「W・W・ウィロビーと戦間期米中関係――主権国家としての中国」（『国際政治』〈米中関係〉一一八号、一九九八年五月）がある。
（9）*FRUS*, 1921, vol. I, pp. 316–18, 332, 339, 349–50 など参照。
（10）日本にも中華民国の統一を求める議論があった。日本外務省編『日本外交文書　ワシントン会議』上、一三四文書（外務省、一九七七年、一四七―四九頁）、民国十年七月二十日駐日胡公使電（天津市博物館編輯前掲書『秘籍録存』三三六頁）。
（11）英国の出先機関の広東政府観については、CO129/470-71 など参照。
（12）唐啓華『北京政府与国際連盟』（東大図書公司、台北、一九九八年）、拙稿「中華民国北京政府の国際連盟外交」（『史学雑誌』一〇四-一二、一九九五年十二月、一〇二頁）、同「北京政府外交部の山東問題解決プログラム――パリ・連盟・ワシントン」（『人文研ニュース』中央大学人文科学研究所、一九一号、一九九六年十二月、一〇―一一頁）参照。
（13）「駐英顧公使電」（天津市博物館編輯前掲書『秘籍録存』三三四―三五頁、日付はないが『顔恵慶日記』などから七月五日と思われる）、民国十年七月十六日駐英顧公使電（同上書、三三三―三四頁）、七月二十日付外交部宛密電「太平洋会議ニ関スル顧維鈞来電原文」（「王正廷意見書・附件」日本外務省記録・松本記録二-四-三-一、三三九頁）。
（14）CO129/471/224-41.
（15）CO129/471/203-09.
（16）こうした状況については、『南方政府公報』参照。またマカオ問題については、拙稿「一九二〇年代マカオをめぐる北京・広東両政府の外交――北京政府外交档案に依拠して」（『現代中国』七一号、一九九七年七月、二五六頁）参照。

(17) 米国の対中政策と広東政府の関係全般については、呉令羽君『美国与中国政治（一九一七―一九二八）――以南北分裂政局為中心的探討』（東大図書公司、一九九六年）参照。

(18) 拙稿「顧維鈞」（佐藤慎一『近代中国の思索者たち』大修館書店、一九九八年所収）参照。

(19) 拙稿「中華民国北京政府の外交官試験」（『中国　社会と文化』一一号、一九九六年）。

(20) たとえば前掲書『顔恵慶日記』第二巻、七月五日・七日・八日など参照。

(21) 民国十年七月十八日外交部発、駐各国公使／太平洋会議事（外交部档案〇三-三九、六-一）。

(22) 民国十年八月九日外交部発、各省省長・特派交渉員／徴求対於太平洋会議之意見由（外交部档案〇三-三九、六-二）。

(23) 民国十年八月十三日外交部発、大総統・国務総理／太平洋会議籌備処事（外交部档案〇三-三九、一三-一）など。

(24) 民国十年八月十九日外交部発、各機関／請対主管問題発抒意見（外交部档案〇三-三九、一三-一）。

(25) 本書では紹介しきれないが、顔恵慶総長は北京の「名流」、「寓公」たちとも頻りに往来し、会議のことを話し合っていた。この「名流」――汪大燮、孫宝琦、周自斎、葉恭綽、曹汝霖ら――の政策決定への関与も重要な課題である。

(26) 民国十年七月二十五日駐和王公使電（天津市博物館編輯前掲書『秘籍録存』三三六―三七頁）。

(27) 民国十年八月十六日外交部収、駐日本館籌備事宜説帖（外交部档案〇三-三九、六-一）。

(28) 民国十年八月二日駐徳魏公使電（天津市博物館編輯前掲書『秘籍録存』三三九頁）。

(29) 民国十年八月二十三日外交部収、駐元山馬副領事呈／密陳関於太平洋会議之意見由（外交部档案〇三-三九、六-一）。

(30) 在外公使自身、自らが国内状況に疎い点を意識していたものと思われる（民国十一月五日外交部収、施督辧致総長函／抄送施代表来電由（外交部档案〇三-三九、四-二）。

(31) 九月十六日、在外公使は連名で本国に通電を送り、それが各紙に掲載された。そこでは、会議席上での発言の余地を残す為に、国内における「停戦統一」が呼びかけられていた。民国十年九月十六日外交部収、駐外各公使電／太平洋会議事（外交部档案〇三-三九、六-一、南京第二歴史档案館所蔵・北洋政府外交档案一〇三九-三〇七）。

(32) 民国十年九月二十一日外交部収、駐米施公使電（南京第二歴史档案館所蔵・北洋政府外交部档案一〇三九-三〇七）。なお、また、九月初旬には既に代表団が一〇〇名を上回るという観測も出ていた。民国十年九月二十一日外交部発、駐米施公使電／代表団事（南京第二歴史档案館所蔵・北洋政府外交部档案一〇三九-三〇七）。

(33) 彼らが本国に打った不満電報はアメリカに「どの国よりも簡単に」傍受されることになった。坂野正高『現代外交の分析――情報・政策決定・外交交渉』（東京大学出版会、一九七一年、二五一―五五頁）など参照。

(34) 交渉員ポストの人事権に対する省長・督軍の発言権が強かったが、直隷・山東などは外交部の影響力が強く、またキャリアパターンから見ても在外使領や外交部官員と連なっていた。

(35) 民国十年八月二十一日外交部収、直隷交渉員代電／密陳関於太平洋会議対内対外各方面進行方法由（外交部档案〇三–三九、六–二）。

(36) 民国十年八月二十三日外交部収、山東交渉署代電／密陳関於太平洋会議之意見由（同上档案）。

(37) 民国十年八月三十日外交部収、浙江交渉員函／太平洋会議解決遠東問題前途至鉅、擬請通咨各省法定団体、一体研究各紓意見由（同上档案）。これは、「外交」や国際会議参加に際しての「統一」への参加を省都までではなくて、県にまで及ぼそうとする見解である。これは「中国」や「中華民国」が県にまで及んでいなかったとも、また北京政府の影響力が省どまりであったとも取れることである。

(38) 民国十年九月七日外交部収、山西省長電／電陳太平洋会議管見由（同上档案）。

(39) 幾つかの「私人・団体之意見」が北京政府を主体とする「統一」を提起する。意見徴集を求めたのが杭州総商会と広西自治協会である（民国十年九月二十六日外交部収、杭州総商会代電／関於太平洋会議、敬陳管見由（外交部档案〇三–三九、八–一）、十月十二日外交部収、広西自治協会林会長代電／敬陳対於華府会議管見、以備採択（外交部档案〇三–三九、八–二）、なお会議開催を求めたものに後述の白堅がいる。なお特に方法を明示しない者としては交通系の太平洋問題討論会がある。

(40) この時期には「公議」、「公道」、「公論」、に対する期待が高まっていた。外交の場においても、国際連盟も含めて国際会議に対して期待されたのは「公道」であった。これが溝口雄三の言う「天下の公」に相当するのかは、思想史上の今後の課題だろう。溝口雄三「中国の『公・私』」上・下（『文学』五六–九・一〇、一九八八年九、十月）参照。

(41) 民国十年九月二十一日外交部収、院交抄府秘書廳函／盧永祥鄭呈関於太平洋会議事（外交部档案〇三–三九、一三–二）。盧永祥の人脈や当時の活動については、Andrew J. Nathan, *Peking Politics 1918–1923: Factionalism and the Failure of the Constitutionalism*, University of California Press, 1976 参照。

(42) 民国十月六日外交部収、湖南総司令部代電／太平洋会議関係我国存亡主張慎選使材由（外交部档案〇三–三九、六–二）。同時期の湖南の政情については、塚本元『中国における国家建設の試み——湖南一九一九—一九二一年』（東京大学出版会、一九九四年）、Argus W. McDonald, Jr., *The Urban Origins of Rural Revolution: Elites and Masses in Hunan China*, 1911–1927, University of California Press, 1978 参照。

(43) 民国十年八月十六日外交部収、楊祖培等代電／開全国統一善後聯席会議解決時局由（外交部档案〇三–三九、八–一）。

(44) 注意すべきは、「省」という政治主体も省長・督軍・省議会によって立場が全く異なることがあるということである。例えば浙江省では、本文にあるように浙江交渉員と浙江督軍の意見の相違は明白である。また会議での内容について浙江省長は「統一」問題には一切触れず山東問題解決優先を説き（民国十年八月二十八日外交部収、浙江省長代電、外交部档案〇三-三九、六-二）、省議会では山東問題などよりも不平等条約改正のための原則提出論が討論されている（『浙江省議会民国十年常年会議事録』浙江省図書館蔵、三二五・五一二四-三二三九・六一）。

(45) 以下の各電は、『浙江省議会民国十年常年会議事録』浙江省図書館蔵、三二五・五一二四-三二三九・六一などによる。同史料については、拙稿「浙江省档案館・図書館、湖北省档案館訪問報告」（『中国研究月報』五八八号、一九九七年二月）参照。

(46) 民国十年六月浙江督軍盧永祥は地方行政会議の決裂後各省に通電を発して聯省自治を提唱した。これは数省の賛同を得たが八月呉佩孚が湖北に進入すると、盧らを中心とする「第三政府構想」と呉の「盧山国是会議」構想が対立し、結局双方とも長江流域の主導権を掌握することができなかった。呉の「国是会議」は全権代表選出を一つの目的としているが、これが北京政府の外交権を否定しているか否かは後考を待ちたい。なお、一般に呉支持派と言われる英国もこの国是会議については静観する構えであった(CO129/471. pp. 630-33. この時期の呉と英国の関係については、OdoricY. K. Wou, *Militarism in Modern China: The Career of Wu P'ei-Fu, 1916-39*, Australian National University Press, 1978 参照。

(47) 金子肇「一九二〇年代前半、北京政府の『地方自治』政策と省自治風潮」（横山英・曽田三郎『中国の近代化と政治的統合』渓水社、一九九二年所収）参照。

(48) Diana Lary, *Region and Nation: The Kwangsi Clique in Chinese Republic, 1925-1937*, Harvard University Press, 1974 参照。

(49) 民国十年九月七日外交部収、山西省長電／電陳太平洋会議管見由（外交部档案〇三-三九、六-二）。

(50) 「馮玉祥西安九月十四日寒電」（閻伯川先生紀念会編『民国閻伯川先生錫山年譜長編初稿』台湾商務印書館、一九八八年、四〇五頁）。

(51) 「復馮玉祥銑電」（同上書、四〇四頁）。

(52) 「復趙倜・張鳳台陥電」など（同上書、四〇五—〇六頁）。

(53) 台湾の国防部史政局の中華民国海軍部档案には、当時、海軍部が会議参加のために準備した档案類が残されている。

(54) 民国十年八月二十一日外交部収、国務院密函・附件（外交部档案〇三-三九、九-一）。

(55) 民国十年八月二十四日外交部発、国務院密電（外交部档案〇三-三九、九-一）。

第IV部第四章

(1) 中華民国北京政府が全権代表リストを公開したのは、一九二一年十月六日のことであった（顧問・随員は九月二十七日）。これは外国側の史料や新聞史料で確認できるのだが、中華民国側の外交文書には確たる証拠が残されていない。なお、中国第二歴史档案館から刊行された史料集には日付のない「参与華盛頓会議中国代表団銜名録」が掲載されている。中国第二歴史档案館編『中華民国档案資料匯編』第三輯〈外交〉（江蘇古籍出版社、一九九一年、四五四―五五頁）。

（2）「統一」、「分裂」も中国政治や外交を分析する場合の定式化された視点だが、このほかにも、「上意下達」的なイメージが中国の政治、外交に付与されることが多い。これは、事実がどうであれ、言説としては中国を専制国家とみる一種のオリエンタリズムだと考えられる。しかし、中国の中央政府にとって、外国がこのようなイメージをもつことほど有益なことはない。外国が必ず中央政府を交渉相手に選ぶからである。中華民国北京政府は、中華人民共和国の北京政府と対照的に、こうしたイメージを外国に与えることに失敗し、国内における自らの位置を著しく下げることになった。

（3）金子肇は、中央政府だけが各省に対して官職任免権を有していたので、地域的統治権力とて、形式的であるにせよ「中央政府」の任命を経て、その権限を管轄区域内に行使することができたのだから、民国を代表する中央政府や中華民国という枠が必要とされたと述べている。無論、この場合の中央は、北京でも広東でも良く、選択可能であった。しかし、外交については、広東という選択肢は有効性の低いものと認識されていたと筆者は考えている。金子肇「中華民国の国家統合と政治的合意形成――〝各省の合意〟と〝国民の合意〟」（『現代中国研究』第三号、一九九八年九月）参照。

（4）中華民国に対する招聘の経緯については諸説がある。張忠紱は「七月十日以前」とし、李紹盛や林明徳は張説を継承しつつも、正式返答が「十三日」であったとしているが、ウィロビーはイギリス側から伝えられた可能性を示唆している。外交档案だけから判断すると、イギリスからの打診がアメリカよりも早かったようである（七月八日）。しかし、『顔恵慶日記』（上海市档案館訳、中国档案出版社、一九九六年）によれば、六月二十八日に顧維鈞を通じて参加をイギリスに打診している（第二巻、四九頁）。張忠紱『中華民国外交史』（正中書局、一九四三年、三六四―六九頁）、李紹盛『華盛頓会議之中国問題』（水牛出版社、一九七三年、二二頁）、林明徳『近代日中関係史』（三民書局、一九八四年、二三二頁）、W. W. Willoughby, *China at the Conference, A Report*, Johns Hopkins Unversity Press, 1922, p. 5.

（5）この国家代表権は、単なる名目上だけの問題ではなく、国内諸資源を担保とした借款締結権や、外国への返還分を差し引いた関税や塩税（関余・塩余）の取得権など、財政上の諸権利に直結していた。

（6）顔恵慶『顔恵慶自伝』（姚崧齢訳、伝記文学出版社、一九八九年、一〇八頁）。また、この文章は、以下に転載されている。杜春和・林斌生・丘権政『北洋軍閥資料選輯』下（中国社会科学出版社、一九八一年、二一四頁）。

（7）拙稿「一九二一年ワシントン会議参加をめぐる中国統一論議――民国北京政府外交部による外交主体表現と正当性の維持」（『史潮』九九-一、近刊）参照。

（8）内務部は、国内を官と民間に分け、官側（省議会や政界引退者＝名流など含む）は北京政府が召集し、民間はあくまでも「国民外交」のスタイルを保つために自発的に会議を組織させ、政府がそれを支援するスタイルをとるべきだとしている。外交部は、官側について、外交部が既に太平洋会議籌備処を組織し、各方面から意見書を収集しているので、改めて会議を開く必要があるのか分からないと疑問を呈している。だが、民間方面については国民会議の開催に賛同していた。民国十年八月二十一日外交部収、国務院密函「関於白堅呈請召集国民外交大会条陳抄録原件、請核酌辦理由」、八月二十四日外交部発、国務院密函「函復内務部籌議白堅条陳辦法、請査照由」（外交部档案〇三-三九、九-一）。しかし、『顔恵慶日記』によれば、八月四日の閣議について、「国民会議について考慮したが、これが違憲であることは全く疑いがない」と記されている。八月初旬から中旬にかけて、政府内部の議論に変動があったということか。今後の課題としたい。前掲書『顔恵慶日記』一九二一年八月四日（五八頁）。

(9)「部員と太平洋会議に参加する代表について討論する」と、当時外交総長（外務大臣に相当）であった顔恵慶の日記に見える。（同上書『顔恵慶日記』一九二一年七月十五日）。

(10) 北京政府が代表選出に苦慮して、そこに労力を費やすことについても、既に国内から「代表問題など枝葉末節で国内統一こそ急務だ」などといった反発があった。民国十年九月八日外交部収、太平洋問題討論会電「請南北息争迅籌統一由」（外交部档案〇三-三九、八-一）。

(11) 民国十年七月十八日外交部発、駐外各使密電「太平洋会議事」（外交部档案〇三-三九、六-一）、民国十年八月九日外交部発、各省省長・各省交渉員密電「徴求対於太平洋会議之意見由」（外交部档案〇三-三九、六-二）。

(12) ワシントン会議の議題に対する提案、米中交渉あるいは施肇基十原則などについては別稿を準備しているが、さしあたり拙稿「華盛頓会議与北京政府的籌備——以対外「統一」為中心」（『民国研究』第二期、南京大学中華民国史研究中心、一九九五年七月）を参照。

(13) 駐スイス汪公使七月十二日電（中国社会科学院近代史研究所近代史資料編輯室主編・天津市博物館編輯『秘籍録存』中国社会科学出版社、一九八一年、三三五頁）、駐スウェーデン公使七月二十九日電（同上書、三三八頁）。

(14) 民国十年八月二十一日外交部収、直隷交渉員電「密陳関於太平洋会議対内対外各方面進行方法由」（外交部档案〇三-三九、六-二）。

(15) 民国十年八月二十七日外交部収、府交抄盧永祥等「太平洋会議敬挙使材由」（外交部档案〇三-三九、四-一）。

(16) 民国十年十月十二日外交部収、太平洋外交商榷会電「瀝陳華府会議我国政府派遣代表危険情形由」（外交部档案〇三-三九、八-二）。

(17) 民国十年八月十九日外交部収、府交芮恩施函「太平洋会議事」（外交部档案〇三-三九、七-一）。

(18) ワシントン会議の内容が日本と関わるために、駐日本公使館から対日交渉専門家を選抜することも想定され、最終的には参賛官王鴻年を代表団に加えるが、当時駐日公使館では清末以来の外交官である胡惟徳公使と、日本留学組（東京帝国大学法学部・同院卒）の王鴻年の間の齟齬が問題となっており、全面的に公使館の協力を得る状況にはなかった。前掲書『顔恵慶日記』一九二一年八月十一日（六〇頁）。

(19) 民国十年八月十九日外交部収、府交福開森条陳「太平洋会議事」（外交部档案〇三-三九、七-一）。しかし、日本側の記録に残されたファーガソンの意見書は、顔恵慶は全権代表団の後楯となってむしろ北京に残るべきだとしている。日本外務省編『日本外交文書　ワシントン会議』上（外務省、一九七七年、第九一文書、一〇二―〇三頁）。

(20) また、中華民国を利用して日本を牽制しようと考える英米にとって、顧維鈞と施肇基の不仲は、利用されやすい不安定要因と考えられたことであろう。こうした意味でも、バランサーとしての顔恵慶の位置が重要と目されたのである。

(21) 清末から民国期にかけての中国において、外交に皇帝や大総統が関与することは決して恒常的なことではなかった。たとえば清末において皇帝が外交を主導することはなかったし、民国前期は総統府外交を展開した袁世凱は例外として、総統府や国務院が外交を展開したことは多くなかった（ただし、張作霖が中央にあった時期は、張の私的な外交担当者と外交部の二重外交となっていた）。民国後期については、十分に検討したわけではないが、過度に蔣介石を外交の主体と見る傾向が強く、実際には党や外交部の官僚の影響力との相互関係の下で外交がおこなわれていたと考えるべきであろう。

(22) 前掲書『顔恵慶日記』一九二一年七月十八日（五四頁）。

(23) 顧維鈞と施肇基は、ともに唐紹儀の女婿であった。しかし、この時期には両者の間に軋轢が生まれており、不仲説が各地で起こっていた。政策面では、施のほうが顧よりも強硬派であり、顧は現実的な側面が強い。しかし、国内の軍人を含め、施に対する支持は顧に比して芳しくなかった。なお、この時期には顔恵慶は顧を施よりも信頼しており、顧は顔の政策顧問同様の位置にあった。こうした北京政府の外交官間の問題点は別の機会に論じたいが、こうした一見些末に見える問題を扱うことは、坂野正高はじめ従来の研究が、彼ら欧米留学組を「ヤング・チャイナ」などと「十把一絡げ」的に扱い、近代化の担い手などと称揚してきたことに対する批判的意味合いも持つ。拙稿「顧維鈞――その国際的名声と国内的孤立」（佐藤慎一編『近代中国の思索者たち』大修館書店、一九九八年所収）参照。

(24) この上海行きは広東政府側とのチャネル探しともとれるが、王正廷は顔恵慶が上海にいる間に上京しており、確証はつかめない。

(25) これらの経緯は前掲書『顔恵慶日記』に依る。

(26) 同上書、一九二一年八月五日。

(27) Wellinton Koo, *My first mission in London and the convening of the Washington Conference*, in *The Wellington Koo Memoir*, vol. II : *First Decade as Diplomat* (1912-1922), Columbia University Press, 1976.

(28) 前掲書『顔恵慶日記』一九二一年八月十六日、三十一日。
(29) 顔恵慶総長は、九月八日に英国駐華公使オールストンと会談した際、施肇基と顧維鈞が既に十分に（代表としての）任務をこなしていると述べている。民国十年九月八日外交部収、英館問答「太平洋会議事（代表事）」（外交部档案〇三-三九、四-一）。
(30) 民国十年八月二十二日外交部発、英京王代表亮疇電「請勉任太平洋会議代表事」（外交部档案〇三-三九、四-一）。しかし、顔恵慶はその回想において、「王博士は我が国における法律の専門家でもあるが、同時に南方各領袖の良き友人であった」と、その人選が南方への配慮を含んでいたと述べている。前掲書『顔恵慶自伝』（一〇九頁）。
(31) 民国十年十月二十三日外交部発、駐和王公使電「通知代表銜名事」、同日外交部発、駐日胡公使・墨西哥王公使「太平洋会議代表已派完事」（外交部档案〇三-三九、四-一）。
(32) 前掲書『顔恵慶日記』一九二一年八月五日。
(33) 日本外務省編前掲書『日本外交文書　ワシントン会議』上（七六文書、八三―八四頁）。
(34) 十月三十日には、開催国アメリカのヒューズ国務長官が非公式ながら顔恵慶に出席要請をおこなおうとした。民国十年十月三十日外交部収、駐美施公使電「許斯等欲総長来華盛頓由」（外交部档案〇三-三九、四-一）。外交档案には見えないが、十一月九日にシャーマン公使が顔と訪米に関して会見している（前掲書『顔恵慶日記』一九二一年十一月九日）。このほかに、中華民国海関総税務司のアグレンも顔の渡米を望んでいた（前掲書『顔恵慶日記』一九二一年十月八日）。
(35) 唯一、九月十二日の日本の公使館付武官である坂西利八郎との会談の際に、様々な留保は付しながらも、「出席内定」だと述べたという。日本外務省編前掲書『日本外交文書　ワシントン会議』上（第一四二文書、一五七頁）。
(36) 前掲書『顔恵慶自伝』（一〇九頁）。事実、顔恵慶は米国駐華公使シャーマンとの十月二十一日の会談において、十月二十六日の上海発の船がデッドラインだと述べている（民国十年十月二十六日外交部収、美館問答「会議中国代表事。太平洋会議英美連絡問題」外交部档案〇三-三九、一三-三）。
(37) 前掲書『顔恵慶日記』九月九日、十月七日、十月十日。
(38) 同上書、十一月八日。
(39) 同上書、九月二日、九月四日。
(40) The Personal Representative of Dr. Sun Yat-sen (Ma Soo) to President Harding, Wahington, June 16, 1921 (*FRUS*, 1921, vol. 1, pp. 338-39). Ma Soo は、広東政府の代表としてワシントンに駐在していた馬素のこと。なお、陳錫祺主編『孫中山年譜長編』（中華書局、一九九〇年）は、『国父年譜』に依拠し、原文の democracy を「共産主義」と訳出している。
(41) 一九一七年の広東政府成立以降に北京政府が締結した条約・協定を、広東政府は無効だとしてきたが、もしそうなら二十一カ条条約などは有効ということになる。北京政府の「非法性」をどこに求めるかによって、条約・協定の有効性が決定されることになっていた。実際のところ、一九二八年に成立した南京国民政府は北伐開始以前の全ての条約・協定を継承し、開始後であっても相当数の条約・協定を追認していた。

(42) 孫文が正式政府樹立を急いだ要因の一つには関余問題があることは言うまでもない。また、このような強硬路線は聯省自治派、特に陳炯明からの反発を招くことに繋がった。

(43) パリ講和会議の際には、全権代表の席次が問題となった。パリ講和会議に派遣された全権は五名で、北京三・広東二の比率で分けられていた。だが、会議主催者側が想定していた全権は二名で、五名いても実質的には二名であった。五名のうち、主席代表は北京政府派遣の陸徴祥外交総長で、次席は広東政府派遣の王正廷であった。ところが、陸総長が病気がちになってパリにいながら活動が制限されることが予想されたため、王正廷が実質上の主席になることを恐れた北京政府は、急遽、次席を顧維鈞駐米公使に切り替えたのである。この結果、王正廷は第三位に下げられ、大いに不満をもったとされる。この問題に関しては、陳三井「陸徴祥与巴黎和会」(『台湾師範大学　歴史学報』第二期、一九七四年二月、のちに同『近代中法関係史論』三民書局、一九九四年に再録)参照。

(44) 会議も終盤に近づいてからのことではあるが、北京政府外交部は、顧問ウィロビーに、広東政府が法的に中華民国を代表することができない旨の書類を作成させ、各方面に配布し、広東政府の言う「非法性」に対抗し、自らの法的正当性を保持しようとしていた。民国十年二月八日外交部収、公府秘書庁函「函送韋羅貝所著広州政府説帖由」(外交部档案〇三-二九、七-一)。

(45) 沈雲龍『徐世昌評伝』(伝記文学出版社、一九七九年)、特に二一章。

(46) 顔恵慶の想定した全権代表団は、周自斎・朱啓鈐・王正廷代表、施肇基・顧維鈞サポートという布陣であった。前掲書『顔恵慶日記』一九二一年七月十八日。

(47) 同上書、一九二一年七月十九日。

(48) 同上書、一九二一年七月二十一日。

(49) 同上書、一九二一年八月六日、八日。

(50) 同上書、一九二一年八月八・十二日。

(51) 『広東群報』一九二一年九月六日、同上書、一九二一年八月二十日。

(52) 『広東群報』一九二一年九月六日。

(53) 陳三井「陸徴祥與巴黎和会」(『台湾師範大学　歴史学報』二期、一九七四年)、『顧維鈞回憶録』第一分冊(中華書局、一九八三年、一七四―一七五頁)。なお顔恵慶や顧維鈞がパリ講和会議の失敗を「過去の教訓」として意識していた点は、前掲書『顔恵慶自

伝』（二〇七頁）及び前掲書『顧維鈞回憶録』（二一七―一八頁）を参照。
(54) 南北全権の比率は、九月下旬に会議に派遣できる全権が四名と分かると、三対一となっていた。日本外務省編前掲書『日本外交文書　ワシントン会議』上（一三八文書、一四七―四九頁）。
(55) 民国十年九月六日外交部収、湖南総司令部電「太平洋会議関係我国存亡主張慎選使材由」（外交部档案〇三-三九、六-二）。このほか、北京政府の御膝元の直隷交渉員も南北双方からの派遣を要請していた。民国十年八月二十一日外交部収、直隷交渉員電「密陳関於太平洋会議対内対外各方面進行方法由」（外交部档案〇三-三九、六-二）。
(56) 七月上旬に伍廷芳からヒューズ国務長官宛に発せられたとされる書簡は、広東政府の単独派遣ではなく、中華民国の全権代表に広東政府の人員を含めるということを要求していた。
(57)『北京晨報』（一九二一年九月二日）。
(58)『上海民国日報』（一九二一年九月二日）。
(59) 無論王正廷派遣に賛同する向きもあった。広東方面では、広州にいた参議院議員唐宝諤などが南北合同派遣が適当だとのべ、候補として王正廷を挙げていたとのことである。だが、広西省長馬君武は、広東政府内部に王正廷が北京政府に接近しすぎだという批判が出ているという情報を日本に与えている。日本外務省編前掲書『日本外交文書　ワシントン会議』上（第七〇、七二文書、七七、七九頁）。
(60) 藤井昇三「『平和』からの解放」（日本政治学会編『国際緊張緩和の政治過程』岩波書店、一九六九年所収）、同「ワシントン会議と中国の民族運動」（『東洋文化研究所紀要』五〇号、一九七〇年）、同「ワシントン体制と中国」（『国際政治』四六号、一九七二年）など参照。
(61) イギリスと広東政府の関係は、外交ルートが相対的に友好的であったのに対し、香港総督府側は、孫文大総統就任時に香港で発生した孫支持運動を総督府が弾圧した事件などにみられるように、関係が微妙であった。フランスは、広州湾租借地やインドシナ植民地が隣接していたので、かなり早い時期から広東政府と領事レヴェルでの公式接触を保っていた。
(62) 65 The Vice Consul in Charge at Canton (Price) to the Secretary of State, Canton, May 7, 1921 [Received June 14] (*FRUS*, 1921, vol. 1, pp. 332–35), The Secretary of State to the Consul General at Canton (Bergholz), Washington, June 25, 1921 (*FRUS*, 1921, vol. 1, pp. 339–40).
(63) それでは、広東政府の領域内の中華民国国民が国外に出国する場合、あるいはアメリカ国民が中華民国に入国する場合、どのような手続きをおこなっていたのかという疑問が残る。だが、外交行政上、パスポート・ビザ業務に関わる交渉署の職員は南北両政府からの二重承認が与えられるなど、必ず逃げ道が設定されていた。広東政府の支配は、排他的な「領域支配」ではなかったと考えるべきであろう。なお、南北両政府とアメリカの関係については専論がある。呉增君『美国与中国政治（一九一七—一九二八）——以南北分裂政局為中心的探討』（東大図書公司、一九九六年）。

（64）J. C. Vinson, 'Chaeles Evans Hughes (1921-1925)' in Normen A. Graebner, ed., *An Uncertain Tradition : American Secretaries of State in 20th Century*, McGraw-Hill, 1961. 概説的な説明は、臼井勝美『日本と中国——大正時代』（原書房、一九七二年）やA・W・グリスウォルト、柴田賢一訳『米国極東政策史』（ダイヤモンド社、一九四一年）等参照。このほかに、以下の史料が参考になる。Memorandum of a Conversation between the Secretary of State and the British Ambassador (Geddes), June 23, 1921（*FRUS*, 1921, vol. 2, pp. 314-16).

（65）The Minister in China（Schurman）to the Secretary of State, Peking, Octorber 26, 1921 [Received 4 p.m.]（*FRUS*, 1921, vol. 1, pp. 348-50), The Minister in China（Schurman）to the Secretary of State, Peking, December 4, 1921 [Received 9 : 55 p.m.]（*FRUS*, 1921, vol. 1, pp. 315-21).

（66）The Consul General at Canton（Bergholz）to the Secretary of State, Canton, July 22, 1921（*FRUS*, 1921, vol. 1, p. 40).

（67）藤井昇三「『チャイナレビュー』と第二次広東政府・孫文」（『辛亥革命研究』六号、一九八六年）参照。この新聞はコーネル大学に所蔵されている。

（68）マクマレイ国務省極東部長は、アメリカの中国系留学生から政府に大量の嘆願書が届いており、国会議員の中にも広東政府に関心をもつ者が増えつつあり、また広東からアメリカのマスコミに届く電報も多いなどといった背景説明を施肇基駐米公使におこなっている。駐美施公使九月十九日電（中国社会科学院近代史研究所近代史資料編輯室主編・天津市博物館編輯前掲書『秘籍録存』三六一頁）。

（69）民国十年九月二十一日外交部収、駐美施公使電「電称各報対中国代表団之組織之論調由」（外交部档案〇三-三九、四-一）。

（70）日本外交文書では、伍廷芳に対して、伍朝枢を代表にするよう働きかけたことになっている。日本外務省編前掲書『日本外交文書　ワシントン会議』上（第一〇四文書、一一三頁）。また、九月には北京政府が周自斎を通じて伍廷芳に連絡をとっていたという情報もあった（同上書、第一三五文書、一四八頁）。

（71）前掲書『顔恵慶日記』一九二一年九月一日、六六頁。

（72）同上書、一九二一年十月五日。

（73）民国十年十月十三日外交部収、駐美施公使電「蘭辛電達広州、請南北一致由」（外交部档案〇三-三九、四-一）、民国十年十月十六日外交部収、駐美施公使電「蘭辛致伍博士電大意事」（同上档案）。

（74）同上。

(75) 民国十年十月十九日外交部収、国務院秘書庁函「既伝施使電、属尊処照辦由」(同上档案)。
(76) 同上。
(77) 民国十年十月十九日外交部発、国務院秘書長函「蘭辛来電事」(同上档案)。
(78) 民国十年十月二十一日外交部発、施代表密電「請訳電致蘭辛電事」(同上档案)。
(79) 民国十年十月二十一日外交部発、広東伍朝枢電「電復引止事」(同上档案)。
(80) 民国十年十月二十二日外交部発、広州伍秩庸先生電「代表事」(同上档案)。
(81) 民国十年十一月一日外交部収、広東伍廷芳電「復梯雲不能就代表之職由」(同上档案)。
(82) 前掲書『顔恵慶日記』一九二一年十一月一日。
(83) 民国十年十一月二日外交部発、広東伍秩庸先生電「代表事」(同上档案)。
(84) 前掲書『顔恵慶日記』一九二一年十一月二日。
(85) 民国十年十一月二日外交部収、伍秩庸電「太平洋会議代表事」(外交部档案〇三-三九、四-一)。
(86) 前掲書『顔恵慶日記』一九二一年十一月八・十日。
(87) 民国十年十一月十一日外交部発、施代表極密電「密件」(同上档案)。
(88) 前掲書『顔恵慶日記』一九二一年十一月十二日。
(89) 民国十年十一月二十三日外交部収、美京施公使電「蘭辛接広東復電由」(同上档案)。
(90) 中国第二歴史档案館編前掲書『中華民国档案資料匯編』第三輯〈外交〉(四五四―五五頁)。
(91) このほかに上海にて国民代表として選出された教育界代表蔣夢麟、総商会代表余日章がいた。北京政府は彼等の渡航経費負担を申し出たが断られている。笠原十九司「ワシントン会議と国民外交運動」(『宇都宮大学教育学部紀要』二九号、一九七九年)参照。
(92) 『外交公報』〈法令〉(第四期、民国十年十月、二―四頁)。
(93) 前掲書『顔恵慶日記』一九二一年十月十三日。
(94) 『外交公報』〈法令〉(第五期、民国十年十一月、一―二頁)。
(95) 坂西利八郎は各部局二名という情報を得ていた。「坂西利八郎ヨリ八月十六日電」(日本外務省保存記録・松本記録二・四・三・四-一)。
(96) 財政部から専門員として推薦された李景銘は、本当は財政総長から司長クラスに打診があったのだが、その司長が辞退したので、自分が推薦されたと回想している。李景銘「一個北洋政府官員的生活実録」(中国社会科学院近代史研究所・近代史資料編輯部編『近代史資料』六七号、一九八七年十一月)参照。

(97) このように代表団に推薦できるということも、各政治家・官僚の力量を示すものであった。

(98) 顔徳慶は、実質的に顔恵慶に対して逐一代表団の情報を伝えるスパイ的役割を果たしていた。最大の関心は顧維鈞と施肇基の関係であった。しかし、この往復電報は全てアメリカ側に解読されていた。山辺健太郎「外交文書と暗号」(『みすず』三九号、一九六二年)、坂野正高『現代外交の分析』(東京大学出版会、一九七一年、二五一―五五頁)、幣原喜十郎『外交五十年』(読売新聞社、一九五一年、七六―七八頁)。

(99) 民国十年十一月二十五日外交部発、国務院秘書庁密函「関於張火昱全等之言論已経電飭在案、請査照転陳由」(外交部档案〇三-三九、四-二)。

(100) こうした経緯は、外交部档案〇三-三九、四-二から四-三に表れる。

第Ⅳ部第五章

(1) 「関東大震災と中国」の研究史については、山根幸夫他編『近代日中関係史研究入門』(研文出版、一九九二年、一六七―六九頁)などを参照されたい。

(2) 北京政府期の外交史に関する問題点と研究史については、拙稿「日本における民国外交史研究の回顧と展望(上) 北京政府期(国民革命期を除く)」(『近きに在りて』三一号、一九九七年五月)参照。

(3) 民国十二年九月二十三日外交部収、「次長会晤日本館池辺参賛問題/日本遭巨災、請弛米禁事」(外交部档案〇三-一八、七三-五)。なお、現在の日本首相官邸付近にあった中華民国駐日公使館は、震災で大きな損害をうけたが、張元節代理公使を委員長(黒沢礼吉顧問)とする「中華民国救済委員会」を組織するなどして、被災者の調査や受け入れ、本国への送還をおこなっていた。なお、公使館の一般業務は麹町区の日本人個人宅に移転していた。十月十一日、日本外務省ヨリ中華民国駐日公使館宛書簡(日本外務省保存記録六・三・一　八・一七・二二)。

(4) 九月二十四日、兵庫県知事ヨリ外務大臣宛/支那政府震災慰問使一行来往ニ関スル件(日本外務省保存記録六・三・一　八・一七・二二)。

(5) この武漢における動静は極めて興味深い。『漢口国民日報』(陝西省図書館蔵)には武漢の法団が全国的な対日援助傾向と自らの排日意欲の中で苦悩する様が示されている。

(6) 「排日貨運動と中国外交」という課題については別稿を準備している。

(7) 中野敬止編『芳澤謙吉自伝』(時事通信社、一九六四年、八七―九一頁)。

(8) 九月三日外交部収、日本芳澤公使照会一件(外交部档案〇三-一八、七三-五)。

（9）関東大震災と米問題は、「震災と中国」を論じる際の一大トピックであるが、これまで専論は見られない。この問題については別の機会に論じたい。一九一〇年代後半から二〇年代の東アジアの米問題については、野澤豊「米騒動と五四運動——東アジアにおける民衆・国家の相互連関性をめぐって」（『近きに在りて』創刊号、一九八一年八月）、馬場明「中国米輸入問題——米価調節から参政軍維持へ」（『日本歴史』四〇七号、一九八二年四月）、井本三夫「日本近代米騒動の複合性と朝鮮・中国における連動」（『歴史評論』四五九号、一九九八年七月）など参照。湖南米については、張麗芬『湖南省米糧市場産銷研究（一六四四—一九三七）』（国立台湾大学歴史学研究所碩士論文、一九九〇年）という大著がある。

（10）関東大震災を「『排斥』から『救援』への転換点」とする従来の定説に対していち早く疑問を提起したのは浜口允子であった。浜口允子「関東大震災と中国の世論——天津を中心に」（第三回天津地域史研究会報告レジュメ、一九九四年十月二十九日）。

（11）顧維鈞は、その外交官生活において、中国の地位の向上、不平等条約の改正と連関する在華外国人の地位問題などには関心があったが、海外華僑・華工に関する諸問題については、それほど熱心ではなかった。鄭観応・薛福成・胡惟徳らの清末外政官僚と対照的である。顧の性向については、拙稿「顧維鈞」（佐藤慎一編『近代中国の思索者たち』大修館書店、一九九八年所収）参照。

（12）九月二十四日外交部発、駐日施代辦電／日本殺害華人誤認為韓人者真相如何、仰密査復由（外交部档案〇三-三一、七-一）。なお、このファイルは原档ではなく抄档であるため、政策決定過程の詳細、担当者などについては不明である。

（13）震災と中国外交を論じるに際し、出淵勝次の日記の公刊を待つべきであったが、先に中国外交の概況を執筆することとした。出淵日記公刊後、日中交渉を改めて論じたい。なお、公使館の救護については、九月七日に在日中華民国公使館と日本外務省によって「支那人救護打ち合せ会」が組織されている。

（14）十月一日外交部収、駐日施代辦電／日本誤殺害華人為韓人事（外交部档案〇三-三一、七-一）。

（15）既に九月七日に駐日張元節代理公使と外務省の間でこの件に関する交渉がもたれており、その翌日には山本外相から駐華公使に中国側に対する対応について訓令が発せられている。「九月八日、山本外相ヨリ在中国芳澤公使宛電／在留中国人学生ノ誤認ニヨル被害ニ関シ中国側ニ内告ノ上遺憾ノ意表明方訓令ノ件」など（『日本外交文書』〈大正十二年　第一冊〉四五四—五六文書、原書房、一九七八年、六二六—二八頁）。この経緯については沈海涛「関東大震災における中国人労働者被害事件をめぐる日中両国の外交交渉過程」参照（ただし、この文章には注記が無いため、出典が不明）。

（16）十月三日外交部発、日本芳澤公使照会／日本警団誤認中国学生僑民為韓人殴傷多名、請轉達日本政府飭警嗣後注意保護由（外交部档案〇三-三一、七-一）。

（17）十月六日外交部収、総長会晤日本芳澤公使問答／日本殴傷留学生及工人事（同上档案）。

（18）残念ながら顔恵慶『顔恵慶日記』（上海市档案館訳、中国档案出版社、一九九六年）は一九二三年分が欠落している。呉景濂サイドからの視点については、管美蓉『呉景濂与民初国会』(国史館、一九九五年)を参照。

(19) 十月十九日外交部収、温州旅滬同郷会電/日人惨殺僑工事(同上档案)。

(20) 十月二十二日外交部収、駐日本施代辦電/学生僑工被殴事(同上档案)。

(21) 十月二十六日外交部収、駐横浜代理総領事事務孫士傑呈/日本青年団惨殺我国僑工呈送名単及診断書、請鑒核由(同上档案)。

(22) 十月二十四日外交部収、日本公使照会/本国警団誤傷学生事、茲将本国政府調査事実照復、並対於此次不幸事件発生深為遺憾、確信中国政府深加諒認由(同上档案)。

(23) 十月十一日に顧総長と芳澤公使が会談した際にも、顧公使は依然調査中として特に談判することなく、「警団」と「警察」の相違などをたずねている。「警察」の行為だとして国家責任を問うにしても、当時の帝国憲法では「国家無答責」で無罪になる。十月十日外交部収、総長会晤日本芳澤公使問答/日本警団殴傷学生事工人案由(同上档案)。

(24) 十月二十七日外交部収、日本施代辦函/日本青年団妄指中国人為朝鮮人、任意殺傷、已向日本外務省提出抗議、抄録文件、請核示祇遵由(同上档案)。

(25) 十月三十日外交部収、張元節呈総長函/日本青年団誤殺華工事、上海各慈善団已挙代表赴東確査、許交渉員擬請政府派員会同調査、俾得将来以法律解決由(同上档案)。

(26) 十一月三日外交部発、国務会議節略/日本於地震時殴撃華人事、請派員赴日調査、請公決施行由(同上档案)。

(27) 十一月六日外交部収、国務会函/貴部所提選派専員赴日切実調査殴害僑民学生情形一案、業経閣議議決、照辦請査照辦理由(同上档案)。

(28) 九月七日「北京日災協済会理事長孫宝王奇等勧募日本災賑電」、九月十八日「盧督辦・張省長勧募日本災賑函」(『浙江省議会 民国十二年常年会文牘』乙編、浙江省図書館古籍部蔵三二五・五一二四/三二三九・九一)。

(29) 一九二三年秋、浙江省政府実業庁が北京政府農商部からの受け取ってはならない命令を受け取り執行したことが省議会で問題となっている。民国十二年十一月十三日発「王潤等質問実業庁仍収受執行北京農商部部令事項書」『浙江省議会 民国十二年常年会質問書』(浙江省図書館古籍部蔵三二五・五一二四/三二三九・八六)。

(30) 十一月十日発「王潤等質問日人乗災惨殺温処両属僑胞、未提出厳重交渉事項書」(前掲書『浙江省議会 民国十二年常年会質問書』)。

(31) 十一月十四日収「省長咨文」(同上書)。

(32) 十一月十七日発「王潤等質問日人乗災惨殺華僑案、答復不得要領事項書」(同上書)。

(33) 十一月?日収「省長咨文」(同上書)。清末民初の中国において、北京政府外交部と連絡を絶つということと、在外公使と連絡を保つということは必ずしも矛盾しなかった。北京政府から派遣された外交官であっても、「中国」を代表していると見なされることが多かったのである。

(34) 十二月三日収「省長公署知照対日惨殺華僑交渉電」(同上書、乙編)。

(35) 十一月二十九日発「本会致各省省議会通告抗争日人惨殺華僑電」、「本会致北京外交部駐日使請抗争日人惨殺華僑電」、「本会致各県県議会通告抗争日人惨殺華僑電」(同上書、丙編)。なお、外交部には十二月一日にこの電文が届いている。十二月一日外交部収、浙江省議会電／日人惨殺華僑事（外交部档案〇三-三二、七-二）。

(36) 十二月三日外交部発、浙江省議会電／覆艶日電日人惨殺華僑事（同上档案）。

(37) 十月二十八日外交部収、吉林省長咨／留日吉籍学生王希天被害及日人惨殺華工、各報喧伝殆遍、請轉電査辦並将辦理情形見復由、十一月一日外交部収、吉林省長公署電／留日学生王希天失踪事（外交部档案〇三-三二、七-一）。

(38) 十一月一日外交部収、吉林省議会代電／留日学生王希天被日警拘留又為日憲兵去刀去一案、恐吉少凶多、請轉電駐日公使向日政府為正式之詰問、又据留日学生会函称駐日公使已接到日外務省照会称王希天業已釈放、但何以編査無蹤迹等情、請注意由（外交部档案〇三-三二、七-一）。ほぼ同内容の書簡が吉林省教育会からも発せられている。十一月三日外交部収、吉林省教育会代電　留日学生王希天失踪一案、請轉電日政府為正式之詰問由（同上档案）。

(39) 十一月五日外交部発、駐日施代辦電／吉林学生王希天失踪事、仰厳催日政府査尋由（同上档案）。

(40) 十一月十日外交部収、駐日施代辦電／復五日電、王希天事（同上档案）。

(41) 十一月十七日外交部発、日本施代辦電／王希天失踪事（同上档案）。

(42) 十一月十九日外交部収、駐日施代辦呈／関於王希天及華人被日人殺傷案、謹将亜細亜局長面交答復原文訳呈鈞閲、嗣後究応如何継続交渉、乞鑒核示遵由（同上档案）。

(43) 十一月二十日外交部発、吉林省教育会・省議会代電／王希天失踪事（同上档案）。

(44) 十一月三十日外交部収、吉林省教育会代電／日本惨殺華工一案、懇速向日政府厳重抗議、若仍不決、則組織国際法庭、提起公訴、由国人共同負責由（外交部档案〇三-三二、七-二）。

(45) 十二月十一日外交部収、吉林省議会代電／日本無故惨殺我国僑工、請俯准温州旅滬同郷会所請迅向日政府提出抗議要求相当条件並保証将来永不発生此等暴行由（外交部档案〇三-三二、七-一）。

(46) 後には、省内の朝鮮人に対する待遇を厳しくし、その結果、朝鮮半島で華僑が虐殺されることになる。

(47) 同会のこの後の調査手法は、甌海道尹に強力要請をおこなう点など、浙江省長に採用されていく。十一月八日外交部収、温州旅滬同郷会会長黄溯初呈／日本乗災惨殺華僑、謹具表冊臚陳事実、迫祈迅准提出厳重交渉由（外交部档案〇三-三二、七-一）。

(48) 十一月二十日外交部発、温州旅滬同郷会会長黄溯初批／日人惨殺華僑案由（同上档案）。
(49) 十一月五日外交部収、羅災留日本帰国学生団代電／日本乗災惨殺華僑、懇従速彙集証据、厳重交渉、代使張元節溺職辱国、請革職査辦由（同上档案）。
(50) 沈海涛「大正後期中国認識の一検証——臼井代議士震災表謝団の場合」（『新潟史学』三五号、一九九五年十月）参照。
(51) 十一月十日外交部発、国務会議節略／請呈簡赴日調査毆害華人大員事（外交部档案〇三-三二、七-一）。
(52) 九月十七日、兵庫県知事ヨリ外務大臣宛／江傭ハ曹金昆ノ慰問使（日本外務省保存記録六・三・一　八・一七・二二）。
(53) 十一月十四日外交部収、総長会晤日本芳澤公使問答／日本殺傷僑工案（外交部档案〇三-三二、七-一）。
(54) 十一月二十五日、在中国芳澤公使ヨリ伊集院外務大臣宛電／王正廷一行渡日ニ当リ便宜供与等依頼ノ件（前掲『日本外交文書』〈大正十二年　第一冊〉四七三文書、六五三頁）。
(55) 十一月二十七日外交部発、駐日本施代辦電／復二十三日電、派員赴東調査事（外交部档案〇三-三二、七-二）。
(56) 十月十九日、長崎県知事ヨリ外務大臣宛／震災慰問使渡来ノ件（日本外務省保存記録六・三・一　八・一七・二二）。
(57) 十月二十九日、周龍光ヨリ出淵アジア局長宛函（同記録）。
(58) 十一月九日、芳澤駐華公使ヨリ伊集院外務大臣宛電（同記録）。
(59) 小林幸男『日ソ政治外交史——ロシア革命と治安維持法』（有斐閣、一九八五年）参照。
(60) 中東鉄路に関する中ソ日交渉については多くの論稿があるが、最も実証が精緻でリライアブルな論稿として、尾形洋一「カラハン中国在勤時期の東省鉄路——一九二三年—一九二五年」（安藤彦太郎編『近代日本と中国——日中関係史論集』汲古書院、一九八九年所収）を参照。このほかに、S. T. Leong, *Sino-Soviet Diplomatic Relations, 1917-1926*, Australian National University Press, 1976 やカラハン訪中以前までを詳細に論じた、王聿均『中蘇外交的序幕——従優林到越飛』（中央研究院近代史研究所、一九六三年）などがある。
(61) たとえば「論王正廷訪日」（『盛京時報』一九二三年十一月九日）。
(62) 「王正廷回京後之談話」（『盛京時報』一九二三年十一月二十一日）。
(63) 十一月十九日、籌辦中俄交渉事宜公署発、喀拉罕函（外交部档案〇三-三二、四八二-二）。
(64) 十二月五日、籌辦中俄交渉事宜公署会務処発、裘領事函（同上档案）。
(65) 十二月八日、西田公使館三等書記官ヨリ出淵亜細亜局長宛電／王正廷一行ノ来日使命目的及ビ動静ニ関シ報告ノ件（前掲書『日本外交文書』〈大正十二年　第一冊〉四八一文書、六六一—六五頁）。
(66) 十一月九日外交部収、河南省議会代電／留日学生王希天被日警捕去、請電駐日公使査究由（外交部档案〇三-三二、七-二）。

(67) 十二月三日外交部収、京師総商会呈／日本殺害華僑、請厳重交渉由（同上档案）。
(68) 十一月十一日、河南省議会請停止日災振済電（『浙江省議会　民国十二年常年会文牘』乙編）。
(69) 十一月十四日外交部収、参議院議員雷殷等函／日本地震無故殺戮拘禁我国学僑、就調査所知者已有七八十人之多、日政府拒可為不知、請据理厳重交渉示復由（〇三-三二、七-一）。
(70) 十一月二十四日外交部収、僑務局函／日本震災我国僑民横遭惨殺、亟応提出厳重抗議、究竟目下如何辦理之処、請査明見復由（外交部档案〇三-三二、七-二）。なお、民国期の華僑政策全般については、李盈慧『華僑政策与海外民族主義（一九一二―一九四九）』（国史館印行、一九九七年）参照。
(71) 十一月二十一日外交部収、総長会晤日本芳澤公使問答／日本殺害華僑案由（同上档案）。
(72) 十二月六日外交部発、日本芳澤公使照会／日本軍警及青年団惨殺華僑事、請迅電日本政府懲兇並撫卹被害家族由（同上档案）。
(73) 十二月二十六日外交部収、駐日本施代辦電／日本惨殺華僑事由（外交部档案〇三-三二、八-一）。
(74) 民国十三年一月十八日外交部収、温州旅滬同郷会電／日人惨殺僑胞案、王正廷等返国已経数日、尚未将調査情形宣布、正滋疑竇、乃報載日本法庭僅処警部岡田等、以極軽之刑罰、侮辱我国、莫此為甚、務祈続抵抗議由（同上档案）。
(75)『日本震災惨殺華僑案』〈第四冊〉（外交部档案〇三-三一、八-二）に相当。
(76) このような王正廷の姿は、「革命外交」を提唱し、国権回収を推進しようとした一九二〇年代半ば以降のそれとは趣を異にするように思える。顧維鈞と王正廷の不仲は有名であるが、王の人物像についても、北伐以降だけでなく、民国前期の活動も視野に入れたバランスのとれたものが求められている。
(77) 民国十四年六月六日外交部収、総長会晤日本芳澤公使問答／解決中日懸案事（外交部档案〇三-三三六、八-二）。

あとがき

本書は、東京大学に提出した課程博士学位（文学）申請論文を再構成し、大幅に加筆・増補したものである。博士論文『中華民国前期外交史研究』は二〇〇〇年三月に提出、九月の口頭試問を経て、同年秋に学位が授与された。指導教官は濱下武志先生、副指導教官が佐藤慎一先生であった。博士論文執筆にあたり濱下先生から戴いた課題は、「外交の中の歴史ではなく、歴史の中の外交を考えること」であった。本書では同時代史的なコンテキストにおける外交の位置の検討を心がけたが、果たして「歴史の中の外交」となったであろうか。佐藤慎一先生には、最初のゼミで、「中国外交史は絶学だ。それをやろうとは、珍獣パンダだ」というコメントを戴くなど気にかけていただき、機会あるたび「坂野（正高）外交史」について御教示を賜った。本書が「絶学」であった中国外交史の今後のための一つのたたき台となっていけばうれしい。博士論文の審査委員は、両先生のほか、石井明先生、北岡伸一先生、加藤陽子先生であった。口頭試問時に戴いた課題、助言は多岐にわたり、研究過程の道標にすぎない本書において解きほぐしきれない問題も多かった。一生の課題としたい。

筆者は、修士一年のときに岸本美緒先生、黄福慶先生、陳慈玉先生の御導きで台湾にて外交档案と出会って以来、両岸各地に分散する外交档案を網羅的に閲覧し、その外交档案の世界を把握し、再構成することを目指してきた。中国の外交を、当事者の視点、まさに北京の外交部の一室から見据えることを目指したのである。だが、その後、博士課程三年のときに、濱下武志先生から「史料からしばらく離れるように」と指導を受けた。これは档案に耽溺、埋没していた筆者にとって貴重な転換点であった。それから博士論文執筆までおよそ三年、そして博士論文提出後にそれを大幅に改訂して本書のゲラを手にするまでにさらに三年を要した。外交档案の世界のもつ多種多様で無数の情報が沈殿するには多くの時間を要した。だが、その過程で次第に三つの問題の核ができ、それが本書の各部を構成した。ひとつは清末民国前期の外交官僚たちが目指した「近代」、「文明国化」。これは档案を素直に読むことで感得できることである（第Ⅰ部、第Ⅱ部）。第二は、恐らく外交档案の起草者たちが意識していない、特に旧朝貢国との関係に見られる秩序観の問題（第Ⅲ部）。これは歴史的連続性における「中国的外交」として議論できることだった。第三は、北京政府の性格を議論する上で必要な「中央・地方関係」、「複数の中央政府」と中華民国としての外交という問題（第Ⅳ部）。こうした問題の核を縦軸とし横軸として幾つかの問題関心を絡めた。第一は、国民党や共産党によって語られてきた中国外交史の言説と外交档案の世界とのズレの解明であり、第二は、一九世紀から二〇世紀にかけて「中国」がいかに形成され維持されたのかという、筆者が卒業論文以来取り組んできた課題であった。

勉学を進める過程において、東京外国語大学、東京大学、台湾中央研究院近代史研究所、北京日本学研究センター、そして北海道大学での得がたい研究・生活環境が本書のモチーフを得る上でも大きな意味をもった。こうした場で研究・生活することを可能として下さった全ての方々に御礼を申しあげたい。東京外大での卒業論文の指導教官であった佐藤公彦先生からは印象的な「十年ひと仕事」という御言葉を戴いた。修士入学から十一年目で本書を出版したことで応えることができたであろうか。また東京外大在学時代から都合七年にわたってゼミに参加させていただいた東京大学の岸本美緒先生には、常に多方面にわたる、きめ細やかで厳しい御指導を賜ったが、「目から血が出るほど勉強しなさい」という詞に震えた。海外では、多くの档案館、研究機関の方々に御世話になったが、特に台湾の中央研究院近代史研究所の黄福慶先生には最大限の謝意を表したい。同所、およびその档案館は筆者の研究の原点である。また、中華民国前期外交史研究の第一人者である台湾の政治大学の畏友・唐啓華教授との出会いは心から嬉しく、彼の存在は坂野正高先生の先行研究ともども、常に意識し、励みとするところであった。そして、博士課程から学振研究員にかけての最も苦悶した時期に支えてくださった、塚本元、貴志俊彦、加藤陽子、田嶋信雄、大木毅の諸先生、そして行政実務にあけくれた北京日本学研究センター滞在中に上司として領導下さった並木頼壽先生に衷心より御礼申しあげたい。また外国語学部から文学部、文学部から法学部へという遍歴の中で味わった刺激的な異文化体験は貴重であったが、特に北海道大学法学部の研究環境、政治学講座はじめ学内各方面の同僚たちの存在こそ本書執筆の基礎的条件だったことを申し述べたい。

なお、本書のもとになる研究は、以下によっておこなった。一九九七年度トヨタ財団研究助成A「二〇世紀前半の中国外交政策決定過程に関する総合的研究」、一九九九年日中友好会館・日中歴史研究センター助成「中華民国北京政府の山東問題解決プログラム」、二〇〇一年度日本学術振興会科学研究費奨励研究（A）「近現代中国外交の構造的解明――中国外交档案に依拠した仮説提示の試み」など。なお、本書の刊行にあたっては、トヨタ財団成果発表助成および財団法人日中友好会館日中平和友好交流計画歴史研究支援事業による研究・出版助成を受けた。記して謝意を表したい。

最後になるが、本書は名古屋大学出版会の橘宗吾氏、トヨタ財団の本多史朗氏の叱咤激励があってこそのものであることを明記したい。汗顔の至りであるが、御二人とも怠惰な筆者には呆れるばかりであったろう。最後まで御付き合い下さったことに心から感謝したい。特に橘氏からは、構成、書名、記述など細部にわたるまで、厳しいコメントとアドヴァイスをいただいた。また編集過程では同出版会の長畑節子氏にもたいへん御世話になった。厚く御礼申しあげたい。

二〇〇三年九月

川島　真

初出一覧

＊本書出版にあたり大幅に修正を加えたが、原型をなす公刊物は以下のとおりである。下記以外の部分は書き下ろしである。

序　論
　第三節　「中国における万国公法の受容と適用」（『東アジア近代史』二号、一九九九年、八―二六頁）
　第四節　「日本における民国外交史研究の回顧と展望（上）北京政府期（国民革命期を除く）」（『近きに在りて』三一号、一九九七年五月、五一―六二頁）

第Ⅰ部
第一章
　第二節　「中国外交界にとっての辛亥革命――組織・人事・政策に関する一考察」（『近きに在りて』三九号、二〇〇一年八月、二九―四三頁）
第三章　「中華民国北京政府の外交官試験」（『中国　社会と文化』一一号、一九九六年六月、二七八―三〇八頁）

第Ⅱ部
第一章
　第一節　「江戸末期の対中使節への新視角――総理衙門档案からの問い」（『中国研究月報』六六三号、二〇〇三年五月、一―一四頁）

第五章　「北京政府外交部の対非列強外交」（中央大学人文科学研究所編『民国前期中国と東アジアの変動』中央大学出版部、一九九九年所収、九九―一二三頁）

第Ⅲ部

第一章　「朝鮮半島の中国租界撤廃をめぐ中日交渉」（横山宏章・久保亨・川島真編著『周辺から見た二〇世紀中国――日・韓・台・港・中の対話』中国書店、二〇〇二年所収、九一―一〇六頁）

第二章　「中華民国北京政府外交部の対シャム交渉」（『歴史学研究』六九二号、一九九六年一二月、一七―二九頁）

第Ⅳ部

第三章　「一九二一年ワシントン会議参加をめぐる中国統一論議――民国北京政府外交部による外交主体表現と正当性の維持」（『史潮』四五号、一九九九年五月、一一五―一三六頁）

第四章　「ワシントン会議における中華民国全権代表団形成過程」（『北大法学論集』五〇―二号、一九九九年七月、一―四一頁）

第五章　「関東大震災と中国外交――北京政府外交部の対応を中心に」（『中国現代史研究』四号、一九九九年三月、二七―四四頁）

《著者略歴》

川島《かわしま》 真《しん》

1968年 神奈川県横浜市生まれ

1992年 東京外国語大学中国語学科卒業

1994年 東京大学大学院人文科学研究科（東洋史学専攻）修士課程修了，同博士課程単位取得退学，北海道大学大学院法学研究科助教授などを経て

現 在 東京大学大学院総合文化研究科准教授，博士（文学）

著 書 『東アジア国際政治史』（共編，名古屋大学出版会，2006）
『中国の外交——自己認識と課題』（編，山川出版社，2007）
『中国近代外交の胎動』（共編，東京大学出版会，2009）
『日台関係史 1945-2008』（共著，東京大学出版会，2009）

中国近代外交の形成

2004年2月25日 初版第1刷発行
2009年6月5日 初版第3刷発行

定価はカバーに
表示しています

著 者 川 島 真

発行者 石 井 三 記

発行所 財団法人 名古屋大学出版会

〒464-0814 名古屋市千種区不老町名古屋大学構内
電話(052)781-5027/FAX(052)781-0697

Printed in Japan

印刷・製本 ㈱太洋社

ISBN978-4-8158-0476-3

乱丁・落丁はお取替えいたします。

人名索引

ア 行

アグレン　111
石射猪太郎　171
伊藤博文　357, 368
入江昭　46
ウィルソン　48, 342, 481, 507
ウィロビー　55, 269-70, 305-6, 547
植田捷雄　33, 52
内田康哉　292
閻錫山　290, 485, 488, 491
袁世凱　47, 54, 94-5, 110, 122-3, 132, 139, 163, 236-9, 241-2, 244, 359, 361, 364, 383, 390, 447
汪栄宝　282, 287, 395
王希天　518-9, 522-3, 527, 534
王建朗　208
王広圻　93, 104, 118, 155, 257-8, 263, 282, 286-7, 390-1, 481
王正廷　127, 137, 198, 257-8, 328, 336-7, 340-4, 396, 482, 498, 500, 505-8, 511, 513, 521, 526-7, 530-2, 535
汪大燮　12-3, 125, 230, 252, 308, 370-1, 375, 498, 500, 513, 524
王寵恵　88, 90, 125, 302-3, 306-7, 312-3, 315-6, 340, 498, 501-2, 511, 513, 515
応宝時　220-5
王立誠　49, 79, 88, 136, 175
岡部達味　32
岡本隆司　40, 48, 83
小幡酉吉　291, 300
オールストン　113, 461-2

カ 行

郭嵩燾　36, 100, 120
笠原十九司　470
カーゾン　275, 278-80, 282, 476-7, 479
加藤友三郎　273
金子肇　55, 468-70
カラハン　521, 531-2
顔恵慶　69-70, 126-7, 132, 137, 262-3, 276-7, 291, 300, 327, 392, 479, 482, 497-507, 509-13, 521, 523
——『顔恵慶日記』　70, 132, 493, 500-1, 503-6
魏宸組　88, 90, 257-8, 284, 287, 481-2
恭親王　82-5, 117
靳雲鵬　199, 277, 291, 307, 451, 482, 498-500, 502-3, 506, 510-1
久保亨　46, 62
顧維鈞　13, 69-70, 87, 113, 125-7, 130-3, 135, 137-8, 154, 201, 231, 243, 253-4, 257-60, 262-5, 270, 275-86, 295, 302-3, 306-7, 311-3, 315-6, 327, 344-5, 390, 394, 398, 413, 438, 476-9, 494, 498-501, 506, 511, 515, 520-2, 524, 529, 532, 534, 547
——『顧維鈞回憶録』　69-70, 130, 133
胡惟徳　11, 102, 229, 246, 252, 254, 257-8, 294, 296, 298, 322, 327, 381-3, 385, 389, 392-4, 525
黄遵憲　102, 114, 227, 352
コーエン　33
呉景濂　337, 523
呉煦　214-20
呉成章　78, 85, 87
伍朝枢　241, 257-8, 339-40, 342-4, 443, 482, 506, 508-10
伍廷芳　179, 185, 240, 246, 336, 338-40, 344, 441, 498, 506, 509-10
呉佩孚　199, 395, 438, 482, 486, 488, 523, 532
小松緑　369, 371-5
呉翎君　48, 56

サ 行

佐々木揚　23, 27, 30, 36-7
サトー　72-3, 76, 78
佐藤慎一　33, 35-7, 57, 75
施肇基　128-9, 137, 244, 251, 255, 257-8, 262-4, 266-7, 270-1, 282-3, 286-8, 291, 298-300, 302-7, 311-3, 315-6, 479, 494, 498-502, 509, 511, 515
幣原喜重郎　283, 293, 296, 298-9, 307
シャーマン　508
周詒春　90-1, 501

周自齋　311, 500-1, 503
周守一　268-9
周伝経　382, 392
荘景珂　324, 385-8
章士釗　197, 336
章宗祥　104, 246, 324
徐世昌　261-2, 270, 482, 498, 500, 503-4, 506, 511
ジョーダン　113
徐謨　153-4
施履本　288, 394-5, 518, 521-3, 527
岑春煊　336, 344, 514
沈瑞麟　321, 499, 501, 535
シンプソン　269
石源華　46, 93, 237
薛煥　84, 215, 218-20
薛福成　35, 102, 114, 119, 227
銭泰　250, 394
曹鋭　491, 523
曽国藩　222-5
曹錕　139, 330, 491, 521-2, 525
曹汝霖　131, 141, 237-8
孫文　5, 47, 163, 179, 185-6, 197, 234, 236-8, 334-6, 339-40, 396, 416, 435, 438, 478-9, 504, 511-2
孫宝琦　237, 525

タ　行

戴季陶　179
戴陳霖　13, 231, 257
滝口太郎　53, 56
竹内好　34
田村幸策　238
段祺瑞　52, 185, 199, 256, 334-5, 337, 481
鈕永建　336-8
張啓雄　56-7, 353, 422
張謇　337, 466
張元節　524, 529
刁作謙　392
張作霖　57, 287, 445, 482, 488, 491, 513, 532
張之洞　114
陳炯明　199, 344, 437-8, 479
陳体強　49, 75-9, 94, 97, 99-101, 136, 139, 148, 172
陳友仁　342
陳籙　13, 104, 231, 283-4, 286-7, 353, 385, 388, 390
塚本元　55, 59-60, 172, 447, 463-4, 468-9, 471-2
土田哲夫　58
鄭観応　35, 114, 227
出淵勝次　522, 527, 531-2
唐啓華　10, 51-2, 54, 230, 243-5, 253, 318, 330, 430
董顕光　267
唐在俊　13, 231
唐紹儀　87, 126-7, 130, 185, 197, 336, 340, 498, 506

ナ　行

中見立夫　58
西嶋定生　23-4, 27
西春彦　171-2
西村成雄　45, 53
野澤豊　45
野村浩一　50

ハ　行

莫栄新　179, 335, 442
馬建忠　34-6, 113, 120-1, 136-7, 227, 375
狭間直樹　47
馬廷亮　368, 371, 372
服部龍二　47
ハーディング　507
濱下武志　11, 24, 28, 38-41, 57, 78-9, 241, 353, 356-7
原敬　136, 141
バルフォア　266, 271, 274-5
坂西利八郎　291-2, 307
坂野正高　22, 28-9, 31-6, 40, 52, 56, 74, 80-1, 84, 99, 113, 118, 136-7, 211-2
ビガスタフ　99, 136
ヒューズ　269, 271, 273, 293, 296, 298-9, 300, 303-7, 312-3, 315, 483, 507
ファーガソン　260, 270, 499
馮玉祥　491, 523
フェアバンク　22, 32-3, 40
藤井昇三　48, 50, 53, 57, 269, 507
富士英　372-5
文祥　82-3, 85
茅海建　209
ポラード　52

マ　行

馬素　267-8, 508-9
マンコール　30
村田雄二郎　55
毛沢東　468
茂木敏夫　29, 31, 42-3, 77, 365
モース　52
本野英一　41

ヤ　行

山田辰雄　45, 341
熊垓　13, 104, 231
楊儒　128, 228
楊増新　57, 401-2, 406-9, 411-3, 445
横山宏章　45, 59
芳澤謙吉　520, 522, 534
余日章　488

ラ　行

ラインシュ　270, 499
羅誠　186, 194-5
ランシング　55, 256, 302-3, 305-7, 312, 316, 506, 508-10, 547
李恩涵　59
李家駒　159, 237
陸宗輿　324
陸徵祥　11, 13, 87, 91-3, 105, 118, 127, 129-33, 144, 155, 201, 228-31, 247, 254-60, 320, 326, 344, 390, 442, 499
陸孟飛　396-7
李鴻章　35, 85, 114, 118-20, 137, 215, 218-20, 357, 359-60, 362-4
李紹盛　269-70
李登輝　198, 396
劉傑　421
劉彦　513, 530, 532
劉式訓　103, 123, 289, 310, 390, 499
劉崇傑　284, 287, 324
廖恩燾　386-9, 394
梁啓超　466
梁伯華　30, 99-100
林森　179, 340-1
ルート　266, 268, 271, 275, 316
黎元洪　163, 506
盧永祥　498, 525
呂芳上　58

事項索引

ア 行

アジア認識　416
アジアの衝撃　38-9
アジア連結論　390, 417
アヘン戦争　100, 356
阿爾泰商条款訂節略　404
アロー戦争　156-7, 356
石井・ランシング協定　295, 308, 311, 314
一括主義　52, 208, 234, 246
一統垂裳の勢　77
委任統治　301-2, 306, 311
イリ条約　402-3
ウィルソン主義　251, 329, 347, 389
ウェスタンインパクト（西洋の衝撃）（論）　10, 18, 32-3, 38-40, 76-7, 116, 416
ヴェルサイユ条約　250, 259-61, 265, 276, 343-4, 470-1
ウラジオストック出兵宣言　409
英清天津条約　81
英連邦（会議）　276-7
塩余　45
汪精衛政権　208

カ 行

華夷　24, 29, 358, 419, 421-2
　——思想／秩序　74-5, 354
　——秩序＋海禁　25-6, 28-9, 32, 44, 419, 422
海関　48, 79, 96, 152, 171, 179, 197, 450-1
　——監督　165-9, 171, 176, 179, 193-4, 196, 395, 432
　——収入　102, 335
概括主義　234, 252-3, 433
海禁　25-7, 44, 358, 419
「外交」　6-7, 72-8, 200, 226
外交委員会　328
外交一途　122-3, 148
外交家　127
外交官養成（論）　115-6, 118, 136-7, 142
外交官領事官官制　108-9, 127, 138
外交官領事官甄録試規則　138
外交官領事官考試委員官制案　89
外交官領事官考試暫行規則説明書　142
外交官領事官考試法　138-9
外交官領事官考試令（案）　89, 109, 138
外交官領事官暫行章程　138, 144
外交官領事官資格審査規則　127, 138, 144
外交官領事官任用暫行章程　124
外交官領事官俸令　138
外交局　167-8
外交権（の一元化，統一）　95, 157-9, 161-2, 175-6, 202, 354-5, 367, 398, 413, 415, 426, 487, 539
外交司　163, 165, 174
開港場知識人　157, 227
外交団　245
外交調査会　340, 344, 396
外交的契機　466
外交部外政司　88, 91, 93
外交部官制　88, 93-4, 179-80, 186
外交部交際司　91, 93-4, 97, 141, 181, 183, 187-8
外交部主導外交　390
外交部承政庁　88, 93
外交部条約司　67, 95, 97, 250, 327, 392-3, 395-6
外交部庶政司　93
外交部庶務司　88
外交部政務司　67, 94, 96, 141, 154, 181, 187
外交部総務庁　94-5, 97-8, 141, 190
外交部駐北平辦事処　66
外交部通商司　67, 89, 91, 93-4, 96, 141, 181, 187, 382-7, 391-2, 435, 456, 458-9, 461-2
外交部档案資訊処　63-4
外交部档案保管処　66-7
外交部特派交渉員及各埠交渉員職務通則　163, 169
外交部図書館　131-2
外交部部務会議章程　97
外交部編訳司　89, 93
外交部翻訳科　131-2

外交部［広東］組織条例　179-80, 186
外交部［広東］政務司　182, 187-8
外交部［広東］総務司　187, 189
外交部［広東］総務庁　181-2, 189
外交部［広東］通商司　183, 187, 190
外国使臣北京常駐　156
外国人保護　170-1
外国郵便　263, 285, 295
外債　338, 476
懐柔政策　232, 322
「海賊」　440
海防論　118-9, 124
外務司　165, 170, 173-4
カイロホテル　483, 514-5
華僑　26-7, 31, 96, 101-5, 107, 128-9, 133-4, 157, 198-9, 240-5, 309, 372, 378-85, 387-9, 391, 395-7, 405-6, 420-1, 430, 433-4, 483, 508, 521, 526, 534
　——虐待　101, 104, 106-7, 243, 381, 384-7, 389, 392, 395, 403
　——保護　101-2, 106-7, 198, 240, 243, 381, 385-6, 392, 398, 405, 414, 418
革命運動　380, 383
革命党（平等党，新党，過激党，匪党）　405-8, 410, 413
革命とナショナリズム　348-9, 429
革命外交　51, 53, 59, 178, 206, 208, 235, 317, 328-9, 331-3, 349, 429-30, 433
革命史観（からの脱却）　18
革命主義　404
華工　240-3, 378, 380, 420-1, 518-9, 524
華商　40, 218, 232, 322, 378-80
「佳電」事件　470
俄文専修館　98, 143
瓜分之危機　10, 13, 227, 367
華洋訴訟　169
河洛図書館　67
カラハン宣言　48
漢字文化圏　14, 418, 422, 542
関税　86, 96, 197, 224, 279, 296, 306-7, 317, 326, 328, 367, 543
　——自主権　13, 50, 53, 207-8, 250, 252, 262, 282, 284-6, 288, 290, 300, 308, 311, 313-5, 321, 411, 492
　——収入　6, 84, 217
広東システム　29, 42, 83, 100, 156-7, 213
広東省政府　179, 335, 433, 440-1
広東政府正統史観　61
関余　45, 58, 112, 197, 435, 521, 543
管理敵僑財産事務分局条例　342
管理敵国人民民刑訴訟暫行章程　319
覊縻政策　232, 322
キャフタ条約　30
救国意識　347
九国条約（体制）　46, 330
教案　15, 96, 170-1, 196
脅威論　61, 421
強国化　421-2, 467
共産党　9, 268, 348
　——史観　61, 249, 428
僑務局　396
局外中立（条規）　447-8, 450-2, 455
極東共和国　283
巨文島事件　355, 360
居留地　366
義和団事件　65, 86, 98, 130, 227, 229, 250, 282, 356, 367, 533
銀行団　436
欽差大臣　81, 84, 115, 122, 128-9, 400
「近代」　3-5, 7-9, 33, 51, 134, 202, 209, 347, 547
　——，「文明国化」　2-3, 5, 9-10, 44, 114, 204, 227-8, 265, 350, 352, 354, 364, 377, 416, 418, 426, 537, 539, 541-3, 545-6
近代外交の形成　2
「近代的」外交　3-4, 8, 330
金法郎案　521
空間性（空間意識）　212, 226, 352, 354, 400, 422, 541
寓公　498
軍機処　30, 81-4, 129
　——章京　83
軍政府組織大綱　179
　——修正案　185
「軍閥」　4-5, 61, 414, 446, 467, 469, 490
　——傀儡　1, 46, 53, 61, 473, 537, 542
警察権　365, 368-70, 527
研究系　308, 498, 513
健順丸　220, 225, 378
憲政編査館　106
遣送敵僑回国法　342
遣送敵僑事務局条例　342
公意　470
江華島条約　398

考察員　36, 114
考察憲政大臣　159
公使館・領事館設置　15, 107, 245
庚子賠款（義和団事件賠償金）　98, 111, 285, 295, 297
公車上書　77, 122, 227
膠州湾　10, 255, 448-9
広州湾　196, 274, 437, 478
交渉員　163, 165-70, 175-6, 186, 193-5, 198, 288-90, 343, 387, 395, 432-3, 449-51, 453, 455-64, 483-5, 498, 524
交渉局　167
交渉司　160-2, 165
交渉署　59, 63, 95, 153, 156, 158, 162, 164-5, 169-72, 174-6, 195-6, 201-2, 427, 441, 446-8, 452-4, 471, 536
——の撤廃（廃止）　163, 170
交渉分署　164
光緒新政　7-8, 10, 51, 77, 110, 114, 116, 122-3, 127, 138, 158, 162, 227-8, 332, 349, 356, 381, 544-5
公団　468-9, 471-2
抗日戦争　65, 154
公憤　467, 533, 535
公理・公道　50, 251, 254, 266, 308, 310, 329, 341-2, 387, 470, 533, 547
公論　465-7, 472-3, 486
故宮博物院　67
国債　436
国際共同管理説　311, 314, 477
国際的地位の向上　4, 51, 234, 250, 257, 264, 317, 324, 327, 329-31, 348-9, 475, 484, 542, 547
国際連盟　50, 73, 96-7, 99, 106, 112, 198, 251, 253-4, 259, 261-4, 277, 302, 319, 325-6, 329-31, 345, 348, 353, 386-7, 389-91, 393, 396, 416-7, 419, 431, 470, 477, 516, 546
——経費負担　330
——非常任理事国　253, 327, 330, 390, 392-3, 398, 415, 417, 420-1, 542
——分洲主義　253, 330
——理事会　253
国是会議　486, 488-9, 491
国籍法（大清国籍条例）　99, 102-4, 106, 378-9, 403
国定関税条例　250
国民会議　199, 266, 345, 469, 483, 492-3, 495, 498, 511
国民外交　481, 494, 529-30
国民政府　45-6, 68, 113, 135, 139, 153-5, 163, 165, 176, 178, 208, 332, 348-9, 397, 467, 473, 505, 545
——外交部　154, 328
国民代表　309, 341, 469, 488
国民党（政権）　9, 170, 268, 348, 465
——史観　61, 235, 249, 428
国務会議　54, 168-9, 247, 252, 276, 292, 320, 323, 327, 386, 395, 476, 507, 520, 532
五口通商条約　216, 218
五口通商大臣　84, 214-5
五三〇事件　328
五四運動　47, 249, 251, 256, 265, 324, 344, 469, 499-500
互市国　29-30, 217
国家意識，国民意識　473
国家承認　235, 239, 325, 327, 412, 417
国共内戦　68
国権　55, 207, 227, 257, 364, 542-3
——回収（運動）　7, 52-3, 66, 144, 206-9, 243, 245, 250-2, 327, 329, 342, 345, 347, 349, 539, 543
——喪失　207, 209
——擁護　227, 444, 539
護法（各）省　151, 175, 180-1, 195, 338, 432
米輸出解禁問題（防穀令解除問題）　518, 520
渾括主義　234-5, 246-7, 252-3, 267, 318, 329, 331, 348-9, 430

サ　行

在外公使（使臣，派遣）　32, 86, 99, 109, 136-7, 196, 265, 281-2, 286, 290-1, 307, 332, 360-1, 379, 381-2, 387, 480, 490
在外使領（館，在外公館）　99, 106, 109, 111, 115, 122, 124, 126-8, 133-4, 138, 141-3, 148-9, 152, 154-5, 201, 260, 378, 479, 481-2, 494, 498, 502, 514
在華軍警　252, 263, 282, 289, 295, 298, 301
在華無約国国民　320
在華郵電　282, 284, 289, 298
在華領事館警察　418
最恵国条款　212, 225-6, 232, 234, 244, 252-3, 322
「通商上の」——　212, 226, 244, 324
最恵国待遇　51-2, 207, 227, 242, 245-8, 251-2, 326, 328, 367

財政部档案大量流出事件　67
裁兵（軍縮）　296, 485
裁釐（釐金廃止）　290, 296, 314
冊封　28, 44, 57, 542
　――体制（論）　23-7
三一運動　418
参議院　88-9, 91, 198, 251, 340, 344, 386, 493
三口通商大臣　84
サンジェルマン条約　251, 259-61, 264
三端　352, 363
三等国　12, 230-1, 419-20
山東半島　249, 290, 367
山東問題　47, 50, 249-51, 253-64, 266-7, 272-3, 276-7, 280, 282-6, 288, 290, 292-4, 296-7, 300-1, 303-4, 307-11, 314, 317, 327, 330, 342-3, 345, 347, 431, 467, 470, 477, 498, 515, 519
　――解決プログラム　249
シカゴ銀行借款　476
四国（英仏露米）　157, 226, 232, 400
泗水（スラバヤ）会議　104
施肇基十原則　266-75, 282, 284, 286, 315-6, 348, 483
実効支配（能力，領域）　53, 61, 200, 236, 335, 346, 401, 405-6, 426, 432-3, 442-3, 475
シベリア出兵　326, 409
下関条約　366
社会主義　348, 429
　――やナショナリズム　328, 332
借款（契約）　45, 86, 144, 290, 335, 338-9, 344, 346, 364, 396, 429, 431, 435-9, 443-4, 488, 543, 545
弱国　207-8, 347
　――無外交　1, 4
上海システム　42, 83, 156-7, 213, 226
上海通商大臣　220-1, 223-5, 400
衆議院　340, 344, 396, 530
修訂法律館　104-6
修約外交　50-2, 61, 208, 234-5, 252-3, 318-9, 328-9, 331, 348-9, 402, 430, 433
修約説帖　328
主権　12, 20, 32, 40, 103, 241, 282, 285, 289, 322, 347, 349, 354-5, 377, 398, 404, 408, 421-2, 434, 512, 517, 541, 545, 547
　――国家（化）　15, 29, 39, 42, 55, 61, 72-4, 102, 106, 114, 121, 206, 213, 273, 332, 347, 355, 357, 361, 398, 418, 517, 541
　――と宗主（権）　39, 353, 355, 377, 418, 422
出使章程　120, 138
出使絶域　117, 119-20
出使大臣　85, 89, 92, 102-3, 108-9, 114-20, 122-4, 128, 137, 152, 156, 228-30, 236
「准」外交　446
春秋戦国　32, 74
商会　56, 468-71
上下意識　422
商戦　101
商務　240-1, 243-4, 322
条約外交システム　1, 31-2, 40, 43
条約改正　228, 234, 348, 392, 415
条約観　211, 213, 227
条約締結主義者　240
条約履行能力　53, 330, 347, 426, 433, 475-7, 494, 497
職業外交官　83, 87, 113, 134, 137
処置敵国人民条規　250
処置敵国人民条規施行法　250
自立（autonomy）　426, 432
新阿通商条件　413
辛亥革命　18, 47, 49, 80, 126, 136, 138, 237, 356, 403, 468
『清季外交史料』　16, 21, 356, 378, 545
新疆　42, 121, 152, 164, 167-8, 227, 354, 401-15, 418-9, 445, 539
新疆省「外交」　400, 412
新疆省中俄通商総局　402
新銀行団　278, 289, 300
『清史稿』　545
人種平等問題　253-4, 310, 312
新蘇臨時通商条件　410-1
辛丑和約　86, 227, 252, 290
清朝皇帝退位　236
清朝の定制（国制）　30, 83, 85
清仏戦争　121, 227, 356
新文化運動　469
審理敵国人民民刑訴訟暫行章程　250
清華学校（大学）　90-1, 98, 143, 150
西沙諸島　437-9
政事堂　145, 383-4, 449
政府承認　235-6, 239, 247, 325, 333, 341, 371, 431, 435, 507, 537-8
政務会議　191-2, 194, 196-9
聖約翰大学　149
勢力範囲　279, 282, 284, 288, 290, 292, 294,

298, 300, 309, 311, 314, 426
斥華自主（之議決）　359-60
セーブル条約　264, 377
全国国民外交大会　488-9, 493
戦時国際法　455-7, 463-4
戦争状態終結（宣言）　255, 344
宣伝と動員　204, 331-2, 348, 429, 465, 469, 543-4
暹羅船辦法　223-4
宗主（権）　39-40, 76, 352, 355-6, 364, 422, 541
——と主権　57, 420
総税務司　48, 83-4, 111, 168
総統府外交委員会　251, 513
総統府蒙蔵局　401
租界　43, 103, 114, 207, 285, 289, 355, 366, 368, 371-2, 375, 418, 453, 455
——外国人財産問題　207
——回収　207, 252, 308, 369, 418
属国　223, 225-6, 356-7, 359, 361, 363-5, 420
——体制　17, 43, 72, 355-6, 360, 362-4, 366, 373
属邦　76, 356, 359-61, 363-4
租借地　10, 114, 196, 227, 274, 279, 285, 288, 308, 453
外蒙古独立　237
孫文・ヨッフェ宣言　531

タ　行

大アジア主義　416
第一次大戦参戦　52, 106, 246, 249-50, 264, 331, 334
対華（支）文化事業　518
対外一致　471, 475-6, 478, 481-3, 486, 492, 494, 497-8, 510, 512, 514, 516, 538, 543
大国（化）　4, 9, 22, 42, 44, 51, 319, 329, 348, 352-3, 415, 419-22, 539, 541-2, 546
第三次日韓協約　368
対待無約国辦法　320
対ドイツ・オーストリア宣戦　52, 232, 245, 249, 334
対ドイツ単独講和条約　259
大同　329, 385, 387
第二次日韓協約　367-8
太平天国　214, 217-8, 356
太平洋会議　277, 289, 510
——籌備処　480, 493, 497, 506, 511, 513
台湾事件　15-6
台湾籍民　437-8
台湾総督　57
治外法権　13, 15, 50, 103, 175, 207-8, 228, 230, 242, 246, 250, 263, 273, 285, 368-9, 376, 380-1, 492
千歳丸　214, 219-21, 225, 378
チベット　57-8, 237, 401
地方大官　77, 82, 84, 114, 126, 156-8, 171, 364
地方督撫　82, 116, 157, 160
チャイナ・センタード・アプローチ　18
中英続議通商行船条約（マッケイ条約）　228
中華　32, 42-4, 76, 209, 214, 216-7
——意識　419
——思想　4, 61, 352-3, 421-2, 542
——世界秩序原理　57, 353, 422
——帝国の「近代的再編」　364-5
「中華民国」,「中国」　6, 178, 347, 415, 466-7, 473, 492, 494, 496, 517, 539, 543, 546
駐外使領館暫行組織章程　110
中韓通商条約　366
中国外交の通奏低音　421
中国外交の伝統　4, 352, 419, 545, 546
中国近現代外交鋳造の時代　349
「中国人」意識　102
中国人虐殺事件　518
中国統一（論）　274, 279-80, 282, 296, 303-4, 348, 427, 467, 470, 475-9, 481, 484-6, 488, 490-1, 494-6, 508, 512, 514, 538, 543, 545
中国保全（論）　234, 238, 274, 282, 294, 297, 299, 309-10, 349, 422
駐紮朝鮮交渉通商事宜　359
中ソ友好同盟条約　208
中東鉄路　299, 304, 315, 448
中米独同盟　231
中立国家　282
中立事処　450
朝貢　17, 23, 24, 27-30, 44, 72, 74, 77-8, 81, 157, 359, 401, 546
——国　30-2, 43, 157, 356-7, 378, 397, 400, 420, 422
——システム　1, 31-2, 40-1, 43, 357
——体制（論）　24-5, 31, 43-4, 72-4, 157, 352-3, 355, 400, 418, 420, 422
——停止　364, 378, 380
——と条約　4, 31-2, 40, 42
——ベルトの喪失　364

——貿易（システム，体制，圏）　37-8, 41, 43, 101, 357, 378, 419-20
朝鮮駐津通商大員　359
朝鮮中立化　367
懲罰外交　422
直隷総督　84, 122
——兼北洋大臣　85
通商　78, 82, 86, 101, 106, 157, 171, 215-7, 219, 221, 226, 322, 327, 357-8, 360, 387, 391, 400, 410
——「外交」　15, 17, 72, 121, 212
——口岸　343, 438, 493
通電　9, 56, 89, 170, 332, 342, 432, 465-6, 472-3, 485-8, 490, 496, 504, 533, 535, 540, 543
——圏　465
天朝　209-10, 214
——棄民　31, 378, 379
伝統—近代パラダイム　32, 35, 116
伝統的中国外交　56
档案行政　62-3, 65
道尹　165, 168-9, 171, 176, 199, 448, 526
塔城臨時通商合同　410
同心円モデル　28
道台　152, 161-2, 217, 220-5, 400
同文館　83, 93, 116, 117-8, 120, 122, 136-7, 152
登録民　103-4, 380
徳奥和約応列条件説帖　250
特派交渉員　163, 165-7, 169, 171, 199, 448, 452
特派交渉署　164
督撫外交　175-6, 415
独立自主　366-7
「独立でない，だが自主」　357, 360
土司（圏）　28
トラウトマン交渉　153

ナ　行

内債　335, 476
内政大綱八条　163
長崎（貿易）　214, 221-4
ナショナリズム　9, 20, 22, 44, 53, 74-5, 151, 205, 208-9, 380-1, 465, 470, 490, 495, 505, 517, 539, 543-4
南京外交部　88, 91-3
南京国民政府　5, 93, 137, 152, 329, 331, 544
南北二重帰属状態　431
南北洋大臣　77-8, 116, 119, 156-7, 400
——体制　84
南洋大臣　84, 102, 105, 157
尼港事件　534
西原借款　47, 335
二十一カ条条約（問題）　47, 50, 242, 245, 249, 251, 253, 263-4, 266-7, 272, 276-7, 279-80, 282-3, 286, 288, 290, 292, 296, 300, 303-4, 307-11, 314, 317, 327, 330, 347, 448, 470-1, 477, 492, 498, 505, 511, 515, 518-9
日英同盟　9, 254, 262, 276-80, 288, 290, 308, 315, 317, 447, 478
——続盟（同盟存続）　276-80, 309, 311, 314, 475-6
日露戦争　229, 367-8
日韓併合　369
日清修好条規　213, 225, 398
日清戦争　10, 77, 227, 355-6, 364, 366-7

ハ　行

排華運動　141
売国外交　1, 4, 60, 178, 249, 505, 545
賠償　205, 227, 252, 453, 458, 471, 534-5
廃督裁兵　490-1
排日貨運動　343, 470-1, 520, 533
ハーグ平和会議　10-4, 97, 114, 124, 211, 228-32, 237, 260, 419, 450
パリ講和会議　47, 50, 55-6, 99, 146, 198, 248, 250-4, 259, 263, 266, 276, 282, 284, 290, 294-5, 317, 320, 326-7, 331, 340-3, 345-6, 385, 386-7, 389, 393, 396, 403, 417, 443-4, 470-1, 476-7, 479, 500, 503, 505-6, 512-3, 516
——全権代表団　251-3, 255-9, 343, 513, 543, 547
バルフォア四原則　266, 271, 275
万国公法（国際公法）　14-6, 35-6, 89, 115-6, 121, 140, 232, 234, 249, 251, 333, 349, 354-6, 359-61, 374, 408, 450, 463, 472, 537, 544, 547
万国郵政会議　289
非文明国　73, 206-7, 213
family of nations　10, 14, 73-4, 101, 205
府院之争　246
富強　44, 209, 419-20, 422, 546
福州事件　59-60, 199, 447, 463, 467
富国強兵　32
不平等条約　41, 114, 121, 204-7, 211-2, 227-8, 232, 234-5, 238-9, 245, 247, 264, 280, 288, 290,

319-20, 326, 403, 418, 475, 546
――改正（史） 4, 6-8, 10, 35, 51, 55, 61, 74, 95, 97, 201, 204, 206-8, 211-3, 227-8, 232, 234, 250, 266, 314, 317, 329-31, 333, 347, 352, 355, 366, 369, 376, 379, 402, 411, 413-4, 426, 429, 433, 442, 467, 475, 537, 539, 541, 545
――体制 53, 156
――締結（史） 16, 73, 156, 232, 234, 326, 377
――撤廃 53, 208, 237-8, 250, 290, 292, 327
不利益性 212-3, 226, 232
分節化された近代 5, 539-40, 543
文明国（化） 7-10, 12-6, 35, 44, 73, 135, 206-9, 213, 228, 230-1, 234, 238, 264, 272, 329-30, 347, 354-5, 368, 419, 422-3, 429, 433, 467, 473, 517, 541-2, 544, 547
――（近代）の日本，野蛮国（伝統）の清 16
北京官場 131-2
北京大学（京師大学校） 90, 143, 149
変法自強運動 356
法・徳・礼 23, 28
法権会議 327
法団 387-8, 468-72, 485, 489
北伐 66, 154, 506
北洋大臣 84, 119, 157, 357-60
保護国 356, 412
保護民 380
戊戌変法 8, 10, 77
香港 240-1, 283, 437, 442, 452
――・マカオ返還 208

マ　行

マカオ 14, 57, 199, 356, 433-4, 440, 442-3, 478
マーガリー事件 118-9
満蒙問題 283
民族自決 310, 329, 347
無条約国人（国民） 52, 250, 380
無線電（台） 286, 291
無約（通商）国 78, 157, 213, 215-6, 219, 222-6, 240-1, 250, 319-21, 356, 378, 400
――人民管理条例 320
無約不通商国 215
名流 9, 312, 466, 486, 493-4, 498, 500-1, 525, 544
門戸開放・機会均等 272-4, 282, 284-6, 288-9, 292-4, 297, 299, 301, 304, 306, 309, 313, 419
モンゴル 57-8, 401

ヤ　行

ヤップ島問題 294
野蛮国 16, 374
ヤング・チャイナ 113, 137
有約（通商）国 78, 157, 215, 216, 219, 224-6, 356, 400
洋務 15, 17, 77, 105, 118, 121-2, 158
――運動 10, 356
――官僚 35, 114-5, 121
――機関 15, 78, 228
――局 153, 158, 160, 172-4
――人材 115, 120-1, 175
――・変法・革命 36
世論（輿論） 56, 465-6, 470, 472, 515

ラ　行

楽天畏天論 146
吏治之壊 121
立憲運動 380
リットン調査団 330
理藩院 30, 81, 83, 400-1
琉球 16, 400
領事官職務条例 109
領事館設置 213, 216, 219, 221-2, 224, 246, 396, 398, 434
領事警察 528
領事裁判権 95-6, 146, 170-1, 175, 198, 202, 225, 231, 242-8, 252, 274, 284-6, 288-9, 290, 295, 297, 301, 308, 321, 323, 326, 365, 367, 380, 383, 396, 411
旅大回収運動 520, 528, 533
臨時大総統就任演説 234
臨時約法 88-9, 207, 479, 486
臨城事件 330, 518, 521-3, 535
ルート四原則 266, 268, 271, 275, 316
歴史としての外交 544
列強と対等／同等 370, 372, 376, 419, 420
列国並立の勢 77
聯省自治（論，運動） 58-9, 469, 482, 486-8

ワ　行

ワシントン会議 50, 53, 55, 170, 252, 254, 262, 266-7, 269, 273, 284-6, 288, 290, 293, 295-6,

301, 309, 316-7, 327, 331, 345, 417, 420, 427, 467, 469, 475, 478-80, 486, 488-90, 493-4, 497-8, 504-5, 507-8, 512, 516-7, 538
——経費補助　491
——全権代表　497-502, 504-5, 508, 511-2, 514-5, 517, 538
——代表団　153, 269-70, 492, 495-7, 499-500, 504, 512-5, 517, 538
ワシントン体制　46, 349, 519
和約研究会　99, 260, 262-4, 327
——会章大綱　99

参考史料・文献

I　引用史料

【文書・档案】

1．中国外交档案

(1)　中央研究院近代史研究所所蔵・外交档案

総理衙門档案 01-21, 22-1「日本商人擬来滬貿易事」
総理衙門档案 01-21, 22-2「瑞那日本来華請求設領通商事」
総理衙門档案 01-21, 22-3「日本請求通商貿易事」
総理衙門档案 01-21, 52-2「立約修約換約」
総理衙門档案 01-33, 41-1「日本照会」
総理衙門档案 01-34, 3-5　「安徽奏准設立洋務局擬妥章程咨報備案」
総理衙門档案 01-34, 3-6　「粤督張之洞奏設洋務処委令司道籌辦案」
外務部档案 02-12, 51-3　「韓国各口華租界等案」
外務部档案 02-14, 14-2　「出洋人員及培植使才学生出洋章程之擬議」
外務部档案 02-21, 1-1　「保和会事派胡惟徳赴和畫押」
外務部档案 02-21, 4-1　「陸使訳和会草案報告」
外務部档案 02-21, 10-1　「陸専使銭大臣請預備人選修訂法律以便在和会争取国際地位」
外務部档案 02-21, 13-1　「日俄開釁：北洋籌辦紅十字会」
外務部档案 02-21, 15-1　「審判庁試辦章程及擬議満漢通行刑律」
外務部档案 02-21, 15-3　「修訂法律館派遣章宗祥，曹汝霖等與外部会擬国籍法草案」
外務部档案 02-21, 15-4　「和属華僑請頒国籍法」
外交部档案 03-10, 11-1　「與駐外使館来往之購造函件」
外交部档案 03-10, 11-2　「国際聯合会編纂国際法典関於外交官特権問題」
外交部档案 03-10, 11-3　「外交部設領説帖」
外交部档案 03-10, 11-4　「裁併使領館説帖印件」
外交部档案 03-16, 20-1　「発還徳商原租鶏公山避暑官房與英美両方争執案」
外交部档案 03-18, 73-5　「湘米弛禁徴捐及日使請求出口運日賑災案」
外交部档案 03-20, 42-2　「日人経営西沙島及孫文擬将瓊島実業押借外資案」
外交部档案 03-20, 42-3　「孫文向外国借款籌備軍事案」
外交部档案 03-23, 4-1　「加拿大条約（九）」
外交部档案 03-23, 5-1　「暹羅訂約（一）」
外交部档案 03-23, 5-2　「暹羅訂約（二）」

外交部档案 03-23，6-1　「暹羅訂約（三）」
外交部档案 03-23，6-2　「暹羅訂約（四）」
外交部档案 03-23，6-3　「暹羅訂約（五）」
外交部档案 03-23，7-1　「暹羅訂約（六）」
外交部档案 03-23，7-2　「暹羅訂約（七）」
外交部档案 03-23，7-3　「暹羅訂約（八）」
外交部档案 03-23，14-1　「中国古巴巴拿馬訂約案」
外交部档案 03-23，14-2　「中国古巴巴拿馬訂約案」
外交部档案 03-23，15-1　「中国古巴巴拿馬訂約案」
外交部档案 03-23，16-1　「中華智利通好条約案（一）」
外交部档案 03-23，20-1　「希臘訂約案（一）」
外交部档案 03-23，21-1　「中華瑞士通好条約（一）」
外交部档案 03-23，21-2　「中華瑞士通好条約（二）」
外交部档案 03-23，46-1　「徳奥約案（一）」
外交部档案 03-23，46-2　「徳奥約案（二）」
外交部档案 03-23，46-3　「徳奥約案（三）」
外交部档案 03-23，47-1　「奥約（一）」
外交部档案 03-23，53-1　「匈約案」
外交部档案 03-23，84-1　「中波訂約案（一）」
外交部档案 03-23，90-1　「中華玻利維亜通好条約案（一）」
外交部档案 03-23，96-1　「中華波斯通好条約」
外交部档案 03-28（全）　「西蔵档」
外交部档案 03-31，7-1　「日本震災惨殺華僑案（一）」
外交部档案 03-31，7-2　「日本震災惨殺華僑案（二）」
外交部档案 03-31，8-1　「日本震災惨殺華僑案（三）」
外交部档案 03-31，8-2　「日本震災惨殺華僑案（四）」
外交部档案 03-31，10-1　「暹羅商会成立案」
外交部档案 03-31，10-3　「暹羅華僑被虐待案」
外交部档案 03-32，482-2　「関於籌辦中俄開議各事案」
外交部档案 03-33，3-2　「東省善後会議専案」
外交部档案 03-33，3-3　「東省善後会議専案」
外交部档案 03-33，24-2　「派遣調査撤兵事」
外交部档案 03-33，39-1　「朝鮮中国租界案」
外交部档案 03-33，39-2　「朝鮮中国租界案」
外交部档案 03-33，79-3　「英日続盟」
外交部档案 03-33，80-1　「英日続盟」
外交部档案 03-33，81-1　「英日続盟」

外交部档案 03-33，150-1　「山東問題向和会提出」
外交部档案 03-33，150-2　「山東問題」
外交部档案 03-33，151-1　「山東問題」
外交部档案 03-33，151-2　「山東問題」
外交部档案 03-34，1-1　「収回治外法権」
外交部档案 03-34，1-2　「収回治外法権」
外交部档案 03-34，2-1　「収回治外法権」
外交部档案 03-35，2-1　「第三次万国保和会籌備会」
外交部档案 03-35，2-2　「第三次万国保和会籌備会」
外交部档案 03-35，2-3　「第三次万国保和会籌備会」
外交部档案 03-35，3-1　「保和会準備会議議録」
外交部档案 03-36，170-2　「中徳義承認芬蘭独立案」
外交部档案 03-36，170-5　「承認芬蘭」
外交部档案 03-36，173-3　「承認猶太」
外交部档案 03-36，173-5　「阿富汗派員通好」
外交部档案 03-37，3-1　「条陳議和応提事項」
外交部档案 03-37，3-3　「国際聯合会準備事項」
外交部档案 03-37，3-5　「対徳奥和約簽字」
外交部档案 03-37，4-1　「討論和平善後辦法」
外交部档案 03-37，4-3　「奥土匈約簽字」
外交部档案 03-37，4-4　「国際聯合会簽日来弗斯巴会議」
外交部档案 03-37，12-1　「参与欧洲和会全権委員処会議録」
外交部档案 03-38（全）　「国際聯合会」
外交部档案 03-39，1-1　「縁起」
外交部档案 03-39，1-3　「縁起」
外交部档案 03-39，1-4　「縁起」
外交部档案 03-39，3-1　「議事日程」
外交部档案 03-39，3-2　「議事日程」
外交部档案 03-39，3-3　「代表証書及訓条」
外交部档案 03-39，4-1　「代表団」
外交部档案 03-39，4-2　「代表団」
外交部档案 03-39，4-3　「代表団」
外交部档案 03-39，6-1　「駐外各使之意見」
外交部档案 03-39，6-2　「各省省長督軍交渉員之意見」
外交部档案 03-39，6-3　「各省省長督軍交渉員之意見」
外交部档案 03-39，7-1　「外人之意見」
外交部档案 03-39，8-1　「私人団体之意見」

外交部档案 03-39，8-2　「私人団体之意見」
外交部档案 03-39，9-1　「府院交抄各項説帖」
外交部档案 03-39，9-3　「府院交抄各項説帖」
外交部档案 03-39，13-1　「太平洋会議籌備処来往函電」
外交部档案 03-39，13-2　「太平洋会議籌備処来往函電」
外交部档案 03-39，13-3　「太平洋会議籌備処来往函電」
外交部档案 03-39，14-1　「太平洋会議籌備処府院交抄各項説帖」
外交部档案 03-39，14-2　「太平洋会議籌備処府院交抄各項説帖」
外交部档案 03-39，16-2　「中日解決山東懸案」
外交部档案 03-39，28-1　「批収条約及議決案」
外交部档案 03-41，16-2　「致賀秘魯総統雷基雅就職」
外交部档案 03-44，1-1　「発電」
駐美使館档案 02-23，1-4　「出使章程案」
駐美使館档案 03-12，2-6　「美墨秘古等国承認中華民国」
駐美使館档案 03-12，8-4　「籌備参加欧戦和会案」
駐美使館档案 03-12，13-2「外部頒会計出納簡章案」
駐美使館档案 03-12，13-4「外部頒行外交官征服」
駐美使館档案 03-12，16-3「中華民国国籍法」
駐美使館档案 03-17，7-7　「外交官任用資格審査案」
駐比使館档案 03-13，2-6　「収電」

⑵　国史館所蔵・外交档案

外交部档案 0440-2330　「外交部北平档案保管処案」
外交部档案 0600.09/6322.01-01　「戦後外交資料利用研究」

⑶　南京第二歴史档案館所蔵・外交部档案

北洋政府外交档案 1039-26　「江蘇交渉公署職員履歴表」
北洋政府外交档案 1039-41　「外交部職掌一覧表　民国 2 年分」
北洋政府外交档案 1039-41　「1913 年外交部第二次一覧統計表」
北洋政府外交档案 1039-218「外交官領事官考試甄考巻及規則」
北洋政府外交档案 1039-219「関於招考外交官考試甄録及文件」
北洋政府外交档案 1039-226「特派各省交渉員各例草案及各埠交渉員職務通則」
北洋政府外交档案 1039-247「四川外務司呈造本司已未結各案簡明表冊」
北洋政府外交档案 1039-307「太平洋会議事」

⑷　湖北省档案館所蔵・湖北交渉署档案

湖北交渉署档案 LS49-7　「江漢籍監督兼任外交部特派湖北交渉員管理漢口工巡事宜文稿」
湖北交渉署档案 LS49-10　「美英徳領事館為租用鶏公山避暑官房屋紛糾」

2．日本・英国等の外交文書

日本外務省保存記録 1.1.2.64　「吉林省内に於ケル交渉事務ニ関スル同地交渉使ノ照会ハ総テ在吉林帝国領事館ニ於テ交渉ノ儀同交渉使へ通告一件」
日本外務省保存記録 1.2.1.10-4　「諸外国外交関係雑纂・暹支間」
日本外務省保存記録 2.4.1-2　「第一回万国平和会議一件」（第八巻）
日本外務省保存記録 2.4.2-26　「山東問題」
日本外務省保存記録松本記録 2.4.3-1　「会議開催ノ提議及開会ニ至ル迄ノ経緯一般」
日本外務省保存記録松本記録 2.4.3.4-2　「人事　外国」
日本外務省保存記録 3.9.4-101　「朝鮮移住支那人関係雑纂」
日本外務省保存記録 3.12.2-55　「在仁川釜山元山清国専管居留地ニ関スル日清交渉一件」
日本外務省保存記録 3.9.4-101　「朝鮮移住支那人関係雑纂」
日本外務省保存記録 3.9.5-6　「暹国在留清国人登録並ニ同国人保護関係雑纂」
日本外務省保存記録 6.3.1.8-17-22　「支那各地ヨリ慰問使渡来ノ件」
日本外務省保存記録 6.4.4.1-8-1　「各国貴賓ノ来朝関係雑件・暹国之部，皇帝来朝ノ件」
CO＝Colonial Office（イギリス植民地省文書，香港 Public Record Office 所蔵）

【新聞・雑誌類】

『長沙大公報』，『順天時報』，『盛京時報』，『晨報』，『晨報　臨時増刊』，『民国日報』，『漢口国民日報』，『国民公報』，『広東群報』
『中央党務月刊』，『東方雑誌』，*The China Review*, vol. I（コーネル大学所蔵）

【公報・年鑑類】

『浙江省議会民国十年常年会議事録』（浙江省図書館古籍部 325.5124-3239.61）
『浙江省議会　民国 12 年常年会文牘』乙編（浙江省図書館古籍部蔵 325.5124／3239.91）
『浙江省議会　民国 12 年常年会質問書』（浙江省図書館古籍部蔵 325.5124／3239.86）
国務院統計局編『民国行政統計彙報』〈外交類〉（国務院印鑄局，1918 年 9 月）
『臨時政府公報』，『政治官報』，『政府公報』
『外交公報』，『外交年鑑』
『南方政府公報』，『浙江公報』

【公刊同時代史料・復刻】

『清史稿』
『籌辦夷務始末』〈同治朝〉〈咸豊朝〉

『光緒朝東華録』
『清季外交史料』
『民国経世文編』
呉成章『外交部沿革記略』(1913 年，沈雲龍主編〈近代中国史料叢刊〉三編二五集)
張国福選編『参議院議事録・参議院議決案彙編』(北京大学出版社，1989 年)
楊増新『補過斎全集』(刊行年不明，1926 年以降，東洋文庫所蔵)

【編纂公刊史料】

『孟子』(小林勝人訳注，上，岩波文庫版)
『李文忠公全集』
『孫中山全集』
『汪康年師友書札』(上海古籍出版社，第一巻，1986 年)
故宮博物院明清档案部編『清末籌備立憲档案史料』(中華書局，1979 年)
杜春和・林斌生・丘権政『北洋軍閥資料選輯』(中国社会科学出版社，1998 年)
陳錫祺主編『孫中山年譜長編』(中華書局，1991 年)
広東省档案館編訳『孫中山与広東――広東省档案館庫蔵海関档案選訳』(1996 年)
丁賢俊・喩作風編『伍廷芳集』(中華書局，1993 年)
薛銜天等編『中蘇国家関係史資料匯編』(中国社会科学出版社，1993 年)
中国社会科学院近代史研究所『近代史資料』編輯室主編・天津市歴史博物館編輯『秘籍録存』(中国社会科学出版社，1984 年)
中国第二歴史档案館・雲南省档案館合編『護法運動』(档案出版社，1993 年)
新疆維吾尓自治区档案館・新疆人民出版社『新疆与俄蘇商業貿易档案史料』(新疆人民出版社，1994 年)
閻伯川先生紀念会編『民国閻伯川先生錫山年譜長編初稿』(台湾商務印書館，1988 年)
中国第二歴史档案館編『中華民国史档案資料匯編』第四輯（二）(江蘇古籍出版社，1991 年)
中国第二歴史档案館編『中華民国史档案資料匯編』第三輯〈外交〉(江蘇古籍出版社，1991 年)
中央研究院近代史研究所編『中俄関係史料』〈俄政変與一般交渉〉（二）(中央研究院近代史研究所，1960 年)
中央研究院近代史研究所編『出兵西伯利亜　中俄関係史料　中華民国六年至八年』(中央研究院近代史研究所，1962 年初版，1984 年第二版)
中央研究院近代史研究所編『中俄関係史料　一般交渉　中華民国九年』(同所，1968 年)
中央研究院近代史研究所編『中日関係史料　欧戦與山東問題』(同所，1974 年)
中央研究院近代史研究所編『中俄関係史料　新疆辺防』(同所，1960 年初版，1983 年再版)

中央研究院近代史研究所档案館編『澳門専档』(四)(同所，1996年)
中央研究院近代史研究所編『中日関係史料　山東問題』上(同所，1987年)
中央研究院近代史研究所編『中日関係史料　排日問題』同所，1993年)
日本外務省『日本外交文書　ワシントン会議極東問題』(同省，1976年)
日本外務省『日本外交文書　ワシントン会議』上(同省，1977年)
日本外務省『日本外交文書』〈大正十二年　第一冊〉454-56文書(原書房，1978年)
FRUS＝*Foreign Relations of United States*(アメリカ外交文書，公刊本)

【回想録・自伝・日記】

袁英光・胡逢祥整理『王文韶日記』(中華書局，1989年)
顧維鈞『顧維鈞回憶録』第1分冊(中国社会科学院近代史研究所訳，中華書局，1982年)
羅家倫「我対中国在華盛頓会議之観察」(『晨報　臨時増刊』1992年)
施肇基『施肇基早年回憶録』(伝記文学出版社，1985年)
顔恵慶『顔恵慶日記』(上海市档案館訳，中国档案出版社，1996年)
顔恵慶『顔恵慶自伝』(姚崧齢訳，伝記文学出版社，1989年)
曹汝霖『曹汝霖一生之回憶』(伝記文学出版社，1980年)
章宗祥「東京之三年」(『近代史資料』38号，中華書局，1970年)
李景銘「一個北洋政府官員的生活実録」(中国社会科学院近代史研究所・近代史資料編輯部編『近代史資料』67号，1987年11月)
石射猪太郎『外交官の一生』(中公文庫，1986年，pp. 40，43，初版は太平出版社，1972年)
中野敬止編『芳澤謙吉自伝』(時事通信社，1964年)
西春彦『回想の日本外交』(岩波新書，1965年，pp. 15-19)
幣原喜十郎『外交五十年』(読売新聞社，1951年)
The Wellington Koo Memoir, vol. II : First Decade as Diplomat (1912-1922), Columbia University, 1976.

II　引用文献

【工具書】

林満紅主編『台湾所蔵中華民国経済档案』〈档案調査報告1〉(中央研究院近代史研究所，1995年)
劉壽林編『辛亥以後十七年職官年表』(文海出版社，1974年)
劉壽林他編『民国職官年表』(中華書局，1995年)
田濤主編『清朝条約全集』〈光緒朝〉(黒龍江人民出版社，1999年)

劉寿林他編『民国職官年表』(中華書局，1995年)
外交学会編『外交大辞典』(中華書局，1937年)

【著作・論文】

1．日本文

麻田貞雄「ワシントン会議をめぐる日米の政策決定過程の比較」(細谷千博他編『対外政策決定過程の日米比較』東京大学出版会，1977年所収)
網谷龍介「オーストリアの『外交空間』とEU——『中欧』と『ヨーロッパ』の狭間で」(高橋和夫編『国際関係論とは何か——多様化する「場」と「主体」』法律文化社，1998年所収)
飯島明子「タイにおける領事裁判権をめぐって——保護民問題の所在」(『東南アジア研究』14-1，1976年6月)
石井明『中ソ関係史の研究 1945-1950』(東京大学出版会，1990年)
伊藤秀一「ロシア革命と北京政府」(『東洋史研究』25-1，1966年6月)
猪口孝「伝統的東アジア秩序試論——十八世紀末の中国のベトナム干渉を中心として」(『国際法外交雑誌』73-5，1975年2月)
井本三夫「日本近代米騒動の複合性と朝鮮・中国における連動」(『歴史評論』459，1988年7月)
入江昭『極東新秩序の模索』(原書房，1968年)
入江啓四郎『中国古典と国際法』(成文堂，1966年)
岩村三千夫『中国の外交——その理論と実践』(大成出版社，1972年)
植田捷雄『東洋外交史』上・中（東京大学出版会，1974年)
宇野重昭『中国と国際関係』(晃洋書房，1981年)
衛藤瀋吉『近代中国政治史研究』(東京大学出版会，1968年)
岡克彦『韓国政治思想と法秩序の基本構造——兪吉濬の「競励原理」による社会発展への試み』(北海道大学法学部博士学位論文，1999年)
尾形洋一「カラハン中国在勤時期の東省鉄路——1923年—1925年」(安藤彦太郎編『近代日本と中国——日中関係史論集』汲古書院，1989年所収)
岡部達味「中国野対外政策と対外イメージ」(同編著『中国外交——政策決定の構造』日本国際問題研究所，1983年所収)
岡部達味「中国外交の古典的性格」(『外交フォーラム』100，1996年12月)
岡本隆司「北洋軍閥時期における総税務司の役割——関税収入と内外債を中心に」(『史学雑誌』104-6，1995年6月)
岡本隆司「開港と朝貢のあいだ　五港開港時代の福州を中心に」(『宮崎大学教育学部紀要』〈社会科学〉81，1996年9月)
小沢治子「ワシントン会議とソビエト外交」(『政治経済史学』307，1992年2月)
小原晃「日清戦争後の中朝関係——総領事派遣をめぐって」(『史潮』新37，1995年9

月）
外務省百年史編纂委員会編『外務省の百年』（原書房，1969 年）
籠谷直人「1880 年代のアジアからの『衝撃』と日本の反応」（『歴史学研究』608，1990 年 7 月）
籠谷直人「アジアからの『衝撃』と日本の近代　中国人貿易商の『団結力』に注目して」（『日本史研究』344，1991 年 4 月）
笠原十九司「ワシントン会議と国民外交運動」（『宇都宮大学教育学部紀要　第一部』29，1979 年 12 月）
笠原十九司「北京政府とシベリア出兵——第一次大戦とロシア革命がもたらした東アジア世界の変動」（中央大学人文科学研究所編『民国前期中国と東アジアの変動』中央大学出版部，1999 年所収）
片岡一忠『清朝新疆統治研究』（雄山閣，1991 年）
金子肇「1920 年代前半における各省『法団』勢力と北京政府」（横山英編『中国の近代化と地方政治』勁草書房，1985 年所収）
金子肇「1920 年代前半，北京政府の『地方自治』政策と省自治風潮」（横山英・曽田三郎『中国の近代化と政治的統合』渓水社，1992 年所収）
金子肇「中華民国の国家統合と政治的合意形成——“各省の合意”と“国民の合意”」（『現代中国研究』 3，1998 年 9 月所収）
金田真滋「中国・近代」（『史学雑誌　回顧と展望　一九九九年の歴史学界』2000 年 6 月）
可児弘明「マカオの主権返還」（同編『香港および香港問題の研究』東方書店，1991 年所収）
川島真『北京政府の外交政策と中国統一問題』（東京大学人文科学系研究科修士論文，1994 年）
川島真「光緒新政下の出使大臣と立憲運動」（『東洋学報』75-3・4，1994 年 3 月）
川島真「中華民国外交档案保存・公開の現状」（『東北アジア近現代史研究会 NEWS LETTER』 6，1994 年）
川島真「日本と台湾における清末民初留日学生関係資料」（『中国研究月報』48-7，1994 年 7 月）
川島真「中華民国北京政府の国際連盟外交」（『史学雑誌』104-12，1995 年 12 月，p. 102）
川島真「『支那』『支那国』『支那共和国』——日本外務省の対中呼称政策」（『中国研究月報』571，1995 年 9 月）
川島真「書評・塚本元著『中国における国家建設の試み』」（『史学雑誌』105-2，1996 年 2 月）
川島真「中華民国北京政府の外交官試験」（『中国——社会と文化』11 号，1996 年）
川島真「北京政府外交部の山東問題解決プログラム——パリ・連盟・ワシントン」（『人文研ニュース』中央大学人文科学研究所，191，1996 年 12 月）

川島真「浙江省档案館・図書館，湖北省档案館訪問報告」(『中国研究月報』588，1997年2月)
川島真「日本における民国外交史研究の回顧と展望（上）　北京政府期（国民革命期を除く)」(『近きに在りて』31，1997年5月)
川島真「天朝から中国へ――清末外交文書における「天朝」「中国」の使用例」(『中国社会と文化』12，1997年6月)
川島真「1920年代マカオをめぐる北京・広東両政府の外交――北京政府外交档案に依拠して」(『現代中国』71，1997年7月)
川島真「台湾における史料公開状況――外交部档案資訊処・国防部史政局を中心に」(『近代中国研究彙報』19，1997年3月)
川島真「顧維鈞――その国際的名声と国内的孤立」(佐藤慎一編『近代中国の思索者たち』大修館書店，1998年所収)
川島真「中華民国北京政府の対非列強外交」(中央大学人文科学研究所編『民国前期中国と東アジアの変動』中央大学出版部，1999年所収)
川島真「政治と外交のまち」(天津地域史研究会編『天津史――再生する都市のトポロジー』東方書店，1999年所収)
川島真「書評・塩出浩和『可能性としてのマカオ――曖昧都市の位相』」(『公明新聞』1999年12月6日)
川島真「1921年ワシントン会議参加をめぐる中国統一論議――民国北京政府外交部による外交主体表現と正当性の維持」(『史潮』45，1999年5月)
川島真「総理衙門」(天児慧他編『岩波現代中国辞典』岩波書店，1999年所収，p. 663)
川島真「中国における万国公法の受容と適用・再考」(『東アジア近代史』3，2000年3月)
川島真「書評・唐啓華『北京政府與国際連盟（1919-1928)』」(『東洋学報』82-1，2000年6月)
川島真「激動の中の中国外交――民国北京政府の外交官僚たち」(五百旗頭真・下斗米伸夫編『20世紀世界の誕生――両大戦間の巨人たち』情報文化研究所，星雲社発行，2000年所収)
川島真「中華民国外交史からみた現代中国――民国前期外交史からの問い」(『北大法学論集』51-4，2000年11月)
川島真「清末における留学生『監督』行政」(『中国人日本留学史研究の現段階』御茶の水書房，2002年所収)
川島真「アジアから見た『アジア』，『地域』そして『周辺』――東アジアの歴史学界の断層面」(横山宏章・久保亨・川島真編『周辺から見た20世紀中国』中国書店，2002年所収)
岸本美緒「『中国』とは何か」(尾形勇・岸本美緒編『中国史』山川出版社，1998年所収)
クォン，ピーター『チャイナタウン・インニューヨーク』(芳賀健一他訳，筑摩書房，

1990年)
久保亨「中華民国档案史料の紹介と検討」(東京大学東洋文化研究所東アジア部門『中国朝鮮档案史料研究』1986年所収)
久保亨「ヴェルサイユ体制とワシントン体制」(歴史学研究会編『必死の代案』東京大学出版会, 1995年所収)
コーエン, P『知の帝国主義』(佐藤慎一訳, 平凡社, 1984年)
高秉雲『近代朝鮮租界史の研究』(雄山閣出版, 1987年)
国分良成「中国政策決定モデル試論」(小島朋之・家近亮子編『歴史の中の中国政治』勁草書房, 1999年所収)
小島晋治・並木壽編『近代中国研究案内』「外交」(岩波書店, 1993年)
小島朋之『現代中国の政治——その理論と実践』(慶應義塾大学出版会, 1999年)
小島朋之「アジアの中の中国」(国分良成編『現代アジア　危機からの再生』慶應義塾大学出版会, 1999年所収)
木間正道・高見沢磨・鈴木賢『現代中国法入門』第三版 (有斐閣, 2003年)
グリスウォルト, A・W『米国極東政策史』(柴田賢一訳, ダイヤモンド社, 1941年)
小林幸男『日ソ政治外交史——ロシア革命と治安維持法』(有斐閣, 1985年)
斎藤次郎・濱下武志共編『アジア大混乱』(NTT出版, 1998年)
佐々木揚「同治年間における清朝官人の対日観について——日清修好条規締結に至る時期を中心として」(『佐賀大学教育学部論文集』31-2, 1984年2月)
佐々木揚「同治年間後期における清朝洋務派の日本論——李鴻章の場合を中心として」(『東洋史研究』44-3, 1985年12月)
佐々木揚「1880年代における露朝関係」(『韓』106, 1987年5月)
佐々木揚「清代の朝貢システムと近現代中国の世界観(1) マーク・マンコールの研究について」(『佐賀大学教育学部論文集』34-2, 1987年1月)
佐々木揚「清代の朝貢システムと近現代中国の世界観(2) マーク・マンコールの研究について」(『佐賀大学教育学部論文集』35-2, 1988年3月)
佐々木揚「郭嵩燾における中国外交と中国史」(『佐賀大学教育学部論文集』37-1, 1989年8月)
佐々木揚「郭嵩燾 (1818-1891) の西洋論——清国初代駐英公使が見た西洋と中国」(『佐賀大学教育学部論文集』38-1・2, 1990年8月)
佐々木揚「洋務運動期における清朝の外国事情調査——1887年の游歴官派遣」(川勝守編『東アジアにおける生産と流通の歴史社会学的研究』中国書店, 1993年)
佐々木揚編訳『19世紀末におけるロシアと中国』(巌南堂書店, 1993年)
佐々木揚「1880年代末における清朝官僚の外国事情調査」(『中国　社会と文化』8, 1993年6月)
佐々木揚「『封建』『郡県』『大同』と中国革命——ジョン・シュレッカーの研究について」(『佐賀大学教育学部論集』42-1, 1994年7月)

佐々木揚『清末中国における日本観と西洋観』(東京大学出版会，2000年)
佐藤慎一「文明と万国公法」(祖川武夫編『国際政治思想と対外認識』創文社，1977年所収)
佐藤慎一「鄭観応について――万国公法と商戦」(1)(2)(3)(『法学』47-4，48-4，49-2，1983年8月，1984年10月，1985年6月)
佐藤慎一「近代中国の体制構想――専制の問題を中心に」(溝口雄三他編『近代化像』〈アジアから考える5〉東京大学出版会，1994年所収)
佐藤慎一『近代中国の知識人と文明』(東京大学出版会，1996年)
佐藤慎一「万国公法」(加藤友康他編『歴史学辞典　戦争と外交』弘文堂，1999年所収)
佐藤慎一「『アジア』という価値」(『岩波講座世界歴史28　普遍と多元――現代文化へむけて』岩波書店，2000年所収)
塩出浩和「広東省における自治要求運動と県長民選――1920-1921年」(『アジア研究』38-3，1992年3月)
塩出浩和「第二次広州政府期の広州市政――特に1921年の改革について」(『アジア発展研究』1，1992年)
塩出浩和「第二次広州政府期(1920-1922年)の広東省議会と広東省憲法」(『アジア発展研究』2，1994年)
塩出浩和「第2次広州政権とマカオ問題」(アジア政経学会提出ペーパー，1996年)
塩出浩和『可能性としてのマカオ』(亜紀書房，1999年)
重光藏「石井・ランシング協定」(『国際政治』6〈日本外交史研究・大正時代〉，日本国際政治学会，1958年9月)
篠原初枝「W・W・ウィロビーと戦間期米中関係――主権国家としての中国」(『国際政治』〈米中関係史〉118，1998年5月)
朱建栄『毛沢東のベトナム戦争――中国外交の大転換と文化大革命の起源』(東京大学出版会，2001年)
ジョワイヨー，フランソワ『中国の外交』(中嶋嶺雄・渡邊啓貴訳，文庫クセジュ，1995年)
沈海濤「大正後期中国認識の一検証――臼井代議士震災表謝団の場合」(『新潟史学』35，1995年10月)
杉原薫『アジア間貿易の形成と構造』(ミネルヴァ書房，1996年)
鈴木董『オスマン帝国の権力とエリート』(東京大学出版会，1994年)
鈴木智夫『洋務運動――一九世紀後半の中国における工業化と外交の革新についての考察』(汲古書院，1992年)
副島昭一(圓照)「帝国主義の中国財政支配――1910年代の関税問題」(野澤豊・田中正俊編『講座中国近現代史』東京大学出版会，1978年所収)
孫安石「東アジアの国籍と近代――1930年代における「国民」をめぐる言説」(小川浩三編『複数の近代』〈北大法学部ライブラリー6〉北海道大学図書刊行会，2000年所

収)
田中恭子「ラマヤ・シンガポール華人の国籍問題——自治・独立の過程(1945-63年)を中心に」(平野健一郎編『地域システムと国際関係』〈講座現代アジア4〉東京大学出版会,1994年所収)
高橋進「ドイツ外交の現在——外交空間試論」(鴨武彦編『世紀間の世界政治』第5巻,日本評論社,1994年所収)
高橋伸夫『中国革命と国際環境——中国共産党の国際情勢認識とソ連1937年から1960年』(慶應義塾大学出版会,1996年)
高村直助「開港後の神戸貿易と中国商人」(『土地制度史学』176号,2002年7月)
滝口太郎「不平等条約体制と『革命外交』」(宇野重昭・天児慧『20世紀の中国——政治変動と国際契機』東京大学出版会,1994年所収)
武仲弘明「清末民国初における公理意識とナショナリズム」(『歴史学研究』415,1974年12月)
田中明彦『新しい「中世」21世紀の世界システム』(日本経済新聞社,1996年)
田畑茂二郎『国際法新講』上(東信堂,1990年)
田村幸策『最近支那外交史』上(外交時報社,1938年)
張秀哲『国民政府の外交及外交行政』(大平社,1935年)
塚本元『中国における国家建設の試み』(東京大学出版会,1994年)
塚本元「福州事件と中日交渉——『軍閥期』北京政府外交部の役割の一例」(中央研究院近代史研究所編『第三届近百年中日関係研討会論文集』上冊,同所,1996年)
塚本元「北京政府期における中央外交と地方外交(1919-1920)——湖南中日両国人衝突事件の外交的処理を事例に」(『法学志林』95-3,1998年2月)
東亜同文会編『支那省別全誌』第9巻「湖北省」(東亜同文会,1918年)
唐啓華「周辺としての中国——20世紀初頭の国際組織における中国と日本」(横山宏章・久保亨・川島真編著『周辺から見た20世紀中国』中国書店,2002年所収)
東方通信社編『華府会議大観』(東方通信社,1922年)
中嶋嶺雄『中ソ対立と現代——戦後アジアの再考察』(中央公論社,1978年)
中田吉信「新疆都督楊増新」(『江上波夫教授古稀記念論集・歴史編』山川出版社,1977年所収)
中見立夫「ボグド・ハーン政権の対外交渉努力と帝国主義列強」(『アジア・アフリカ言語文化研究』17,1976年3月)
中見立夫「1913年露中宣言——中華民国の成立とモンゴル問題」(『国際政治』〈変動期における東アジアと日本〉66,1980年11月)
中見立夫「モンゴルの独立と国際関係」(溝口雄三他編『周縁からの歴史』〈アジアから考える3〉1994年所収)
並木頼壽・井上裕正『中華帝国の危機』〈世界の歴史19〉(中央公論社,1997年)
ニコルソン,H『外交』UP選書(齋藤真・深谷満雄訳,東京大学出版会,1968年)

野澤豊「米騒動と五四運動——東アジアにおける民衆・国家の相互連関性をめぐって」（『近きに在りて』創刊号，1981年8月）
野澤豊編『日本の中華民国史研究』（汲古書院，1995年）
野村浩一『近代中国の思想世界』（岩波書店，1990年）
箱田恵子「清末領事館派遣」（『東洋史研究』60-4，2002年）
箱田恵子「清朝在外公館の設立について——常駐使節派遣の決定とその意味を中心に」（『史林』86-2，2003年3月）
狭間直樹編『1920年代の中国』（汲古書院，1995年）
長谷川晃「アジア社会における普遍法の形成」（『北大法学論集』50-3，1999年9月）
馬場明「中国米輸入問題——米価調節から参政軍維持へ」（『日本歴史』407，1982年4月）
浜口允子「関東大震災と中国の世論——天津を中心に」（第3回天津地域史研究会報告レジュメ，1994年10月29日）
浜口允子「北京政府論」（野澤豊編『日本の中華民国史研究』汲古書院，1995年所収）
濱下武志『近代中国経済史研究——清末海関財政と開港場市場圏』（汲古書院，1989年）
濱下武志『朝貢システムと近代アジア』（岩波書店，1997年）
濱下武志『近代中国の国際的契機——朝貢貿易システムと近代アジア』（東京大学出版会，1990年）
濱下武志「近代東アジア国際体系」（平野健一郎編『講座　現代地域システムと国際関係』東京大学出版会，1994年所収）
濱下武志「宗主権の歴史サイクル——東アジア地域を中心として」（『歴史学研究』690，1996年10月）
坂野正高「第一次大戦から五三〇まで——国権回収運動史覚書」（植田捷雄編著『現代中国を繞る世界の外交』野村書店，1951年所収）
坂野正高「『総理衙門』設立の背景」(1)(2)(3)（『国際法外交雑誌』51-4，51-5，52-3，1952年8月，1952年10月，1953年6月）
坂野正高「総理衙門の設立過程」（東洋文庫近代中国研究委員会編『近代中國研究』1，1958年1月）
坂野正高『近代中国外交史研究』（岩波書店，1970年）
坂野正高『現代外交の分析——情報・政策決定・外交交渉』（東京大学出版会，1971年）
坂野正高『近代中国政治外交史』（東京大学出版会，1973年）
坂野正高「張蔭桓著『三洲日記』（1896年刊）を読む——清末の一外交家の西洋社会観」（『国家学会雑誌』95-7・8，1982年7月）
坂野正高『中国の近代化と馬建忠』（東京大学出版会，1985年）
平野健一郎「西原借款から新四国借款団へ」（細谷千博他『ワシントン体制と日米関係』東京大学出版会，1978年所収）
フェアバンク，J・K『中国——社会と歴史』上（東京大学出版会，1972年）

深町英夫「広東軍政府論——民国前期における『中央政府』」(中央大学人文科学研究所『民国前期と東アジアの変動』中央大学出版部，1999 年所収)
藤井昇三「1920 年安直戦争をめぐる日中関係の一考察」(『国際政治』〈日中関係の展開〉日本国際政治学会，1961 年 3 月)
藤井昇三「中国革命と第一次カラハン宣言」(『アジア経済』10-10，1969 年 10 月)
藤井昇三「『平和』からの解放」(日本政治学会編『国際緊張緩和の政治過程』岩波書店，1970 年所収)
藤井昇三「ワシントン会議と中国の民族運動」(『東洋文化研究所紀要』50，1970 年 3 月)
藤井昇三「ワシントン体制と中国」(『国際政治と国内政治の連繫』，『国際政治』46，1972 年 10 月)
藤井昇三「中国からみた幣原外交」(『日中関係の相互イメージ』アジア政経学会，1975 年)
藤井昇三「『チャイナレビュー』と第二次広東政府・孫文」(『辛亥革命研究』6，1986 年)
藤田久一『国際法講義』I (東京大学出版会，1992 年)
古田和子「上海ネットワークの中の神戸」(『年報　近代日本研究』14，山川出版社，1992 年)
古田和子「アジアにおける交易・交流のネットワーク」(平野健一郎編『地域システムと国際関係』〈講座現代アジア 4〉東京大学出版会，1994 年所収)
北条敏子「ウィルソンの対中国政策の一考察」(『津田塾大学国際関係学研究』1，1975 年)
細野浩二「『西洋の衝撃』をめぐる日本と中国の態様——国際法の法的規範への対応の条理とその特質」上・下 (『早稲田大学大学院　文学研究科紀要』〈哲学・史学編〉36，37，1990 年，1991 年)
細谷千博・斎藤真編『ワシントン体制と日米関係』(東京大学出版会，1978 年)
増田えりか「ラーマ一世の対清外交」(『東南アジア 歴史と文化』24，1995 年)
三浦徹明「中国近代」(『史学雑誌　回顧と展望　1970 年の歴史学界』1971 年 5 月)
三上昭美「外務省の設置——わが国外政機構の歴史的研究」(1) (日本国際政治学会編『国際政治』3・4 合併号。〈日本外交史の諸問題 I〉，1963 年 7 月)
三上昭美「外政機構の確立に関する一考察——わが国外政機構の歴史的研究」(2) (『国際政治』2〈日本外交史の諸問題 II〉，1964 年 4 月)
三上昭美「太政官制下における近代外政機構の形成」(『中央大学文学部紀要』36，1991 年)
光嶌督「川蔵辺界糾紛与駐華使節的調停 1914-1919」(鄭樑生主編『第二届中外関係史国際学術研討会論文集』淡江大学歴史学系，1992 年所収)
溝口雄三「中国の『公・私』」上・下 (『文学』56-9・10，1988 年 9 月・10 月)
村嶋英治「タイ華僑の政治活動」(原不二夫編『東南アジア華僑と中国』アジア経済研究

所，1993年所収）
村島滋「20世紀の日英同盟――1895-1923年の日英関係」（細谷千博・イアン・ニッシュ監修『日英交流史1600-2000』〈1．政治・外交I〉東京大学出版会，2000年所収）
茂木敏夫「中華帝国の『近代』的再編と日本」（大江志乃夫編『植民地日本』〈近代日本と植民地1〉岩波書店，1992年所収）
茂木敏夫「中華世界の『近代』的変容」（濱下武志他編『地域システム』〈アジアから考える2〉東京大学出版会，1993年所収）
茂木敏夫「馬建忠の世界像――世界市場・「地大物博」・中国―朝鮮宗属関係」（『中国哲学研究』7，1993年）
茂木敏夫「清末における『中国』の創出と日本」（『中国　社会と文化』10，1995年）
茂木敏夫『変容する近代東アジアの国際秩序』〈世界史リブレット41〉（山川出版社，1997年）
本野英一「アジア経済史研究者からの三つの質問」（川勝平太編『グローバル・ヒストリーに向けて』藤原書店，2002年所収）
森山茂徳『日韓併合』（吉川弘文館，1992年）
劉傑『中国人の歴史観』（文春新書，2000年）
安田淳「中国の第一次大戦参戦問題」（『慶応大学大学院（法）論文集』22，1985年）
山腰敏寛「アメリカの対中宣伝と五四運動」（『東洋文化』通巻307，1994年9月）
山田辰雄「第一次国共合作形成過程における孫文思想の変化と展開1919年―1925年」（『法学研究　法律・政治・社会』50，1977年8月）
山根幸夫他編『近代日中関係史研究入門』（研文出版，1992年，1996年増補版）
山辺健太郎「外交文書と暗号」（『みすず』39，1962年）
山本慎吾「ワシントン会議における中国問題」（『歴史教育』9-2，1961年）
山本慎吾「ワシントン会議と日本」（『国際政治』23，1963年10月）
兪辛焞『孫文の革命運動と日本』〈東アジアのなかの日本歴史9〉（六興出版，1989年）
熊達雲「近代中国における文官制度導入の模索と日本」（『歴史学研究』649，1993年9月）
横山宏章「中国の地方分権論」（『明治学院論叢　法学研究』57，1994年11月）
横山宏章『中華民国史――専制と民主の相克』（三一書房，1996年）
吉澤誠一郎『天津の近代――清末都市における政治文化と社会統合』（名古屋大学出版会，2002年）
渡辺惇「北洋政権研究の現況」（『中国近代史研究入門――現状と課題』汲古書院，1992年所収）

2．中国文・韓国文

陳三井「陸徴祥與巴黎和会」（『台湾師範大学　歴史学報』2期，1974年）
陳三井『近代中法関係史論』（三民書局，1994年）
陳体強『中国外交行政』（商務印書館，1945年）

川島真「華盛頓会議与北京政府的籌備——以対外「統一」為中心」(『民国研究』第 2 期, 1995 年 7 月)
川島真「『顧維鈞回憶録』的史料価値初探——従哥倫比亜大学収蔵, 未収入回憶録之档案内容来探討」(復旦大学中外現代化進程研究中心・復旦大学歴史学系編, 金光耀主編『顧維鈞与中国外交』上海古籍出版社, 2001 年)
川島真「北洋政府外交档案上的商会面貌——「外交與商会」的初歩探討」(張国剛主編『中国社会歴史評論』 3, 2001 年 6 月)
川島真「民国前期外交與紹介的初歩探討」(『城市史研究』〈特刊・20 世紀華北城市近代化〉21, 天津社会科学院出版社, 2002 年)
川島真「従廃除不平等条約史看『外交史』的空間」(『近代史学会通訊』16, 中国近代史学会, 2002 年 12 月)
刁敏謙『中国国際条約義務論』(商務印書館, 1919 年)
潘志平『中亜浩罕国与清代新疆』(中国社会科学出版社, 1991 年)
管美蓉『呉景濂与民初国会』(国史館, 1995 年)
何萍『近代中俄華人政策下俄遠東区華人社会変遷 1860-1914』(国立台湾師範大学博士論文, 1997 年)
黄文徳『北京外交団與近代中国関係之研究——以関余交渉案為中心』(国立中興大学歴史学系碩士論文, 1999 年 6 月)
蔣中正『中国之命運』(正中書局, 1987 年, 1943 年原版)
頼澤涵「広州革命政府的対内与対外策略 民六—十四年」(『第二届国際漢学会議論文集』1987 年)
頼澤涵「広州革命政府的対内与対外策略 民六年——四年」(李雲漢主編『中国国民党党史論文選集, 近代中国出版社, 1994 年所収)
李恩涵『北伐時期的革命外交』(中央研究院近代史研究所, 1995 年)
李紹盛『華盛頓会議之中国問題』(水牛出版社, 1973 年)
李鉉淙『韓国開港場研究』(一潮閣, 1975 年)
李信成『楊増新在新疆 民国元年—民国一七年』(国史館, 1993 年)
李盈慧『華僑政策与海外民族主義 (1912-1949)』(国史館印行, 1997 年)
厲声『新疆対蘇(俄)貿易史 1600-1990』(新疆人民出版社, 1994 年, pp. 161-64)
梁伯華『近代中国外交的巨変——外交制度与中外関係的研究』(台湾商務印書館, 1990 年)
林代昭主編『中国近現代人事制度』(労働人事出版社, 1989 年)
林明徳『近代日中関係史』(三民書局, 1984 年)
林能士「護法運動経費的探討——連盟者的資助」(中華民国史歴史与文化討論集編輯委員会編『中華民国史歴史与文化』 1, 国民革命組, 1984 年)
林孝庭『外交家伍朝樞與近代中国』(国立政治大学外交研究所碩士論文, 1997 年 4 月)
林忠山『清末民初中央官僚体制変革之研究——取士之分析』(台湾大学政治学研究所博士

論文，1981年）
劉彦著・李方晨増訂『中国外交史』（三民書局，1962年）
呂芳上「広東革命政府的関余交渉（1918-1924）」（中華民国歴史与文化討論会編輯委員会編『中華民国歴史与文化討論集』1984年）
茅海建『天朝的崩潰』（生活・読書・新知　三聯書店，1995年）
茅海建「第一次中比条約的訂立時間及其評価」（同『近代的尺度』上海三聯書店，1998年）
孟凡人・黄振華主編，厲声著『中俄伊黎交渉』（新疆人民出版社，1995年）
皮明庥主編『近代武漢城市史』（中国社会科学出版社，1993年）
銭泰『中国不平等条約之縁起及其廃除之経過』（台北国防研究院，1961年）
邱遠猷・張希坡『中華民国開国法制史　辛亥革命法律制度史研究』（首都師範大学出版社，1997年）
陝西省交通史志編写委員会『陝西公路運輸史』（人民交通出版社，1988年，p. 29）
石源華『中華民国外交史』（上海人民出版社，1994年）
沈雲龍『徐世昌評伝』（伝記文学出版社，1979年）
孫歌「亜洲論述与我們的両難之境」（『読書』2000年2月号）
蘇精『清季同文館』（台北，自費発行，1978年）
蘇精『清季同文館及其師生』（台北，自費発行，1985年）
蘇雲峰『中国現代化的区域研究　湖北省（1860-1916）』（中研院近史所専刊41，1981年）
譚志強『澳門　主権問題始末（1553-1993）』（永業出版社，1994年）
唐啓華「英国与北伐時期的南北和議（1926-1928）」（『興大歴史学報』3，1993年4月），
唐啓華「北京政府与国民政府対外交渉的互動関係 1925-1928」（『興大歴史学報』4，1994年5月）
唐啓華『北京政府與国際連盟（1919-1928）』（東大図書公司，1998年）
唐啓華「民国初年北京政府的『修約外交』的萌芽 1912-1918」（『興大文史学報』28，1998年6月）
唐啓華「1919年北京政府『修約外交』的形成与展開」（『興大歴史学報』8，1998年6月）
唐啓華「欧戦後徳国対中国戦時賠償問題之初歩研究」（〈二十世紀的中国世界〉国際学術討論会提出論文，中央研究院近代史研究所，2000年1月）
王聿均『中蘇外交的序幕——従優林到越飛』（中央研究院近代史研究所，1963年）
王建朗『中国廃除不平等条約的歴程』（江西人民出版社，2000年）
王立誠『中国近代外交制度史』（甘粛人民出版社，1991年）
王正華「広州時期国民政府的外交」（同上書，石源華『中華民国外交史』上海人民出版社，1994年）
呉福環『清季総理衙門研究』（新疆大学出版社，1995年）
呉国光・鄭永年『論中央一地方関係——中国制度轉型中的一個軸心問題』（牛津大学出版社，1995年）

呉翎君『美国与中国政治（1917-1928）——以南北分裂政局為中心的探討』（東大図書公司，1996 年）
呉翎君『美孚石油公司在中国（1870-1933）』（稲郷出版社，2001 年）
呉東之主編『中国外交史　中華民国時期』（河南出版社，1990 年）
夏天『中国外交史及外交問題』（光華書局，1932 年）
信陽地区地方史志編纂委員会編『信陽地区志』（生活・読書・新知　三聯書店，1992 年）
熊淑華『留美学生与中国啓蒙運動（1915-1923）』（台北中国文化大学・中美 関係研究所碩士論文，1983 年）
習五一「論廃止中比不平等条約——兼論北洋政府的修約外交」（『近代史研究』1986 年 2 期）
徐鼎新・錢小明『上海總商會史（1902-1929）』（上海社会科学出版社，1991 年）
顔清湟著『出国華工与清朝官員——晩清時期中国対外華人的保護（1851 年-1911 年）』（粟明鮮他訳，中国友誼出版公司，1990 年）
楊昭全・孫玉梅『朝鮮華僑史』（中国華僑出版公司，1991 年）
虞和平『商會與早期近代化』（上海人民出版社，1993 年）
張春蘭「顧維鈞的和会外交——以収回山東主権問題為中心」（『中央研究院近代史研究所集刊』23 下，1994 年）
張桓忠『上海総商会研究』（知書房出版社，1996 年）
張麗芬『湖南省米糧市場産銷研究（1644-1937）』（国立台湾大学歴史学研究所碩士論文，1990 年）
張啓雄『外蒙主権帰属交渉　1911-1916』（中央研究院近代史研究所，1995 年）
張瑞徳『抗戦時期的国軍人事』（中央研究院近代史研究所，1993 年）
張水木「徳国無限制潜艇政策與中国参加欧戦之経緯」（中華文化復興運動推行委員会主編『中国近現代史論文集』23 編，台湾商務印書館，1986 年）
張玉法『中華民国史稿』（聯経出版社，1998 年）
張斎顕『北京政府外交部組織與人事之研究（1912-1928）』（国立中興大学歴史糸碩士論文，2000 年）
張忠紱『中華民国外交史』（正中書局，1943 年）
李紹盛『華盛頓会議之中国問題』（水牛出版社，1973 年）
趙佳楹『中国近代外交史』（山西高校聯合出版社，1994 年）
周佳栄『新民與復興——近代中国思想論』（香港教育図書公司，1999 年）
周守一『華盛頓会議小史』（上海，1922 年，p. 142，筆者は 1933 年版使用）
朱英『辛亥革命時期新商人社團研究』（中国人民大学出版社，1991 年）
荘病骸『外交思痛録』（1917 年）（近代中国史料叢刊，三編，第二輯，1985 年）
庄国土『中国封建政府的華僑政策』（厦門大学出版社，1989 年））
庄鴻鋳・呉福環・厲声・魏長洪『近現代新疆与中亜経済関係史』（新疆大学出版社，2000 年）

3. 欧 文

Biggerstaff, Knight, *The Earliest Modern Government Schools in China*, : Cornell University Press, 1961.

Banno Masataka, *China and the West : The Origins of Tsunli Yamen*, Harvard University Press, 1964.

Chi, Madeleine, *China Diplomacy, 1914-1918*, Harvard University Press, 1970.

Craft, Stephen, "John Bassett Moore, Robert Lansing and the Shandong Question," *Pacific Historical Review*, LX VI, May, 1997.

Craft, Stephan, Nationalism, Imperialism and Sino-American Relations : V. K. Wellington Koo and China's Diplomatic Quest for International Autonomy and Power, 1912-1949, Unpublished D. Phil dissertation, University of Illinois, 1998.

Cushman Jennifer W., *The Formation of a Sino-Thai Tin-mining Dynasty 1797-1932*, Oxford University Press, 1991.

Hsu, Immanuel C. Y., *China's Entrance into the Family of Nations : the Diplomatic Phase, 1858-1880*, Harvard University Press, 1960.

Kirby, William C., *Germany and Republican China*, Stanford University Press, 1984.

Kirby, W. C. 'Traditions of Centrality, Authority, and Management in Modern China's Foreign Relations', in T. W. Robinson and D. Shambaugh ed., *Chinese Foreign Policy : Theory and Practice*, Clarendon Press, 1994.

Lary, Diana, *Region and Nation : The Kwangsi Clique in Chinese Republic, 1925-1937*, Harvard University Press, 1974.

Leong, S. T., *Sino-Soviet Diplomatic Relations, 1917-1926*, Australian National University Press, 1976.

Li, Wei, *The Chinese Staff System : Mechanism for Bereaucratic Control and Integration*, California, Institute of East Asian Studies, California University Press, 1994.

McDonald, Argus W., Jr., *The Urban Origins of Rural Revolution : Elites and Masses in Hunan China, 1911-1927*, University of California Press, 1978.

Motono, Eiichi, *Chinese-British Commercial Conflicts in Shanhai and the Collapse of the Merchant-Control System in Late Qing China, 1860-1906*, Unpublished D. Phil dissertation, University of Oxford, Trinity Term, 1994.

Motono, Eiichi, Conflict and Cooperation in Sino-British Business, 1860-1911 : The Impact of the Pro-British Commercial Network in Shanghai, Palgrave Macmillan Press, 2000.

Nathan, Andrew, *Peking Politics, 1918-1923 : Factionalism and the Failure of Constitutionalism*, University of California Press, 1976.

Pollard, Robert T., *China's Foreign Relations 1917-1931*, Macmillan, 1933.

Skinner, William G., *Chinese Society in Thailand : An Analytical History*, Cornell University Press,1957.

Tang, Chi-hua, (唐啓華), 'Britain and Warlordism in China : Relations with Chang Tso-lin, 1926-1928,'『興大歴史学報』第 2 期, 国立中興大学歴史学系・歴史研究所, 1992. 3.

Vinson, J. C., 'Chaeles Evans Hughes (1921-1925)' in Normen A. Graebner, ed., *An Uncertain Tradition : American Secretaries of State in 20th Century*, McGraw-Hill, 1961.

Willoughby, W. W., *China at the Conference : A Report*, Johns Hopkins University Press, 1922.

Zhang,Yongjin, *China in the International System : The Middle Kingdom at the Periphery*, Macmillan, 1991.

Zhao, Quansheng, *Interpreting Chinese Foreign Policy*, Oxford University Press, 1996.

Wou, Odoric Y. K., *Militamism in Modern China : The Career of Wu P'ei-Fu, 1916-39*, Australian National University Press, 1978.